贵阳统计年鉴

STATISTICAL YEARBOOK OF GUIYANG

2003

（总第5期）

贵阳市统计局 编

中国统计出版社

(京)新登字041号

图书在版编目(CIP)数据

贵阳统计年鉴2003/贵阳市统计局编.-北京:中国统计出版社,2003.7

ISBN 7-5037-4115-5

Ⅰ.贵… Ⅱ.贵… Ⅲ.统计资料-贵阳市-2003-年鉴 Ⅳ.C832.731-54

中国版本图书馆CIP数据核字(2003)第040333号

贵阳统计年鉴—2003

作　　者/统计局

责任编辑/蔡启新

E-mail/yearbook@stats.gov.cn

责任校对/集体

印刷监制/江卫华

出版发行/中国统计出版社

通信地址/北京市西城区三里河月坛南街75号　中国统计出版社

邮　　编/100826

电　　话/(010)63262295

印　　刷/深圳市普加彩印务有限公司

经　　销/新华书店

开　　本/889×1194毫米　1/16

字　　数/96万字

印　　张/40.5

印　　数/1000册

版　　别/2003年8月第1版

版　　次/2003年8月第1次印刷

书　　号/ISBN 7-5037-4115-5/F·1630

定　　价/220.00元

《贵阳统计年鉴—2003》编辑委员会

主　任：孙国强　（市人民政府市长）

副主任：许　朗　（市人民政府常务副市长）

　　　　赵宗哲　（市人民政府巡视员）

成　员：郑浩吾　胡海燕　申洪才　吴　青　曾庆兴

　　　　唐纯庆　姚梦兰　张　缨

《贵阳统计年鉴—2002》编辑部

主　　编：胡海燕

副 主 编：申洪才　吴　青　曾庆兴　唐纯庆　刘筑玲

责任编辑：蔡启新　姚梦兰　张　缨　卫照义

编　　辑：胡继贤　王远志　李方农　徐　勇　张　英

　　　　　樊红梅　王　强　袁明亮　申晓希　陶平仙

　　　　　刘红霞　肖　飞　刘　敏　冯洁芝　梁春梅

　　　　　张　萍　熊　雁　张光尧　周　园　谌生全

　　　　　杨　云　陈天娥　张　华　谭　平　熊武冬

英文翻译：张　缨　陈天娥

统计制图：张　缨

排　　版：王织瑜　裴　俊

编 辑 说 明

《贵阳统计年鉴——2003》是一部全面反映贵阳市国民经济和社会发展情况的资料性年刊，信息量大，综合性强。本书收录了全市及县(市)区2002年经济和社会各方面的大量统计数据以及历年全市主要统计数据。

二、本年鉴内容包括：行政区划和自然资源，综合，人口与计划生育，从业人员及职工工资，固定资产投资，工业能源消费，工业与建筑业，农业及农村经济，国内外贸易及旅游，交通运输与邮电，财政、金融、证券、保险、税务，科技、教育、文化、广播，卫生、体育、民政，城市公用事业与环境保护，物价、城乡居民生活。

三、本年鉴资料来源于统计年报、抽样调查和部门资料。

四、本年鉴部分数据合计数或相对数由于单位取舍不同而产生的计算误差均未作机械调整。

五、凡以往数据与本年鉴不一致的，请以本年鉴为准。

六、本年鉴县域经济中各区资料有部分指标是区属口径，使用时请注意。

七、本年鉴表中的符号使用说明："空格"表示该项数据不详或无该项数据，"＃"表示其中数。

八、本年鉴在编辑过程中得到有关部门的支持，在此深表感谢。由于时间紧、信息量大和水平有限，书中难免存在不足之处，为了更好地满足社会各界需要，希望广大读者提出宝贵意见和建议。

2003年8月

贵州省移动通信公司

贵阳市移动通信营运中心

贵阳市移动通信营运中心于2002年1月正式成立，隶属中国移动通信集团贵州移动通信公司。中心全面负责贵阳地区的移动通信业务推广、市场拓展、客户服务等工作的同时还致力于合理、科学地规划贵阳地区移动通信网络，迅速、有效的配合上级部门进行网络建设，不断优化网络，以严格、高水准的维护水平为贵阳地区移动通信提供高效、优质、安全、稳定的通信网络。

围绕“服务与业务双领先”开展各项工作。中心围绕“服务与业务双领先”的战略目标开展各项工作，全年业务收入76816.26万元，与去年同比增长3.8%；累计在线用户738718户，比去年增长46.23%；新增用户市场占有率87%，高出全省平均16个百分点。到2002年底，贵阳市交换机网络容量达到95万门，基站总数为535个，在线载频数为4311个。

厉兵秣马，精兵强将，努力完成各项通信建设任务。2002年，中心始终坚持“网络领先、质量取胜”的网络维护原则，牢固树立“网络质量是通信企业生命线”的思想，积极有效地推进运行维护体制改革，建立现代化的管理机制，加大网络优化力度，网络质量得到进一步提高，同时在2002年顺利完成GPRS网络的建设并已投入使用。

细分市场、深挖潜力，把有限的市场做大、做好、做强。将“从客户需求出发、持续改进业务流程”列入重要工作内容，2002年4月率先在全省推出了“电话营业厅”服务，让客户足不出户就可以办理入网、购卡、补卡等业务；从年初开始不断推出各种新业务，包括GPRS、梦网业务、短信通信录等；组织了“3.15”宣传活动、“5.17”电信日大型宣传活动、电脑节、白云风筝节等宣传活动，同时承办了“首届城市住宅建设化智能化技术与产品展示会”和“2002年贵州省首届通信和信息展”两次大型展会，均取得了良好的社会效应。

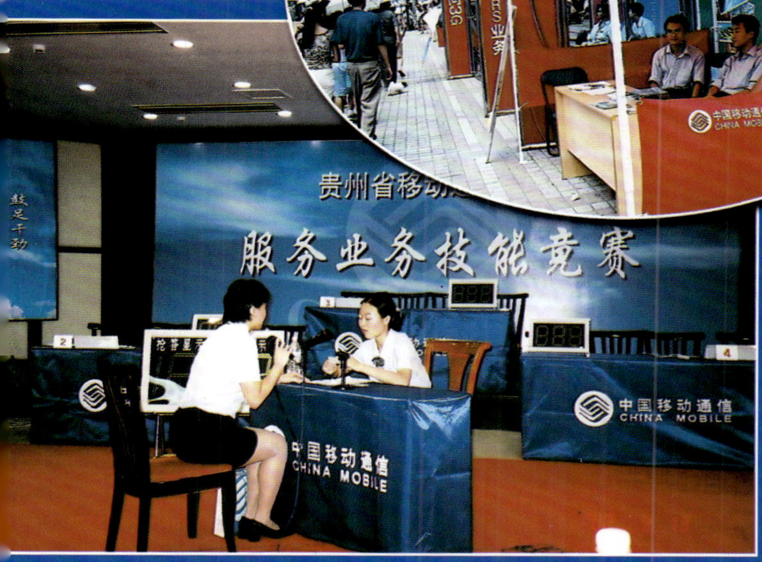

贵州省电信公司贵阳市分公司

贵阳市电信分公司以“三项制度”改革为契机，以改革促发展，创经济效益，在建立健全合理的人事、劳动和分配制度基础上，大力推进“五项机制”创新，以创建公平合理、高效灵活的管理体制为目标，从体制上确保业务发展顺利进行。按照贵州省电信公司制定的战略目标，分公司全体员工团结一致、不畏艰难、奋发工作，积极加快发展步伐，通信能力、电信服务水平不断提高。胜利完成2002年业务收入任务，全面完成业务发展及各项通信、服务质量指标。

2002年，电信业务收入基本完成，全员劳动生产率累计完成近80万元。全市固定电话用户数（含小灵通）已超过70万户，固定电话普及率提高到54.02部／百户，来电显示业务的渗透率达到27.5%。

在长途电话市场竞争异常激烈的情况下，分公司积极开展话务量营销，较好的完成长途电话通话时长超过4亿分钟，国际及港澳台电话通话时长近150万分钟。本地网通话次数完成近25亿次，互联网拨号用户上网时长7亿分钟。

贵阳电信交换机总容量累计发展近100万门，小灵通总容量达到10万门，完成了贵阳本地网1个10G环和4个2.5G环的SDH传输设备扩容工程。建成1000号客户服务平台。建成贵阳第二电信长途枢纽3万路端交换机并开通投入使用。

面对国内电信企业之间白热化的竞争和国外电信企业强势进入的趋势，中国电信将面临更加严峻的挑战，党的十六大提出：“全面建设小康社会，以信息化带动工业化，加快推进社会主义现代化的奋斗目标”为中国电信的发展提供了机遇。

贵阳电信现已建成高科技、高速率、多手段、多路由、大容量、宽频带，联通国内外、覆盖全城乡的包括数字程控电话网、骨干传输网、无线接入电话网、IP城域网、智能网、数字数据通信网、无线宽带接入网、多媒体通信网和计算机互联网等多个现代通信网络，并且拥有以电信管理网为基础的高效、先进的计算机综合支撑系统和完善的业务流程管理体系。实现了交换程控化、传输数字化、业务综合化，通信网络规模、技术水平和服务质量大幅度提高，企业综合实力居全省同行业前列。

工作人员正在进行数据处理

工作人员正在维护设备

按照中国电信集团公司推行面向市场的流程式管理思路，2003年分公司将进行“四个营销渠道”建设工作，进一步理顺流程、完善服务体系建设。建立以市场为导向，以客户为中心，以效益为目的的业务流程，对大客户、商业客户、公众客户实行差异化营销服务，建立大客户经理制、社区经理制、农村统包责任制，1000号客服中心制相结合的完善的客户服务责任制度，提高服务的含金量。

2003年，要实现分公司制定的各项工作目标，关键是要按照既定的工作部署，紧紧围绕业务收入这一关键指标，聚精会神搞建设，一心一意谋发展，用发展的办法解决前进中的困难和问题。以新思路促进新发展，新服务塑造新形象，新资源支撑新优势，新机制激发新活力，新管理创造新效益，新文化开创新未来，深入贯彻落实党的十六大精神，开拓创新、量质并进、夯实管理，全面开创贵阳电信发展新局面！

交换机房配线架

交换机设备

明亮、洁净的营业大厅

治安巡防队伍上岗仪式。

贵阳市公安局

2002年，贵阳市公安局在市委、市政府和省公安厅的领导下，以“三个代表”重要思想为指导，解放思想，实事求是，与时俱进，全面思考，把握和改革各项公安工作。严格队伍管理，深入贯彻公安部“五条禁令”，开展“增强人民警察意识，树立人民警察形象”活动；坚持“严打”方针，强化“严防”意识，开创性地开展了“三级巡逻体制，四级防范网络”建设，以“超常规的措施，超常规的力度”为“建强建好贵阳市，率先在全省实现全面小康社会”的目标作出新的更大贡献。

市委常委、市政法委书记、公安局长林连华研究部署公安工作。

市委常委、市政法委书记、公安局长林连华接待上访群众。

市委常委、市政法委书记、公安局长林连华检查基层“三级巡逻体制，四级防范网络”落实情况。

防暴民警“处突”综合演练。

交通民警指挥手势综合演练。

公安消防灭火综合演练。

市公安局警务技能综合演练。

云岩区

YUN YAN QU

云岩区是贵州省贵阳市中心城区之一，总面积67.5平方公里，辖15个街道办事处、1个镇，总人口55.65万人，其中农业人口2.43万人，是全省政治、经济、科技、文化、教育、信息中心。

2002年，云岩区经济持续、快速、健康发展，区域综合实力明显增强，社会各项事业全面发展。胜利完成了各项目标任务。

中国首届“伊尹奖”中华烹饪技术创新大赛新闻发布会后，贵州省原省长、中国食文化研究会名誉会长王朝文（中）与承办单位党政一把手——中共云岩区委书记王明铮（左），区人民政府区长张传庆（右）在北京钓鱼台国宾馆亲切座谈。

贵阳市市长孙国强视察云岩区松山小区建设进度。

云岩区委书记王明铮（左二）、区长张传庆（右一）与开阳县委书记徐恒（右二）一起为合作建设项目“云岩工业园区”选址。

区长张传庆与钟山区区长徐志毅互换友好协议。

2002年贵阳（云岩）电脑节电信分会场开幕式。

贵阳阳关钢材市场开业。

云岩区骨干企业——贵州益佰制药股份有限公司针剂车间。

云岩区骨干企业——贵州益佰制药股份有限公司。

贵阳市发展计划委员会

贵阳市发展计划委员会是市政府管理经济的综合职能部门，负责全市国民经济和社会发展的中长期规划和年度计划工作，承担全市重点工程（包括国债项目）建设管理、全市建设经济强县和实施西部大开发战略等方面的日常工作。

五年来，随着中央实行扩大内需的方针和实施西部大开发战略，省委、省政府关于建设经济强县重大决策的实施，贵阳市经济社会发展迎来了良好机遇。2002年，全市国内生产总值完成336.4亿元，年均增长10。9%；人均国内生产总值9948元，年均增长9%。三次产业结构由1997年的11.3：51.2：37.5：调整为7.9：50.9：41.2。西郊水厂等一批重大基础设施项目建成投入使用，海信工业园等一批重大工业建设项目和技术改造项目建成投产或正在加快建设步伐。全省第一轮20个建设经济强县中，贵阳市的七个区（县、市）入列并已取的了较好的成绩。在贯彻中央一系列方针政策过程中，市委、市政府提出了实施西部大开发战略的三个阶段的战略目标，作出了开发建设金阳新区的重大决策。贵阳市发展计划委员会将继续认真贯彻执行中央和省里的方针政策，按照市委、市政府的部署，切实抓好贵阳市的近期发展和长远规划，为到2020年实现经济总量翻三翻，提前实现全面建设小康社会的目标而努力工作。

党组书记、主任　单建星

领导班子成员
党组书记、主　任　单建星（左三）
党组成员、副主任　周　翔（右一）
党组成员、副主任　尹相华（右三）
党组成员、副主任　林东海（左二）
党组成员、纪检组长　王章立（右二）
助理调研员　夏大中（左一）

2002 年贵阳（云岩）电脑节电信分会场开幕式。

贵阳阳关钢材市场开业。

云岩区骨干企业——贵州益佰制药股份有限公司针剂车间。

云岩区骨干企业——贵州益佰制药股份有限公司。

贵阳市发展计划委员会

贵阳市发展计划委员会是市政府管理经济的综合职能部门，负责全市国民经济和社会发展的中长期规划和年度计划工作，承担全市重点工程（包括国债项目）建设管理、全市建设经济强县和实施西部大开发战略等方面的日常工作。

五年来，随着中央实行扩大内需的方针和实施西部大开发战略，省委、省政府关于建设经济强县重大决策的实施，贵阳市经济社会发展迎来了良好机遇。2002年，全市国内生产总值完成336.4亿元，年均增长10。9%；人均国内生产总值9948元，年均增长9%。三次产业结构由1997年的11.3：51.2：37.5：调整为7.9：50.9：41.2。西郊水厂等一批重大基础设施项目建成投入使用，海信工业园等一批重大工业建设项目和技术改造项目建成投产或正在加快建设步伐。全省第一轮20个建设经济强县中，贵阳市的七个区（县、市）入列并已取的了较好的成绩。在贯彻中央一系列方针政策过程中，市委、市政府提出了实施西部大开发战略的三个阶段的战略目标，作出了开发建设金阳新区的重大决策。贵阳市发展计划委员会将继续认真贯彻执行中央和省里的方针政策，按照市委、市政府的部署，切实抓好贵阳市的近期发展和长远规划，为到2020年实现经济总量翻三翻，提前实现全面建设小康社会的目标而努力工作。

党组书记、主任　单建星

领导班子成员
党组书记、主　任　单建星（左三）
党组成员、副主任　周　翔（右一）
党组成员、副主任　尹相华（右三）
党组成员、副主任　林东海（左二）
党组成员、纪检组长　王章立（右二）
助理调研员　夏大中（左一）

贵阳市烟草专卖局
贵阳市烟草分公司

顾客为本　服务至上

贵阳市烟草专卖局与贵州省烟草公司贵阳市分公司，在贵州省烟草专卖局（公司）和贵阳市人民政府领导下，负责贵阳地区的烟叶生产及销售、卷烟销售和烟草专卖管理工作。2002年，销售卷烟136727箱，烤烟收购22.844万担，两烟销售收入12亿左右，利润9118万元。

贵阳市烟草专卖局（分公司）牢牢树立“顾客为本、服务至上”的经营理念，在管理、规范、服务上狠下功夫，专卖管理由“管理教育型”向“管理服务型”转变，并对假烟、走私烟和非渠道烟予以大力打击，维护了国家税源，为地方财政增长作出了贡献。

随着卷烟市场国际趋势的发展，我们建立了贵阳市卷烟销售网络，通过实行城网“访销分离、专销并举”，农网“访送一体、专销结合”的管理，企业实力得到增强，国家财政得到了增长，消费者放心消费，达到了工业企业、零售户、消费者“三满意”的目的。

贵阳市烟叶种植集中在海拔1000米左右的修文、开阳、息烽三县及清镇市，属烤烟生产种植适宜区。在烤烟种植上，我们加大科技兴烟力度，大力推广新技术，加强对生产技术人员和烟农的业务培训。为适应市场需要，我们走国际型烟叶种植发展的道路，国际型优质烟叶示范点烟叶质量明显优于平均水平。2002年全国烟叶工作会议上，中国烟叶购销总公司赵兴总经理认为，贵阳国际型优质烟叶的内在品质达到或接近国际优质烟叶水平。今年示范点种植面积扩大到2000亩。为扶持烤烟生产发展，贵阳已投入生产扶持资金1700多万元，改善烤烟生产条件，提高烟叶质量。我市烟叶销往红塔集团、将军集团及青岛、南宁等全国四十余个厂家，实现了烟农增收、企业增效、财政增长。

国内外烤烟专家考察我分公司国际型优质烟叶基地

贵阳新天光电科技有限公司

已通过ISO9001：2000质量体系认证
ISO10012：1计量确认体系认证

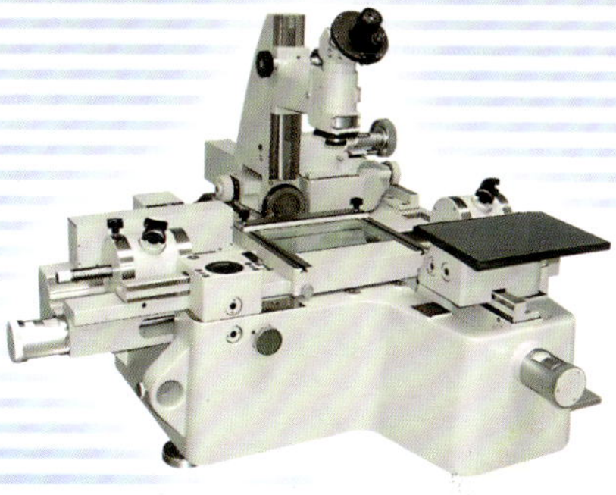
JX13B
微机型万能工具显微镜

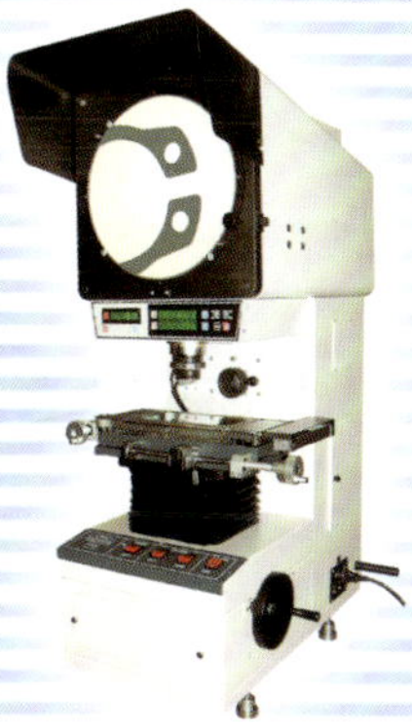
JT12A-C
Φ300数据处理投影仪

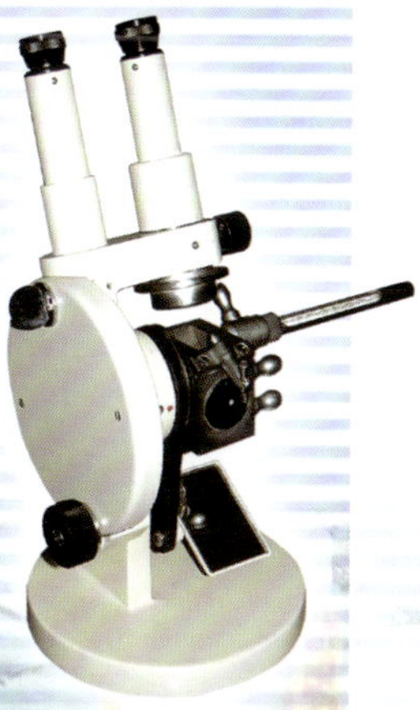
2W
阿贝折射仪

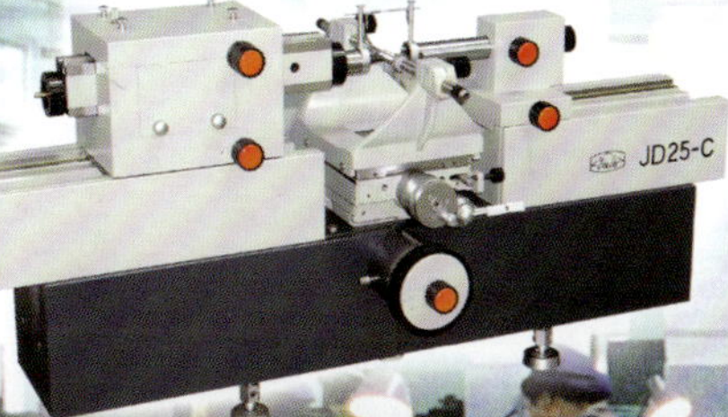

JD25-C
数据处理万能测长仪

座落于贵阳国家高新开发区新天园区腹地的贵阳新天光电科技有限公司，其前身是新天精密光学仪器公司，1966年从上海内迁至贵阳，2001年完成改制，成立有限公司，是集科研、开发、生产、经营于一体的大型综合性高新技术企业。公司自成立以来一直致力于各类工具显微镜、投影仪、端度仪器、角度仪器、物理分析仪器、望远镜、及光栅传感器等近百种精密光学仪器的研制、生产与经营，广泛应用于机械制造业、钟表业、电子、石油、化工、冶金等领域和行业计量检测部门，产品远销二十多个国家和地区。产品多次荣获省、部及国家科技成果奖，多年来一直被列为国家、省、市级重点骨干企业，属国家一级计量单位，在光学计量仪器行业独树一帜。

“为顾客创造价值，为员工创造机会，为社会创造效益”的宗旨是公司的立业之本，“树专业服务典范，做专业服务明星”是公司的服务理念，“创国内一流企业，树国际知名品牌”是公司的不懈追求的目标。公司在北京、上海、广州、南京、西安、贵阳、福州、东北、武汉等地设有分公司及办事处，销售与服务网络遍及全国，竭诚为新老顾客提供优质的产品和完善的服务。

公司地址：贵州省贵阳市乌当区新光路9号
（贵阳国家高新开发区新天园区新光路9号）
公司电话：0851－6452500　　公司传真：0851－6452447
销售联系电话（传真）：0851－6452357 / 6452823
网址：www.chfoic.com.cn
电子信箱：chfoic@sohu.com

1996年9月经中国人民银行批准，中国平安保险公司贵州办事处成立。2003年2月经中国保监会贵阳保监办批准，更名为“中国平安财产保险股份有限公司贵阳分公司”。

目前，平安产险贵阳分公司开办的主要险种有车险、财产险、工程险、货运险、责任（信任）险、特殊风险等各类保险。平安保险公司自进入贵州市场以来，在各级政府和有关部门的支持和关怀下，坚持“对客户——服务至上、诚信保障，对员工——生涯规划、安家乐业，对股东——资产增值、稳定回报，对社会——回馈社会、建设国家”的经营理念，为贵州保险业发展做出了突出贡献。

2001年，中国平安获得了权威评级机构认证的AAA信用等级，成为金融保险业中唯一一家获得这一最高信用等级的企业。在2002年举行的“中国最受尊敬企业”评选中，平安作为唯一一家保险企业榜上有名。

秉承着“诚信第一，效率第一；客户至上，服务至上”的服务宗旨，平安产险贵阳分公司抢先开通了“191呼平安保险”24小时接报案电话，推行7天/24小时接报案值班制度；于2001年，推出 “车险理赔绿色通道”，减少理赔环节，缩短结案时间，实行快速理赔，使客户无论在何时、何地都能在最短时间内得到平安最优质的服务；并于2002年5月，正式启动E化体系，率先推行网上核保和网上核赔，利用网络，为平安客户提供更方便、更快捷的服务。

中国平安财产保险股份有限公司贵阳分公司将继续勇于开拓、锐于创新，强化公司的各项经营管理，提升公司的核心竞争力，为贵州保险业赢得荣誉和骄傲！

平安活动

中国平安财产保险股份有限公司
贵阳市分公司

目　　录

CONTENTS

三、人口与计划生育

Population and Family Planning

四、从业人员及职工工资

Employment and Wages

五、固定资产投资

Investment in Fixed Assets

六、工业能源消费

Energy Consumption in Industry

七、工业与建筑业

Industry and Construction

八、农业及农村经济

Agriculture and Rural Economy

九、国内外贸易及旅游

Domestic Trade 、Foreign Trade and Tourism

十、交通、运输、邮电

Traffic、Transportation、Postal and Telecommunication Services

十一、财政、金融、证券、保险和税务

Government Finance、Banking、Securites、Insurance and Taxation

十二、科技、教育、文化、广播

Science、Education、Culture and Broadcasting

十三、卫生、体育、民政

Public Health、Sports and Social Welfare

十四、城市公用事业

Urban Public Utilities

十五、物价

Price

十六、人民生活

People's Livelihood

十七、县域经济

Districts and Counties

十八、全国省会城市主要指标

Major Economic Indicators of All Provincial Capital in China

十九、全省地(州、市)信息资料

Information on Regions (Prefectures and Cities) in GUIZHOU Province

二十、主要年份经济指标

Major Economic Indicators in Main Years

贵　阳　概　况

一、贵阳概况

◆**"贵阳"的由来**　中国古代以山北为阴、山南为阳。"贵阳"因城区位于境内贵山之南而得名。古代贵阳盛产竹子，许多地方以竹命名，因"竹"与"筑"谐音，故贵阳简称"筑"。

◆**地理位置**　贵阳市位于中国西南云贵高原东部，是贵州省省会，全省政治、经济和文化中心。地处东经106°07′——107°17′，北纬26°11′——27°22′。全市总面积8034平方公里，最高海拔为1762米，最低海拔为506米，市中心平均海拔为1000米。低纬度、高海拔、地形多样是贵阳地理的显著特征。

◆**历史沿革**　贵阳作为行政区域名称，始自明隆三年(1569年)，当时将设在现今贵阳的程番府改为贵阳府。自此，贵阳之名一直延用至今，已有400多年历史。

1913年，贵阳被定为贵州省省会。1941年贵阳正式设市。

◆**行政设置**　贵阳市现辖云岩区、南明区、花溪区、乌当区、白云区、小河区、清镇市、开阳县、修文县、息烽县。

◆**人口民族**　2002年末，全市总人口340.44万人，其中非农业人口160.33万人，占总人口的47.09%。

贵阳是一个以汉族为主的多民族聚居的城市。据第五次人口普查资料统计，汉族人口占总人口的84.57%，少数民族人口占15.43%。

贵阳少数民族共有50个，其中以布依族、苗族的人口为多，二者合计占少数民族人口总数的70.0%。

◆**宜人气候**　贵阳属亚热带湿润温和型气候。夏无酷暑，冬无严寒，阳光充足，雨水充沛。空气不干燥，四季无风沙，年平均气温在15.3℃左右。其中，最热的七月下旬，平均气温为24℃；最冷的一月上旬，平均气温是4.6℃。

宜人的气候是贵阳的骄傲，博得了"上有天堂，下有苏杭，气候宜人数贵阳"之誉。

◆**市花市树**　1987年贵阳市确定的市花为：兰花、紫薇。市树为：樟树、竹子。

◆**森林之城**　贵阳市被称为"森林之城"，贵阳市行政区域现有林地面积275万亩，森林覆盖率为34.79%。此外，市区四周群山环抱、林木苍翠，宽1至7公里，长逾70公里的环城林带，为贵阳市提供了绿色生态屏障。目前，投资1.1亿元人民币，总长223公里，面积43万亩的新环城林带正在建设中，2010年前，人均环城林带面积将达到207平方米。

◆**荣誉称号**　贵阳拥有全国科教兴市先进城市、全国"双拥"模范城市、全国卫生城市、全国园林绿化先进城市、中国环境合作示范城市、中国优秀旅游城市等称号。

二、自然资源

◆矿藏 贵州中部地区是全国矿产资源最为富集的地区之一，贵阳则位于这个地区的中心，贵阳蕴藏有丰富的铝、磷、煤、铁、镁、硅、重晶石、白云石、石灰石、大理石、高岭土等2种矿产资源。其中铝土矿保有储量3.3亿吨，占全国的五分之一；磷矿4.28亿吨，是全国的三大基地之一，贵阳的矿产资源具有储量大、品位高、矿点集中、交通方便、易于开采等特点。

◆能源 贵阳能源资源充足。境内有大小河流98条，水资源总量为46.79亿立方米。其中地表水35亿立方米，地下水11.79亿立方米，地下水水质好，流量稳定，具有较高的开发利用价值。全市水能资源理论藏量为130.7万千瓦，可开发量为87.3万千瓦，水电站装机容量近100万千瓦，是全国十大水电基地之一。

贵阳煤炭储量为8.3亿吨，具有品种多、埋藏浅、易开发等特点。2001年发电量为91.41亿千瓦时。

丰富的水能与煤炭资源，有利于建设成水电与火电并举的能源基地。

◆生物 贵阳地处亚热带常绿阔叶林带，温和湿润的气候使贵阳拥有种类繁多的生物资源。全市有维管束植物177属1300余种。国家重点保护的植物有香果树、鹅掌楸、乐东拟单性本兰、青檀、青钱柳、银杏、杜仲、天麻、厚朴等。国家重点保护的动物有大鲵(娃娃鱼)、白冠长尾雉、云豹、白鹇、猕猴、林麝、苏门羚、穿山甲、鸳鸯等。

三、基础设施

◆航空 1992年9月，贵阳航空口岸正式开通，贵阳市成为一类口岸城市。

1997年5月，距市中心12公里、车程15分钟的4D级现代化机场——贵阳龙洞堡机场投入空运。该机场占地6000余亩，机场跑道长3200米、宽60米，具有先进的导航系统和设施。候机楼建筑面积34000平方米，有设备先进的国际、国内候机厅，可满足年旅客吞吐量500万人次、高峰小时2000人(次)进出港需要。目前已开辟32条航线，每周航班467架次，航线辐射北京、上海、广州、海口、成都、昆明等全国大中城市及香港特别行政区。

◆铁路 贵阳是中国西南重要的铁路交通枢纽，川黔、贵昆、湘黔、黔桂4条铁路干线交汇于此，其中川黔、贵昆、湘黔3条铁路干线已实现电气化。电气化程度居全国之首。

贵阳火车南站，是铁路干线货运列车的汇集点，它既是省内最大的物资集散地，也是中国西南最大的铁路枢纽编组站，设计日编组能力为8000辆，建有一个国际集装箱货场，年设计货运能力为40万吨。

贵阳火车站是全省铁路客运中心，目前日到发客车50多列。同时，每天还有旅游列车分别往返于贵阳——昆明以及省内部分旅游胜地。

◆公路与公共交通 贵阳有8条出境公路，321和210国道经过贵阳。目前已形成以市区为中心，呈放射状分布的公路网络，四通八达，进出方便。公路通车里程达1800余公里，公路密度居全省之冠。

1997年11月，继全长137公里的贵(阳)黄(果树)高等级公路建成通车后，全长155公里、总投资18亿的贵阳至历史名城遵义的贵遵高等级公路投入使用。目前，我省修建里程最长、投资最多、工程量最大的贵阳至新寨和贵阳至毕节高等级公路已先后开工。贵新、贵毕高等级公路的建设，将沟通西南腹地与沿海城市的联系，促进西南地区经济的发展。

1994年以来，贵阳城区以道路、桥梁为主的城市建设步伐加快。1994年到1998年，共建设和改造道路59条，总长50公里。建造功能不一、造型各异的立交桥、平交桥、高架桥及人行天桥20座。如今已形成东西三横、南北三纵的现代立体交通网络。目前，投资19个亿、总长32公里的贵阳中心环线建设项目已开工，它将使贵阳以更加矫健的步伐跨入新世纪。

贵阳拥有公交汽车1921多辆，出租汽车2199辆。开辟公交线路73条，线路遍及贵阳市区及三郊区。目前市内公共汽车已在全国率先全面实行无人售票并启用“TM”卡自动收费系统。

◆城市建设 以金阳新区建设、老城区改造、小城镇建设为突破口，三轮驱动，担高城市化水平。

金阳新区位于市区西北部，距市中心12公里，是集行政办公、文教科研、高新技术和居住于一体的园林式、生态型、可持续发展的现代化新城区。2005年前，将进行新区的水、电、路及污水处理等城市基础设施建设。建成市级行政中心，进行科教园区及高新技术园区建设。2010年完成建城区面积17平方公里，人口18万；2030年完成建成区面积40平方公里，人口40万。形成老城区和金阳新区相结合的双中心组团式结构。

◆供水 贵阳现有南郊、东郊、中曹等5个水厂，日供水量为50万吨，供水普及率达98.5%。建立了具有现代水质检测设备的国家水质监测网贵阳监测站和“微机调度三遥系统”。2003年前，日供水量为10万吨的北郊水厂和日供水量为40万吨的西郊水厂建成后，将实现贵阳供水史上新的飞跃。

◆供电 贵阳市现有市南、市北两个供电局。电网覆盖面积12400多平方公里，管辖变电站40座，主变68台，总容量280.79万千伏安，安全生产及经济技术指标已达到部颁标准。2002年供电量117.97亿千瓦时。目前全市已推广IC电卡表，营业和配电自动化系统广泛投入使用，并实现村村通电供电网络。

◆供气 已形成以煤气为主，石油液化气和电炊作为补充的供气体系。建成供气45万方煤气气源厂和输配系统。“中日环境合作示范城”项目建设中，将对现有煤气气源厂和输配系统进行扩建。扩建后，煤气日供气量将增至60万方。目前城市煤气用户达22.59万户；石油液化气18万户；电炊6.4万户；城市气化率达到96.2%。

◆环保 贵阳市环境保护工作已形成较为完整的管理体系和地方性环境法规体系。近几年来，由于对已有污染源的治理和新污染源的控制，以及城市环境的综合治理，二氧化硫和酸雨污染的状况得到较大的改善，地面水特别是饮用水源得了有效的保护，城市环境质量逐年提高。投资20多亿人民币的“中日环境合作示范城”项目和已开始建设和重点基础设施项目建成后，将大大减少各类污染的排放，彻底治理大气环境、水环境和固体废弃物的污染，贵阳市的环境质量将得到根本性的改善。

◆绿化 园林绿化集观赏、游览、休闲、科普为一体，城区绿化走上了“绿化、美化、彩化”协调发展的道路，形成了以公园、市区主干道、滨河、广场绿化及环城绿带为主体，各次干道绿化及机关、学校、企业、住宅区庭院绿化为补充的点、线、面相结合的园林绿化体系，达到了“三季有花、四季常绿”的绿化标准，我市建成区园林绿化总面积达3954公顷，环城林带面积8666公顷，绿化覆盖率32.3%，人均公共绿地面积为12.1平方米，步入了全国园林绿化先进城市行列，被国家建设部评为“全国园林绿化先进城市”。

◆电信通信 贵阳拥有九十年代国际水平的通信设备，开办了市内电话、长途电话、移动电话、IC卡和磁卡电话、无线寻呼、数据通信等业务。长途、市内电话实现了交换程控化、传输数字化。电话号码由六位升为七位。建成了由公用分组交换数据网、公用数字数据网、公用计算机互联网构成的能满足计算机通信等多种用途的中国公用数据通信网。

全市电话交换机容量已达97.52万门，固定电话用户达75.37万户，全市电话普及率为每百人52.8部。长途交换机容量3万路端，电话用户可直拨国内400多个城市和世界190多个国家和地区。移动电话系统容量突破21万门，用户93.45万户，移动电话自动漫游全国300多个大中城市，并可任意拨打世界30多个国家。此外，市内主要繁华地段，各大宾馆、商场、火车站、机场等公共场所还设有IC卡、磁卡电话。

市内无线寻呼目前已开通126台、988台、199台等若干台。其中199台为全国寻呼台，采用世界上最先进的FLEXTM编码技术，全国统一网号，异地用户传递信息无须拨打长途电话，全国漫游无须改号，1998年底开通全国100多个大中城市，并与香港联网。

贵阳169多媒体通信的开通，标志着贵阳通向国内外的信息高速公路的建成。贵阳电信进入了可满足多层次、多类型信息需求阶段。

◆邮政通信 贵阳市邮政局拥有目前国内外先进的邮件处理和运输设备。计算机技术广泛应用于生产、经营和管理等各个方面。目前能与全国各地及世界145个国家和地区直接通邮。

邮政部门除了办理一般业务外，还开办了特快专递、储蓄、电子信函、国际汇兑等业务，特快专递可通达国内近2000多个城市及世界200多个国家和地区。储蓄已实现与全国300多个城市联网运行，通存通取。电子信函已与国内560多个城市开办此项业务。国际汇兑已与美国、日本、意大利、丹麦、奥地利等15个国家达成国际汇票业务协议。

行政区域、自然资源

1

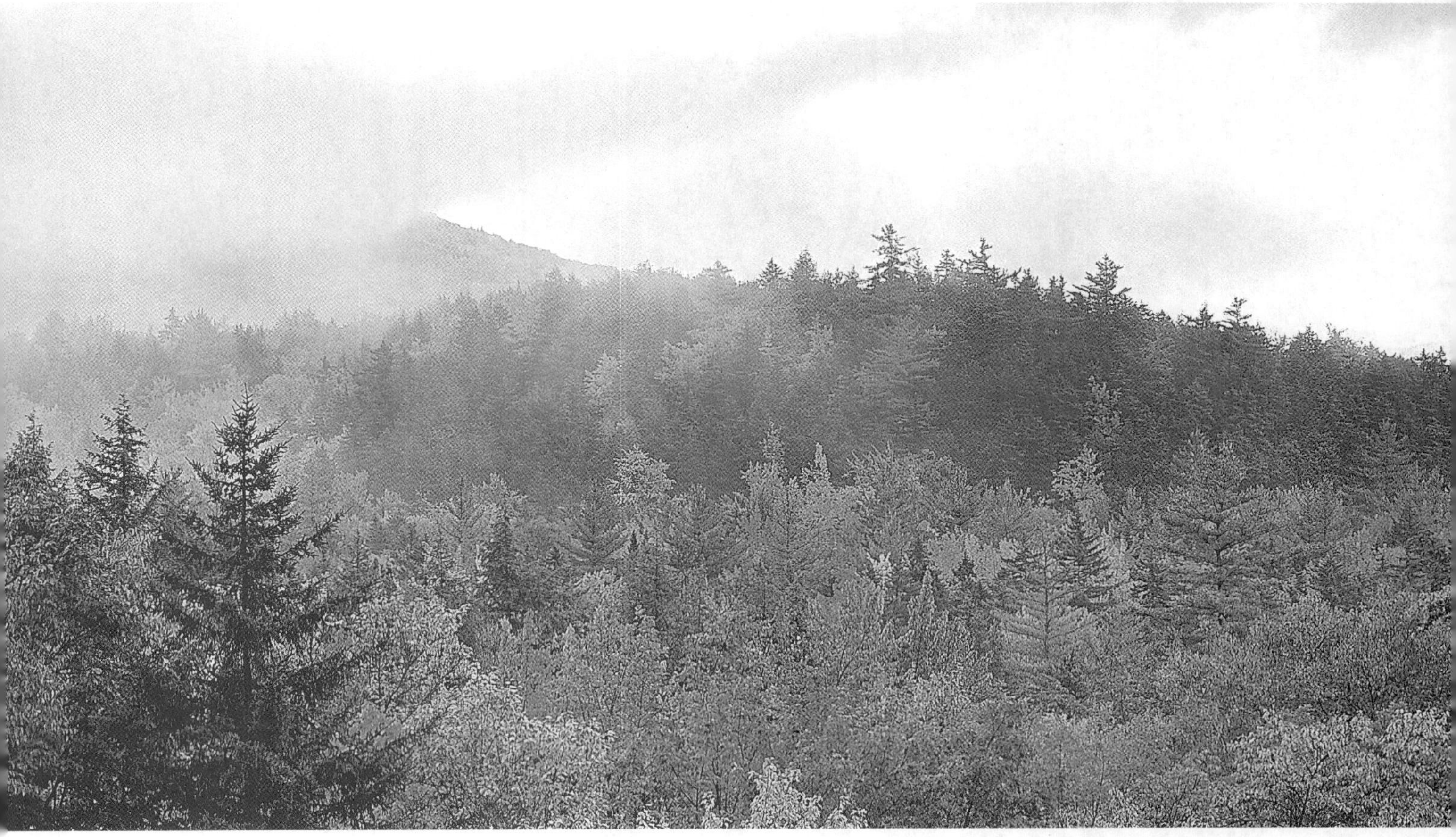

1—1 贵阳市区、市、县及乡(镇)名称

区、市、县名称	乡镇(办事处)名称
南明区	遵义路办事处 中华南路办事处 西湖路办事处 河滨办事处 市府路办事处 兴关路办事处 花果园办事处 沙冲路办事处 太慈桥办事处 新华路办事处 大南门办事处 油榨街办事处 中曹司办事处 龙洞堡办事处 二戈寨办事处 后巢乡 云关乡
云岩区	市西办事处 北京办事处 中北办事处 中中办事处 中西办事处 中东办事处 环北办事处 延中办事处 普陀办事处 贵乌办事处 威清办事处 黔东办事处 三桥办事处 宅吉办事处 头桥办事处 黔灵镇
花溪区	花溪镇 青岩镇 石板镇 花溪乡 党武乡 孟关乡 小碧乡 黔陶乡 燕楼乡 马铃乡 高坡乡 麦坪乡 久安乡 湖潮乡
乌当区	新添寨办事处 高新办事处 东风镇 水田镇 羊昌镇 朱昌镇 金华镇 永乐乡 偏坡乡 下坝乡 新堡乡 新场乡 百宜乡 野鸭乡
白云区	龚家寨办事处 大山洞办事处 艳山红办事处 都拉营办事处 艳山红镇 都拉乡 沙文镇 牛场乡 麦架镇
小河区	锦江社区 清水江社区 松花江社区 长江社区 盘江社区 金溪社区 黄河社区 漓江社区 红林社区 华阳社区 金农社区 浦江社区 中曹社区 王山社区 北门社区
清镇市	红枫湖镇 卫城镇 新店镇 站街镇 百花湖乡 流长苗族乡 暗流乡 犁倭乡 麦格苗族布依族乡 王庄布依族乡
修文县	龙场镇 扎佐镇 久长镇 六广镇 谷堡乡 六屯乡 小箐乡 洒坪乡 大石布依族乡 六桶乡
息烽县	永靖镇 温泉镇 九庄镇 小寨坝镇 青山苗族乡 西山乡 养龙司乡 石硐乡 鹿窝乡 流长乡
开阳县	城关镇 双流镇 金中镇 冯三镇 马场镇 永温乡 南龙乡 宅吉乡 龙岗镇 花梨乡 龙水乡 米坪乡 禾丰乡 哨上乡 高寨乡 毛云乡

1—2 行　政　区　划

单位：个

名　称	乡	#民族乡	镇	街道办事处	社区居民委员会	村民委员会
贵阳市	**50**	**19**	**30**	**36**	**427**	**1171**
南明区	2			15	136	11
云岩区			1	15	114	13
花溪区	11	7	3		19	165
乌当区	7	2	5	2	37	119
白云区	2	2	3	4	32	56
小河区					15	17
清镇市	6	3	4		30	299
修文县	6	1	4		12	217
息烽县	6	1	4		9	161
开阳县	10	3	6		23	113

1—3 自　然　资　源

指　标	单　位	数　量	指　标	单　位	数　量
一、土　地			森林覆盖率	%	34.77
国土面积	平方公里	8034	**四、水　利**		
市区面积	平方公里	2403	10公里以上河流	条	98
建成区	平方公里	128	年径流量	亿M^3	55.78
耕地面积	千公顷	103	水能理设蕴藏量	万千瓦	130.7
二、气　候			水能可开发量	万千瓦	87.3
平均温度	℃	14.7	大中型水库总容量	亿M^3	11.62
极值高温	℃	34.1	（不包括乌江水库和东风水库）		
极值低温	℃	—6.6	**五、矿　产**		
年降水量	毫米	1200.2	铝	亿吨	3.3
三、森　林			磷	亿吨	4.28
森林面积	平方公里	2092	煤	亿吨	8.3

1—4 贵阳市气象情况

（2002年）

指 标	单 位	年	一 月	二 月	三 月	四 月	五 月	六 月
平均气温	℃	14.7	63	85	11.2	16.1	18	22.2
平均最高气温	℃	19.5	10.6	12.5	16.3	22.3	22.7	26.7
极值高温	℃/日	34.1/7月16日	22.2/15	21.4/26	25.5/21	30.9/6	29.5/1	298/11
平均最低气温	℃	11.4	3.4	5.8	7.9	11.6	14.6	19.3
极值低温	℃/日	—6.6/12月27日	—1.1/19	—0.1/2	2.5/6	3.8/9	11.3/11	15.3/4
总降水量	mm	1200.2	6.8	66.1	40.7	109.2	2684	215.4
一日最大降水量	mm	94.2	3.2	29.4	23	40.8	70.3	94.2
最长连续降水日数	天	10	4	10	4	5	9	10
最长连续无降水日数	天	11	9	3	7	8	3	7
雨 日	天	169	9	18	15	13	21	16
雾	天	27	1	1	3	3	2	2
露	天	140	8	2	10	7	12	11
雷 暴	天	57	0	5	2	5	9	13
下 雪	天	8	4	0	0	0	0	0
结 冰	天	13	5	2	0	0	0	0
霜	天	8	6	0	0	0	0	0
气压(月平均)	0.1hpg	877.8	881.8	880.8	878.1	874.8	875.1	872.2
平均相对湿度	%	80	76	86	81	73	82	82
平均总云量	成	7.7	7.7	9.2	83	6.7	86	8.9

1—4续表

指　　标	单　位	七　月	八　月	九　月	十　月	十一月	十二月
平均气温	℃	22.7	20.4	18.8	15.3	11.6	5.6
平均最高气温	℃	27.6	25.2	24.3	20.4	15.9	94
极值高温	℃/日	34.1/16	30.4/5	30.0/2	28.1/2	25.5/14	22.0/6
平均最低气温	℃	18.9	17.2	14.7	11.7	8.5	3
极值低温	℃/日	16.1/1	14.2/19	10.3/23、25	6.6/24	4.2/26	—6.6/27
总降水量	mm	103.1	237.6	25.6	79.7	22.1	25.5
一日最大降水量	mm	37.1	43.8	10.5	22.7	16.6	9.6
最长连续降水日数	天	7	10	3	4	3	6
最长连续无降水日数	天	6	6	9	8	11	7
雨　日	天	12	18	9	14	9	15
雾	天	3	5	2	1	0	4
露	天	25	17	14	16	12	6
雷　暴	天	12	6	3	1	0	1
下　雪	天	0	0	0	0	0	4
结　冰	天	0	0	0	0	0	6
霜	天	0	0	0	0	0	2
气压(月平均)	0.1hpg	871.8	875	879.5	880.5	882.5	881.5
平均相对湿度	%	81	85	75	80	77	86
平均总云量	成	6.2	7	6.4	6.9	8.1	8.8

主要统计指标解释

自然资源 指人类可以直接从自然界获得，并用于生产和生活的物质资源。自然资源一般可以分成可再生资源和非再生资源两大类。可再生资源指在较短时间内可以再生、可以循环利用的资源，包括土地资源、水资源、气候资源、生物资源和海洋资源等。非再生资源指在使用后不能再生的资源，包括矿产资源和地热能源。

耕地面积 指种植各种农作物的土地面积，包括灌溉水田、望天田、水浇地、旱地、菜地等。

森林面积 指由乔木树种构成，郁闭度0.2以上（含0.2）的林地或冠幅宽度10米以上的林带的面积，即有林地面积。森林面积包括天然起源和人工起源的针叶林面积、阔叶林面积、针阔混交林面积和竹林面积，不包括灌木林地面积和疏林地面积。

森林覆盖 指一个国家或地区森林面积占土地面积的百分比。在计算森林覆盖率时，森林面积包括郁闭度0.2以上的乔木林地面积和竹林地面积，国家特别规定的灌木林地面积、农田林网以及四旁（村旁、路旁、水旁、宅旁）林木的覆盖面积。森林覆盖率是反映森林资源的丰富程度和生态平衡状况的重要指标。计算公式为：

$$\text{森林覆盖率}(\%)=\frac{\text{森林面积}}{\text{土地总面积}}\times 100\%$$

气温 指空气的温度，我国一般以摄氏度（℃）为单位表示。气象观测的温度表是放在离地面约1.5米处通风良好的百叶箱里测量的，因此，通常说的气温指的是离地面1.5米处百叶箱中的温度。其统计计算方法为：

月平均气温是将全月各日的平均气温相加，除以该月的天数而得。

年平均气温是将12个月的月平均气温累加后除以12而得。

相对湿度 指空气中实际水气压与当时气温下的饱合水气压之比。其统计方法与气温相同。

降水量 指从天空中降落到地面的液态或固态（经融化后）水，未经蒸发、渗透、流失而在地面上积聚的深度。其统计计算方法为：

月降水量是将全月各日的降水量累加而得。

年降水量是将12个月的月降水量累加而得。

综　合

2

国内生产总值

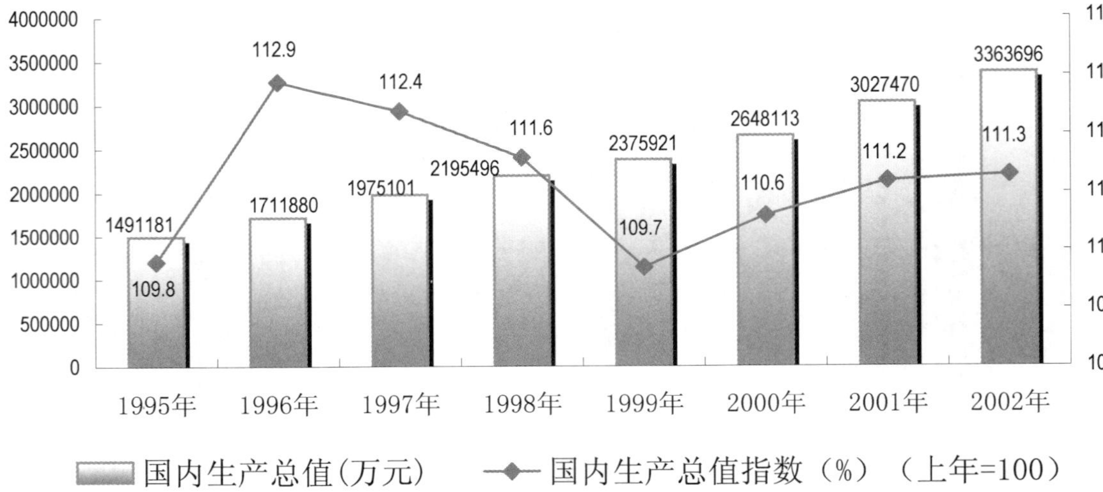

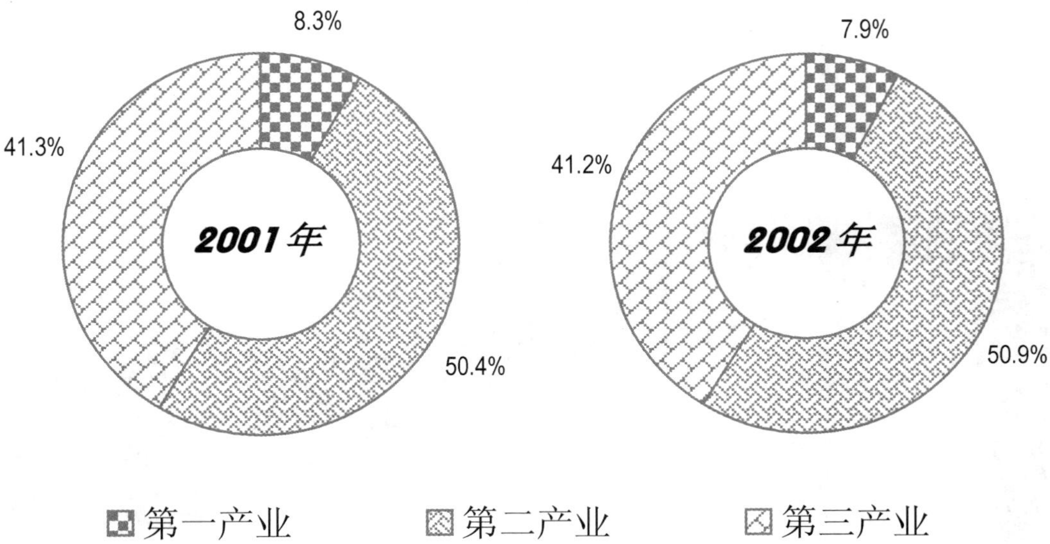

人均国内生产总值(元)

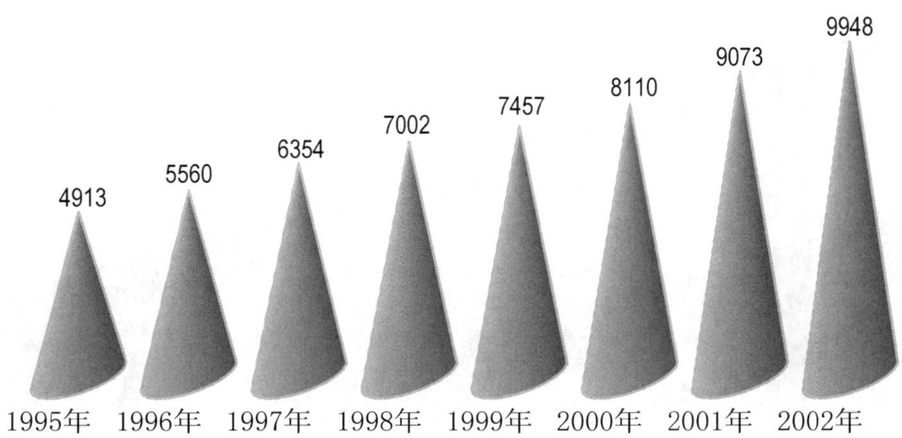

2—1 国民经济主要指标及增长速度

指 标	单 位	2001年	2002年	2002年比 2001年增长 (%)
年末总人口	万人	335.81	340.44	1.4
人口密度	人/平方公里	418	424	1.4
人口出生率	‰	11.37	10.63	—0.74(千分点)
人口死亡率	‰	5.11	4.81	—0.3(千分点)
人口自然增长率	‰	6.26	5.82	—0.44(千分点)
国内生产总值(现价)	万元	3027470	3363696	11.3
人均国内生产总值	元	9073	9948	9.8
规模以上工业总产值(现价)	万元	2588494	2958943	20.8
农业总产值(现价)	万元	389659	410141	4.5
全社会固定资产投资	万元	1554183	1879604	20.9
社会消费品零售总额	万元	1216556	1365816	12.3
建筑业总产值	万元	1120553	1277915	14.0
财政总收入	万元	635145	791488	12.9
地方财政预算收入	万元	279687	330788	18.3
#工商税收	万元	191888	238891	24.5
乡镇企业总产值(现价)	万元	3472436	4295356	—
乡镇企业营业收入	万元	4934006	6365317	29.0

注:本表绝对数按当年价格计算,增长速度按可比价格和可比口径计算;"2002年财政总收入"的计算口径有变化,与往年资料不可比,可比口径的数据为717345万元,"财政总收入增长"按可比口径计算。

2—2　国民经济主要指标比例关系

单位:%

指　标	1998年	1999年	2000年	2001年	2002年
国内生产总值经济类型	**100**	**100**	**100**	**100**	**100**
公有制经济	77.3	70.2	67.8	65.4	63.8
非公有制经济	22.7	29.8	32.2	34.6	36.2
国内生产总值三次产业	**100**	**100**	**100**	**100**	**100**
第一产业	11.3	9.9	9.1	8.3	7.9
第二产业	51.2	51.1	50.9	50.4	50.9
第三产业	37.5	39.0	40.0	41.3	41.2
农林牧渔业总产值比例(现价)	**100**	**100**	**100**	**100**	**100**
农业	61.4	60.2	62.4	60.9	58.7
林业	2.5	2.4	2.2	1.7	2.2
牧业	33.8	35.1	33.4	35.4	37.1
渔业	2.3	2.3	2.0	2.0	2.0
工业总产值中轻重工业比例(现价)	**100**	**100**	**100**	**100**	**100**
轻工业	34.7	35.8	35.1	34.9	34.8
重工业	65.3	64.2	64.9	65.1	65.2
工业总产值经济类型结构(现价)		**100**	**100**	**100**	—
规模企业中:国有企业		45.6	42.7	40.0	27.9
集体企业		8.8	9.5	5.2	4.6
股份合作企业		1.3	1.3	0.6	0.5
联营企业		1.1	0.9	0.5	0.7
有限责任公司		27.6	27.4	31.6	27.4
股份有限公司		8.5	11.9	11.5	23.2
私营企业		3.0	3.6	7.0	10.0
港澳台投资企业		1.6	1.1	1.6	1.9
外商投资企业		2.5	1.6	2.0	3.7

2—3 贵阳市主要经济指标占全省的比重

指标	单位	贵州		贵阳		贵阳占全省比重(%)	
		2001年	2002年	2001年	2002年	2001年	2002年
土地面积	**平方公里**	**176100**	**176100**	**8034**	**8034**	**4.56**	**4.56**
年末总人口	**万人**	**3798.51**	**3837.28**	**335.81**	**340.44**	**8.84**	**8.87**
国内生产总值	**亿元**	**1084.90**	**1180.02**	**302.75**	**336.37**	**27.91**	**28.51**
第一产业	亿元	274.17	280.52	25.09	26.58	9.15	9.48
第二产业	亿元	419.74	474.47	152.69	171.28	36.38	36.10
#工　业	亿元	335.00	370.49	122.83	136.60	36.67	36.87
第三产业	亿元	390.99	425.03	124.97	138.51	31.96	32.59
人均国内生产总值	元	2895	3140	9073	9948		
财政、金融							
财政总收入	亿元	176.87	203.03	63.51	79.15	35.91	38.98
#地方财政收入	亿元	99.75	108.28	27.97	33.08	28.04	30.55
地方财政支出	亿元	275.20	316.67	36.17	45.96	13.14	14.51
金融机构各项存款余额	亿元	1341.11	1553.00	645.22	731.80	48.11	47.12
#城乡居民储蓄存款余额	亿元	641.67	759.05	240.13	288.04	37.42	37.95
金融机构各项贷款余额	亿元	1212.23	1403.92	486.31	595.52	40.12	42.42
邮电业务总量	亿元	47.57	74.73	16.96	22.27	35.65	29.80
固定资产投资							
全社会固定资产投资总额	亿元	533.74	632.44	155.42	187.96	29.12	29.72
#基本建设	亿元	238.81	312.62	55.54	78.56	23.26	25.13
更新改造	亿元	118.55	120.79	39.42	41.76	33.25	34.57
房地产开发	亿元	67.01	83.01	43.33	50.03	64.67	60.27

2－3续表

指　　标	单　位	贵　州		贵　阳		贵阳占全省比重(%)	
		2001年	2002年	2001年	2002年	2001年	2002年
国内外贸易							
社会消费品零售总额	亿元	378.01	416.16	121.66	136.58	32.18	32.82
外贸进出口总额(海关数)	万美元	64978	69141	49427	57240	76.07	82.79
出　口	万美元	42170	44181	16313	19745	38.68	44.69
进　口	万美元	22808	24960	33114	37495	145.19	150.22
实际利用外资	万美元	14010	9383	5941	8157	42.41	86.93
#直接利用外资	万美元	2829	3699	1219	2918	43.09	78.89
旅　游							
海外旅游人数	万人次	20.55	22.81	5.95	6.75	28.96	29.59
国内旅游人数	万人次	2100	2200.34	999.49	1009.62	47.59	45.88
旅游外汇收入	万美元	6873.23	7950.63	1633	1909	23.76	24.01
国内旅游收入	亿元	75.81	99.86	34.67	40.04	45.73	40.10
教育、文化、卫生							
专任教师数	万人	29.31	30.89	4.42	4.61	15.08	14.93
在校学生数	万人	1134.80	1103.34	114.10	117.35	10.05	10.64
图书出版量	万册	12969	15030	12969	15030	100.00	100.00
杂志出版量	万册	1210	1340	1194	1334	98.68	99.55
报纸出版量	亿份	3.17	3.16	2.49	2.51	78.48	79.56
医院、卫生院数	个	1872	1857	117	193	6.25	10.39
医院、卫生院床位数	张	55900	57616	12710	13579	22.74	23.57
医生数	人	46412	36964	9327	8593	20.10	23.25
城镇居民人均可支配收入	**元**	**5452**	**5944**	**6909**	**7306**		
农民人均纯收入	**元**	**1412**	**1490**	**2229**	**2352**		

注：2002年医生数指执业医师和执业助理医师。

2—4 全市基本情况

指标	单位	2001年		2002年	
		全市	市辖区	全市	市辖区
一、人口、劳动力及土地面积					
年末总人口	万人	335.81	191.05	340.44	194.92
#非农业人口	万人	156.56	134.12	160.33	137.26
年平均人口	万人	333.69	188.98	338.13	191.73
暂住人口(一个月以上)	万人	31.14	29.84	31.4	30.32
年出生人口	人	37944	18181	35964	22951
年死亡人口	人	17038	8697	16278	8276
年末总户数	万户	87.03	50.12	88.89	51.26
年末单位从业人员数	万人	53.8	45.62	55.16	47.15
第一产业(农、林、牧、渔业)	万人	0.61	0.35	0.62	0.37
第二产业	万人	26.8	22.66	28.87	24.95
(1)采掘业	万人	1.24	0.61	1.4	0.51
(2)制造业	万人	14.82	12.47	15.94	14.04
(3)电力、煤气及水的生产和供应业	万人	1.29	0.65	1.46	0.81
(4)建筑业	万人	9.45	8.93	10.06	9.58
第三产业	万人	26.39	22.61	25.66	21.83
(1)地质勘查业、水利管理业	万人	0.3	0.21	0.32	0.23
(2)交通运输、仓储及邮电通信业	万人	1.41	1.33	1.14	1.07
(3)批发和零售贸易、餐饮业	万人	3.48	3.03	4.32	3.89
(4)金融、保险业	万人	1.48	1.32	1.5	1.33
(5)房地产业	万人	3.21	3.2	0.96	0.94
(6)社会服务业	万人	2.65	2.6	3.1	2.98
(7)卫生、体育和社会福利业	万人	1.74	1.4	1.89	1.53
(8)教育、文化艺术和广播电影电视业	万人	5.51	3.98	5.32	3.78
(9)科学研究和综合技术服务业	万人	1.11	1.11	0.93	0.93
(10)国家机关、政党机关和社会团体	万人	4.59	3.54	4.55	3.52
(11)其他行业	万人	0.91	0.89	1.63	1.63
私营和个体从业人员	人	104696	92267	300600	255707
年末城镇登记失业人员数	人	31331	26269	30925	26080
行政区域土地面积	平方公里	8034	2403	8034	2404
#建成区面积	平方公里		107		128
居住用地面积	平方公里		25		29
公共设施用地面积	平方公里		15		17
工业用地面积	平方公里		28		28
二、综合经济					
(一)国内生产总值(当年价格)	万元	3027470	2490027	3363696	2809254
第一产业增加值	万元	250919	108344	265814	115817
第二产业增加值	万元	1526873	1278457	1712814	1452361
#工业增加值	万元	1228304	1045052	1366034	1168879
第三产业增加值	万元	1249678	1103226	1385068	1241076

2—4续表1

指　　标	单　位	2001年		2002年	
		全市	市辖区	全市	市辖区
国内生产总值(2000年价格)	万元	2943478	2410331	3274934	2720117
人均国内生产总值(当年价)	元	9073	13176	9948	14652
国内生产总值增长率	%	11.2	11.8	11.3	12.9
(二)财政、金融、保险					
中央财政预算内收入	万元	316169	290774	340034	298302
地方财政预算内收入	万元	279687	246106	330788	290039
地方财政预算内支出	万元	361699	299372	459589	379121
#科学事业费支出	万元	1311	1066	1657	1369
教育事业费支出	万元	47303	31780	55812	37049
年末金融机构存款余额	万元	6452190	6108483	7317972	6931825
#城乡居民储蓄存款余额	万元	2401281	2193291	2880437	2641698
年末金融机构各项贷款余额	万元	4863088	4618416	5955192	5692548
承保额	万元	10795300	10653010	10332888	10147823
保费收入	万元	95221	89260	95647	90945
各项赔款和给付	万元	18887	17239	25108	23205
三、农　业					
年末实有耕地面积	千公顷	107	27	103	26
蔬菜产量	吨	704129	473478	787833	520624
水果产量	吨	37962	20273	51069	32013
肉类总产量	吨	126966	47606	139675	51154
奶类产量	吨	15932	15071	19851	18963
水产品产量	吨	8810	2378	8859	2237
四、工　业					
国有及年销售收入500万元以上非国有工业企业主要经济指标					
工业企业数	个	587	469	617	495
内资企业	个	546	432	574	456
港、澳、台商投资企业	个	24	22	25	23
外商投资企业	个	17	15	18	16
工业总产值(当年价)	万元	2588494	2079492	2958943	2352409
内资企业	万元	2494669	1992480	2793066	2192560
港、澳、台商投资企业	万元	41319	38154	56167	52840
外商投资企业	万元	52506	48858	109710	107009
从业人员年平均人数	万人	23.47	19.11	23.03	18.44
流动资产年平均余额	万元	2524093	2133889	2703470	2313327
固定资产净值年平均余额	万元	2311970	1602657	2375108	1717309
产品销售收入	万元	2427146	1961047	2959892	2396338
#产品销售税金及附加	万元	159207	156027	158230	154584
本年应交增值税	万元	160893	139303	179431	156355
利润总额	万元	56872	36619	84759	83600

2—4续表2

指　　　标	单　位	2001年		2002年	
		全市	市辖区	全市	市辖区
年销售收入500万元以下非国有工业企业主要经济指标					
(限额以下)工业企业数	个	19014	10762	19469	8835
(限额以下)工业总产值(当年价)	万元	617937	404502	633600	275158
五、交通运输、邮电通信、能源电力					
铁路客运量	万人	641.54		638.92	
铁路货运量	万吨	902		1021	
境内铁路里程	公里	299		299	
民用汽车拥有量	辆	64552		71368	
#私人汽车拥有量	辆	20260		21997	
公路客运量	万人	16555		17518	
公路货运量	万吨	3978		4105	
境内公路里程	公里	2203		2987	
水运客运量	万人	62.2		61	
水运货运量	万吨	4		4	
民用航空货邮运量	吨	8625		14367	
民用航空客运量	人	754725		870665	
邮政业务总量	万元	15015	12899	15767	13476
电信业务总量	万元	154562	147535	206960	198071
本地电话用户数	万户	61.11	53.3	75.37	65.96
年末移动电话用户数	户	676707	625559	934466	857532
国际互联网用户数	户	89599	89303	144266	
全年用电量	万千瓦时	1166478	833719	1179667	835891
#工业用电	万千瓦时	980747	667008	990522	671368
城乡居民生活用电	万千瓦时	86193	68463	92844	78074
六、内外贸易、外经、旅游					
批发零售贸易业商品销售总额	万元	2973973	2852676	3086011	2960144
社会消费品零售额	万元	1216556	1089337	1365816	1222402
限额以上批发零售贸易企业数	个	99	89	99	88
其中零售业:按经营方式分组					
1.连锁商店	个	9	9	9	9
2.非连锁商店	个	24	21	25	20
按零售业态分组					
1.百货商店	个	9	9	9	5
2.超级市场	个	6	5	6	6
限额以上餐饮企业数	个	31	31	36	36
外贸进出口总额(海关数)	万美元	49427		57240	
进口额	万美元	16313		19745	
出口额	万美元	33114		37495	

2—4续表3

指　　标	单　位	2001年		2002年	
		全市	市辖区	全市	市辖区
外国和港澳台地区在华直接投资：					
当年新签项目(合同)个数	个	37	33	31	30
当年合同外资金额	万美元	4203	4045	4127	3927
当年实际使用外资金额	万美元	5941	5916	8157	8087
已投产(营业)企业数	个	156	155	107	107
从业人员数	人	10330	10300	12647	12642
国际旅游者人数	人	59501		67500	
#外国人	人	20825		22100	
港、澳、台同胞	人	38676		45400	
国际旅游收入	万美元	1633		1909	
星级饭店数	个	40		48	
七、固定资产投资					
固定资产投资完成额	万元	1467685	1331253	1759406	1581836
#住　宅	万元	292016	282124	313091	
房地产开发投资完成额	万元	433327	425389	500300	485020
#住　宅	万元	259024	253866	278108	265719
全年新增固定资产	万元	1105889	763111	1006658	904795
本年施工住宅面积	万平方米	659.44	620.23	663.01	611.76
本年竣工住宅面积	万平方米	255.19	238.73	218.33	194.35
商品房屋销售面积	万平方米	198.39	191.21	204.51	192.33
#销售给个人	万平方米	176.16	170.34	197.17	185.76
商品房屋空置面积	万平方米	24.87	24.16	44.56	43.73
商品房屋销售额	万元	305317	299549	335953	312574
#销售给个人	万元	274039	270251	318001	291192
八、教育、科技、文化、卫生					
学　校　数：普通高等学校	所	13	13	15	15
成人高等学校	所	3	3	3	3
中等专业学校	所	41	40	39	38
普通中学	所	274	175	285	181
小　学	所	1146	507	1146	498
专任教师数：普通高等学校	人	5586	5586	6734	6734
成人高等学校	人	672	672	763	763
中等专业学校	人	2410	2298	2297	2187
普通中学	人	11614	7414	11887	7608
小　学	人	18082	10442	18350	10492
在校学生数：普通高等学校(普通高等教育)	人	76514	76514	85591	85591
成人高等学校(成人高等教育)	人	26352	26352	26778	26778
中等专业学校	人	51313	50002	48569	47269
普通中学	万人	19.15	10.73	20.68	11.68
小　学	万人	36.78	19.26	36.51	19.62

2—4续表4

指　　标	单　位	2001年		2002年	
		全市	市辖区	全市	市辖区
各类专业技术人员数	万人	14.47	12.79	14.19	12.53
#中级技术职称以上人员数	万人	3.78	3.53	3.72	3.46
从事科技活动人员数	人	13102	12357	13530	12761
剧场、影剧院数	个	14	6	14	5
公共图书馆图书藏量	千册、件	3053	2934	3088	2977
医院、卫生院数	个	177	108	193	123
医院、卫生院床位数	张	12710	10610	13579	11586
医院、卫生院医生数	人	5571	4466	5563	4012
九、人民生活					
住宅建筑面积	万平方米		2824.75		2595.6
住宅使用面积	万平方米		2119.1		2046.5
居住人口(与使用面积口径一致)	万人		134.12		137.26
在岗职工平均人数	万人	49.49	41.2	52.38	44.63
在岗职工工资总额	万元	525095	438633	575551	489334
居民人均可支配收入	元		6909		7306
居民人均消费支出	元		5776		5801
其中:(1)食品	元		2168		2210
(2)衣着用品	元		522		538
(3)家庭设备、用品及服务	元		643		297
(4)医疗保健	元		383		384
(5)交通和通讯	元		495		597
(6)娱乐、教育、文化服务	元		821		1017
(7)居住	元		545		510
人均住房使用面积	平方米		15.8		14.9
按房屋产权分:租赁公房	户				85513
租赁私房	户				10963
自有房	户				304778
其　他	户				37275
无卫生设备户数	户				35082
每百户拥有空调数	台		8		6
每百户拥有电冰箱	台		94.5		92.5
每百户拥有家用电脑	台		13		16.6
每百户拥有电话机数	台		85		91.7
居民消费价格指数(上年为100)			103.2		98.4
年末离休、退休、退职人员数	万人	19.92	18.79	20.75	19.69
离休、退休、退职人员保险福利费用总额	万元	190973	182752	221199	
基本养老保险参保职工	人	249600	221986	255286	226654
基本医疗保险参保人数	人	58508	46926	222780	211029

2—4续表5

指 标	单 位	2001年		2002年	
		全市	市辖区	全市	市辖区
失业保险参保人数	人	287809	259493	274753	245035
社会福利院数	个	68	32	69	33
社会福利院床位数	张	1820	1413	1872	1454
社区服务设施数	个	1206	1087	1227	1109
居民最低生活保障已保人数	人	66052	57041	79310	68285
十、社会治安					
交通事故件数	件	1138	672	1203	718
交通事故死亡人数	人	313	240	301	197
刑事案件立案数	件	28164	23088	27004	22318
犯罪人数	人	7672	6159	7429	5744
十一、市政公用事业					
年末实有铺装道路面积	万平方米		598		609
排水管道长度	公里		913		913
供水综合生产能力(包括自备水源)	万吨/日		122		126
供水总量	万吨		26043		26396
#居民家庭用水量	万吨		7034		10821
煤气(人工、天然气)供气总量	万立方米		8321		9239
#家庭用量	万立方米		4567		5068
用煤气人口	人		695600		790400
液化石油气供气总量	吨		21000		22186
#家庭用量	吨		20950		19352
用液化气人口	人		595000		630000
年末实有公共汽(电)车营运车辆数	辆		1921		1780
全年公共汽(电)车客运总量	万人次		43136		43561
年末实有出租汽车数	辆		2199		2242
园林绿地面积	公顷		4279		20486
#公共绿地面积	公顷		1665		1665
建成区绿化覆盖面积	公顷		3540		4138
十二、环境保护					
环境污染治理投资额	万元		61774		83790
工业废水排放量	万吨		6358		6131
工业废水排放达标量	万吨		2190		2945
工业二氧化硫去除量	吨		70202		73335
工业二氧化硫排放量	吨		212680		210000
环境噪声达标面积	平方公里		58		67
生活污水处理率	%				16
生活垃圾无害化处理率	%		66		45
生活垃圾粪便无害化处理量	万吨		34		22
生活垃圾粪便清运量	万吨		55		57

2—5 国内生产总值

指标	2001年		2002年		2002年比2001年增长(%)
	绝对数(万元)	构成(%)	绝对数(万元)	构成(%)	
国内生产总值	**3027470**	**100.0**	**3363696**	**100.0**	**11.3**
第一产业	250919	8.3	265814	7.9	3.8
农业	167510	5.5	168139	5.0	—2.6
第二产业	1526873	50.4	1712814	50.9	12.7
工业	1228304	40.6	1366034	40.6	12.0
建筑业	298569	9.9	346780	10.3	15.8
第三产业	1249678	41.3	1385068	41.02	11.0
农林牧渔服务业	3187	0.1	3315	0.1	7.8
地质勘查业、水利管理业	17699	0.6	19754	0.6	8.0
交通运输、仓储及邮电通信业	224471	7.4	258591	7.7	12.5
批发和零售贸易、餐饮业	344576	11.4	376974	11.2	11.6
金融保险业	149781	4.9	157956	4.7	5.5
房地产业	95449	3.2	119502	3.6	26.3
社会服务业	86098	2.8	95491	2.8	10.9
卫生、体育、社会福利业	61926	2.0	67678	2.0	9.3
教育、文艺及广播电影电视业	97361	3.2	105152	3.1	8.0
科学研究和综合技术服务业	30951	1.0	32749	1.0	5.8
国家机关、政党机关和社会团体	83608	2.8	91129	2.7	9.0
其他行业	54571	1.8	56776	1.7	3.3
人均国内生产总值(元)	**8921**	—	**9784**	—	**9.8**

注：1.表中人均国内生产总值按人口变动抽样调查常住人口计算。

2.表中绝对数按当年价格计算，增长速度按可比价格计算。

2—6　按支出法计算的国内生产总值

单位:万元

指　　标	2001年	2002年	2002年比2001年增长(%)
一、绝对数			
按支出法计算的国内生产总值	3027470	3363696	11.3
最终消费	1752162	1909839	10.3
居民消费	1498681	1633548	10.0
农村居民	174027	169714	7.8
城镇居民	1324654	1463834	10.3
政府消费	253481	276291	12.0
资本形成总额	1306019	1470089	10.9
固定资本形成总额	1011915	1168999	13.4
存货增加	294104	301090	2.7
货物和服务净出口	−30711	−16232	−45.5
出　口	496160	523842	11.5
进　口	526871	540074	7.5

2—7　最　终　消　费

单位:万元

指　　标	2001年	结构(%)	2002年	结构(%)
最终消费	**1752162**	**100.0**	**1909839**	**100.0**
一、居民消费	**1498681**	**85.5**	**1633548**	**85.5**
1.农村居民	174027	9.9	169714	8.9
自给性消费	57313	3.3	55893	2.9
商品性消费	73248	4.2	74428	3.9
文化生活服务性消费	22115	1.3	21567	1.1
住房及水电消费	21351	1.2	17826	0.9
#住房消费	15863	0.9	14479	0.8
2.城镇居民	1324654	75.6	1463834	76.6
商品性消费	1124696	64.2	1146461	60.0
文化生活服务性消费	43944	2.5	49560	2.6
住房及水电消费	156014	8.9	267814	14.0
#住房消费	129100	7.4	222612	11.7
二、政府消费	**253481**	**14.5**	**276291**	**14.5**

注:本表按当年价格计算。

2—8　按行业划分的资本形成总额

单位:万元

指　　标	2001年	结构(%)	2002年	结构(%)
固定资本形成总额	**1011915**	**100.0**	**1168999**	**100.0**
第一产业	23411	2.3	26945	2.3
农林牧渔业	23411	2.3	26945	2.3
第二产业	313041	30.9	360636	30.9
采掘业	322	0.0	365	0.0
制造业	87256	8.6	100522	8.6
电力、煤气及水的生产和供应业	54192	5.4	62431	5.3
建筑业	171271	16.9	197319	16.9
第三产业	675463	66.8	781418	66.8
交通运输、仓储及邮电通信业	267275	26.4	319187	27.3
批发和零售贸易、餐饮业	41550	4.1	48097	4.1
金融保险业	6364	0.6	7262	0.6
房地产业	5118	0.5	7861	0.7
其它行业	355156	35.1	399012	34.1
存货增加	**294104**	**100.0**	**301099**	**100.0**
第一产业	8848	3.0	9057	3.0
农业牧渔业	8848	3.0	9057	3.0
第二产业	193897	65.9	197510	65.6
工　业	95982	32.6	98869	32.8
建筑业	97915	33.3	98641	32.8
第三产业	91359	31.1	94532	31.4
交通运输、仓储及邮电通信业	35630	12.1	36068	12.0
批发零售和贸易、餐饮业	13703	4.7	14178	4.7
其它行业	42026	14.3	44286	14.7

主要统计指标解释

可比价格　指计算各种总量指标所采用的扣除了价格变动因素的价格，可进行不同时期总量指标的对比。按可比价格计算总量指标有两种方法：一种是直接用产品产量乘某一年的不变价格计算；另一种是用价格指数进行缩减。

不变价格　指以同类产品某年的平均价格作为固定价格，用于计算各年的产品价值。按不变价格计算的产品价值消除了价格变动因素，不同时期对比可以反映生产的发展速度。新中国成立后，随着工农业产品价格水平的变化，国家统计局先后五次制定了全国统一的工业产品不变价格和农业产品不变价格。从1952年到1957年使用年工（农）业产品不变价格，从1957年到1970年使用年不变价格，从1971年到1980年使用1970年不变价格，从1981年至1990年使用1980年不变价格，从1991年开始使用1990年不变价格。

企业（单位）登记注册类型　是以在工商行政管理机关登记注册的各类企业为划分对象，以工商行政管理部门对企业登记注册的类型为依据，将企业登记注册类型分为内资企业、港澳台商投资企业和外商投资企业三大类。内资企业包括国有企业、集体企股份合作企业、联营企业、有限责任公司、股份有限公司、私营公司和其他企业；港澳台商投资企业和外商投资企业分别包括合资经营企业、合作经营企业、独资经营企业和股份有限公司。对不在工商行政管理部门进行登记注册行政机关、事业单位和社会团体，主要按其经费来源和管理方式进行划分。

国有企业　指企业全部资产归国家所有，并按《中华人民共和国企业法人登记管理条例》规定登记注册的非公司制的经济组织。不包括有限责任公司中的国有独资公司。

集体企业　指企业资产归集体所有，并按《中华人民共和国企业法人登记管理条例》规定登记注册的经济组织。

股份合作企业　指以合作制为基础，由企业职工共同出资入股，吸收一定比例的社会资产投资组建，实行自主经营，自负盈亏，共同劳动民主管理，按劳分配与按股分红相结合的一种集体经济组织。

联营企业　指两个及两个以上相同或不同所有制性质的企业法人或事业单位法人，按自愿、平等、互利的原则，共同投资组成的经济组织。联营企业包括国有联营企业、集体联营企业、国有与集体联营企业和其他联营企业。

有限责任公司　指根据《中华人民共和国公司登记管理条例》规定登记注册，由两个以上、五十个以下的股东共同出资，每个股东以其所认缴的出资额外负担对公司承担有限责任，公司以其全部资产对其债务承担责任的经济组织。有限责任公司包括国有独资公司以及其他有限责任公司。

股份有限公司　指根据《中华人民共和国公司登记管理条例》规定登记注册，其全部注册资本由等额股份构成并通过发行股票筹集资本，股东以其认购的股份对公司承担有限责任，公司以其全部资产对其债务承担责任的经济组织。

私营企业　指由自然人投资设立或由自然人控股，以雇佣劳动为基础的营利性经济组织。包括按照《公司法》、《合伙企业法》、《私营企业暂行条例》规定登记注册的私营有限责任公司、私营股份有限公司、私营合伙企业和私营独资公司。

其他内资企业 指上述企业之外的其他内资经济组织。

与港澳台商合作经营企业 指港澳台地区投资者与内地企业依照《中华人民共和国中外合作经营企业法》及有关法律规定，按合同规定的比例投资设立、分享利润和分担风险的企业。

与港澳台商合作经营企业 指依照《中华人民共和国外资企业法》及有关法律的规定，在内地由港澳台地区投资者全额投资设立的企业。

港澳台商投资股份有限公司 指根据国家有关规定，经外经贸部依法批准设立，其中港、澳、台商的股本占公司注册资本的比例达25%以上的股份有限公司。凡其中港、澳、台商的股本占公司注册资本的比例小于25%的，属于内资企业中的股份有限公司。

中外合资经营企业 指外国企业或外国人与中国内地企业依照《中华人民共和国中外合资经营企业法》及有关法律的规定，按合同规定的比例投资设立、分享利润和分担风险的企业。

中外合作经营企业 指外国企业或外国人与中国内地企业依照《中华人民共和国中外合作经营企业法》及有关法律的规定，依照合作合同的约定进行投资或提供条件设立、分配利润和分担风险。

外资企业 指依照《中华人民共和国外资企业法》及有关法律的规定，在中国内地由外国投资者全额投资设立的企业。

外商投资股份有限公司 指根据国家有关规定，经外经贸部依法批准设立，其中外资的股本占公司注册资本的比例达25%以上的股份有限公司。凡其中外资股本占公司注册资本的比例小于25%的，属于内资企业中的股份有限公司。

行政机关、事业单位和社会团体 参照企业登记注册类型，主要按其经费来源和管理方式划分。具体规定如下：

1.行政机关：包括国家机关和政党机关，原则上均列为“国有”。但有特殊规定的，如供销社等，则列为“集体”

2.事业单位：包括经国家机构编制部门和有关业务主管部门批准成立的各类事业单位，不包括实行企业化管理的事业单位。事业单位的划分办法如下：

(1)由国家财政预算拨款式或列入财政预算外资金管理以及经费主要来源于国有主管部门或国有上级单位的事业单位，列为“国有”。

(2)经费主要来源于集体单位的事业单位，列为“集体”。

(3)公民个人(或个人合伙)开办的事业单位，列为“私营”。

(4)上述以外的其他事业单位，如果其经费来源不明确，按管理方式进行归类。

3.社会团体：包括经民政部门批准成立以及未纳入社会团体管理条例范围的工会、妇联等各类社会团体。社会团体的划分办法如下：

(1)未纳入民政部社会团体管理条例范围的工会、妇联、共青团、青联、工商联、科协、侨联等社会团体，国家拨款设立的基金会或基金管理组织友及经费主要来源于车有业务主管部门或国有上级单位的社会团体，列为“国有”。

(2)经费主要来源于集体单位的社会团体，列为“集体”。

（3）公民个人（或个人合伙）开办的社会团体，划为“私营”。

（4）上述以外的其他事业单位，如果其经费来源不明确，按管理方式进行归类。

国内生产总值（GDP）　指一个国家（或地区）所有常住单位在一定时期内生产活动的最终成果。国内生产总值有三种表现形态，即价值形态、收入形态和产品形态。从价值形态看，它是所有常住单位在一定时期内生产的全部货物和服务价值超过同期中间投入的全部非固定资产货物和服务价值的差额，即所有常住单位的增加值之和；从收入形态看，它是所有常住单位在一定时期内创造并分配给常住单位和非常住单位的初次收入分配之和；从产品形态看，它是所有常住单位在一定时期内最终终使用的货物和服务价值与货物和服务净出口价值之和。在实际核算中，国内征税总值有三种计算方法，即生产法、收入法和支出法。三种方法分别从不同的方面反映国内生产总值及其构成。

三次产业　是根据社会生产活动历史发展的顺序对产业结构的划分，产品直接取自自然界的部门称为第一产业，对初级产品进行再加工的部门称为第二产业，为生产和消费提供各种服务的部门称为第三产业。它是世界上较为通用的产业结构分类，但各国的划分不尽一致。

我国的第三次产业划分是：

第一产业：农业（包括种植业、林业、牧业和渔业）。

第二产业：工业（包括采掘业，制造业，电力、煤气及水的生产和供应业）和建筑业。

第三产业：除第一、第二产业以外的其他各业。由于第三产业包括的行业多、范围广，根据我国的实际情况，第三产业可分为两大部分；一是流通部门，二是服务部门。

最终消费　指常住单位一定时期内对于货物和服务的全部最终消费支出，也就是常住单位为满足物质、文化和精神生活的需要，从本国经济领土和国外购买的货物和服务的支出；不包括非常住单位在本国经济领土内的消费支出。最终消费分为居民消费和政府消费。

居民消费　指常住住户对货物和服务的全部最终消费支出。居民消费按市场价格计算，即按居民支付的购买者价格计算。购买者价格是购买者取得货物所支付的价格，包括购买者支付的运输和商业费用。居民消费除了直接以货币形式购买货物和服务的消费之外，还包括以其他方式获得的货物和服务的消费支出，即所为的虚拟消费支出。居民虚拟消费支出包括以下几种类型：单位以实物报酬及实物转移的形式提供给劳动者的货物和服务；住户生产并由本住户消费了的货物和服务，其中的服务仅指住户的自有住房服务；金融机构提供的金融媒介服务；保险公司提供的保险服务。

政府消费　指政府部门为全社会提供公共服务的消费支出和免费或以较低价格向住户提供的货物和服务的净支出。前者等于政府服务的产出价值减去政府单位所获得的经营收入的价值，政府服务的产出价值等于它的经常性业务支出加上固定资产折旧；后者等于政府部门免费或以较低价格向住户提供的货物和服务的市场价值减去向住户收取的价值。

人口与计划生育

3

年末总人口（人）

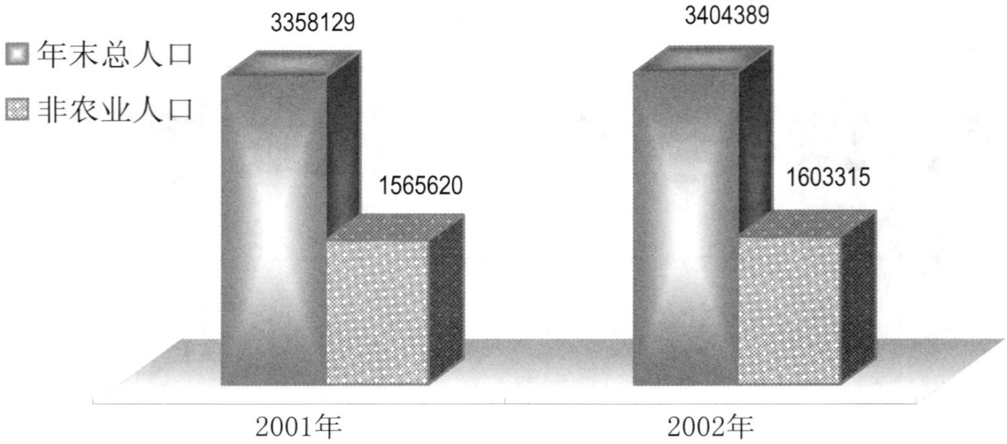
年末总人口
非农业人口
3358129
1565620
3404389
1603315
2001年
2002年

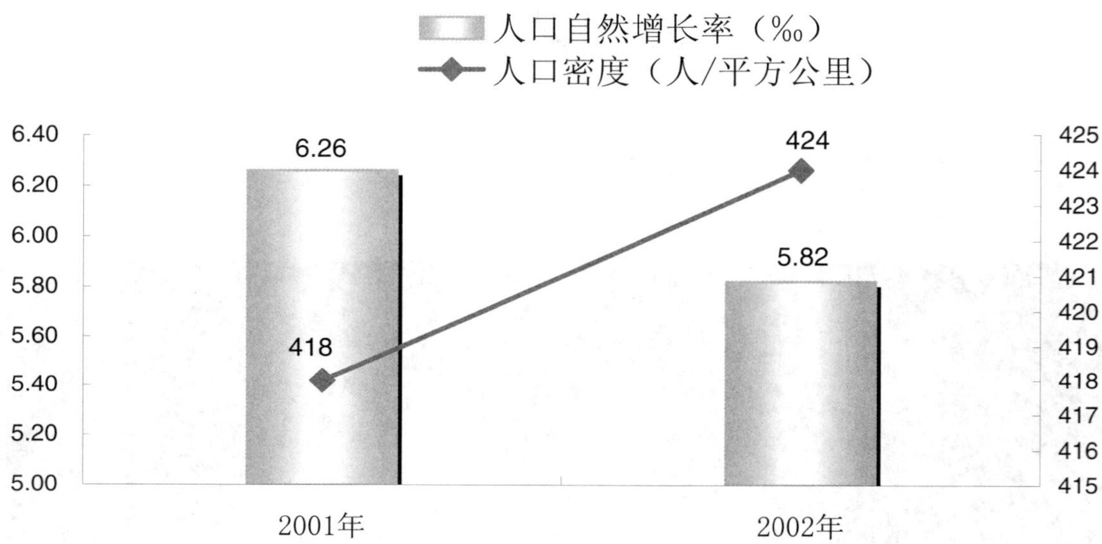
人口自然增长率（‰）
人口密度（人/平方公里）
6.26
5.82
418
424
2001年
2002年

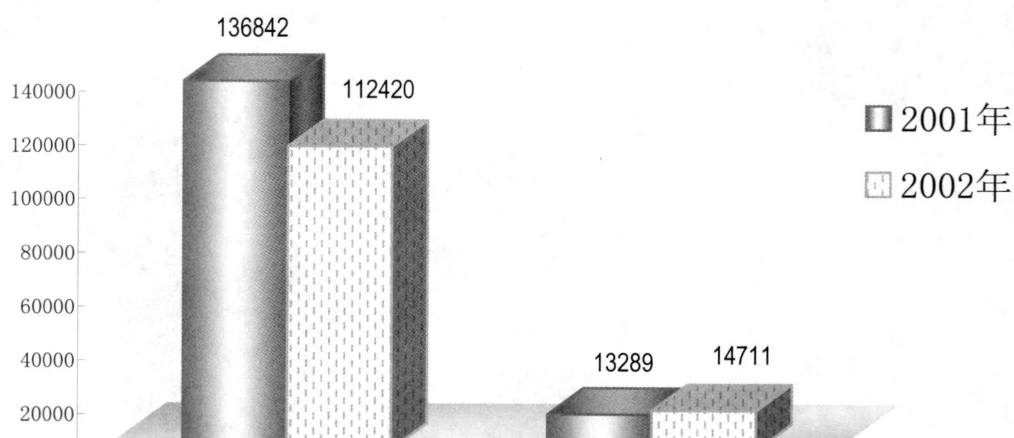
2001年
2002年
136842
112420
13289
14711
领独生子女证人数
女性新婚人数

3—1 人口构成及变动情况

指　　标	单　位	2001年	2002年	2002年比2001年增长(%)
年末总人口	**人**	**3358129**	**3404389**	**1.4**
年平均人口	人	3336932	3381259	1.3
人口构成				
按性别分				
男　性	人	1734292	1757891	1.4
女　性	人	1623837	1646498	1.4
按农业、非农业人口分				
农业人口	人	1792509	1801074	0.5
非农业人口	人	1565620	1603315	2.4
按市镇、乡村分				
市　镇	人	2781347	2826517	1.6
乡　村	人	576782	577872	0.2
人口自然变动				
出生人口	人	37944	35964	-5.2
死亡人口	人	17038	16278	-4.5
出生率	‰	11.37	10.63	-0.74(千分点)
死亡率	‰	5.11	4.81	-0.3(千分点)
自然增长率	‰	6.26	5.82	-0.44(千分点)
人口机械变动				
迁入人口	人	117217	119215	1.7
迁出人口	人	86192	88808	3.0
迁入率	‰	35.13	35.26	0.13(千分点)
迁出率	‰	25.83	26.26	0.43(千分点)
机械变动增长率	‰	9.3	9.0	-0.3(千分点)

3—2 人口增长情况

（2002年）

名　称	年平均人口（人）	年末总人口（人）	比上年增长（%）	人口密度（人/平方公里）	人口自然增长率（‰）
贵阳市	**3381259**	**3404389**	**1.38**	**424**	**5.82**
南明区	489059	493080	1.66	5534	2.78
云岩区	548529	556453	2.93	8244	3.2
花溪区	316824	319398	1.64	332	4.03
乌当区	290816	292130	0.91	304	7.04
白云区	173257	174841	1.85	674	6.12
小河区	111372	113281	3.49	1795	5.73
清镇市	502313	502003	—0.12	336	14.1
息烽县	243573	245509	1.6	237	5.35
修文县	290256	290528	0.19	270	4.64
开阳县	415262	417166	0.92	206	4.15
市　区	1929856	1949183	2.02	811	4.2

3—3 各区、市、县人口及其变动情况

（2002年）

单位：人

地区别	年末数						1月1日至12月31日人口变动		
	总户口	总人口			总人口中		出生		
		合计	男	女	非农业人口	未落常住户口的人员	合计	男	女
合计	**888874**	**3404389**	**1757891**	**1646498**	**1603315**	**37072**	**35964**	**18691**	**17273**
云岩区	146328	556453	280748	275705	532200	145	4006	2086	1920
南明区	133870	493080	257245	235835	461061	7422	3784	1957	1827
花溪区	69138	319398	164589	154809	89817	7960	2890	1544	1346
乌当区	79139	292130	150265	141865	89699	2363	2985	1570	1415
白云区	47198	174841	93460	81381	107607	1759	1704	872	832
小河区	36980	113281	58784	54497	92216		1021	534	487
清镇市	128482	502003	259912	242091	114026	8662	10095	5187	4908
修文县	71391	290528	149154	141374	37438	2565	2905	1485	1420
开阳县	109293	417166	216146	201020	52450	4048	4177	2160	2017
息烽县	67055	245509	127588	117921	26801	2148	2397	1296	1101
市区合计	512653	1949183	1005091	944092	1372600	19649	16390	8563	7827

3—3续表

单位：人

地区别	1月1日至12月31日人口变动								
	出生合计中未落常住户口小孩		死亡			迁入		迁出	
	计	其中：本年生	合计	男	女	省内迁入	省外迁入	迁往省内	迁往省外
合计	**10124**	**6142**	**16278**	**9748**	**6530**	**105392**	**13823**	**77843**	**10965**
云岩区	88	80	2479	1494	985	32524	4259	19225	3173
南明区	98	98	2220	1383	837	29664	4494	24347	3325
花溪区	2342	1780	1612	1005	607	9254	1906	6467	772
乌当区	645	242	938	585	353	7711	487	6698	627
白云区	243	211	644	416	228	6594	649	3615	526
小河区			383	242	141	3869	925	1269	355
清镇市	3110	1695	3013	1747	1266	7949	386	7715	655
修文县	1293	598	1352	779	573	2055	231	2289	391
开阳县	888	512	2252	1313	939	4070	297	4472	718
息烽县	1417	926	1385	784	601	1702	189	1746	423
市区合计	**3416**	**2411**	**8276**	**5125**	**3151**	**89616**	**12720**	**61621**	**8778**

3—4 市辖镇人口状况

（2002年）

地区别	总户数（户）	总人口（人）			平均每户人数	性别比（女=100）	非农业人口（人）		农业人口（人）	
		合计	男	女			人数	占总人口（%）	人数	占总人口（%）
合计	**189770**	**741731**	**385212**	**356519**	**3.9**	**108:100**	**294895**	**39.76**	**446836**	**60.24**
云岩黔灵乡	**9722**	**38353**	**18210**	**20143**	**4**	**110:100**	**14721**	**38.38**	**23632**	**61.62**
乌当区	**52111**	**187044**	**97515**	**89529**	**3.6**	**109:100**	**83379**	**44.58**	**103665**	**55.42**
新添镇	20427	62901	33274	29627	3.1	112:100	50290	79.95	12611	20.05
东风镇	6265	26538	14888	11650	4.2	128:100	6179	23.28	20359	76.72
水田镇	3498	14683	7399	7284	4.2	102:100	502	3.42	14181	96.58
羊昌镇	3579	14730	7790	6940	4.1	112:100	418	2.84	14312	97.16
朱昌镇	5332	25093	12601	12492	4.7	101:100	4609	18.37	20484	81.63
金华镇	13010	43099	21563	21536	3.3	100:100	21381	49.61	21718	50.39
花溪区	**26355**	**127265**	**68209**	**59056**	**4.83**	**115:100**	**77588**	**60.97**	**49677**	**39.03**
花溪镇	13629	74479	41433	33046	5.46	125:100	69671	93.54	4808	6.46
石板镇	5237	22583	11785	10798	4.31	109:100	4763	21.09	17820	78.91
青岩镇	7489	30203	14991	15212	4.03	99:100	3154	10.44	27049	89.56
白云区	**14388**	**57719**	**29052**	**28667**	**4.31**	**102:100**	**14117**	**24.77**	**43602**	**75.23**
艳山红镇	6365	17984	8658	9326	2.8	93:100	4956	27.56	13028	72.44
大坝镇	3290	18750	9951	8799	5.7	113:100	5504	29.35	13246	70.65
沙文镇	4733	20985	10443	10542	4.4	99:100	3657	17.43	17328	82.57
清镇市	**87194**	**331350**	**172226**	**159124**	**3.8**	**108:100**	**105090**	**31.72**	**226260**	**68.28**
红枫湖镇	38175	138376	73077	65299	3.6	112:100	83165	60.1	55211	39.9
站街镇	21330	82735	42904	39831	3.9	108:100	14529	17.56	68206	82.44
卫城镇	15706	58861	30028	28833	3.7	104:100	4007	6.81	54854	93.19
新店镇	11983	51378	26217	25161	4.3	104:100	3389	6.6	47989	93.4

3—5 县辖镇人口状况

（2002年）

地区别	年末数					
	总户口	总人口（人）			总人口中	
		合计	男	女	非农业人口	未落常住户口的人员
合计	**146883**	**545984**	**280135**	**265849**	**106695**	**4817**
修文县	**42649**	**169791**	**86098**	**83693**	**34856**	**892**
龙场镇	16698	66166	33522	32644	18488	199
扎佐镇	11736	43155	21596	21559	12538	327
久长镇	7465	31846	16112	15734	2637	274
六广镇	6750	28624	14868	13756	1193	92
开阳县	**64896**	**240793**	**124127**	**116666**	**48242**	**2779**
双流镇	9201	35346	18254	17092	4760	76
龙岗镇	9685	38287	19597	18690	2236	20
冯三镇	9648	38174	19940	18234	1199	49
城关镇	16195	57593	29043	28550	22367	57
马场镇	9896	40181	21065	19116	1488	481
金中镇	10271	31212	16228	14984	16192	2096
息烽县	**39338**	**135400**	**69910**	**65490**	**23597**	**1146**
永靖镇	16003	49161	25334	23827	13873	317
温泉镇	6452	22610	11956	10654	4787	398
小寨坝镇	9272	33021	16740	16281	3617	187
九庄镇	7611	30608	15880	14728	1320	244

3—6 出生及新婚情况

（2002年）

单位：人

地区别	年初人口	年末人口	合计					一孩				
			小计	计划内		计划外		小计	计划内		计划外	
				男	女	男	女		男	女	男	女
合　计	**3241339**	**3258438**	**34019**	**16622**	**14986**	**1330**	**1081**	**26212**	**13116**	**12456**	**321**	**319**
南明区	458056	460708	4908	2545	2360	3	0	4313	2204	2109	0	0
云岩区	465725	468522	5291	2776	2512	1	2	4653	2416	2237	0	0
白云区	180837	181900	1862	975	875	8	4	1518	783	732	1	2
花溪区	295866	297517	3321	1551	1303	249	218	2241	1120	978	67	76
乌当区	223142	224216	2383	1182	1147	32	22	1737	853	880	3	1
小河区	119647	120545	1462	728	729	5	0	1277	626	651	0	0
开阳县	413715	415285	3948	1851	1685	210	202	2739	1353	1332	22	32
息烽县	241136	242672	2836	1349	1208	158	121	1969	976	966	19	8
修文县	284169	285430	2736	1228	1064	254	190	1886	910	815	85	76
清镇市	494898	496976	4536	2052	1772	396	316	3327	1600	1488	119	120
高新区	64148	64667	736	385	331	14	6	552	275	268	5	4

注：本表资料来源于计生部门（下表同）。

3—6续表

单位：人

地区别	二孩					多孩					死亡	女性新婚人数		
	小计	计划内		计划外		小计	计划内		计划外			新婚	早婚	晚婚
		男	女	男	女		男	女	男	女				
合　计	**7093**	**3477**	**2499**	**601**	**516**	**714**	**29**	**31**	**408**	**246**	**16920**	**14711**	**658**	**8125**
南明区	581	334	244	3	0	14	7	7	0	0	2256	1457	0	1277
云岩区	633	357	273	1	2	5	3	2	0	0	2494	1612	0	1435
白云区	337	188	142	5	2	7	4	1	2	0	799	1145	0	842
花溪区	953	428	321	106	98	127	3	4	76	44	1670	1209	69	655
乌当区	631	328	265	20	18	15	1	2	9	3	1309	1329	0	647
小河区	185	102	78	5	0	0	0	0	0	0	564	656	0	532
开阳县	1039	493	349	95	102	170	5	4	93	68	2378	1739	65	612
息烽县	778	372	236	80	90	89	1	6	59	23	1300	1073	22	417
修文县	748	317	248	106	77	102	1	1	63	37	1475	1421	249	434
清镇市	1031	448	281	175	127	178	4	3	102	69	2458	2629	252	1048
高新区	177	110	62	5	0	7	0	1	4	2	217	441	1	226

3—7 节育及领独生子女证情况

（2002年）

单位：人

地区别	育龄妇女	已婚育龄妇女					采取措施的已婚育龄妇女	#男扎	领证人数
		小计	无孩	一孩	二孩	多孩			
合计	**900559**	**693979**	**36878**	**361962**	**189989**	**105150**	**634302**	**29913**	**112420**
南明区	145016	113702	7408	82816	19647	3831	104066	2828	32599
云岩区	155073	118116	7798	85352	21357	3609	107751	2979	31904
白云区	46208	36998	2522	23154	7953	3369	33471	788	9639
花溪区	82820	60872	2570	26957	20748	10597	55386	3173	4331
乌当区	61085	47183	2164	23611	15569	5839	42710	1311	6096
小河区	38099	30938	2494	20240	6637	1567	26364	695	8070
开阳县	102121	79399	2943	26056	31005	19395	73424	11340	2059
息烽县	62420	49559	2052	19784	17992	9731	45974	3558	4016
修文县	70713	53345	2335	17749	17935	15326	49282	1256	5427
清镇市	119342	89975	3835	30580	25864	29696	83363	1388	7667
高新区	17662	13892	757	5663	5282	2190	12511	597	612

主 要 统 计 指 标 解 释

人口数 指一定时点、一定地区范围内的有生命的个人的总和。年度统计的年末人口数指每年12月31日24时的人口数。

市镇总人口和乡村总人口

其定义有两种口径：

第一种口径（按行政建制）

市人口：市管辖区域内的全部人口（含市辖镇，不含市辖区县）；

镇人口：县辖镇的全部人口（不含市辖镇）；

县人口：县辖乡人口。

第二种口径（按常住人口划分）

市人口：设区的市的区人口和不设区的市所辖的街道人口；

镇人口：不设区的市所辖镇的居民委员会人口和县辖镇的居民委员会人口；

县人口：除上述两种人口以外的全部人口。

出生率（又称粗出生率） 指在一定时期内（通常为一年）平均每千人所出生的人数的比率，一般用千分率表示。计算公式为：

出生率＝年出生人数/年平均人数×1000‰

式中：出生人数指活产婴儿，即胎儿脱离母体时（不管怀孕月数），有过呼吸或其他生命现象。年平均人数指年初、年底人口数的平均数，也可用年中人口数代替。

死亡率（又称粗死亡率） 指在一定时期内（通常为一年）一定地区的死亡人数与同期平均人数（或期中人数）之比，一般用千分率表示。计算公式为：

死亡率＝年死亡人数/年平均人数×1000‰

人口自然增长率 指在一定时期内（通常为一年）人口自然增加数（出生人数减死亡人数）与该时期内平均人数（或期中人数）之比，一般用千分率表示。计算公式为：

人口自然增长率＝（本年出生人数－本年死亡人数）/年平均人数×1000‰＝人口出生率－人口死亡率

从业人员及职工工资

4

在岗职工年末人数（万人）

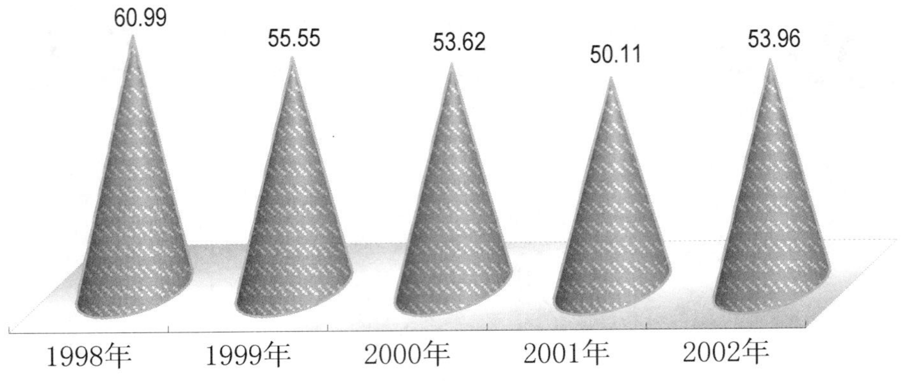

在岗职工人数按经济类型分（万人）

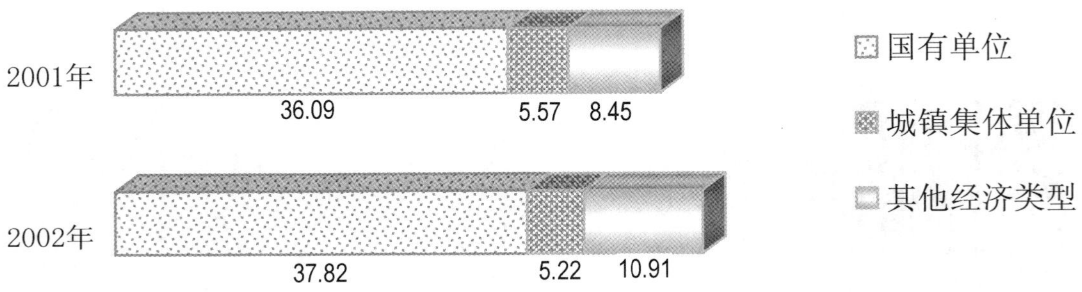

在岗职工平均工资（元）

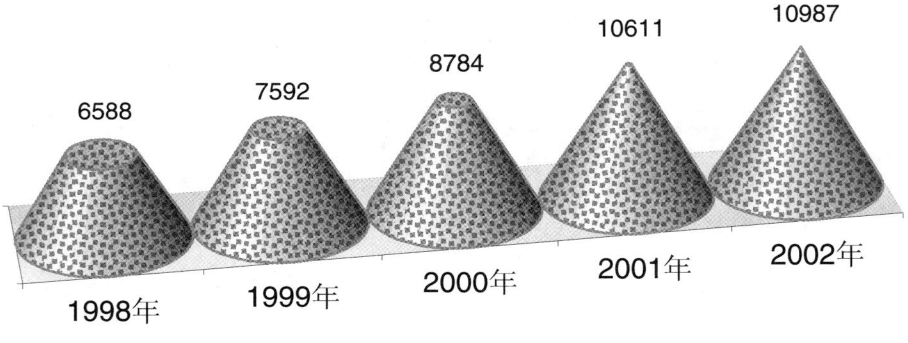

4—1 按国民经济行业分组的在岗职工人数

（2002年）

指　　标	在岗职工年末人数（人）			
	合　计	国有单位	城镇集体单位	其他经济类型
全市总计	**539565**	**378232**	**52224**	**109109**
一、按企事业、机关分组				
企　业	398543	239905	49606	109032
事　业	93818	91151	2590	77
机　关	47204	47176	28	
二、按国民经济行业分组				
农、林、牧、渔业	6062	5933	49	80
采掘业	13978	13149	32	797
制造业	156662	67545	15207	73910
电力、煤气及水的生产和供应业	14515	14437	10	68
建筑业	99481	77663	15400	6418
地质勘查业、水利管理业	6749	3131	22	3596
交通运输业、仓储及邮电通讯业	18680	6664	865	11151
批发和零售贸易、餐饮业	31435	22823	8612	
金融、保险业	14071	9917	1153	3001
房地产业	8928	3419	1245	4264
社会服务业	30093	19335	5197	5561
卫生、体育和社会福利业	18338	17917	370	51
教育、文化艺术和广播电影电视业	52113	51690	350	73
科学研究和综合技术服务业	8528	8323	112	93
国家机关、政党机关和社会团体	44912	44897	15	
其他行业	15020	11389	3585	46

4—2 按国民经济行业分组的在岗职工构成

（2002年）

指标	构成(%) (以在岗职工总计为100)			
	合计	国有单位	城镇集体单位	其他经济类型
全市总计	**100**	**100**	**100**	**100**
一、按企事业、机关分组				
企业	73.9	63.4	95.0	99.9
事业	17.4	24.1	5.0	0.1
机关	8.7	12.5		
二、按国民经济行业分组				
农、林、牧、渔业	1.1	1.6	0.1	0.1
采掘业	2.6	3.5	0.1	0.7
制造业	29.0	17.9	29.1	67.7
电力、煤气及水的生产和供应业	2.7	3.8		0.1
建筑业	18.4	20.5	29.5	5.9
地质勘查业、水利管理业	1.3	0.8	0.1	3.3
交通运输业、仓储及邮电通讯业	3.5	1.8	1.7	10.2
批发和零售贸易、餐饮业	5.8	6.0	16.5	
金融、保险业	2.6	2.6	2.2	2.8
房地产业	1.7	0.9	2.4	3.9
社会服务业	5.6	5.1	10.0	5.1
卫生、体育和社会福利业	3.4	4.7	0.7	
教育、文化艺术和广播电影电视业	9.7	13.7	0.7	0.1
科学研究和综合技术服务业	1.6	2.2	0.2	0.1
国家机关、政党机关和社会团体	8.3	11.9	0.1	
其他行业	2.7	3.0	6.8	0.1

4—3 按国民经济行业分组的在岗职工工资总额

(2002年)

指 标	在岗职工工资总额(万元)			
	合 计	国有单位	城镇集体单 位	其他经济类 型
全 市 总 计	**575551**	**428048**	**38616**	**108887**
一、按企事业、机关分组				
企业	392091	246209	37082	108800
事业	118943	117352	1504	87
机关	64517	64487	30	
二、按国民经济行业分组				
农、林、牧、渔业	6248	6158	46	44
采掘业	12760	12005	17	738
制造业	143323	60639	11477	71207
电力、煤气及水的生产和供应业	31000	30890	5	105
建筑业	83744	67607	11262	4875
地质勘查业、水利管理业	3027	3011	16	
交通运输业、仓储及邮电通讯业	16506	7416	731	8359
批发和零售贸易、餐饮业	34085	19786	5740	8559
金融、保险业	23657	17760	1214	4683
房地产业	9653	4314	944	4395
社会服务业	30217	21463	3517	5237
卫生、体育和社会福利业	25347	24961	316	70
教育、文化艺术和广播电影电视业	64198	63925	209	64
科学研究和综合技术服务业	14655	14088	79	488
国家机关、政党机关和社会团体	59450	59433	17	
其他行业	17681	14592	3026	63

4—3续表

指　　标	2002年比2001年增长(%)			
	合　计	国有单位	城镇集体单　位	其他经济类　型
全　市　总　计	**9.6**	**5.8**	**—1.3**	**33.9**
一、按企事业、机关分组				
企业	7.7	0.2	0.1	33.9
事业	8.3	8.9	—24.0	61.1
机关	25.9	25.9		
二、按国民经济行业分组				
农、林、牧、渔业	16.5	15.6	43.8	
采掘业	1.9	1.9	10.5	2.2
制造业	—1.6	—26.9	—17.7	46.2
电力、煤气及水的生产和供应业	19.6	19.8	80.0	7.1
建筑业	10.4	20.3	—9.1	—33.0
地质勘查业、水利管理业	26.4	26.2	60.0	
交通运输业、仓储及邮电通讯业	1.0	—33.7	—18.0	96.3
批发和零售贸易、餐饮业	31.4	39.1	15.3	27.0
金融、保险业	13.4	20.6	50.6	—12.0
房地产业	—28.6	—53.0	—12.9	34.8
社会服务业	22.4	29.0	5.0	11.5
卫生、体育和社会福利业	14.2	14.1	12.5	75.0
教育、文化艺术和广播电影电视业	7.4	8.4	—72.9	18.5
科学研究和综合技术服务业	—3.3	—5.7	—30.7	3.4倍
国家机关、政党机关和社会团体	15.7	15.7		
其他行业	1.3倍	1倍	6.3倍	16.7

4—4 按国民经济行业分组的在岗职工平均工资

（2002年）

指 标	在岗职工平均工资(元)			
	合 计	国有单位	城镇集体单位	其他经济类型
全 市 总 计	**10987**	**11723**	**7499**	**10157**
一、按企事业、机关分组				
企业	10204	10790	7573	10156
事业	12808	12998	6010	11299
机关	13814	11816	10857	
二、按国民经济行业分组				
农、林、牧、渔业	10538	10570	9200	8245
采掘业	8724	8707	6407	9061
制造业	9100	8822	7652	9652
电力、煤气及水的生产和供应业	21810	21852	5000	15515
建筑业	9655	10208	7410	9176
地质勘查业、水利管理业	9372	9387	7409	
交通运输业、仓储及邮电通讯业	14866	11219	8122	23265
批发和零售贸易、餐饮业	8039	8643	6623	7894
金融、保险业	16893	17694	12083	15809
房地产业	10922	12433	7693	10613
社会服务业	10199	11172	6988	9730
卫生、体育和社会福利业	14061	14124	10474	13765
教育、文化艺术和广播电影电视业	12484	12529	6202	9727
科学研究和综合技术服务业	17082	16837	7036	10640
国家机关、政党机关和社会团体	13384	13385	11067	
其他行业	13427	15308	8426	13933

4—4续表

指　　标	2002年比2001年增长(%)			
	合　计	国有单位	城镇集体单　位	其他经济类　型
全　市　总　计	**3.5**	**3.6**	**3.1**	**4.1**
一、按企事业、机关分组				
企业	-0.7	-3.3	3.6	4.1
事业	12.4	12.6	-8.3	-39.2
机关	19.0	19.0		
二、按国民经济行业分组				
农、林、牧、渔业	20.7	21.0	20.4	
采掘业	-8.4	-9.4	-32.9	8.3
制造业	-8.6	-21.1	9.8	3.1
电力、煤气及水的生产和供应业	8.5	8.0	47.2	15.8
建筑业	-1.8	-0.7	-5.4	-16.0
地质勘查业、水利管理业	20.6	20.8	-8.3	
交通运输业、仓储及邮电通讯业	18.5	-16.8	13.3	90.3
批发和零售贸易、餐饮业	3.2	5.9	-5.6	2.7
金融、保险业	16.6	20.4	32.0	3.7
房地产业	43.0	67.9	6.4	24.2
社会服务业	3.2	7.7	4.7	-18.5
卫生、体育和社会福利业	3.4	2.8	30.2	72.9
教育、文化艺术和广播电影电视业	11.9	11.4	-12.1	13.1
科学研究和综合技术服务业	16.8	14.2	-30.1	4.5倍
国家机关、政党机关和社会团体	15.4	15.4		
其他行业	45.6	64.7	8.4	-25.0

4—5 按国民经济行业分组的其他从业人员人数及报酬

（2002年）

指　　标	年末人数（人）			劳动报酬（万元）		
	其他从业人　员	#聘用的离退休人　员	#聘用的港澳台和外籍人员	其他从业人员劳动报　酬	#聘用的离退休人员劳动报酬	#聘用的港澳台和外籍人员劳动报酬
全　市　总　计	**12060**	**2475**	**92**	**10331**	**1880**	**301**
一、按企事业、机关分组						
企业	8544	1916	71	7776	1411	250
事业	2300	486	21	1299	423	51
机关	1216	73		1256	46	
二、按国民经济行业分组						
农、林、牧、渔业	302	3		118	2	
采掘业	46	7		26	11	
制造业	2767	544	26	3689	349	103
电力、煤气及水的生产和供应业	97	13		50	19	
建筑业	1116	210		696	173	
地质勘查业、水利管理业	12	7		10	5	
交通运输业、仓储及邮电通讯业	313	24	1	193	21	3
批发和零售贸易、餐饮业	658	238	1	393	168	1
金融、保险业	941	148		649	90	
房地产业	715	306	27	847	298	80
社会服务业	915	270	16	712	169	63
卫生、体育和社会福利业	609	154		310	96	
教育、文化艺术和广播电影电视业	1106	84	21	544	29	51
科学研究和综合技术服务业	741	210		386	301	
国家机关、政党机关和社会团体	565	100		430	64	
其他行业	1157	157		1278	85	

4—6 按国民经济行业分组的离开本单位仍保留劳动关系职工人数及生活费

(2002年)

指　　标	离开本单位仍保留劳动关系的职工(人)			
	合　计	国有单位	城镇集体单　位	其他经济类　型
全　市　总　计	**79935**	**59841**	**6572**	**13522**
一、按企事业、机关分组				
企业	76594	56527	6545	13522
事业	1666	1639	27	
机关	1675	1675		
二、按国民经济行业分组				
农、林、牧、渔业	305	300	5	
采掘业	6166	5951	49	166
制造业	38239	25493	2253	10493
电力、煤气及水的生产和供应业	670	658		12
建筑业	11348	10492	718	138
地质勘查业、水利管理业	954	954		
交通运输业、仓储及邮电通讯业	2694	1880	289	525
批发和零售贸易、餐饮业	10058	7137	2176	745
金融、保险业	754	588	19	147
房地产业	2853	1310	431	1112
社会服务业	2720	1976	560	184
卫生、体育和社会福利业	277	268	9	
教育、文化艺术和广播电影电视业	307	307		
科学研究和综合技术服务业	367	367		
国家机关、政党机关和社会团体	947	947		
其他行业	1276	1213	63	

4—6续表

指标	离开本单位仍保留劳动关系职工生活费(万元)			
	合计	国有单位	城镇集体单位	其他经济类型
全市总计	**22459**	**17147**	**844**	**4468**
一、按企事业、机关分组				
企业	19966	14657	841	4468
事业	886	883	3	
机关	1607	1607		
二、按国民经济行业分组				
农、林、牧、渔业	47	46	1	
采掘业	2245	2156		89
制造业	8846	5149	246	3451
电力、煤气及水的生产和供应业	739	736		3
建筑业	2459	2423	19	17
地质勘查业、水利管理业	336	336		
交通运输业、仓储及邮电通讯业	912	656	71	185
批发和零售贸易、餐饮业	2191	1726	340	125
金融、保险业	731	559	15	157
房地产业	836	359	78	399
社会服务业	703	594	67	42
卫生、体育和社会福利业	179	179		
教育、文化艺术和广播电影电视业	224	224		
科学研究和综合技术服务业	198	198		
国家机关、政党机关和社会团体	1019	1019		
其他行业	794	787	7	

4—7 离休、退休、退职人员人数及保险福利费用构成情况

(2002年)

单位:人

指标	离休、退休、退职人员年末人数				
	合计	#女性	离休人员	退休人员	领取定期生活费的退职人员
总计	**207460**	**94766**	**7079**	**198971**	**1410**
一、企业	**151029**	**72032**	**3104**	**146682**	**1243**
#地方	121506	61403	2411	117993	1102
按隶属关系分组					
中央	29523	10629	693	28689	141
省属	41648	13832	1132	40076	440
地区属	73592	44738	1196	71883	513
县及县以下	6266	2833	83	6034	149
按登记注册类型分组					
内资企业	151027	72032	3104	146680	1243
国有企业	127145	55281	2903	123282	960
集体企业	15933	11448	116	15728	89
其他企业	7949	5303	85	7670	194
港、澳、台投资企业	2			2	
外商投资企业					
二、事业	**37937**	**17273**	**1604**	**36249**	**84**
#地方	35799	16726	1537	34186	76
三、机关	**18494**	**5461**	**2371**	**16040**	**83**
#地方	17953	5268	2297	15573	83

注:本表资料来源贵阳市劳动局(下同)。

4—7续表　　单位:千元

指　　标	保险福利费用构成					
	合　计	离休金	退休金	退　职 生活费	医　疗 卫生费	其　他
总　计	**2211986**	**145379**	**1664742**	**5353**	**298932**	**97580**
一、企　业	**1313989**	**60596**	**1042849**	**4546**	**161648**	**44350**
#地　方	882357	44342	724556	3654	81042	28763
按隶属关系分组						
中　央	431632	16254	318293	892	80606	15587
省　属	391585	21543	314646	1979	40082	13335
地区属	460201	21555	383551	1557	39059	14479
县及县以下	30571	1244	26359	118	1901	949
按登记注册类型分组						
内资企业	1313976	60596	1042836	4546	161648	44350
国有企业	1190872	56707	933624	4031	156255	40255
集体企业	76285	2362	66972	205	3550	3196
其他企业	46819	1527	42240	310	1843	899
港、澳、台投资企业	13		13			
外商投资企业						
二、事　业	**580214**	**32902**	**428050**	**419**	**87669**	**31174**
#地　方	543028	313269	401676	377	82564	27085
三、机　关	**317783**	**51881**	**193843**	**388**	**49615**	**22056**
#地　方	302473	50058	185733	388	46436	19858

4—8 企业下岗职工情况

(2002年) 单位:人

指 标	上年末结转下岗职工人数	本年减少下岗职工人数	年末实有下岗职工人数	#女性	#再就业服务中心实有下岗职工	#足额领基本生活费人数	#足额代缴社会保险费人数
总 计	**19861**	**6569**	**15675**	**7328**	**13809**	**13809**	**13809**
一、国有企业	**14530**	**2992**	**13809**	**6221**	**13809**	**13809**	**13809**
按隶属关系分组							
#地区属	14345	2992	13624	6139	13624	13624	13624
县 属	185		185	82	185	185	185
按行业分组							
采掘业	37		37	11	37	37	37
制造业	13984	2896	13359	5988	13359	13359	13359
交通运输仓储及邮电业	117	4	113	50	113	113	113
批发和零售贸易业	354	92	262	153	262	262	262
其 它	38		38	19	38	38	38
二、城镇集体企业	**5286**	**3532**	**1866**	**1107**			
三、其他经济类型企业	**45**	**45**					

注:本表资料不含中央、省属企业。

4—9 私营企业基本情况

（2002年）

指　　标	户数（户）	城镇	乡村	从业人员（人）	城镇	乡村
总　计	**10050**	**7684**	**2366**	**64114**	**50829**	**13285**
按国民经济行业分组						
农、林、牧、渔业	191	93	98	1248	690	558
#种植业	90	44	46	566	288	278
畜牧养殖业	51	20	31	362	167	195
捕捞业	2		2			
农林牧渔服务业	26	12	14	191	117	74
采掘业	142	31	111	1664	301	1363
制造业	1834	1244	590	18884	12334	6550
#印刷业	72	54	18	471	403	68
建筑业	344	290	54	3610	2211	1399
交通运输、仓储业	83	73	10	457	426	31
#交通运输业	65	57	8	344	321	23
批发和零售贸易、餐饮业	4929	3991	938	24854	22533	2321
#批发零售贸易业	4708	3821	887	22700	21044	1656
社会服务业	1731	1375	356	8898	8189	709
#理发及美容化妆业	24	23	1	107	104	3
沐浴业	28	25	3	192	152	40
日用品修理业	15	14	1	84	84	
旅馆业	35	27	8	254	189	65
娱乐服务业	59	43	16	484	386	98
信息咨询服务业	530	453	77	2808	2713	95
计算机应用服务业	393	341	52	1999	1917	82
其他行业	796	587	209	4499	4145	354
按三次产业分组						
第一产业	191	93	98	1248	690	558
第二产业	2320	1565	755	24158	14846	9312
第三产业	7539	6026	1513	38708	35293	3415

注：本表资料来源于市工商局（下同）。

4—10 个体工商业基本情况

（2002年）

指标	户数（户）	城镇	乡村	从业人员（人）	城镇	乡村
总计	**66279**	**40677**	**25602**	**106450**	**55947**	**50503**
按国民经济行业分组						
农、林、牧、渔业	730	91	639	944	122	822
#种植业	572	17	555	665	38	627
畜牧养殖业	107	25	82	190	48	142
捕捞业						
农林牧渔服务业	3	3		4	4	
采掘业	152	16	136	541	55	486
制造业	6155	2716	3439	11703	5369	6334
#印刷业	5	4	1	9	8	1
建筑业	200	173	27	431	304	127
交通运输、仓储业	4456	2727	1729	6028	3284	2744
#交通运输业	4432	2573	1859	5941	3206	2735
批发和零售贸易、餐饮业	44837	28470	16367	70934	35378	35556
#批发零售贸易业	39734	24795	14939	42067	27599	14468
社会服务业	9592	6433	3159	15560	11333	4227
#理发及美容化妆业	1648	1011	637	2066	1330	736
沐浴业	250	75	175	460	227	233
日用品修理业	790	383	407	910	398	512
旅馆业	221	141	80	363	260	103
娱乐服务业	789	450	339	1070	570	500
信息咨询服务业	337	242	95	567	324	243
计算机应用服务业	123	96	27	216	171	45
其他行业	157	51	106	309	102	207
按三次产业分组						
第一产业	730	91	639	944	122	822
第二产业	6507	2905	3602	12675	5728	6947
第三产业	59042	37681	21361	92831	50097	42734

主要统计指标解释

职工　指在国有经济、城镇集体经济、联营经济、股份制经济、外商和港、澳、台投资经济、其他经济单位及其附属机构工作，并由其支付工资的各类人员，不包括返聘的离退休人员、民办教师、在国有经济单位工作的外方人员和港、澳、台人员(1998年以后的数据均为在岗职工数据，其他相关指标如职工工资总额，职工平均工资等指标在也从1998年按此口径进行了相应调整)。

国有单位职工　指在国有经济单位及其附属机构工作，并由其支付工资的各类人员。

城镇集体单位职工　指在城镇集体经济单位及其管理部门工作，并由其支付工资的各类人员。

其他单位职工　指在联营经济、股份制经济、外商投资经济、港、澳、台投资经济单位工作，并由其支付工资的各类人员。

在岗职工　指在本单位工作并由单位支付工资的人员，以及有工作岗位，但由于学习、病伤产假等原因暂未工作，仍由单位支付工资的人员。

职工工资总额　指各单位在一定时期内直接支付给本单位全部职工的劳动报酬总额。工资总额的计算原则应以直接支付给职工的全部劳动报酬为根据。各单位支付给职工的劳动报酬以及其他根据有关规定支付的工资，不论是计入成本的还是不计入成本的，不论是按国家规定列入计征奖金税项目的，还是未列入计征奖金税项目的，不论是以货币形式支付的还是以实物形式支付的，均包括在工资总额内。

职工平均工资　指企业、事业、机关单位的职工在一定时期内平均每人所得的货币工资额。它表明一定时期职工工资收入的高低程度，是反映职工工资水平的主要指标。计算公式为：

$$职工平均工资=\frac{报告期实际支付的全部职工资总额}{报告期全部职工平均人数}$$

固定资产投资

5

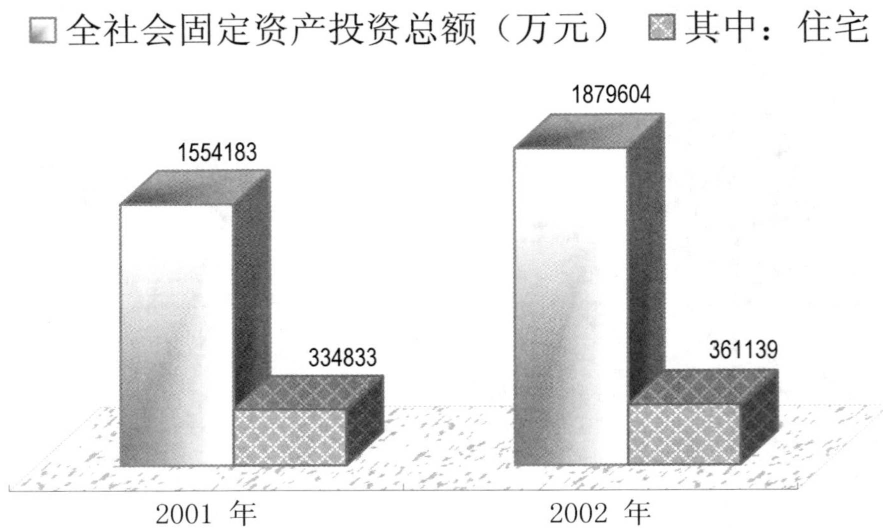
全社会固定资产投资总额（万元）
其中：住宅
1554183
334833
1879604
361139
2001 年
2002 年

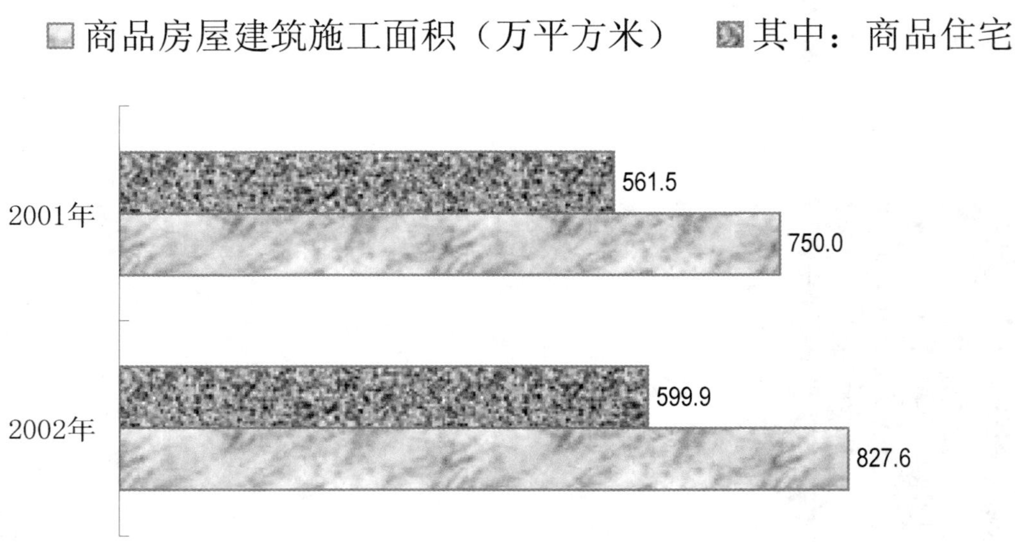
商品房屋建筑施工面积（万平方米）
其中：商品住宅
2001年
561.5
750.0
2002年
599.9
827.6

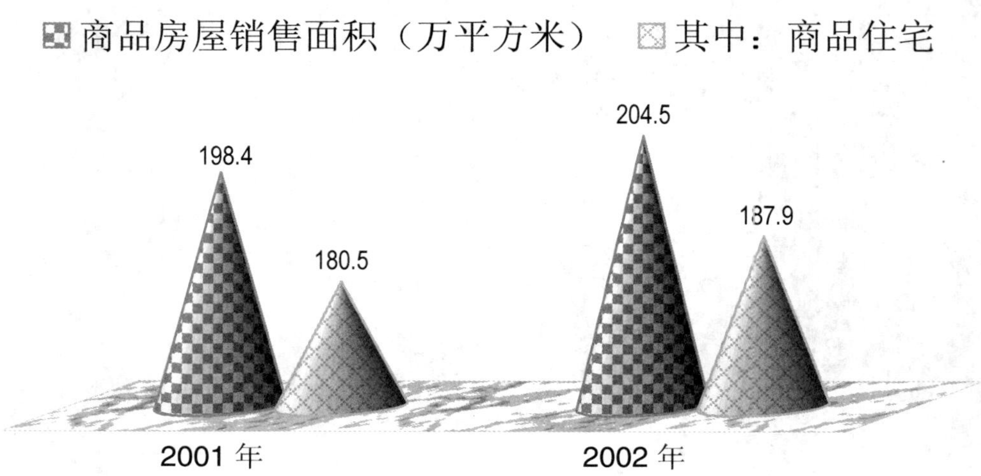
商品房屋销售面积（万平方米）
其中：商品住宅
198.4
180.5
204.5
187.9
2001 年
2002 年

5—1 全社会固定资产投资总额

指　　标	2001年		2002年		2002年比2001年增长（%）
	投资额（万元）	构成（%）	投资额（万元）	构成（%）	
一、投资总额	**1554183**	**100**	**1879604**	**100**	**20.9**
#住　宅	334833	21.5	361139	19.2	7.9
1.按隶属关系分					
中　央	358132	23.0	369876	19.7	3.3
地　方	1196051	77.0	1509728	80.3	26.2
2.按登记注册类型分					
内　资	1502410	89.5	1826684	97.2	21.6
国　有	872490	56.1	901220	47.9	3.3
集　体	100133	6.4	89934	4.8	—10.2
#农村集体	70352	4.5	63736	3.4	—9.4
股份合作	7747	0.5	10523	0.6	35.8
国有联营	45	0.0	420	0.0	8.33倍
集体联营	2658	0.2	1160	0.1	—56.4
国有与集体联营	2715	0.2	2115	0.1	—22.1
其他联营	1629	0.1	3591	0.2	1.2倍
国有独资公司	26034	1.7	182137	9.7	6倍
其他有限责任公司	190056	12.2	269644	14.3	41.9
股份有限公司	135071	8.7	114390	6.1	—15.3
私营个体	122422	2.5	193494	10.3	58.1
其　他	41410	8.0	58020	3.1	40.1
#城镇和农村私人投资	41410	2.7	56462	3.0	36.3
港澳台投资	22524	1.4	35160	1.9	56.1
合资经营	12515	0.8	1744	0.1	—86.1
合作经营	2379	0.2			
独　资	7283	0.5	32439	1.7	3.5倍
股份有限	347	0.0	977	0.1	1.8倍
外商投资	29249	1.9	17796	0.9	—39.2
合资经营	17877	1.2	13292	0.7	—25.6
合作经营					
独　资	11372	0.7	4084	0.2	—64.1
股份有限			420	0.0	
3.按计划管理渠道分					
基本建设	555418	35.7	785644	41.8	41.5
更新改造	394201	25.4	417580	22.2	5.9
房地产开发	433327	27.9	500300	26.6	15.5
其　他（含城乡集体及个人投资）	171237	11.0	176080	9.4	2.8
4.按产业分					
第一产业	10484	0.7	13074	0.7	24.7
第二产业	422541	27.2	550815	29.3	30.4
第三产业	1121158	72.1	1315715	70.0	17.4
二、本年新增固定资产（万元）	**1217651**		**1126412**		**—7.5**
固定资产交付使用率（%）	78.35		59.93		—23.5
三、竣工房屋建设面积（万平方米）	**376.62**	**100**	**426.39**	**100**	**13.2**
#住　宅	255.19	67.8	279.08	65.5	9.4

5—2 全社会固定资产投资总额(按国有和非国有经济分)

指 标	2001年		2002年		2002年比2001年增长(%)	
	国有经济	非国有经济	国有经济	非国有经济	国有经济	非国有经济
一、投资总额(万元)	898569	655614	1083777	795827	20.6	21.4
(一)按计划管理渠道分						
基本建设	516507	38911	735365	50279	42.4	29.2
更新改造	307359	86842	288509	129071	—6.1	48.6
房地产开发	72406	360921	50827	449473	—29.8	24.5
其他投资(含城乡集体和个人投资)	2297	168940	9076	167004	3倍	—1.1
(二)按资金来源分						
上年末结余资金	96848	107677	129739	180925	34.0	68.0
国家预算内资金	69077	6000	90655	140	31.2	—97.7
国内贷款	294741	108626	368136	131395	24.9	21.0
债 券	1428	1250	1375		—3.7	
利用外资	10069	5238	11071	7255	10.0	38.5
自筹投资	448706	367399	455251	439941	1.5	19.7
#发行股票		4010		12256		2.1倍
其他投资	71458	201588	51284	326436	—28.2	61.9
(三)按构成分						
#建筑工程	412456	320945	613933	515884	48.9	60.7
安装工程	64073	25555	64392	28884	0.5	13.0
设备、工器具购置	248394	90183	219052	103253	—11.8	14.5
二、新增固定资产(万元)	714964	478738	616498	509914	—13.8	6.5
三、房屋建筑面积(万平方米)						
施工面积	413.95	577.81	356.42	804.47	—13.9	39.2
#住 宅	210.29	372.84	118.99	544.02	—43.4	45.9
竣工面积	174.04	161.2	120.09	306.3	—31.0	90.0
#住 宅	116.96	101.16	52.97	226.11	—54.7	1.2倍

5—3　固定资产投资总额构成

指　　标	2001年		2002年		2002年比2001年增长（%）
	投资额（万元）	构成（%）	投资额（万元）	构成（%）	
总　　计	**1442432**	**100**	**1759406**	**100**	**22.0**
中　央	358132	24.8	369876	21.0	3.3
省	239366	16.6	190407	10.8	－20.5
市	351571	24.4	437683	24.9	24.5
县	156251	10.8	217755	12.4	39.4
其　他	337112	23.4	543685	30.9	61.3
一、按登记注册类型分					
内　资	1390659	96.4	1558704	88.6	12.1
国　有	872490	60.5	901220	51.2	3.3
集　体	29781	2.1	26198	1.5	－12.0
股份合作	7747	0.5	10523	0.6	35.8
国有联营	45	0.0	420	0.0	8.3倍
集体联营	2658	0.2	1160	0.1	－56.4
国有与集体联营	2715	0.2	2115	0.1	－22.1
其他联营	1629	0.1	3591	0.2	1.2倍
国有独资公司	26034	1.8	182137	10.4	6倍
其他有限责任公司	190056	13.2	269644	15.3	41.9
股份有限公司	135071	9.4	114390	6.5	－15.3
私营个体	39039	2.7	45748	2.6	17.2
其　他	83394	5.8	1558	0.1	－98.1
港澳台投资	22524	1.6	35160	2.0	56.1
合资经营	12515	0.9	1744	0.1	－86.1
合作经营	2379	0.2			
独　资	7283	0.5	32439	1.8	3.5倍
股份有限	347	0.0	977	0.1	1.8倍
外商投资	29249	2.0	17796	1.0	－39.2
合资经营	17877	1.2	13292	0.8	－25.6
合作经营					
独　资	11372	0.8	4084	0.2	－64.1
股份有限			420	0.0	
二、按建设性质分					
建筑工程	705162	48.9	1009619	57.4	43.2
安装工程	85128	5.9	93276	5.3	9.6
设备工器具购置	338680	23.5	322305	18.3	－4.8
三、按资金来源分					
上年末结余资金	234359	16.2	310664	17.7	32.6
国家预算内资金	75077	5.2	90795	5.2	20.9
国内贷款	415393	28.8	499531	28.4	20.3
债　券	1428	0.1	1375	0.1	－3.7
利用外资	14114	1.0	18326	1.0	29.8
自筹投资	742433	51.5	774994	44.0	4.4
＃发行股票	4010	0.3	12256	0.7	2.1倍
其他投资	323613	22.4	377720	21.5	16.7
五、本年新增固定资产	**1105889**	**76.7**	**1126412**	**64.0**	**1.9**

5—4　固定资产投资资金来源情况

（2002年）

单位：万元

指　　标	基本建设投　资	更新改造投　资	其他固定资产投资	房地产开发投　资
全年资金来源合计	**784234**	**425247**	**61112**	**802812**
一、上年末结余资金	**92434**	**34672**	**3097**	**180461**
二、本年资金来源小计	**691800**	**390575**	**58015**	**622351**
国家预算内资金	72876	17919		
国内贷款	314806	73982	1026	109717
债券		1375		
利用外资	7223	9262	750	1091
＃外商直接投资	810	4604	750	1091
自筹投资	287438	275550	53232	158774
中央各部门自筹	38350	4455	6482	
省自筹	9221	2091		
地（市）自筹	64517	9781	10	
县自筹	65622	4055	437	
企事业单位自筹	109728	255168	46303	84014
＃发行股票		12256		
其他资金来源	9457	12487	3007	352769
＃集　资	2797	151		5629
三、本年各项应付款合计	**145883**	**38090**	**772**	**122617**
＃工程款	143866	19325	772	77480
设备、器材款	455	11479		5994

5—5 基本建设投资额构成

指标	2001年		2002年		2002年比2001年增长（%）
	投资额（万元）	构成（%）	投资额（万元）	构成（%）	
投资总额	**555418**	**100**	**785644**	**100**	**41.5**
1.按隶属关系分					
中央	101107	18.2	119768	15.2	18.5
省	72902	13.1	88200	11.2	21.0
市	244191	44.0	381756	48.6	56.3
县	119592	21.5	157249	20.0	31.5
其他	17626	3.2	38671	4.9	1.2倍
2.按登记注册类型分					
内资	549385	98.9	784742	99.9	42.8
国有	504422	90.8	588194	74.9	16.6
集体	86	0.0	154	0.0	79.1
股份合作	4141	0.7	3790	0.5	—8.5
国有联营			420	0.1	
集体联营			130	0.0	
国有独资公司	12085	2.2	146751	18.7	11.1倍
其他有限责任公司	19421	3.5	32608	4.2	67.9
股份有限公司	9230	1.7	9999	1.3	8.3
私营个体			2686	0.3	
其他			10	0.0	
港澳台商投资	3100	0.6			
合资经营	2800	0.5			
股份有限	300	0.1			
外商投资	2933	0.5	902	0.1	—69.2
合资经营	2933	0.5	902	0.1	—69.2
3.按产业分					
第一产业	2867	0.5	6483	0.8	1.3倍
第二产业	134217	24.2	137669	17.5	2.6
第三产业	418334	75.3	641492	81.7	53.3

5—5续表

指　　标	2001年		2002年		2002年比2001年增长（%）
	投资额（万元）	构成（%）	投资额（万元）	构成（%）	
4.按构成分					
建筑安装工程	346032	62.3	582043	74.1	68.2
设备工器具购置	57210	10.3	53026	6.7	—7.3
其他费用	152176	27.4	150575	19.2	—1.1
5.按建设性质分					
#新　建	200832	36.2	396790	50.5	97.6
扩　建	255959	46.1	234899	29.9	—8.2
改　建	67773	12.2	86345	11.0	27.4
6.按项目规模分					
基建大中型	36720	6.6	36335	4.6	—1.0
基建小型	516884	93.1	741581	94.4	43.5
其　他	1814	0.3	7728	1.0	3.3倍
7.按资金来源分					
上年末结余资金	62651	11.3	92434	11.8	47.5
国家预算内投资	63353	11.4	72876	9.3	15.0
国内贷款	191402	34.5	314806	40.1	64.5
债　券	183	0.0			
利用外资	9559	1.7	7223	0.9	—24.4
自筹投资	63353	11.4	287438	36.6	3.5倍
其他投资	40670	7.3	9457	1.2	—76.7
8.按国民经济行业分					
#工　业	128728	23.2	128965	16.4	0.2
轻工业	15767	2.8	33298	4.2	1.1倍
重工业	112961	20.3	95667	12.2	—15.3
#能源工业	35261	6.3	59665	7.6	69.2
交通运输、仓储及邮电通讯业	51581	9.3	92963	11.8	80.2
教　育	34511	6.2	42075	5.4	21.9

5—7 按国民经济行业分组的基本建设投资

指 标	2001年		2002年		2002年比2001年增长（%）
	投资额（万元）	构成（%）	投资额（万元）	构成（%）	
总 计	**555418**	**100**	**785644**	**100**	**41.5**
(1)农、林、牧、渔业	2867	0.5	6483	0.8	1.3倍
#农 业	1974	0.4	1910	0.2	—3.2
(2)采掘业	498	0.1	295	0.0	—40.8
#煤炭采选业	386	0.1	245	0.0	—36.5
(3)制造业	63131	11.4	38404	4.9	—39.2
食品加工业	1116	0.2			
食品制造业			1287	0.2	
饮料制造业	300	0.1	200	0.0	—33.3
印刷业	350	0.1			
化学原料及化学制品制造业	13874	2.5	8595	1.1	—38.0
医药制造业	12724	2.3	1210	0.2	—90.5
橡胶制品业	224	0.0			
塑料制品业	1330	0.2	8244	1.0	5.2倍
非金属矿物制品业	820	0.1	325	0.0	—60.4
黑色金属冶炼及压延加工业			81	0.0	
有色金属冶炼及压延加工业			900	0.1	
金属制品业	500	0.1	632	0.1	26.4
专用设备制造业	246	0.0			
交通运输设备制造业	20982	3.8	9423	1.2	—55.1
电气机械及器材制造业			3790	0.5	
电子及通信设备制造业	9388	1.7	3687	0.5	—60.7
(4)电力、煤气及水生产和供应业	65099	11.7	90266	11.5	38.7
#电力生产和供应业	34729	6.3	58290	7.4	67.8
煤气生产和供应业	532	0.1	1375	0.2	1.6倍
自来水生产和供应业	29838	5.4	30601	3.9	2.6
(5)建筑业	5489	1.0	8704	1.1	58.6
(6)地质勘查业、水利管理业	3661	0.7	9720	1.2	1.7倍
(7)交通运输、仓储及邮电通讯业	51581	9.3	92963	11.8	80.2
#邮电通信业	31107	5.6	27685	3.5	—11.0
仓储业	575	0.1	470	0.1	—18.3
(8)批发和零售贸易、餐饮业	12228	2.2	20747	2.6	69.7
(9)金融、保险业	8379	1.5	1542	0.2	—81.6
(10)房地产业	648	0.1	4610	0.6	6.1倍
(11)社会服务业	253252	45.6	379709	48.3	49.9
(12)卫生、体育和社会福利业	9733	1.8	18300	2.3	88.0
(13)教育、文化艺术和广播影视业	48524	8.7	63667	8.1	31.2
(14)科学研究和综合技术服务业	4135	0.7	4943	0.6	19.5
(15)国家、政党机关和社会团体	25593	4.6	44441	5.7	73.6
(16)其他行业	600	0.1	850	0.1	41.7

5—8 按国民经济行业分组的更新改造投资

指标	2001年 投资额（万元）	2001年 构成（%）	2002年 投资额（万元）	2002年 构成（%）	2002年比2001年增长（%）
总计	**394201**	**100**	**417580**	**100**	**5.9**
(1)农、林、牧、渔业			57	0.0	
#农业			57	0.0	
(2)采掘业	3853	1.0	4536	1.1	17.7
#煤炭采选业	2606	0.7	4155	1.0	59.4
非金属矿采选业	1247	0.3	381	0.1	—69.4
(3)制造业	226965	57.6	281145	67.3	23.9
食品加工业	2144	0.5	723	0.2	—66.3
食品制造业	6084	1.5	3578	0.9	—41.2
饮料制造业	2	0.0	250	0.1	124倍
烟草加工业	707	0.2	1938	0.5	1.7倍
纺织业	27	0.0			
印刷业			561	0.1	
化学原料及化学制品制造业	33710	8.6	35895	8.6	6.5
医药制造业	14066	3.6	38449	9.2	1.7倍
化学纤维制造业	1515	0.4	220	0.1	—85.5
橡胶制品业	8002	2.0	7922	1.9	—1.0
塑料制品业	1290	0.3	7013	1.7	4.4倍
非金属矿物制品业	8955	2.3	8196	2.0	—8.5
黑色金属冶炼及压延加工业	6640	1.7	3703	0.9	—44.2
有色金属冶炼及压延加工业	102681	26.0	92848	22.2	—9.6
金属制品业	112	0.0	857	0.2	6.7倍
专用设备制造业	904	0.2	2500	0.6	1.8倍
交通运输设备制造业	15640	4.0	35746	8.6	1.3倍
电气机械及器材制造业	6967	1.8	6065	1.5	—12.9
电子及通信设备制造业	16648	4.2	27720	6.6	66.5
仪器仪表及文化、办公用机械制造业	507	0.1	391	0.1	—22.9
其他制造业			3113	0.7	
(4)电力、煤气及水生产和供应业	25593	6.5	45905	11.0	79.4
#电力生产和供应业	25196	6.4	42691	10.2	69.4
煤气生产和供应业	397	0.1	2854	0.7	6.2倍
自来水生产和供应业			360	0.1	
(5)建筑业	2513	0.6	1581	0.4	—37.1
(6)地质勘查业、水利管理业	128	0.0	385	0.1	2倍
(7)交通运输、仓储及邮电通讯业	121484	30.8	70249	16.8	—42.2
#邮电通信业	92007	23.3	65097	15.6	—29.2
(8)批发和零售贸易、餐饮业	9110	2.3	1632	0.4	—82.1
(9)金融、保险业			135	0.0	
(10)房地产业					
(11)社会服务业	3234	0.8	7878	1.9	1.4倍
(12)卫生、体育和社会福利业	220	0.1	1059	0.3	3.8倍
(13)教育、文化艺术和广播影视业	736	0.2	910	0.2	23.6
(14)科学研究和综合技术服务业	8	0.0	262	0.1	31.8倍
(15)国家、政党机关和社会团体	357	0.1	1806	0.4	4.1倍
(16)其他行业			40	0.0	

5—9 基本建设新增主要生产能力(或工程效益)

(2002年)

生产能力(或效益)名称	计量单位	新增能力效益
原煤开采	万吨/年	4
锌冶炼	吨/年	3000
#电解锌	吨/年	3000
合成氨	吨/年	80000
化学药制剂:输液	万瓶/年	100
中成药	吨/年	300
方便主食品	吨/年	3134
新建公路	公里	36.611
改建公路	公里	365
造林面积	万亩	4
有效灌溉面积	万亩	1
高等院校:学生席位	个	11300
建筑面积	平方米	48895
中等学校:学生席位	个	13074
建筑面积	平方米	45450
小 学 校:学生席位	个	6332
建筑面积	平方米	25326
其他院校:学生席位	个	300
建筑面积	平方米	6600
医院病床	张	254
城市自来水供水能力	万吨/日	10
城市公共交通车辆购置	辆	240
城市道路扩建长度	公里	23.68
城市道路扩建面积	万平方米	53.12
城市排水管道铺设长度	公里	19.84
城市永久性桥梁	座	2

5—10　更新改造新增主要生产能力(或效益)

(2002年)

生产能力(或效益)名称	计量单位	新增能力效益
电解铝	吨/年	5000
水　泥	万吨/年	50
化学药制剂:胶囊剂	万粒/年	20000
中成药	吨/年	62
汽轮发电机制造	万千瓦/年	5
大中型变压器	万千伏安	85
电力电缆	公里	200
原电池(折一号电池)	万只	890
软饮料	吨/年	30000
#瓶　装(或罐装)饮用水	吨/年	30000
改建公路	公里	34
城市道路扩建长度	公里	1
城市道路扩建面积	万平方米	2

5—11　基本建设新增固定资产、项目个数和房屋建筑面积

指　　标	单位	2001年	2002年	2002年比2001年增长（%）
新增固定资产	**万元**	**416384**	**424805**	**2.0**
项目个数				
施工项目个数	个	497	588	18.3
#本年新开工	个	310	389	25.5
#大中型项目	个	3	4	33.3
全投项目个数	个	264	325	23.1
房屋建筑面积				
施工面积	万平方米	258.95	269.44	4.1
#住　宅	万平方米	92.64	58.6	—36.7
竣工面积	万平方米	82.88	80.85	—2.4
#住　宅	万平方米	39.67	20.13	—49.3

5—12　更新改造新增固定资产、项目个数和房屋建筑面积

指　　标	单位	2001年	2002年	2002年比2001年增长（%）
新增固定资产	**万元**	**406254**	**226780**	**—44.2**
项目个数				
施工项目个数	个	682	486	—28.7
#本年新开工	个	542	352	—35.1
全投项目个数	个	428	229	—46.5
房屋建筑面积				
施工面积	万平方米	60.57	43.9	—27.5
#住　宅	万平方米	2.08	2.43	16.8
竣工面积	万平方米	37.35	18.54	—50.4
#住　宅	万平方米	2.08	0.47	—77.4

5—13　其他固定资产投资

指　　标	2001年	2002年	2002年比2001年增长(%)
本年完成投资	**59475**	**55882**	**—6.0**
按构成分			
＃建筑工程	29456	23506	—20.2
安装工程	2555	9070	2.6倍
设备工器具购置	22884	19508	—14.8
其他费用	4591	3798	—17.3
按建设性质分			
＃新　建	27553	17439	—36.7
扩　建	14452	13118	—9.2
改　建	2921	12640	3.3倍
按国民经济行业分：			
＃采掘业	198	2244	10.3倍
＃煤炭采选业	68	347	4.1倍
制造业	28537	18092	—36.6
交通运输、仓储及邮电通讯业	326	6747	19.7倍
本年新增固定资产	**44634**	**40682**	**—8.9**
房屋建筑面积（万平方米）			
本年施工房屋面积	26.44	19.92	—24.7
＃住　宅	3.21	2.11	—34.3
本年竣工房屋面积	14.51	10.28	—29.2
＃住　宅	2.77	2.11	—23.8

注：本表其他固定资产投资不含农村集体和城乡私人投资。

5—14 城镇和工矿区私人固定资产投资

指　　　标	单　位	2001年	2002年	2002年比2001年增长（%）
完成投资额合计	万元	25253	27055	7.1
#生产性	万元	2950	66	—97.8
城镇工矿区个数	个	26	31	19.2
竣工房屋建筑面积	万平方米	69.69	78.55	12.7
#住　宅	万平方米	66.44	60.75	—8.6
竣工房屋价值	万元	25112	26611	6.0
#住　宅	万元	23907	18641	—22.0
建房户数	户	3048	2754	—9.6
#农业户	户	2710	2063	—23.9

5—15 非国有经济固定资产投资

指　　　标	2001年		2002年		2002年比2001年增长（%）
	投资额（万元）	构　成（%）	投资额（万元）	构　成（%）	
投资总额	655614	100	795827	100	21.4
基本建设	38911	5.9	50279	6.3	29.2
更新改造	86842	13.2	129071	16.3	48.6
房地产开发	360921	55.1	449473	56.6	24.5
其他投资	57178	8.7	46806	5.9	—18.1
农村集体单位	70352	10.7	63736	8.0	—9.4
城镇工矿区私人	25253	3.9	27055	3.4	7.1
农村私人	16157	2.5	29407	3.7	82.0

5—16　全社会房地产投资总额

指　　标	2001年		2002年		2002年比2001年增长(%)	
	合　计	#国有经济	合　计	#国有经济	合　计	#国有经济
房地产开发投资总额(万元)	**433327**	**72406**	**500300**	**50827**	**15.5**	**—29.8**
按构成分						
#建筑工程	284889	58588	331755	29702	16.5	—49.3
安装工程	10231	400	5268	715	—48.5	78.8
设备、工器具购置	7268	300	11472	514	57.8	71.3
按资金来源分						
上年末结余资金	130093	21774	180461	13400	38.7	—38.5
国内贷款	97331	14905	109717	8341	12.7	—44.0
利用外资	3162		1091		—65.5	
自筹投资	158891	27390	158774	16705	—0.1	—39.0
其他投资	274515	36147	352769	32689	28.5	—9.6
新增固定资产(万元)	**238617**	**68207**	**314391**	**31599**	**31.8**	**—53.7**
房屋建筑面积(万平方米)						
施工面积	750	139.5	827.6	94.1	10.4	—32.6
#住　宅	561.5	120.4	599.9	69.0	6.8	—42.7
竣工面积	241.9	74.2	238.2	37.6	—1.5	—49.3
#住　宅	210.7	70.2	195.6	32.9	—7.2	—53.1

5—17 房地产开发投资完成情况

(2002年)

指标	单位	合计	#商品住宅	按经济类型分 国有	集体	其他	按隶属关系分 中央	地方
房地产开发投资	**万元**	**500300**	**376300**	**50827**	**18846**	**430627**	**27170**	**473130**
本年新增固定资产	**万元**	**314391**		**31599**	**11518**	**271274**	**14864**	**299527**
商品房屋建筑面积								
施工面积	万平方米	827.6	599.9	94.1	29.7	703.9	54.1	773.5
竣工面积	万平方米	238.2	195.6	37.6	10.4	190.1	16.1	222.1
商品房屋销售面积	**万平方米**	**204.5**	**187.9**	**27.1**	**9.5**	**167.9**	**18.2**	**186.3**
商品房屋销售额	**万元**	**335953**	**276299**	**36912**	**12298**	**286743**	**27761**	**308192**

5—18 房地产开发施工竣工面积及竣工价值

(2002年)

指标	单位	施工面积	#新开工	竣工房屋面积	竣工房屋价值(万元)
房屋建筑面积合计	**平方米**	**8276326**	**2048330**	**2381745**	**167213**
按用途分					
住宅	平方米	5998744	1637869	1956190	129796
#别墅、高档公寓	平方米	140437	3569	65727	5405
经济适用房	平方米	861863	317550	348024	20064
办公楼	平方米	615141	138890	96376	6899
商业营业用房	平方米	1337477	195054	251760	22754
其他	平方米	324964	76517	77419	7764

5—19　房地产开发经营情况

（2002年）

指　　标	单位	总　计	登记注册类型			隶属关系
			内　资	#国有	#集体	中　央
一、实收资本合计	**万元**	**412609**	**338513**	**28851**	**22534**	**11028**
#国家资本	万元	8450	6850			1780
二、年末资本负债情况	**万元**					
资产总计	万元	1858283	1490383	384111	66650	156625
固定资产累计折旧	万元	34490	27185	4257	1474	162
#本年折旧	万元	6485	5146	615	315	55
负债总计	万元	1409374	1119939	341061	46300	122640
所有者权益合计	万元	448909	370444	43050	20350	33985
三、经营收入总计	**万元**	**359119**	**315987**	**69763**	**11747**	**26933**
1.（1）土地转让收入	万元	1082	332	290		
（2）商品房屋销售收入	万元	321389	282738	49061	10854	26872
其中：销售给个人	万元	298865	267743	44296	10286	26296
其中：商品住宅销售收入	万元	283781	253492	42120	9994	26142
其中：销售给个人	万元	272831	242588	41460	9894	26096
（3）房屋出租收入	万元	817	576	155	31	9
（4）其他收入	万元	35831	32341	20257	862	52
2.（1）经营成本	万元	292111	261609	60490	10013	22110
（2）销售费用	万元	12243	7391	487	161	340
（3）经营税金及附加	万元	23076	16681	2630	1230	1600
（4）其他业务利润	万元	647	—90	54	70	
（5）管理费用及财务费用	万元	43008	37037	3904	2526	1265
（6）投资收益及营业外收入	万元	772	770	205	101	245
（7）营业外支出	万元	2561	2205	722	234	247
3.利润总额	万元	—12461	—8256	1789	—2246	1616

5—19续表

指　　标	单位	隶属关系				
		省	地　区	县	乡　镇	其　他
一、实收资本合计	**万元**	**37142**	**25336**	**10800**	**4665**	**323638**
＃国家资本	万元	3750	940			1980
二、年末资本负债情况	**万元**					
资产总计	万元	178956	199109	73210	17872	1232511
固定资产累计折旧	万元	2429	2250	1823	200	27626
＃本年折旧	万元	430	493	172	38	5297
负债总计	万元	146721	185106	64310	13743	876854
所有者权益合计	万元	32235	14003	8900	4129	355657
三、经营收入总计	**万元**	**36147**	**38627**	**8174**	**9916**	**239322**
1.(1)土地转让收入	万元	332				750
(2)商品房屋销售收入	万元	21878	32994	4574	9856	225215
其中:销售给个人	万元	19768	30137	4122	8376	210166
其中:商品住宅销售收入	万元	17598	29727	4206	8464	197644
其中:销售给个人	万元	16509	29519	3754	8376	188577
(3)房屋出租收入	万元	87	96	7	6	612
(4)其他收入	万元	13850	5537	3593	54	12745
2.(1)经营成本	万元	25909	38840	6744	7931	190577
(2)销售费用	万元	598	415	79	166	10645
(3)经营税金及附加	万元	2091	1369	617	638	16761
(4)其他业务利润	万元	107	－2	－45	18	569
(5)管理费用及财务费用	万元	5023	1611	1327	1335	32447
(6)投资收益及营业外收入	万元	－161	113	3	55	517
(7)营业外支出	万元	588	76	73	355	1222
3.利润总额	万元	1884	－3573	－708	－436	－11244

5—20　房地产开发资金运用情况

（2002年）

指　　　　标	单位	总　计	登记注册类型			隶属关系
			内　资	#国有	#集体	中　央
一、本年资金来源合计	**万元**	**802812**	**691735**	**71135**	**30108**	**33891**
1. 上年末结余资金	万元	180461	139932	13400	10997	5709
2. 本年资金来源小计	万元	622351	551803	57735	19111	28182
国内贷款	万元	109717	97740	8341	1308	3600
利用外资	万元	1091				
#外商直接投资	万元	1091				
自筹资金	万元	158774	145320	16705	4680	2049
#自有资金	万元	84014	80407	15159	2383	1570
其他资金来源	万元	352769	308743	32689	13123	22533
#集　资	万元	5629	5549		73	
定金及预收款	万元	296223	258658	27113	12163	20293
二、本年各项应付款合计	**万元**	**122617**	**96140**	**16832**	**3101**	**3134**
#工程款	万元	77480	61770	12232	1636	84
设备、器材款	万元	5994	3988		10	
竣工房屋住宅套数合计	套	19385	18205	3908	983	1584
#别墅、高档公寓套数	套	575	575			
安居工程套数	套	3888	3888	2898	180	1308
拆迁还建竣工房屋面积	平方米	104669	88271	8699	8518	2232
统建代建竣工房屋面积	平方米	61384	61384		10836	
年末从业人员数	人	12999	11730	1865	797	287
全年从业人员劳动报酬	人	11968	10525	2116	644	394

5—20续表

指标	单位	隶属关系				
		省	地区	县	乡镇	其他
一、本年资金来源合计	**万元**	**76009**	**40255**	**22965**	**18888**	**610804**
1.上年末结余资金	万元	10606	11406	2533	5174	145033
2.本年资金来源小计	万元	65403	28849	20432	13714	465771
国内贷款	万元	15236	4665	3710	500	82006
利用外资	万元					1091
#外商直接投资	万元					1091
自筹资金	万元	24562	5218	5704	1215	120026
#自有资金	万元	14550	4107	5495	723	57569
其他资金来源	万元	25605	18966	11018	11999	262648
#集　资	万元	200		73		5356
定金及预收款	万元	24005	14978	9776	8612	218559
二、本年各项应付款合计	**万元**	**7815**	**5480**	**17188**	**1802**	**87198**
#工程款	万元	3759	2204	9033	1233	61167
设备、器材款	万元	68			10	5916
竣工房屋住宅套数合计	套	1090	1602	620	859	13630
#安居工程套数	套	90	1006	446	38	1000
拆迁还建竣工房屋面积	平方米	13389	8279		9579	71190
统建代建竣工房屋面积	平方米	27434			7976	25974
年末从业人员数	人	1536	963	562	268	9383
全年从业人员劳动报酬	人	1691	1044	485	257	8097

5－21 房地产开发投资分组指标按资质等级完成情况

指标	单位	按资质等级分					
		一级	二级	三级	四级	暂定	兼营
本年完成投资	**万元**	**18974**	**120485**	**176300**	**147353**	**36270**	**918**
#商品房建设投资额	万元	16116	100012	129352	102003	28374	443
土地开发投资额	万元	2858	6126	11731	15357	2762	475
1.建筑工程	万元	16116	67139	128476	101030	18857	137
2.安装工程	万元		3146	1143	979		
3.设备工器具购置	万元		3773	5304	2124	271	
4.其他费用	万元	2858	46427	41377	43220	17142	781
#土地购置费	万元		8074	10723	10275	4106	451
本年新增固定资产	万元	20753	71636	91904	124260	5750	88
本年完成开发土地面积	平方米	1150000	209803	267679	477513	127049	14571
待开发土地面积	平方米		55244	336123	740284	181075	
本年购置土地面积	平方米		208515	444735	258525	160340	14571
本年资金来源合计	**万元**	**38633**	**177944**	**283774**	**246739**	**54177**	**1545**
1.上年末结余资金	万元	23019	33957	64694	48197	10474	120
2.本年资金来源小计	万元	15614	143987	219080	198542	43703	1425
国内贷款	万元	3000	24436	46603	29692	5986	
利用外资	万元		635			456	
#外商直接投资	万元		635			456	
自筹资金	万元		30724	42624	65997	18044	1385
#自有资金	万元		14545	22805	34711	10568	1385
其他资金来源	万元	12614	88192	129853	102853	19217	40
#集　资	万元			2110	2865	654	
定金及预收款	万元	12614	83906	102805	80746	16152	
本年各项应付款合计	**万元**	**210**	**22401**	**52054**	**32127**	**15825**	
#工程款	万元	210	12101	36033	23834	5302	
设备、器材款	万元		452	3767	1707	68	
竣工房屋住宅套数合计	**套**	**1007**	**3200**	**6666**	**8066**	**446**	
#别墅、高档公寓套数	套	24	235	316			
安居工程套数	套		304	3073	511		
拆迁还建竣工房屋面积	平方米		36673	19610	48386		
统建代建竣工房屋面积	平方米		11686	35724	13974		
公益性建筑竣工面积	人						
年末从业人员数	人	828	1750	4120	4646	1581	74

5—21续表1

指　　标	单　位	按资质等级分					
		一　级	二　级	三　级	四　级	暂　定	兼　营
全年从业人员劳动报酬	万元	170	2141	4116	4193	1288	60
实收资本合计	**万元**	**32681**	**69824**	**136972**	**123412**	**47262**	**2458**
#国家资本	万元		3180	4330	870	70	
年末资产负债							
资产总计	万元	119665	500938	736243	395980	102305	3152
固定资产累计折旧	万元	924	4987	20232	7199	1141	7
#本年折旧	万元	105	1042	3116	1503	713	6
负债总计	万元	71623	386808	593641	295152	61145	1005
所有者权益合计	万元	48042	114130	142602	100828	41160	2147
损　益							
1.经营收入总计	万元	15192	109845	132661	95172	6239	10
(1)土地转让收入	万元			1082			
(2)商品房屋销售收入	万元	15192	99184	115904	84972	6137	
#销售给个人	万元	15192	95025	100686	81825	6137	
商品住宅销售收入	万元	15192	83614	103275	76382	5318	
#销售给个人	万元	11260	82697	97980	75576	5318	
(3)房屋出租收入	万元		237	406	174		
(4)其他收入	万元		10424	15269	10026	102	10
2.(1)经营成本	万元	9605	85123	113443	79346	4551	43
(2)销售费用	万元	1078	2565	5873	2468	259	
(3)经营税金及附加	万元	957	9431	6555	5615	517	1
(4)其他业务利润	万元	57	173	1061	—666	22	
(5)管理费用及财务费用	万元	2600	9737	14994	12771	2829	77
(6)投资收益及营业外收入	万元	144	182	239	181	26	
(7)营业外支出	万元	39	341	1275	819	87	
3.利润总额	万元	1114	3003	—8179	—6332	—1956	—111
施工房屋面积	**平方米**	**268160**	**1915784**	**2976500**	**2445712**	**670170**	
住　宅	平方米	252194	1338438	2088116	1929497	390499	
#别墅、高档公寓	平方米	5450	73630	28000	15812	17545	
经济适用房	平方米		64163	504860	230171	62669	
办公楼	平方米		154123	334189	108226	18603	
商业营业用房	平方米	15966	299522	461868	322012	238109	
其　他	平方米		123701	92327	85977	22959	

5—21续表2

指　　标	单　位	按资质等级分					
		一　级	二　级	三　级	四　级	暂　定	兼　营
本年新开工房屋面积	**平方米**	**57150**	**310365**	**731637**	**725573**	**223605**	
住　宅	平方米	57150	258990	549535	585349	186845	
#别墅、高档公寓	平方米				3569		
经济适用房	平方米		15000	166881	109669	26000	
办公楼	平方米		26592	90248	20249	1801	
商业营业用房	平方米		14655	66601	79499	34299	
其　他	平方米		10128	25253	40476	660	
竣工房屋面积	**平方米**	**150879**	**488065**	**792593**	**891887**	**58321**	
住　宅	平方米	134913	355282	666473	756542	42980	
#别墅、高档公寓	平方米	5450	32277	28000			
经济适用房	平方米		26733	279833	41458		
办公楼	平方米		33689	35975	24061	2651	
商业营业用房	平方米	15966	58967	78327	86470	12030	
其　他	平方米		40127	11818	24814	660	
竣工房屋价值	**万元**	**9306**	**41508**	**51893**	**60555**	**3451**	
住　宅	万元	8769	26945	42860	48721	2501	
#别墅、高档公寓	万元	425	2460	2520			
经济适用房	万元		1474	15942	2648		
办公楼	万元		2744	2069	1918	168	
商业营业用房	万元	1037	6961	6044	7996	716	
其　他	万元		4858	920	1920	66	
商品房实际销售面积	**平方米**	**39812**	**561319**	**666080**	**726835**	**51025**	
住　宅	平方米	32847	533653	606554	661143	44356	
#别墅、高档公寓	平方米					10145	
经济适用房	平方米		50351	170684	77240		
办公楼	平方米		11117	11803	530	455	
商业营业用房	平方米	6965	16035	45332	56957	5554	
其　他	平方米		514	2391	8205	660	
商品房销售给个人面积	**平方米**	**39812**	**549536**	**628366**	**707955**	**45993**	

5－21续表3

指　　标	单　位	按资质等级分					
		一　级	二　级	三　级	四　级	暂　定	兼　营
住　宅	平方米	32847	524127	586793	649343	39324	
#别墅、高档公寓	平方米					5113	
经济适用房	平方米		50351	170684	73437		
办公楼	平方米		9295	4600		455	
商业营业用房	平方米	6965	15600	35261	52585	5554	
其　他	平方米		514	1712	6027	660	
商品房预售面积	**平方米**		**115354**	**541324**	**262863**	**92658**	**2503**
住　宅	平方米		113782	467732	223367	87497	2053
#别墅、高档公寓	平方米		5860			642	
经济适用房	平方米			38900	24311		
办公楼	平方米			14846	17761	850	
商业营业用房	平方米		1049	45588	16676	4311	450
其　他	平方米		523	13158	5059		
商品房出租面积	**平方米**		**9343**	**11354**	**8035**		
#外　销(租)	平方米			17			
住　宅	平方米		1284	2431			
#别墅、高档公寓	平方米						
经济适用房	平方米			2378			
办公楼	平方米		1905	375	658		
商业营业用房	平方米		6154	5581	6356		
其　他	平方米			2967	1021		
商品房出租给个人面积	**平方米**		**6384**	**5458**	**2010**		
住　宅	平方米		230	112			
#别墅、高档公寓	平方米						
经济适用房	平方米			112			
办公楼	平方米						
商业营业用房	平方米		6154	3937	2010		
其　他	平方米			1409			

5—21续表4

指标	单位	按资质等级分					
		一级	二级	三级	四级	暂定	兼营
商品房空置面积	**平方米**	**25051**	**90751**	**163430**	**146116**	**20234**	
住宅	平方米	22189	45340	83564	78826	12552	
#别墅、高档公寓	平方米						
经济适用房	平方米			14057	3835		
办公楼	平方米		32798	18643	16380	1301	
商业营业用房	平方米	2862	10739	48400	44417	6381	
其他	平方米		1874	12823	6493		
商品房空置一年以上面积	**平方米**	**2100**	**16658**	**61361**	**31590**	**440**	
住宅	平方米	2100	4076	11715	6097	440	
#别墅、高档公寓	平方米						
经济适用房	平方米				2386		
办公楼	平方米		5504	14070	1147		
商业营业用房	平方米		5480	32650	23906		
其他	平方米		1598	2926	440		
商品房实际销售额	**万元**	**12700**	**106149**	**105168**	**105672**	**6264**	
住宅	万元	9413	89398	86157	86492	4839	
#别墅、高档公寓	万元					1786	
经济适用房	万元		5175	20714	8624		
办公楼	万元		8231	3604	175	60	
商业营业用房	万元	3287	8416	14770	17548	1313	
其他	万元		104	637	1457	52	
商品房给个人实际销售额	**万元**	**12700**	**102927**	**94436**	**102410**	**5528**	
住宅	万元	9413	88041	82074	84928	4103	
#别墅、高档公寓	万元					1050	
经济适用房	万元		5175	20714	8242		
办公楼	万元		7003	867		60	
商业营业用房	万元	3287	7779	11064	16520	1313	
其他	万元		104	431	962	52	

5—22 房地产开发商品房屋销售与出租情况

指　　标	单 位	实际销售面积	#销售给个人	实际销售额（万元）	#销售给个人
房屋面积合计	**平方米**	**2045071**	**1971662**	**335953**	**318001**
#外　销(租)	平方米			17	
住　宅	平方米	1878553	1832434	276299	268559
#别墅、高档公寓	平方米	10145	5113	1786	1050
经济适用房	平方米	298275	294472	34513	34131
办公楼	平方米	23905	14350	12070	7930
商业营业用房	平方米	130843	115965	45334	39963
其　他	平方米	11770	8913	2250	1549

5—22续表

指　　标	单 位	预售面积	出租面积	#出租给个人	空置面积	#空置1年以上(含1年)
房屋面积合计	**平方米**	**1014702**	**28732**	**13852**	**445582**	**112149**
#外　销(租)	平方米		17			
住　宅	平方米	894431	3715	342	242471	24428
#别墅、高档公寓	平方米	6502			2575	
经济适用房	平方米	63211	2378	112	17892	2386
办公楼	平方米	33457	2938		69122	20721
商业营业用房	平方米	68074	18091	12101	112799	62036
其　他	平方米	18740	3988	1402	21190	4964

5—23 商品房竣工销售情况

指　　标	2001年	2002年	2002年比2001年增长（%）
商品房屋竣工面积（平方米）	2418728	2381745	—1.5
#住　宅	2106709	1956190	—7.1
办公楼	58543	96376	64.6
商业营业用房	204671	251760	23.0
商品房屋销售面积（平方米）	1983875	2045071	3.1
#住　宅	1805452	1878553	4.0
办公楼	32225	23905	—25.8
商业营业用房	132747	130843	—1.4
商品房实际销售额（万元）	305317	335953	10.0
#住　宅	246249	276299	12.2
办公楼	10765	12070	12.1
商业营业用房	45559	45334	—0.5
商品房空置面积（平方米）	248680	445582	79.2
#住　宅	168853	242471	43.6
办公楼	8998	69122	668.2
商业营业用房	52793	112799	113.7

主要统计指标解释

全社会固定资产投资 固定资产投资额是以货币表现的建造和购置固定资产活动的工作量，它是反映固定资产投资规模、速度、比例关系和使用方向的综合性指标。

基本建设投资 基本建设指企业、事业、行政单位以扩大生产能力或工程效益为主要目的的新建、扩建工程及有关工作。其综合范围为总投资50万元以上(含50万元，下同)的基本建设项目。

更新改造投资 更新改造指企业、事业单位对原有设施进行固定资产更新和技术改造，以及相应配套的工程和有关工作(不包括大修理和维护工程)。其综合范围为总投资50万元以上的更新改造项目。

房地产开发投资 指房地产开发公司、商品房建设公司及其他房地产开发法人单位和附属于其他法人单位实际从事房地产开发或经营的活动单位统一开发的包括统代建、拆迁还建的住宅、厂房、仓库、饭店、宾馆、度假村、写字楼、办公楼等房屋建筑物和配套的服务设施，土地开发工程(如道路、给水、排水、供电、供热、通讯、平整场地等基础设施工程)的投资；不包括单纯的土地交易活动。

其他固定资产投资 指全社会固定资产投资中未列入基本建设、更新改造和房地产开发投资的建造和购置固定资产的活动。

城镇和工矿区私人建房投资和农村个人投资 城镇和工矿区私人建房包括市、县城、镇、工矿区所辖范围内的全部私人建房，不论其房主是否系本地的常住户口均应包括。农村个人投资包括农村个人建房及购置生产性固定资产投资。

施工项目 指报告期内曾进行建筑或安装工程施工活动的建设项目，包括报告期内新开工项目、报告期以前开工跨入报告期继续施工的项目以及报告期施过工并在报告期内全部建成投资 产或停缓建的项目。

新增生产能力 指通过固定资产投资活动而增加在的设计能力或工程效益，它是用实物形态表示的固定资产投资的成果。新增生产能力的计算，是以能独立发挥生活能力或工程效益的单项工程(或项目)为对象。当单项工程(或项目)建成，经有关部门鉴定合格，正式移交投入生产，即可计算新增生产能力。

房屋建筑面积 指从房屋外墙线算起的各层平面面积的总和，包括可供使用的有效面积和房屋结构(如柱、墙)占用的面积。多层建筑按各层(包括地下室)面积总和计算。

住宅建筑面积 指施和竣工房屋建筑面积中供居住用的施工和竣工房屋建筑面积。

施工面积 指报告期内施工的全部房屋建筑面积。包括本期新开工的面积、上期跨入本期继续施工的房屋面积、上期停缓建在本期恢复施工的房屋面积、本期竣工的房屋面积及本期施工后又停缓建的房屋面积。

竣工面积 指在报告期内房屋建筑按照设计要求已全部完工，达到住人和使用条件，经验收鉴定合格，正式移交使用单位的建筑面积。

房屋建筑面积竣工率 指一定时期内房屋竣工面积占用同期房屋施工面积的比率。

新增固定资产 指通过投资活动所形成的新的固定资产价值，包括已经建成投入生产或交付使用的工程价值和达到固定资产标准的设备、工具、器具的价值及有关应摊入的费用。它是以价值形式表示的固定资产投资成果的综合性指标，可以综合反映不同时期、不同部门、不同地区的固定资产投资成果。

建设项目投产率 指一定时期内全部建成投入生产项目个数与同期正式施工项目个数的比率。这是从项目建设速度的角度反映投资效果的指标。

固定资产交付使用率 指一定时期新增固定资产与同期完成投资额的比率。它是反映各个时期固定资产动用速度，衡量建设过程中投资效果的一个综合性指标。

工业能源消费

6

工业能源消费总量（吨标准煤）

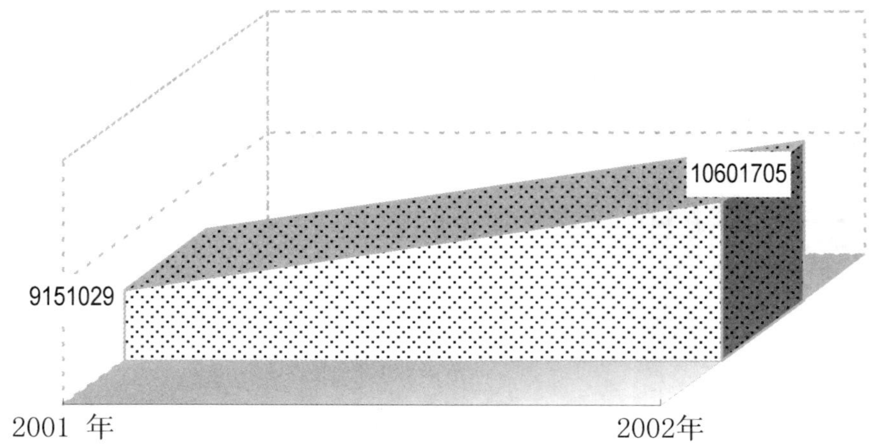

万元产值综合能耗（吨标准煤/万元）

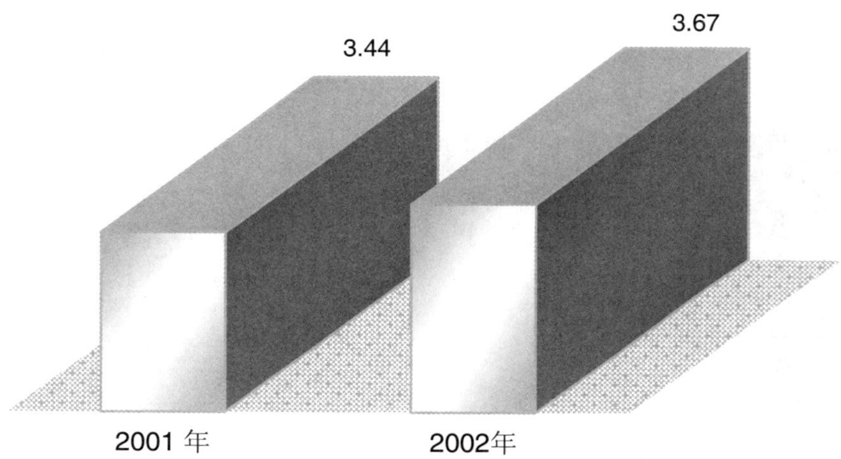

电力消费量（万千瓦时）

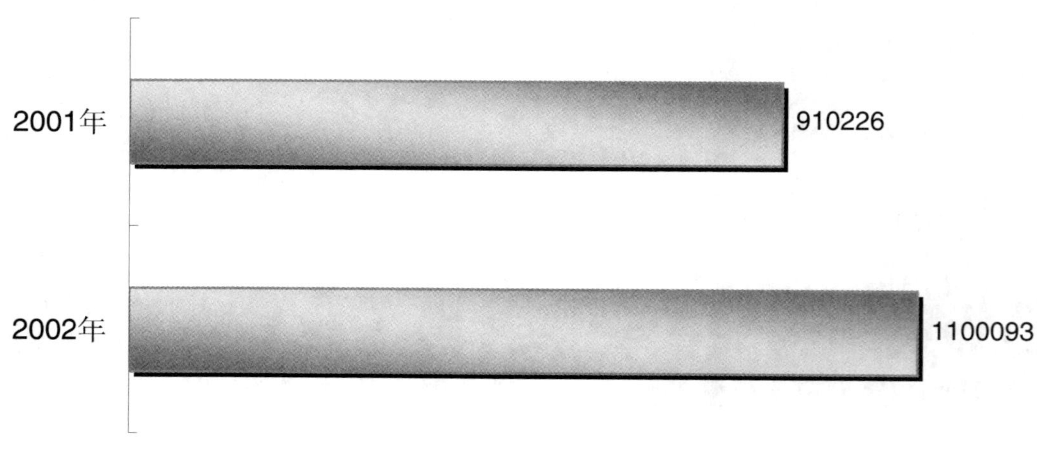

6—1 全市规模以上工业企业能源消费情况

指标	单位	能源消费量合计			其中:工业生产消费量		
		2001年	2002年	2002年比2001年增长±%	2001年	2002年	2002年比2001年增长±%
能源合计	**吨标准煤**	**9151029**	**10601705**	**15.9**	**8909697**	**10291310**	**15.5**
原煤	吨	5217327	6119534	17.3	5147529	5996335	16.5
洗精煤	吨	941911	919515	—2.4	941186	918436	—2.4
其他洗煤	吨	479042	316630	—33.9	478106	316630	—33.8
焦炭	吨	227843	176930	—22.4	227837	176924	—22.4
其他焦化产品	吨	22826	28017	22.7	22826	28017	22.7
焦炉煤气	万立方米	25946	24096	—7.1	14031	12324	—12.2
汽油	吨	11564	11260	—2.6	8990	6436	—28.4
煤油	吨	1018	3651	2.6倍	975	3450	2.5倍
柴油	吨	19669	15890	—19.2	16724	8737	—47.8
燃料油	吨	68218	81723	19.8	68218	81694	19.8
液化石油气	吨	150	110	—26.7	144	100	—30.6
其他石油制品	吨	140328	126834	—9.6	140328	126834	—9.6
热力	百万千焦	436848	439835	0.7	419352	391363	—6.7
电力	万千瓦时	938654	1132784	20.7	910226	1100093	20.9
其他燃料	吨标准煤	5228	3664	—29.9	5133	3627	—29.3

6—2 全市规模以上工业企业能源购进与消费

（2002年）

指　　标	单　位	购进量		消费量合计			
		购进实物量	金额（万元）		工业生产消费	#用于原材料	非工业生产消费
能源合计	**吨标准煤**	**9681505**	**1320048**	**10601705**	**10291310**	**1248559**	**310395**
原　煤	吨	5057518	939829	6119534	5996335	578811	123199
洗精煤	吨	904473	24306	919515	918436	651438	1079
其他洗煤	吨	323863	26786	316630	316630	18770	
焦　炭	吨	181676	19886	176930	176924	88691	6
其他焦化产品	吨	993	54	28017	28017	27367	
焦炉煤气	万立方米	3055	3723	24096	12324		11772
其他煤气	万立方米	4	3	4	4		
汽　油	吨	11706	9035	11260	6436	155	4824
煤　油	吨	3646	1461	3651	3450	17	201
柴　油	吨	23074	8995	15890	8737	273	7153
燃料油	吨	75856	11967	81723	81694	81687	29
液化石油气	吨	110	35	110	100		10
其他石油制品	吨	127795	9024	126834	126834		
热　力	百万千焦	439842	867	439835	391363	2	48472
电　力	万千瓦时	1132784	261232	1132784	1100093	319	32691
其他燃料	吨标准煤	3714	2845	3664	3627	6	37

6—3 全市规模以上工业分行业万元产值主要消费情况

(2002年)

指　　标	万元产值综合能耗(吨标准煤/万元)	万元产值耗电量(万千瓦时/万元)	万元产值耗用煤炭(吨/万元)	万元产值耗用焦炭(吨/万元)	万元产值用水量(立方米/万元)
总　计	**3.67**	**3924**	**2.58**	**0.06**	**402.72**
采掘业	**2.69**	**4825**	**0.7**	**0.19**	**724.99**
煤炭采选业	1.54	2892	0.53		88.04
非金属矿采选业	2.84	5078	0.72	0.22	808.27
制造业	**2.61**	**3963**	**1.17**	**0.06**	**339.2**
食品加工业	0.45	433	0.38		14.34
食品制造业	0.62	881	0.36		39.29
饮料制造业	0.51	562	0.36		47.2
烟草加工业	0.17	156	0.15		52.65
纺织业	1.24	2050	0.57		383.89
服装及其他纤维制品制造业	0.2	139	0.21		4.37
皮革、毛皮、羽绒及其制品业	3.31	8178			1332.3
木材加工及竹、藤、棕、草制品业	3.19	2471	3.06		10.4
家具制造业	1.03	2495			1.85
造纸及纸制品业	0.41	416	0.32		8.24
印刷业	0.45	876	0.13		7.63
文教体育用品制造业	0.2	475			18.44
石油加工及炼焦业	2.49	989	2.93		21.69
化学原料及化学制品制造业	7.08	12385	2.86	0.13	2100.84
医药制造业	0.21	380	0.07		6.23
橡胶制品业	0.53	473	0.46		21.01
塑料制品业	0.39	735	0.14		23.5
非金属矿物制品业	7.61	5694	7.32	0.01	148.45
黑色金属冶炼及压延加工业	6.63	10663	1.47	1.25	488.27
有色金属冶炼及压延加工业	10.1	15485	3.71	0.15	400.42
金属制品业	1.69	3772	0.18		13.94
普通机械制造业	0.77	1252	0.21	0.09	117.49
专用设备制造业	0.55	795	0.27	0.02	90.29
交通运输设备制造业	0.51	785	0.25	0.01	102.58
电气机械及器材制造业	0.25	418	0.09		19.14
电子及通信设备制造业	0.03	73			2.4
仪器仪表及文化、办公用机械制造	0.76	1382	0.13	0.07	51.76
其他制造业	0.15	356			10.81
电力、蒸汽、热水的生产和供应业	**22.81**	**2751**	**28.21**		**1342.1**
电力、蒸汽、热水的生产和供应业	21.13	2282	28.23		1579.16
煤气生产和供应业	39.28	2473	36.56		62.13
自来水的生产和供应业	5.72	14153			293.44

注:本表是以不变价工业总产值计算的,煤炭包括原煤、洗精煤、其他洗煤。

6—4 全市规模以上工业企业取水及用水情况

（2002年）

单位：万立方米

指标	工业取水总量	#自来水	#地下水及地表水	重复用水量	工业用水总量
总计	**13189.41**	**3478.30**	**9159.05**	**99720.18**	**112909.59**
采掘业	**440.05**	**333.05**	**107.00**	**5268.69**	**5708.74**
煤炭采选业	80.16	0.16	80.00		80.16
非金属矿采选业	359.90	332.90	27.00	5268.69	5628.58
制造业	**10451.81**	**2882.25**	**7017.50**	**76982.63**	**87434.44**
食品加工业	63.21	41.45	21.76	1.77	64.99
食品制造业	230.65	74.49	156.17	1.53	232.19
饮料制造业	66.82	63.99	2.83	2.98	69.81
烟草加工业	336.64	317.00	19.64	982.00	1318.64
纺织业	345.07	213.20	44.04	210.44	555.51
服装及其他纤维制品制造业	6.46	6.46			6.46
皮革、毛皮、羽绒及其制品业	3.58	3.58			3.58
木材加工及竹、藤、棕、草制品业	2.61	0.12	2.49	0.08	2.69
家具制造业	0.21	0.21			0.21
造纸及纸制品业	12.13	12.03	0.10		12.13
印刷业	29.99	19.03	10.96		29.99
文教体育用品制造业	1.75	1.75			1.75
石油加工及炼焦业	0.45	0.05	0.40	0.80	1.25
化学原料及化学制品制造业	3599.46	49.03	3550.43	61625.38	65224.85
医药制造业	146.98	130.57	16.40	15.30	162.28
橡胶制品业	407.03	341.41	65.62	171.72	578.75
塑料制品业	101.07	89.42	11.65	6.21	107.28
非金属矿物制品业	981.92	346.66	379.35	378.29	1360.20
黑色金属冶炼及压延加工业	750.97	214.97	386.15	2002.86	2753.82
有色金属冶炼及压延加工业	1804.19	84.97	1719.22	9072.10	10876.29
金属制品业	41.96	34.88	7.08	35.44	77.41
普通机械制造业	209.08	125.77	83.31	179.30	388.38
专用设备制造业	250.02	158.87	61.10	47.56	297.58
交通运输设备制造业	858.93	445.05	394.34	2188.46	3047.39
电气机械及器材制造业	69.53	39.19	30.34	49.60	119.12
电子及通信设备制造业	65.81	39.04	17.88	8.89	74.70
仪器仪表及文化、办公用机械制造	61.50	25.27	36.23	1.91	63.41
其他制造业	3.79	3.79			3.79
电力、蒸汽、热水的生产和供应业	**2297.55**	**263.00**	**2034.55**	**17468.87**	**19766.42**
电力、蒸汽、热水的生产和供应业	2021.99	47.56	1974.43	17468.70	19490.68
煤气生产和供应业	113.78	113.78		0.17	113.95
自来水的生产和供应业	161.78	101.66	60.12		161.78

6—5 全市规模以上工业生产分行业能源消费情况

（2002年）

指　　标	工业生产综合能源消费量（吨标煤）	煤　炭（吨）				焦　炭（吨）
			原　煤	洗精煤	其他洗煤	
总　　计	**10291310**	**7231401**	**5996335**	**918436**	**316630**	**176924**
采掘业	**211534**	**54745**	**46624**	**8121**		**15275**
煤炭采选业	14059	4788	4788			
非金属矿采选业	197475	49957	41836	8121		15275
制造业	**6719630**	**3021436**	**2445929**	**258877**	**316630**	**161649**
食品加工业	20337	17186	17186			
食品制造业	36422	21246	21246			
饮料制造业	7567	5388	5388			
烟草加工业	43505	38808	38808			
纺织业	17981	8273	8273			
服装及其他纤维制品制造业	3018	3036	3036			
皮革、毛皮、羽绒及其制品业	89					
木材加工及竹、藤、棕、草制品业	8254	7936	7936			
家具制造业	1157					
造纸及纸制品业	5963	4702	4702			
印刷业	17854	5188	5188			
文教体育用品制造业	186					
石油加工及炼焦业	1437	1690	1690			
化学原料及化学制品制造业	2196956	887621	541092	87104	259425	41212
医药制造业	54969	18837	18837			
橡胶制品业	145621	126685	126685			
塑料制品业	18002	6175	6175			
非金属矿物制品业	697156	671055	663075	7980		944
黑色金属冶炼及压延加工业	374062	82782	82782			70735
有色金属冶炼及压延加工业	2744062	1008432	792405	158822	57205	40433
金属制品业	94083	10087	5116	4971		117
普通机械制造业	25560	6988	6988			3015
专用设备制造业	18087	9023	9023			699
交通运输设备制造业	152308	72887	72887			3649
电气机械及器材制造业	15439	5793	5793			1
电子及通信设备制造业	9566					14
仪器仪表及文化、办公用机械制造	9368	1618	1618			860
其他制造业	518					
电力、蒸汽、热水的生产和供应业	**3360146**	**4155220**	**3503782**	**651438**		
电力、蒸汽、热水的生产和供应业	2608152	3484600	3484600			
煤气生产和供应业	720451	670620	19182	651438		
自来水的生产和供应业	31543					

6－5续表1

指　　标	其他焦化产品（吨）	焦炉煤气（万立方米）	汽　油（吨）	煤　油（吨）	柴　油（吨）	燃料油（吨）
总　计	**28017**	**12324**	**6436**	**3450**	**8737**	**81694**
采掘业			**179**	**1298**	**282**	
煤炭采选业				1		
非金属矿采选业			179	1297	282	
制造业	**650**	**3166**	**5297**	**2148**	**5598**	**81694**
食品加工业			35		53	
食品制造业			115	6	19	
饮料制造业			67		180	
烟草加工业			62		39	
纺织业			52	4	4	
服装及其他纤维制品制造业			12			
皮革、毛皮、羽绒及其制品业						
木材加工及竹、藤、棕、草制品业						
家具制造业			9		12	
造纸及纸制品业			81	9		
印刷业			56	9	44	
文教体育用品制造业			3			
石油加工及炼焦业						
化学原料及化学制品制造业		2851	734	75	1787	
医药制造业		134	209	6	332	
橡胶制品业			1633	1	99	
塑料制品业			25	5	1	
金属矿物制品业						
非金属矿物制品业			460	1636	1067	7
黑色金属冶炼及压延加工业	650	181	51	28	92	
有色金属冶炼及压延加工业			9	4	47	81687
金属制品业			55	16	755	
普通机械制造业			255	25	350	
专用设备制造业			180		98	
交通运输设备制造业			929	236	520	
电气机械及器材制造业			98	6	39	
电子及通信设备制造业			83		53	
仪器仪表及文化、办公用机械制造			80	82	2	
其他制造业			4		5	
电力、蒸汽、热水的生产和供应业	**27367**	**9158**	**960**	**4**	**2857**	
电力、蒸汽、热水的生产和供应业			863		2763	
煤气生产和供应业	27367	9158	88	1	94	
自来水的生产和供应业			9	3		

6－5续表2

指　　标	液化石油气（吨）	其他石油制品（吨）	热　　力（百万千焦）	电　　力（万千瓦时）	其他燃料（吨标准煤）
总　　计	**100**	**126834**	**391363**	**1100093**	**3627**
采掘业				**37995**	
煤炭采选业				2633	
非金属矿采选业				35362	
制造业	**100**	**126834**	**39818**	**1021588**	**3627**
食品加工业				1964	
食品制造业				5208	
饮料制造业				831	
烟草加工业				3895	
纺织业				2966	
服装及其他纤维制品制造业				206	
皮革、毛皮、羽绒及其制品业				22	
木材加工及竹、藤、棕、草制品业				640	
家具制造业				279	
造纸及纸制品业				612	
印刷业				3446	65
文教体育用品制造业				45	
石油加工及炼焦业				57	
化学原料及化学制品制造业				384516	1146
医药制造业			3	9879	7
橡胶制品业				13015	
塑料制品业				3353	
金属矿物制品业	7			52169	
非金属矿物制品业					
黑色金属冶炼及压延加工业			32062	60138	
有色金属冶炼及压延加工业		126387	7753	420620	2070
金属制品业				20951	
普通机械制造业				4138	
专用设备制造业				2620	
交通运输设备制造业				23324	
电气机械及器材制造业		447		2602	43
电子及通信设备制造业	93			2274	
仪器仪表及文化、办公用机械制造				1693	296
其他制造业				125	
电力、蒸汽、热水的生产和供应业			**351545**	**40510**	
电力、蒸汽、热水的生产和供应业				28170	
煤气生产和供应业			351545	4537	
自来水的生产和供应业				7803	

6—6 重点耗能工业企业综合耗能情况

指标	2001年			2002年		
	综合能源消费量（吨标准煤）	工业总产值（不变价格、万元）	产值综合能耗（吨标准煤/万元）	综合能源消费量（吨标准煤）	工业总产值（不变价格、万元）	产值综合能耗（吨标准煤/万元）
总计	**5962592**	**1303208**	**4.58**	**7263622**	**1453881**	**5**
采掘业	**181446**	**61248**	**2.96**	**195258**	**69311**	**2.82**
煤炭采选业	9988	8000	1.25	10092	8000	1.26
非金属矿采选业	171458	53248	3.22	185166	61311	3.02
制造业	**4992204**	**1155796**	**4.32**	**6055680**	**1294396**	**4.68**
烟草加工业	48463	262667	0.18	43225	250434	0.17
纺织业	16741	7003	2.39	11563	8388	1.38
化学原料及化学制品制造业	1246512	174057	7.16	2109257	259998	8.11
医药制造业	11831	29415	0.4	17485	46774	0.37
橡胶制品业	148052	240235	0.62	139293	268807	0.52
非金属矿物制品业	345382	44439	7.77	494044	47339	10.44
黑色金属冶炼及压延加工业	501809	62239	8.06	348385	53052	6.57
有色金属冶炼及压延加工业	2527324	234892	10.76	2730499	249658	10.94
金属制品业	66419	11565	5.74	76751	15395	4.99
交通运输设备制造业	79671	89282	0.89	85178	94551	0.9
电力、蒸汽、热水的生产和供应业	**788942**	**86164**	**9.16**	**1012684**	**90174**	**11.23**
电力、蒸汽、热水的生产和供应业	697848	64399	10.84	930313	67490	13.78
煤气生产和供应业	63432	17491	3.63	54992	18192	3.02
自来水的生产和供应业	27662	4275	6.47	27379	4492	6.1

注：重点耗能工业企业是指年耗能在1万吨标准煤及以上或者有能源加工转换活动的工业企业。

6—7 重点耗能工业企业能源购消存情况

（2002年）　　单位:吨标准煤

指标	年初库存量	购进实物量	消费量合计	#工业生产消费	年末库存量	能源转换产出量
总计	**319467**	**8974775**	**9898028**	**9644404**	**231236**	**2380782**
采掘业	**212**	**211582**	**211275**	**195258**	**496**	
煤炭采选业	35	20193	20185	10092	22	
非金属矿采选业	177	191389	191090	185166	474	
制造业	**198622**	**6175939**	**6275244**	**6111496**	**186052**	**55816**
烟草加工业	174	52042	49874	43225	1358	
纺织业	1812	13530	13961	11563	1381	
化学原料及化学制品制造业	65329	2206595	2206025	2165073	68043	55816
医药制造业		18215	18215	17485		
橡胶制品业	8495	169350	170927	139293	6870	
非金属矿物制品业	31911	406505	507427	494044	31142	
黑色金属冶炼及压延加工业	16346	388246	384063	348385	7951	
有色金属冶炼及压延加工业	72996	2741940	2746820	2730499	66648	
金属制品业	128	77007	76770	76751	364	
交通运输设备制造业	1431	102509	101162	85178	2295	
电力、蒸汽、热水的生产和供应业	**120633**	**2587254**	**3411509**	**3337650**	**44688**	**2324966**
电力、蒸汽、热水的生产和供应业	53130	1921073	2593914	2593782	4446	1663469
煤气生产和供应业	67482	629500	790060	716489	40230	661497
自来水的生产和供应业	21	36681	27535	27379	12	

工业与建筑业

7

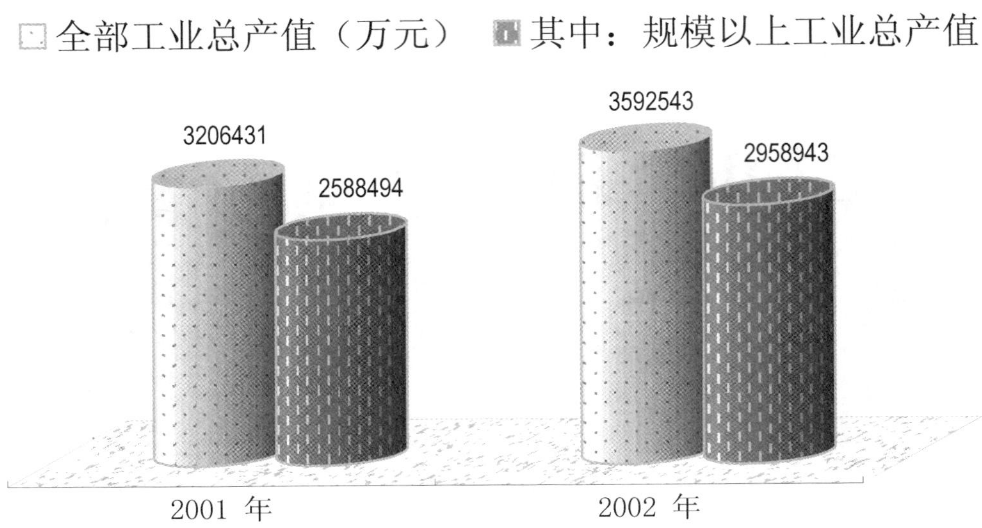

规模以上工业总产值（按轻、重工业和大、中、小型企业分）

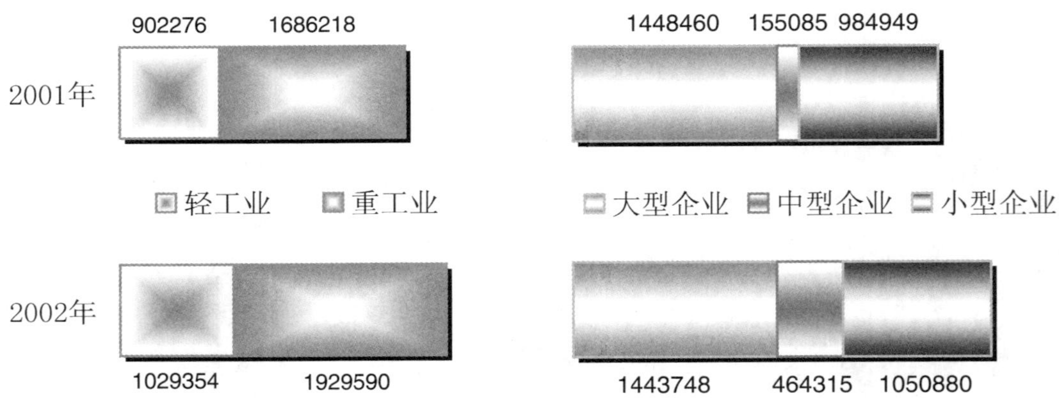

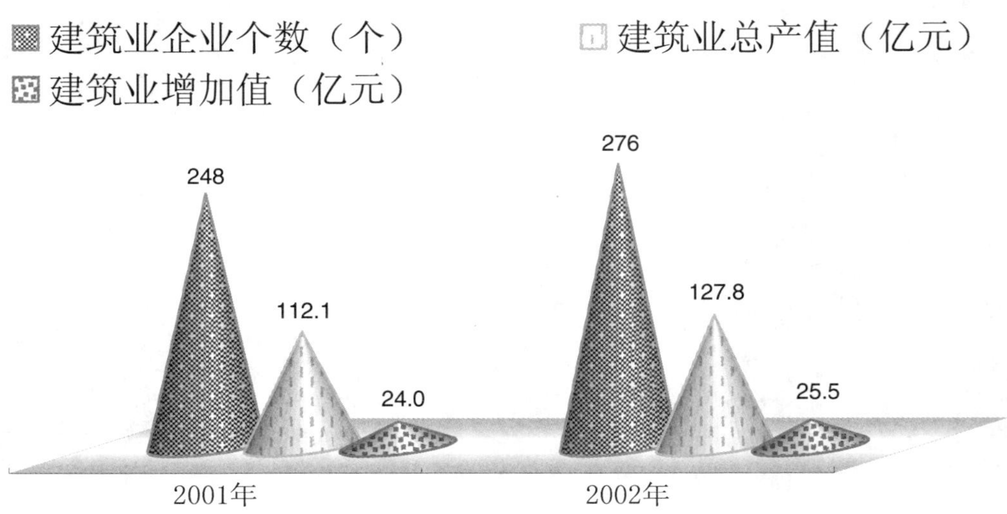

7—1 全部工业总产值

单位:万元

指　　标	2001年	2002年	2002年比2001年增长(%)
总　　计	**3206431**	**3592543**	**18.4**
一、规模以上工业总产值合计	**2588494**	**2958943**	**20.8**
在总计中:国有控股企业	1882363	2103640	16.6
亏损企业	363741	325358	−19.2
乡村工业	80679	79686	−0.5
在总计中:非公有制工业	551011	707200	40.3
高技术产业	360857	509244	55.9
在总计中:市区小计	2088455	2366440	19.5
三县一市小计	500039	584750	25.0
在总计中:收入在30亿元以上	629006	651085	0.2
收入在10—20亿元	137051	175656	17.7
收入在5—10亿元	172025	376944	250.2
收入在1—5亿元	786261	765819	3.0
收入在5千万—1亿元	291406	423574	44.6
收入在1千万—5千万	401689	435602	17.1
收入在1千万元以下	171057	130264	−9.6
按登记注册类型分			
内资企业	2494669	2793066	15.1
国有企业	1035899	826247	−12.9
中　央	647478	340095	−44.1
地　方	388421	486152	33.6
集体企业	135286	136108	−0.3
股份合作企业	16592	15415	−6.4
联营企业	11954	19908	95.4
有限责任公司	817855	809261	0.6

注:本表绝对数按当年价格计算,增长速度按可比价格和可比口径计算;规模以下工业产值按抽样调查数推算。

7—1续表 单位:万元

指　　标	2001年	2002年	2002年比2001年增长(%)
股份有限公司	297019	685480	76.5
私营企业	180065	299512	78.7
港、澳、台商投资企业	41319	56167	79.4
外商投资企业	52506	109711	217.6
按轻重工业分			
轻工业	902276	1029354	16.7
以农产品为原料	759739	797515	2.0
以非农产品为原料	142537	231838	65.2
重工业	1686218	1929590	23.0
采掘工业	83660	106049	14.2
原料工业	871465	866811	2.2
加工工业	731093	956730	40.7
按企业规模分			
大型企业	1448460	1443748	—2.8
特大型企业	315225	315915	4.7
大一型企业	780191	792184	—5.8
大二型企业	353044	335649	—1.5
中型企业	155085	464315	247.0
中一型企业	77889	314137	429.6
中二型企业	77196	150178	93.6
小型企业	984949	1050880	18.6
二、规模以下工业总产值合计	**617937**	**633600**	**12.7**
在合计中:年收入在100万元以上	317978	289000	10.7
年收入在100万元以下	299959	344600	14.3

7—2 规模以上工业企业单位数

单位:个

指　　标	2001年	2002年	2002年比2001年增长(%)
总　　计	**587**	**617**	**5.1**
按登记注册类型分组			
内资企业	546	574	5.1
国有企业	249	249	持平
中　央	31	33	6.5
地　方	218	216	—0.9
集体企业	97	95	—2.1
股份合作企业	19	21	10.5
联营企业	11	12	9.1
有限责任公司	86	95	10.5
国有独资公司	22	18	—18.2
其他有限责任公司	64	77	20.3
股份有限公司	21	25	19.1
私营企业	63	75	19.1
其他企业		2	
港、澳、台商投资企业	24	25	4.2
外商投资企业	17	18	5.9
按工业行业大类分			
采掘业	**11**	**11**	**持平**
煤炭采选业	3	3	持平
非金属矿采选业	8	8	持平
制造业	**550**	**579**	**5.3**
食品加工业	37	39	5.4
食品制造业	21	22	4.8
饮料制造业	13	13	持平
烟草加工业	3	3	持平
纺织业	10	10	持平

7－2续表 单位:个

指　　标	2001年	2002年	2002年比2001年增长(%)
服装及其他纤维制品制造业	5	5	持平
皮革毛皮羽绒及其制品业	4	3	－25.0
木材加工及竹藤棕草制品业	4	3	－25.0
家具制造业	3	2	－33.3
造纸及纸制品业	8	12	50.0
印刷业	35	33	－5.7
文教体育用品制造业	2	2	持平
石油加工及炼焦业		2	
化学原料及化学制品制造业	54	55	1.9
医药制造业	52	61	17.3
橡胶制品业	11	10	－9.1
塑料制品业	20	20	持平
非金属矿物制品业	85	79	－7.1
黑色金属冶炼及压延加工业	22	18	－18.2
有色金属冶炼及压延加工业	13	17	30.8
金属制品业	19	27	42.1
普通机械制造业	26	27	3.9
专用设备制造业	21	20	－4.8
交通运输设备制造业	39	50	28.2
电气机械及器材制造业	19	26	36.8
电子及通信设备制造业	9	10	11.1
仪器仪表及文化办公用机械制造业	9	9	持平
其他制造业	5	1	－80.0
电力、煤气及水的生产和供应业	**26**	**27**	**3.9**
电力、蒸汽、热水的生产和供应业	15	16	6.7
煤气生产和供应业	3	3	持平
自来水的生产和供应业	8	8	持平

7—3　规模以上工业企业分行业总产值

单位:万元

指　　标	2001年	2002年	2002年比2001年增长(%)
总　　计	**2588494**	**2958943**	**20.8**
采掘业	**82387**	**106049**	**17.1**
煤炭采选业	13327	15742	3.3
非金属矿采选业	69060	90306	19.2
制造业	**2221825**	**2554359**	**21.9**
食品加工业	51639	58073	13.5
食品制造业	38911	57063	69.1
饮料制造业	14001	15766	17.3
烟草加工业	352202	362843	—7.0
纺织业	10686	10731	2.5
服装及其他纤维制品制造业	18336	16060	—11.9
皮革毛皮羽绒及其制品业	105	44	—50.0
木材加工及竹藤棕草制品业	3322	2729	—19.6
家具制造业	1175	1137	—4.3
造纸及纸制品业	12232	14516	39.8
印刷业	51809	45254	—13.3
文教体育用品制造业	3335	947	—70.4
石油加工及炼焦业		576	
化学原料及化学制品制造业	213735	301146	41.6
医药制造业	214791	273060	26.7
橡胶制品业	193258	206007	4.9
塑料制品业	47516	38678	—17.6
非金属矿物制品业	112700	108728	—4.7
黑色金属冶炼及压延加工业	89660	69461	—19.7
有色金属冶炼及压延加工业	333061	342373	10.8
金属制品业	27839	66344	157.5
普通机械制造业	30035	36175	23.8
专用设备制造业	29751	33239	22.8
交通运输设备制造业	224791	277955	45.1
电气机械及器材制造业	67426	63689	2.5
电子及通信设备制造业	58531	135731	117.3
仪器仪表及文化办公用机械制造业	16413	11920	—41.0
其他制造业	3598	4113	—1.6
电力、煤气及水的生产和供应业	**284282**	**298536**	**5.0**
电力、蒸汽、热水的生产和供应业	234702	246554	4.9
煤气生产和供应业	33664	34327	4.4
自来水的生产和供应业	15916	17656	9.1

7—4 规模以上工业企业主要经济指标

指标	单位	总计			总计中:国有及国有控股		
		2001年	2002年	2002年比2001年增长(%)	2001年	2002年	2002年比2001年增长(%)
企业单位数	个	587	617	5.1	296	326	10.1
#亏损企业	个	221	244	10.4	118	134	13.6
工业总产值(不变价格)	万元	2321826	2803694	20.8	1634579	1906609	16.6
工业总产值(当年价格)	万元	2588494	2958943		1882363	2103640	
#新产品产值	万元	179992	348332		128606	197066	
工业销售产值(当年价格)	万元	2513564	2928448	16.5	1883596	2137333	13.5
#出口交货值	万元	101502	124287	22.5	84025	98435	17.2
工业中间投入合计	万元	1767848	2091322	18.3	1266283	1468047	15.9
工业增加值(生产法)	万元	981538	1047052		747765	778059	
资产合计	万元	5986504	6327947	5.7	5059397	5369622	6.1
流动资产小计	万元	2643626	2808326	6.2	2123110	2213859	4.3
#短期投资	万元	30811	22410	—27.3	30123	19697	—34.6
应收账款净额	万元	736885	776610	5.4	592552	606400	2.3
存　货	万元	930390	833176	—10.5	759721	656051	—13.7
#产成品	万元	342254	322851	—5.7	246494	241690	—2.0
流动资产年平均余额	万元	2524093	2703470	7.1	2055275	2164296	5.3
长期投资	万元	188405	222097	17.9	162405	194234	19.6
固定资产小计	万元	2817353	2967926	5.3	2486003	2692734	8.3
固定资产原价	万元	3801654	4172085	9.7	3384914	3822351	12.9
#生产经营用	万元	3283368	3289900	0.2	2921359	3029650	3.7
累计折旧	万元	1464086	1658942	13.3	1322546	1537206	16.2
#本年折旧	万元	207838	215934	3.9	177300	196432	10.8
固定资产净值	万元	2337568	2513144	7.5	2062368	2285145	10.8
固定资产净值年平均余额	万元	2311970	2375108	2.7	2046390	2158215	5.5
无形及递延资产小计	万元	298528	223280	—25.2	254487	181125	—28.8
#无形资产	万元	232799	176784	—24.1	197713	142456	—28.0
负债合计	万元	4238586	4425652	4.4	3636217	3811689	4.8
流动负债	万元	2766469	3105937	12.3	2278093	2574993	13.0
长期负债	万元	1320115	1301470	—1.4	1216126	1225273	0.8
所有者权益合计	万元	1747918	1902295	8.8	1423179	1557933	9.5
#实收资本	万元	1498504	1710195	14.1	1248949	1461177	17.0
1.国家资本	万元	1036875	846981	—18.3	1023046	825886	—19.3
2.集体资本	万元	34455	30712	—10.9	1657	2940	77.5
3.法人资本	万元	320524	685518	113.9	194270	579443	198.3
4.个人资本	万元	69041	92446	33.9	24782	36326	46.6

7—4续表1

指　　标	单位	总计			总计中:国有及国有控股		
		2001年	2002年	2002年比2001年增长(%)	2001年	2002年	2002年比2001年增长(%)
5.港澳台资本	万元	15029	20201	34.4	1735	9348	438.7
6.外商资本	万元	22581	33611	48.9	3459	6509	88.2
产品销售收入	万元	2427146	2959892	22.0	1823262	2207072	21.1
产品销售成本	万元	1799818	2150645	19.5	1341009	1591215	18.7
产品销售费用	万元	127300	175003	37.5	64285	92108	43.3
#广告费	万元	19034	25547	34.2	7167	7175	0.1
产品销售税金及附加	万元	159207	158230	—0.6	154867	153291	—1.0
产品销售利润	万元	340821	475861	39.6	263101	370318	40.8
其他业务利润	万元	20546	44888	118.5	19213	43321	125.5
管理费用	万元	248842	323557	30.0	204664	275988	34.9
#税　金	万元	7186	7939	10.5	5878	6574	11.9
财产保险费	万元	4036	4264	5.7	3635	3891	7.1
劳动、待业保险费	万元	42296	39321	—7.0	40782	37656	—7.7
养老和医疗保险费	万元	37625	29672	—21.1	34687	26929	—22.4
办公费	万元	9141	10232	11.9	4545	5589	23.0
研究开发费	万元	6498	7019	8.0	4692	5158	9.9
职工教育费	万元	2348	1976	—15.9	1988	1438	—27.7
财务费用	万元	79801	82232	3.1	68066	70590	3.7
#利息支出	万元	76148	82942	8.9	65346	72209	10.5
营业利润	万元	43333	114957	165.3	20193	67057	232.1
投资收益	万元	7233	16363	126.2	7343	16568	125.6
补贴收入	万元	11692	41526	255.2	11111	40429	263.9
利润总额	万元	56872	84759	49.0	31031	45589	46.9
应交所得税	万元	23080	40356	74.9	15550	26628	71.2
应付利润	万元	2733	—26246	—1060.0	—927	—29373	3068.5
亏损企业亏损额	万元	55074	74242	34.8	41844	63616	52.0
利税总额	万元	376972	421503	11.8	317582	340815	7.3
本年应付工资总额	万元	229049	258604	12.9	191229	216907	13.4
主营业务应付工资总额	万元	210526	231123	9.8	174429	192180	10.2
本年应付福利费总额	万元	34697	33532	—3.4	29002	28311	—2.4
主营业务应付福利费总额	万元	31085	30166	—3.0	25775	25298	—1.9
本年应交增值税	万元	160893	179431	11.5	131685	142466	8.2
本年进项税额	万元	245473	224214	—8.7	192091	160880	—16.3
本年销项税额	万元	397977	387410	—2.7	317615	291493	—8.2
全部从业人员年平均人数	人	234722	230250	—1.9	185328	178185	—3.9

7—4续表2

指　　标	单 位	总计中:股份制企业			总计中:港澳台及外商投资		
		2001年	2002年	2002年比2001年增长(%)	2001年	2002年	2002年比2001年增长(%)
企业单位数	个	107	120	12.2	41	43	4.9
#亏损企业	个	36	45	25.0	18	18	持平
工业总产值(不变价格)	万元	1158456	1451581	25.3	94277	239542	154.1
工业总产值(当年价格)	万元	1114873	1494742		93825	165877	
#新产品产值	万元	134585	188735		12368	91159	
工业销售产值(当年价格)	万元	1072953	1479172	37.9	92126	160944	74.7
#出口交货值	万元	65931	64075	—2.8	5366	14614	172.3
工业中间投入合计	万元	743852	1006903	35.4	69325	144756	108.8
工业增加值(生产法)	万元	444485	586157		30115	28432	
资产合计	万元	2357931	2916666	23.7	230025	248818	8.2
流动资产小计	万元	1241750	1314739	5.9	159334	170274	6.9
#短期投资	万元	277	2186	688.8	109		
应收账款净额	万元	343496	325204	—5.3	43653	55767	27.8
存　货	万元	547542	484766	—11.5	54129	49904	—7.8
#产成品	万元	153954	139852	—9.2	27292	26885	—1.5
流动资产年平均余额	万元	1170555	1302215	11.3	138883	161930	16.6
长期投资	万元	53472	95864	79.3	5977	7630	27.7
固定资产小计	万元	869432	1306884	50.3	55108	64253	16.6
固定资产原价	万元	1052272	1812483	72.2	96608	110737	14.6
#生产经营用	万元	949952	1301466	37.0	89333	99738	11.7
累计折旧	万元	323426	743264	129.8	45589	50240	10.2
#本年折旧	万元	54686	105785	93.4	8044	5482	—31.9
固定资产净值	万元	728845	1069219	46.7	51020	60497	18.6
固定资产净值年平均余额	万元	711146	997582	40.3	47467	57281	20.7
无形及递延资产小计	万元	191435	120180	—37.2	7338	5376	—26.7
#无形资产	万元	154128	106858	—30.7	6433	3665	—43.0
负债合计	万元	1592437	1885338	18.4	144172	151431	5.0
流动负债	万元	1197222	1501276	25.4	124007	137513	10.9
长期负债	万元	360735	377483	4.6	17418	13918	—20.1
所有者权益合计	万元	765494	1031328	34.7	85853	97388	13.4
#实收资本	万元	507248	566238	11.6	71288	90628	27.1
1.国家资本	万元	293651	301106	2.5	12889	13121	1.8
2.集体资本	万元	11399	7239	—36.5	1161	1228	5.8
3.法人资本	万元	159789	205733	28.8	21229	29158	37.4
4.个人资本	万元	40023	47345	18.3	1191	583	—51.1

7—4续表3

指　　　　标	单 位	总计中:股份制企业			总计中:港澳台及外商投资		
		2001年	2002年	2002年比2001年增长(%)	2001年	2002年	2002年比2001年增长(%)
5.港澳台资本	万元	300	4140	1278.1	14322	15687	9.5
6.外商资本	万元	2086	675	—67.6	20495	30851	50.5
产品销售收入	万元	1047560	1446124	38.1	109956	190718	73.5
产品销售成本	万元	713111	1038634	45.7	77263	144012	86.4
产品销售费用	万元	63632	82496	29.7	18928	20943	10.6
#广告费	万元	8230	9029	9.7	3796	5436	43.2
产品销售税金及附加	万元	148749	147058	—1.1	442	297	—32.6
产品销售利润	万元	122068	177923	45.8	13324	25466	91.1
其他业务利润	万元	7808	17941	129.8	293	165	—43.7
管理费用	万元	79103	147075	85.9	12389	16610	34.1
#税　金	万元	2153	3471	61.2	441	212	—52.0
财产保险费	万元	2182	1967	—9.9	125	113	—9.6
劳动、待业保险费	万元	10153	21153	108.3	594	737	24.0
养老和医疗保险费	万元	8151	8515	4.5	1245	1219	—2.1
办公费	万元	2552	2923	14.6	858	1479	72.4
研究开发费	万元	2110	4463	111.6	159	674	324.9
职工教育费	万元	457	116	—74.6	94	93	—1.1
财务费用	万元	37226	40518	8.8	2608	2662	2.1
#利息支出	万元	35048	39834	13.7	2397	2385	—0.5
营业利润	万元	13548	8270	—39.0	—1380	6359	—560.8
投资收益	万元	1887	—1192	—163.1	12	16	33.6
补贴收入	万元	1755	24584	1301.2	9	64	578.7
利润总额	万元	17667	48084	172.2	402	5939	1378.0
应交所得税	万元	9034	19468	115.5	954	2044	114.3
应付利润	万元	4040	6887	70.5	395	2415	512.3
亏损企业亏损额	万元	14324	32372	126.0	6549	2365	—63.9
利税总额	万元	239879	293254	22.3	6458	13190	104.2
本年应付工资总额	万元	65765	115235	75.2	7856	9429	20.0
主营业务应付工资总额	万元	60190	107483	78.6	7834	8141	3.9
本年应付福利费总额	万元	11436	15842	38.5	970	1091	12.5
主营业务应付福利费总额	万元	10564	14749	39.6	959	1051	9.6
本年应交增值税	万元	73463	98318	33.8	5615	7310	30.2
本年进项税额	万元	125247	112633	—10.1	10331	20898	102.3
本年销项税额	万元	195670	206756	5.7	15318	27644	80.5
全部从业人员年平均人数	人	81644	93447	14.5	8424	8845	5.0

7—4续表4

指标	单位	总计中:高技术产业			总计中:非公有制工业		
		2001年	2002年	2002年比2001年增长(%)	2001年	2002年	2002年比2001年增长(%)
企业单位数	个	83	95	14.5	174	179	2.9
#亏损企业	个	22	28	27.3	62	70	12.9
工业总产值(不变价格)	万元	441054	687469	55.9	539240	756598	40.3
工业总产值(当年价格)	万元	360857	509244		551011	707200	
#新产品产值	万元	98521	197300		51087	146217	
工业销售产值(当年价格)	万元	308570	453209	46.9	484375	652776	34.8
#出口交货值	万元	10339	11584	12.0	9574	21133	120.7
工业中间投入合计	万元	240569	363644	51.2	385152	514818	33.7
工业增加值(生产法)	万元	136085	170449		188370	222536	
资产合计	万元	714662	799042	11.8	773741	795718	2.8
流动资产小计	万元	391461	450433	15.1	439838	506640	15.2
#短期投资	万元	365	261	—28.6	497	404	—18.9
应收账款净额	万元	107608	119105	10.7	119463	141113	18.1
存货	万元	136970	154302	12.7	141711	146050	3.1
#产成品	万元	78899	78389	—0.7	77032	65643	—14.8
流动资产年平均余额	万元	354834	415807	17.2	395298	458578	16.0
长期投资	万元	36584	45860	25.4	22126	20745	—6.2
固定资产小计	万元	249766	244169	—2.2	271134	221170	—18.4
固定资产原价	万元	300587	295539	—1.7	333372	270934	—18.7
#生产经营用	万元	259952	252905	—2.7	290577	198278	—31.8
累计折旧	万元	91138	97264	6.7	111493	88947	—20.2
#本年折旧	万元	12651	14380	13.7	25156	15876	—36.9
固定资产净值	万元	209450	198275	—5.3	221879	181987	—18.0
固定资产净值年平均余额	万元	191287	208665	9.1	214963	172492	—19.8
无形及递延资产小计	万元	33152	49510	49.3	35919	33270	—7.4
#无形资产	万元	18700	43521	132.7	29466	27642	—6.2
负债合计	万元	436032	461414	5.8	493231	501685	1.7
流动负债	万元	332301	351147	5.7	404872	436963	7.9
长期负债	万元	103167	109567	6.2	83305	60696	—27.1
所有者权益合计	万元	278631	337627	21.2	280510	294033	4.8
#实收资本	万元	188566	242744	28.7	210583	206678	—1.9
1.国家资本	万元	58248	56343	—3.3	12850	19401	51.0
2.集体资本	万元	5042	5124	1.6	14162	12206	—13.8
3.法人资本	万元	101887	142811	40.2	112116	92651	—17.4
4.个人资本	万元	18116	21730	20.0	39040	44716	14.5

7—4续表5

指　　标	单 位	总计中:高技术产业			总计中:非公有制工业		
		2001年	2002年	2002年比2001年增长(%)	2001年	2002年	2002年比2001年增长(%)
5.港澳台资本	万元	2573	5536	115.2	13294	10604	—20.2
6.外商资本	万元	2701	11200	314.6	19122	27102	41.7
产品销售收入	万元	300428	450038	49.8	471513	623889	32.3
产品销售成本	万元	188686	288263	52.8	344632	450479	30.7
产品销售费用	万元	51910	72068	38.8	58282	77193	32.5
#广告费	万元	11556	16657	44.2	11615	17919	54.3
产品销售税金及附加	万元	1843	2426	31.3	3468	3720	7.3
产品销售利润	万元	57984	87281	50.5	65131	92483	42.0
其他业务利润	万元	1732	2456	41.7	722	677	—6.2
管理费用	万元	39166	52798	34.8	33651	37363	11.0
#税　金	万元	824	846	2.7	1030	1043	1.3
财产保险费	万元	297	545	83.2	263	262	—0.3
劳动、待业保险费	万元	6180	6071	—1.8	1137	1182	4.0
养老和医疗保险费	万元	3176	3776	18.9	2066	1806	—12.6
办公费	万元	2097	3332	58.9	2850	3173	11.4
研究开发费	万元	2445	2782	13.8	1648	1765	7.1
职工教育费	万元	476	444	—6.7	258	427	65.3
财务费用	万元	8081	7722	—4.4	9415	9977	6.0
#利息支出	万元	7584	7227	—4.7	8744	9170	4.9
营业利润	万元	12470	29217	134.3	22788	45820	101.1
投资收益	万元	2333	1178	—49.5	137	—263	—291.7
补贴收入	万元	2987	2494	—16.5	581	777	33.7
利润总额	万元	17891	23218	29.8	25403	36717	44.5
应交所得税	万元	3779	7347	94.4	6299	12144	92.8
应付利润	万元	2800	4117	47.1	3521	3426	—2.7
亏损企业亏损额	万元	3993	4237	6.1	9943	8143	—18.1
利税总额	万元	35535	50171	41.2	51382	70242	36.7
本年应付工资总额	万元	28597	34500	20.6	25418	27954	10.0
主营业务应付工资总额	万元	25017	31140	24.5	24500	26159	6.8
本年应付福利费总额	万元	5928	4368	—26.3	4089	3468	—15.2
主营业务应付福利费总额	万元	4109	4028	—2.0	3834	3361	—12.3
本年应交增值税	万元	15796	24849	57.3	22511	30154	34.0
本年进项税额	万元	27220	45242	66.2	40387	51818	28.3
本年销项税额	万元	42511	66613	56.7	60826	78218	28.6
全部从业人员年平均人数	人	34488	33045	—4.2	32481	35204	8.4

7—5 规模以上工业增加值构成及增加值率

（2002年）

指　　标	工业增加值（当年价格）（万元）	固定资产折旧	劳动者报酬	生产税净额	营业盈余	工业增加值率（%）
总　　计	**1047052**	**215934**	**330282**	**304075**	**196762**	**35.39**
按登记注册类型分						
内资企业	1018620	210451	319134	296320	192715	36.47
国有企业	260446	95673	139461	46889	—21576	31.52
中央企业	105943	51315	57545	21733	—24649	31.15
地方企业	154503	44358	81916	25156	3074	31.78
集体企业	43270	3108	13487	7240	19435	31.79
股份合作企业	3946	487	2507	1072	—120	25.60
联营企业	6392	809	1401	1081	3100	32.11
国有联营企业	3911	682	876	771	1582	33.55
集体联营企业	258	43	58	26	130	35.53
国有与集体联营企业	1777	63	396	246	1072	29.35
其他联营企业	446	21	71	38	316	30.34
有限责任公司	352019	51357	75307	174834	50521	43.50
国有独资公司	264019	18174	51429	160802	33614	54.16
其他有限责任公司	88000	33183	23878	14032	16906	27.35
股份有限公司	234138	54428	76592	49429	53689	34.16
私营企业	118141	4577	10325	15755	87484	39.44
私营独资企业	12049	1506	2300	2880	5363	29.10
私营合伙企业	3554	82	220	836	2414	33.71
私营有限责任公司	30809	1161	3334	6245	20068	36.75
私营股份有限公司	71730	1828	4471	5794	59638	43.81
其他企业	268	13	54	20	181	23.59
港、澳、台商投资企业	15781	2602	3231	2178	7770	28.10
合资经营企业(港或澳台资)	8858	2010	2138	1198	3512	32.20
港澳台商独资企业	3494	243	857	334	2059	18.89
港澳台商投资股份有限公司	3429	349	236	646	2198	33.76
外商投资企业	12651	2880	7917	5577	—3723	11.53
中外合资经营企业	10988	2529	7227	5335	—4103	10.64
中外合作经营企业	624	50	75	32	467	31.62
外资企业	1040	301	615	210	—86	23.28

7－5续表1

指　　标	工业增加值（当年价格）（万元）	固定资产折旧	劳动者报酬	生产税净额	营业盈余	工业增加值率（%）
按经济组织类型分						
独资企业	320299	100831	156720	57552	5196	31.20
国有企业	260446	95673	139461	46889	－21576	31.52
集体企业	43270	3108	13487	7240	19435	31.79
私营独资企业	12049	1506	2300	2880	5363	29.10
港澳台商独资经营企业	3494	243	857	334	2059	18.89
外资企业	1040	301	615	210	－86	23.28
合作、合伙企业	14783	1441	4257	3042	6043	30.19
股份合作企业	3946	487	2507	1072	－120	25.60
国有联营企业	3911	682	876	771	1582	33.55
集体联营企业	258	43	58	26	130	35.53
国有与集体联营企业	1777	63	396	246	1072	29.35
其他联营企业	446	21	71	38	316	30.34
私营合伙企业	3554	82	220	836	2414	33.71
中外合作经营企业	624	50	75	32	467	31.62
其他企业（内资）	268	13	54	20	181	23.59
股份有限公司	309297	56604	81299	55868	115526	35.99
股份有限公司（内资）	234138	54428	76592	49429	53689	34.16
私营股份有限公司	71730	1828	4471	5794	59638	43.81
港澳台商投资股份有限公司	3429	349	236	646	2198	33.76
有限责任公司	402674	57057	88006	187613	69998	39.33
国有独资公司	264019	18174	51429	160802	33614	54.16
私营有限责任公司	30809	1161	3334	6245	20068	36.75
港澳台合资经营企业	8858	2010	2138	1198	3512	32.20
中外合资经营企业	10988	2529	7227	5335	－4103	10.64
其他有限责任公司	88000	33183	23878	14032	16906	27.35
在总计中：亏损企业	59054	40434	63265	8056	－52702	18.15
在总计中：国有控股企业	778059	196432	282063	261903	37661	36.99
在总计中：乡村工业	24073	2263	5165	4098	12548	30.21
在总计中：轻工业	429302	25481	68808	195344	139669	41.71
以农产品为原料	354390	21546	51079	184072	97692	44.44
以非农产品为原料	74912	3935	17729	11271	41977	32.31

7—5续表2

指　　标	工业增加值（当年价格）（万元）	固定资产折旧	劳动者报酬	生产税净额	营业盈余	工业增加值率（%）
重工业	617750	190453	261473	108731	57093	32.01
采掘工业	37593	7536	18452	7077	4528	35.45
原料工业	291806	114798	115719	59551	1739	33.66
加工工业	288352	68119	127303	42103	50826	30.14
在总计中:大型企业	565307	132693	185870	237427	9317	39.16
特大型企业	123962	36338	45728	29320	12577	39.24
大一型企业	341701	43679	71594	181145	45283	43.13
大二型企业	99644	52677	68548	26961	—48542	29.69
中型企业	175659	18624	38280	19652	99104	37.83
中二型企业	120470	12561	18552	12507	76850	38.35
中二型企业	55189	6063	19728	7144	22254	36.75
小型企业	306087	64617	106132	46997	88341	29.13
在总计中:高技术产业	170449	14380	45015	25627	85427	33.47
在总计中:非公有制工业	222536	15876	32509	34140	140011	31.47
在总计中:市区小计	858099	133327	270939	278545	175289	36.26
三县一市小计	184475	82330	57057	24655	20433	31.55
在总计中:收入在30亿元以上	338479	45314	64765	182127	46274	51.99
收入在20—30亿元						
收入在10—20亿元	49780	19598	12761	17735	—314	28.34
收入在5—10亿元	139346	23412	28521	13930	73483	36.97
收入在1—5亿元	209628	60896	86659	43175	18898	27.37
收入在5千万—1亿元	139254	41002	51322	23625	23305	32.88
收入在1千万—5千万	136707	18046	58911	15813	43937	31.38
收入在1千万元以下	33859	7666	27344	7669	—8820	25.99
按工业行业大类分						
采掘业	**37593**	**7536**	**18452**	**7077**	**4528**	**35.45**
煤炭采选业	5228	1043	5868	399	—2083	33.21
非金属矿采选业	32365	6492	12584	6678	6611	35.84
制造业	**912160**	**144168**	**271103**	**272653**	**224235**	**35.71**
食品加工业	11743	1067	2835	1068	6774	20.22
食品制造业	20632	976	3865	3679	12111	36.16
饮料制造业	5770	639	2427	2565	140	36.60

7－5续表3

指　　　标	工业增加值（当年价格）（万元）	固定资产折　旧	劳动者报　酬	生产税净　额	营　业盈　余	工业增加值率（％）
烟草加工业	222571	10887	20486	156596	34601	61.34
纺织业	954	824	4002	582	－4455	8.89
服装及其他纤维制品制造业	4236	545	2868	214	610	26.38
皮革毛皮羽绒及其制品业	－91	102	158	24	－375	－209.80
木材加工及竹藤棕草制品业	102	52	519	－51	－417	3.75
家具制造业	312	63	177	79	－8	27.40
造纸及纸制品业	3714	1437	700	901	676	25.58
印刷业	14394	2117	5340	3354	3584	31.81
文教体育用品制造业	301	18	125	70	89	31.82
石油加工及炼焦业	233	25	92	51	65	40.45
化学原料及化学制品制造业	93497	11499	23626	9182	49191	31.05
医药制造业	97891	3445	10178	19260	65008	35.85
橡胶制品业	54541	9851	16107	13009	15574	26.48
塑料制品业	10896	2463	2363	1856	4214	28.17
非金属矿物制品业	30159	28067	18467	5589	－21963	27.74
黑色金属冶炼及压延加工业	14315	1916	9940	4745	－2285	20.61
有色金属冶炼及压延加工业	129682	39070	49556	23967	17089	37.88
金属制品业	18954	1641	5556	2525	9232	28.57
普通机械制造业	13166	1592	10470	2987	－1883	36.40
专用设备制造业	9665	2816	8059	1676	－2886	29.08
交通运输设备制造业	98512	18314	54499	11863	13836	35.44
电气机械及器材制造业	15252	1008	6673	1939	5633	23.95
电子及通信设备制造业	33768	3377	7586	3965	18840	24.88
仪器仪表及文化办公用机械制造业	5378	252	3936	621	569	45.11
其他制造业	1613	106	496	341	671	39.22
电力、煤气及水的生产和供应业	**97300**	**64230**	**40727**	**24344**	**－32001**	**32.59**
电力、蒸汽、热水的生产和供应业	83750	60335	33987	24237	－34808	33.97
煤气生产和供应业	7023	3646	4103	－778	51	20.46
自来水的生产和供应业	6527	248	2637	886	2756	36.97

7—6　全部规模以上工业经济效益指标

（2002年）

指　　标	总资产贡献率（%）	资本保值增值率（%）	资产负债率（%）	流动资产周转率（次）	成本费用利用率（%）
总　　计	**8.19**	**108.83**	**69.94**	**1.09**	**3.10**
按登记注册类型分组					
内资企业	8.26	108.59	70.31	1.09	3.09
国有企业	3.46	77.55	78.36	0.94	0.23
中央企业	3.84	52.87	77.90	1.02	1.88
地方企业	3.10	122.36	78.71	0.88	—0.95
集体企业	9.03	107.74	67.47	1.79	2.15
股份合作企业	2.45	117.57	75.70	1.00	—2.03
联营企业	3.90	137.63	56.03	2.91	1.06
#国有联营企业	33.92	699.45	69.02	4.80	2.63
集体联营企业	1.89	34.88	56.20	2.27	—1.20
国有与集体联营企业	1.12	128.92	50.14	1.78	—1.18
其他联营企业	1.56	154.61	75.80	2.45	0.58
有限责任公司	12.27	88.74	72.10	0.93	—0.92
#国有独资公司	14.78	69.50	73.87	0.80	—0.14
其他有限责任公司	3.53	212.24	67.46	1.27	—1.91
股份有限公司	13.34	240.58	54.25	1.43	8.54
私营企业	17.68	139.03	55.11	1.49	13.04
#私营独资企业	9.81	140.94	61.04	1.21	4.24
私营合伙企业	12.54	674.34	38.53	2.07	0.91
私营有限责任公司	23.16	135.77	46.93	1.39	17.47
私营股份有限公司	17.72	130.83	58.59	1.63	13.97
其他企业	—3.88		86.85	1.14	—6.82
港、澳、台商投资企业	3.09	148.07	52.18	0.83	0.43
合资经营企业（港或澳台资）	2.14	227.21	54.43	0.60	—1.85
港澳台商独资企业	4.22	97.71	64.81	1.54	3.34
港澳台商投资股份有限公司	4.87	98.47	26.70	0.94	1.12
外商投资企业	8.58	90.71	67.23	1.38	4.24
中外合资经营企业	9.32	91.07	69.53	1.39	4.65
中外合作经营企业	2.12	71.04	38.92	1.00	0.91
外资企业	0.02	100.51	44.23	1.26	—5.19

7—6续表1

指　　标	总资产贡献率（%）	资本保值增值率（%）	资产负债率（%）	流动资产周转率（次）	成本费用利用率（%）
按经济组织类型分组					
独资企业	3.78	80.52	77.34	1.01	0.59
国有企业	3.46	77.55	78.36	0.94	0.23
集体企业	9.03	107.74	67.47	1.79	2.15
私营独资企业	9.81	140.94	61.04	1.21	4.24
港澳台商独资经营企业	4.22	97.71	64.81	1.54	3.34
外资企业	0.02	100.51	44.23	1.26	—5.19
合作、合伙企业	3.92	142.82	62.39	1.53	—0.35
股份合作企业	2.45	117.57	75.70	1.00	—2.03
国有联营企业	33.92	699.45	69.02	4.80	2.63
集体联营企业	1.89	34.88	56.20	2.27	—1.20
国有与集体联营企业	1.12	128.92	50.14	1.78	—1.18
其他联营企业	1.56	154.61	75.80	2.45	0.58
私营合伙企业	12.54	674.34	38.53	2.07	0.91
中外合作经营企业	2.12	71.04	38.92	1.00	0.91
其他企业(内资)	—3.88		86.85	1.14	—6.82
股份有限公司	13.72	217.11	54.36	1.45	9.20
股份有限公司(内资)	13.34	240.58	54.25	1.43	8.54
私营股份有限公司	17.72	130.83	58.59	1.63	13.97
港澳台商投资股份有限公司	4.87	98.47	26.70	0.94	1.12
有限责任公司	12.20	94.26	70.29	0.98	1.13
国有独资公司	14.78	69.50	73.87	0.80	—0.14
私营有限责任公司	23.16	135.77	46.93	1.39	17.47
港澳台合资经营企业	2.14	227.21	54.43	0.60	—1.85
中外合资经营企业	9.32	91.07	69.53	1.39	4.65
其他有限责任公司	3.53	212.24	67.46	1.27	—1.91
在总计中:亏损企业	—2.89	107.38	78.72	0.59	—18.59
在总计中:国有控股企业	7.92	109.47	70.99	1.02	2.25
在总计中:乡村工业	9.79	127.95	64.36	1.58	4.57
在总计中:轻工业	16.94	108.70	75.19	0.98	3.83
以农产品为原料	20.09	98.89	77.82	1.01	3.97
以非农产品为原料	5.48	137.23	67.00	0.88	3.35

7—6续表2

指　　标	总资产贡献率（%）	资本保值增值率（%）	资产负债率（%）	流动资产周转率（次）	成本费用利用率（%）
重工业	5.07	108.87	68.07	1.16	2.80
采掘工业	5.93	101.77	53.64	1.32	1.92
原料工业	5.52	93.77	77.86	1.72	3.00
加工工业	4.48	121.20	59.43	0.84	2.69
在总计中:大型企业	10.25	93.57	67.79	1.09	5.23
特大型企业	10.92	77.69	56.44	2.26	10.19
大一型企业	17.48	102.50	65.91	0.97	6.72
大二型企业	2.22	95.29	74.26	0.97	—1.43
中型企业	7.50	202.03	71.65	1.13	5.47
中一型企业	8.17	226.66	76.02	1.24	6.67
中二型企业	6.35	178.53	63.61	0.97	3.39
小型企业	4.38	128.67	73.05	1.08	—0.47
在总计中:高技术产业	7.58	121.17	57.75	1.08	5.52
在总计中:非公有制工业	10.12	104.82	63.05	1.36	6.39
在总计中:市区小计	9.27	108.62	68.00	1.04	3.87
三县一市小计	3.67	106.89	78.42	1.46	0.09
在总计中:收入在30亿元以上	23.13	84.02	72.41	1.19	8.12
收入在10—20亿元	8.75	94.10	81.28	1.37	3.53
收入在5—10亿元	9.76	131.28	57.34	2.04	8.01
收入在1—5亿元	5.35	91.67	72.79	1.19	4.70
收入在5千万—1亿元	4.52	139.68	62.43	0.87	—0.72
收入在1千万—5千万	2.57	139.91	66.23	0.85	—2.53
收入在1千万元以下	0.11	109.34	78.58	0.50	—10.16
按工业行业大类分					
采掘业	**5.96**	**103.78**	**53.64**	**1.32**	**1.92**
煤炭采选业	4.56	102.43	65.88	0.57	—1.27
非金属矿采选业	6.28	104.00	50.90	1.54	2.40

7—6续表3

指　　标	总资产贡献率（%）	资本保值增值率（%）	资产负债率（%）	流动资产周转率（次）	成本费用利用率（%）
制造业	**8.80**	**105.60**	**65.96**	**1.06**	**2.62**
食品加工业	—0.30	51.52	79.55	1.98	—3.73
食品制造业	21.37	101.32	46.54	2.16	19.67
饮料制造业	5.50	156.34	56.63	0.80	0.95
烟草加工业	31.41	122.57	90.90	0.78	1.20
纺织业	—1.66	42.18	84.75	0.48	—20.54
服装及其他纤维制品制造业	1.73	90.01	56.96	2.96	0.38
皮革毛皮羽绒及其制品业	0.14	562.56	141.06	0.06	—6.90
木材加工及竹藤棕草制品业	—1.94	—10.12	100.75	0.76	—24.06
家具制造业	7.91	86.39	25.79	1.73	2.09
造纸及纸制品业	6.46	246.82	68.45	0.85	2.73
印刷业	7.89	83.36	63.21	1.15	5.44
文教体育用品制造业	3.61	10.74	79.25	1.10	1.19
石油加工及炼焦业	4.98		44.48	0.57	—3.16
化学原料及化学制品制造业	5.29	100.60	62.53	1.25	4.05
医药制造业	14.33	138.20	60.02	1.19	9.94
橡胶制品业	7.16	90.77	61.09	1.14	3.95
塑料制品业	2.67	99.80	38.79	1.54	—0.62
非金属矿物制品业	0.56	78.85	69.22	0.74	—7.71
黑色金属冶炼及压延加工业	—4.55	51.25	87.84	2.14	—22.72
有色金属冶炼及压延加工业	9.16	94.32	55.41	2.17	7.42
金属制品业	7.26	161.30	63.85	0.98	4.01
普通机械制造业	2.45	269.97	69.28	0.35	—2.55
专用设备制造业	2.02	224.73	78.43	0.50	—2.91
交通运输设备制造业	4.92	115.09	52.26	0.78	4.26
电气机械及器材制造业	3.34	247.30	75.76	1.03	2.35
电子及通信设备制造业	5.22	112.30	63.83	1.40	1.52
仪器仪表及文化办公用机械制造业	0.81	—291.76	52.02	0.63	—2.87
其他制造业	13.86	187.36	75.87	1.78	0.26
电力、煤气及水的生产和供应业	**5.83**	**345.59**	**92.18**	**1.29**	**6.85**
电力、蒸汽、热水的生产和供应业	6.49	530.64	89.63	1.57	7.84
煤气生产和供应业	4.44	164.13	132.75	1.36	—0.23
自来水的生产和供应业	1.82	107.72	69.09	0.18	6.82

7－6续表4

指　　标	全员劳动生产率（元/人）	产品销售率（%）	工业综合经济效益指数（%）	总资产周转率（倍）	流动比率（倍）
总　　计	**45475**	**98.97**	**102.32**	**46.77**	**63.46**
按登记注册类型分组					
内资企业	46007	99.08	102.56	45.55	61.72
国有企业	26598	103.27	63.57	34.79	50.14
中央企业	37623	106.21	75.15	37.84	51.76
地方企业	22148	101.22	60.75	32.49	48.93
集体企业	28947	92.3	96.81	90.5	83.85
股份合作企业	17375	106.16	54.6	44.89	58.56
联营企业	35572	90.08	105.28	58.34	54.88
#国有联营企业	67433	84.81	275.59	172.57	46.6
集体联营企业	33545	82.54	70.7	95.21	73.15
国有与集体联营企业	18943	100.72	72.49	26.37	61.83
其他联营企业	22079	91.75	82.95	53.65	29.85
有限责任公司	58946	97.5	97.74	45.5	70.29
#国有独资公司	80476	99.6	114.36	39.24	66.46
其他有限责任公司	32699	94.31	82.54	61.89	81.28
股份有限公司	69420	100.68	172.79	55.26	68.7
私营企业	107862	91.57	206.73	82.77	107.95
#私营独资企业	44975	87.47	115.85	62.36	87.13
私营合伙企业	66921	89.23	208.34	70.73	119.87
私营有限责任公司	75089	88.92	214.52	87.27	150.53
私营股份有限公司	197060	94.11	263.98	88.78	96.21
其他企业	38257	74.9	15.58	80.83	85.39
港、澳、台商投资企业	48244	90.96	91.26	47.25	110.6
合资经营企业（港或澳台资）	44849	91.65	86.55	36.45	104.41
港澳台商独资企业	39747	95.7	96.3	77.95	106.26
港澳台商投资股份有限公司	82233	80.45	118.49	47.93	173.18
外商投资企业	22697	100.13	94.9	98.23	113.49
中外合资经营企业	22025	98.3	96.66	102.02	113
中外合作经营企业	63622	176.56	107.47	63.81	160.26
外资企业	21347	108.81	50.68	54.98	107.56

7－6续表5

指　　　标	全员劳动生产率（元/人）	产　品销售率（%）	工业综合经济效益指数（%）	总资产周转率（倍）	流　动比　率（倍）
按经济组织类型分组					
独资企业	27397	101.07	67.04	38.21	52.48
国有企业	26598	103.27	63.57	34.79	50.14
集体企业	28947	92.3	96.81	90.5	83.85
私营独资企业	44975	87.47	115.85	62.36	87.13
港澳台商独资经营企业	39747	95.7	96.3	77.95	106.26
外资企业	21347	108.81	50.68	54.98	107.56
合作、合伙企业	31011	98.09	83.45	54.33	65.21
股份合作企业	17375	106.16	54.6	44.89	58.56
国有联营企业	67433	84.81	275.59	172.57	46.6
集体联营企业	33545	82.54	70.7	95.21	73.15
国有与集体联营企业	18943	100.72	72.49	26.37	61.83
其他联营企业	22079	91.75	82.95	53.65	29.85
私营合伙企业	66921	89.23	208.34	70.73	119.87
中外合作经营企业	63622	176.56	107.47	63.81	160.26
其他企业(内资)	38257	74.9	15.58	80.83	85.39
股份有限公司	81857	99.19	180.39	58.67	72.43
股份有限公司(内资)	69420	100.68	172.79	55.26	68.7
私营股份有限公司	197060	94.11	263.98	88.78	96.21
港澳台商投资股份有限公司	82233	80.45	118.49	47.93	173.18
有限责任公司	56886	96.72	105.81	50.7	76.21
国有独资公司	80476	99.6	114.36	39.24	66.46
私营有限责任公司	75089	88.92	214.52	87.27	150.53
港澳台合资经营企业	44849	91.65	86.55	36.45	104.41
中外合资经营企业	22025	98.3	96.66	102.02	113
其他有限责任公司	32699	94.31	82.54	61.89	81.28
在总计中:亏损企业	8623	106.85	－29.31	21.88	49.94
在总计中:国有控股企业	43666	101.6	96.87	41.1	58.08
在总计中:乡村工业	35485	95.56	113.31	77.85	95.81
在总计中:轻工业	76300	96.9	137.08	58.01	83.5
以农产品为原料	90281	99.22	150.47	60.99	81.68
以非农产品为原料	44038	88.9	98.56	48.72	90.09

7—6续表6

指　　标	全员劳动生产率（元/人）	产品销售率（%）	工业综合经济效益指数（%）	总资产周转率（倍）	流动比率（倍）
·重工业	35506	100.08	90.65	42.79	55.6
采掘工业	19862	106.75	85.31	42.92	60.11
原料工业	48297	100.1	100.55	43.95	33.83
加工工业	30469	99.31	87.09	41.55	85.19
在总计中:大型企业	61533	100.26	122.71	44.3	59.47
特大型企业	81393	101.47	167.69	55.05	34.18
大一型企业	108507	101.76	171	53.14	83.24
大二型企业	22070	95.61	55.07	30.84	45.21
中型企业	48702	95.6	123.76	50.48	65.43
中一型企业	77522	96.76	150.15	52.19	58.89
中二型企业	26885	93.17	97.87	47.32	79.82
小型企业	29917	98.68	73.8	49.7	69.22
在总计中:高技术产业	51581	89	117.82	56.32	97.62
在总计中:非公有制工业	63213	92.3	132.31	78.41	100.99
在总计中:市区小计	46799	98.78	107.98	46.68	69.05
三县一市小计	40932	99.78	80.61	47.33	42.05
在总计中:收入在30亿元以上	167572	100.61	220.24	57.2	63.71
收入在10—20亿元	76070	99.4	120.95	60.25	54.45
收入在5—10亿元	93678	101.96	169.44	69.36	62.17
收入在1—5亿元	39115	98.95	96.92	47.11	56.27
收入在5千万—1亿元	30720	99.58	76.32	40.79	80.04
收入在1千万—5千万	23812	95.04	59.73	36.05	72.65
收入在1千万元以下	10483	92.84	6.74	20.89	54.93
按工业行业大类分					
采掘业	**19862**	**106.75**	**85.64**	**42.92**	**60.11**
煤炭采选业	6104	101.46	50.72	23.85	58.39
非金属矿采选业	31231	107.68	98.12	47.18	60.61

7－6续表7

指　　标	全员劳动生产率（元/人）	产　品销售率（%）	工业综合经济效益指数（%）	总资产周转率（倍）	流　动比　率（倍）
制造业	**45869**	**98.69**	**102.26**	**48.49**	**71.92**
食品加工业	34107	103.48	52.56	93.18	53.63
食品制造业	42174	98.05	203.83	93.85	122.47
饮料制造业	26122	101.26	85.18	28.06	65.92
烟草加工业	356913	107.24	320.84	57.24	79.51
纺织业	1602	99.29	－51.27	10.52	37.25
服装及其他纤维制品制造业	16646	83.68	80.21	74.17	118.41
皮革毛皮羽绒及其制品业	－8376	143.68	51.93	1.95	21.68
木材加工及竹藤棕草制品业	2376	123.06	－70.41	20.63	28.11
家具制造业	19841	96.89	98.72	88.44	212.25
造纸及纸制品业	39931	97.48	110.58	42.53	68.87
印刷业	26272	101.39	98.46	55.82	81.09
文教体育用品制造业	21063	72.4	52.33	78.56	109.5
石油加工及炼焦业	9919	112.25	40.88	27.71	126.64
化学原料及化学制品制造业	46183	99.22	103.56	52.55	68.22
医药制造业	92367	83.35	173.7	70.69	112.35
橡胶制品业	45500	98.63	104.28	57.85	82.92
塑料制品业	35949	91.48	83.71	47.62	99.28
非金属矿物制品业	14877	99.98	21.55	31.21	62.39
黑色金属冶炼及压延加工业	12333	94.72	－42.35	27.33	15.51
有色金属冶炼及压延加工业	68046	101.6	147.45	48.9	40.93
金属制品业	39602	101.23	108.47	62.34	98.55
普通机械制造业	13177	95.92	64.64	19.02	78.54
专用设备制造业	13182	101.62	55.87	30.34	81.08
交通运输设备制造业	29033	100.89	93.93	35.25	90.24
电气机械及器材制造业	29190	93.65	95.92	54.14	76.81
电子及通信设备制造业	81486	97.81	117.76	92.35	105.18
仪器仪表及文化办公用机械制造业	15426	84.42	－6.82	28.4	91.25
其他制造业	39832	92.88	113.41	70.52	49.53
电力、煤气及水的生产和供应业	**78078**	**98.63**	**158.52**	**39.69**	**35.73**
电力、蒸汽、热水的生产和供应业	98961	99.77	204.59	44.37	32.48
煤气生产和供应业	27464	104.8	63.77	31.39	20.19
自来水的生产和供应业	45266	70.72	91.53	10.76	101.97

7—6续表8

指标	速动比率（倍）	总资产利润率（%）	产品销售收入利税率（%）	百元固定资产实现工业总产值（元）	百元固定资产实现工业增加值（元）
总计	**44.63**	**1.34**	**14.24**	**70.92**	**25.1**
按登记注册类型分组					
内资企业	43.39	1.3	14.74	68.77	25.08
国有企业	39.72	0.08	6.64	39.93	12.59
中央企业	43.27	0.61	8.16	37.07	11.55
地方企业	37.06	—0.32	5.3	42.22	13.42
集体企业	53.14	1.89	8.25	219.82	69.88
股份合作企业	39.64	—0.98	4.09	85.44	21.87
联营企业	33.86	0.6	7.31	136.05	43.69
#国有联营企业	36.29	4.27	10.32	226.83	76.11
集体联营企业	29	—1.21	3.21	149.11	52.98
国有与集体联营企业	37.03	—0.32	3.24	81.92	24.04
其他联营企业	11.62	0.3	3.49	91.01	27.62
有限责任公司	44.59	—0.37	24.66	105.38	45.84
#国有独资公司	41.36	—0.04	37.71	90.22	48.86
其他有限责任公司	53.86	—1.21	3.01	141.37	38.66
股份有限公司	42.97	4.45	15.25	65.62	22.41
私营企业	80.43	9.08	17.31	352.86	139.18
#私营独资企业	63.36	2.53	11.98	147.6	42.95
私营合伙企业	67.59	0.62	13.67	481.52	162.3
私营有限责任公司	119.89	12.95	23.14	486.29	178.69
私营股份有限公司	69.66	9.92	15.64	437.79	191.81
其他企业	36.77	—5.9	—5	370.08	87.29
港、澳、台商投资企业	82.78	0.2	3.95	106.04	29.79
合资经营企业(港或澳台资)	74.35	—0.68	2.92	94.04	30.28
港澳台商独资企业	84.86	2.5	3.39	377.77	71.34
港澳台商投资股份有限公司	142.11	0.53	8.21	53.98	18.23
外商投资企业	77.62	3.99	7.96	189.91	21.9
中外合资经营企业	78.72	4.53	8.36	206.2	21.94
中外合作经营企业	67.72	0.57	2.26	131.44	41.57
外资企业	54.85	—2.83	—0.57	72.19	16.81

7—6续表9

指　　标	速动比率（倍）	总资产利润率（%）	产品销售收入利税率（%）	百元固定资产实现工业总产值（元）	百元固定资产实现工业增加值（元）
按经济组织类型分组					
独资企业	40.92	0.22	6.89	47.31	14.76
国有企业	39.72	0.08	6.64	39.93	12.59
集体企业	53.14	1.89	8.25	219.82	69.88
私营独资企业	63.36	2.53	11.98	147.6	42.95
港澳台商独资经营企业	84.86	2.5	3.39	377.77	71.34
外资企业	54.85	—2.83	—0.57	72.19	16.81
合作、合伙企业	40.48	—0.19	6.57	133.55	40.31
股份合作企业	39.64	—0.98	4.09	85.44	21.87
国有联营企业	36.29	4.27	10.32	226.83	76.11
集体联营企业	29	—1.21	3.21	149.11	52.98
国有与集体联营企业	37.03	—0.32	3.24	81.92	24.04
其他联营企业	11.62	0.3	3.49	91.01	27.62
私营合伙企业	67.59	0.62	13.67	481.52	162.3
中外合作经营企业	67.72	0.57	2.26	131.44	41.57
其他企业(内资)	36.77	—5.9	—5	370.08	87.29
股份有限公司	46.57	4.98	15.24	78.07	28.1
股份有限公司(内资)	42.97	4.45	15.25	65.62	22.41
私营股份有限公司	69.66	9.92	15.64	437.79	191.81
港澳台商投资股份有限公司	142.11	0.53	8.21	53.98	18.23
有限责任公司	49.7	0.51	21.86	118.44	46.58
国有独资公司	41.36	—0.04	37.71	90.22	48.86
私营有限责任公司	119.89	12.95	23.14	486.29	178.69
港澳台合资经营企业	74.35	—0.68	2.92	94.04	30.28
中外合资经营企业	78.72	4.53	8.36	206.2	21.94
其他有限责任公司	53.86	—1.21	3.01	141.37	38.66
在总计中:亏损企业	37.08	—5.4	—19	43.5	7.9
在总计中:国有控股企业	40.87	0.85	15.44	55.04	20.36
在总计中:乡村工业	61.85	3.4	10.08	199.87	60.38
在总计中:轻工业	55.51	1.87	25.52	162.97	67.97
以农产品为原料	52.31	1.97	29.81	167.49	74.43
以非农产品为原料	67.12	1.59	8.77	149.11	48.18

7—6续表10

指　　标	速动比率（倍）	总资产利润率（%）	产品销售收入利税率（%）	百元固定资产实现工业总产值（元）	百元固定资产实现工业增加值（元）
重工业	40.37	1.15	8.82	54.5	17.45
采掘工业	45.47	0.81	9.8	50.54	17.92
原料工业	26.5	1.23	9.86	37.92	12.76
加工工业	58.98	1.1	7.54	91.59	27.61
在总计中：大型企业	40.86	1.98	20.87	52.55	20.58
特大型企业	15.42	5.45	18.91	43.76	17.17
大一型企业	54.22	2.9	30.5	94.51	40.77
大二型企业	36.25	—0.37	5.03	28.27	8.39
中型企业	48.81	2.52	10.85	108.33	40.98
中一型企业	47.7	3.01	11.15	108.43	41.58
中二型企业	51.24	1.62	10.24	108.11	39.73
小型企业	49.19	—0.24	5.17	105.51	30.73
在总计中：高技术产业	64.18	2.91	11.15	172.31	57.67
在总计中：非公有制工业	71.88	4.61	11.26	261.02	82.14
在总计中：市区小计	48	1.63	16.42	79.06	28.67
三县一市小计	31.67	0.04	4.95	50.04	15.79
在总计中：收入在30亿元以上	35.32	3.71	37.64	72.66	37.77
收入在10—20亿元	43	1.35	8.53	54.63	15.48
收入在5—10亿元	44.55	4.95	10.95	85.63	31.66
收入在1—5亿元	42.17	2.16	10.31	59.79	16.37
收入在5千万—1亿元	60.4	—0.3	6.25	89.56	29.44
收入在1千万—5千万	51.71	—1	3.37	84.83	26.62
收入在1千万元以下	37.99	—2.51	—5.01	52.74	13.71
按工业行业大类分					
采掘业	**45.47**	**0.81**	**9.8**	**50.54**	**17.92**
煤炭采选业	46.05	—0.38	15.97	55.32	18.37
非金属矿采选业	45.3	1.08	9.1	49.79	17.84

7—6续表11

指　　标	速动比率(倍)	总资产利润率(%)	产品销售收入利税率(%)	百元固定资产实现工业总产值(元)	百元固定资产实现工业增加值(元)
制造业	**47.73**	**1.21**	**14.92**	**90.2**	**32.21**
食品加工业	36.46	－3.74	－1.87	169.44	34.26
食品制造业	107.04	15.51	22.72	243.92	88.19
饮料制造业	43.59	0.26	16.75	46.23	16.92
烟草加工业	46.47	0.47	49.26	172.91	106.07
纺织业	26.32	－3.01	－21.63	31.3	2.78
服装及其他纤维制品制造业	66.59	0.28	1.89	196.82	51.92
皮革毛皮羽绒及其制品业	20.86	－0.72	－35.84	2.67	－5.61
木材加工及竹藤棕草制品业	13.6	－6.89	－30.59	24.37	0.91
家具制造业	104.07	1.8	9.15	128.2	35.12
造纸及纸制品业	52.8	1.14	9.18	118.05	30.2
印刷业	60.49	2.89	12.46	96.13	30.58
文教体育用品制造业	66.01	0.89	10.97	632.26	201.2
石油加工及炼焦业	78.99	－1.1	8.88	66.66	26.97
化学原料及化学制品制造业	51.97	2.08	7.72	108.74	33.76
医药制造业	77.2	6.06	16.84	325.09	116.54
橡胶制品业	56.37	2.17	9.97	111.9	29.63
塑料制品业	70.53	－0.3	4.1	78.22	22.04
非金属矿物制品业	43.78	－2.64	－0.72	56.15	15.57
黑色金属冶炼及压延加工业	10.05	－7.66	－22.01	41.15	8.48
有色金属冶炼及压延加工业	23.27	3.77	16.41	43.24	16.38
金属制品业	50.22	2.43	8.2	200.96	57.41
普通机械制造业	54.75	－0.52	6.43	40.92	14.89
专用设备制造业	43.3	－0.95	1.75	47.84	13.91
交通运输设备制造业	64.34	1.48	9.16	74.92	26.55
电气机械及器材制造业	59.64	1.26	5.32	189.87	45.47
电子及通信设备制造业	65.09	1.4	4.53	255.48	63.56
仪器仪表及文化办公用机械制造业	53.42	－0.93	3.49	87.63	39.53
其他制造业	41.83	0.18	8.82	139.79	54.83
电力、煤气及水的生产和供应业	**34.2**	**2.08**	**11.47**	**26.41**	**8.61**
电力、蒸汽、热水的生产和供应业	30.91	2.54	11.94	24.72	8.4
煤气生产和供应业	18.43	－0.08	5.59	38.68	7.91
自来水的生产和供应业	101.38	0.7	14.26	39.97	14.78

7—7 全部规模以上工业企业主要指标

(2002年) 单位:万元

指 标	企业单位数(个)	#亏损企业	工业总产值(不变价格)	工业总产值(当年价格)
总 计	**617**	**244**	**2803694**	**2958943**
按登记注册类型分组				
内资企业	574	226	2564152	2793066
国有企业	249	106	651772	826247
中央企业	33	11	250840	340095
地方企业	216	95	400932	486152
集体企业	95	30	131261	136108
股份合作企业	21	11	12448	15415
联营企业	12	6	23077	19908
#国有联营企业	2	1	15427	11656
集体联营企业	2	2	894	727
国有与集体联营企业	5	3	5098	6055
其他联营企业	3		1658	1470
有限责任公司	95	39	786042	809261
#国有独资公司	18	8	358433	487490
其他有限责任公司	77	31	427609	321772
股份有限公司	25	6	665539	685480
私营企业	75	26	292947	299512
#私营独资企业	23	8	36447	41406
私营合伙企业	2		10542	10542
私营有限责任公司	40	16	95746	83844
私营股份有限公司	10	2	150211	163720
其他企业	2	2	1067	1135
港、澳、台商投资企业	25	13	77728	56167
合资经营企业(港或澳、台资)	19	11	45903	27510
港澳台商独资企业	5	2	18540	18500
港澳台商投资股份有限公司	1		13285	10157
外商投资企业	18	5	161814	109711
中外合资经营企业	13	3	154914	103274
中外合作经营企业	1		2357	1972
外资企业	4	2	4543	4465

7—7续表1

单位:万元

指　　标	企　业 单位数 (个)	#亏 损 企 业	工　业 总产值 (不变价格)	工　业 总产值 (当年价格)
按经济组织类型分组				
独资企业	376	148	842563	1026725
国有企业	249	106	651772	826247
集体企业	95	30	131261	136108
私营独资企业	23	8	36447	41406
港澳台商独资经营企业	5	2	18540	18500
外资企业	4	2	4543	4465
合作、合伙企业	38	19	49491	48972
股份合作企业	21	11	12448	15415
国有联营企业	2	1	15427	11656
集体联营企业	2	2	894	727
国有与集体联营企业	5	3	5098	6055
其他联营企业	3		1658	1470
私营合伙企业	2		10542	10542
中外合作经营企业	1		2357	1972
其他企业(内资)	2	2	1067	1135
股份有限公司	36	8	829036	859357
股份有限公司(内资)	25	6	665539	685480
私营股份有限公司	10	2	150211	163720
港澳台商投资股份有限公司	1		13285	10157
有限责任公司	167	69	1082604	1023889
国有独资公司	18	8	358433	487490
私营有限责任公司	40	16	95746	83844
港澳台合资经营企业	19	11	45903	27510
中外合资经营企业	13	3	154914	103274
其他有限责任公司	77	31	427609	321772
在总计中:亏损企业	244	244	317625	325358
在总计中:国有控股企业	326	134	1906609	2103640
在总计中:乡村工业	45	15	78293	79686
在总计中:轻工业	276	97	977099	1029354
以农产品为原料	189	70	655255	797515
以非农产品为原料	87	27	321844	231838

7—7续表2

单位:万元

指标	企业单位数(个)	#亏损企业	工业总产值(不变价格)	工业总产值(当年价格)
重工业	341	147	1826595	1929590
采掘工业	11	4	78742	106049
原料工业	107	51	648096	866811
加工工业	223	92	1099757	956730
在总计中:大型企业	47	13	1178416	1443748
特大型企业	1		241655	315915
大一型企业	13	2	646814	792184
大二型企业	33	11	289946	335649
中型企业	37	11	469114	464315
中一型企业	14	3	326970	314137
中二型企业	23	8	142143	150178
小型企业	533	220	1156165	1050880
在总计中:高技术产业	95	28	687469	509244
在总计中:非公有制工业	179	70	756598	707200
在总计中:市区小计	501	196	2295306	2366440
三县一市小计	115	48	501485	584750
在总计中:年收入在30亿元以上	2		462413	651085
年收入在10—20亿元	2		232205	175656
年收入在5—10亿元	6		345844	376944
年收入在1—10亿元	36	2	783742	765819
年收入在5千万元—1亿元	54	13	395355	423574
年收入在1千万元—5千万元	172	58	462394	435602
年收入在1千万元以下	345	171	121740	130264
按工业行业大类分				
采掘业	**11**	**4**	**78742**	**106049**
煤炭采选业	3	2	9105	15742
非金属矿采选业	8	2	69637	90306

7—7续表3

单位:万元

指　　标	企业单位数（个）	#亏损企业	工业总产值（不变价格）	工业总产值（当年价格）
制造业	**579**	**236**	**2577671**	**2554359**
食品加工业	39	20	45329	58073
食品制造业	22	11	59101	57063
饮料制造业	13	4	14791	15766
烟草加工业	3	1	250434	362843
纺织业	10	7	14470	10731
服装及其他纤维制品制造业	5	2	14787	16060
皮革、毛皮、羽绒及其制品业	3	2	27	44
木材加工及竹、藤、棕、草制品业	3	3	2590	2729
家具制造业	2		1118	1137
造纸及纸制品业	12	2	14712	14516
印刷业	33	9	39319	45254
文教体育用品制造业	2	1	947	947
石油加工及炼焦业	2	1	576	576
化学原料及化学制品制造业	55	24	310471	301146
医药制造业	61	15	260298	273060
橡胶制品业	10	1	275436	206007
塑料制品业	20	8	45643	38678
非金属矿物制品业	79	36	91625	108728
黑色金属冶炼及压延加工业	18	12	56400	69461
有色金属冶炼及压延加工业	17	11	271625	342373
金属制品业	27	4	55544	66344
普通机械制造业	27	12	33057	36175
专用设备制造业	20	9	32959	33239
交通运输设备制造业	50	24	297074	277955
电气机械及器材制造业	26	8	62233	63689
电子及通信设备制造业	10	4	311349	135731
仪器仪表及文化、办公用机械制造业	9	5	12250	11920
其他制造业	1		3507	4113
电力、煤气及水的生产和供应业	**27**	**4**	**147280**	**298536**
电力、蒸汽、热水的生产和供应业	16	1	123424	246554
煤气生产和供应业	3	2	18343	34327
自来水的生产和供应业	8	1	5513	17656

7—7续表4

单位:万元

指标	工业销售产值(当年价格)	#出口交货值	新产品产值(当年价格)	工业产销率(%)
总计	**2928448**	**124287**	**348332**	**98.97**
按登记注册类型分组				
内资企业	2767504	109672	257173	99.08
国有企业	853304	39636	37623	103.27
中央企业	361205	9937	16934	106.21
地方企业	492098	29699	20689	101.22
集体企业	125624	4718	5050	92.3
股份合作企业	16365			106.16
联营企业	17933			90.08
#国有联营企业	9886			84.81
集体联营企业	600			82.54
国有与集体联营企业	6098			100.72
其他联营企业	1349			91.75
有限责任公司	789026	17919	111604	97.5
#国有独资公司	485547	6713	57385	99.6
其他有限责任公司	303479	11206	54219	94.31
股份有限公司	690145	46157	77131	100.68
私营企业	274257	1243	25765	91.57
#私营独资企业	36220	739		87.47
私营合伙企业	9407			89.23
私营有限责任公司	74552	505	3702	88.92
私营股份有限公司	154078		22063	94.11
其他企业	850			74.9
港、澳、台商投资企业	51090	10279	14467	90.96
合资经营企业(港或澳、台资)	25214	1237	34	91.65
港澳台商独资企业	17704	9042	14433	95.7
港澳台商投资股份有限公司	8172			80.45
外商投资企业	109855	4335	76692	100.13
中外合资经营企业	101515	2163	76692	98.3
中外合作经营企业	3481			176.56
外资企业	4858	2173		108.81

7—7续表5

单位:万元

指标	工业销售产值（当年价格）	#出口交货值	新产品产值（当年价格）	工业产销率（%）
按经济组织类型分组				
独资企业	1037710	56307	57106	101.07
国有企业	853304	39636	37623	103.27
集体企业	125624	4718	5050	92.3
私营独资企业	36220	739		87.47
港澳台商独资经营企业	17704	9042	14433	95.7
外资企业	4858	2173		108.81
合作、合伙企业	48036			98.09
股份合作企业	16365			106.16
国有联营企业	9886			84.81
集体联营企业	600			82.54
国有与集体联营企业	6098			100.72
其他联营企业	1349			91.75
私营合伙企业	9407			89.23
中外合作经营企业	3481			176.56
其他企业(内资)	850			74.9
股份有限公司	852395	46157	99194	99.19
股份有限公司(内资)	690145	46157	77131	100.68
私营股份有限公司	154078		22063	94.11
港澳台商投资股份有限公司	8172			80.45
有限责任公司	990308	21823	192032	96.72
国有独资公司	485547	6713	57385	99.6
私营有限责任公司	74552	505	3702	88.92
港澳台合资经营企业	25214	1237	34	91.65
中外合资经营企业	101515	2163	76692	98.3
其他有限责任公司	303479	11206	54219	94.31
在总计中:亏损企业	347645	21321	15946	106.85
在总计中:国有控股企业	2137333	98435	197066	101.6
在总计中:乡村工业	76147	334	14	95.56
在总计中:轻工业	997396	18432	167304	96.9
以农产品为原料	791285	9141	100053	99.22
以非农产品为原料	206111	9291	67251	88.9

7—7续表6

单位:万元

指　　标	工业销售产值（当年价格）	#出口交货值	新产品产值（当年价格）	工业产销率（%）
重工业	1931053	105855	181028	100.08
采掘工业	113212	22125		106.75
原料工业	867683	20610	1723	100.1
加工工业	950157	63120	179306	99.31
在总计中:大型企业	1447540	73895	118735	100.26
特大型企业	320545	5465		101.47
大一型企业	806090	57896	87547	101.76
大二型企业	320905	10534	31188	95.61
中型企业	443882	5533	125136	95.6
中一型企业	303961		95948	96.76
中二型企业	139921	5533	29188	93.17
小型企业	1037026	44859	104461	98.68
在总计中:高技术产业	453209	11584	197300	89
在总计中:非公有制工业	652776	21133	146217	92.3
在总计中:市区小计	2337546	85959	337418	98.78
三县一市小计	583456	38328	7527	99.78
在总计中:年收入在30亿元以上	655026	5667	42428	100.61
年收入在10—20亿元	174601	36675	38980	99.4
年收入在5—10亿元	384333	17583	75580	101.96
年收入在1—10亿元	757774	24294	129944	98.95
年收入在5千万元—1亿元	421792	25951	40722	99.58
年收入在1千万元—5千万元	413982	11192	17901	95.04
年收入在1千万元以下	120939	2925	2777	92.84
按工业行业大类分				
采掘业	**113212**	**22125**		**106.75**
煤炭采选业	15972			101.46
非金属矿采选业	97240	22125		107.68

7—7续表7

单位:万元

指　　标	工业销售产值(当年价格)	#出口交货值	新产品产值(当年价格)	工业产销率(%)
制造业	**2520791**	**98857**	**348332**	**98.69**
食品加工业	60091		9	103.48
食品制造业	55952	1971	291	98.05
饮料制造业	15965		523	101.26
烟草加工业	389127	5828	42428	107.24
纺织业	10655	1335	1528	99.29
服装及其他纤维制品制造业	13439			83.68
皮革、毛皮、羽绒及其制品业	63			143.68
木材加工及竹、藤、棕、草制品业	3359			123.06
家具制造业	1102			96.89
造纸及纸制品业	14151			97.48
印刷业	45885			101.39
文教体育用品制造业	685			72.4
石油加工及炼焦业	647			112.25
化学原料及化学制品制造业	298794	9553	1923	99.22
医药制造业	227584	28	62220	83.35
橡胶制品业	203194	39057	44505	98.63
塑料制品业	35384		3737	91.48
非金属矿物制品业	108702	4949	562	99.98
黑色金属冶炼及压延加工业	65794	2262		94.72
有色金属冶炼及压延加工业	347862	5883		101.6
金属制品业	67163			101.23
普通机械制造业	34700	1907	5011	95.92
专用设备制造业	33776	2221	20443	101.62
交通运输设备制造业	280431	12687	34666	100.89
电气机械及器材制造业	59646	9833	15285	93.65
电子及通信设备制造业	132759	804	114037	97.81
仪器仪表及文化、办公用机械制造业	10063	540	1163	84.42
其他制造业	3820			92.88
电力、煤气及水的生产和供应业	**294445**	**3305**		**98.63**
电力、蒸汽、热水的生产和供应业	245986			99.77
煤气生产和供应业	35973	3305		104.8
自来水的生产和供应业	12486			70.72

7—7续表8

单位:万元

指　　标	资产合计	流动资产年平均余额	固定资产原价	累计折旧	固定资产净值	固定资产净值率(%)
总　　计	**6327947**	**2703470**	**4172085**	**1658942**	**2513144**	**60.24**
按登记注册类型分组						
内资企业	6079128	2541540	4061348	1608701	2452647	60.39
国有企业	2676045	989362	2069085	800589	1268496	61.31
中央企业	1152175	429119	917528	398546	518983	56.56
地方企业	1523870	560244	1151557	402044	749513	65.09
集体企业	129340	65452	61917	25664	36253	58.55
股份合作企业	35219	15877	18042	7669	10373	57.49
联营企业	29593	5935	14632	6855	7777	53.15
#国有联营企业	5729	2060	5139	3179	1959	38.13
集体联营企业	612	257	488	191	297	60.90
国有与集体联营企业	20820	3086	7391	3457	3934	53.23
其他联营企业	2432	533	1615	28	1587	98.26
有限责任公司	1697394	831631	767919	265456	502463	65.43
#国有独资公司	1228239	602114	540317	170063	370254	68.53
其他有限责任公司	469155	229516	227602	95393	132209	58.09
股份有限公司	1219272	470585	1044564	477808	566756	54.26
私营企业	291215	161956	84881	24593	60288	71.03
#私营独资企业	55272	28527	28054	9773	18281	65.16
私营合伙企业	9218	3144	2189	327	1863	85.07
私营有限责任公司	82659	51871	17241	4423	12819	74.35
私营股份有限公司	144066	78414	37397	10070	27326	73.07
其他企业	1052	743	307	67	240	78.26
港、澳、台商投资企业	105314	59753	52967	21105	31861	60.15
合资经营企业(港或澳、台资)	65574	39586	29255	9875	19380	66.25
港澳台商独资企业	22692	11515	4897	591	4306	87.93
港澳台商投资股份有限公司	17048	8651	18815	10640	8175	43.45
外商投资企业	143504	102177	57771	29135	28636	49.57
中外合资经营企业	131243	96064	50086	25676	24409	48.73
中外合作经营企业	3686	2362	1500	1050	450	30.00
外资企业	8575	3751	6185	2408	3777	61.06

7—7续表9

单位:万元

指　　标	资产合计	流动资产年平均余额	固定资产原价	累计折旧	固定资产净值	固定资产净值率(%)
按经济组织类型分组						
独资企业	2891923	1098607	2170139	839026	1331113	61.34
国有企业	2676045	989362	2069085	800589	1268496	61.31
集体企业	129340	65452	61917	25664	36253	58.55
私营独资企业	55272	28527	28054	9773	18281	65.16
港澳台商独资经营企业	22692	11515	4897	591	4306	87.93
外资企业	8575	3751	6185	2408	3777	61.06
合作、合伙企业	78767	28061	36670	15968	20703	56.46
股份合作企业	35219	15877	18042	7669	10373	57.49
国有联营企业	5729	2060	5139	3179	1959	38.13
集体联营企业	612	257	488	191	297	60.90
国有与集体联营企业	20820	3086	7391	3457	3934	53.23
其他联营企业	2432	533	1615	28	1587	98.26
私营合伙企业	9218	3144	2189	327	1863	85.07
中外合作经营企业	3686	2362	1500	1050	450	30.00
其他企业(内资)	1052	743	307	67	240	78.26
股份有限公司	1380386	557650	1100775	498518	602257	54.71
股份有限公司(内资)	1219272	470585	1044564	477808	566756	54.26
私营股份有限公司	144066	78414	37397	10070	27326	73.07
港澳台商投资股份有限公司	17048	8651	18815	10640	8175	43.45
有限责任公司	1976871	1019151	864501	305430	559071	64.67
国有独资公司	1228239	602114	540317	170063	370254	68.53
私营有限责任公司	82659	51871	17241	4423	12819	74.35
港澳台合资经营企业	65574	39586	29255	9875	19380	66.25
中外合资经营企业	131243	96064	50086	25676	24409	48.73
其他有限责任公司	469155	229516	227602	95393	132209	58.09
在总计中:亏损企业	1374386	508500	747890	237733	510157	68.21
在总计中:国有控股企业	5369622	2164296	3822351	1537206	2285145	59.78
在总计中:乡村工业	90548	44689	39869	12502	27367	68.64
在总计中:轻工业	1656936	981276	631637	187086	444551	70.38
以农产品为原料	1254586	759688	476152	132894	343258	72.09
以非农产品为原料	402350	221588	155486	54192	101293	65.15

7—7续表10 单位:万元

指　　标	资产合计	流动资产年平均余额	固定资产原价	累计折旧	固定资产净值	固定资产净值率(%)
重工业	4671011	1722194	3540448	1471855	2068593	58.43
采掘工业	248004	80785	209829	58956	150873	71.90
原料工业	2269283	580722	2286077	995780	1290297	56.44
加工工业	2153724	1060687	1044542	417120	627422	60.07
在总计中:大型企业	3537647	1431506	2747457	1187773	1559683	56.77
特大型企业	577802	140646	721921	372407	349513	48.41
大一型企业	1507860	828617	838189	308927	529262	63.14
大二型企业	1451986	462244	1187348	506439	680908	57.35
中型企业	782866	348289	428628	156671	271957	63.45
中一型企业	507054	213951	289721	95276	194445	67.11
中二型企业	275812	134337	138907	61395	77512	55.80
小型企业	2007434	923675	996001	314497	681504	68.42
在总计中:高技术产业	799042	415807	295539	97264	198275	67.09
在总计中:非公有制工业	795718	458578	270934	88947	181987	67.17
在总计中:市区小计	5114881	2303637	2993139	1154604	1838535	61.42
三县一市小计	1193537	387762	1168539	498378	670161	57.35
在总计中:年收入在30亿元以上	1132866	546033	896119	428791	467329	52.15
年收入在10—20亿元	455144	199532	321511	95442	226069	70.31
年收入在5—10亿元	515415	175500	440181	177923	262257	59.58
年收入在1—10亿元	1731096	688004	1280830	528570	752261	58.73
年收入在5千万元—1亿元	927120	433936	472969	172287	300683	63.57
年收入在1千万元—5千万元	1050928	445887	513472	181437	332035	64.66
年收入在1千万元以下	515378	214577	247002	74492	172511	69.84
按工业行业大类分						
采掘业	**248004**	**80785**	**209829**	**58956**	**150873**	**71.90**
煤炭采选业	45314	18843	28456	12787	15670	55.07
非金属矿采选业	202689	61942	181373	46169	135204	74.54

7—7续表11

单位:万元

指　　标	资产合计	流动资产年平均余额	固定资产原价	累计折旧	固定资产净值	固定资产净值率(%)
制造业	**5004056**	**2290558**	**2831908**	**1105481**	**1726427**	**60.96**
食品加工业	59195	27922	34274	6553	27721	80.88
食品制造业	58463	25451	23394	4057	19338	82.66
饮料制造业	55783	19490	34107	10337	23770	69.69
烟草加工业	637635	467305	209840	65334	144506	68.86
纺织业	55286	12137	34286	5601	28686	83.66
服装及其他纤维制品制造业	18119	4537	8160	4053	4107	50.33
皮革、毛皮、羽绒及其制品业	3213	963	1626	302	1325	81.46
木材加工及竹、藤、棕、草制品业	16284	4434	11201	2779	8422	75.19
家具制造业	1209	617	887	344	543	61.18
造纸及纸制品业	32306	16096	12297	5733	6564	53.38
印刷业	80392	38949	47075	15426	31649	67.23
文教体育用品制造业	872	622	150	43	107	71.28
石油加工及炼焦业	2283	1112	864	92	772	89.36
化学原料及化学制品制造业	514298	216480	276932	100368	176565	63.76
医药制造业	327774	195274	83996	19651	64346	76.61
橡胶制品业	346619	175656	184102	56524	127577	69.30
塑料制品业	72996	22525	49448	25633	23815	48.16
非金属矿物制品业	325303	137542	193650	69210	124440	64.26
黑色金属冶炼及压延加工业	262411	33543	168790	48445	120345	71.30
有色金属冶炼及压延加工业	702900	158748	791720	386605	405115	51.17
金属制品业	92873	58821	33013	12335	20678	62.64
普通机械制造业	173704	93152	88400	38696	49704	56.23
专用设备制造业	108269	66332	69480	35569	33911	48.81
交通运输设备制造业	768837	345923	370998	145607	225391	60.75
电气机械及器材制造业	104484	54822	33543	22483	11061	32.97
电子及通信设备制造业	144358	95189	53128	18565	34563	65.06
仪器仪表及文化、办公用机械制造业	32774	14775	13603	4662	8941	65.73
其他制造业	5417	2141	2942	475	2467	83.86
电力、煤气及水的生产和供应业	**1075887**	**332127**	**1130348**	**494505**	**635843**	**56.25**
电力、蒸汽、热水的生产和供应业	856224	241784	997425	454848	542577	54.40
煤气生产和供应业	113878	26244	88755	23156	65599	73.91
自来水的生产和供应业	105785	64098	44168	16501	27667	62.64

7—7续表12

单位:万元

指标	固定资产净值年平均余额	负债合计	流动负债	长期负债	所有者权益合计	实收资本
总计	**2375108**	**4425652**	**3105937**	**1301470**	**1902295**	**1710195**
按登记注册类型分组						
内资企业	2317827	4274221	2968424	1287552	1804907	1619567
国有企业	1206829	2096961	1211236	879708	579084	922996
中央企业	484773	897530	363730	533799	254646	558217
地方企业	722056	1199431	847507	345909	324438	364779
集体企业	34753	87271	72819	13186	42068	34516
股份合作企业	10247	26662	22184	2353	8557	8699
联营企业	9034	16582	11718	3531	13011	14024
#国有联营企业	4854	3954	2312	1642	1775	1609
集体联营企业	297	344	324	20	268	376
国有与集体联营企业	2459	10440	8571	1869	10380	10703
其他联营企业	1423	1844	511		589	1337
有限责任公司	493061	1223860	999098	219984	473534	429748
#国有独资公司	352204	907354	728407	178937	320886	293279
其他有限责任公司	140857	316507	270691	41047	152648	136470
股份有限公司	504521	661478	502178	157499	557794	136490
私营企业	59152	160494	148277	11292	130721	72679
#私营独资企业	19458	33740	28587	4546	21532	15772
私营合伙企业	1813	3552	1725	1827	5666	1157
私营有限责任公司	12302	38796	35694	3102	43864	19114
私营股份有限公司	25579	84406	82272	1817	59660	36637
其他企业	230	914	914		138	415
港、澳、台商投资企业	28000	54949	49076	5873	50366	41221
合资经营企业(港或澳、台资)	16427	35690	32699	2991	29884	23950
港澳台商独资企业	3217	14707	11825	2882	7985	4775
港澳台商投资股份有限公司	8356	4551	4551		12497	12497
外商投资企业	29281	96482	88437	8045	47022	49407
中外合资经营企业	23822	91255	84073	7182	39988	39840
中外合作经营企业	1511	1435	1435		2252	3913
外资企业	3948	3793	2930	863	4782	5654

7—7续表13

单位:万元

指标	固定资产净值年平均余额	负债合计			所有者权益合计	实收资本
			流动负债	长期负债		
按经济组织类型分组						
独资企业	1268205	2236472	1327397	901185	655451	983713
国有企业	1206829	2096961	1211236	879708	579084	922996
集体企业	34753	87271	72819	13186	42068	34516
私营独资企业	19458	33740	28587	4546	21532	15772
港澳台商独资经营企业	3217	14707	11825	2882	7985	4775
外资企业	3948	3793	2930	863	4782	5654
合作、合伙企业	22835	49144	37975	7711	29624	28207
股份合作企业	10247	26662	22184	2353	8557	8699
国有联营企业	4854	3954	2312	1642	1775	1609
集体联营企业	297	344	324	20	268	376
国有与集体联营企业	2459	10440	8571	1869	10380	10703
其他联营企业	1423	1844	511		589	1337
私营合伙企业	1813	3552	1725	1827	5666	1157
中外合作经营企业	1511	1435	1435		2252	3913
其他企业(内资)	230	914	914		138	415
股份有限公司	538456	750435	589001	159316	629951	185623
股份有限公司(内资)	504521	661478	502178	157499	557794	136490
私营股份有限公司	25579	84406	82272	1817	59660	36637
港澳台商投资股份有限公司	8356	4551	4551		12497	12497
有限责任公司	545612	1389602	1151564	233258	587269	512651
国有独资公司	352204	907354	728407	178937	320886	293279
私营有限责任公司	12302	38796	35694	3102	43864	19114
港澳台合资经营企业	16427	35690	32699	2991	29884	23950
中外合资经营企业	23822	91255	84073	7182	39988	39840
其他有限责任公司	140857	316507	270691	41047	152648	136470
在总计中:亏损企业	451083	1081923	847972	229109	292464	444012
在总计中:国有控股企业	2158215	3811689	2574993	1225273	1557933	1461177
在总计中:乡村工业	26820	58280	45293	11826	32268	24040
在总计中:轻工业	429737	1245889	1016150	221514	411048	333591
以农产品为原料	331212	976318	830551	140736	278268	225884
以非农产品为原料	98526	269571	185600	80779	132779	107707

7—7续表14　　单位:万元

指　　标	固定资产净值年平均余额	负债合计	流动负债	长期负债	所有者权益合计	实收资本
重工业	1945371	3179763	2089786	1079956	1491247	1376604
采掘工业	136271	133030	104318	28711	114974	110110
原料工业	1155722	1766761	990443	774288	502522	657477
加工工业	653379	1279972	995025	276956	873752	609017
在总计中:大型企业	1476187	2398259	1563964	834284	1139388	1002290
特大型企业	284744	326137	255647	70490	251664	
大一型企业	520115	993826	671638	322188	514034	611547
大二型企业	671328	1078296	636678	441606	373690	390743
中型企业	279909	560886	385462	172423	221981	169539
中一型企业	192198	385448	257429	125019	121606	99905
中二型企业	87711	175438	128033	47405	100375	69635
小型企业	619012	1466508	1156511	294763	540926	538365
在总计中:高技术产业	208665	461414	351147	109567	337627	242744
在总计中:非公有制工业	172492	501685	436963	60696	294033	206678
在总计中:市区小计	1719938	3477990	2545918	924194	1636891	1321696
三县一市小计	650634	935953	549160	376426	257584	385891
在总计中:年收入在30亿元以上	399615	820310	682821	137489	312555	52637
年收入在10—20亿元	224404	369932	186398	183534	85212	25433
年收入在5—10亿元	246939	295552	117373	178178	219864	184883
年收入在1—10亿元	726113	1260005	850308	404897	471090	688328
年收入在5千万元—1亿元	314259	578806	382888	195139	348314	289851
年收入在1千万元—5千万元	293509	696071	551933	143819	354858	307166
年收入在1千万元以下	170269	404976	334216	58415	110402	161898
按工业行业大类分						
采掘业	**136271**	**133030**	**104318**	**28711**	**114974**	**110110**
煤炭采选业	15659	29853	23797	6055	15462	17236
非金属矿采选业	120612	103177	80521	22656	99512	92874

7－7续表15

单位:万元

指　　标	固定资产净值年平均余额	负债合计	流动负债	长期负债	所有者权益合计	实收资本
制造业	**1606390**	**3300895**	**2655879**	**627174**	**1703161**	**1158718**
食品加工业	26715	47088	37281	7693	12107	17947
食品制造业	12629	27211	22811	3548	31252	11829
饮料制造业	24709	31590	20923	10400	24193	19975
烟草加工业	142393	579612	512206	67406	58023	69525
纺织业	25429	46856	30124	16732	8430	17792
服装及其他纤维制品制造业	3935	10321	8587	1734	7798	4915
皮革、毛皮、羽绒及其制品业	1220	4532	3990	542	－1319	628
木材加工及竹、藤、棕、草制品业	8773	16405	8512	7893	－122	5064
家具制造业	555	312	312		897	815
造纸及纸制品业	8802	22115	18080	2238	10191	7201
印刷业	32688	50813	43299	7514	29579	25510
文教体育用品制造业	48	691	598	29	181	63
石油加工及炼焦业	821	1016	615	400	1268	1133
化学原料及化学制品制造业	167471	321600	270220	47531	192699	163366
医药制造业	60340	196730	170058	26621	131044	72750
橡胶制品业	130062	211737	134060	76450	134882	49821
塑料制品业	21971	28319	19144	8857	44677	36272
非金属矿物制品业	127608	225188	171021	53723	100115	85537
黑色金属冶炼及压延加工业	93366	230497	170402	58822	31914	87124
有色金属冶炼及压延加工业	302684	389448	317726	71722	313452	60052
金属制品业	21679	59304	53047	4985	33569	23723
普通机械制造业	49213	120339	96863	23440	53365	46354
专用设备制造业	30092	84914	78613	5661	23355	37583
交通运输设备制造业	249372	401795	304024	94139	367042	234447
电气机械及器材制造业	23691	79157	68273	10881	25327	23864
电子及通信设备制造业	30232	92149	77490	14659	52209	39725
仪器仪表及文化、办公用机械制造业	7757	17049	14843	2206	15726	15538
其他制造业	2136	4110	2760	1349	1307	166
电力、煤气及水的生产和供应业	**632447**	**991728**	**345740**	**645585**	**84160**	**441367**
电力、蒸汽、热水的生产和供应业	539936	767460	289080	478220	88764	406592
煤气生产和供应业	65483	151176	39072	112104	－37297	13024
自来水的生产和供应业	27027	73092	17588	55261	32693	21751

7—7续表16

单位:万元

指　　标	产品销售收入	产品销售成本	产品销售费用	产品销售税金及附加	产品销售利润	其他业务利润
总　　计	**2959892**	**2150645**	**175003**	**158230**	**475861**	**44888**
按登记注册类型分组						
内资企业	2769174	2006633	154060	157933	450395	44723
国有企业	931050	678559	37494	7049	207808	25734
中央企业	435949	287825	7076	2879	138169	15005
地方企业	495101	390735	30419	4169	69639	10728
集体企业	117051	98352	5495	1124	12080	388
股份合作企业	15809	14182	526	119	981	505
联营企业	17264	15596	183	433	1052	46
#国有联营企业	9886	8872	19	344	651	—8
集体联营企业	582	547	29	1	5	38
国有与集体联营企业	5491	4934	119	64	374	16
其他联营企业	1305	1243	16	23	22	
有限责任公司	772385	502203	48773	138055	83340	6147
#国有独资公司	482016	264808	17731	136793	62685	4806
其他有限责任公司	290368	237395	31042	1263	20655	1341
股份有限公司	673740	536432	33723	9002	94583	11794
私营企业	241027	160468	27842	2149	50568	110
#私营独资企业	34469	27032	3332	311	3794	33
私营合伙企业	6519	5824	84	35	577	2
私营有限责任公司	72139	51307	5536	783	14514	86
私营股份有限公司	127900	76306	18891	1019	31684	—11
其他企业	850	842	24	2	—17	
港、澳、台商投资企业	49758	38211	5189	20	6338	72
合资经营企业(港或澳、台资)	23900	18380	3096	20	2404	69
港澳台商独资企业	17688	13928	1624		2136	3
港澳台商投资股份有限公司	8171	5903	469		1798	
外商投资企业	140960	105801	15754	277	19128	93
中外合资经营企业	133893	99910	15303	213	18468	73
中外合作经营企业	2352	2127	99		126	—5
外资企业	4715	3764	352	64	535	25

7—7续表17

单位:万元

指　　标	产品销售收入	产品销售成本	产品销售费用	产品销售税金及附加	产品销售利润	其他业务利润
按经济组织类型分组						
独资企业	1104972	821635	48297	8548	226352	26183
国有企业	931050	678559	37494	7049	207808	25734
集体企业	117051	98352	5495	1124	12080	388
私营独资企业	34469	27032	3332	311	3794	33
港澳台商独资经营企业	17688	13928	1624		2136	3
外资企业	4715	3764	352	64	535	25
合作、合伙企业	42794	38571	916	589	2719	548
股份合作企业	15809	14182	526	119	981	505
国有联营企业	9886	8872	19	344	651	—8
集体联营企业	582	547	29	1	5	38
国有与集体联营企业	5491	4934	119	64	374	16
其他联营企业	1305	1243	16	23	22	
私营合伙企业	6519	5824	84	35	577	2
中外合作经营企业	2352	2127	99		126	—5
其他企业(内资)	850	842	24	2	—17	
股份有限公司	809810	618641	53083	10021	128066	11782
股份有限公司(内资)	673740	536432	33723	9002	94583	11794
私营股份有限公司	127900	76306	18891	1019	31684	—11
港澳台商投资股份有限公司	8171	5903	469		1798	
有限责任公司	1002316	671799	72707	139072	118725	6375
国有独资公司	482016	264808	17731	136793	62685	4806
私营有限责任公司	72139	51307	5536	783	14514	86
港澳台合资经营企业	23900	18380	3096	20	2404	69
中外合资经营企业	133893	99910	15303	213	18468	73
其他有限责任公司	290368	237395	31042	1263	20655	1341
在总计中:亏损企业	300765	283420	16343	2348	—1346	15792
在总计中:国有控股企业	2207072	1591215	92108	153291	370318	43321
在总计中:乡村工业	70489	57764	4564	575	7586	353
在总计中:轻工业	961225	595611	90841	140791	133828	7009
以农产品为原料	765182	441028	73225	139549	111240	6154
以非农产品为原料	196043	154583	17616	1242	22588	855

7—7续表18

单位:万元

指　　标	产品销售收　入	产品销售成　本	产品销售费　用	产品销售税金及附加	产品销售利　润	其他业务利　润
重工业	1998667	1555034	84161	17439	342033	37879
采掘工业	106432	70776	10199	1639	23818	1684
原料工业	997411	800382	22288	6315	168427	22742
加工工业	894824	683876	51674	9485	149788	13454
在总计中:大型企业	1567134	1063830	60521	148709	293935	19082
特大型企业	318061	275604	7247	2178	33033	9832
大一型企业	801241	500251	34444	143704	122842	7213
大二型企业	447832	287975	18830	2828	138061	2037
中型企业	395161	267755	45085	2781	79540	4514
中二型企业	264647	173169	29792	1900	59786	1336
中一型企业	130514	94586	15293	881	19754	3178
小型企业	997597	819060	69397	6740	102386	21293
在总计中:高技术产业	450038	288263	72068	2426	87281	2456
在总计中:非公有制工业	623889	450479	77193	3720	92483	677
在总计中:市区小计	2387474	1689629	134050	154836	408805	42013
三县一市小计	564956	456619	40664	3331	64341	2865
在总计中:年收入在30亿元以上	648042	416493	17610	137793	76147	12551
年收入在10—20亿元	274239	144171	9297	6458	114313	437
年收入在5—10亿元	357473	253745	29985	1874	71869	565
年收入在1—10亿元	815502	640328	59675	4653	110845	6343
年收入在5千万元—1亿元	378148	300388	23369	3039	51213	4359
年收入在1千万元—5千万元	378846	306153	27862	3127	41690	15033
年收入在1千万元以下	107642	89367	7204	1286	9785	5601
按工业行业大类分						
采掘业	**106432**	**70776**	**10199**	**1639**	**23818**	**1684**
煤炭采选业	10807	7991	840	108	1868	1503
非金属矿采选业	95626	62785	9359	1532	21950	181

7—7续表19

单位:万元

指　　标	产品销售收入	产品销售成本	产品销售费用	产品销售税金及附加	产品销售利润	其他业务利润
制造业	**2426417**	**1785015**	**162420**	**153808**	**325021**	**40103**
食品加工业	55160	51667	3025	111	358	546
食品制造业	54865	39448	2913	349	12156	463
饮料制造业	15654	9872	2789	1465	1390	1098
烟草加工业	365012	172079	12797	135933	44204	2872
纺织业	5818	5849	35	20	—86	443
服装及其他纤维制品制造业	13439	11184	643	19	1594	38
皮革、毛皮、羽绒及其制品业	63	49	14	0	—1	165
木材加工及竹、藤、棕、草制品业	3359	3228	299	18	—186	94
家具制造业	1069	879	84	7	100	2
造纸及纸制品业	13739	11235	615	74	1815	34
印刷业	44878	35636	1216	410	7616	431
文教体育用品制造业	685	402	154	11	119	
石油加工及炼焦业	633	539	76	6	12	
化学原料及化学制品制造业	270268	218117	17411	1057	33683	2977
医药制造业	231698	122220	54960	1795	52723	118
橡胶制品业	200530	156258	12837	6077	25358	2206
塑料制品业	34760	29304	1316	79	4046	109
非金属矿物制品业	101540	80692	7559	825	12464	385
黑色金属冶炼及压延加工业	71707	73879	3063	471	—5706	—1258
有色金属冶炼及压延加工业	343697	300455	8054	2282	32906	20643
金属制品业	57898	49382	1214	204	7099	884
普通机械制造业	33043	23217	1885	430	7512	1005
专用设备制造业	32846	25200	1773	101	5772	495
交通运输设备制造业	271037	197162	11877	1469	60530	4900
电气机械及器材制造业	56570	48884	1284	223	6179	306
电子及通信设备制造业	133321	108662	13175	300	11184	481
仪器仪表及文化、办公用机械制造业	9308	6929	670	37	1673	669
其他制造业	3820	2591	684	36	509	
电力、煤气及水的生产和供应业	**427043**	**294854**	**2384**	**2783**	**127023**	**3101**
电力、蒸汽、热水的生产和供应业	379923	253528	2	2452	123942	2817
煤气生产和供应业	35741	32750	2171	190	631	26
自来水的生产和供应业	11379	8576	211	141	2451	258

7—7续表20

单位:万元

指　　标	管理费用	财务费用	营业利润	投资收益	补贴收入	利润总额
总　　计	**323557**	**82232**	**114957**	**16363**	**41526**	**84759**
按登记注册类型分组						
内资企业	306947	79570	108597	16348	41462	78820
国有企业	136818	34335	62385	18023	16417	2066
中央企业	59736	17484	75954	17260	7927	6982
地方企业	77082	16851	－13570	764	8491	－4917
集体企业	8405	1475	2588	－8	317	2446
股份合作企业	2091	200	－805	67	6	－346
联营企业	856	202	41	63	10	178
#国有联营企业	381	28	234	60	6	245
集体联营企业	29	12	2			－7
国有与集体联营企业	431	159	－200	3	4	－66
其他联营企业	15	3	5			7
有限责任公司	95995	25604	－32112	－1339	24382	－6221
#国有独资公司	70990	20107	－23606	－1743	23336	－523
其他有限责任公司	25005	5496	－8506	405	1046	－5698
股份有限公司	51080	14914	40382	147	203	54304
私营企业	11659	2838	36181	－605	129	26455
#私营独资企业	2098	525	1204	－666	32	1400
私营合伙企业	285	55	239			57
私营有限责任公司	3931	488	10180	－1	52	10704
私营股份有限公司	5345	1771	24557	62	45	14294
其他企业	43	2	－62			－62
港、澳、台商投资企业	5000	841	568	16	12	211
合资经营企业(港或澳、台资)	2261	477	－264	1	12	－447
港澳台商独资企业	1260	186	693	9		568
港澳台商投资股份有限公司	1480	179	140	6		90
外商投资企业	11610	1821	5791		52	5728
中外合资经营企业	11024	1747	5770		39	5949
中外合作经营企业	62	38	21			21
外资企业	524	36	0		13	－243

7—7续表21

单位:万元

指　　标	管理费用	财务费用	营业利润	投资收益	补贴收入	利润总额
按经济组织类型分组						
独资企业	149104	36557	66870	17358	16778	6237
国有企业	136818	34335	62385	18023	16417	2066
集体企业	8405	1475	2588	—8	317	2446
私营独资企业	2098	525	1204	—666	32	1400
港澳台商独资经营企业	1260	186	693	9		568
外资企业	524	36			13	—243
合作、合伙企业	3337	496	—566	130	15	—152
股份合作企业	2091	200	—805	67	6	—346
国有联营企业	381	28	234	60	6	245
集体联营企业	29	12	2			—7
国有与集体联营企业	431	159	—200	3	4	—66
其他联营企业	15	3	5			7
私营合伙企业	285	55	239			57
中外合作经营企业	62	38	21			21
其他企业(内资)	43	2	—62			—62
股份有限公司	57905	16864	65079	215	248	68688
股份有限公司(内资)	51080	14914	40382	147	203	54304
私营股份有限公司	5345	1771	24557	62	45	14294
港澳台商投资股份有限公司	1480	179	140	6		90
有限责任公司	113211	28316	—16426	—1339	24485	9986
国有独资公司	70990	20107	—23606	—1743	23336	—523
私营有限责任公司	3931	488	10180	—1	52	10704
港澳台合资经营企业	2261	477	—264	1	12	—447
中外合资经营企业	11024	1747	5770		39	5949
其他有限责任公司	25005	5496	—8506	405	1046	—5698
在总计中:亏损企业	80528	19137	—85220	—247	11274	—74242
在总计中:国有控股企业	275988	70590	67057	16568	40429	45589
在总计中:乡村工业	3794	1247	2898	—1	81	3079

7—7续表22 单位:万元

指　　标	管理费用	财务费用	营业利润	投资收益	补贴收入	利润总额
在总计中:轻工业	95241	29552	16040	—26	21785	31053
以农产品为原料	79063	27496	10834	—137	21419	24666
以非农产品为原料	16178	2056	5206	112	366	6388
重工业	228316	52680	98917	16389	19741	53705
采掘工业	19344	4068	2090	21	1626	2008
原料工业	86110	23349	81709	13376	13423	27953
加工工业	122862	25263	15117	2992	4691	23744
在总计中:大型企业	167255	44496	101266	12673	24220	69905
特大型企业	21205	5032	16627		9	31502
大一型企业	87085	29693	13278	10850	21182	43761
大二型企业	58965	9772	71361	1823	3030	—5358
中型企业	37942	10209	35903	1469	4240	19737
中一型企业	19116	6881	35125	716	2138	15264
中二型企业	18826	3328	779	752	2103	4473
小型企业	118360	27527	—22213	2222	13065	—4883
在总计中:高技术产业	52798	7722	29217	1178	2494	23218
在总计中:非公有制工业	37363	9977	45820	—263	777	36717
在总计中:市区小计	269360	67592	113862	19749	36859	83609
三县一市小计	52447	14347	412	—3386	4667	491
在总计中:年收入在30亿元以上	62667	20254	5776	422	21009	41987
年收入在10—20亿元	13085	7830	93836	404	1	6150
年收入在5—10亿元	28788	5872	37773	62	191	25498
年收入在1—10亿元	74365	20025	22799	13869	6306	37329
年收入在5千万元—1亿元	51003	11006	—6437	213	4112	—2784
年收入在1千万元—5千万元	69070	10998	—23344	3894	8707	—10474
年收入在1千万元以下	24580	6248	—15446	—2500	1200	—12948

7－7续表23

单位:万元

指　　标	管理费用	财务费用	营业利润	投资收益	补贴收入	利润总额
按工业行业大类分						
采掘业	**19344**	**4068**	**2090**	**21**	**1626**	**2008**
煤炭采选业	4316	329	－1274	67	1509	－171
非金属矿采选业	15028	3739	3364	－47	118	2180
制造业	**283323**	**68867**	**12929**	**2739**	**36872**	**60328**
食品加工业	3894	854	－3844	21	328	－2215
食品制造业	3514	225	8880	84	－1	9067
饮料制造业	2093	398	－3		1	143
烟草加工业	44906	20737	－18567	422	21000	2999
纺织业	2256	－48	－1851	－1		－1662
服装及其他纤维制品制造业	1549	58	25			51
皮革、毛皮、羽绒及其制品业	245	28	－109		6	－23
木材加工及竹、藤、棕、草制品业	426	711	－1229		221	－1122
家具制造业	76	4	22			22
造纸及纸制品业	1180	434	236		8	368
印刷业	4445	1363	2239	4		2321
文教体育用品制造业	99	2	18			8
石油加工及炼焦业	123	58	－168		34	－25
化学原料及化学制品制造业	22237	6790	7633	57	1688	10708
医药制造业	18479	3991	30370	－654	327	19850
橡胶制品业	15488	5963	6114	783	73	7532
塑料制品业	3598	794	－237	10	3	－218
非金属矿物制品业	20539	2731	－10422	－2303	2745	－8596
黑色金属冶炼及压延加工业	7727	3835	－18526	－436	125	－20105
有色金属冶炼及压延加工业	43677	5015	4857	308	6628	26517
金属制品业	5284	389	2310	316	180	2256
普通机械制造业	8719	1405	－1608	30	317	－899
专用设备制造业	6828	1723	－2284	3	109	－1033
交通运输设备制造业	47601	9713	8116	3169	2559	11347
电气机械及器材制造业	5343	524	613	335	249	1318
电子及通信设备制造业	9633	1026	1007	519	208	2015
仪器仪表及文化、办公用机械制造业	3111	－114	－656	71	65	－304
其他制造业	255	259	－5			10
电力、煤气及水的生产和供应业	**20890**	**9297**	**99937**	**13604**	**3027**	**22422**
电力、蒸汽、热水的生产和供应业	16340	7753	102665	13317		21772
煤气生产和供应业	2599	1444	－3386	182	3019	－89
自来水的生产和供应业	1951	100	657	105	9	739

7—7续表24

单位:万元

指　　标	应交所得税	亏损企业亏损额	利税总额	本年应付工资总额	#主营业务应付工资总额
总　计	**40356**	**74242**	**421503**	**258604**	**231123**
按登记注册类型分组					
内资企业	38312	71876	408314	249175	222982
国有企业	9475	35118	61810	109415	92654
中央企业	6164	18795	35585	46610	39716
地方企业	3311	16323	26224	62805	52938
集体企业	1418	1964	9659	12127	11292
股份合作企业	111	717	646	1806	1656
联营企业	308	484	1263	1323	1099
#国有联营企业	197	105	1021	620	620
集体联营企业		7	19	55	55
国有与集体联营企业	103	371	178	583	359
其他联营企业	8		46	65	65
有限责任公司	6677	31175	190491	56237	51448
#国有独资公司	4445	18070	181751	36408	33084
其他有限责任公司	2233	13105	8739	19829	18365
股份有限公司	12791	1197	102764	58998	56035
私营企业	7532	1161	41724	9213	8752
#私营独资企业	542	357	4128	2162	2015
私营合伙企业	19		891	192	192
私营有限责任公司	3558	642	16696	3129	2859
私营股份有限公司	3413	162	20010	3729	3685
其他企业		62	—43	56	47
港、澳、台商投资企业	564	1799	1966	3328	2501
合资经营企业(港或澳、台资)	346	1533	697	2079	1730
港澳台商独资企业	198	267	599	718	718
港澳台商投资股份有限公司	21		671	531	53
外商投资企业	1480	566	11223	6101	5640
中外合资经营企业	1454	243	11197	5532	5070
中外合作经营企业	7		53	63	63
外资企业	19	324	—27	506	506

7—7续表25

单位:万元

指　　标	应　交 所得税	亏损企业 亏损额	利税总额	本年应付 工资总额	#主营业务应 付工资总额
按经济组织类型分组					
独资企业	11651	38029	76168	124929	107186
国有企业	9475	35118	61810	109415	92654
集体企业	1418	1964	9659	12127	11292
私营独资企业	542	357	4128	2162	2015
港澳台商独资经营企业	198	267	599	718	718
外资企业	19	324	—27	506	506
合作、合伙企业	445	1263	2811	3441	3056
股份合作企业	111	717	646	1806	1656
国有联营企业	197	105	1021	620	620
集体联营企业		7	19	55	55
国有与集体联营企业	103	371	178	583	359
其他联营企业	8		46	65	65
私营合伙企业	19		891	192	192
中外合作经营企业	7		53	63	63
其他企业(内资)		62	—43	56	47
股份有限公司	16225	1358	123444	63258	59773
股份有限公司(内资)	12791	1197	102764	58998	56035
私营股份有限公司	3413	162	20010	3729	3685
港澳台商投资股份有限公司	21		671	531	53
有限责任公司	12035	33592	219081	66977	61108
国有独资公司	4445	18070	181751	36408	33084
私营有限责任公司	3558	642	16696	3129	2859
港澳台合资经营企业	346	1533	697	2079	1730
中外合资经营企业	1454	243	11197	5532	5070
其他有限责任公司	2233	13105	8739	19829	18365
在总计中:亏损企业	389	74242	—57152	51622	39073
在总计中:国有控股企业	26628	63616	340815	216907	192180
在总计中:乡村工业	946	730	7103	4651	4460

7—7续表26

单位:万元

指　　标	应交所得税	亏损企业亏损额	利税总额	本年应付工资总额	#主营业务应付工资总额
在总计中:轻工业	13084	18617	245293	52988	49846
以农产品为原料	10518	15330	228103	39725	37110
以非农产品为原料	2567	3287	17190	13263	12736
重工业	27272	55625	176210	205616	181276
采掘工业	546	251	10431	16707	11801
原料工业	13637	29585	98302	94779	82938
加工工业	13089	25790	67477	94130	86538
在总计中:大型企业	21628	20967	327048	140876	128398
特大型企业	7246		60143	36640	33735
大一型企业	10962	2869	244360	53401	49768
大二型企业	3421	18098	22544	50835	44896
中型企业	5611	3600	42857	30485	25117
中一型企业	4020	1448	29498	15746	13128
中二型企业	1591	2152	13360	14739	11989
小型企业	13117	49675	51598	87243	77607
在总计中:高技术产业	7347	4237	50171	34500	31140
在总计中:非公有制工业	12144	8143	70242	27954	26159
在总计中:市区小计	35701	56930	391995	209543	187561
三县一市小计	4437	17311	27989	47548	42118
在总计中:年收入在30亿元以上	9657		243930	49369	46464
年收入在10—20亿元	1418		23391	9561	9561
年收入在5—10亿元	5865		39132	23667	20080
年收入在1—10亿元	14027	15641	84069	65485	61295
年收入在5千万元—1亿元	4648	19901	23621	38679	34054
年收入在1千万元—5千万元	3024	21189	12754	51052	40252
年收入在1千万元以下	1718	17511	—5393	20790	19417

7—7续表27　　单位:万元

指　　标	应　交 所得税	亏损企业 亏 损 额	利税总额	本年应付 工资总额	#主营业务应 付工资总额
按工业行业大类分					
采掘业	**546**	**251**	**10431**	**16707**	**11801**
煤炭采选业	13	222	1726	4354	3054
非金属矿采选业	533	29	8705	12353	8747
制造业	**34385**	**73424**	**362080**	**211329**	**189050**
食品加工业	172	2889	−1031	2210	2070
食品制造业	3132	511	12467	3159	2970
饮料制造业	73	170	2622	1755	1718
烟草加工业	2674	8224	179809	13596	13596
纺织业	1	1664	−1258	3332	2886
服装及其他纤维制品制造业	35	62	254	2124	2067
皮革、毛皮、羽绒及其制品业		22	−22	85	85
木材加工及竹、藤、棕、草制品业		1122	−1027	333	286
家具制造业	7		98	136	136
造纸及纸制品业	216	148	1261	928	529
印刷业	738	620	5590	4512	4219
文教体育用品制造业	5	7	75	112	112
石油加工及炼焦业		25	56	81	81
化学原料及化学制品制造业	3480	3633	20861	18307	16772
医药制造业	5095	1144	39021	9540	8391
橡胶制品业	2044	6	19997	11738	11693
塑料制品业	99	582	1425	2538	1734
非金属矿物制品业	1099	12135	−736	14722	13755
黑色金属冶炼及压延加工业	24	20192	−15784	8308	6258
有色金属冶炼及压延加工业	7291	5173	56410	43282	35180
金属制品业	710	132	4748	4712	4023
普通机械制造业	293	1872	2124	8297	6647
专用设备制造业	198	1725	575	5508	5046
交通运输设备制造业	5217	9118	24833	38870	36039
电气机械及器材制造业	587	642	3010	4658	4527
电子及通信设备制造业	709	1001	6043	5486	5406
仪器仪表及文化、办公用机械制造业	478	605	325	2573	2397
其他制造业	10		337	429	429
电力、煤气及水的生产和供应业	**5425**	**567**	**48993**	**30568**	**30271**
电力、蒸汽、热水的生产和供应业	5089		45373	25620	25367
煤气生产和供应业	104	543	1997	3070	3031
自来水的生产和供应业	232	23	1623	1878	1874

7—7续表28

单位:万元

指　　标	本年应付福利费总额	#主营业务应付福利费总额	本年应交增值税	本年进项税额	本年销项税额	全部从业人员年平均人数（人）
总　　计	**33532**	**30166**	**179431**	**224214**	**387410**	**230250**
按登记注册类型分组						
内资企业	32441	29115	172121	203317	359767	221405
国有企业	13475	11547	52982	60837	105275	97919
中央企业	5270	4349	25789	19360	42040	28159
地方企业	8205	7198	27193	41477	63234	69760
集体企业	1550	1320	6117	10214	15909	14948
股份合作企业	243	227	880	1752	2423	2271
联营企业	150	127	652	2016	2595	1797
#国有联营企业	87	87	432	1276	1634	580
集体联营企业	4	4	25	70	95	77
国有与集体联营企业	53	30	180	526	706	938
其他联营企业	6	6	15	145	160	202
有限责任公司	7585	6894	58861	64804	121461	59719
#国有独资公司	5017	4502	45686	34283	79281	32807
其他有限责任公司	2568	2393	13175	30521	42180	26912
股份有限公司	8257	7855	39457	47829	85295	33728
私营企业	1174	1139	13154	15727	26664	10953
#私营独资企业	271	265	2417	3539	5383	2679
私营合伙企业	21	21	799	683	792	531
私营有限责任公司	397	373	5226	5550	10349	4103
私营股份有限公司	485	481	4712	5956	10139	3640
其他企业	8	7	17	137	146	70
港、澳、台商投资企业	302	301	2073	4310	5980	3271
合资经营企业(港或澳、台资)	222	221	1168	2087	3145	1975
港澳台商独资企业	75	75	324	1375	1406	879
港澳台商投资股份有限公司	6	6	581	849	1430	417
外商投资企业	789	750	5237	16588	21663	5574
中外合资经营企业	725	685	5046	15977	20889	4989
中外合作经营企业	7	7	32	177	209	98
外资企业	57	57	158	434	565	487

7—7续表29

单位:万元

指标	本年应付福利费总额	#主营业务应付福利费总额	本年应交增值税	本年进项税额	本年销项税额	全部从业人员年平均人数(人)
按经济组织类型分组						
独资企业	15428	13264	61999	76399	128538	116912
国有企业	13475	11547	52982	60837	105275	97919
集体企业	1550	1320	6117	10214	15909	14948
私营独资企业	271	265	2417	3539	5383	2679
港澳台商独资经营企业	75	75	324	1375	1406	879
外资企业	57	57	158	434	565	487
合作、合伙企业	429	388	2381	4765	6165	4767
股份合作企业	243	227	880	1752	2423	2271
国有联营企业	87	87	432	1276	1634	580
集体联营企业	4	4	25	70	95	77
国有与集体联营企业	53	30	180	526	706	938
其他联营企业	6	6	15	145	160	202
私营合伙企业	21	21	799	683	792	531
中外合作经营企业	7	7	32	177	209	98
其他企业(内资)	8	7	17	137	146	70
股份有限公司	8747	8341	44750	54633	96864	37785
股份有限公司(内资)	8257	7855	39457	47829	85295	33728
私营股份有限公司	485	481	4712	5956	10139	3640
港澳台商投资股份有限公司	6	6	581	849	1430	417
有限责任公司	8928	8174	70301	88418	155844	70786
国有独资公司	5017	4502	45686	34283	79281	32807
私营有限责任公司	397	373	5226	5550	10349	4103
港澳台合资经营企业	222	221	1168	2087	3145	1975
中外合资经营企业	725	685	5046	15977	20889	4989
其他有限责任公司	2568	2393	13175	30521	42180	26912
在总计中:亏损企业	6556	4978	15145	29799	41433	68487
在总计中:国有控股企业	28311	25298	142466	160880	291493	178185
在总计中:乡村工业	581	549	3448	5864	9210	6784

7—7续表30

单位:万元

指　　标	本年应付福利费总额	#主营业务应付福利费总额	本年应交增值税	本年进项税额	本年销项税额	全部从业人员年平均人数(人)
在总计中:轻工业	6973	6690	73892	74942	145617	56265
以农产品为原料	5225	4998	64036	53731	115600	39254
以非农产品为原料	1747	1692	9856	21211	30017	17011
重工业	26560	23477	105539	149273	241794	173985
采掘工业	2090	1454	6783	5608	8791	18927
原料工业	11992	10316	64094	77865	139273	60419
加工工业	12477	11707	34662	65800	93730	94639
在总计中:大型企业	17912	16307	108704	96041	199622	91870
特大型企业	5068	4674	26464	28234	54008	15230
大一型企业	7106	6666	56896	39447	93234	31491
大二型企业	5737	4967	25344	28360	52379	45149
中型企业	3980	3503	20397	33585	49480	36068
中一型企业	2068	1942	12361	20643	31642	15540
中二型企业	1912	1562	8036	12943	17838	20528
小型企业	11641	10356	50330	94588	138309	102312
在总计中:高技术产业	4368	4028	24849	45242	66613	33045
在总计中:非公有制工业	3468	3361	30154	51818	78218	35204
在总计中:市区小计	27843	25207	154344	186387	329608	183359
三县一市小计	5474	4755	24289	37350	56527	45069
在总计中:年收入在30亿元以上	6844	6450	64150	47983	111374	20199
年收入在10—20亿元	1141	1141	10783	2109	12892	6544
年收入在5—10亿元	2825	2384	11786	25598	33920	14875
年收入在1—10亿元	8277	7677	42291	73921	114631	53593
年收入在5千万元—1亿元	5357	4828	23774	31998	48996	45330
年收入在1千万元—5千万元	6496	5230	20236	33409	51045	57411
年收入在1千万元以下	2594	2457	6411	9196	14553	32298

7—7续表31

单位：万元

指　　标	本年应付福利费总额	#主营业务应付福利费总额	本年应交增值税	本年进项税额	本年销项税额	全部从业人员年平均人数（人）
按工业行业大类分						
采掘业	**2090**	**1454**	**6783**	**5608**	**8791**	**18927**
煤炭采选业	605	414	1790	1591	1778	8564
非金属矿采选业	1485	1040	4994	4017	7012	10363
制造业	**28389**	**25669**	**148861**	**197613**	**335050**	**198861**
食品加工业	274	260	1220	3232	4243	3443
食品制造业	413	383	3052	5021	7975	4892
饮料制造业	241	238	1014	1069	2077	2209
烟草加工业	1890	1890	40877	22331	62887	6236
纺织业	454	391	383	655	838	5954
服装及其他纤维制品制造业	289	275	184	801	985	2545
皮革、毛皮、羽绒及其制品业	11	11	1	10	11	109
木材加工及竹、藤、棕、草制品业	47	40	108	467	543	431
家具制造业	20	20	69	113	182	157
造纸及纸制品业	101	93	819	1727	2225	930
印刷业	581	534	2859	4284	7017	5479
文教体育用品制造业	11	11	57	60	117	143
石油加工及炼焦业	10	10	75	34	109	235
化学原料及化学制品制造业	2421	2276	9137	15988	23431	20243
医药制造业	1162	1101	17376	17299	33615	10598
橡胶制品业	1719	1719	6387	6185	12462	11987
塑料制品业	243	208	1589	3527	5081	3031
非金属矿物制品业	2176	1956	7043	8186	14331	20273
黑色金属冶炼及压延加工业	1032	659	3878	9313	13134	11607
有色金属冶炼及压延加工业	5973	4853	27612	31440	57967	19058
金属制品业	637	567	2291	7591	9051	4786
普通机械制造业	1108	1060	2608	2966	5464	9992
专用设备制造业	751	683	1511	2682	4038	7332
交通运输设备制造业	5101	4736	12287	25588	35283	33931
电气机械及器材制造业	619	606	1762	5174	6623	5225
电子及通信设备制造业	763	752	3780	20655	23296	4144
仪器仪表及文化、办公用机械制造业	282	277	592	860	1418	3486
其他制造业	61	61	291	357	648	405
电力、煤气及水的生产和供应业	**3054**	**3044**	**23787**	**20993**	**43569**	**12462**
电力、蒸汽、热水的生产和供应业	2398	2396	21148	17549	37582	8463
煤气生产和供应业	411	405	1897	3374	5197	2557
自来水的生产和供应业	244	242	742	70	791	1442

7—8 大中型工业企业主要经济指标占全市比重

(2002年)

指标	单位	全市合计	#大中型工业企业	占全市比重(%)	#国有大中型工业企业	占全市比重(%)
企业单位数	个	617	84	13.61	76	12.32
#亏损企业	个	244	24	9.84	24	9.84
工业总产值(不变价格)	万元	2803694	1647529	58.76	1344883	47.97
工业总产值(当年价格)	万元	2958943	1908063	64.48	1644218	55.57
#新产品产值	万元	348332	243871	70.01	138514	39.76
工业销售产值(当年价格)	万元	2928448	1891422	64.59	1650155	56.35
#出口交货值	万元	124287	79428	63.91	79428	63.91
工业增加值(生产法)	万元	1047052	740966	70.77	657443	62.79
资产合计	万元	6327947	4320513	68.28	4062510	64.2
流动资产小计	万元	2808326	1793203	63.85	1620675	57.71
应收账款净额	万元	776610	511468	65.86	465311	59.92
存货	万元	833176	539428	64.74	494025	59.29
#产成品	万元	322851	176823	54.77	151156	46.82
流动资产年平均余额	万元	2703470	1779795	65.83	1617583	59.83
长期投资	万元	222097	144566	65.09	136938	61.66
固定资产小计	万元	2967926	2175112	73.29	2111677	71.15
固定资产原价	万元	4172085	3176085	76.13	3119573	74.77
#生产经营用	万元	3289900	2541175	77.24	2518882	76.56
累计折旧	万元	1658942	1344444	81.04	1329984	80.17
#本年折旧	万元	215934	151317	70.08	148516	68.78
固定资产净值	万元	2513144	1831640	72.88	1789589	71.21
固定资产净值年平均余额	万元	2375108	1756096	73.94	1717165	72.3
无形及递延资产小计	万元	223280	134690	60.32	123276	55.21
#无形资产	万元	176784	107797	60.98	96923	54.83
负债合计	万元	4425652	2959144	66.86	2807173	63.43
所有者权益合计	万元	1902295	1361368	71.56	1255337	65.99
#实收资本	万元	1710195	1171830	68.52	1110844	64.95
1.国家资本	万元	846981	611046	72.14	610972	72.14

7—8续表

指标	单位	全市合计	#大中型工业企业	占全市比重(%)	#国有大中型工业企业	占全市比重(%)
2.集体资本	万元	30712	3874	12.61	588	1.91
3.法人资本	万元	685518	502525	73.31	465151	67.85
4.个人资本	万元	92446	38646	41.8	28181	30.48
5.港澳台资本	万元	20201	3867	19.14	3867	19.14
6.外商资本	万元	33611	11872	35.32	2086	6.21
产品销售收入	万元	2959892	1962295	66.3	1720128	58.11
#产品销售成本	万元	2150645	1331585	61.92	1181602	54.94
产品销售税金及附加	万元	158230	151490	95.74	150864	95.34
产品销售利润	万元	475861	373476	78.48	326632	68.64
其他业务利润	万元	44888	23595	52.56	23593	52.56
管理费用	万元	323557	205197	63.42	192480	59.49
财务费用	万元	82232	54705	66.53	51827	63.03
#利息支出	万元	82942	54623	65.86	52200	62.94
营业利润	万元	114957	137170	119.32	105918	92.14
投资收益	万元	16363	14141	86.42	14079	86.04
补贴收入	万元	41526	28461	68.54	28178	67.86
利润总额	万元	84759	89642	105.76	69052	81.47
应交所得税	万元	40356	27239	67.5	22496	55.74
亏损企业亏损额	万元	74242	24567	33.09	24567	33.09
利税总额	万元	421503	369905	87.76	339661	80.58
本年应付工资总额	万元	258604	171361	66.26	165836	64.13
#主营业务应付工资总额	万元	231123	153515	66.42	148431	64.22
本年应付福利费总额	万元	33532	21892	65.29	21219	63.28
#主营业务应付福利费总额	万元	30166	19810	65.67	19176	63.57
本年应交增值税	万元	179431	129101	71.95	120046	66.9
本年进项税额	万元	224214	129626	57.81	110002	49.06
本年销项税额	万元	387410	249101	64.3	221269	57.11
全部从业人员年平均人数	人	230250	127938	55.56	122891	53.37

7—9 全市国有及国有控股工业企业主要经济指标

（2002年）　　单位：万元

指　　标	企业单位数（个）	#亏损企业	工业总产值（不变价格）	工业总产值（当年价格）	工业销售产值（当年价格）	工业增加值（当年价格）
总　　计	**326**	**134**	**1906609**	**2103640**	**2137333**	**778059**
在总计中：亏损企业	134	134	176536	180721	210758	30366
在总计中：轻工业	135	54	542709	576463	594318	280973
重工业	191	80	1363900	1527177	1543015	497087
在总计中：大型企业	46	13	1175512	1440844	1444971	586456
中型企业	30	11	169371	203374	205184	70987
小型企业	250	110	561726	459422	487179	120616
在总计中：高技术产业	41	14	331882	189382	181897	61421
按工业行业大类分						
采掘业	**7**	**3**	**70006**	**96988**	**104164**	**33328**
煤炭采选业	3	2	9105	15742	15972	5228
非金属矿采选业	4	1	60901	81246	88191	28101
制造业	**293**	**127**	**1690392**	**1709185**	**1739793**	**647948**
食品加工业	24	10	16837	23369	25886	4747
食品制造业	12	7	15653	22689	21894	6702
饮料制造业	10	3	7564	8518	8734	2994
烟草加工业	3	1	250434	362843	389127	222571
纺织业	9	7	14447	10716	10655	951
服装及其他纤维制品制造业	1		12150	12931	10995	3277
皮革毛皮羽绒及其制品业	3	2	27	44	63	—91
木材加工及竹藤棕草制品业	2	2	2293	2458	2835	35
造纸及纸制品业	7	2	7184	6863	6237	1553
印刷业	18	5	5519	7538	6684	2469
文教体育用品制造业	2	1	947	947	685	301
石油加工及炼焦业	1					—8
化学原料及化学制品制造业	25	11	139313	151457	151214	44795
医药制造业	13	4	14432	11912	11861	4657
橡胶制品业	6		270254	201724	199594	53191
塑料制品业	11	5	27684	22160	20168	7418
非金属矿物制品业	26	14	42822	55400	55928	12716
黑色金属冶炼及压延加工业	6	4	22720	30555	31664	5944
有色金属冶炼及压延加工业	6	4	255903	326704	331448	125936
金属制品业	10	2	25195	32382	37283	9040
普通机械制造业	18	9	29158	31859	30497	12130
专用设备制造业	17	8	9900	10430	10393	2161
交通运输设备制造业	36	18	274016	256764	260363	92059
电气机械及器材制造业	12	2	27882	26964	26216	7256
电子及通信设备制造业	9	4	207982	82215	81336	20577
仪器仪表及文化办公用机械制造业	6	2	10077	9746	8035	4570
电力、煤气及水的生产和供应业	**26**	**4**	**146212**	**297467**	**293377**	**96783**
电力、蒸汽、热水的生产和供应业	15	1	122356	245485	244918	83233
煤气生产和供应业	3	2	18343	34327	35973	7023
自来水的生产和供应业	8	1	5513	17656	12486	6527

7—9续表1

单位:万元

指　　标	资产合计	流动资产小　计	#应收账款净额	#产成品	流动资产年平均余额
总　计	**5369622**	**2213859**	**606400**	**241690**	**2164296**
在总计中:亏损企业	1181992	425650	94524	55989	404700
在总计中:轻工业	1120218	690956	114751	56316	672465
重工业	4249403	1522904	491649	185373	1491831
在总计中:大型企业	3483160	1379799	390824	119831	1389031
中型企业	579350	240877	74487	31325	228551
小型企业	1307112	593184	141089	90534	546714
在总计中:高技术产业	487111	225324	60956	46955	217900
按工业行业大类分					
采掘业	**236167**	**74811**	**24681**	**11993**	**75583**
煤炭采选业	45314	17430	6256	2126	18843
非金属矿采选业	190853	57381	18426	9868	56740
制造业	**4058115**	**1785138**	**423004**	**228801**	**1756788**
食品加工业	34202	11888	1566	483	12672
食品制造业	36571	13753	1504	498	10158
饮料制造业	28568	7024	1140	1060	6907
烟草加工业	637635	460823	85188	23629	467305
纺织业	45750	12565	3241	2538	11730
服装及其他纤维制品制造业	11732	8179	673	1431	682
皮革毛皮羽绒及其制品业	3213	982	220	28	963
木材加工及竹藤棕草制品业	14333	3722	433	718	3625
造纸及纸制品业	12869	5033	2180	749	4808
印刷业	20873	8886	1231	1708	8497
文教体育用品制造业	872	757	22	244	622
石油加工及炼焦业	264	152	50		123
化学原料及化学制品制造业	340177	127707	37931	15435	127306
医药制造业	39865	14232	3492	2194	13684
橡胶制品业	343564	173728	62074	37366	173855
塑料制品业	58848	21383	7428	3399	17128
非金属矿物制品业	252657	103047	21123	14638	104811
黑色金属冶炼及压延加工业	233722	14883	5136	796	12794
有色金属冶炼及压延加工业	693325	154026	23207	9129	154538
金属制品业	55029	38618	8527	16182	40528
普通机械制造业	164739	89897	27261	12627	88550
专用设备制造业	69424	41543	7371	7003	39014
交通运输设备制造业	744848	348248	84685	47684	332353
电气机械及器材制造业	59679	28568	9517	6454	29150
电子及通信设备制造业	125224	80858	24620	20139	81039
仪器仪表及文化办公用机械制造业	30132	14636	3185	2668	13947
电力、煤气及水的生产和供应业	**1075339**	**353911**	**158714**	**896**	**331925**
电力、蒸汽、热水的生产和供应业	855676	248854	150069		241583
煤气生产和供应业	113878	30528	6864	895	26244
自来水的生产和供应业	105785	74529	1782	1	64098

7—9续表2

单位:万元

指标	固定资产小计	固定资产原价	累计折旧	#本年折旧	固定资产净值年平均余额
总计	**2692734**	**3822351**	**1537206**	**196432**	**2158215**
在总计中:亏损企业	526366	658861	206678	35564	393288
在总计中:轻工业	364655	465415	141298	16850	318957
重工业	2328079	3356936	1395909	179582	1839258
在总计中:大型企业	1819814	2736999	1184631	132286	1468770
中型企业	291864	382574	145353	16230	248395
小型企业	581057	702778	207222	47917	441050
在总计中:高技术产业	180166	227000	81588	10930	161668
按工业行业大类分					
采掘业	**158897**	**203273**	**56574**	**7185**	**131955**
煤炭采选业	26934	28456	12787	1043	15659
非金属矿采选业	131964	174817	43787	6141	116296
制造业	**1839119**	**2488875**	**986197**	**125028**	**1393894**
食品加工业	20972	24792	4694	595	20119
食品制造业	21073	21164	3693	838	11256
饮料制造业	20447	27480	9092	346	19533
烟草加工业	164389	209840	65334	10887	142393
纺织业	25775	29639	5601	824	25042
服装及其他纤维制品制造业	3553	7114	3687	438	3427
皮革毛皮羽绒及其制品业	1480	1626	302	102	1220
木材加工及竹藤棕草制品业	8748	10553	2695	38	8124
造纸及纸制品业	2454	2802	813	145	2029
印刷业	11545	15314	4869	748	10758
文教体育用品制造业	107	150	43	18	48
石油加工及炼焦业	112	25	8	8	80
化学原料及化学制品制造业	171160	208154	72608	6985	125500
医药制造业	15722	19972	4468	371	15652
橡胶制品业	141023	182455	55983	9745	129203
塑料制品业	19225	39486	21376	2008	16367
非金属矿物制品业	117581	149404	52783	25739	100555
黑色金属冶炼及压延加工业	116636	160337	46097	849	86739
有色金属冶炼及压延加工业	522657	786771	385254	38780	299420
金属制品业	12866	17184	7388	713	11356
普通机械制造业	60754	82300	35933	1499	46645
专用设备制造业	26339	42331	18036	1614	20298
交通运输设备制造业	287853	360608	141695	17856	242943
电气机械及器材制造业	25034	26483	20901	620	19270
电子及通信设备制造业	33101	50056	18242	3054	28856
仪器仪表及文化办公用机械制造业	8515	12835	4603	208	7064
电力、煤气及水的生产和供应业	**694717**	**1130203**	**494435**	**64219**	**632367**
电力、蒸汽、热水的生产和供应业	588929	997280	454779	60325	539856
煤气生产和供应业	77459	88755	23156	3646	65483
自来水的生产和供应业	28330	44168	16501	248	27027

7—9续表3

单位:万元

指标	负债合计	#流动负债	所有者权益合计	实收资本	#国家资本
总计	**3811689**	**2574993**	**1557933**	**1461177**	**825886**
在总计中:亏损企业	929634	713929	252358	391588	299370
在总计中:轻工业	911589	737880	208630	211524	177670
重工业	2900100	1837113	1349303	1249654	648216
在总计中:大型企业	2354331	1524036	1128829	1001322	522343
中型企业	452842	283933	126508	109522	88629
小型企业	1004517	767024	302595	350333	214914
在总计中:高技术产业	285420	198816	201691	167883	53579
按工业行业大类分					
采掘业	**125814**	**97366**	**110353**	**106048**	**104552**
煤炭采选业	29853	23797	15462	17236	17236
非金属矿采选业	95962	73569	94892	88812	87316
制造业	**2694576**	**2132154**	**1363539**	**913882**	**594643**
食品加工业	23635	16766	10567	12427	12190
食品制造业	21762	17571	14809	9426	5852
饮料制造业	12388	8559	16180	14863	13404
烟草加工业	579612	512206	58023	69525	69525
纺织业	38320	25773	7430	16792	13512
服装及其他纤维制品制造业	4443	3379	7289	4228	
皮革毛皮羽绒及其制品业	4532	3990	—1319	628	442
木材加工及竹藤棕草制品业	15250	7357	—917	4151	2478
造纸及纸制品业	8223	6816	4646	2726	1198
印刷业	9908	8024	10965	8185	7448
文教体育用品制造业	691	598	181	63	10
石油加工及炼焦业			264	20	20
化学原料及化学制品制造业	206167	158157	134010	115167	88567
医药制造业	29258	25922	10607	13254	3511
橡胶制品业	210039	132394	133525	48396	25530
塑料制品业	20678	14143	38171	29474	14702
非金属矿物制品业	175712	132218	76945	67820	66505
黑色金属冶炼及压延加工业	203039	144420	30682	83010	76019
有色金属冶炼及压延加工业	384636	313414	308689	55373	50872
金属制品业	40104	39517	14924	13273	5073
普通机械制造业	114596	91590	50144	44803	31616
专用设备制造业	52154	48798	17270	18530	14502
交通运输设备制造业	385036	289962	359811	229997	74066
电气机械及器材制造业	53027	46082	6652	10677	4955
电子及通信设备制造业	85394	70734	39830	27400	5212
仪器仪表及文化办公用机械制造业	15972	13766	14160	13677	7435
电力、煤气及水的生产和供应业	**991300**	**345472**	**84040**	**441247**	**126691**
电力、蒸汽、热水的生产和供应业	767032	288812	88644	406472	93072
煤气生产和供应业	151176	39072	—37297	13024	11868
自来水的生产和供应业	73092	17588	32693	21751	21751

7—9续表4

单位:万元

指　　标	产品销售收入	#产品销售利润	营业利润	利润总额	亏损企业亏损额
总　计	**2207072**	**370318**	**67057**	**45589**	**63616**
在总计中:亏损企业	174599	—2057	—74731	—63616	63616
在总计中:轻工业	560176	61222	—23723	108	14765
重工业	1646896	309096	90779	45481	48852
在总计中:大型企业	1530307	286667	98165	66804	20967
中型企业	189821	39966	7753	2248	3600
小型企业	486944	43686	—38861	—23462	39049
在总计中:高技术产业	174473	33985	—1398	3178	3415
按工业行业大类分					
采掘业	**98274**	**22105**	**662**	**1130**	**227**
煤炭采选业	10807	1868	—1274	—171	222
非金属矿采选业	87467	20237	1936	1301	5
制造业	**1682710**	**221237**	**—33536**	**22043**	**62823**
食品加工业	22920	451	—1171	—816	953
食品制造业	21480	2518	26	257	177
饮料制造业	9796	833	15	151	62
烟草加工业	365012	44204	—18567	2999	8224
纺织业	5818	—86	—1851	—1662	1664
服装及其他纤维制品制造业	10995	1301	41	63	
皮革毛皮羽绒及其制品业	63	—1	—109	—23	23
木材加工及竹藤棕草制品业	2835	—230	—1222	—1120	1120
造纸及纸制品业	5972	484	—121	—16	148
印刷业	6640	1875	47	198	87
文教体育用品制造业	685	119	18	8	7
石油加工及炼焦业			—4		
化学原料及化学制品制造业	148104	19795	1259	3647	2113
医药制造业	11031	1764	—736	—471	668
橡胶制品业	196954	25055	6090	7501	
塑料制品业	19710	3075	—303	—312	518
非金属矿物制品业	51790	6960	—10835	—9474	10993
黑色金属冶炼及压延加工业	35861	—5249	—16595	—17716	17742
有色金属冶炼及压延加工业	327805	32721	5161	26908	4594
金属制品业	31392	4573	1060	1050	65
普通机械制造业	28905	7233	—1325	—684	1581
专用设备制造业	9501	944	—2784	—1611	1673
交通运输设备制造业	253853	58797	7655	10856	9027
电气机械及器材制造业	25914	3501	89	305	124
电子及通信设备制造业	81893	8842	947	1962	1001
仪器仪表及文化办公用机械制造业	7783	1760	—321	43	259
电力、煤气及水的生产和供应业	**426088**	**126977**	**99931**	**22416**	**567**
电力、蒸汽、热水的生产和供应业	378968	123895	102659	21766	0
煤气生产和供应业	35741	631	—3386	—89	543
自来水的生产和供应业	11379	2451	657	739	23

7—9续表5

单位:万元

指标	应交所得税	利税总额	主营业务应付工资总额	本年应交增值税	从业人员年平均人数(人)
总计	**26628**	**340815**	**192180**	**142466**	**178185**
在总计中:亏损企业	27	−52075	30020	10497	54886
在总计中:轻工业	3399	186578	32170	49053	32431
重工业	22929	154237	160010	93414	145754
在总计中:大型企业	20946	321119	127755	105928	91072
中型企业	1550	18543	20677	14118	31819
小型企业	4132	1154	43749	22420	55294
在总计中:高技术产业	1882	11752	22950	8219	23889
按工业行业大类分					
采掘业	**335**	**8702**	**10562**	**6141**	**17517**
煤炭采选业	13	1726	3054	1790	8564
非金属矿采选业	323	6977	7508	4352	8953
制造业	**20870**	**283286**	**151361**	**112697**	**148239**
食品加工业	44	−545	1017	328	1892
食品制造业	137	1128	1956	753	3359
饮料制造业	49	1587	1245	638	1306
烟草加工业	2674	179809	13596	40877	6236
纺织业	1	−1258	1869	383	4096
服装及其他纤维制品制造业	21	124	1650	56	1902
皮革毛皮羽绒及其制品业		−22	85	1	109
木材加工及竹藤棕草制品业		−1034	277	100	389
造纸及纸制品业	33	217	225	212	484
印刷业	91	986	1850	724	2020
文教体育用品制造业	5	75	112	57	143
石油加工及炼焦业		0	1	0	4
化学原料及化学制品制造业	1453	10964	12206	6534	14879
医药制造业	54	696	1051	1074	1892
橡胶制品业	2030	19722	11083	6165	11101
塑料制品业	52	895	831	1175	1945
非金属矿物制品业	494	−5110	7740	4010	11365
黑色金属冶炼及压延加工业	9	−15493	4578	1881	8736
有色金属冶炼及压延加工业	7246	56235	34432	27100	18024
金属制品业	287	1884	2663	761	2573
普通机械制造业	272	1900	5897	2385	9155
专用设备制造业	10	−953	2552	574	4384
交通运输设备制造业	5030	23382	34571	11487	31832
电气机械及器材制造业	115	1484	2824	1059	3053
电子及通信设备制造业	696	5948	4801	3780	4044
仪器仪表及文化办公用机械制造业	69	664	2248	586	3316
电力、煤气及水的生产和供应业	**5423**	**48826**	**30257**	**23628**	**12429**
电力、蒸汽、热水的生产和供应业	5087	45206	25353	20989	8430
煤气生产和供应业	104	1997	3031	1897	2557
自来水的生产和供应业	232	1623	1874	742	1442

7—10　全市集体工业企业主要经济指标

（2002年）　　单位：万元

指　　标	企业单位数（个）	#亏损企业	工业总产值（不变价格）	工业总产值（当年价格）	工业销售产值（当年价格）	工业增加值（当年价格）
总　计	**95**	**30**	**131261**	**136108**	**125624**	**43270**
在总计中：亏损企业	30	30	21946	20826	21594	4988
在总计中：乡村工业	28	8	31869	32148	30114	9417
在总计中：轻工业	27	4	42615	46006	41208	15319
在总计中：重工业	68	26	88645	90102	84416	27951
小型企业	95	30	131261	136108	125624	43270
在总计中：高技术产业	6		19995	20263	15954	7853
按工业行业大类分						
采掘业	**1**		**5609**	**4969**	**5492**	**2162**
非金属矿采选业	1		5609	4969	5492	2162
制造业	**93**	**30**	**124583**	**130071**	**119064**	**40591**
食品加工业	3		3630	5381	6098	1717
食品制造业	1	1				
服装及其他纤维制品制造业	1		846	846	846	183
木材加工及竹藤棕草制品业	1	1	297	271	524	67
家具制造业	1		421	424	389	147
印刷业	5	1	7414	9081	8722	2795
文教体育用品制造业	1		732	732	471	226
化学原料及化学制品制造业	12	5	19927	17404	17778	4645
医药制造业	5		19674	19680	15452	7678
塑料制品业	1		1553	1553	1534	357
非金属矿物制品业	26	11	22741	25230	24810	8913
黑色金属冶炼及压延加工业	5	3	2809	3574	3025	967
有色金属冶炼及压延加工业	5	3	7575	7336	8177	1752
金属制品业	8		9004	8666	7727	1974
普通机械制造业	4	2	1859	2204	2144	597
专用设备制造业	1		321	583	503	175
交通运输设备制造业	4	1	6816	5421	4801	2228
电气机械及器材制造业	9	2	18964	21682	16066	6170
电力、煤气及水的生产和供应业	**1**		**1068**	**1068**	**1068**	**517**
电力、蒸汽、热水的生产和供应业	1		1068	1068	1068	517

7—10续表1

单位:万元

指　　标	资产合计	流动资产小　计	#应收账款净额	#产成品	流动资产年平均余额
总　　计	**129340**	**73175**	**23679**	**13584**	**65452**
在总计中:亏损企业	33809	19916	5661	4032	18034
在总计中:乡村工业	39953	25813	7370	7306	21847
在总计中:轻工业	42681	21127	6111	3907	19106
在总计中:重工业	86658	52048	17568	9676	46346
小型企业	129340	73175	23679	13584	65452
在总计中:高技术产业	13053	6580	1787	1021	5626
按工业行业大类分					
采掘业	**6431**	**2708**	**606**		**2862**
非金属矿采选业	6431	2708	606		2862
制造业	**122361**	**70079**	**22886**	**13584**	**62389**
食品加工业	2354	1281	234	92	555
食品制造业	324	155	3		20
服装及其他纤维制品制造业	571	362	148	30	78
木材加工及竹藤棕草制品业	1951	889	7	330	809
家具制造业	293	259	22	49	205
印刷业	18541	7763	2544	1162	8319
文教体育用品制造业	706	663	22	232	612
化学原料及化学制品制造业	17484	9803	3935	1201	9546
医药制造业	12232	6169	1629	995	5207
塑料制品业	987	775	401	262	666
非金属矿物制品业	27712	16093	3868	4148	13460
黑色金属冶炼及压延加工业	5231	3316	1521	329	3992
有色金属冶炼及压延加工业	4971	2763	920	769	1656
金属制品业	6086	3600	926	1005	2891
普通机械制造业	5718	3146	766	159	3152
专用设备制造业	820	411	158	26	419
交通运输设备制造业	5388	3874	1788	1069	3204
电气机械及器材制造业	10991	8759	3996	1727	7599
电力、煤气及水的生产和供应业	**548**	**388**	**187**		**201**
电力、蒸汽、热水的生产和供应业	548	388	187		201

7—10续表2

单位:万元

指　　标	固定资产小计	固定资产原价	累计折旧	#本年折旧	固定资产净值年平均余额
总　　计	**41867**	**61917**	**25664**	**3108**	**34753**
在总计中:亏损企业	11387	17777	7611	751	10580
在总计中:乡村工业	10590	15334	6011	889	9166
在总计中:轻工业	14246	17956	6591	805	11428
在总计中:重工业	27621	43961	19073	2303	23325
小型企业	41867	61917	25664	3108	34753
在总计中:高技术产业	4658	4358	1352	163	2639
按工业行业大类分					
采掘业	**2552**	**4434**	**1882**	**335**	**2630**
非金属矿采选业	2552	4434	1882	335	2630
制造业	**39155**	**57338**	**23713**	**2762**	**32043**
食品加工业	1016	1187	171	46	444
食品制造业	161	161			123
服装及其他纤维制品制造业	210	332	122	6	34
木材加工及竹藤棕草制品业	564	649	84	15	649
家具制造业	35	127	92	11	46
印刷业	6588	9520	3639	277	6629
文教体育用品制造业	42	67	25	5	42
化学原料及化学制品制造业	5691	9665	4781	319	4896
医药制造业	4249	3846	1250	153	2553
塑料制品业	212	247	254	2	209
非金属矿物制品业	10285	16248	6324	948	9686
黑色金属冶炼及压延加工业	935	2086	1172	109	727
有色金属冶炼及压延加工业	2053	2491	744	163	1429
金属制品业	1679	2474	1456	338	990
普通机械制造业	2006	3755	1750	29	1428
专用设备制造业	409	512	102	9	86
交通运输设备制造业	883	1203	337	79	807
电气机械及器材制造业	2139	2770	1409	253	1265
电力、煤气及水的生产和供应业	**160**	**145**	**70**	**11**	**80**
电力、蒸汽、热水的生产和供应业	160	145	70	11	80

7－10续表3

单位：万元

指　　标	负债合计	#流动负债	所有者权益合计	实收资本	#国家资本
总　　计	**87271**	**72819**	**42068**	**34516**	**744**
在总计中：亏损企业	24308	20285	9500	10738	116
在总计中：乡村工业	27806	23412	12148	8556	352
在总计中：轻工业	28454	23285	14227	12237	225
在总计中：重工业	58817	49534	27841	22279	519
小型企业	87271	72819	42068	34516	744
在总计中：高技术产业	8606	5531	4447	3145	183
按工业行业大类分					
采掘业	**3627**	**3479**	**2804**	**2192**	**53**
非金属矿采选业	3327	3479	2804	2192	53
制造业	**83216**	**69072**	**39145**	**32204**	**691**
食品加工业	1438	1433	916	765	
食品制造业	155		169	41	41
服装及其他纤维制品制造业	598	377	－27		
木材加工及竹藤棕草制品业	1156	1156	795	913	
家具制造业	185	185	108	65	
印刷业	13074	11652	5467	6261	
文教体育用品制造业	617	588	89	53	
化学原料及化学制品制造业	13700	12359	3784	5311	66
医药制造业	8340	5307	3893	2967	183
塑料制品业	775	775	212	211	
非金属矿物制品业	19246	14616	8466	6486	115
黑色金属冶炼及压延加工业	3763	3251	1468	1814	
有色金属冶炼及压延加工业	2520	2020	2451	2610	
金属制品业	2794	2344	3292	1002	
普通机械制造业	3197	3197	2521	874	
专用设备制造业	266	225	554	179	
交通运输设备制造业	4060	3988	1328	862	
电气机械及器材制造业	7333	5601	3658	1791	286
电力、煤气及水的生产和供应业	**428**	**268**	**120**	**120**	
电力、蒸汽、热水的生产和供应业	428	268	120	120	

7—10续表4

单位:万元

指 标	产品销售收入	#产品销售利润	营业利润	利润总额	亏损企业亏损额
总 计	**117051**	**12080**	**2588**	**2446**	**1964**
在总计中:亏损企业	18893	175	−2174	−1964	1964
在总计中:乡村工业	29434	2154	−320	−186	617
在总计中:轻工业	36106	4096	435	611	300
在总计中:重工业	80944	7984	2153	1835	1664
小型企业	117051	12080	2588	2446	1964
在总计中:高技术产业	10887	1744	282	335	
按工业行业大类分					
采掘业	**5307**	**1281**	**1178**	**557**	
非金属矿采选业	5307	1281	1178	557	
制造业	**110788**	**10752**	**1404**	**1883**	**1964**
食品加工业	6577	373	139	138	
食品制造业					
服装及其他纤维制品制造业	847	161	44	44	
木材加工及竹藤棕草制品业	524	44	−7	−2	2
家具制造业	389	34	0	0	
印刷业	8510	1177	−87	75	226
文教体育用品制造业	471	110	15	15	
化学原料及化学制品制造业	15927	370	−638	−377	610
医药制造业	10384	1661	309	325	
塑料制品业	1534	103	−2		
非金属矿物制品业	22314	2723	453	780	349
黑色金属冶炼及压延加工业	4832	373	−37	−85	113
有色金属冶炼及压延加工业	7736	−38	−286	−385	404
金属制品业	7490	648	202	182	
普通机械制造业	2130	118	−50	−103	119
专用设备制造业	503	82	−27	10	
交通运输设备制造业	4677	462	129	115	22
电气机械及器材制造业	15946	2351	1246	1196	75
电力、煤气及水的生产和供应业	**955**	**46**	**6**	**6**	
电力、蒸汽、热水的生产和供应业	955	46	6	6	

7—10续表5

单位:万元

指　　　标	应交所得税	利税总额	主营业务应付工资总　额	本年应交增值税	从业人员年平均人数（人）
总　　计	**1418**	**9659**	**11292**	**6117**	**14948**
在总计中:亏损企业	20	—906	2122	949	3455
在总计中:乡村工业	136	1338	2465	1366	3532
在总计中:轻工业	272	2649	2691	1699	3387
在总计中:重工业	1145	7010	8601	4418	11561
小型企业	1418	9659	11292	6117	14948
在总计中:高技术产业	109	1284	864	802	890
按工业行业大类分					
采掘业	**166**	**1084**	**521**	**412**	**580**
非金属矿采选业	166	1084	521	412	580
制造业	**1251**	**8409**	**10757**	**5545**	**14335**
食品加工业	46	317	89	111	114
食品制造业		—45	1		2
服装及其他纤维制品制造业	13	105	168	56	219
木材加工及竹藤棕草制品业		7	9	8	42
家具制造业		33	80	29	94
印刷业	77	576	967	434	1199
文教体育用品制造业	5	64	75	45	118
化学原料及化学制品制造业	73	288	1098	585	1332
医药制造业	107	1226	799	757	735
塑料制品业		71	173	65	255
非金属矿物制品业	387	2278	3579	1326	5228
黑色金属冶炼及压延加工业	8	181	608	220	1142
有色金属冶炼及压延加工业	6	—33	405	306	481
金属制品业	58	483	720	235	1174
普通机械制造业	5	193	401	137	438
专用设备制造业	2	58	66	44	155
交通运输设备制造业	46	621	455	477	611
电气机械及器材制造业	418	1990	1067	710	996
电力、煤气及水的生产和供应业	**1**	**166**	**14**	**159**	**33**
电力、蒸汽、热水的生产和供应业	1	166	14	159	33

7—11 全市外商投资和港澳台投资工业企业主要经济指标

(2002年) 单位:万元

指标	企业单位数(个)	#亏损企业	工业总产值(不变价格)	工业总产值(当年价格)	工业销售产值(当年价格)	工业增加值(当年价格)
总计	**43**	**18**	**239542**	**165877**	**160944**	**28432**
在总计中:亏损企业	18	18	23831	22088	23324	2156
在总计中:港澳台商投资企业	25	13	77728	56167	51090	15781
外商投资企业	18	5	161814	109711	109855	12651
在总计中:国有控股企业	17	7	59763	36660	35408	15296
在总计中:轻工业	19	7	39914	41057	37636	—10579
重工业	24	11	199627	124820	123308	39011
在总计中:大型企业	2		16189	13061	10741	—17720
中型企业	1		103367	53516	51423	13191
小型企业	40	18	119986	99300	98781	32961
在总计中:高技术产业	15	5	144042	76073	70354	—270
按工业行业大类分						
制造业	**43**	**18**	**239542**	**165877**	**160944**	**28432**
食品制造业	1	1	168	168	235	—146
饮料制造业	1		2434	2434	2225	1313
造纸及纸制品业	2		4136	4136	4201	1234
印刷业	1		3224	4360	4360	1029
化学原料及化学制品制造业	3	3	6231	4664	4647	826
医药制造业	9	3	18359	18260	14724	—15083
橡胶制品业	1	1	615	271	251	79
塑料制品业	4	2	14791	11808	9806	3692
非金属矿物制品业	3	2	2428	2956	3565	1090
有色金属冶炼及压延加工业	2	1	5086	4794	4841	781
金属制品业	1		2357	1972	3481	624
普通机械制造业	2		1196	1157	1204	395
专用设备制造业	2	1	22738	22226	22881	7329
交通运输设备制造业	3		20787	19549	19463	10160
电气机械及器材制造业	2	2	9310	9310	9433	297
电子及通信设备制造业	4	2	123002	55559	53376	13865
仪器仪表及文化办公用机械制造业	2		2680	2254	2254	948

7—11续表1

单位:万元

指标	资产合计	流动资产小计	#应收账款净额	#产成品	流动资产年平均余额
总计	**243818**	**170274**	**55767**	**26885**	**161930**
在总计中:亏损企业	57038	34450	18805	4659	31235
在总计中:港澳台商投资企业	105314	60775	30080	7543	59753
外商投资企业	143504	109499	25687	19341	102177
在总计中:国有控股企业	78035	40868	16319	6758	45756
在总计中:轻工业	101406	78902	29729	11762	68633
重工业	147412	91372	26038	15123	93296
在总计中:大型企业	71536	54277	17267	7332	51127
中型企业	19134	16061	28	3163	14150
小型企业	158149	99937	38473	16390	96653
在总计中:高技术产业	126108	91139	25070	15306	87312
按工业行业大类分					
制造业	**248818**	**170274**	**55767**	**26885**	**161930**
食品制造业	613	194	66	21	172
饮料制造业	1929	1772	463	25	1777
造纸及纸制品业	7264	4409	2970	587	4437
印刷业	935	595			612
化学原料及化学制品制造业	7401	4445	1700	843	3607
医药制造业	76439	61289	17638	10764	54853
橡胶制品业	641	618	355	77	637
塑料制品业	19484	9241	4369	849	9830
非金属矿物制品业	6404	3861	612	1208	3141
有色金属冶炼及压延加工业	9342	4674	2021	276	4715
金属制品业	3686	2299	639	1209	2362
普通机械制造业	1636	960	94	556	1232
专用设备制造业	38024	26896	7106	3854	26899
交通运输设备制造业	12902	10266	2473	1929	9883
电气机械及器材制造业	12448	8905	7829	146	5315
电子及通信设备制造业	47881	28464	6812	4533	31167
仪器仪表及文化办公用机械制造业	1788	1386	620	9	1292

7－11续表2

单位:万元

指　　　标	固定资产小计	固定资产原价	累计折旧	#本年折旧	固定资产净值年平均余额
总　　计	**64253**	**110737**	**50240**	**5482**	**57281**
在总计中:亏损企业	14867	23844	10128	1368	14014
在总计中:港澳台商投资企业	33196	52967	21105	2602	28000
外商投资企业	31057	57771	29135	2880	29281
在总计中:国有控股企业	29106	47695	19731	1751	25874
在总计中:轻工业	17697	24771	8144	1780	15756
重工业	46556	85966	42096	3702	41525
在总计中:大型企业	15491	29272	13781	756	15772
中型企业	2749	3072	323	323	1376
小型企业	46013	78393	36135	4403	40133
在总计中:高技术产业	24934	32620	8770	1556	18164
按工业行业大类分					
制造业	**64253**	**110737**	**50240**	**5482**	**57281**
食品制造业	282	351	69	21	282
饮料制造业	97	127	30	12	115
造纸及纸制品业	2230	3126	926	702	2255
印刷业	340	678	338	65	344
化学原料及化学制品制造业	2067	4205	2138	288	2133
医药制造业	11453	15819	5405	683	9965
橡胶制品业	18	72	54	2	19
塑料制品业	9221	21027	11806	476	9457
非金属矿物制品业	2246	4139	1892	283	2037
有色金属冶炼及压延加工业	4583	5861	1308	316	5303
金属制品业	1387	1500	1050	50	1511
普通机械制造业	305	712	407	48	304
专用设备制造业	10858	26637	17431	1193	9708
交通运输设备制造业	2375	5984	3629	303	2901
电气机械及器材制造业	3310	3701	391	166	2749
电子及通信设备制造业	13104	16068	2992	820	7846
仪器仪表及文化办公用机械制造业	378	733	374	53	353

7—11续表3

单位:万元

指标	负债合计	#流动负债	所有者权益合计	实收资本	#国家资本
总计	**151431**	**137513**	**97388**	**90628**	**13121**
在总计中:亏损企业	37646	35002	19392	26972	1419
在总计中:港澳台商投资企业	54949	49076	50366	41221	932
外商投资企业	93482	88437	47022	49407	12189
在总计中:国有控股企业	30294	29664	47741	41273	4071
在总计中:轻工业	72355	64172	29051	12667	522
重工业	79076	73340	68336	77961	12599
在总计中:大型企业	48479	44479	23056	13465	
中型企业	6755	6755	12379	12325	
小型企业	96196	86278	61953	64838	13121
在总计中:高技术产业	76606	69265	49502	29167	522
按工业行业大类分					
制造业	**151431**	**137513**	**97388**	**90628**	**13121**
食品制造业	488	488	125	500	
饮料制造业	1528	777	402	12	
造纸及纸制品业	4107	4107	3157	1948	
印刷业	367	367	568		
化学原料及化学制品制造业	5420	4039	1982	3328	
医药制造业	56281	49250	20158	5613	522
橡胶制品业	392	392	249	375	
塑料制品业	5133	5133	14351	14340	
非金属矿物制品业	3562	2139	2842	3630	
有色金属冶炼及压延加工业	4795	4795	4546	5300	
金属制品业	1435	1435	2252	3913	
普通机械制造业	1084	1084	553	937	405
专用设备制造业	32493	29591	5531	18874	8728
交通运输设备制造业	4493	4493	8409	4758	2781
电气机械及器材制造业	9528	9408	2920	3548	685
电子及通信设备制造业	19833	19523	28048	22534	
仪器仪表及文化办公用机械制造业	492	492	1296	1020	

7－11续表4

单位:万元

指　　标	产品销售收入	#产品销售利润	营业利润	利润总额	亏损企业亏损额
总　　计	**190718**	**25466**	**6359**	**5939**	**2365**
在总计中:亏损企业	21882	303	－2062	－2365	2365
在总计中:港澳台商投资企业	49758	6338	568	211	1799
外商投资企业	140960	19128	5791	5728	566
在总计中:国有控股企业	33637	5714	1242	1566	1037
在总计中:轻工业	71245	11927	4574	4099	696
重工业	119473	13539	1785	1840	1670
在总计中:大型企业	44999	9067	3241	3191	
中型企业	51429	2342	60	53	
小型企业	94291	14057	3058	2695	2365
在总计中:高技术产业	105205	12949	3920	3636	728
按工业行业大类分					
制造业	**190718**	**25466**	**6359**	**5939**	**2365**
食品制造业	161	－91	－223	－223	223
饮料制造业	1917	149	89	100	
造纸及纸制品业	4090	766	337	360	
印刷业	4360	311	128	128	
化学原料及化学制品制造业	3953	－343	－596	－571	571
医药制造业	48846	10320	4338	3828	135
橡胶制品业	251	－3	－19	－6	6
塑料制品业	9799	1897	48	－1	143
非金属矿物制品业	3545	734	288	22	170
有色金属冶炼及压延加工业	3681	170	－115	－97	259
金属制品业	2352	126	21	21	
普通机械制造业	1204	203	6	34	
专用设备制造业	22841	4746	526	568	51
交通运输设备制造业	17811	3721	2162	2183	
电气机械及器材制造业	9548	132	－213	－214	214
电子及通信设备制造业	54190	2339	－553	－397	593
仪器仪表及文化办公用机械制造业	2169	290	135	206	

7—11续表5

单位:万元

指标	应交所得税	利税总额	主营业务应付工资总额	本年应交增值税	从业人员年平均人数(人)
总计	**2044**	**13190**	**8141**	**7310**	**8845**
在总计中:亏损企业	6	—2214	1825	489	1963
在总计中:港澳台商投资企业	564	1966	2501	2073	3271
外商投资企业	1480	11223	5640	5237	5574
在总计中:国有控股企业	601	3562	2026	2021	2145
在总计中:轻工业	1174	7955	2332	4091	2992
重工业	871	5234	5809	3219	5853
在总计中:大型企业	703	6600	697	3357	1215
中型企业	12	95	605		100
小型企业	1329	6495	6839	3953	7530
在总计中:高技术产业	979	7195	2577	3489	2349
按工业行业大类分					
制造业	**2044**	**13190**	**8141**	**7310**	**8845**
食品制造业		—210	56	13	71
饮料制造业	24	393	85	293	98
造纸及纸制品业	177	617	60	253	234
印刷业	31	241	173	113	125
化学原料及化学制品制造业		—480	320	91	345
医药制造业	887	7116	1311	3234	1558
橡胶制品业		14	54	20	74
塑料制品业	33	661	309	663	726
非金属矿物制品业	44	212	350	190	410
有色金属冶炼及压延加工业	37	64	232	161	158
金属制品业	7	53	63	32	98
普通机械制造业	8	134	217	44	217
专用设备制造业	186	1470	2428	894	2793
交通运输设备制造业	520	3322	892	1046	693
电气机械及器材制造业		—497	326	10	454
电子及通信设备制造业	45	—254	971	128	486
仪器仪表及文化办公用机械制造业	47	333	294	127	305

7—12 全市制造业企业主要经济指标

（2002年）

单位：万元

指　　　标	企　业单位数（个）	#亏损企业	工　业总产值（不变价格）	工　业总产值（当年价格）	工业销售产值（当年价格）	工　业增加值（当年价格）
总　　　计	**499**	**189**	**2076856**	**1986083**	**1947553**	**717654**
在总计中：亏损企业	189	189	176055	176890	202599	23410
在总计中：国有控股企业	267	111	1320408	1262667	1284104	484952
在总计中：乡村工业	36	10	70956	71519	67648	21720
在总计中：轻工业	276	97	977099	1029354	997396	429302
重工业	223	92	1099757	956730	950157	288352
在总计中：大型企业	33	9	736637	794677	789484	336981
中型企业	30	8	415084	390595	367489	146498
小型企业	436	172	925135	800811	790580	234175
在总计中：高技术产业	95	28	687469	509244	453209	170449
按登记注册类型分						
内资企业	460	174	1848051	1828920	1795137	690829
国有企业	206	90	387226	396999	416643	119601
中央企业	22	9	136239	130743	152588	39217
地方企业	184	81	250987	266256	264055	80385
集体企业	72	21	96712	102427	91387	32574
股份合作企业	15	7	7470	10046	10755	2673
联营企业	7	3	20326	17106	15380	5344
有限责任公司	76	29	632392	646592	630143	306338
股份有限公司	22	4	422105	367646	368230	109216
私营企业	61	19	281326	287609	262234	114993
其他企业	1	1	495	495	366	90
港、澳、台商投资企业	23	11	70576	50246	45047	14822
外商投资企业	16	4	158229	106918	107368	12004
按经济组织类型分						
独资企业	298	117	534152	553885	556839	166228
合作、合伙企业	26	11	41190	40162	39389	12284
股份有限公司	33	6	585601	541523	530479	184375
有限责任公司	142	55	915913	850514	820846	354768

7—12续表1

单位:万元

指标	企业单位数（个）	#亏损企业	工业总产值（不变价格）	工业总产值（当年价格）	工业销售产值（当年价格）	工业增加值（当年价格）
按工业行业大类分						
制造业	**491**	**188**	**2071342**	**1968428**	**1935067**	**711126**
食品加工业	39	20	45329	58073	60091	11743
食品制造业	22	11	59101	57063	55952	20632
饮料制造业	13	4	14791	15766	15965	5770
烟草加工业	3	1	250434	362843	389127	222571
纺织业	10	7	14470	10731	10655	954
服装及其他纤维制品制造业	5	2	14787	16060	13439	4236
皮革毛皮羽绒及其制品业	3	2	27	44	63	—91
木材加工及竹藤棕草制品业	1	1	297	271	524	67
家具制造业	2		1118	1137	1102	312
造纸及纸制品业	12	2	14712	14516	14151	3714
印刷业	33	9	39319	45254	45885	14394
文教体育用品制造业	2	1	947	947	685	301
化学原料及化学制品制造业	32	10	175243	187615	187099	58643
医药制造业	61	15	260298	273060	227584	97891
橡胶制品业	10	1	275436	206007	203194	54541
塑料制品业	20	8	45643	38678	35384	10896
非金属矿物制品业	53	28	51418	51196	51811	8245
金属制品业	27	4	55544	66344	67163	18954
普通机械制造业	27	12	33057	36175	34700	13166
专用设备制造业	20	9	32959	33239	33776	9665
交通运输设备制造业	50	24	297074	277955	280431	98512
电气机械及器材制造业	26	8	62233	63689	59646	15252
电子及通信设备制造业	10	4	311349	135731	132759	33768
仪器仪表及文化办公用机械制造业	9	5	12250	11920	10063	5378
其他制造业	1		3507	4113	3820	1613
电力、煤气及水的生产和供应业	**8**	**1**	**5513**	**17656**	**12486**	**6527**
自来水的生产和供应业	8	1	5513	17656	12486	6527

7－12续表2

单位：万元

指　　标	资产合计	流动资产小　计	#应收账款净额	#产成品	流动资产年平均余额
总　　计	**3810660**	**2130715**	**522168**	**280337**	**2041963**
在总计中：亏损企业	814298	410713	98512	60540	404551
在总计中：国有控股企业	2981861	1606286	371750	210139	1568863
在总计中：乡村工业	83445	51429	19153	7860	42103
在总计中：轻工业	1656936	1040337	222952	97697	981276
重工业	2153724	1090378	299217	182640	1060687
在总计中：大型企业	1838647	1063866	249862	107911	1035922
中型企业	494350	257920	63615	44834	239339
小型企业	1477664	808928	208692	127592	766702
在总计中：高技术产业	799042	450433	119105	78389	415807
按登记注册类型分					
内资企业	3576886	1968677	469839	254426	1888072
国有企业	1261070	621716	121616	95558	601095
中央企业	397432	206719	33932	38445	201231
地方企业	863638	414998	87684	57113	399864
集体企业	95663	56325	17286	11400	50009
股份合作企业	28723	12161	4329	1880	12513
联营企业	27577	8023	2829	2276	4939
有限责任公司	1257870	762820	177800	68153	735778
股份有限公司	631041	340215	101173	52734	326920
私营企业	274282	166835	44715	22266	156267
其他企业	661	581	92	159	551
港、澳、台商投资企业	94841	55233	28126	7201	54102
外商投资企业	138933	106805	24203	18710	99789
按经济组织类型分					
独资企业	1427134	720802	155404	111315	689340
合作、合伙企业	69864	27322	8656	7153	23509
股份有限公司	792155	429301	128001	67134	413985
有限责任公司	1521507	953290	230107	94735	915128

7—12续表3

单位:万元

指　　标	资产合计	流动资产小　计	#应收账款净额	#产成品	流动资产年平均余额
按工业行业大类分					
制造业	**3704875**	**2056185**	**520387**	**280336**	**1977865**
食品加工业	59195	25253	5451	2853	27922
食品制造业	58463	33324	1925	789	25451
饮料制造业	55783	20825	3761	1844	19490
烟草加工业	637335	460823	85188	23629	467305
纺织业	55286	17453	3241	2538	12137
服装及其他纤维制品制造业	18119	12221	881	2184	4537
皮革毛皮羽绒及其制品业	3213	982	220	28	963
木材加工及竹藤棕草制品业	1951	889	7	330	809
家具制造业	1209	662	106	86	617
造纸及纸制品业	32306	15230	7352	2207	16096
印刷业	80392	41202	19469	4347	38949
文教体育用品制造业	872	757	22	244	622
化学原料及化学制品制造业	324360	136177	44614	18016	130256
医药制造业	327774	221027	61245	30053	195274
橡胶制品业	346619	175580	62565	38046	175656
塑料制品业	72996	28114	9238	4695	22525
非金属矿物制品业	197987	105972	22164	18191	108102
金属制品业	92873	58441	11795	20619	58821
普通机械制造业	173704	94514	28190	13019	93152
专用设备制造业	108269	68850	14635	10884	66332
交通运输设备制造业	768837	362580	87933	49854	345923
电气机械及器材制造业	104484	60799	21795	9502	54822
电子及通信设备制造业	144358	96919	24647	23301	95189
仪器仪表及文化办公用机械制造业	32774	15557	3201	2970	14775
其他制造业	5417	2035	741	107	2141
电力、煤气及水的生产和供应业	**105785**	**74529**	**1782**	**1**	**64098**
自来水的生产和供应业	105785	74529	1782	1	64098

7－12续表4

单位:万元

指标	固定资产小计	固定资产原价	累计折旧	#本年折旧	固定资产净值年平均余额
总计	**1297219**	**1676180**	**604206**	**93600**	**1083116**
在总计中:亏损企业	292884	391224	139749	32258	255116
在总计中:国有控股企业	1070527	1402807	512611	80201	913165
在总计中:乡村工业	26621	35754	10672	1975	24916
在总计中:轻工业	504986	631637	187086	25481	429737
重工业	792233	1044542	417120	68119	653379
在总计中:大型企业	598218	790199	290281	35545	525102
中型企业	186664	221101	89384	9301	140570
小型企业	512337	664879	224540	48754	417443
在总计中:高技术产业	244169	295539	97264	14380	208665
按登记注册类型分					
内资企业	1239489	1575133	557166	88710	1033209
国有企业	510063	640765	223955	21130	411864
中央企业	139686	158212	54530	7407	107541
地方企业	370377	482553	169425	13723	304323
集体企业	29311	39885	15510	1887	23591
股份合作企业	10935	15078	6397	340	8443
联营企业	7849	13438	6504	744	8288
有限责任公司	366562	481395	182503	42754	317099
股份有限公司	234297	313101	102216	17864	213116
私营企业	80412	71358	20026	3990	50752
其他企业	59	113	55	2	57
港、澳、台商投资企业	28275	45821	18850	2175	22273
外商投资企业	29456	55225	28190	2716	27634
按经济组织类型分					
独资企业	559266	707455	248404	24605	454144
合作、合伙企业	22093	32319	14333	1218	20111
股份有限公司	291320	369313	122926	20040	247051
有限责任公司	424540	567093	218544	47737	361810

7—12续表5

单位:万元

指　　标	固定资产小计	固定资产原价	累计折旧	#本年折旧	固定资产净值年平均余额
按工业行业大类分					
制造业	**1268890**	**1632011**	**587705**	**93352**	**1056089**
食品加工业	28812	34274	6553	1067	26715
食品制造业	23065	23394	4057	976	12629
饮料制造业	25829	34107	10337	639	24709
烟草加工业	164389	209840	65334	10887	142393
纺织业	30423	34286	5601	824	25429
服装及其他纤维制品制造业	5863	8160	4053	545	3935
皮革毛皮羽绒及其制品业	1480	1626	302	102	1220
木材加工及竹藤棕草制品业	564	649	84	15	649
家具制造业	543	887	344	63	555
造纸及纸制品业	8883	12297	5733	1437	8802
印刷业	33603	47075	15426	2117	32688
文教体育用品制造业	107	150	43	18	48
化学原料及化学制品制造业	137510	146707	48036	5155	91941
医药制造业	75679	83996	19651	3445	60340
橡胶制品业	142183	184102	56524	9851	130062
塑料制品业	26089	49448	25633	2463	21971
非金属矿物制品业	61583	95906	41604	24643	57831
金属制品业	25392	33013	12335	1641	21679
普通机械制造业	64136	88400	38696	1592	49213
专用设备制造业	37607	69480	35569	2816	30092
交通运输设备制造业	295325	370998	145607	18314	249372
电气机械及器材制造业	32165	33543	22483	1008	23691
电子及通信设备制造业	35850	53128	18565	3377	30232
仪器仪表及文化办公用机械制造业	9225	13603	4662	252	7757
其他制造业	2586	2942	475	106	2136
电力、煤气及水的生产和供应业	**28330**	**44168**	**16501**	**248**	**27027**
自来水的生产和供应业	28330	44168	16501	248	27027

7—12续表6

单位:万元

指标	负债合计	#流动负债	所有者权益合计	实收资本	#国家资本
总计	**2525861**	**2011175**	**1284799**	**942608**	**449488**
在总计中:亏损企业	652224	547544	162074	245591	138273
在总计中:国有控股企业	2010714	1571875	971147	724804	428662
在总计中:乡村工业	53800	42513	29646	21402	352
在总计中:轻工业	1245889	1016150	411048	333591	181349
重工业	1279972	995025	873752	609017	268139
在总计中:大型企业	1211493	919202	627154	392193	235974
中型企业	308246	241924	186104	135823	57435
小型企业	1006122	850049	471542	414592	156078
在总计中:高技术产业	461414	351147	337627	242744	56343
按登记注册类型分					
内资企业	2382353	1881586	1194533	860476	436366
国有企业	887839	653540	373231	325658	240451
中央企业	268462	214473	128970	105310	68900
地方企业	619377	439067	244261	220349	171551
集体企业	66202	55295	29462	21656	639
股份合作企业	22047	18187	6676	6490	1291
联营企业	15368	10525	12209	13130	10229
有限责任公司	910318	762746	347552	295494	152907
股份有限公司	329822	241680	301219	128223	28741
私营企业	150080	138936	124202	69607	2109
其他企业	678	678	—18	219	
港、澳、台商投资企业	48315	42442	46526	35267	932
外商投资企业	95193	87147	43741	46865	12189
按经济组织类型分					
独资企业	998344	745288	428790	369160	241090
合作、合伙企业	43079	32550	26785	24908	11519
股份有限公司	418779	328503	373376	177356	28751
有限责任公司	1065658	904834	455849	371183	168128

7—12续表7　　　　单位:万元

指　　标	负债合计	#流动负债	所有者权益合计	实收资本	#国家资本
按工业行业大类分					
制造业	**2452769**	**1993588**	**1252106**	**920857**	**427737**
食品加工业	47038	37281	12107	17947	12286
食品制造业	27211	22811	31252	11829	5893
饮料制造业	31590	20923	24193	19975	13404
烟草加工业	579612	512206	58023	69525	69525
纺织业	46856	30124	8430	17792	13512
服装及其他纤维制品制造业	10321	8587	7798	4915	
皮革毛皮羽绒及其制品业	4532	3990	—1319	628	442
木材加工及竹藤棕草制品业	1156	1156	795	913	
家具制造业	312	312	897	815	
造纸及纸制品业	22115	18080	10191	7201	1198
印刷业	50813	43299	29579	25510	7448
文教体育用品制造业	691	598	181	63	10
化学原料及化学制品制造业	189450	155737	134910	101495	47353
医药制造业	196730	170058	131044	72750	6275
橡胶制品业	211737	134060	134882	49821	25530
塑料制品业	28319	19144	44677	36272	14702
非金属矿物制品业	145421	119313	52566	62006	49561
金属制品业	59304	53047	33569	23723	5815
普通机械制造业	120339	96863	53365	46354	31616
专用设备制造业	84914	78613	23355	37583	23230
交通运输设备制造业	401795	304024	367042	234447	74066
电气机械及器材制造业	79157	68273	25327	23864	13224
电子及通信设备制造业	92149	77490	52209	39725	5212
仪器仪表及文化办公用机械制造业	17049	14843	15726	15538	7435
其他制造业	4110	2760	1307	166	
电力、煤气及水的生产和供应业	**73092**	**17588**	**32693**	**21751**	**21751**
自来水的生产和供应业	73092	17588	32693	21751	21751

7—12续表8

单位:万元

指　　标	产品销售收入	#产品销售利润	营业利润	利润总额	亏损企业亏损额
总　　计	**1856049**	**283617**	**31157**	**54798**	**44406**
在总计中:亏损企业	162979	4425	—47206	—44406	44406
在总计中:国有控股企业	1227798	183886	—18057	13718	38038
在总计中:乡村工业	62207	7297	2853	3139	641
在总计中:轻工业	961225	133828	16040	31053	18617
重工业	894824	149788	15117	23744	25790
在总计中:大型企业	811330	138321	9602	32489	5894
中型企业	322970	57274	26267	17866	2991
小型企业	721749	88021	—4712	4442	35521
在总计中:高技术产业	450038	87281	29217	23218	4237
按登记注册类型分					
内资企业	1672006	257944	24138	48237	42825
国有企业	367610	55761	—20893	—12522	25039
中央企业	125051	18808	—13215	—9926	14662
地方企业	242560	36953	—7678	—2596	10377
集体企业	83706	9107	1550	1915	1225
股份合作企业	10405	920	—542	—64	364
联营企业	14918	747	—186	—92	472
有限责任公司	610941	80658	—15894	9643	14006
股份有限公司	354633	61554	24227	23284	715
私营企业	229428	49197	35899	26095	983
其他企业	366	0	—22	—22	22
港、澳、台商投资企业	45426	6752	1221	841	1170
外商投资企业	138617	18921	5798	5720	412
按经济组织类型分					
独资企业	498558	70202	—17585	—9110	26911
合作、合伙企业	34560	2370	—490	—100	858
股份有限公司	490704	95036	48924	37667	877
有限责任公司	832228	116009	309	26340	15760

7—12续表9

单位:万元

指　　　标	产品销售收入	#产品销售利润	营业利润	利润总额	亏损企业亏损额
按工业行业大类分					
制造业	**1844670**	**281166**	**30500**	**54058**	**44383**
食品加工业	55160	358	—3844	—2215	2889
食品制造业	54865	12156	8880	9067	511
饮料制造业	15654	1390	—3	143	170
烟草加工业	365012	44204	—18567	2999	8224
纺织业	5818	—86	—1851	—1662	1664
服装及其他纤维制品制造业	13439	1594	25	51	62
皮革毛皮羽绒及其制品业	63	—1	—109	—23	23
木材加工及竹藤棕草制品业	524	44	—7	—2	2
家具制造业	1069	100	22	22	
造纸及纸制品业	13739	1815	236	368	148
印刷业	44878	7616	2239	2321	620
文教体育用品制造业	685	119	18	8	7
化学原料及化学制品制造业	160567	27190	10131	11772	1503
医药制造业	231698	52723	30370	19850	1144
橡胶制品业	200530	25358	6114	7532	6
塑料制品业	34760	4046	—237	—218	582
非金属矿物制品业	48365	2084	—10409	—10663	11733
金属制品业	57898	7099	2310	2256	132
普通机械制造业	33043	7512	—1608	—899	1872
专用设备制造业	32846	5772	—2284	—1033	1725
交通运输设备制造业	271037	60530	8116	11347	9118
电气机械及器材制造业	56570	6179	613	1318	642
电子及通信设备制造业	133321	11184	1007	2015	1001
仪器仪表及文化办公用机械制造业	9308	1673	—656	—304	605
其他制造业	3820	509	—5	10	
电力、煤气及水的生产和供应业	**11379**	**2451**	**657**	**739**	**23**
自来水的生产和供应业	11379	2451	657	739	23

7—12续表10 单位:万元

指　　标	应交所得税	利税总额	主营业务应付工资总　额	本年应交增值税	从业人员年平均人数（人）
总　　计	**26173**	**312771**	**136384**	**108554**	**150904**
在总计中:亏损企业	452	—36564	25411	6685	40836
在总计中:国有控股企业	13062	237422	105281	78144	110212
在总计中:乡村工业	937	6658	3963	2991	6116
在总计中:轻工业	13084	245293	49846	73892	56265
重工业	13089	67477	86538	34662	94639
在总计中:大型企业	9451	234695	58976	59089	49344
中型企业	4903	32281	17882	12968	23364
小型企业	11820	45796	59527	36497	78196
在总计中:高技术产业	7347	50171	31140	24849	33045
按登记注册类型分					
内资企业	24166	299211	128748	101497	142467
国有企业	3568	9872	49593	19975	61626
中央企业	1324	—1923	16153	7480	17987
地方企业	2244	11795	33440	12495	43639
集体企业	1020	6834	8185	4122	10385
股份合作企业	88	673	1191	682	1633
联营企业	210	826	771	539	1438
有限责任公司	6258	197541	39355	50896	40346
股份有限公司	5619	43005	21985	12897	17989
私营企业	7404	40464	7653	12368	9025
其他企业		—3	13	17	25
港、澳、台商投资企业	564	2492	2127	1969	3008
外商投资企业	1443	11067	5510	5089	5429
按经济组织类型分					
独资企业	5222	20375	60065	26299	74374
合作、合伙企业	323	2440	2231	2069	3725
股份有限公司	9053	63685	25724	18190	22046
有限责任公司	11575	226270	48365	61995	50759

7—12续表11

单位:万元

指　　标	应交所得税	利税总额	主营业务应付工资总　额	本年应交增值税	从业人员年平均人数（人）
按工业行业大类分					
制造业	**25941**	**311148**	**134511**	**107812**	**149462**
食品加工业	172	—1031	2070	1220	3443
食品制造业	3132	12467	2970	3052	4892
饮料制造业	73	2622	1718	1014	2209
烟草加工业	2674	179809	13596	40877	6236
纺织业	1	—1258	2886	383	5954
服装及其他纤维制品制造业	35	254	2067	184	2545
皮革毛皮羽绒及其制品业		—22	85	1	109
木材加工及竹藤棕草制品业		7	9	8	42
家具制造业	7	98	136	69	157
造纸及纸制品业	216	1261	529	819	930
印刷业	738	5590	4219	2859	5479
文教体育用品制造业	5	75	112	57	143
化学原料及化学制品制造业	3109	16415	9719	4130	10791
医药制造业	5095	39021	8391	17376	10598
橡胶制品业	2044	19997	11693	6387	11987
塑料制品业	99	1425	1734	1589	3031
非金属矿物制品业	341	—7574	8064	2667	11615
金属制品业	710	4748	4023	2291	4786
普通机械制造业	293	2124	6647	2608	9992
专用设备制造业	198	575	5046	1511	7332
交通运输设备制造业	5217	24833	36039	12287	33931
电气机械及器材制造业	587	3010	4527	1762	5225
电子及通信设备制造业	709	6043	5406	3780	4144
仪器仪表及文化办公用机械制造业	478	325	2397	592	3486
其他制造业	10	337	429	291	405
电力、煤气及水的生产和供应业	**232**	**1623**	**1874**	**742**	**1442**
自来水的生产和供应业	232	1623	1874	742	1442

7—13 全市大中型工业企业主要经济指标

（2002年）

单位：万元

指标	企业单位数（个）	#亏损企业	工业总产值（不变价格）	工业总产值（当年价格）	工业销售产值（当年价格）	工业增加值（当年价格）
总计	**84**	**24**	**1647529**	**1908063**	**1891422**	**740966**
在总计中：亏损企业	24	24	91353	97729	102147	24877
在总计中：国有控股企业	76	24	1344883	1644218	1650155	657443
在总计中：轻工业	19	4	403237	548756	519863	283093
重工业	65	20	1244292	1359308	1371560	457873
在总计中：大型企业	47	13	1178416	1443748	1447540	565307
中型企业	37	11	469114	464315	443882	175659
在总计中：高技术产业	21	5	324518	275438	249008	87224
按登记注册类型分						
内资企业	81	24	1527974	1841486	1829259	745495
国有企业	53	17	409459	560258	557043	189846
中央企业	19	4	192977	290308	284978	93951
地方企业	34	13	216482	269950	272065	95896
联营企业	1	1	1866	1905	1820	628
有限责任公司	17	5	401265	527313	513198	283466
股份有限公司	8	1	583499	608184	620680	207449
私营企业	2		131885	143825	136519	64107
港、澳、台商投资企业	1		13285	10157	8172	3429
外商投资企业	2		106271	56420	53992	—7958
独资企业	53	17	409459	560258	557043	189846
合作、合伙企业	1	1	1866	1905	1820	628
股份有限公司	11	1	728669	762167	765370	274984
有限责任公司	19	5	507536	583734	567190	275508
按工业行业大类分						
采掘业	**3**	**1**	**63702**	**88257**	**95347**	**29177**
煤炭采选业	1	1	8000	13222	13354	4397
非金属矿采选业	2		55702	75035	81993	24781

7—13续表1 单位:万元

指标	企业单位数(个)	#亏损企业	工业总产值(不变价格)	工业总产值(当年价格)	工业销售产值(当年价格)	工业增加值(当年价格)
制造业	**72**	**23**	**1469947**	**1579671**	**1561536**	**632764**
食品加工业	1	1	1650	1994	1994	—96
食品制造业	1		2088	5938	5661	2872
饮料制造业	2		5881	6684	7042	2372
烟草加工业	1		220757	335171	334481	214517
纺织业	1	1	6001	6513	6422	609
服装及其他纤维制品制造业	1		12150	12931	10995	3277
木材加工及竹藤棕草制品业	1	1	302	302	391	68
印刷业	1		2821	4820	4026	1824
化学原料及化学制品制造业	9	3	167943	176347	175572	64609
医药制造业	6		114169	129414	110164	40139
橡胶制品业	3		268807	200369	197978	52803
塑料制品业	3	1	21191	15727	13733	5380
非金属矿物制品业	3	2	13558	21017	21159	9910
黑色金属冶炼及压延加工业	2	2	16872	24480	25591	3978
有色金属冶炼及压延加工业	2	1	246208	319076	323939	124632
金属制品业	1		2231	2990	3210	1694
普通机械制造业	7	3	19102	21497	21486	8888
专用设备制造业	2		3920	4088	3949	857
交通运输设备制造业	18	7	193400	196712	204151	69268
电气机械及器材制造业	3		23336	22138	22037	5801
电子及通信设备制造业	3		124330	68703	65129	18396
仪器仪表及文化办公用机械制造业	1	1	3230	2762	2426	966
电力、煤气及水的生产和供应业	**9**		**113880**	**240135**	**234540**	**79025**
电力、蒸汽、热水的生产和供应业	8		109388	225183	224647	73453
自来水的生产和供应业	1		4492	14953	9892	5572

7—13续表2

单位:万元

指　　标	资产合计	流动资产小　计	#应收账款净额	#产成品	流动资产年平均余额
总　　计	**4320513**	**1793203**	**511468**	**176823**	**1779795**
在总计中:亏损企业	536709	144583	38408	28546	150207
在总计中:国有控股企业	4062510	1620675	465311	151156	1617583
在总计中:轻工业	929635	640261	111570	37175	606917
重工业	3390878	1152943	399897	139648	1172878
在总计中:大型企业	3537647	1426193	404070	126552	1431506
中型企业	782866	367010	107398	50271	348289
在总计中:高技术产业	487588	258339	65853	43140	240566
按登记注册类型分					
内资企业	4229844	1722866	494173	166328	1714519
国有企业	1766532	637456	228111	56397	615083
中央企业	859175	310941	151935	16894	298585
地方企业	907357	326516	76175	39503	316497
联营企业	16494	4037	795	1653	754
有限责任公司	1234394	630223	140254	44740	628554
股份有限公司	1085077	379312	104338	51210	400873
私营企业	127347	71838	20675	12328	69255
港、澳、台商投资企业	17048	7882	4021	612	8651
外商投资企业	73621	62456	13273	9883	56625
独资企业	1766532	637456	228111	56397	615083
合作、合伙企业	16494	4037	795	1653	754
股份有限公司	1229472	459031	129035	64150	478780
有限责任公司	1308015	692679	153527	54623	685179
按工业行业大类分					
采掘业	**228335**	**71402**	**23755**	**11488**	**72432**
煤炭采选业	40004	15456	5977	1882	16952
非金属矿采选业	188331	55946	17778	9606	55480

7—13续表3

单位:万元

指　　　标	资产合计	流动资产小　计	#应收账款净额	#产成品	流动资产年平均余额
制造业	**3190440**	**1433068**	**353875**	**165335**	**1430726**
食品加工业	4563	2164	49		1936
食品制造业	8855	2590	606	329	2907
饮料制造业	22596	5284	774	937	5274
烟草加工业	555064	411194	74800	9864	405387
纺织业	18652	4682	1724	928	4492
服装及其他纤维制品制造业	11732	8179	673	1431	682
木材加工及竹藤棕草制品业	5242	1914	101	532	1827
印刷业	13443	3741	386	883	3815
化学原料及化学制品制造业	340362	140101	42768	14535	140986
医药制造业	139589	107063	29130	16666	98965
橡胶制品业	318499	167558	57968	37276	168629
塑料制品业	48738	16714	6129	2839	13559
非金属矿物制品业	68943	34844	4779	8995	39254
黑色金属冶炼及压延加工业	210260	7422	3929	360	8110
有色金属冶炼及压延加工业	584689	115380	20634	8063	144567
金属制品业	14495	8571	2544	2095	8897
普通机械制造业	131129	72081	24359	9784	71603
专用设备制造业	19523	12297	3499	1404	11846
交通运输设备制造业	572648	251160	66046	36680	241369
电气机械及器材制造业	37286	16911	5059	4951	17719
电子及通信设备制造业	49210	34414	6276	5306	29993
仪器仪表及文化办公用机械制造业	14920	8804	1643	1478	8910
电力、煤气及水的生产和供应业	**901737**	**288734**	**133838**		**276637**
电力、蒸汽、热水的生产和供应业	808449	217512	132209		216062
自来水的生产和供应业	93288	71222	1629		60574

7—13续表4

单位:万元

指　　　标	固定资产小计	固定资产原价	累计折旧	#本年折旧	固定资产净值年平均余额
总　　计	**2175112**	**3176085**	**1344444**	**151317**	**1756096**
在总计中:亏损企业	249433	318350	106383	4295	193441
在总计中:国有控股企业	2111677	3119573	1329984	148516	1717165
在总计中:轻工业	256103	331203	107061	13151	219606
重工业	1919010	2844882	1237384	138166	1536490
在总计中:大型企业	1827129	2747457	1187773	132693	1476187
中型企业	347983	428628	156671	18624	279909
在总计中:高技术产业	162025	197271	70662	10979	142407
按登记注册类型分					
内资企业	2156872	3143740	1330340	150237	1738948
国有企业	1029656	1577484	662949	78231	906040
中央企业	496846	799235	370430	46357	433135
地方企业	532810	778249	292519	31874	472906
联营企业	2924	5317	2996		938
有限责任公司	421328	551124	200988	19223	346735
股份有限公司	661206	979876	454535	51374	464165
私营企业	41759	29939	8872	1411	21070
港、澳、台商投资企业	8175	18815	10640	349	8356
外商投资企业	10065	13530	3465	731	8793
独资企业	1029656	1577484	662949	78231	906040
合作、合伙企业	2924	5317	2996		938
股份有限公司	711140	1028629	474047	53133	493590
有限责任公司	431393	564654	204453	19953	355528
按工业行业大类分					
采掘业	**155041**	**199004**	**53715**	**5838**	**129576**
煤炭采选业	24005	26369	11182	819	15004
非金属矿采选业	131036	172635	42533	5019	114572

7—13续表5

单位:万元

指标	固定资产小计	固定资产原价	累计折旧	#本年折旧	固定资产净值年平均余额
制造业	**1425167**	**1963203**	**826347**	**85812**	**1077175**
食品加工业	2156	3147	991	60	2234
食品制造业	6213	4024	391	140	2288
饮料制造业	16843	23030	8031	261	16063
烟草加工业	134701	174199	56384	8976	114871
纺织业	10057	13157	3101	370	10708
服装及其他纤维制品制造业	3553	7114	3687	438	3427
木材加工及竹藤棕草制品业	1532	1830	797	28	1028
印刷业	9506	11585	3126	540	8988
化学原料及化学制品制造业	147305	167988	61631	5247	102969
医药制造业	24086	28443	6837	1608	19889
橡胶制品业	133615	177632	54742	9628	126781
塑料制品业	14623	33628	19632	1607	13084
非金属矿物制品业	22644	38282	16417	1567	25867
黑色金属冶炼及压延加工业	105768	145967	42231	618	76100
有色金属冶炼及压延加工业	468896	725050	373499	36405	286841
金属制品业	5500	7047	2944	196	4138
普通机械制造业	45491	61186	27187	684	34039
专用设备制造业	6415	10068	3950	180	6207
交通运输设备制造业	232296	287396	112982	14535	196062
电气机械及器材制造业	17999	17127	18118	438	12612
电子及通信设备制造业	11673	17877	6462	2231	9426
仪器仪表及文化办公用机械制造业	4298	7427	3207	54	3553
电力、煤气及水的生产和供应业	**594904**	**1013878**	**464382**	**59667**	**549346**
电力、蒸汽、热水的生产和供应业	573538	978210	449661	59667	528619
自来水的生产和供应业	21366	35669	14721		20727

7—13续表6

单位:万元

指　　标	负债合计	#流动负债	所有者权益合计	实收资本	#国家资本
总　　计	**2959144**	**1949426**	**1361368**	**1171830**	**611046**
在总计中:亏损企业	384525	273325	152184	207351	159947
在总计中:国有控股企业	2807173	1807969	1255337	1110844	610972
在总计中:轻工业	720536	567349	209099	137433	114187
重工业	2238609	1382077	1152269	1034397	496859
在总计中:大型企业	2398259	1563964	1139388	1002290	522343
中型企业	560886	385462	221981	169539	88703
在总计中:高技术产业	274672	185818	212916	158368	46616
按登记注册类型分					
内资企业	2903910	1898191	1325934	1146040	611046
国有企业	1320651	637024	445881	710707	362848
中央企业	691454	167988	167721	468491	136239
地方企业	629197	469036	278160	242216	226609
联营企业	5917	4226	10577	10345	10063
有限责任公司	908742	733165	325651	305717	222948
股份有限公司	597185	452898	487892	84562	15178
私营企业	71414	70879	55933	34710	10
港、澳、台商投资企业	4551	4551	12497	12497	
外商投资企业	50683	46683	22938	13293	
独资企业	1320651	637024	445881	710707	362848
合作、合伙企业	5917	4226	10577	10345	10063
股份有限公司	673150	528329	556322	131768	15188
有限责任公司	959426	779848	348589	319010	222948
按工业行业大类分					
采掘业	**121204**	**93107**	**107132**	**103503**	**103503**
煤炭采选业	26254	20550	13750	16288	16288
非金属矿采选业	94950	72557	93382	87215	87215

7—13续表7 单位:万元

指标	负债合计	#流动负债	所有者权益合计	实收资本	#国家资本
制造业	**2036122**	**1582043**	**1154318**	**648696**	**401312**
食品加工业	3345	3089	1219	2015	2015
食品制造业	5399	3113	3456	1685	1685
饮料制造业	9170	6814	13426	11885	11885
烟草加工业	494173	427174	60891	52637	52637
纺织业	15473	8407	3179	6050	5901
服装及其他纤维制品制造业	4443	3379	7289	4228	
木材加工及竹藤棕草制品业	5305	4773	—63	2478	2478
印刷业	5636	4022	7807	5652	5652
化学原料及化学制品制造业	192630	163626	147732	117965	81266
医药制造业	88960	78445	50629	18650	64
橡胶制品业	198827	125120	119673	40505	25463
塑料制品业	15834	10569	32904	25109	11541
非金属矿物制品业	46865	37031	22079	24279	24279
黑色金属冶炼及压延加工业	151008	98729	59252	81710	74933
有色金属冶炼及压延加工业	331954	260732	252735	483	483
金属制品业	7166	6957	7329	5052	2512
普通机械制造业	99932	79209	31197	30609	29016
专用设备制造业	15500	13693	4123	6139	6139
交通运输设备制造业	280453	201293	292195	181029	51275
电气机械及器材制造业	27394	22758	9792	3002	2439
电子及通信设备制造业	26620	14611	22590	21124	3369
仪器仪表及文化办公用机械制造业	10037	8500	4884	6409	6282
电力、煤气及水的生产和供应业	**801819**	**274275**	**99919**	**419631**	**106231**
电力、蒸汽、热水的生产和供应业	734091	259054	74359	402031	88631
自来水的生产和供应业	67728	15221	25560	17600	17600

7—13续表8　　单位:万元

指　　标	产品销售收入	#产品销售利润	营业利润	利润总额	亏损企业亏损额
总　　计	**1962295**	**373476**	**137170**	**89642**	**24567**
在总计中:亏损企业	90454	1056	—25071	—24567	24567
在总计中:国有控股企业	1720128	326632	105918	69052	24567
在总计中:轻工业	532986	85587	12372	23198	2039
重工业	1429309	287888	124798	66444	22528
在总计中:大型企业	1567134	293935	101266	69905	20967
中型企业	395161	79540	35903	19737	3600
在总计中:高技术产业	265294	59907	22086	14933	1636
按登记注册类型分					
内资企业	1865868	362067	133869	86398	24567
国有企业	628321	182718	96045	23342	5881
中央企业	379753	135567	100334	23317	1244
地方企业	248568	47151	—4289	25	4636
联营企业	1548	—62	—341	—280	280
有限责任公司	512764	67653	—21838	845	17949
股份有限公司	611215	82073	36129	48881	457
私营企业	112019	29685	23873	13610	
港、澳、台商投资企业	8171	1798	140	90	
外商投资企业	88256	9611	3161	3154	
独资企业	628321	182718	96045	23342	5881
合作、合伙企业	1548	—62	—341	—280	280
股份有限公司	731406	113557	60142	62581	457
有限责任公司	601020	77263	—18677	3999	17949
按工业行业大类分					
采掘业	**90182**	**21084**	**392**	**1099**	**203**
煤炭采选业	8189	1266	—1546	—203	203
非金属矿采选业	81993	19818	1938	1302	

7—13续表9　　　　单位:万元

指　　标	产品销售收入	#产品销售利润	营业利润	利润总额	亏损企业亏损额
制造业	**1543760**	**229758**	**35544**	**67076**	**24364**
食品加工业	304	—110	—308	—256	256
食品制造业	5432	976	248	251	
饮料制造业	9220	795	153	195	
烟草加工业	329981	43114	—10851	10485	
纺织业	1644	—480	—713	—931	931
服装及其他纤维制品制造业	10995	1301	41	63	
木材加工及竹藤棕草制品业	391	26	—217	—136	136
印刷业	4001	1365	—60	71	
化学原料及化学制品制造业	152352	25681	8516	10808	990
医药制造业	133460	33125	23156	12394	
橡胶制品业	195860	25036	5542	6063	
塑料制品业	13482	2452	—131	—125	280
非金属矿物制品业	21159	4657	—1255	—1979	2625
黑色金属冶炼及压延加工业	29794	—5464	—14094	—14655	14655
有色金属冶炼及压延加工业	321455	33138	16371	31232	270
金属制品业	2773	692	108	35	
普通机械制造业	19735	4954	—1371	—705	1417
专用设备制造业	3949	462	—899	13	
交通运输设备制造业	198895	49089	10924	12918	2656
电气机械及器材制造业	21706	2612	207	306	
电子及通信设备制造业	64916	5855	497	1178	
仪器仪表及文化办公用机械制造业	2258	481	—320	—149	149
电力、煤气及水的生产和供应业	**328354**	**122634**	**101234**	**21467**	
电力、蒸汽、热水的生产和供应业	319279	120692	100662	20868	
自来水的生产和供应业	9074	1942	571	599	

7—13续表10

单位:万元

指　　标	应交所得税	利税总额	主营业务应付工资总额	本年应交增值税	从业人员年平均人数（人）
总　　计	**27239**	**369905**	**153515**	**129101**	**127938**
在总计中:亏损企业	26	—17654	16332	6244	32092
在总计中:国有控股企业	22496	339661	148431	120046	122891
在总计中:轻工业	5886	211470	25477	51012	19166
重工业	21353	158435	128039	78089	108772
在总计中:大型企业	21628	327048	128398	108704	91870
中型企业	5611	42857	25117	20397	36068
在总计中:高技术产业	4133	28237	18170	12681	18567
按登记注册类型分					
内资企业	26524	363210	152214	125744	126623
国有企业	7336	67506	63762	38641	63050
中央企业	5752	46968	33260	21263	19277
地方企业	1584	20537	30502	17378	43773
联营企业	0	—215	21	56	621
有限责任公司	4668	185126	34340	47597	32085
股份有限公司	11390	93107	51225	35663	28095
私营企业	3130	17687	2865	3788	2772
港、澳、台商投资企业	21	671	53	581	417
外商投资企业	694	6024	1248	2776	898
独资企业	7336	67506	63762	38641	63050
合作、合伙企业	0	—215	21	56	621
股份有限公司	14541	111464	54143	40032	31284
有限责任公司	5362	191150	35589	50373	32983
按工业行业大类分					
采掘业	**321**	**8212**	**9390**	**5745**	**15767**
煤炭采选业	1	1479	2628	1616	7955
非金属矿采选业	320	6733	6762	4129	7812

7—13续表11

单位:万元

指　　标	应交所得税	利税总额	主营业务应付工资总　额	本年应交增值税	从业人员年平均人数（人）
制造业	**21958**	**318818**	**119332**	**104314**	**103862**
食品加工业		—238	210	12	318
食品制造业	86	789	525	488	440
饮料制造业	45	1565	1133	599	1126
烟草加工业	2412	183786	12729	37686	4969
纺织业		—641	575	280	1353
服装及其他纤维制品制造业	21	124	1650	56	1902
木材加工及竹藤棕草制品业		—167	33		143
印刷业	23	592	1287	478	1100
化学原料及化学制品制造业	2840	17306	10901	5802	13594
医药制造业	2858	22021	2873	9055	2947
橡胶制品业	1632	18223	10636	6126	9982
塑料制品业	36	885	395	987	1286
非金属矿物制品业	265	260	2083	2071	3015
黑色金属冶炼及压延加工业		—12706	4368	1608	8052
有色金属冶炼及压延加工业	7246	60064	33965	26637	15726
金属制品业	12	386	285	316	1132
普通机械制造业	230	1159	4054	1709	7316
专用设备制造业	4	181	607	158	1430
交通运输设备制造业	3897	21711	25857	8229	22443
电气机械及器材制造业	83	1195	2088	793	2340
电子及通信设备制造业	271	2317	2117	1085	1468
仪器仪表及文化办公用机械制造业		6	962	140	1780
电力、煤气及水的生产和供应业	**4960**	**42875**	**24793**	**19042**	**8309**
电力、蒸汽、热水的生产和供应业	4800	41678	23438	18498	7369
自来水的生产和供应业	160	1198	1356	544	940

7—14 全市中小工业企业主要经济指标

（2002年）　　单位：万元

指标	企业单位数（个）	#亏损企业	工业总产值（不变价格）	工业总产值（当年价格）	工业销售产值（当年价格）	工业增加值（当年价格）
总计	**570**	**231**	**1625278**	**1515195**	**1480908**	**481746**
中型企业	37	11	469114	464315	443882	175659
小型企业	533	220	1156165	1050880	1037026	306087
在总计中：亏损企业	231	231	254027	260700	279889	43318
在总计中：国有控股企业	280	121	731097	662796	692363	191604
在总计中：乡村工业	45	15	78293	79686	76147	24073
在总计中：轻工业	267	95	701081	627169	605312	214456
重工业	303	136	924198	888027	875596	267290
在总计中：高技术产业	83	24	600192	430875	379132	163540
按登记注册类型分						
内资企业	529	213	1401926	1362379	1330705	435594
国有企业	222	100	373586	419662	453013	125424
中央企业	18	8	95327	102107	127570	31777
地方企业	204	92	278259	317556	325443	93648
集体企业	95	30	131261	136108	125624	43270
股份合作企业	21	11	12448	15415	16365	3946
联营企业	11	5	21211	18003	16113	5765
有限责任公司	83	34	440214	340516	322157	93323
股份有限公司	20	5	129192	132028	122326	45457
私营企业	75	26	292947	299512	274257	118141
其他企业	2	2	1067	1135	850	268
港、澳、台商投资企业	24	13	64443	46010	42918	12351
外商投资企业	17	5	158910	106807	107285	33801
按经济组织类型分						
独资企业	349	142	564377	620141	637420	185277
合作、合伙企业	37	18	47625	47067	46216	14156
股份有限公司	30	7	279404	295748	276403	117187
有限责任公司	154	64	733873	552240	520869	165127
按工业行业大类分						
采掘业	**10**	**4**	**28914**	**36562**	**39668**	**14487**
煤炭采选业	3	2	9105	15742	15972	5228
非金属矿采选业	7	2	19809	20820	23695	9259

7—14续表1

单位:万元

指　　标	企业单位数(个)	#亏损企业	工业总产值(不变价格)	工业总产值(当年价格)	工业销售产值(当年价格)	工业增加值(当年价格)
制造业	**541**	**223**	**1540896**	**1389625**	**1351263**	**436538**
食品加工业	38	19	43679	56079	58097	11839
食品制造业	22	11	59101	57063	55952	20632
饮料制造业	12	4	10586	10497	10764	3997
烟草加工业	2	1	29676	27672	54646	8054
纺织业	10	7	14470	10731	10655	954
服装及其他纤维制品制造业	4	2	2637	3130	2444	959
皮革毛皮羽绒及其制品业	3	2	27	44	63	—91
木材加工及竹藤棕草制品业	3	3	2590	2729	3359	102
家具制造业	2		1118	1137	1102	312
造纸及纸制品业	12	2	14712	14516	14151	3714
印刷业	32	9	36498	40434	41859	12571
文教体育用品制造业	2	1	947	947	685	301
石油加工及炼焦业	2	1	576	576	647	233
化学原料及化学制品制造业	51	22	249573	236449	234087	69962
医药制造业	60	15	257394	270156	225015	119040
橡胶制品业	7	1	6629	5639	5216	1738
塑料制品业	18	7	30492	26616	25392	6840
非金属矿物制品业	78	35	91038	108190	107989	29950
黑色金属冶炼及压延加工业	16	10	39528	44982	40203	10337
有色金属冶炼及压延加工业	16	11	29969	26458	27317	5719
金属制品业	27	4	55544	66344	67163	18954
普通机械制造业	23	11	20479	22185	20748	7022
专用设备制造业	20	9	32959	33239	33776	9665
交通运输设备制造业	36	20	124566	111121	106075	38692
电气机械及器材制造业	26	8	62233	63689	59646	15252
电子及通信设备制造业	10	4	311349	135731	132759	33768
仪器仪表及文化办公用机械制造业	8	4	9020	9158	7638	4412
其他制造业	1		3507	4113	3820	1613
电力、煤气及水的生产和供应业	**19**	**4**	**55468**	**89008**	**89978**	**30721**
电力、蒸汽、热水的生产和供应业	9	1	36104	51978	51411	22744
煤气生产和供应业	3	2	18343	34327	35973	7023
自来水的生产和供应业	7	1	1021	2703	2594	955

7—14续表2

单位:万元

指　　标	资产合计	流动资产小　计	#应收账款净额	#产成品	流动资产年平均余额
总　计	**2790300**	**1382132**	**372541**	**196299**	**1271963**
中型企业	782866	367010	107398	50271	348289
小型企业	2007434	1015122	265143	146028	923675
在总计中:亏损企业	954535	439021	98883	56146	402987
在总计中:国有控股企业	1886462	834061	215576	121859	775265
在总计中:乡村工业	90548	55838	20348	9285	44689
在总计中:轻工业	865630	473765	130392	72864	446527
重工业	1924670	908368	242149	123435	825436
在总计中:高技术产业	454959	290550	76143	51232	265024
按登记注册类型分					
内资企业	2613017	1266135	334041	176747	1161160
国有企业	1406738	617673	159102	81724	575501
中央企业	521690	243133	53601	27702	218761
地方企业	885048	374539	105501	54022	356740
集体企业	129340	73175	23679	13584	65452
股份合作企业	35219	15613	5694	2627	15877
联营企业	13099	5062	2132	1035	5181
有限责任公司	554322	272355	72369	42055	239417
股份有限公司	182033	108220	24202	12609	97034
私营企业	291215	173258	46771	22855	161956
其他企业	1052	780	92	259	743
港、澳、台商投资企业	88266	52893	26059	6932	51101
外商投资企业	89017	63104	12441	12621	59702
按经济组织类型分					
独资企业	1622616	739953	201796	100362	684746
合作、合伙企业	62273	28012	9324	6758	27307
股份有限公司	326100	189424	47010	26397	175448
有限责任公司	779312	424744	114411	62781	384462
按工业行业大类分					
采掘业	**67085**	**29231**	**11557**	**3030**	**30842**
煤炭采选业	45314	17430	6256	2126	18843
非金属矿采选业	21771	11800	5301	905	11998

7－14续表3

单位：万元

指　　标	资产合计	流动资产小　计	#应收账款净额	产成品	流动资产年平均余额
制造业	**2359900**	**1220638**	**306690**	**192373**	**1119131**
食品加工业	54632	23090	5402	2853	25986
食品制造业	58463	33324	1925	789	25451
饮料制造业	40709	18331	3604	1559	17031
烟草加工业	82571	49629	10388	13765	61917
纺织业	55286	17453	3241	2538	12137
服装及其他纤维制品制造业	6386	4042	208	753	3855
皮革毛皮羽绒及其制品业	3213	982	220	28	963
木材加工及竹藤棕草制品业	16284	4611	440	1048	4434
家具制造业	1209	662	106	86	617
造纸及纸制品业	32306	15230	7352	2207	16096
印刷业	66949	37461	19082	3464	35134
文教体育用品制造业	872	757	22	244	622
石油加工及炼焦业	2283	1286	380	417	1112
化学原料及化学制品制造业	348104	155655	52996	20372	146213
医药制造业	273287	174632	48000	23332	152799
橡胶制品业	28119	8022	4598	771	7027
塑料制品业	39454	16195	4422	2431	13120
非金属矿物制品业	297144	122533	31110	15217	113293
黑色金属冶炼及压延加工业	52151	28335	2750	5974	25434
有色金属冶炼及压延加工业	125098	47929	4411	3952	18102
金属制品业	92873	58441	11795	20619	58821
普通机械制造业	64149	32967	7025	5888	32253
专用设备制造业	108269	68850	14635	10884	66332
交通运输设备制造业	237976	133715	23837	18779	122364
电气机械及器材制造业	104484	60799	21795	9502	54822
电子及通信设备制造业	144358	96919	24647	23301	95189
仪器仪表及文化办公用机械制造业	17854	6753	1558	1492	5865
其他制造业	5417	2035	741	107	2141
电力、煤气及水的生产和供应业	**363316**	**132264**	**54294**	**896**	**121991**
电力、蒸汽、热水的生产和供应业	236940	98429	47277		92223
煤气生产和供应业	113878	30528	6864	895	26244
自来水的生产和供应业	12497	3307	153	1	3524

7—14续表4

单位:万元

指　　标	固定资产小计	固定资产原价	累计折旧	#本年折旧	固定资产净值年平均余额
总　计	**1140797**	**1424629**	**471168**	**83240**	**898921**
中型企业	347983	428628	156671	18624	279909
小型企业	792814	996001	314497	64617	619012
在总计中:亏损企业	406665	507430	157333	37763	310993
在总计中:国有控股企业	872920	1085352	352575	64146	689445
在总计中:乡村工业	29034	39869	12502	2263	26820
在总计中:轻工业	301060	351620	89580	14322	249610
重工业	839737	1073009	381588	68918	649311
在总计中:高技术产业	116405	142167	39416	6983	93604
按登记注册类型分					
内资企业	1092035	1343164	434710	78515	857413
国有企业	668157	818235	244632	31824	519754
中央企业	228353	273617	72089	13176	161839
地方企业	439805	544618	172544	18648	357915
集体企业	41867	61917	25664	3108	34753
股份合作企业	13389	18042	7669	487	10247
联营企业	5792	9315	3859	809	8096
有限责任公司	215377	271421	101200	34225	174219
股份有限公司	57063	79046	27025	3472	50962
私营企业	90148	84881	24593	4577	59152
其他企业	242	307	67	13	230
港、澳、台商投资企业	25021	34152	10466	2253	19644
外商投资企业	23741	47313	25993	2473	21864
按经济组织类型分					
独资企业	739053	919288	283069	36982	581130
合作、合伙企业	22673	31353	12972	1441	21897
股份有限公司	105911	116443	37096	5300	76541
有限责任公司	273161	357545	138032	39518	219353
按工业行业大类分					
采掘业	**34707**	**40614**	**17733**	**2692**	**23019**
煤炭采选业	26934	28456	12787	1043	15659
非金属矿采选业	7773	12157	4946	1648	7360

7—14续表5

单位:万元

指　　标	固定资产小计	固定资产原价	累计折旧	#本年折旧	固定资产净值年平均余额
制造业	**897111**	**1132441**	**386810**	**69378**	**694749**
食品加工业	26656	31127	5562	1007	24482
食品制造业	23065	23394	4057	976	12629
饮料制造业	13263	16206	3495	481	12619
烟草加工业	29688	35641	8950	1911	27522
纺织业	30423	34286	5601	824	25429
服装及其他纤维制品制造业	2310	1046	366	107	508
皮革毛皮羽绒及其制品业	1480	1626	302	102	1220
木材加工及竹藤棕草制品业	9313	11201	2779	52	8773
家具制造业	543	887	344	63	555
造纸及纸制品业	8883	12297	5733	1437	8802
印刷业	24098	35490	12300	1577	23700
文教体育用品制造业	107	150	43	18	48
石油加工及炼焦业	909	864	92	25	821
化学原料及化学制品制造业	160908	190976	69584	8964	114454
医药制造业	68364	73539	16509	3037	52924
橡胶制品业	8568	6470	1782	223	3281
塑料制品业	14990	25316	11998	2115	12678
非金属矿物制品业	147720	191625	67957	27995	123336
黑色金属冶炼及压延加工业	17043	22823	6214	1298	17265
有色金属冶炼及压延加工业	60218	69800	14198	2732	17940
金属制品业	25392	33013	12335	1641	21679
普通机械制造业	28622	42310	18899	1170	22970
专用设备制造业	37607	69480	35569	2816	30092
交通运输设备制造业	81419	107083	39165	4119	70759
电气机械及器材制造业	32165	33543	22483	1008	23691
电子及通信设备制造业	35850	53128	18565	3377	30232
仪器仪表及文化办公用机械制造业	4927	6176	1454	198	4204
其他制造业	2586	2942	475	106	2136
电力、煤气及水的生产和供应业	**208978**	**251574**	**66625**	**11171**	**181153**
电力、蒸汽、热水的生产和供应业	124556	154320	41689	7277	109369
煤气生产和供应业	77459	88755	23156	3646	65483
自来水的生产和供应业	6964	8500	1780	248	6300

7－14续表6

单位:万元

指标	负债合计	#流动负债	所有者权益合计	实收资本	#国家资本
总计	**2027393**	**1541973**	**762907**	**707904**	**324638**
中型企业	560886	385462	221981	169539	88703
小型企业	1466508	1156511	540926	538365	235935
在总计中:亏损企业	797846	647021	156689	272233	174840
在总计中:国有控股企业	1457358	1050957	429104	459855	303543
在总计中:乡村工业	58280	45293	32268	24040	352
在总计中:轻工业	604131	507025	261499	226636	79872
重工业	1423262	1034948	501408	481268	244766
在总计中:高技术产业	269384	227009	185576	124759	13159
按登记注册类型分					
内资企业	1924442	1448940	688576	630741	311516
国有企业	1185991	821653	220747	293928	224864
中央企业	425896	312776	95794	98696	70581
地方企业	760095	508878	124953	195231	154283
集体企业	87271	72819	42068	34516	744
股份合作企业	26662	22184	8557	8699	1368
联营企业	10665	7492	2434	3680	269
有限责任公司	365485	304943	188837	153545	68465
股份有限公司	86961	70658	95073	63280	13650
私营企业	160494	148277	130721	72679	2157
其他企业	914	914	138	415	
港、澳、台商投资企业	50397	44524	37869	28725	932
外商投资企业	52554	48509	36463	48439	12189
按经济组织类型分					
独资企业	1325502	937813	297114	354644	225639
合作、合伙企业	43227	33749	19047	17863	1637
股份有限公司	171367	152930	154733	99917	13660
有限责任公司	487298	417481	292014	235481	83701
按工业行业大类分					
采掘业	**40785**	**34466**	**26300**	**24063**	**18672**
煤炭采选业	29853	23797	15462	17236	17236
非金属矿采选业	10932	10669	10838	6826	1435

7—14续表7

单位:万元

指　　标	负债合计	#流动负债	所有者权益合计	实收资本	#国家资本
制造业	**1607534**	**1338993**	**752366**	**662106**	**285506**
食品加工业	43743	34192	10889	15932	10271
食品制造业	27211	22811	31252	11829	5893
饮料制造业	26058	17716	14651	9675	3104
烟草加工业	85439	85032	—2868	16889	16889
纺织业	46856	30124	8430	17792	13512
服装及其他纤维制品制造业	5878	5208	509	687	
皮革毛皮羽绒及其制品业	4532	3990	—1319	628	442
木材加工及竹藤棕草制品业	16405	8512	—122	5064	2478
家具制造业	312	312	897	815	
造纸及纸制品业	22115	18080	10191	7201	1198
印刷业	45177	39277	21772	19858	1796
文教体育用品制造业	691	598	181	63	10
石油加工及炼焦业	1016	615	1268	1133	20
化学原料及化学制品制造业	232194	194736	115910	100891	30435
医药制造业	152802	130130	120485	71782	6275
橡胶制品业	12911	8940	15209	9316	66
塑料制品业	17850	10367	21603	13431	4640
非金属矿物制品业	204601	150434	92543	74754	55916
黑色金属冶炼及压延加工业	79489	71674	—27338	5414	1086
有色金属冶炼及压延加工业	63310	62079	61788	60052	50874
金属制品业	59304	53047	33569	23723	5815
普通机械制造业	40687	33219	23462	23532	8794
专用设备制造业	84914	78613	23355	37583	23230
交通运输设备制造业	151612	124424	86364	61180	23175
电气机械及器材制造业	79157	68273	25327	23864	13224
电子及通信设备制造业	92149	77490	52209	39725	5212
仪器仪表及文化办公用机械制造业	7012	6343	10842	9129	1153
其他制造业	4110	2760	1307	166	
电力、煤气及水的生产和供应业	**379074**	**168513**	**—15759**	**21736**	**20460**
电力、蒸汽、热水的生产和供应业	222535	127075	14405	4561	4441
煤气生产和供应业	151176	39072	—37297	13024	11868
自来水的生产和供应业	5364	2367	7133	4151	4151

7—14续表8

单位:万元

指　　标	产品销售收入	#产品销售利润	营业利润	利润总额	亏损企业亏损额
总　计	**1392758**	**181926**	**13690**	**14854**	**53274**
中型企业	395161	79540	35903	19737	3600
小型企业	997597	102386	—22213	—4883	49675
在总计中:亏损企业	233834	180	—65586	—53274	53274
在总计中:国有控股企业	676765	83652	—31109	—21214	42649
在总计中:乡村工业	70489	7586	2898	3079	730
在总计中:轻工业	539795	75744	22760	16125	18081
重工业	852963	106182	—9070	—1271	35194
在总计中:高技术产业	348500	59693	27318	18489	2868
按登记注册类型分					
内资企业	1247039	165527	10572	12106	50909
国有企业	443245	59390	—26782	—20488	32837
中央企业	104340	22297	—11506	—13718	17818
地方企业	338905	37093	—15276	—6769	15020
集体企业	117051	12080	2588	2446	1964
股份合作企业	15809	981	—805	—346	717
联营企业	15715	1115	382	458	204
有限责任公司	306823	23732	—7643	—3844	13226
股份有限公司	106519	17678	6713	7488	739
私营企业	241027	50568	36181	26455	1161
其他企业	850	—17	—62	—62	62
港、澳、台商投资企业	41587	4540	429	121	1799
外商投资企业	104132	11859	2690	2627	566
按经济组织类型分					
独资企业	617167	77934	—22298	—16317	35748
合作、合伙企业	41245	2781	—225	129	982
股份有限公司	234419	49363	31270	21782	901
有限责任公司	499927	51848	4942	9261	15643
按工业行业大类分					
采掘业	**32888**	**5104**	**293**	**862**	**251**
煤炭采选业	10807	1868	—1274	—171	222
非金属矿采选业	22081	3236	1567	1034	29

7－14续表9

单位:万元

指　　标	产品销售收入	#产品销售利润	营业利润	利润总额	亏损企业亏损额
制造业	**1231109**	**157415**	**2360**	**11390**	**52457**
食品加工业	54856	468	－3536	－1959	2634
食品制造业	54865	12156	8880	9067	511
饮料制造业	8059	752	－44	71	170
烟草加工业	35031	1090	－7716	－7486	8224
纺织业	5818	－86	－1851	－1662	1664
服装及其他纤维制品制造业	2444	293	－16	－12	62
皮革毛皮羽绒及其制品业	63	－1	－109	－23	23
木材加工及竹藤棕草制品业	3359	－186	－1229	－1122	1122
家具制造业	1069	100	22	22	
造纸及纸制品业	13739	1815	236	368	148
印刷业	40877	6252	2299	2251	620
文教体育用品制造业	685	119	18	8	7
石油加工及炼焦业	633	12	－168	－25	25
化学原料及化学制品制造业	204164	24384	6661	7714	3215
医药制造业	194870	45454	27269	16749	1144
橡胶制品业	4671	322	572	1469	6
塑料制品业	25041	2310	－35	－28	302
非金属矿物制品业	100826	12421	－10247	－6184	9723
黑色金属冶炼及压延加工业	41913	－242	－4432	－5450	5536
有色金属冶炼及压延加工业	25636	－127	－11770	－4985	5173
金属制品业	57898	7099	2310	2256	132
普通机械制造业	19047	3885	－608	－676	973
专用设备制造业	32846	5772	－2284	－1033	1725
交通运输设备制造业	101938	14290	－3138	－1125	7219
电气机械及器材制造业	56570	6179	613	1318	642
电子及通信设备制造业	133321	11184	1007	2015	1001
仪器仪表及文化办公用机械制造业	7051	1192	－336	－155	457
其他制造业	3820	509	－5	10	
电力、煤气及水的生产和供应业	**128762**	**19407**	**11037**	**2602**	**567**
电力、蒸汽、热水的生产和供应业	90716	18268	14337	2550	0
煤气生产和供应业	35741	631	－3386	－89	543
自来水的生产和供应业	2305	509	86	140	23

7—14续表10　　单位:万元

指　　标	应交所得税	利税总额	主营业务应付工资总　额	本年应交增值税	从业人员年平均人数(人)
总　计	**18728**	**94456**	**102724**	**70727**	**138380**
中型企业	5611	42857	25117	20397	36068
小型企业	13117	51598	77607	50330	102312
在总计中:亏损企业	365	—40185	28478	11680	51449
在总计中:国有控股企业	5682	19696	64425	36538	87113
在总计中:乡村工业	946	7103	4460	3448	6784
在总计中:轻工业	9523	50385	29125	30414	43154
重工业	9205	44071	73600	40313	95226
在总计中:高技术产业	5661	40166	17803	19613	19431
按登记注册类型分					
内资企业	17386	87866	95281	66774	130750
国有企业	3349	9212	45586	26686	62387
中央企业	1092	—2804	10501	9464	12643
地方企业	2256	12017	35085	17221	49744
集体企业	1418	9659	11292	6117	14948
股份合作企业	111	646	1656	880	2271
联营企业	308	1478	1078	596	1176
有限责任公司	2755	11293	20689	13787	31616
股份有限公司	1914	13896	6182	5536	7329
私营企业	7532	41724	8752	13154	10953
其他企业		—43	47	17	70
港、澳、台商投资企业	544	1296	2448	1492	2854
外商投资企业	798	5294	4996	2461	4776
按经济组织类型分					
独资企业	5525	23571	60117	35702	81380
合作、合伙企业	444	3026	3035	2325	4146
股份有限公司	5328	33905	9867	10249	10969
有限责任公司	7430	33953	29705	22452	41885
按工业行业大类分					
采掘业	**282**	**4315**	**5821**	**3003**	**11645**
煤炭采选业	13	1726	3054	1790	8564
非金属矿采选业	270	2590	2767	1213	3081

7—14续表11 单位:万元

指　　　标	应交所得税	利税总额	主营业务应付工资总　额	本年应交增值税	从业人员年平均人数（人）
制造业	**17602**	**78234**	**89718**	**59777**	**121634**
食品加工业	172	—793	1859	1209	3125
食品制造业	3132	12467	2970	3052	4892
饮料制造业	57	1400	852	498	1396
烟草加工业	262	—3977	866	3191	1267
纺织业	1	—1258	2886	383	5954
服装及其他纤维制品制造业	15	130	417	128	643
皮革毛皮羽绒及其制品业		—22	85	1	109
木材加工及竹藤棕草制品业		—1027	286	108	431
家具制造业	7	98	136	69	157
造纸及纸制品业	216	1261	529	819	930
印刷业	715	4998	2932	2381	4379
文教体育用品制造业	5	75	112	57	143
石油加工及炼焦业		56	81	75	235
化学原料及化学制品制造业	2590	13287	11463	5112	12824
医药制造业	4413	33092	7747	14600	9800
橡胶制品业	412	1774	1056	261	2005
塑料制品业	78	970	1660	952	1993
非金属矿物制品业	1099	1616	13449	6987	19822
黑色金属冶炼及压延加工业	24	—3078	1889	2270	3555
有色金属冶炼及压延加工业	46	—3733	1445	1148	3828
金属制品业	710	4748	4023	2291	4786
普通机械制造业	72	971	3497	1340	5351
专用设备制造业	198	575	5046	1511	7332
交通运输设备制造业	1597	4898	12634	5050	15197
电气机械及器材制造业	587	3010	4527	1762	5225
电子及通信设备制造业	709	6043	5406	3780	4144
仪器仪表及文化办公用机械制造业	478	318	1434	452	1706
其他制造业	10	337	429	291	405
电力、煤气及水的生产和供应业	**844**	**11907**	**7185**	**7948**	**5101**
电力、蒸汽、热水的生产和供应业	668	9484	3636	5853	2042
煤气生产和供应业	104	1997	3031	1897	2557
自来水的生产和供应业	72	425	518	198	502

7—15 全市非公有制企业主要经济指标

(2002年) 单位:万元

指标	企业单位数(个)	#亏损企业	工业总产值(不变价格)	工业总产值(当年价格)	工业销售产值(当年价格)	工业增加值(当年价格)
总计	**179**	**70**	**756598**	**707200**	**652776**	**222536**
在总计中:亏损企业	70	70	114308	118913	110277	22875
在总计中:乡村工业	14	5	44119	44841	42957	14251
在总计中:轻工业	106	35	388832	402162	356701	131923
重工业	73	35	367765	305038	296075	90613
在总计中:大型企业	1		2904	2904	2569	—21149
中型企业	7		299742	260942	238698	104672
小型企业	171	70	453951	443355	411508	139013
在总计中:高技术产业	48	14	335593	299598	255357	101174
按登记注册类型分						
内资企业	153	59	576819	577983	527240	209400
联营企业	3		1658	1470	1349	446
有限责任公司	58	27	203618	196694	178046	62243
股份有限公司	15	4	77530	79172	72738	28303
私营企业	75	26	292947	299512	274257	118141
其他企业	2	2	1067	1135	850	268
港、澳、台商投资企业	15	7	37361	37239	34844	9955
外商投资企业	11	4	142419	91978	90693	3182
按经济组织类型分						
独资企业	32	12	59530	64371	58783	16582
合作、合伙企业	7	2	13267	13148	11606	4267
股份有限公司	25	6	227741	242892	226816	100032
有限责任公司	115	50	456059	386790	355571	101654

7－15续表1

单位:万元

指　　标	企　业单位数（个）	#亏损企业	工　业总产值（不变价格）	工　业总产值（当年价格）	工业销售产值（当年价格）	工　业增加值（当年价格）
按工业行业大类分						
采掘业	**1**	**1**	**1752**	**1892**	**1357**	**956**
非金属矿采选业	1	1	1752	1892	1357	956
制造业	**178**	**69**	**754845**	**705308**	**651419**	**221580**
食品加工业	12	9	26972	31247	30399	5947
食品制造业	9	3	43448	34375	34058	13930
饮料制造业	3	1	7227	7248	7231	2777
纺织业	1		23	16		3
服装及其他纤维制品制造业	3	2	1791	2283	1597	776
家具制造业	1		698	713	713	164
造纸及纸制品业	3		5919	5919	5849	1771
印刷业	9	3	26335	28583	30428	9116
石油加工及炼焦业	1	1	576	576	647	241
化学原料及化学制品制造业	14	6	146756	127756	125664	42800
医药制造业	43	11	226192	241468	200272	85555
橡胶制品业	4	1	5182	4284	3600	1350
塑料制品业	8	3	16406	14965	13682	3121
非金属矿物制品业	25	10	23621	24848	24584	7481
黑色金属冶炼及压延加工业	6	4	30696	35055	30804	7276
有色金属冶炼及压延加工业	5	3	7397	7292	6827	2007
金属制品业	5		19980	23885	20653	7929
普通机械制造业	4		2041	2112	1956	439
专用设备制造业	2	1	22738	22226	22881	7329
交通运输设备制造业	8	4	15375	14302	13851	3694
电气机械及器材制造业	7	4	16427	16353	18455	2262
电子及通信设备制造业	1		103367	53516	51423	13191
仪器仪表及文化办公用机械制造业	3	3	2174	2174	2028	808
其他制造业	1		3507	4113	3820	1613

7—15续表2

单位:万元

指　　标	资产合计	流动资产小计	#应收账款净额	#产成品	流动资产年平均余额
总　　计	**795718**	**506640**	**141113**	**65643**	**458578**
在总计中:亏损企业	143130	89267	24269	15181	80536
在总计中:乡村工业	47806	28225	12337	1802	21029
在总计中:轻工业	476186	320318	97703	36698	281109
重工业	319532	186322	43410	28944	177469
在总计中:大型企业	54487	46395	13246	6721	42475
中型企业	203516	126133	32911	18947	119737
小型企业	537715	334112	94956	39976	296366
在总计中:高技术产业	298878	218529	56362	30413	192282
按登记注册类型分					
内资企业	624934	377234	101665	45516	342404
联营企业	2432	550	54	303	533
有限责任公司	224990	136874	40349	16981	118784
股份有限公司	105246	65771	14400	5119	60388
私营企业	291215	173258	46771	22855	161956
其他企业	1052	780	92	259	743
港、澳、台商投资企业	47328	33841	16944	4576	27589
外商投资企业	123455	95565	22504	15551	88585
按经济组织类型分					
独资企业	86538	49105	19015	5055	43794
合作、合伙企业	12702	5588	913	2190	4420
股份有限公司	249312	146975	37207	18907	138803
有限责任公司	447166	304971	83978	39490	271562

7—15续表3

单位:万元

指标	资产合计	流动资产小计	#应收账款净额	#产成品	流动资产年平均余额
按工业行业大类分					
采掘业	**4041**	**1430**	**572**	**277**	**1431**
非金属矿采选业	4041	1430	572	277	1431
制造业	**791677**	**505210**	**140542**	**65366**	**457148**
食品加工业	22227	12049	3599	2275	14732
食品制造业	21569	19416	418	291	15272
饮料制造业	27215	13801	2621	784	12583
纺织业	9536	4888			407
服装及其他纤维制品制造业	5815	3681	60	723	3777
家具制造业	916	403	84	37	411
造纸及纸制品业	16236	8608	4570	1294	8788
印刷业	40740	24481	15669	1467	22121
石油加工及炼焦业	2019	1134	330	417	989
化学原料及化学制品制造业	148600	76882	29589	7112	74775
医药制造业	275678	200626	56124	26864	176382
橡胶制品业	3055	1852	491	680	1801
塑料制品业	13161	5956	1410	1035	4731
非金属矿物制品业	38083	18779	5583	3723	16820
黑色金属冶炼及压延加工业	23176	17468	18	5195	16667
有色金属冶炼及压延加工业	4217	2477	450	752	2413
金属制品业	25997	14324	1970	2797	13361
普通机械制造业	1739	743	158	115	791
专用设备制造业	38024	26896	7106	3854	26899
交通运输设备制造业	11753	7554	1059	627	7629
电气机械及器材制造业	34681	24174	8449	1752	18679
电子及通信设备制造业	19134	16061	28	3163	14150
仪器仪表及文化办公用机械制造业	2642	921	17	302	828
其他制造业	5417	2035	741	107	2141

7—15续表4

单位:万元

指　　标	固定资产小计	固定资产原价	累计折旧	#本年折旧	固定资产净值年平均余额
总　　计	**221170**	**270934**	**88947**	**15876**	**172492**
在总计中:亏损企业	44771	63435	21315	3941	42032
在总计中:乡村工业	17725	23448	6124	1292	16975
在总计中:轻工业	119380	139967	36032	7559	94059
重工业	101790	130967	52915	8317	78433
在总计中:大型企业	7316	10458	3142	407	7417
中型企业	56119	46054	11319	2394	31514
小型企业	157735	214423	74487	13074	133561
在总计中:高技术产业	59345	64181	14324	3287	44358
按登记注册类型分					
内资企业	186023	207892	58438	12145	141085
联营企业	1867	1615	28	21	1423
有限责任公司	69004	89485	25657	6151	58201
股份有限公司	24762	31605	8094	1383	22079
私营企业	90148	84881	24593	4577	59152
其他企业	242	307	67	13	230
港、澳、台商投资企业	9353	13539	5336	1313	7254
外商投资企业	25793	49504	25174	2419	24153
按经济组织类型分					
独资企业	29029	39136	12773	2050	26623
合作、合伙企业	3971	4111	422	116	3465
股份有限公司	73610	69001	18164	3211	47659
有限责任公司	114560	158686	57589	10499	94745

7－15续表5

单位:万元

指　　标	固定资产小计	固定资产原价	累计折旧	#本年折旧	固定资产净值年平均余额
按工业行业大类分					
采掘业	**1833**	**1851**	**461**		**1551**
非金属矿采选业	1833	1851	461		1551
制造业	**219337**	**269084**	**88486**	**15876**	**170941**
食品加工业	6711	8061	1567	411	5970
食品制造业	1832	2069	364	138	1250
饮料制造业	5381	6626	1245	292	5177
纺织业	4648	4648			387
服装及其他纤维制品制造业	2100	715	244	100	474
家具制造业	508	760	252	52	509
造纸及纸制品业	6150	9037	4742	1241	6418
印刷业	15303	22090	6896	1084	15298
石油加工及炼焦业	797	839	84	17	741
化学原料及化学制品制造业	53101	55102	21060	4046	35007
医药制造业	55709	60178	13933	2920	42135
橡胶制品业	1160	1646	542	106	859
塑料制品业	6652	9716	4003	453	5395
非金属矿物制品业	17613	24904	8601	1229	15651
黑色金属冶炼及压延加工业	5048	6002	1004	933	5708
有色金属冶炼及压延加工业	1602	2192	590	121	1591
金属制品业	8566	9230	1561	569	6584
普通机械制造业	675	848	176	50	482
专用设备制造业	10858	26637	17431	1193	9708
交通运输设备制造业	3791	6462	3011	307	4137
电气机械及器材制造业	5087	4539	325	141	3255
电子及通信设备制造业	2749	3072	323	323	1376
仪器仪表及文化办公用机械制造业	710	768	58	44	693
其他制造业	2586	2942	475	106	2136

7—15续表6

单位:万元

指　　标	负债合计	#流动负债	所有者权益合计	实收资本	#国家资本
总　　计	**501685**	**436963**	**294033**	**206678**	**19401**
在总计中:亏损企业	114427	101702	28704	38233	619
在总计中:乡村工业	28326	19733	19480	15061	
在总计中:轻工业	291361	243103	184825	105473	2581
重工业	210324	193860	109208	101206	16820
在总计中:大型企业	43928	39928	10559	968	
中型企业	108044	101529	95472	60018	74
小型企业	349713	295506	188002	145693	19327
在总计中:高技术产业	167388	146799	131490	71716	2581
按登记注册类型分					
内资企业	380548	329114	244387	157324	10351
联营企业	1844	511	589	1337	2
有限责任公司	156539	131051	68451	53674	7997
股份有限公司	60757	48360	44488	29220	195
私营企业	160494	148277	130721	72679	2157
其他企业	914	914	138	415	
港、澳、台商投资企业	31558	26315	15771	11189	732
外商投资企业	89579	81534	33876	38165	8318
按经济组织类型分					
独资企业	52239	43341	34299	26201	32
合作、合伙企业	6309	3150	6393	2908	2
股份有限公司	145164	130632	104148	65857	205
有限责任公司	297973	259840	149193	111713	19162

7—15续表7

单位:万元

指　　标	负债合计	#流动负债	所有者权益合计	实收资本	#国家资本
按工业行业大类分					
采掘业	**2678**	**2563**	**1362**	**1490**	**37**
非金属矿采选业	2678	2563	1362	1490	37
制造业	**499006**	**434400**	**292671**	**205188**	**19364**
食品加工业	21550	18887	677	4669	
食品制造业	5294	5240	16275	2362	
饮料制造业	19202	12364	8013	5112	
纺织业	8536	4351	1000	1000	
服装及其他纤维制品制造业	5279	4830	536	687	
家具制造业	127	127	789	750	
造纸及纸制品业	10607	9507	5678	4190	
印刷业	27784	23599	12956	10915	
石油加工及炼焦业	1016	615	1004	1113	
化学原料及化学制品制造业	98089	96080	50511	39535	26
医药制造业	159133	138829	116544	56530	2581
橡胶制品业	1698	1667	1357	1425	
塑料制品业	6866	4226	6294	6587	
非金属矿物制品业	23744	18282	14338	10687	44
黑色金属冶炼及压延加工业	23592	22630	—416	2013	
有色金属冶炼及压延加工业	2001	2001	2216	1984	2
金属制品业	12081	7120	13917	7720	
普通机械制造业	1109	1089	629	606	
专用设备制造业	32493	29591	5531	18874	8728
交通运输设备制造业	7421	5567	4332	2506	
电气机械及器材制造业	19442	17207	15240	11572	7983
电子及通信设备制造业	6755	6755	12379	12325	
仪器仪表及文化办公用机械制造业	1077	1077	1565	1861	
其他制造业	4110	2760	1307	166	

7—15续表8

单位:万元

指标	产品销售收入	#产品销售利润	营业利润	利润总额	亏损企业亏损额
总计	**623889**	**92483**	**45820**	**36717**	**8143**
在总计中:亏损企业	102629	780	—7460	—8143	8143
在总计中:乡村工业	38126	5278	3229	3278	71
在总计中:轻工业	360240	67892	39849	30408	3387
重工业	263648	24591	5970	6310	4756
在总计中:大型企业	36828	7269	3101	3101	
中型企业	205339	39575	28150	17489	
小型企业	381722	45639	14568	16127	8143
在总计中:高技术产业	264679	51553	30332	19706	822
按登记注册类型分					
内资企业	466808	72731	40703	32345	6815
联营企业	1305	22	5	7	
有限责任公司	166234	12848	988	1604	4899
股份有限公司	57392	9309	3592	4341	693
私营企业	241027	50568	36181	26455	1161
其他企业	850	—17	—62	—62	62
港、澳、台商投资企业	33998	4240	1269	723	781
外商投资企业	123083	15512	3848	3649	547
按经济组织类型分					
独资企业	56871	6464	1897	1725	947
合作、合伙企业	8674	582	182	2	62
股份有限公司	185292	40993	28149	18635	855
有限责任公司	373051	44443	15592	16355	6279

7—15续表9

单位:万元

指　　　标	产品销售收入	#产品销售利润	营业利润	利润总额	亏损企业亏损额
按工业行业大类分					
采掘业	**1032**	**1**	**—74**	**—24**	**24**
非金属矿采选业	1032	1	—74	—24	24
制造业	**622857**	**92482**	**45893**	**36741**	**8119**
食品加工业	28142	—265	—2617	—1342	1846
食品制造业	33385	9638	8854	8855	289
饮料制造业	5858	557	—18	—8	108
纺织业	1597	132	—60	—56	62
服装及其他纤维制品制造业	681	66	22	22	
家具制造业	5848	1100	327	351	
造纸及纸制品业	29676	4551	2277	2047	307
印刷业	633	12	—165	—25	25
石油加工及炼焦业	102117	13136	7019	7381	834
化学原料及化学制品制造业	210283	49298	30797	19996	476
医药制造业	3576	303	23	31	6
橡胶制品业	13516	868	68	93	64
塑料制品业	24201	2380	181	103	743
非金属矿物制品业	30713	—799	—1893	—2301	2333
黑色金属冶炼及压延加工业	6746	250	22	33	136
有色金属冶炼及压延加工业	17516	1927	1288	1091	
金属制品业	1904	268	—65	60	
普通机械制造业	22841	4746	526	568	51
专用设备制造业	11122	1048	257	279	49
交通运输设备制造业	15726	504	—672	—153	444
电气机械及器材制造业	51429	2342	60	53	
电子及通信设备制造业	1526	—87	—335	—347	347
仪器仪表及文化办公用机械制造业	3820	509	—5	10	
其他制造业					

7—15续表10 单位:万元

指标	应交所得税	利税总额	主营业务应付工资总额	本年应交增值税	从业人员年平均人数(人)
总计	**12144**	**70242**	**26159**	**30154**	**35204**
在总计中:亏损企业	341	—3760	6380	3598	9323
在总计中:乡村工业	802	5715	1898	2027	3127
在总计中:轻工业	9086	55870	14324	22854	19606
重工业	3059	14372	11835	7301	15598
在总计中:大型企业	682	5929	644	2776	798
中型企业	4061	24315	4440	6279	4249
小型企业	7401	39998	21075	21099	30157
在总计中:高技术产业	5356	37135	7325	15829	8266
按登记注册类型分					
内资企业	10701	60614	20044	24866	28504
联营企业	8	46	65	15	202
有限责任公司	1981	10951	8395	8565	12989
股份有限公司	1179	7936	2786	3114	4290
私营企业	7532	41724	8752	13154	10953
其他企业		—43	47	17	70
港、澳、台商投资企业	448	1635	1645	1203	2050
外商投资企业	995	7993	4470	4086	4650
按经济组织类型分					
独资企业	759	4700	3240	2900	4045
合作、合伙企业	27	894	303	831	803
股份有限公司	4593	27946	6471	7826	7930
有限责任公司	6766	36702	16145	18597	22426

7—15续表11

单位:万元

指　　标	应交所得税	利税总额	主营业务应付工资总　额	本年应交增值税	从业人员年平均人数(人)
按工业行业大类分					
采掘业	**—74**	**70**	**253**	**95**	**380**
非金属矿采选业	—74	70	253	95	380
制造业	**12218**	**70172**	**25906**	**30060**	**34824**
食品加工业	116	—490	920	838	1271
食品制造业	2996	11384	1013	2298	1531
饮料制造业	25	1034	473	376	903
纺织业			1018		1858
服装及其他纤维制品制造业	2	25	249	72	424
家具制造业	7	65	57	40	63
造纸及纸制品业	176	969	234	573	346
印刷业	569	4020	1400	1697	2256
石油加工及炼焦业		56	79	75	231
化学原料及化学制品制造业	1910	9406	3209	1885	3750
医药制造业	4934	37099	6541	15545	7971
橡胶制品业	13	274	610	222	886
塑料制品业	46	460	731	349	831
非金属矿物制品业	204	1808	2002	1440	3203
黑色金属冶炼及压延加工业	7	—491	1036	1757	1674
有色金属冶炼及压延加工业	39	243	335	204	538
金属制品业	365	2288	495	1140	865
普通机械制造业	16	210	246	86	306
专用设备制造业	186	1470	2428	894	2793
交通运输设备制造业	115	618	759	222	1064
电气机械及器材制造业	63	—370	891	52	1385
电子及通信设备制造业	12	95	605		100
仪器仪表及文化办公用机械制造业	409	—340	149	6	170
其他制造业	10	337	429	291	405

7—16 全市高技术产业企业主要经济指标

（2002年）　　单位：万元

指标	企业单位数（个）	#亏损企业	工业总产值（不变价格）	工业总产值（当年价格）	工业销售产值（当年价格）	工业增加值（当年价格）
总计	**95**	**28**	**687469**	**509244**	**453209**	**170449**
在总计中：亏损企业	28	28	32736	29856	28356	8517
在总计中：国有控股企业	41	14	331882	189382	181897	61421
在总计中：乡村工业	1		12345	12345	10353	5639
在总计中：轻工业	68	17	409876	324865	279491	108273
重工业	27	11	277594	184379	173718	62176
在总计中：大型企业	12	4	87278	78369	74077	6909
中型企业	9	1	237240	197070	174932	80316
小型企业	74	23	362952	233805	204201	83225
在总计中：高技术产业	95	28	687469	509244	453209	170449
按登记注册类型分						
内资企业	80	23	543428	433171	382855	170719
国有企业	24	8	97837	76783	71166	27366
中央企业	9	3	53609	48008	44292	16706
地方企业	15	5	44229	28774	26874	10660
集体企业	6		19995	20263	15954	7853
有限责任公司	23	8	272238	168328	151073	59812
股份有限公司	6		55252	54361	48972	22056
私营企业	20	6	97610	112941	95323	53541
其他企业	1	1	495	495	366	90
港、澳、台商投资企业	12	5	36044	17926	14635	7021
外商投资企业	3		107997	58147	55719	—7291
按经济组织类型分						
独资企业	34	9	138885	118098	104839	42666
合作、合伙企业	1	1	495	495	366	90
股份有限公司	8		105690	120935	108952	57365
有限责任公司	52	18	442400	269716	239053	70328
按工业行业大类分						
制造业	**95**	**28**	**687469**	**509244**	**453209**	**170449**
化学原料及化学制品制造业	1		3860	2440	1634	1620
医药制造业	61	15	260298	273060	227584	97891
专用设备制造业	3		714	1015	985	290
交通运输设备制造业	12	4	99213	85277	80393	31576
电子及通信设备制造业	10	4	311349	135731	132759	33768
仪器仪表及文化办公用机械制造业	8	5	12036	11720	9853	5305

7—16续表1

单位:万元

指　　标	资产合计	流动资产小　计	#应收账款净额	#产成品	流动资产年平均余额
总　　计	**799042**	**450433**	**119105**	**78389**	**415807**
在总计中:亏损企业	149740	67245	23569	11582	66308
在总计中:国有控股企业	487111	225324	60956	46955	217900
在总计中:乡村工业	8083	5707	278		476
在总计中:轻工业	369449	253066	65824	43729	225361
重工业	429592	197367	53282	34660	190446
在总计中:大型企业	344082	159883	42962	27156	150783
中型企业	143506	98456	22890	15984	89783
小型企业	311453	192094	53252	35249	175241
在总计中:高技术产业	799042	450433	119105	78389	415807
按登记注册类型分					
内资企业	672933	359294	94035	63083	328495
国有企业	227710	100480	25582	16718	92307
中央企业	147058	57524	13414	9782	52611
地方企业	80653	42956	12168	6936	39696
集体企业	13053	6580	1787	1021	5626
有限责任公司	282897	146651	38443	32861	137740
股份有限公司	62444	45996	9798	2674	38617
私营企业	86168	59006	18333	9650	53655
其他企业	661	581	92	159	551
港、澳、台商投资企业	51173	27698	11338	5423	29797
外商投资企业	74935	63442	13732	9883	57515
按经济组织类型分					
独资企业	266663	121500	31057	19698	111800
合作、合伙企业	661	581	92	159	551
股份有限公司	93214	69694	13682	9210	60168
有限责任公司	438505	258658	74274	49321	243289
按工业行业大类分					
制造业	**799042**	**450433**	**119105**	**78389**	**415807**
化学原料及化学制品制造业	1425	921	194	84	921
医药制造业	327774	221027	61245	30053	195274
专用设备制造业	3345	2147	278	114	1970
交通运输设备制造业	290899	114466	29813	22025	108297
电子及通信设备制造业	144358	96919	24647	23301	95189
仪器仪表及文化办公用机械制造业	31242	14954	2928	2812	14156

7—16续表2

单位:万元

指　　标	固定资产小计	固定资产原价	累计折旧	#本年折旧	固定资产净值年平均余额
总　　计	**244169**	**295539**	**97264**	**14380**	**208665**
在总计中:亏损企业	49940	74645	28395	2429	52982
在总计中:国有控股企业	180166	227000	81588	10930	161668
在总计中:乡村工业	2369	2594	419	9	1959
在总计中:轻工业	82074	93049	23664	3480	66143
重工业	162095	202490	73600	10901	142522
在总计中:大型企业	127765	153372	57848	7397	115061
中型企业	34261	43899	12814	3582	27346
小型企业	82144	98268	26602	3401	66258
在总计中:高技术产业	244169	295539	97264	14380	208665
按登记注册类型分					
内资企业	219235	262919	88494	12824	190502
国有企业	84091	105909	38529	5004	70920
中央企业	57818	65378	23425	3331	45496
地方企业	26273	40531	15104	1673	25423
集体企业	4658	4358	1352	163	2639
有限责任公司	97654	119023	42071	5947	91454
股份有限公司	13369	15443	2720	526	11744
私营企业	19403	18074	3766	1183	13688
其他企业	59	113	55	2	57
港、澳、台商投资企业	14567	18559	5078	788	9093
外商投资企业	10368	14061	3693	769	9070
按经济组织类型分					
独资企业	94744	117322	40943	5429	79293
合作、合伙企业	59	113	55	2	57
股份有限公司	19928	21691	4337	1072	15848
有限责任公司	129439	156413	51929	7877	113468
按工业行业大类分					
制造业	**244169**	**295539**	**97264**	**14380**	**208665**
化学原料及化学制品制造业	177	163	10		153
医药制造业	75679	83996	19651	3445	60340
专用设备制造业	1104	1164	390	167	481
交通运输设备制造业	122552	144190	54274	7151	110119
电子及通信设备制造业	35850	53128	18565	3377	30232
仪器仪表及文化办公用机械制造业	8807	12898	4375	241	7340

7—16续表3

单位:万元

指　　　标	负债合计	#流动负债	所有者权益合计	实收资本	#国家资本
总　　计	**461414**	**351147**	**337627**	**242744**	**56343**
在总计中:亏损企业	100170	84172	49569	58997	11243
在总计中:国有控股企业	285420	198816	201691	167883	53579
在总计中:乡村工业	3573	2813	4511	3060	
在总计中:轻工业	236622	207675	132828	80794	9104
重工业	224793	143472	204800	161950	47239
在总计中:大型企业	192030	124138	152052	117985	43184
中型企业	82642	61680	60865	40383	3433
小型企业	186742	165329	124711	84376	9727
在总计中:高技术产业	461414	351147	337627	242744	56343
按登记注册类型分					
内资企业	384808	281881	288125	213577	55821
国有企业	135059	83386	92652	65920	51355
中央企业	84047	48960	63011	47439	36902
地方企业	51012	34427	29641	18481	14454
集体企业	8606	5531	4447	3145	183
有限责任公司	163838	122917	119059	103688	2037
股份有限公司	30483	26536	31962	19260	158
私营企业	46145	42833	40024	21345	2087
其他企业	678	678	—18	219	
港、澳、台商投资企业	25493	22152	25680	15054	522
外商投资企业	51113	47113	23822	14113	
按经济组织类型分					
独资企业	158986	100473	107676	75065	51539
合作、合伙企业	678	678	—18	219	
股份有限公司	48068	43382	45146	24110	158
有限责任公司	253682	206614	184823	143350	4646
按工业行业大类分					
制造业	**461414**	**351147**	**337627**	**242744**	**56343**
化学原料及化学制品制造业	423	138	1002	1000	
医药制造业	196730	170058	131044	72750	6275
专用设备制造业	1087	319	2258	1164	986
交通运输设备制造业	155111	89075	135788	113075	36902
电子及通信设备制造业	92149	77490	52209	39725	5212
仪器仪表及文化办公用机械制造业	15915	14067	15327	15029	6969

7—16续表4

单位:万元

指　　标	产品销售收入	#产品销售利润	营业利润	利润总额	亏损企业亏损额
总　　计	**450038**	**87281**	**29217**	**23218**	**4237**
在总计中:亏损企业	26731	4389	—5078	—4237	4237
在总计中:国有控股企业	174473	33985	—1398	3178	3415
在总计中:乡村工业	6344	1187	954	947	
在总计中:轻工业	283408	53976	29908	19754	1420
重工业	166631	33305	—692	3464	2817
在总计中:大型企业	101538	27589	1899	4729	1369
中型企业	163756	32319	20187	10204	267
小型企业	184744	27374	7131	8286	2601
在总计中:高技术产业	450038	87281	29217	23218	4237
按登记注册类型分					
内资企业	344833	74332	25297	19582	3509
国有企业	66056	17947	—339	2626	1525
中央企业	40124	11172	—454	1888	621
地方企业	25931	6774	116	738	904
集体企业	10887	1744	282	335	
有限责任公司	142499	21543	1982	3745	1665
股份有限公司	36196	8182	5003	4480	
私营企业	88830	24917	18391	8419	298
其他企业	366		—22	—22	22
港、澳、台商投资企业	15383	3293	828	436	728
外商投资企业	89822	9656	3091	3200	
按经济组织类型分					
独资企业	92956	22798	1261	4102	1597
合作、合伙企业	366		—22	—22	22
股份有限公司	93634	27069	20866	9972	
有限责任公司	263082	37414	7112	9166	2618
按工业行业大类分					
制造业	**450038**	**87281**	**29217**	**23218**	**4237**
化学原料及化学制品制造业	1442		—190	3	
医药制造业	231698	52723	30370	19850	1144
专用设备制造业	984	144	—142	32	
交通运输设备制造业	73495	21566	—1177	1627	1487
电子及通信设备制造业	133321	11184	1007	2015	1001
仪器仪表及文化办公用机械制造业	9098	1664	—651	—309	605

7—16续表5

单位:万元

指　　标	应交所得税	利税总额	主营业务应付工资总　额	本年应交增值税	从业人员年平均人数(人)
总　　计	**7347**	**50171**	**31140**	**24849**	**33045**
在总计中:亏损企业	439	—2759	5429	1404	8043
在总计中:国有控股企业	1882	11752	22950	8219	23889
在总计中:乡村工业	218	1442	144	450	215
在总计中:轻工业	5154	40538	9505	18873	11926
重工业	2193	9633	21635	5976	21119
在总计中:大型企业	1686	10005	13337	5235	13614
中型企业	2447	18233	4833	7445	4953
小型企业	3214	21934	12970	12168	14478
在总计中:高技术产业	7347	50171	31140	24849	33045
按登记注册类型分					
内资企业	6368	42976	28563	21360	30696
国有企业	1068	6597	12187	3803	14043
中央企业	681	3686	7634	1780	8377
地方企业	386	2911	4552	2024	5666
集体企业	109	1284	864	802	890
有限责任公司	1922	11213	11032	7031	10830
股份有限公司	1119	7603	1357	2758	2168
私营企业	2150	16283	3110	6949	2740
其他企业		—3	13	17	25
港、澳、台商投资企业	274	1024	1079	612	1187
外商投资企业	705	6171	1498	2877	1162
按经济组织类型分					
独资企业	1528	10193	13717	5689	15425
合作、合伙企业		—3	13	17	25
股份有限公司	2382	17627	2896	6946	3235
有限责任公司	3437	22353	14513	12196	14360
按工业行业大类分					
制造业	**7347**	**50171**	**31140**	**24849**	**33045**
化学原料及化学制品制造业	1	281	31	278	25
医药制造业	5095	39021	8391	17376	10598
专用设备制造业	10	112	288	72	424
交通运输设备制造业	1056	4409	14734	2764	14588
电子及通信设备制造业	709	6043	5406	3780	4144
仪器仪表及文化办公用机械制造业	477	305	2291	579	3266

7—17　全市规模以上工业利税总额40强企业

（2002年）

序　号	企　业　名　称
1	贵州黄果树烟草(集团)有限责任公司
2	中国铝业股份有限公司贵州分公司
3	贵州省电力公司
4	贵州轮胎股份有限公司
5	南方汇通股份有限公司
6	贵阳南明老干妈风味食品有限责任公司
7	贵阳市南供电局
8	贵州益佰制药股份有限公司
9	贵州西洋肥业有限公司
10	贵州开磷(集团)有限责任公司
11	中美贵州神奇制药有限公司
12	贵阳市北供电局
13	贵州久联集团有限责任公司
14	贵州贵航汽车零部件股份公司
15	贵州东伟实业股份有限公司
16	贵州南明烟叶有限责任公司
17	清镇发电厂
18	中国振华集团宇光电工厂
19	贵州水泥厂
20	贵阳发电厂
21	贵州水晶有机化工集团有限公司
22	贵阳新天药业有限责任公司
23	贵州西牛王印务有限责任公司
24	中国人民解放军第三五三七工厂
25	贵州永力橡胶集团有限公司
26	贵州大众橡胶有限公司
27	贵州万江航空机电有限公司
28	贵阳煤气气源厂
29	贵州万达客车股份有限公司
30	贵阳普天通信机械厂
31	三井华阳汽车配件有限公司
32	贵阳东方变压器厂
33	贵州汉方息烽药业有限公司
34	贵州远程制药有限责任公司
35	贵州开磷集团息烽重钙厂
36	贵州詹阳机械工业有限公司
37	贵州仙灵药业股份有限公司
38	贵州险峰实业总公司
39	林东矿务局
40	贵州前进轮胎集团有限公司

7—18　全市规模以上工业产品销售收入40强企业

（2002年）

序　号	企　业　名　称
1	贵州黄果树烟草(集团)有限责任公司
2	中国铝业股份有限公司贵州分公司
3	贵州轮胎股份有限公司
4	贵阳市南供电局
5	贵州开磷(集团)有限责任公司
6	清镇发电厂
7	贵州西洋肥业有限公司
8	南方汇通股份有限公司
9	贵州益佰制药股份有限公司
10	京瓷振华通信设备有限公司
11	贵阳海信电子有限公司
12	贵州省电力公司
13	贵州贵航汽车零部件股份公司
14	中美贵州神奇制药有限公司
15	贵州水晶有机化工集团有限公司
16	贵州开磷集团息烽重钙厂
17	贵州黔能天和磷业有限公司
18	贵阳市北供电局
19	贵州南明烟叶有限责任公司
20	贵阳特殊钢有限责任公司
21	贵阳煤气气源厂
22	贵阳发电厂
23	贵阳南明老干妈风味食品有限责任公司
24	贵州电力线路器材厂
25	贵州万达客车股份有限公司
26	贵州东风发电厂
27	贵州詹阳机械工业有限公司
28	中国人民解放军第三五三七工厂
29	贵州久联集团有限责任公司
30	开阳县供电局
31	贵州水泥厂
32	贵州化肥厂有限公司
33	贵州永力橡胶集团有限公司
34	贵阳市南供电局小河电力有限公司
35	中国振华集团宇光电工厂
36	贵州汉方息烽药业有限公司
37	贵州益康制药有限公司
38	贵州万江航空机电有限公司
39	贵州红枫发电总厂
40	贵阳电线厂

7—19 规模以上主要工业产品产量及销售情况

（2002年）

产品名称	单位	生产量	全年销售量	产销率（%）
原煤（全社会）	吨	5282263	5466332	103.48
磷矿石（折含P2O5 30%）	吨	4265964	3956538	92.75
配混合饲料	吨	132290	133259	100.73
乳制品	吨	203	212	104.63
白酒	吨	4004	3435	85.79
啤酒	吨	26859	26617	99.10
软饮料	吨	3255	3539	108.73
卷烟	箱	761232	771112	101.30
纱	吨	5879	3747	63.74
布	万米	2216.99	1501.95	67.75
棉布	万米	170.79	204.95	120.00
混纺交织布	万米	2046.20	1297.00	63.39
服装	万件	214.13	209.01	97.61
人造板	立方米	23145	24591	106.24
机制纸	吨	2078	2598	125.02
机制纸板	吨	1259	1219	96.82
焦炭	吨	509333	533489	104.74
硫酸（折100%）	吨	798206	349152	43.74
碳化钙（折 300升/千克）	吨	69026	27273	39.51
合成氨	吨	125168	78595	62.79
农用化学肥料总计（折100%）	吨	503391	498015	98.93
氮肥（折含N 100%）	吨	136613	135261	99.01
尿素	吨	39185	39497	100.80
磷肥（折合P2O5 100%）	吨	308831	305622	98.96
钾肥（折100%）	吨	57946	57131	98.59
纯苯	吨	4518	4680	103.59
油漆	吨	2476	2324	93.87
合成洗涤剂	吨	5925	5869	99.05
轮胎外胎	条	2735163	2623535	95.92

7－19续表

产品名称	单位	生产量	全年销售量	产销率（%）
塑料制品	吨	25737	25470	98.96
农用薄膜	吨	3000	3020	100.65
水泥	万吨	282.92	336.95	119.10
生铁	吨	34738	34253	98.60
钢	吨	200173	180756	90.30
成品钢材	吨	75624	89478	118.32
普通中型钢材	吨	120	120	100.00
普通小型钢材	吨	6205	6040	97.34
优质型钢材	吨	64120	78228	122.00
线材	吨	221	240	108.60
无缝钢管	吨	4958	4850	97.82
铁合金	吨	67658	65753	97.18
十种有色金属	吨	251228	247394	98.47
锌	吨	6804	6304	92.65
铝	吨	244423	241090	98.64
氧化铝	吨	661673	185773	28.08
铝材	吨	4997	5248	105.02
铜加工材	吨	1874	1965	104.86
日用精铝制品	吨	56	49	87.30
工业锅炉	蒸发量吨	24	22	91.67
内燃机	万千瓦	8.10	6.55	80.86
金属切削机床	台	407	395	97.05
数控机床	台	9	9	100.00
大型机床	台	9	7	77.78
小型拖拉机	台	30	141	470.00
摩托车	辆	728	845	116.07
交流电动机	千瓦	84815	65803	77.58
微型电子计算机	部	62	1246	2009.68
彩色电视机	部	322542	324041	100.46
表	只			
化学农药	吨	627	687	109.52

7—20 规模以下工业抽样调查推算结果

（2002年）

区县（市）名称		抽中村居数（个）	调查企业数（个）	营业收入（万元）	营业收入比上年增长（%）	现价工业总产值（万元）	现价工业总产值比上年增长（%）
南明区	年收入在100万元以上		235	54919	11.27	63545	14.36
	年收入在100万元以下	21	409	28646	15.69	29052	12.62
	全部规模以下小计	21	644	83565	12.75	92597	13.81
云岩区	年收入在100万元以上		106	38177	17.22	40122	15
	年收入在100万元以下	19	328	29520	10.6	31643	7.29
	全部规模以下小计	19	434	67697	14.24	71765	11.46
花溪区	年收入在100万元以上		67	14645	12.17	16500	16.98
	年收入在100万元以下	19	600	21183	7.02	20954	5.78
	全部规模以下小计	19	667	35827	9.07	37454	10.44
乌当区	年收入在100万元以上		232	49007	20.96	49405	17.66
（不含野鸭乡）	年收入在100万元以下	19	812	65420	21.76	70542	25.73
	全部规模以下小计	19	1044	114427	21.79	119947	22.74
高新开发区野鸭乡	年收入在100万元以上		117	23158	11.34	23227	11.02
	年收入在100万元以下	5	309	24861	6.3	25377	9.52
	全部规模以下小计	5	426	48019	8.67	48604	10.23
白云区	年收入在100万元以上		130	33784	4.18	34464	3.26
	年收入在100万元以下	11	294	32701	32.11	33112	32.53
	全部规模以下小计	11	424	66485	16.27	67576	15.79
小河区	年收入在100万元以上		43	6814	21.05	7373	31.45
	年收入在100万元以下	6	66	10339	18.45	11624	12.4
	全部规模以下小计	6	109	17153	19.47	18997	19.1
开阳县	年收入在100万元以上		51	14364	19.01	15101	15.81
	年收入在100万元以下	20	697	42603	18.18	42735	14.02
	全部规模以下小计	20	748	56967	18.38	57836	14.48
息烽县	年收入在100万元以上		87	15304	3.95	14930	3.24
	年收入在100万元以下	17	290	12584	7.45	12704	9.87
	全部规模以下小计	17	377	27888	5.5	27634	6.19
修文县	年收入在100万元以上		73	14643	17.61	14072	15.65
	年收入在100万元以下	21	450	25006	11.62	25072	12.8
	全部规模以下小计	21	523	39648	13.76	39144	13.8
清镇市	年收入在100万元以上		179	33123	—2.68	33488	3.73
	年收入在100万元以下	32	722	64078	11.75	67163	16.41
	全部规模以下小计	32	901	97201	6.38	100650	11.86
全市合计	年收入在100万元以上		1203	274780	9.61	289000	10.74
	年收入在100万元以下	185	4668	332079	14.22	344600	14.32
	全部规模以下小计	185	5871	606859	12.08	633600	12.66

7－21 建筑业企业主要经济指标

指　　　　标	单位	2001年	2002年	2002年比2001年增长(%)
建筑业企业个数	个	248	276	11.3
从业人员	万人	15.49	17.28	11.6
自有固定资产原价	亿元	36.15	40.13	11.0
自有固定资产净价	亿元	25.47	29.88	17.3
自有机械设备台数	万台	2.8	2.9	3.6
自有机械设备净值	亿元	9.6	12.6	31.3
自有机械设备总功率	万千瓦	62.8	60.15	－4.2
建筑业总产值	亿元	112.1	127.8	14.0
建筑业增加值	亿元	24	25.5	6.3
＃本年固定资产折旧	亿元	2.4	2.5	4.2
主营业务应付工资	亿元	12.3	13.4	8.9
主营业务应付福利费	亿元	1.4	1.6	14.3
工程结算税金及附加	亿元	3.4	4.5	32.4
管理费用中的税金	亿元	0.3	0.2	－33.3
营业利润	亿元	2.32	2	－13.8
施工面积	万平方米	944.5	1064	12.7
竣工面积	万平方米	376	415.2	10.4
利润总额	亿元	1.4	2.1	50.0
劳动生产率				
按总产值计算	元/人	77567	89992	16.0
按增加值计算	元/人	20080	17992	－10.4
技术装备率	元/人	6206	8879	43.1
动力装备率	千瓦/人	4.06	4.2	3.4
房屋建筑面积竣工率	%	39.81	39	－2.0
产值利润率	%	1.27	1.29	1.6
产值利税率	%	1.54	5.3	244.2

7—22 建筑业合同及承包工程完成情况

（2002年）

单位：万元

指标	签订的合同额	上年结转合同额	本年新签合同额	直接从建设单位承揽工程完成的产值	从建设单位以外承揽工程完成的产值
总计	**2042889**	**1057334**	**985555**	**1265963**	**21914**
#国有及国有控股	1808827	960786	848041	1091957	4926
按登记注册类型分组					
内资企业	2041145	1056109	985036	1265244	20756
国有企业	1684866	895938	788928	1006835	4388
集体企业	108580	44705	63875	79580	2073
联营企业	1792	920	872	1150	
有限责任公司	163340	82570	80770	126000	2880
股份有限公司	65844	22536	43308	39985	11049
私营企业	16723	9440	7283	11684	366
港、澳、台商投资企业	1744	1225	519	719	1098
外商投资企业					60
按经济组织类型分组					
独资企业	1794106	941123	852983	1086639	6922
合作、合伙企业	1792	920	872	1160	
股份有限公司	67007	22696	44311	41207	11212
有限责任公司	179984	92595	87389	136957	3780
按国民经济行业分组					
土木工程建筑业	1752039	931533	820506	1104096	12079
房屋建筑业	739111	326339	412772	483061	8878
矿山建筑业	408	157	251	805	
铁路、公路、隧道和桥梁	646882	407670	239212	287880	2223
堤坝、电站、码头建筑	293112	184015	109097	273398	
其他土木工程建筑业	72526	13352	59174	58952	978
线路、管道和设备安装业	267828	117063	150765	142547	5417
线路、管道安装业	40262	10066	30196	34414	
设备安装业	227566	106997	120569	108133	5417
装修装饰业	23022	8738	14284	19320	4418
按企业资质等级分组（原标）					
一　级	1486797	827334	659463	868213	1266
二　级	414922	177772	237150	279411	13728
三　级	106496	32845	73651	93617	2951
四　级	31622	17856	13766	23900	3610
其　他	3052	1527	1525	822	359
按企业资质等级分组（新标）					
施工总承包	1888952	1004096	884856	1147485	11973
特　级	291569	116497	175072	161679	
一　级	1170584	709061	461523	720069	180
二　级	337964	132765	205199	194369	10836
三　级	88835	45773	43062	71368	957
专业承包	95544	37203	58341	77712	7917
一　级	7006	2906	4100	4525	978
二　级	65042	30248	34794	52013	2866
三　级	23496	4049	19447	21174	4073

7－23 建筑业企业生产情况

（2002年）

指标	建筑业总产值（万元）	装修装饰产值	在外省完成的产值	按构成分的建筑业总产值（万元）：建筑工程	安装工程	其他产值	竣工产值（万元）
总计	**1277915**	**24106**	**166783**	**1039676**	**226116**	**12123**	**850948**
＃国有及国有控股	1086955	10365	165100	891089	185173	10693	712121
按登记注册类型分组							
内资企业	1276038	22294	166718	1037799	226116	12123	850948
国有企业	1006332	9559	125193	813080	183307	9945	646377
集体企业	81653	3478		65941	15116	596	64729
股份合作企业	10					10	
联营企业	1150	280		1150			
有限责任公司	123843	4159	39907	107051	15784	1008	96198
股份有限公司	51034	1096		41147	9637	250	32704
私营企业	12016	3722	1618	9430	2272	314	10940
港、澳、台商投资企业	1817	1752	65	1817			
外商投资企业	60	60		60			
按经济组织类型分组							
独资企业	1088670	13717	125193	879706	198423	10541	711106
合作、合伙企业	1160	280		1150		10	
股份有限公司	52385	1206		41871	10136	378	33853
有限责任公司	135700	8903	41590	116949	17557	1194	105989
按国民经济行业分组							
土木工程建筑业	1109054	7713	134879	975185	122195	11674	761490
房屋建筑业	484926	7713	61091	463877	15737	5312	346321
矿山建筑业	805			805			779
铁路、公路、隧道和桥梁	289995		38467	288400	95	1500	279204
堤坝、电站、码头建筑	273398		10255	194661	77831	906	123764
其他土木工程建筑业	59930		25066	27442	28532	3956	11422
线路、管道和设备安装业	146101	188	31393	41871	103791	439	89328
线路、管道安装业	34414		4341	16449	17684	281	24907
设备安装业	111687	188	27052	25422	86107	158	64421
装修装饰业	22760	16205	511	22620	130	10	130
按企业资质等级分组（原标）							
一级	859988	8215	152683	681083	173106	5799	586867
二级	292702	410	12482	256608	32027	4067	175235
三级	96568	9937	1618	76435	18017	2116	67088
四级	27476	5271		24918	2417	141	20969
其他	1181	273		632	549		789
按企业资质等级分组（新标）							
施工总承包	1150945	4658	161965	934361	205316	11268	789607
特级	161679		21816	148030	13649		89045
一级	711844	3705	134252	545088	159457	7299	499124
二级	205097	140	5897	184787	17759	2551	141561
三级	72325	813		56456	14451	1418	59877
专业承包	84617	12240	3724	71496	12334	787	36010
一级	4525	4510	511	4525			
二级	54845	3311	3213	50927	3384	534	17983
三级	25247	4419		16044	8950	253	18027

7—23续表1

指标	单位工程施工个数（个）	#本年新开工个数	实行投标承包个数	#本年新开工	单位工程竣工个数（个）	#一次交验合格个数
总计	**4580**	**2632**	**2631**	**1485**	**2526**	**1882**
#国有及国有控股	2922	1538	2064	1124	1352	1262
按登记注册类型分组						
内资企业	4577	2631	2629	1485	2526	1882
国有企业	2652	1346	1970	1045	1197	1108
集体企业	907	671	343	248	628	263
股份合作企业	1					
联营企业						
有限责任公司	828	481	235	148	582	403
股份有限公司	93	60	53	25	58	55
私营企业	96	73	28	19	61	53
港、澳、台商投资企业	3	1	2			
外商投资企业						
按经济组织类型分组						
独资企业	3559	2017	2313	1293	1825	1371
合作、合伙企业	1					
股份有限公司	124	84	58	30	69	60
有限责任公司	896	531	260	162	632	451
按国民经济行业分组						
土木工程建筑业	3496	1928	2381	1339	1719	1594
房屋建筑业	2103	1175	1472	849	1132	1048
矿山建筑业	13	8	3	3	4	3
铁路、公路、隧道和桥梁	403	245	163	91	170	157
堤坝、电站、码头建筑	747	409	560	342	358	347
其他土木工程建筑业	230	91	183	54	55	39
线路、管道和设备安装业	1083	704	250	146	807	288
线路、管道安装业	548	277	106	39	450	146
设备安装业	535	427	144	107	357	142
装修装饰业	1					
按企业资质等级分组（原标）						
一　级	1902	849	1542	783	774	774
二　级	1328	753	595	348	780	558
三　级	945	710	395	280	706	423
四　级	387	308	87	62	263	124
其　他	18	12	12	12	3	3
按企业资质等级分组（新标）						
施工总承包	3562	1867	2318	1274	1842	1450
特　级	139	51	88	51	29	29
一　级	1722	761	1414	695	737	737
二　级	741	440	506	320	401	360
三　级	960	615	310	208	675	324
专业承包	779	614	259	177	543	314
一　级						
二　级	430	313	217	137	243	233
三　级	349	301	42	40	300	81

7－23续表2

指　　标	房屋建筑施工面积（万平方米）	#本年新开工面积	实行投标承包面积	#本年新开工	房屋建筑竣工面积（万平方米）	#一次交验合格面积
总　计	**1064.0**	**469.1**	**894.2**	**410.7**	**415.2**	**369.5**
#国有及国有控股	850.8	363.2	731.0	332.8	307.1	270.5
按登记注册类型分组						
内资企业	1063.9	468.9	894.2	410.7	415.2	369.5
国有企业	817.0	348.6	708.1	319.6	291.9	256.0
集体企业	163.2	76.2	131.4	60.5	76.0	71.6
股份合作企业	0.1					
联营企业						
有限责任公司	62.5	31.6	42.4	22.3	31.1	27.7
股份有限公司	10.5	6.5	6.5	3.6	7.9	7.6
私营企业	10.6	6.1	5.8	4.7	8.3	6.6
港、澳、台商投资企业	0.1	0.1				
外商投资企业						
按经济组织类型分组						
独资企业	980.2	424.8	839.4	380.1	367.9	327.6
合作、合伙企业	0.1					
股份有限公司	12.2	6.5	6.5	3.6	9.6	7.6
有限责任公司	71.5	37.8	48.2	27.0	37.7	34.3
按国民经济行业分组						
土木工程建筑业	1020.8	444.1	867.2	401.9	391.5	358.9
房屋建筑业	970.6	410.2	833.2	373.1	366.7	337.5
矿山建筑业	0.6	0.1	0.1		0.6	
铁路、公路、隧道和桥梁	6.4	3.9	3.8	2.8	3.6	3.6
堤坝、电站、码头建筑	29.4	17.3	18.0	13.9	15.8	13.0
其他土木工程建筑业	13.8	12.5	12.0	12.0	4.8	4.8
线路、管道和设备安装业	43.1	25.0	27.0	8.9	23.7	10.5
线路、管道安装业	19.6	6.6	17.9	4.9	18.1	5.2
设备安装业	23.6	18.4	9.1	3.9	5.6	5.3
装修装饰业	0.1					
按企业资质等级分组（原标）						
一　级	522.3	199.5	464.9	197.5	149.2	149.2
二　级	404.6	204.9	327.2	161.0	188.5	151.3
三　级	113.6	58.3	91.2	48.2	69.2	61.1
四　级	23.6	6.3	10.9	4.0	8.4	7.9
其　他						
按企业资质等级分组（新标）						
施工总承包	927.8	384.3	788.0	355.2	354.6	316.5
特　级						
一　级	522.1	198.0	463.4	196.0	150.2	150.2
二　级	275.2	137.5	233.0	124.0	135.1	101.5
三　级	130.5	48.7	91.6	35.2	69.3	64.8
专业承包	68.0	38.4	67.4	38.0	39.5	38.4
一　级						
二　级	57.1	30.7	56.8	30.4	28.6	27.8
三　级	10.9	7.7	10.5	7.6	10.9	10.5

7—23续表3

指　　标	年末自有机械设备			
	净　值（万元）	总台数（台）	总功率（万千瓦）	#施工机械功率
总　　计	**126093**	**29069**	**60.1**	**36.8**
#国有及国有控股	101078	20876	48.7	29.5
按登记注册类型分组				
内资企业	126007	28976	60.1	36.8
国有企业	90495	19428	43.0	24.5
集体企业	12749	5457	4.9	3.8
股份合作企业	320	110	0.4	0.3
联营企业	504	168	0.2	0.1
有限责任公司	16618	2000	7.4	6.4
股份有限公司	2965	593	1.1	0.9
私营企业	2356	1220	3.2	0.7
港、澳、台商投资企业	78	82	0.1	0.0
外商投资企业	8	11	0.0	0.0
按经济组织类型分组				
独资企业	103267	24904	47.9	28.3
合作、合伙企业	824	278	0.5	0.4
股份有限公司	3454	766	1.3	1.1
有限责任公司	18548	3121	10.5	7.0
按国民经济行业分组				
土木工程建筑业	110646	22897	49.5	33.1
房屋建筑业	38422	10404	15.1	12.6
矿山建筑业	201	128	0.2	0.2
铁路、公路、隧道和桥梁	46270	5546	19.9	13.2
堤坝、电站、码头建筑	18970	4402	10.5	4.0
其他土木工程建筑业	6783	2417	3.9	3.2
线路、管道和设备安装业	13041	4893	7.4	2.8
线路、管道安装业	1440	611	1.0	0.7
设备安装业	11601	4282	6.4	2.2
装修装饰业	2406	1279	3.2	0.8
按企业资质等级分组（原标）				
一　级	73387	15341	32.9	19.0
二　级	38624	6895	18.1	12.7
三　级	10552	5077	5.7	4.0
四　级	3449	1748	3.5	1.2
其　他	81	8	0.0	0.0
按企业资质等级分组（新标）				
施工总承包	102714	22707	46.7	29.9
特　级	22699	4822	9.4	5.5
一　级	52275	10517	24.7	14.1
二　级	20122	3649	8.2	7.2
三　级	7618	3719	4.4	3.2
专业承包	15989	4028	6.9	4.9
一　级	118	7	0.0	0.0
二　级	11124	2711	5.2	3.9
三　级	4747	1310	1.6	1.1

7－24 建筑业企业财务状况

(2002年)

单位:万元

指标	流动资产小计	固定资产小计	固定资产原价	累计折旧	无形及递延资产小计
总计	**1142754**	**298827**	**401296**	**127842**	**38809**
#国有及国有控股	979745	248069	344839	113792	34813
按登记注册类型分组					
内资企业	1135269	297970	399956	127354	38809
国有企业	932631	230735	319280	105538	34714
集体企业	51980	24435	29368	7172	2158
股份合作企业		574	574	1	
联营企业	1119	757	813	56	
有限责任公司	87670	26120	38117	12037	1743
股份有限公司	47458	11420	7015	1536	123
私营企业	14411	3929	4789	1014	71
港、澳、台商投资企业	7416	848	1315	472	
外商投资企业	69	9	25	16	
按经济组织类型分组					
独资企业	986774	255415	348911	112741	36872
合作、合伙企业	1119	1331	1387	57	
股份有限公司	49747	12102	7793	1770	131
有限责任公司	105114	29979	43205	13274	1806
按国民经济行业分组					
土木工程建筑业	995083	267219	360032	116367	36303
房屋建筑业	406239	101974	118241	25652	30178
矿山建筑业	800	1856	1982	127	
铁路、公路、隧道和桥梁	331857	88013	135692	49089	1682
堤坝、电站、码头建筑	215081	55049	79435	34408	3057
其他土木工程建筑业	41106	20327	24682	7091	1386
线路、管道和设备安装业	110300	26562	34583	9688	2263
线路、管道安装业	36819	4791	6041	2257	358
设备安装业	73481	21771	28542	7431	1905
装修装饰业	37371	5046	6681	1787	243
按企业资质等级分组(原标)					
一级	818974	186055	266634	94866	22995
二级	213482	74622	94219	22319	11817
三级	77169	30239	30526	7855	3019
四级	29851	7814	9757	2739	974
其他	3278	97	160	63	4
按企业资质等级分组(新标)					
施工总承包	1027109	255787	348336	115341	33449
特级	253288	39401	60859	21515	1807
一级	554136	146734	207249	74728	21139
二级	167621	43352	54510	13815	7585
三级	52064	26300	25718	5283	2918
专业承包	79434	25911	32668	8487	3351
一级	4417	118	180	62	34
二级	46181	18396	23536	5224	2311
三级	28836	7397	8952	3201	1006

7—24续表1

单位:万元

指　　标	资产合计	负债合计	流动负债	长期负债	所有者权益合计
总　　计	**1528477**	**1100562**	**1033714**	**66848**	**427915**
#国有及国有控股	1301014	980064	918815	61249	320950
按登记注册类型分组					
内资企业	1519801	1096274	1029426	66848	423527
国有企业	1235729	933452	872896	60556	302277
集体企业	81235	43102	41623	1479	38133
股份合作企业	574				574
联营企业	1876	1053	1053		823
有限责任公司	118353	80530	78838	1692	37823
股份有限公司	63462	30424	27877	2547	33038
私营企业	18572	7713	7139	574	10859
港、澳、台商投资企业	8598	4267	4267		4331
外商投资企业	78	21	21		57
按经济组织类型分组					
独资企业	1319376	977359	915324	62035	342017
合作、合伙企业	2450	1053	1053		1397
股份有限公司	66506	32211	29664	2547	34295
有限责任公司	140145	89939	87673	2266	50206
按国民经济行业分组					
土木工程建筑业	1337693	977031	911387	65644	360662
房屋建筑业	548056	388941	378412	10529	159115
矿山建筑业	2925	725	725		2200
铁路、公路、隧道和桥梁	430600	323351	281660	41691	107249
堤坝、电站、码头建筑	291789	225197	211980	13217	66592
其他土木工程建筑业	64323	38817	38610	207	25506
线路、管道和设备安装业	146663	99122	98035	1087	47541
线路、管道安装业	43129	34067	33767	300	9062
设备安装业	103534	65055	64268	787	38479
装修装饰业	44121	24409	24292	117	19712
按企业资质等级分组(原标)					
一　级	1061731	826473	770057	56416	235258
二　级	309465	193996	185652	8344	115469
三　级	113818	57626	56231	1395	56192
四　级	40034	20189	19500	689	19845
其　他	3429	2278	2274	4	1151
按企业资质等级分组(新标)					
施工总承包	1360208	1004441	938956	65485	355767
特　级	300099	234220	201515	32705	65879
一　级	752251	585112	561549	23563	167139
二　级	224244	146445	138495	7950	77799
三　级	83614	38664	37397	1267	44950
专业承包	111803	65439	65031	408	46364
一　级	4569	4121	4121		448
二　级	68317	39415	39015	400	28902
三　级	38917	21903	21895	8	17014

7—24续表2

单位:万元

指　　标	工程结算收入	工程结算成本	工程结算税金及附加	工程结算利润	其他业务收入	其他业务利润
总　计	**1244823**	**1114022**	**44718**	**86083**	**109754**	**12575**
#国有及国有控股	1060765	957087	33670	70008	106187	11447
按登记注册类型分组						
内资企业	1243145	1112696	44674	85775	109698	12521
国有企业	981692	886071	31182	64439	103300	11806
集体企业	80157	71942	2805	5410	729	388
股份合作企业	11	8	1	2		
联营企业	1150	1043	39	68		
有限责任公司	124408	109504	5997	8907	4146	—145
股份有限公司	47586	37425	4389	5772	1422	460
私营企业	8141	6703	261	1177	101	12
港、澳、台商投资企业	1618	1269	42	307	56	54
外商投资企业	60	57	2	1		
按经济组织类型分组						
独资企业	1062346	958429	34008	69909	104030	12194
合作、合伙企业	1161	1051	40	70		
股份有限公司	48860	38538	4438	5884	1517	468
有限责任公司	132456	116004	6232	10220	4207	—87
按国民经济行业分组						
土木工程建筑业	1077837	968030	39151	70656	104005	8550
房屋建筑业	455804	414091	18784	22929	12541	1516
矿山建筑业	563	525	15	23	152	122
铁路、公路、隧道和桥梁	299052	273077	7806	18169	3006	911
堤坝、电站、码头建筑	272284	240046	10890	21348	86213	5664
其他土木工程建筑业	50134	40291	1656	8187	2093	337
线路、管道和设备安装业	147178	128714	4904	13560	4938	3783
线路、管道安装业	38145	34799	1354	1992	417	359
设备安装业	109033	93915	3550	11568	4521	3424
装修装饰业	19808	17278	663	1867	811	242
按企业资质等级分组(原标)						
一　级	847133	762879	26857	57397	97972	9761
二　级	284856	250434	13987	20435	9514	1828
三　级	89773	80556	3025	6192	1847	700
四　级	22076	19234	822	2020	421	286
其　他	985	919	27	39		
按企业资质等级分组(新标)						
施工总承包	1123929	1008369	38708	76852	107174	11795
特　级	169272	156860	4233	8179	795	190
一　级	688475	613347	22866	52262	97649	9459
二　级	200165	178580	9366	12219	7797	1532
三　级	66017	59582	2243	4192	933	614
专业承包	82661	74378	2601	5682	1606	502
一　级	4530	3866	151	513		
二　级	52735	48815	1588	2332	811	268
三　级	25396	21697	862	2837	795	234

7—24续表3

单位:万元

指　　标	管理费用	财务费用	营业利润	利润总额	#应　交所得税	应付利润
总　计	**72373**	**5986**	**20299**	**21239**	**5443**	**9325**
#国有及国有控股	61883	6045	13527	14080	3735	4495
按登记注册类型分组						
内资企业	72086	6466	19744	21411	5442	9324
国有企业	56806	5929	13510	14045	3669	4416
集体企业	4740	8	1050	1417	602	315
股份合作企业	11		—9	—1		
联营企业	64	16	—12	—12		
有限责任公司	7511	487	764	1456	384	414
股份有限公司	1704	—31	4559	4639	757	4153
私营企业	1250	57	—118	—133	30	26
港、澳、台商投资企业	275	—480	566	—161	1	1
外商投资企业	12		—11	—11		
按经济组织类型分组						
独资企业	61634	5938	14531	15437	4272	4732
合作、合伙企业	75	16	—21	—13		
股份有限公司	1861	—4	4495	4602	759	4155
有限责任公司	8803	36	1294	1213	412	438
按国民经济行业分组						
土木工程建筑业	59227	5660	14319	16129	4011	5258
房屋建筑业	22393	2377	—325	744	952	1785
矿山建筑业	76	30	39	46	2	1
铁路、公路、隧道和桥梁	12580	2703	3797	3245	801	418
堤坝、电站、码头建筑	16697	86	10229	11093	1819	2479
其他土木工程建筑业	7481	464	579	1001	437	575
线路、管道和设备安装业	10997	673	5673	5472	1322	3912
线路、管道安装业	1900	337	114	—970	156	66
设备安装业	9097	336	5559	6442	1166	3846
装修装饰业	2149	—347	307	—362	110	155
按企业资质等级分组(原标)						
一　级	50447	4323	12388	13707	3077	4004
二　级	13560	1947	6756	6688	1521	4702
三　级	5885	—353	1360	1093	753	557
四　级	2391	69	—154	—215	92	62
其　他	90		—51	—34		
按企业资质等级分组(新标)						
施工总承包	63903	5860	18884	19486	4567	8726
特　级	5821	1319	1229	1096	235	1
一　级	45872	2958	12891	14296	3043	3954
二　级	8017	1494	4240	3696	1013	4483
三　级	4193	89	524	398	276	288
专业承包	5263	234	687	1320	747	463
一　级	263	31	219	202	67	135
二　级	2739	119	—258	—231	102	62
三　级	2261	84	726	1349	578	266

7－24续表4

单位：万元

指　　标	本年应付工资总额	#主营业务应付工资总额	本年应付福利费总额	#主营业务应付福利费总额	建筑业增加值
总　计	**139668**	**134172**	**17295**	**16477**	**255489**
#国有及国有控股	116105	111323	15009	14358	208540
按登记注册类型分组					
内资企业	139476	133980	17272	16454	254983
国有企业	109627	104845	13788	13148	194825
集体企业	13345	12986	1096	1010	19410
股份合作企业	10	10			4
联营企业	50	50	32	32	183
有限责任公司	11418	11299	1525	1473	24517
股份有限公司	3756	3532	708	668	14092
私营企业	1270	1258	123	123	1952
港、澳、台商投资企业	183	183	18	18	484
外商投资企业	9	9	5	5	22
按经济组织类型分组					
独资企业	123109	117968	14895	14169	214434
合作、合伙企业	60	60	32	32	187
股份有限公司	4092	3868	722	682	14465
有限责任公司	12407	12276	1646	1594	26403
按国民经济行业分组					
土木工程建筑业	119078	113940	14895	14156	216500
房屋建筑业	68831	65858	6989	6496	100445
矿山建筑业	165	165	13	2	252
铁路、公路、隧道和桥梁	23073	22407	4391	4276	51891
堤坝、电站、码头建筑	21557	21161	2833	2764	55865
其他土木工程建筑业	5452	4349	669	618	8047
线路、管道和设备安装业	17947	17658	2012	1934	34650
线路、管道安装业	3626	3626	176	128	5987
设备安装业	14321	14032	1836	1806	28663
装修装饰业	2643	2574	388	387	4339
按企业资质等级分组(原标)					
一　级	82570	78937	10686	10272	157252
二　级	38239	36826	4964	4719	70761
三　级	15273	14919	1341	1187	21790
四　级	3441	3345	298	293	5484
其　他	145	145	6	6	202
按企业资质等级分组(新标)					
施工总承包	122793	117904	15534	14834	226474
特　级	6739	6705	2049	2044	19827
一　级	77337	73823	8791	8409	142530
二　级	26786	25889	3650	3435	47471
三　级	11931	11487	1044	946	16646
专业承包	10999	10433	1146	1030	17831
一　级	508	508	31	31	919
二　级	8318	7837	748	702	11910
三　级	2173	2088	367	297	5002

7—25 建筑业增加值及构成

（2002年）

单位：万元

指 标	合 计	#中 央	#省 级	#国有及国有控股	#城镇集体
建筑业增加值	**255489**	**83325**	**110004**	**208540**	**19410**
本年提取的固定资产折旧	25494	10932	10796	22099	917
主营业务应付工资	134172	36975	61593	111323	12986
主营业务应付福利费	16477	5105	8383	14358	1010
管理费用中的劳动待业保险费	12489	6610	4559	12171	440
工程结算税金及附加	44718	14675	18894	33670	2805
管理费用中的税金	1840	366	920	1392	202
营业利润	20299	8662	4859	13527	1050
建筑业劳动生产率(元/人,按增加值计算)	17992	26684	15212	18281	12639
建筑业增加值构成(%)					
本年提取的固定资产折旧	9.98	4.28	4.23	8.65	0.36
主营业务应付工资	52.52	14.47	24.11	43.57	5.08
主营业务应付福利费	6.45	2.00	3.28	5.62	0.40
管理费用中的劳动待业保险费	4.89	2.59	1.78	4.76	0.17
工程结算税金及附加	17.50	5.74	7.40	13.18	1.10
管理费用中的税金	0.72	0.14	0.36	0.54	0.08
营业利润	7.95	3.39	1.90	5.29	0.41

主要统计指标解释

工业 指从事自然资源的开采，对采掘品和农产品进行加工和再加工的物质生产部门。具体包括：(1)对自然资源的开采，如采矿、晒盐、森林采伐等(但不包括禽兽捕猎和水产捕捞)；(2)对农副产品的加工、再加工，如粮油加工、食品加工、轧花、缫丝、纺织、制革等；(3)对采掘品的加工、再加工，如炼铁、炼钢、化工生产、石油加工、机器制造、木材加工等，以及电力、自来水、煤气的生产和供应等；(4)对工业品的修理、翻新，如机器设备的修理、效能运输工具(包括小卧车)的修理等。

本年鉴中涉及的企业登记注册类型：

(1)**国有及国有控股企业** 指国有企业加上国有控股企业。国有企业(即过去的全民所有制工业或国营工业(是指企业全部资产归国家所有，并按《中华人民共和国企业法人登记管理条例》规定登记注册的非公司制的经济组织。包括国有企业、国有独资公司和国有联营企业。

(2)**集体企业** 指企业资产归集体所有，并按《中华人民共和国企业法人登记管理条例》规定登记注册的经济组织。是社会主义公有制经济的组成部分。包括城乡所有使用集体投资举办的企业，以及部分个人通过集资自愿放弃所有权并依法经工商行政管理机关认定为集体所有制的企业。

(3)**股份有限公司** 指根据《中华人民共和国企业法人登记管理条例》规定登记注册，其全部注册资本由等额股份构成并通过发行股票筹集资本，股东以其认购的股份对公司承担有限责任，公司以其全部资产对其债务承担责任的经济组织。

(4)**港、澳、台商投资企业** 指企业注册登记类型中的港、澳、台资合资、合作、独资经营企业和股份有限公司之和。

(5)**外商资企业** 指企业注册登记类型中的中外合资、合作经营企业、外资企业和外商投资股份有限公司之和。

轻工业 指主要提供生活消费品和制作手工工具的工业。按其所使用的原料不同，可分为两大类：(1)以农产品为原料的轻工业，是指直接或间接以农产品为基本原料的轻工业。主要包括食品制造、饮料制造、烟草加工、纺织、缝纫、皮革和毛皮制作、造纸以及印刷等工业；(2)以非农产品为原料的轻工业，是指以工业品为原料的轻工业。主要包括文教体育用品、化学药品制造、合成纤维制造、日用化学制品、日用玻璃制品、日用金属制品、手工工具制造、医疗器械制造、文化和办公用机械制造等工业。

重工业 是指为国民经济各部门提供物质技术基础的主要生产资料的工业。按其生产性质和产品用途，可以分为下列三类：(1)采掘(伐)工业，是指对自然资源的开采，包括石油开采、煤炭开采、金属矿开采、非金属矿开采和木材采伐等工业；(2)原材料工业，指向国民经济各部门提供基本材料、动力和燃料的工业。包括金属冶炼及加工、炼焦及焦炭、化学、化工原料、水泥、人造板以及电力、石油和煤炭加工等工业；(3)加工工业，是指对工业原材料进行再加工制造的工业。包括装备国民经济各部门的机械设备制造工业、金属结构、水泥制品等工业，以及为家业提供的生产资料如化肥、农药等工业。

根据上述划分原则，修理业中以重工业产品为修理作业对象的划为重工业，反之划为轻工业。

工业总产值 是以货币表现的工业企业在一定时期内生产的已出售或可供出售工业产品总量，它反映一定时间内工业生产的总规模和总水平。它包括：在本企业内不再进行加工，经检验、包装入库（规定不需包装的产品除外）的成品价值，对外加工费收入，自制半成品、在产品期末初差额价值。工业总产值采用“工厂法”计算，即以工业企业作为一个整体，按企业工业生产活动的最终成果来计算，企业内部不允许重复计算，不能把企业内部各个车间（分厂）生产的成果相加。但在企业之间、行业之间、地区之间存在着重复计算。

轻重工业总产值的划分也是按“工厂法”计算的，即一个工业企业在正常情况下生产的主要产品的性质属于轻工业，产的主要产品的性质属于重工业，则该企业的全部总产值作为重工业总产值。

工业增加值 是指工业行业在报告期内以货币表现的工业生产活动的最终成果。

实收资本 指企业实际收到的投资人投入的资本。按投资主体可分为国家资本、集体资本、法人资本、个人资本、港澳台资本和外商资本等。

资产合计 指企业拥有或控制的能以货币计量的经济资源。包括各种财产、债权和其他权利。资产按其流动性划分为流动资产、长期投资、固定资产、无形及递延资产和其他资产。

负债合计 指企业承担的能以货币计量，将以资产或劳务偿付的债务。负债一般按偿还期长短分为流动负债和长期负债、递延税项等。

所有者权益 指企业投资人对企业净资产的所有权。企业净资产等于企业全部资产减去全部负债后的余额，其中包括投资者对企业的最初投入，以及资本公积金、盈余公积金和未分配利润，对股份制企业即为股东权益。

固定资产原价 指企业在建造、购置、安装、改建、扩建、技术改造某项固定资产时所支出的全部货币总额。它一般包括买价、包装费、运杂费和安装费等。

固定资产净值 是指国家资产原价减去历年已提折旧额后的净额。

流动资产 是指可以在一年或者超过一年的一个营业周期内变现或者耗用的资产，包括现金及各种存款、短期投资、应收及预付货款、存货等。

产品销售收入 指企业销售产品和提供劳务等主要经营业务取得的业务总额。

产品销售成本 指企业销售产品和提供劳务等主要经营业务的实际成本。

产品销售税金及附加 指企业销售产品和提供工业性劳务等主要经营性业务应负担的城市维护建设税、消费税、资源税和教育费附加。

产品销售利润 指企业销售产品和提供工业性劳务等主要经营业务收入扣除其成本、费用、税金后的利润。

利润总额 指企业实现的利润。

应交增值税 指企业在报告期内应交纳的增值税额。

总资产贡献率 反映企业全部资产的获利能力，是企业经营业绩和管理水平的集中体现，是评价和考核企业盈利能力的核心指标。计算公式为：

总资产贡献率（%）＝（利润总额＋税金总额＋利息支出）/平均资产总额×100%

工业成本费用利润率 指在一定时期内实现的利润与成本费用之比，是反映工业生产成本及费用投入的经济效益指标，同时也是反映降低成本的经济效益的指标。计算公式为：

工业成本费用利润率（%）＝利润总额/成本费用总额×100%

全员劳动生产率 指根据产品的价值量指标计算的平均每一年从业人员在单位时间内的产品生产量。是考核企业经济活动的重要指标，是企业生产技术水平、经营管理水平、职工技术熟练程度和劳动积极性的综合表现。上前我国的全员劳动生产率是将工业企业的工业增加值除以同一时期全部从业人员的平均人数来计算的。计算公式为：

全员劳动生产率＝工业增加值/全部从业人员平均人数

建筑业统计单位 指从事房屋、构筑物建造和设备安装活动的法人企业。建筑业法人企业应同时具备的条件是：①依法成立，有自己的名称、组织机构和场所，能够承担民事责任；②独立拥有和使用资产，承担负债，有权与其他单位签订合同；③独立核算盈亏，能够编制资产负债表。

建筑业总产值(即自行完成施工产值) 是以货币表现的建筑安装企业在一定时期内生产的建筑业产品的总和。建筑业总产值包括：

(1)建筑工程产值：指列入建筑工程预算内的各种工程价值。

(2)设备安装工程产值：指设备安装工程价值，不包括被安装设备本身价值。

(3)房屋、构筑物修理产值：指房屋、构筑物修理所完成的价值，但不包括被修理房屋、构筑物本身的价值和生产设备的修理价值。

(4)非标准设备制造产值：指加工制造没有定型的、非标准的生产设备的加工费和原材料价值，以及附属加工厂为本企业承建工程制作的非标准设备的价值。

建筑业增加值 指建筑业企业在报告期内以货币表现的建筑业生产经营活动的最终成果。目前建筑业增加值采用分配法(收入法)计算，即从收入的角度出发，根据生产要素在生产过程中应得的收入份额计算。具体计算公式为：

建筑业增加值＝本年提取的固定资产折旧＋应付工资＋应付福利费＋管理费用中的劳动待业保险金、税金＋工程结算税金及附加＋工程结算利润

房屋建筑施工面积 指在报告期内施工的全部房屋建筑面积，包括本期新开工的房屋面积、上期施工跨入本期继续施工的房屋面积、上期停缓建在本期恢复施工的房屋面积、本期竣工的房屋面积及本期施工后又停缓建的房屋面积。

房屋建筑竣工面积 指在报告期内房屋建筑按照设计要求全部完工，达到了住人和使用条件，经验收鉴定合格，正式移交使用单位的房屋建筑面积。

农业及农村经济

8

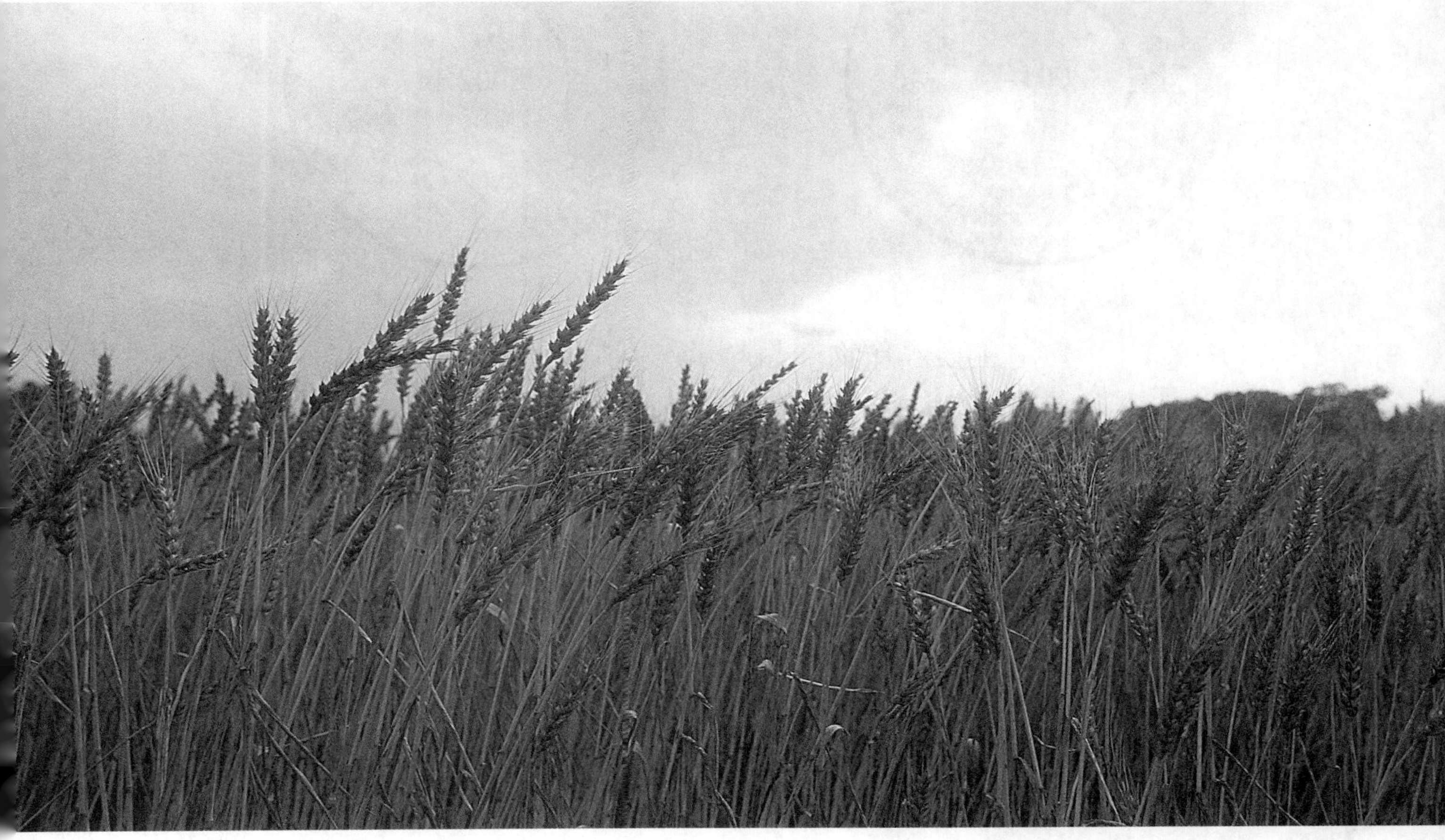

农林牧渔业总产值（万元）（当年价）

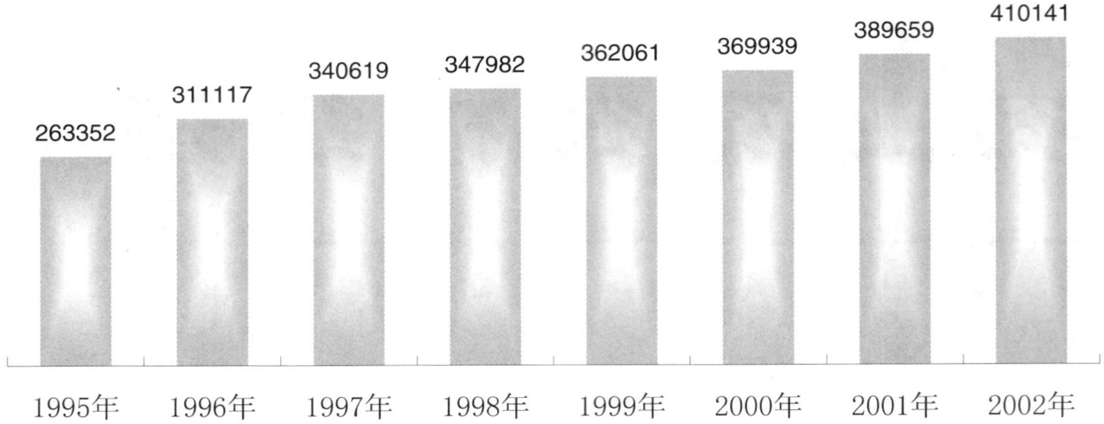

农林牧渔业总产值构成

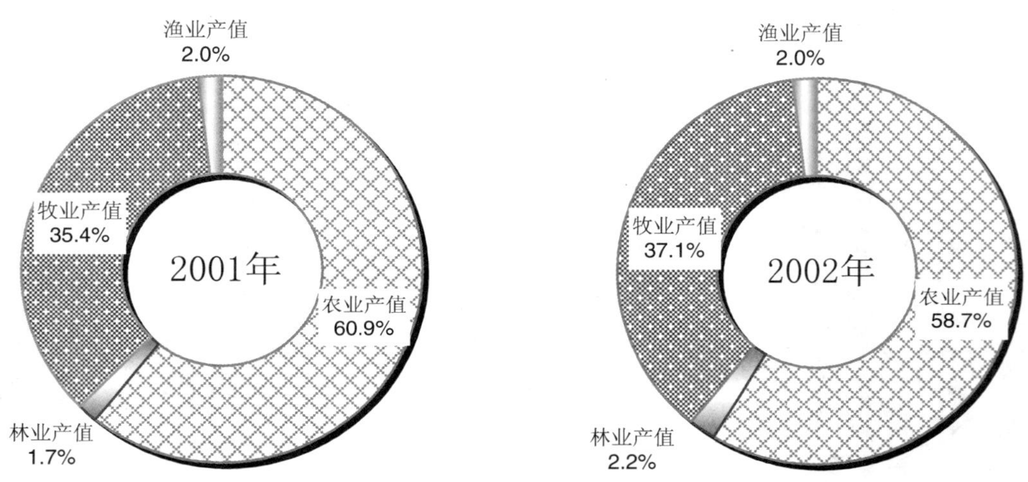

主要农作物产品产量（万吨）

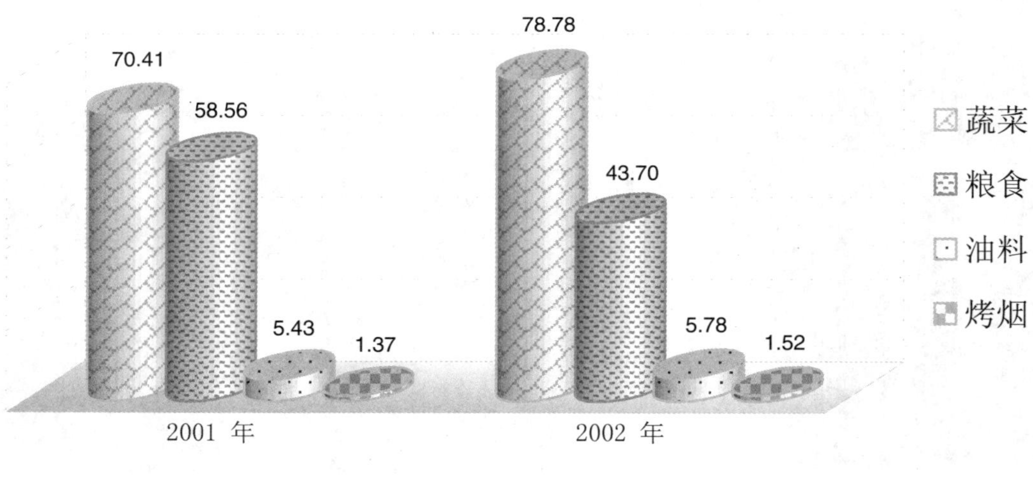

8—1 农村基本情况及农业生产条件

指 标	单位	2001年	2002年	2002年比2001年增长(%)
农村基层组织				
乡镇个数	个	81	81	持平
#镇	个	28	31	10.7
村委会个数	个	1171	1171	持平
农村社会基础设施				
自来水受益村数	个	1009	1026	1.7
通电乡镇数	个	81	81	持平
通电村数	个	1171	1171	持平
通公路的乡镇数	个	81	81	持平
通公路的村数	个	1169	1171	0.2
通汽车的村数	个	1152	1150	−0.2
通邮件的乡镇数	个	81	81	持平
通邮件的村数	个	984	991	0.7
通电话的乡镇数	个	81	81	持平
通电话的村数	个	771	857	11.2
通有线广播的村数	个	918	948	3.3
建成农村地面卫星接收站个数	个	2393	3002	25.4
有文化站的乡数	个	45	46	2.2
有文化中心的镇数	个	27	31	14.8
已实现小康的村数	个	668	666	−0.3
农村人口及劳动力资源				
乡村户数	万户	43.77	44.59	1.9
乡村人口数	万人	178.10	179.67	0.9
乡村从业人员数	万人	105.70	106.04	0.3
#外出人数	万人	10.73	11.70	9.0
#出省人数	万人	4.38	5.24	19.6
按性别分				
男劳动力	万人	54.99	55.41	0.8
女劳动力	万人	50.71	50.63	−0.2
按行业分				
农林牧渔业劳动力	万人	78.57	75.46	−4.0
工业劳动力	万人	5.21	5.75	10.4
建筑业劳动力	万人	3.13	3.55	13.4
交通运输、仓储业及邮电通讯业劳动力	万人	1.98	2.27	14.6
批发零售贸易业、餐饮业劳动力	万人	2.99	3.15	5.4
其他劳动力	万人	15.42	15.86	2.9

8－1续表

指　　标	单位	2001年	2002年	2002年比2001年增长（%）
耕地情况				
年末实有耕地面积	公顷	106828	102531	－4.0
＃水　田	公顷	40941	40345	－1.5
旱　地	公顷	65887	62186	－5.6
当年增加耕地面积	公顷	78	986	11.6倍
当年减少耕地面积	公顷	885	5277	5.0倍
＃国家基建占地	公顷	408	737	80.6
退耕还林还草占地	公顷		3875	—
其他基建占地	公顷	131	601	3.6倍
农业机械化				
机耕面积	公顷	17886	19160	7.1
机电灌溉面积	公顷	21367	21010	－1.7
机械植保面积	公顷	18280	16894	－7.6
机械收获面积	公顷	505	3362	5.7倍
农用机械总动力	万千瓦	53.53	56.74	6.0
农用主要能源及物资消耗				
农用化肥施用量(折纯法）	万吨	6.63	7.08	6.8
氮　肥	万吨	3.62	3.89	7.5
磷　肥	万吨	1.15	1.16	0.9
钾　肥	万吨	0.65	0.58	－10.8
复合肥	万吨	1.21	1.45	19.8
平均每亩耕地化肥施用量	公斤	41	46	12.2
农村用电量	万千瓦时	16331.66	17145.58	5.0
农药使用量	吨	452	457	1.1
地膜使用量	吨	1326	1521	14.7

8—2 农林牧渔业总产值、增加值

指标	2001年		2002年		2002年比2001年增长（%）
	绝对数（万元）	构成（%）	绝对数（万元）	构成（%）	
一、农林牧渔业总产值（当年价）	**389659**	**100.0**	**410141**	**100.0**	**4.5**
农业产值	237175	60.9	240895	58.7	0.1
种植业	221221	56.8	225089	54.9	－0.1
主产品产值	216316	55.5	221016	53.9	0.4
副产品产值	4905	1.3	4073	1.0	－10.0
其他农业	15954	4.1	15806	4.2	0.7
林业产值	6769	1.7	8978	2.2	39.7
营　林	3658	0.9	6525	1.6	72.1
林产品	813	0.2	1106	0.3	35.4
村及村以下竹木采伐	2298	0.6	1347	0.3	－20.5
牧业产值	137845	35.4	152154	37.1	8.7
牲　畜	109338	28.1	117416	28.6	6.0
#大牲畜	6956	1.8	7254	1.8	4.6
猪	101529	26.1	109215	26.6	6.1
羊	853	0.2	947	0.2	12.1
家禽的饲养	12815	3.3	15216	3.7	18.6
活的畜禽产品	15637	4.0	19195	4.7	22.1
捕　猎					
其它动物饲养	55	0.0	327	0.1	3.1倍
渔业产值	7870	2.0	8114	2.0	4.9
二、农林牧渔业总产值（不变价）	**165850**	**100.0**	**173365**	**100.0**	**4.5**
农业产值	90491	54.6	90534	52.2	0.0
林业产值	3384	2.0	4728	2.7	39.7
牧业产值	67889	40.9	73817	42.6	8.7
渔业产值	4086	2.5	4286	2.5	4.9
三、农林牧渔业增加值（当年价）	**254104**	**100.0**	**268274**	**100.0**	**4.3**
农业增加值	169233	66.6	169695	63.3	0.0
林业增加值	4776	1.9	6089	2.3	37.2
牧业增加值	76024	29.9	88554	33.0	8.5
渔业增加值	4071	1.6	3936	1.5	4.6

注：表中绝对数按当年价格计算，增长速度按可比价格计算。

8—3 农林牧渔业商品产值及商品率

指标	2001年	2002年	2002年比2001年增长(%)
一、农林牧渔业商品产值(万元)	**210163**	**228552**	**8.7**
(一)农 业	122504	132109	7.8
种植业	111220	118745	6.8
主产品	110618	118380	7.0
副产品	602	365	-39.4
其他农业	11284	13364	18.4
(二)林 业	3145	3137	-0.3
营 林	1138	1632	43.4
林产品	710	938	32.1
村及村以下竹木采伐	1297	567	-56.3
(三)牧 业	78031	86605	11.0
牲 畜	58771	62216	5.9
#大牲畜	1606	1806	12.5
猪	56575	59788	5.7
羊	590	622	5.4
家禽的饲养	8100	9592	18.4
活的畜禽产品	11126	14588	31.1
捕 猎			
其它动物饲养	34	209	5.1倍
(四)渔 业	6483	6701	3.4
#鱼 类	5493	5585	1.7
二、农林牧渔业商品率(%)	**53.94**	**55.73**	**3.3**
(一)农 业	51.65	54.84	6.2
种植业	50.28	52.75	4.9
主产品	51.14	53.56	4.7
副产品	12.27	8.96	-27.0
其他农业	70.73	84.55	19.5
(二)林 业	46.46	34.94	-24.8
营 林	31.11	25.01	-19.6
林产品	87.33	84.81	-2.9
村及村以下竹木采伐	56.44	42.09	-25.4
(三)牧 业	56.61	56.92	0.6
牲 畜	53.75	52.99	-1.4
#大牲畜	23.09	24.90	7.8
猪	55.72	54.74	-1.8
羊	69.17	65.68	-5.0
家禽的饲养	63.21	63.04	-0.3
活的畜禽产品	71.15	76.00	6.8
捕 猎			
其它动物饲养	61.82	63.91	3.4
(四)渔 业	82.38	82.59	0.3
#鱼 类	80.30	77.61	-3.3

注:本表按当年价格计算。

8—4　主要农业机械年末拥有量

指　　标	单位	2001年	2002年	2002年比2001年增长(%)
农业机械总动力	**万千瓦**	**53.53**	**56.74**	**6.0**
一、耕作机械	**万千瓦**	**5.03**	**6.22**	**23.7**
#大中型农用拖拉机	台	1188	13	—98.9
小型和手扶拖拉机	台	1937	2354	21.5
二、农用排灌机械	**万千瓦**	**7.44**	**7.95**	**6.9**
#柴油机	万千瓦	1.90	2.52	32.6
电动机	万千瓦	5.32	5.19	—2.4
#农用水泵	台	10591	10758	1.6
三、收获机械	**万千瓦**	**0.03**	**0.03**	**持平**
四、运输机械	**万千瓦**	**23.87**	**27.38**	**14.7**
五、植物保护机械	**万千瓦**	**0.09**	**0.13**	**44.4**
六、农产品加工动力机械	**万千瓦**	**7.01**	**7.48**	**6.7**
七、其他农业机械	**万千瓦**	**10.06**	**7.55**	**—25.0**

注：本表资料由市农机部门提供。

8－5 主要农作物播种面积

单位:公顷

指　　标	2001年	2002年	2002年比2001年增长(%)
农作物总播种面积	**228331**	**230120**	**0.8**
一、粮食作物播种面积	**137757**	**137074**	**－0.5**
＃稻　谷	40151	39999	－0.4
小　麦	13696	14750	7.7
玉　米	40002	39052	－2.4
薯　类	27774	27989	0.8
大　豆	7260	6824	－6.0
二、经济作物播种面积	**47858**	**47684**	**－0.4**
＃棉　花	3	1	－66.7
油菜籽	36752	36335	－1.1
花　生	722	829	14.8
麻　类	8	5	－37.5
烤　烟	8344	8720	4.5
三、其他作物播种面积	**42716**	**45362**	**6.2**
＃蔬　菜	33821	36968	9.3
西　瓜	903	718	－20.5
青饲料	1775	1768	－0.4
绿　肥	5532	4956	－10.4

8—6 主要农作物产品产量及单产

指　　标	2001年		2002年		2002年比2001年增长(%)	
	产　量（万吨）	单　产（公斤/亩）	产　量（万吨）	单　产（公斤/亩）	产　量	单　产
一、粮食作物产量	**58.56**	**283**	**43.70**	**212**	**—25.4**	**—25.1**
按夏秋粮分						
#夏　粮	10.01	154	10.82	160	8.1	3.9
秋　粮	48.56	343	32.88	238	—32.3	—30.6
按类别分						
稻　谷	29.28	486	13.17	219	—55.0	—54.9
小　麦	2.67	130	3.04	137	13.9	5.4
玉　米	16.69	278	17.15	293	2.8	5.4
大　豆	1.05	96	1.02	99	—2.9	3.1
薯　类	7.79	187	8.26	197	6.0	5.4
杂　豆	0.96	79	0.97	81	1.0	2.5
其　它	0.12	96	0.09	98	—25.0	2.1
二、油料作物	**5.43**	**95**	**5.78**	**102**	**6.5**	**7.4**
#油菜籽	5.22	95	5.55	102	6.3	7.4
花　生	0.12	115	0.16	129	33.3	12.2
三、烤　烟	**1.37**	**109**	**1.52**	**116**	**11.0**	**6.4**
四、蔬　菜	**70.41**	**1383**	**78.78**	**1421**	**11.9**	**2.4**

8—10 畜牧业生产

指　　标	单位	2001年	2002年	2002年比2001年增长(%)
猪牛羊出栏头数				
当年肉猪出栏头数	万头	118.18	128.64	8.9
当年出售和自宰的肉用牛	万头	4.42	5.15	16.5
当年出售和自宰的肉用羊	万只	5.41	5.32	—1.7
当年肉类总产量	**万吨**	**12.70**	**13.97**	**10.0**
#猪　肉	万吨	10.87	11.81	8.6
牛　肉	万吨	0.52	0.64	23.1
羊　肉	万吨	0.11	0.12	9.1
禽　肉	万吨	1.15	1.30	13.0
其他畜产品产量				
#牛　奶	吨	15932	19851.00	24.6
蜂　蜜	吨	24	185.00	670.8
禽　蛋	吨	10530	12972.00	23.2
大牲畜年末头数	**万头**	**42.34**	**42.70**	**0.9**
#役　畜	万头	32.05	31.09	—3.0
牛	万头	37.19	37.74	1.5
#黄　牛	万头	14.68	15.64	6.5
水　牛	万头	21.91	21.41	—2.3
乳　牛	万头	0.60	0.69	15.0
马	万匹	4.91	4.74	—3.5
猪年末数	**万头**	**119.15**	**119.64**	**0.4**
羊年末数	**万只**	**7.06**	**6.65**	**—5.8**
山　羊	万只	7.06	6.65	—5.8

8—11　乡镇企业基本情况

（2002年）

单位：个、人、万元

指　　标	企业个数	从业人员年末数	增加值	总产值	营业收入	利润总额
总　计	**94853**	**424204**	**1058704**	**4295356**	**6365317**	**306713**
暂不符合四个条件的企业	74587	281689	660193	2731403	4313489	216653
符合四个条件的企业	**20266**	**142515**	**398511**	**1563953**	**2051828**	**90060**
按登记注册类型分组						
内资企业	20254	141146	394937	1543352	2034100	90891
集体企业	619	32620	63403	255280	392353	12557
股份合作企业	67	3628	14544	50666	49584	1999
联营企业	21	1266	7436	24731	22805	874
有限责任公司	212	17725	92856	377404	516215	30468
股份有限公司	27	3432	27879	123013	162836	8172
私营企业	3265	38556	80659	302577	374008	19656
个体独资企业	9429	23671	63398	254514	324715	7098
其他企业	6614	20248	44762	155167	191584	10067
港、澳、台商投资企业	4	303	570	3555	2930	－741
外商投资企业	8	1066	3004	17046	14798	－90
按国民经济行业分组						
农、林、牧、渔业	198	2218	2935	12626	12242	1173
采矿业	483	17726	22509	93365	89562	4753
#规模以上	4	731	2862	6357	4318	802
制造业	4112	73035	228826	870529	993340	54845
#规模以上	202	34759	161359	661853	630403	41195
建筑业	348	13117	28500	130180	108796	4084
#资质等级以外企业	12	272	498	1706	1969	295
交通运输仓储业	4806	6367	22570	93526	97138	4936
批发零售业	6115	14884	47776	167734	558258	11672
住宿及餐饮业	1364	6561	16994	70366	72835	2946
#餐饮业	1108	4827	14548	59924	62122	1953
社会服务业	1238	4480	9317	35144	33690	2201
其他企业	1602	4127	19084	90483	85967	3450

注：本表资料来源于市乡镇企业局（下同）。

8—12 乡镇工业企业生产、销售情况(符合四个条件的乡镇企业)

(2002年) 单位:个、人、万元

指 标	企业个数	从业人员年平均数	增加值	总 产 值(现价)	销售产值(现价)
总 计	**206**	**35712**	**164221**	**668210**	**623237**
按轻重工业分					
轻工业	88	11600	71580	310791	279861
重工业	118	24112	92641	357419	343376
按工业行业分					
非金属矿采选业	7	1383	4806	13505	13505
食品加工业	15	1318	7574	31649	31497
食品制造业	8	1051	8612	32496	31583
饮料制造业	1	110	853	2687	2687
服装、鞋、帽制造业	1	89	206	827	676
木材加工及竹、藤、棕、草制品业	1	51	55	262	549
家具制造业	3	171	682	2508	2132
造纸及纸制品业	3	499	1067	9627	8244
印刷业、记录媒介的复制	15	1481	8975	22602	15481
石油加工、炼焦及核燃料加工业	1	33	34	852	852
化学原料及化学制品制造业	25	6742	44553	181767	177845
医药制造业	27	4374	37374	180917	163598
化学纤维制造业	1	24	84	613	524
橡胶制品业	4	1257	5335	14282	13324
塑料制品业	6	1060	2988	13134	11134
非金属矿物制品业	25	4500	8958	29918	27911
黑色金属冶炼及压延加工业	12	2568	4118	15642	15610
有色金属冶炼及压延加工业	9	3899	9117	41370	40321
金属制品业	11	1192	5963	25420	21259
普通机械制造业	15	1897	4383	15522	15186
专用设备制造业	1	72	98	489	489
交通运输设备制造业	2	121	851	1713	1669
电气机械及器材制造业	3	307	3193	14670	12684
仪器仪表及文化、办公用机械制造业	1	65	491	1637	1485
其他制造业	9	1448	3851	14101	12992

8—13 各区、县(市)乡镇企业主要指标

(2002年)

单位:个、人、万元

县(市、区)名称	企业个数	从业人员年末数	总产值(现价)	#工业产值	增加值(现价)	#工业增加值
总计	**94853**	**424204**	**4295356**	**1949442**	**1058704**	**525439**
南明区	9353	38652	542870	229934	144482	61406
云岩区	3661	32739	407038	216718	78575	39389
花溪区	13642	55876	492024	184452	96468	46087
乌当区	11086	49832	474667	168854	134632	51677
小河区	5120	27012	276300	66300	44680	21400
白云区	7984	31054	493434	271884	137209	76983
清镇市	13190	57918	334528	138938	96599	45111
修文县	8061	28666	279683	128731	58138	30279
开阳县	13524	51376	462659	180664	127359	55605
息烽县	5248	24065	229623	172925	55115	47207
高新区	3984	27014	302530	190042	85447	50295

8－13续表

单位:万元

县(市、区)名称	营业收入	利润总额	劳动者报酬	固定资产原值	上交税金	#所得税
总计	**6365317**	**306713**	**345285**	**1326909**	**82132**	**13330**
南明区	1104910	12239	55614	135821	12566	1259
云岩区	1121915	36531	29812	113531	16764	2808
花溪区	573231	41047	29990	85328	7742	785
乌当区	586530	34643	58414	102613	5263	1205
小河区	423800	12714	40680	42484	5810	1843
白云区	585274	36093	24754	101673	8913	1382
清镇市	491223	40271	31437	91761	6975	825
修文县	314728	26414	15554	156889	3373	734
开阳县	515371	8923	19492	139996	7597	1880
息烽县	251395	26083	20805	192910	2329	335
高新区	396940	31755	18733	163903	4800	274

主要统计指标解释

农林牧渔业总产值 指以货币表现的农、林、牧、渔业全部产品的总量,它反映一定时期内农业生产总规模和总成果。农业总产值的计算方法通常是按农林牧渔业产品及其副产品的产量分别乘以各自单位产品价格求得;然后将四业产品产值相加即为农业总产值。

粮食产量 指社会的产量。包括国有经济经营的、集体统一经营的农民家族经营的粮食产量,还包括工矿企业办的农场和其他生产单位的产量。粮食除包括稻谷、小麦、玉米、高梁、谷子及其他杂粮外,还包括薯类和豆类。其产量计算方法,豆类按去豆荚后的干豆计算;薯类(包括某薯和马铃薯,不包括芋头和木薯)1963年以前按4公斤鲜薯折1公斤粮食计算,从1964年开始改为按5公斤鲜薯折1公斤粮食计算。城市郊区作为蔬菜的薯类(如马铃薯等)按鲜品计算,并且不作粮食统计。其他粮食一律按脱粒后的原粮计算。

油料产量 指全部油料作物的生产量。包括花生、油菜籽、芝麻、向日葵籽、胡麻籽(亚麻籽)和其他油料。不包括大豆、木本油料和野生油料。花生以带壳干花生计算。

水产品产量 指人工养殖的水产品和天然生长的水产品的捕捞量。包括海水的鱼类、虾蟹类、贝类和藻类以及内陆的鱼类、虾蟹类和贝类,不包括淡水生植物。

猪、牛、羊肉产量 指当年出栏并已屠宰、除去头蹄下水后带骨肉(即胴体重)的重量。

期初(末)畜禽存栏头(只)数 指报告期初(末)农村各种合作经济组织和国营农场、农民个人、机关、团体、学校、工矿企业、部队等单位以及城镇居民饲养的大牲畜、猪、羊、家禽等畜禽的存栏数。

耕地面积 指可以用来种植农作物、经常进行耕锄的田地,包括熟地、当年新开荒地、连续撂荒未满三年的耕地和当年的休闲地(轮歇地),还包括以种植农作物为主并附带种植桑树、茶树、果树和其他林木的土地,以及沿海、沿湖地区已围垦利用的“海涂”、“湖田”等面积。不包括属于专业性的桑园、茶园、果园、果木苗圃、林地、芦苇地、天然或人工草地面积。

农作物播种面积 指实际播种或移植有农作物的面积。凡是实际种植有农作物的面积,不论种植在耕地上还是种植在非耕地上,均包括在农作物播种面积中。在播种季节基本结束后,固遭灾而重新改种和补种的农作物面积,也包括在内。

有效灌溉面积 指具有一定的水源,地块比较平整,灌溉工程或设备已经配套,在一般年景下当年能够进行正常灌溉的耕地面积。

农用化肥施用量 指本年内实际用于农业生产的化肥数量,包括氮肥、磷肥、钾肥和复合肥。化肥施用量要求按折纯量计算数量。折纯量是指把氮肥、磷肥、钾肥分别按含氮、含五氧化二磷、含氧化钾的百分之一百分份进行折算后的数量。复合肥按其所含主要成分折算。

农业机构总动力 指主要用于农、林、牧、渔业的各种动力机械的动力总和。包括耕作机械、排灌机械、收获机械、农用运输机械、植物保护机械、牧业机械、林业机械、渔业机械和其他农业机械[内燃机按引擎马力折成瓦(特)计算、电动机按功率折成瓦(特)计算]。不包括专门用于乡、镇、村、组办工业、基本建设、非农业运输、科学试验和教学等非农业生产方面用的动力机械与作业机械。

农林牧渔业劳动力 指全社会直接参加农林牧渔业生产活动的劳动力。

国内外贸易及旅游

9

社会消费品零售总额（万元）

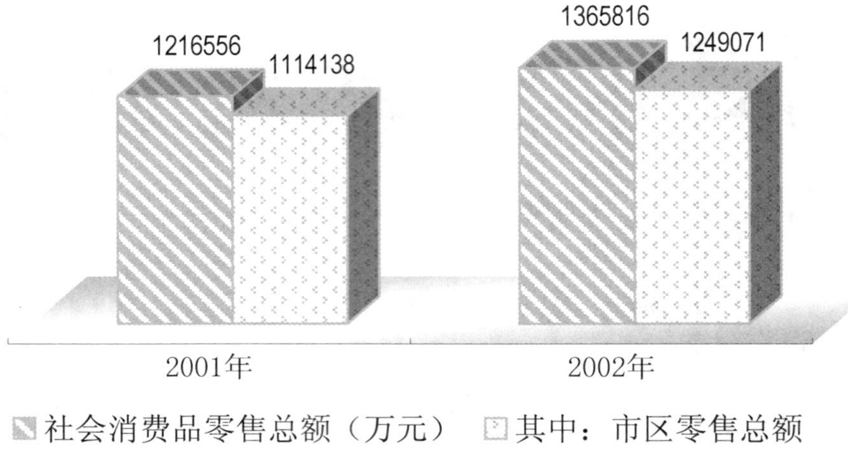

社会消费品零售总额构成（%）

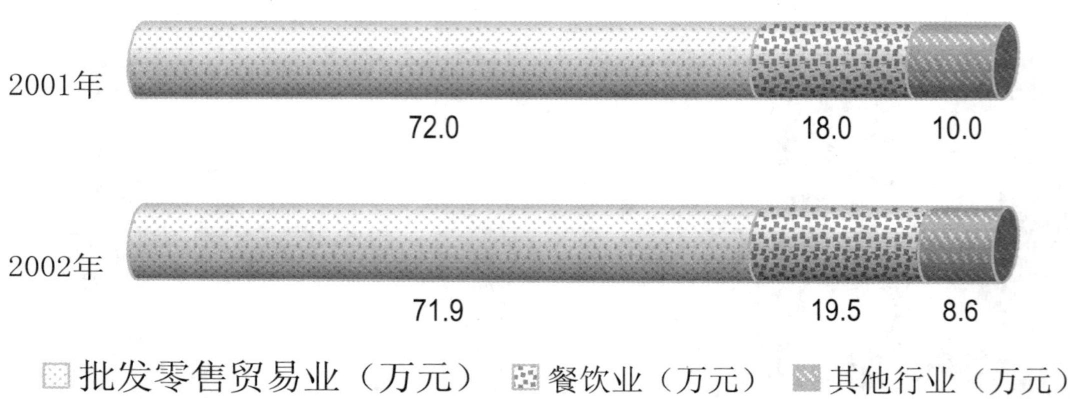

海关进出口总额（万美元）

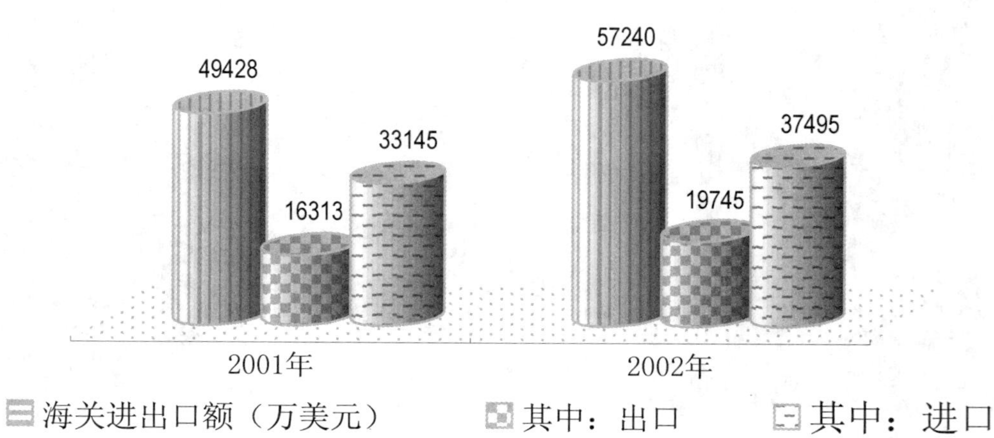

9—1 社会消费品零售总额

（2002年）

单位：万元

指 标	2001年	2002年	2002年比2001年增长（%）
总 计	**1216556**	**1365816**	**12.3**
按销售单位所在地分			
市	1114138	1249071	12.1
县	48845	54855	12.3
县以下	53573	61890	15.5
按行业分			
批发零售贸易业	876012	982701	12.2
餐饮业	219144	265715	21.3
其他行业	121400	117400	—3.3
#制造业	38190	36710	—3.9
农业生产者	38850	37860	—2.5

9—2 餐饮业销售情况

（2002年）

单位：万元

指 标	营业总收入		2002年比2001年增长（%）	商品零售		2002年比2001年增长（%）
	2001年	2002年		2001年	2002年	
总 计	**227740**	**281179**	**23.5**	**219144**	**265715**	**21.3**
限额以上企业（单位）	24965	34468	38.1	24137	34096	41.3
限额以下企业及个体户	202775	246711	21.7	132227	231619	75.1

9—3 批发零售贸易业销售总额

（2002年）

单位：万元

指 标	销售总额		2002年比2001年增长（%）	批 发		2002年比2001年增长（%）	零 售		2002年比2001年增长（%）
	2001年	2002年		2001年	2002年		2001年	2002年	
总 计	**2973974**	**3085116**	**3.7**	**1976562**	**2018304**	**2.1**	**997412**	**1100101**	**10.3**
限额以上企业	1493015	1423128	—4.7	1222775	1147330	6.1	270240	275798	2.1
限额以下企业	857548	986590	15	588989	686172	16.5	268559	332812	23.9
其他附营	133330	129330	—2.3	11930	12825	7.5	121400	117400	—3.3
个体户	490081	546068	11.4	152868	171977	12.5	337213	373943	10.9

9—4 限额以上批发零售贸易企业基本情况

（2002年）　　单位：个、人

指　　标	法人企业	#亏损企业	产业活动单位数	从业人数
批发、零售贸易企业总计	**99**	**39**	**101**	**20084**
一、批发企业	**65**	**19**	**67**	**8209**
#国有及国有控股	55	16	57	7099
（一）按登记注册类型分组				
内资企业	64	18	66	8136
国有企业	41	12	43	5123
集体企业	7	1	7	951
股份合作企业	2	1	2	50
联营企业	1	1	1	28
有限责任公司	5		5	1323
#国有独资企业	2		2	945
股份有限公司	4		4	305
私营企业	4	2	4	356
#私营有限责任公司	3	1	3	327
港、澳、台商投资企业	1	1	1	73
独资经营企业	1	1	1	73
（二）按国民经济行业分组				
食品、饮料、烟草和家庭用品批发业	26	6	27	4445
食品、饮料、烟草批发业	16	3	17	3133
#粮食、食用油批发业	2	1	2	189
烟草及其制品批发业	10	1	11	2337
纺织品、服装和鞋帽批发业	2	1	2	131
日用百货批发业	1		1	31
五金、交电、化工批发业	3	1	3	617
药品及医疗器械批发业	4	1	4	533
能源、材料和机械电子设备批发业	34	12	35	3129
能源批发业	9	3	9	859
石油及制品批发业	7	3	7	493
煤炭及制品批发业	2		2	366
化工材料批发业	3	1	3	264
矿产品批发业	1	1	2	374
金属材料批发业	2	1	2	170
机械、电子设备批发业	15	5	15	1216
汽车、摩托车及零配件批发业	3	1	3	185
#汽车批发业	1	1	1	73
再生物资回收批发业	1	1	1	61
其他批发业	5	1	5	635
图书报刊批发业	2		2	308
农业生产资料批发业	3	1	3	327

9—4续表

单位:个、人

指　　标	法人企业	#亏损企业	产业活动单位数	从业人数
二、零售企业	**34**	**20**	**34**	**11875**
#国有及国有控股	19	13	19	7099
(一)按登记注册类型分组				
内资企业	34	20	34	11875
国有企业	10	5	10	5044
集体企业	3	3	3	323
有限责任公司	11	8	11	2396
国有独资企业	1	1	1	216
其他有限责任公司	10	7	10	2180
股份有限公司	5	3	5	2264
私营企业	5	1	5	1848
私营独资企业	1		1	681
私营有限责任公司	4	1	4	1167
(二)按国民经济行业分组				
食品、饮料和烟草零售业	3	2	3	1103
#粮油食品零售业	1		1	867
副食品零售业	1	1	1	140
日用百货零售业	12	7	12	6501
#百货零售业	11	6	11	6324
纺织品、服装和鞋帽零售业	2	1	2	582
五金、交电、化工零售业	3	1	3	1997
药品及医疗器械零售业	4	4	4	874
图书报刊零售业	2		2	244
其他零售业	8	5	8	574
#汽车、摩托车及其零配件零售业	4	3	4	329
计算机及软件、办公设备零售业	1		1	60
(三)按业态分组				
百货商店	11	7		
超级市场	6	3		
专业(专卖)商店	14	9		
其　　他	3	1		

9—5 限额以上批发零售贸易业商品销售数量

（2002年）

品　　名	合　计		批　发		零　售	
	2001年	2002年	2001年	2002年	2001年	2002年
粮　食(吨)	35181	21822	27790	12250	7391	9572
食用植物油(吨)	5180	2569	1600	16	3580	2533
食　糖(吨)	11330	6016	11304	6001	26	15
棉　花(吨)						
电视机(台)	26991	119813	1	26983	26990	92830
组合音响(台)	10732	32111	1820	31	8912	32080
摄像机(台)	362	1076			362	
录像机(台)	6	1182			6	
影碟机(台)	11976	46046	3220	2	8756	46044
家用电冰箱(台)	12283	74136	710	33555	11573	40581
家用洗衣机(台)	21722	113346	888	53851	20834	59495
房间空调器(台)	2583	20548	56	10075	2527	10473
微波炉(台)	34770	48761	8727	13411	26043	35350
微型计算机(台)	6628	5523	1940	3201	4688	2322
普通电话机(台)	3048	1756	5		3043	
化学肥料(吨)	144328	38398	144328	38398		
农用薄膜(吨)						
化学农药(吨)	381	518	381	518		
煤　炭(吨)	445012	1273946	445012	1273946		
汽　油(吨)	103285	112325	78555	80528	24730	31797
柴　油(吨)	179380	195090	130326	140030	49054	55060
钢　材(吨)	107007	133141	107007	133141		
铜(吨)	420	60	420	60		
铝(吨)	28190	5604	28190	5604		
水　泥(吨)	316784	312512	316784	312512		
汽　车(辆)	3147	3649	2110	2419	1037	1230
#轿　车(辆)	2235	2217	1352	1473	883	744
摩托车(辆)	8369	6540	5623	4233	2746	2307
拖拉机(台)	57	175	57	175		175

9—6 限额以上批发零售贸易业商品购、销、存总额

（2002年）

单位：万元

指　　标	购进总额	销售总额			年末库存额
			批　发	零　售	
总　　计	**1396922**	**1423128**	**1148330**	**275799**	**161552**
一、批发业	**1115203**	**1159435**	**1117590**	**41845**	**103795**
#国有及国有控股	1052523	1093673	1052371	31302	96811
（一）按登记注册类型分组					
内资企业	1110988	1154035	1117590	36445	103763
国有企业	940128	996998	972413	24585	84238
集体企业	38569	40730	39678	1052	2666
股份合作企业	5652	6692	6192	501	420
联营企业	5446	5862	5862		
有限责任公司	91277	71332	69301	2032	10957
国有独资企业	49249	28207	28207		7881
其他有限责任公司	42028	43125	41093	2032	3077
股份有限公司	17709	19435	13219	6216	1573
私营企业	12207	12986	10926	2060	3908
私营独资企业	2846	3068	3007	61	2417
私营有限责任公司	9361	9918	7919	1999	1491
私营股份有限公司		908		908	
港、澳、台商投资企业	4215	5400		5400	33
独资经营企业	4215	5400		5400	33
（二）按国民经济行业分组					
食品、饮料、烟草批发业	607159	667139	662655	4484	46720
#粮食、食用油批发业	40276	41483	41483		476
烟草及其制品批发业	556183	602054	597597	4458	42631
棉、麻、土畜产品批发业					
纺织品、服装和鞋帽批发业	7175	10318	10318		2256
日用百货批发业	2704	3684	3684		604
日用杂品批发业					
五金、交电、化工批发业	37102	37423	36880	543	5713
药品及医疗器械批发业	28336	29830	23239	6591	5516
能源批发业	116493	109962	90525	19437	5434
石油及制品批发业	102876	95030	76222	18808	5162
煤炭及制品批发业	13617	14933	14303	629	272
化工材料批发业	23054	26928	26928		2695
矿产品批发业	62270	68586	68586		13557
金属材料批发业	11912	12216	12270	9	698

9－6续表 单位：万元

指 标	购进总额	销售总额	批 发	零 售	年 末 库存额
机械、电子设备批发业	125992	96678	92162	4515	17806
汽车、摩托车及零配件批发业	14937	19942	14025	5917	33
＃汽车批发业	4215	5400		5400	33
再生物资回收批发业	3681	4069	4069		98
农业生产资料批发业	23197	22236	22236		1543
二、零售业	**281719**	**263693**	**29740**	**233953**	**57757**
＃国有及国有控股	87048	94631	17654	76968	31785
(一)按登记注册类型分组					
内资企业	281719	263693	29740	233953	57757
国有企业	40333	42300	15888	30410	22804
集体企业	1706	3690	1031	2659	845
有限责任公司	60771	61195	7761	53434	7709
国有独资企业	2694	3174		3174	865
其他有限责任公司	58077	58021	7761	50259	6843
股份有限公司	48202	52687	1616	51071	9167
私营企业	130707	99822	3443	96379	17232
私营独资	48647	26252	1839	24413	6607
私营有限责任公司	82060	73570	1604	71966	10626
(二)按国民经济行业分组					
食品、饮料和烟草零售业	3363	3941		3941	407
＃粮油食品零售业	2051	2342		2342	71
副食品零售业	741	814		814	161
日用百货零售业	93689	99909	13061	86848	29320
＃百货零售业	92667	97971	12031	85941	28753
日用杂品零售业					
五金、交电、化工零售业	117862	88798	5059	783739	18901
药品及医疗器械零售业	11711	11045	1578	9466	3286
图书报刊零售业	5024	4724		4724	1423
其他零售业	38250	43989	10041	33948	3263
＃汽车、摩托车及其零配件零售业	29021	30715	10041	20674	1622
计算机及软件、办公设备零售业	3234	4769		4769	76

9—7 限额以上批发零售贸易业主要财务指标

（2002年）

单位：万元

指标	流动资产小计	#存货	固定资产原价	#生产经营用	累计折旧
批发、零售贸易企业总计	**459171**	**123665**	**198656**		**44215**
一、批发企业	**330051**	**88270**	**93446**		**22256**
#国有及国有控股	319298	83813	92602		22509
（一）按登记注册类型分组					
内资企业	329808	88237	93123		22227
国有企业	211988	60197	80474		17004
集体企业	34947	3069	3613		2907
股份合作企业	557	412	313		64
联营企业	159	81	62		8
有限责任公司	74236	21527	4532		8
#国有独资企业	69385	18511	3596		8
股份有限公司	4652	1608	3869		1019
私营企业	3270	1344	262		72
#私营有限责任公司	1987	1083	196		27
港、澳、台商投资企业	243	33	323		29
（二）按国民经济行业分组					
食品、饮料、烟草和家庭用品批发业	137340	47124	46746		9828
食品、饮料、烟草批发业	105010	33021	36790		6937
#粮食、食用油批发业	18492	3655	5082		1061
烟草及其制品批发业	73919	25637	11720		3787
纺织品、服装和鞋帽批发业	5202	709	1452		540
日用百货批发业	1683	571	404		92
五金、交电、化工批发业	10613	3940	4702		1383
药品及医疗器械批发业	14833	8883	3397		876
能源、材料和机械电子设备批发业	152991	37969	41707		9447
能源批发业	13001	5612	24239		4126
石油及制品批发业	8860	5317	23375		3935
煤炭及制品批发业	4141	295	864		191
化工材料批发业	11923	3169	2245		954
矿产品批发业	11386	1766	736		328
金属材料批发业	9007	1044	3181		603
机械、电子设备批发业	92042	25212	8748		2374
汽车、摩托车及零配件批发业	14846	755	2285		528
#汽车批发业	243	33	323		29
再生物资回收批发业	787	412	273		534
其他批发业	39721	3177	7803		2981
图书报刊批发业	7188	495	1844		944
农业生产资料批发业	32533	2682	3149		2037

9—7续表1

单位：万元

指　　标	流动资产小　计	#存货	固定资产原　价	#生产经营用	累计折旧
二、零售企业	**129120**	**35395**	**105210**		**21959**
#国有及国有控股	34838	12033	77744		16593
(一)按登记注册类型分组					
内资企业	129120	35395	105210		21959
国有企业	20811	4825	44117		9103
集体企业	2399	687	2743		390
有限责任公司	20857	6914	14277		3288
国有独资企业	1187	740	123		29
其他有限责任公司	19669	6174	14154		3259
股份有限公司	14255	15621	30567		7071
私营企业	34463	5113	13507		2107
私营独资企业	36335	10508	12156		1806
私营有限责任公司					
私营股份有限公司					
(二)按国民经济行业分组					
食品、饮料和烟草零售业	2984	332	5347		788
#粮油食品零售业	2010	76	2069		431
副食品零售业	268	238	1253		30
日用百货零售业	35128	9704	48388		10842
#百货零售业	33737	9136	47861		10831
纺织品、服装和鞋帽零售业	6650	837	447		263
五金、交电、化工零售业	61552	17468	33671		7204
药品及医疗器械零售业	6048	3113	4070		412
图书报刊零售业	1585	733	1861		435
其他零售业	15173	3209	11426		2016
#汽车、摩托车及其零配件零售业	12309	2875	8992		1243
计算机及软件、办公设备零售业	1799	10	731		261
(三)按业态分组					
百货商店	36173	10504	70028		16754
超级市场	32276	12080	13878		1600
专业(专卖)商店	58169	12586	19660		3154
其　　他	2501	226	1644		450

9—7续表2 单位:万元

指 标	资产合计	负债合计	所有者权益合计	实收资本	#国家资本	#集体资本	#法人资本	#个人资本
批发、零售贸易企业总计	**769900**	**695464**	**74436**	**109630**	**67048**	**5571**	**21594**	**10563**
一、批发企业	**504728**	**462951**	**41777**	**68673**	**51893**	**4937**	**8417**	**1989**
#国有及国有控股	492431	453948	38483	66435	51893	4878	8207	930
(一)按登记注册类型分组								
内资企业	504191	462395	41796	68652	51893	4918	8417	1989
国有企业	355357	319305	36052	55667	46751	459	8153	32
集体企业	45562	42179	3383	3947	121	3459	110	
股份合作企业	816	569	247	948	50			
联营企业	213	71	142	130	130			
有限责任公司	89109	93556	—4448	3254	1500	1000	154	600
#国有独资企业	83604	89401	—5797	2500	1500	1000		
股份有限公司	9477	4182	5295	3430	3340			
私营企业	3658	2533	1125	1276				459
#私营有限责任公司	3329	2331	998	967				150
港、澳、台商投资企业	537	556	—19	21		21		
(二)按国民经济行业分组								
食品、饮料、烟草和家庭用品批发业	241061	227826	13235	26820	23518		2100	930
食品、饮料、烟草批发业	200741	189209	11533	20971	17836		2000	930
#粮食、食用油批发业	70088	90031	—19943	2759	759		2000	
烟草及其制品批发业	94192	77007	17185	3884	3680			
棉、麻、土畜产品批发业								
纺织品、服装和鞋帽批发业	6232	7132	—900	666	666			
日用百货批发业	2037	2016	21	415	415			
五金、交电、化工批发业	14010	13287	723	2964	2864		100	
药品及医疗器械批发业	18040	16182	1858	1803	1736			
能源、材料和机械电子设备批发业	207232	189510	17722	36538	25116	2882	6317	1059
能源批发业	35742	12361	23381	19537	18984	499	54	
石油及制品批发业	30573	11043	19531	18997	18484	459	54	
煤炭及制品批发业	5169	1319	3850	540	500	40		
化工材料批发业	15786	14216	1570	2140	1528	355		
矿产品批发业	14780	26411	—11631	519	519			
金属材料批发业	12291	16445	—4153	3554	847		2707	
机械、电子设备批发业	105536	96563	8973	9001	2380	1603	3052	1059
汽车、摩托车及零配件批发业	21923	22727	—803	1383	858	21	504	
#汽车批发业	537	556	—19	21		21		
再生物资回收批发业	1174	787	387	404		404		
其他批发业	56435	45615	10821	5316	3258	2058		
图书报刊批发业	13802	5311	8491	2067	2067			
农业生产资料批发业	42633	40304	2329	3249	1191	2058		

9－7续表3

单位：万元

指　　标	资产合计	负债合计	所有者权益合计	实收资本	#国家资本	#集体资本	#法人资本	#个人资本
二、零售企业	**265173**	**232514**	**32659**	**40958**	**15155**	**632**	**13178**	**8574**
#国有及国有控股	129841	116115	13726	22451	15144	125	4868	814
（一）按登记注册类型分组						**632**		
内资企业	265173	232514	32659	40958	15155		13178	8574
国有企业	85445	81777	3667	13223	9901	562	1916	2
集体企业	5128	5290	－162	1126	470	70		
有限责任公司	34325	25436	8888	9408	1299		6000	1630
国有独资企业	1455	955	500	500	500	70		
其他有限责任公司	32870	24481	8389	8908	799		6000	1630
股份有限公司	42194	31582	10611	7870	3486		3262	612
私营企业	98081	88427	9654	9330			2000	6330
私营独资企业	35814	35730	84	1500			100	500
私营有限责任公司	62268	52697	9570	7830			1000	5830
（二）按国民经济行业分组								
食品、饮料和烟草零售业	7752	5038	2714	2868	2668			
#粮油食品零售业	3832	1328	2504	1898	1898			
副食品零售业	1510	1265	245	500	300		200	
日用百货零售业	113275	107507	5768	11831	6674	436	1699	1482
#百货零售业	111049	105059	5990	11394	6674		1699	1482
纺织品、服装和鞋帽零售业	10365	6177	4188	4170			220	3950
五金、交电、化工零售业	91194	81729	9465	9035	2491		3552	2992
药品及医疗器械零售业	11504	9956	1548	3228	511		2107	100
图书报刊零售业	3497	1817	1680	729	729			
其他零售业	27586	20290	7296	9096	2082	195	5400	50
#汽车、摩托车及其零配件零售业	22361	18001	4360	7173	499		5400	
计算机及软件、办公设备零售业	2270	979	1291	120		70		50
（三）按业态分组								
百货商店	132060	120050	18675	12011	7923		3271	5942
超级市场	48653	40894	5395	7759	2012		1400	1982
专业（专卖）商店	80710	69814	15948	10896	4620	436	8507	600
其　　他	3748	1755	940	1993	600	195		50

9—7续表4

单位:万元

指　　标	商品销售收入	商品销售成本	经营费用	商品销售税金及附加	商品销售利润
批发、零售贸易企业总计	**955537**	**837166**	**44211**	**2632**	**54165**
一、批发企业	**705250**	**618985**	**28690**	**1694**	**43263**
#国有及国有控股	647679	565406	26325	1578	41753
(一)按登记注册类型分组					
内资企业	700634	614688	28398	1689	43242
国有企业	522706	450905	21282	1481	36420
集体企业	39494	37445	972	78	999
股份合作企业	8971	8650	135	10	176
联营企业	4616	4495	25	3	93
有限责任公司	99096	89445	4631	85	4936
#国有独资企业	60539	53633	2626	33	4247
股份有限公司	15952	14697	968	13	274
私营企业	9801	9051	385	19	345
#私营有限责任公司	9495	8778	338	19	361
港、澳、台商投资企业	4616	4297	292	5	21
独资经营企业	4616	4297	292	5	21
(二)按国民经济行业分组					
食品、饮料、烟草和家庭用品批发业	307452	262115	14038	901	30344
食品、饮料、烟草批发业	231093	193549	8986	779	27778
#粮食、食用油批发业	15024	13194	425	25	1381
烟草及其制品批发业	197702	165683	7527	673	23819
棉、麻、土畜产品批发业					
纺织品、服装和鞋帽批发业	9333	7902	1746	6	—321
日用百货批发业	3149	2884	49	5	210
五金、交电、化工批发业	34023	30994	1946	50	1033
药品及医疗器械批发业	29854	26785	1311	60	1644
能源、材料和机械电子设备批发业	326990	302840	12797	731	10622
能源批发业	132548	121670	5873	226	4780
石油及制品批发业	118493	108990	5323	123	4058
煤炭及制品批发业	14055	12680	550	103	722
化工材料批发业	26531	22243	2610	326	1353
矿产品批发业	5166	4374	363	57	373
金属材料批发业	6118	5995	50	8	65
机械、电子设备批发业	124715	118723	2882	105	3005
汽车、摩托车及零配件批发业	27842	25891	945	10	997
#汽车批发业	4616	4297	292	5	21
再生物资回收批发业	4069	3945	73		51
其他批发业	70808	54031	1855	63	2297
图书报刊批发业	46079	29902	1305	57	2252
农业生产资料批发业	24729	24129	550	6	45

9－7续表5

单位:万元

指标	商品销售收入	商品销售成本	经营费用	商品销售税金及附加	商品销售利润
二、零售企业	**250287**	**218182**	**15521**	**938**	**10901**
#国有及国有控股	81635	70060	6436	505	4570
(一)按登记注册类型分组					
内资企业	250287	218182	15521	938	10901
国有企业	40152	34687	4458	307	637
集体企业	3435	2697	448	21	27
有限责任公司	48449	41093	3427	214	3715
国有独资企业	2716	2034	375	10	298
其他有限责任公司	45733	39059	3052	204	3417
股份有限公司	47270	40006	3035	235	3993
私营企业	110980	99698	4153	161	2529
私营独资企业	44494	42734	1358	22	373
私营有限责任公司	66487	56964	2795	138	2156
私营股份有限公司					
(二)按国民经济行业分组					
食品、饮料和烟草零售业	3407	3193	310	20	－116
#粮油食品零售业	2072	2037	42	17	－24
副食品零售业	664	567	200		－104
日用百货零售业	92130	74802	7932	529	4184
#百货零售业	90192	73492	7627	513	4120
纺织品、服装和鞋帽零售业	9752	7854	1094	31	773
五金、交电、化工零售业	97952	90660	2610	207	4469
药品及医疗器械零售业	9292	7167	1653	33	438
图书报刊零售业	4190	3024	570	18	523
其他零售业	33564	31481	1352	100	631
#汽车、摩托车及其零配件零售业	22241	21011	467	76	687
计算机及软件、办公设备零售业	4076	3543	480	19	34
(三)按业态分组					
百货商店	92089	73420	5722	583	7930
超级市场	62649	57009	4518	149	966
专业(专卖)商店	87639	80552	4590	184	2010
其他	7910	7201	691	22	－4

9—7续表6

单位:万元

指　　标	主营业务利　润	其他业务利　润	利润总额	本年应付工资总额	本年应交增值税
批发、零售贸易企业总计	**55216**	**7609**	**7351**	**17291**	**25832**
一、批发企业	**44315**	**3574**	**9992**	**9750**	**13388**
#国有及国有控股	42805	3479	9690	8949	12219
(一)按登记注册类型分组					
内资企业	44294	3574	10028	9630	13318
国有企业	37073	2447	7710	7338	10997
集体企业	999	182	29	812	1025
股份合作企业	176	26	18	111	60
联营企业	93		—38	44	44
有限责任公司	5334	877	2149	966	727
#国有独资企业	4646	642	1941	430	265
股份有限公司	274	31	232	224	302
私营企业	345	12	—72	136	164
#私营有限责任公司	361	12	—2	116	159
港、澳、台商投资企业	21		—37	119	70
独资经营企业	21		—37	119	70
(二)按国民经济行业分组					
食品、饮料、烟草和家庭用品批发业	31145	1478	8293	5295	8548
食品、饮料、烟草批发业	28203	384	8848	4173	7432
#粮食、食用油批发业	1407	191	—5210	156	109
烟草及其制品批发业	24217	—383	14278	3708	6826
棉、麻、土畜产品批发业					
纺织品、服装和鞋帽批发业	36	121	—410	77	81
日用百货批发业	210	2	8	63	52
五金、交电、化工批发业	1052	198	—119	625	438
药品及医疗器械批发业	1644	773	—34	356	546
能源、材料和机械电子设备批发业	10873	1864	1329	3241	4512
能源批发业	4780	388	3577	723	2104
石油及制品批发业	4058	193	2907	638	1718
煤炭及制品批发业	722	195	670	85	386
化工材料批发业	1353	70	71	439	421
矿产品批发业	511	—6	—1436	118	914
金属材料批发业	35	26	—938	220	79
机械、电子设备批发业	3086	1112	46	1344	925
汽车、摩托车及零配件批发业	1027	133	6	322	70
#汽车批发业	21		—37	119	70
再生物资回收批发业	51	141	2	74	
其他批发业	2297	232	369	1213	328
图书报刊批发业	2252	157	433	863	320
农业生产资料批发业	45	75	—64	350	8

9—7续表7

单位:万元

指　　　标	主营业务利　　润	其他业务利　　润	利润总额	本年应付工资总额	本年应交增 值 税
二、零售企业	**10901**	**4035**	**—2641**	**7541**	**12444**
#国有及国有控股	4570	2466	—3187	3928	9442
(一)按登记注册类型分组					
内资企业	10901	4035	—2641	7541	12444
国有企业	637	1555	—3208	3187	921
集体企业	27	131	—205	259	73
有限责任公司	3715	568	—222	1708	1341
国有独资企业	298		—1	230	109
其他有限责任公司	3417	568	—221	1479	1233
股份有限公司	3993	1337	316	852	8859
私营企业	2529	444	678	1536	1249
私营独资企业	373	283	94	349	157
私营有限责任公司	2156	161	584	1186	1093
私营股份有限公司					
(二)按国民经济行业分组					
食品、饮料和烟草零售业	—116	457	—150	493	17
#粮油食品零售业	—24	331	8	293	10
副食品零售业	—104		—129	88	4
日用百货零售业	4184	1330	—1841	4281	2617
#百货零售业	4120	1330	—1714	4134	2569
纺织品、服装和鞋帽零售业	773		—64	385	306
五金、交电、化工零售业	4469	1058	327	658	8541
药品及医疗器械零售业	438	97	—926	786	281
图书报刊零售业	523	102	94	345	172
其他零售业	631	991	—82	594	511
#汽车、摩托车及其零配件零售业	687	525	—410	241	249
计算机及软件、办公设备零售业	34	461	409	272	211
(三)按业态分组					
百货商店	7930	986	—1653	3129	10235
超级市场	966	1245	—49	1900	1032
专业(专卖)商店	2010	1339	—1302	2222	916
其　　他	—4	466	363	292	262

9—8 餐饮业基本情况

（2002年）

单位:万元

指 标	法人企业（个）	产业活动单位数（个）	从业人数（人）	营业总收入	#商品零售额
总 计	**36**	**37**	**5428**	**269717.6**	**268987.8**
一、限额以上	**36**	**37**	**5428**	**34468.6**	**34096.8**
（一）按登记注册类型分组					
内资企业	36	36	5320	32182.3	31810.5
国有企业	2	2	408	537.9	519.5
集体企业	2	2	187	857.6	857.6
有限责任公司	9	9	1570	11064.6	10879.8
国有独资企业	9	9	1570	11064.6	10879.8
其他有限责任公司	1	1	64	1261.6	1261.6
股份有限公司	20	20	2826	16754.5	16585.9
私营企业	6	6	470	3763.4	3636.2
私营独资企业	2	2	292	657.0	657.0
私营有限责任公司	10	10	1663	11426.4	11385.0
私营股份有限公司	2	2	401	907.7	907.7
其他企业	2	2	265	1706.1	1706.1
外商投资企业		1	108	2286.3	2286.3
外资企业		1	108	2286.3	2286.3
（二）按国民经济行业分组					
正 餐	36	36	5320	32182.3	31810.5
快 餐		1	108	2286.3	2286.3
二、限额以下和个体户				**235249.0**	**234891.0**

9—9 限额以上餐饮企业主要财务指标

（2002年）

单位：万元

指　　标	企业数（个）	#亏损企业（个）	流动资产小　计	#存 货	固定资产原　　价
总　计	**36**	**15**	**11609**	**3706**	**18659**
#国有及国有控股	2	2	404	222	4303
一、按登记注册类型分组					
内资企业	36	15	11609	3706	18659
国有企业	2	2	404	222	4303
集体企业	2	1	134	—	71
有限责任公司	9	4	5590	2534	5858
其他有限责任公司	9	4	5590	2534	5858
股份有限公司	1	1	414	31	379
私营企业	20	7	4846	844	7872
私营独资企业	6		200	101	1394
私营有限责任公司	10	5	4312	721	6308
私营股份有限公司	2		133	7	127
其他企业	2		221	76	175
二、按国民经济行业分组					
正　餐	36	15	11609	3706	18659

9—9续表1

单位:万元

指　　标	累计折旧	资产合计	负债合计	营业收入	营业成本
总　计	**2895**	**32359**	**19964**	**32882**	**18286**
#国有及国有控股	110	5062	5207	1046	368
一、按登记注册类型分组					
内资企业	2895	32359	19964	32882	18286
国有企业	110	5062	5207	1046	368
集体企业	23	195	48	802	432
有限责任公司	1599	13057	8702	11351	5711
其他有限责任公司	1599	13057	8702	11351	5711
股份有限公司	107	962	349	1262	742
私营企业	1026	12677	5659	16716	10179
私营独资企业	153	1531	69	3763	2367
私营有限责任公司	792	10318	5240	11388	7055
私营股份有限公司	77	327	12	908	471
其他企业	30	406		1706	856
二、按国民经济行业分组					
正　餐	2895	32359	19964	32882	18286

9—9续表2

单位:万元

指　　标	营业费用	营业利润	利润总额	应交所得税及附加	本年应付工资总额
总　计	**7693**	**449**	**701**	**1782**	**4142**
#国有及国有控股	585	—181	—181	57	271
一、按登记注册类型分组					
内资企业	7693	449	701	1782	4142
国有企业	585	—181	—181	57	271
集体企业	307	—1	—1	48	145
有限责任公司	2136	920	1171	431	1397
其他有限责任公司	2136	920	1171	431	1397
股份有限公司	380	—7	—7	70	147
私营企业	3809	—347	—347	1050	1928
私营独资企业	566	283	283	273	422
私营有限责任公司	2624	—418	—419	606	1281
私营股份有限公司	269	18	18	128	123
其他企业	476	66	66	126	255
二、按国民经济行业分组					
正　餐	7693	449	701	1782	4142

9—10 限额以上连锁店(公司)基本情况

指标	连锁总店数(个)	连锁门店数(个)	直营店	加盟店	营业面积(平方米)	销售总额(万元)	#零售额
总计	**13**	**173**	**155**	**18**	**71289**	**115851**	**106376**
一、零售业	**9**	**158**	**140**	**18**	**55896**	**104062**	**94701**
#国有及国有控股	4	85	85		22096	15498	9579
按零售业态分							
超级市场	3	41	41		31393	39546	35206
专业店	1	6	4	2	6500	26252	24413
专卖店	5	111	95	16	18003	38265	35082
二、餐饮业	**4**	**15**	**15**		**15393**	**11788**	**11676**
正餐	4	15	15		15393	11788	11676

9—11 利用外资情况

指标	项目个数(个)		项目总投资(亿元)		合同外资金额(万美元)		实际利用外资(万美元)		
	2001年	2002年	2001年	2002年	2001年	2002年	2001年	2002年	比上年增长%
总计	**37**	**31**	**7.64**	**7.36**	**4203**	**4127**	**5941**	**8157**	**37.3**
一、直接利用外资	**37**	**31**	**7.64**	**7.36**	**4203**	**4127**	**1219**	**2918**	**139.4**
#合资经营企业	16	9	2.06	4.99	721	1645	679	893	31.5
合作经营企业	5	3	4.25	1.18	2740	681	19	75	3倍
外资经营企业	16	19	1.33	1.19	742	1801	521	406	—22.1
二、间接利用外资							**1557**	**5239**	**2.4倍**
#外国政府贷款							1557	5239	2.4倍

9—12 外贸进出口总额

单位:万美元

指标	2001年	2002年	2002年比2001年增长(%)
海关进出口总额	**49428**	**57240**	**15.8**
#出口	33115	37495	13.2
进口	16313	19745	21.0

9—13 国际旅游

指　　标	单　位	2001年	2002年	2002年比2001年增长(%)
一、接待海外旅游人数	**万人**	**5.95**	**6.75**	**13.5**
外国人	万人	2.08	2.21	6.3
港澳同胞	万人	1.43	1.13	−20.9
台湾同胞	万人	2.44	3.41	40.3
二、接待旅游人天数	**人天**	**101151**	**117406**	**16.1**
外国人	人天	43524	52293	20.2
港澳同胞	人天	24514	23270	−5.1
台湾同胞	人天	33113	41844	26.4
三、旅游外汇收入	**万美元**	**1633**	**1909**	**16.9**
四、国内旅游				
接待国内游客	万人次	999.49	1009.62	1.0
国内旅游收入	亿元	34.67	40.04	15.5
五、旅游总收入	**亿元**	**36.03**	**41.62**	**15.5**

9—14 “黄金周”旅游接待情况

（2002年）

指　　标	单　位	春　节	劳动节	国庆节
旅游住宿设施				
累计接待人天数	万人天	5.79	37.85	26.68
平均停留天数	天	1.92	2.5	2.1
出租率				
#饭店宾馆	%	59.09	75	79
#旅馆招待所	%	19.31	62.85	58
旅行社				
累计接团数	个	218	412	429
累计接待人数	万人次	1.86	1.8	1.51
景　区（点）				
统计的景区（点）	个	12	12	12
累计接待人数	万人次	29.97	5.6	59
一日游游客所占比重	%	84.28	75	82.14
门票收入	万元	89.09	299.2	350
交通客运				
累计抵达班车次	班车、次	5987	45886	46630
#铁　路	班车、次	245	587	380
民　航	班车、次	263	283	264
公　路	班车、次	5479	45016	45986
累计抵达旅客量	万人次	23.77	92.75	97.12
#铁　路	万人次	9.5	14	14.5
民　航	万人次	1.69	2.75	2.62
公　路	万人次	12.58	76	80
接待综合情况				
接待人数	万人次	28.28	55.3	61
旅游收入	万元	3134.21	19120	13700
人均天花费				
#过夜旅游者	元/人天	303.05	400	400
一日游游客	元/人天	54.6	100	62.82

主要统计指标解释

社会消费品零售总额 指国民经济各行业直接售给城乡居民和社会集团的消费品总额。它是反映各行业通过多种商品流通渠道向居民和社会集团供应的生活消费品总量,是研究国内零售市场变动情况、反映经济景气程度的重要指标。

社会消费品零售总额包括:(1)售给城乡居民作为生活用的商品和修建房屋用的建筑材料;(2)售给社会集团的各种办公用品和公用消费品;(3)售给机关、团体、学校、部队、企业、事业单位的职工食堂和旅店(招待所)附设专门供本店旅客食用,不对外营业的食堂的各种食品、燃料;企业、单位和国营农场直接售给本单位职工和职工食堂的自己生产的产品;(4)售给部队干部、战士生活用的粮食、副食品、衣着品、日用品、燃料;(5)售给来华的外国人、华侨、港澳台同胞的消费品;(6)居民自费购买的中、西药品、中药材及医疗用品;(7)报社、出版社直接售给居民和社会集团的报纸、图书、杂志、集邮公司出售的新、旧纠集邮票、特种邮票、首日封、集邮册、集邮工具等;(8)旧货寄售商店自购、自销部分的商品;(9)煤气公司、液化石油气站售给居民和社会集团的煤气灶具和罐装液化石油气;(10)农民售给非农业居民和社会集团的商品。不包括售给国民经济各部门企业、事业单位(包括国有经济的农场)征税经营用的各种原材料、燃料、设备、工具等和售给批发零售贸易业、餐饮业作为转卖用的商品,旧货寄售商店受托寄售卖出的商品,服务业的营业收入,邮局出售邮票的收入,自来水、电力、煤气生产(供应)单位的产品供应收入,也不包括农民之间的商品销售。

批发贸易业商品购、销、存总额 指各种登记注册类型的批发、零售贸易业(不包括个体)企业(单位)以本企业(单位)为总体的商品购进、销售、库存总额。

商品购进总额 指从本企业(单位)以外的单位和个人购进(包括从境外直接进口)作为转卖或加工后转卖的商品总额。它反映批发零贸易业从国内、国外市场上购进商品的总量。商品购进总额包括:(1)从工农业生产者购进的商品;(2)从出版社、报社的出版发行部门购进的图书、杂志和报纸;(3)从各种登记注册类型的批发零售贸易企业(单位)购进的商品;(4)从其他单位购进的商品,如从机关、团体、企业等单位购进的剩余物资从餐饮业、服务业购进的商品,从海关、市场管理部门购进的缉私和没收的商品,从居民手中收购的废旧商品等;(5)从国(境)外直接进口的商品。不包括企业(单位)为自身经营用和未通过买卖行为而收入的商品以及销售退回、商品升溢等。

商品销售总额 指对本企业(单位)以外的单位和个人出售(包括对境外直接出口)的商品总额。它反映批发零售贸易业在国内市场上销售商品以及出口商品的总量。商品销售总额包括:(1)售给城乡居民和社会集团消费用的商品;(2)售给工业、农业、建筑业、运输邮电业、批发零售贸易业、餐饮业、服务业等作为生产 经营使用的商品;(3)售给批发零售贸易业作为转卖或加工扣转卖的商品;(4)对国(境)外直接出口的商品。不包括出售本企业(单位)自用的废旧包装用品;未通过买卖行为付出的商品;经本单位介绍,由买卖双方直接结算,本单位只收取手续费的业务;购货退出的商品以及商品损耗和损失等。

批发零售贸易业库存　指报告期末各种登记注册类型的批发零售贸易企业(单位)已取得所有权的商品。它反映批发零售贸易企业(单位)的商品库存情况和对市场商品供应的保证程度。

消费品市场成交额　指从事消费品交易的商品市场的全部商品成交金额。消费品市场包括农副产品市场和工业消费品市场。

进出口总额　海关进出口总额指实际进出甸国境的货物总金额。包括对外贸易实际进出口货物,来料加工装配进出口货物,国家间、联合国及国际组织无偿援助物资和赠送品,华侨、港澳台同胞和外籍华人捐赠品,租赁期满归承租人所有的租赁货物,进料加工进出口货物,边境地方贸易及边境地区小额贸易进出口货物(边民互市贸易除外),中外合资企业、中外合作经营企业、外商独资经营企业进出口货物和公用物品,到、离岸价格在规定限额以上的进出口货样和广告品(无商业价值、无使用价值和免费提供出口的除外),从保税仓库提取在中国境内销售的进品货物,以及其他进出口货物。进出口总额用以观察一个国家在对外贸易方面的总规模。我国规定出口货物按离岸价格统计,进口货物按到岩价格统计。

利用外资　指我国各级政府、部门和其他经济组织通过对外借款、吸收外商直接投资以及用其他方式筹措的境外现汇、设备、技术等。

外商直接投资　指外国企业和经济组织或个人(包括华侨、港澳台胞以及我国在境外注册的企业)按我国有关政策、法规,用现汇、实物、技术等在我国境内开办外商独资企业、与我国境内的企业或经济组织共同举办中外合资经营企业、合作经营企业或合作开发资源的投资(包括外商投资收益的再投资),以及经政府有关部门批准的项目投资总额内企业从境外借入的资金。

旅游者人数

(1)**入境国际旅游者人数**:指来中国参观、访问、旅行、探亲、访友、休养、考察、参加会议和从事经济、科技、文化、教育、宗教等活动的外国人、华侨、港澳同胞和台湾同胞的人数。不包括外国在我国的常驻机构,如使领馆、通讯社、企业办事处的工作人员;来我国常住的外国专家、留学生以及在岸逗留不过夜人员。

(2)**出境居民人数**:指大陆居民因公务活动或私人事务短期出境的人数。公务活动出境居民人数包括在国际交通工具上的中国服务员工,因私出境居民人数不包括在国际交通工具上的中国服务员工。

(3)**国内旅游者人数**:指我国大陆居民和在我国常住1年以上的外国、华侨、港澳台同胞离开常住地在境内其他地方的旅游设施内至少停留一夜,最长不超过6个月的人数。

国际旅游(外汇)收入　指入境旅游的外国人、华侨、港澳同胞和台湾同胞在中国大陆旅游过程中发生的一切旅游支出,对于国家来说就是国际旅游(外汇)收入。

交通、运输、邮电

10

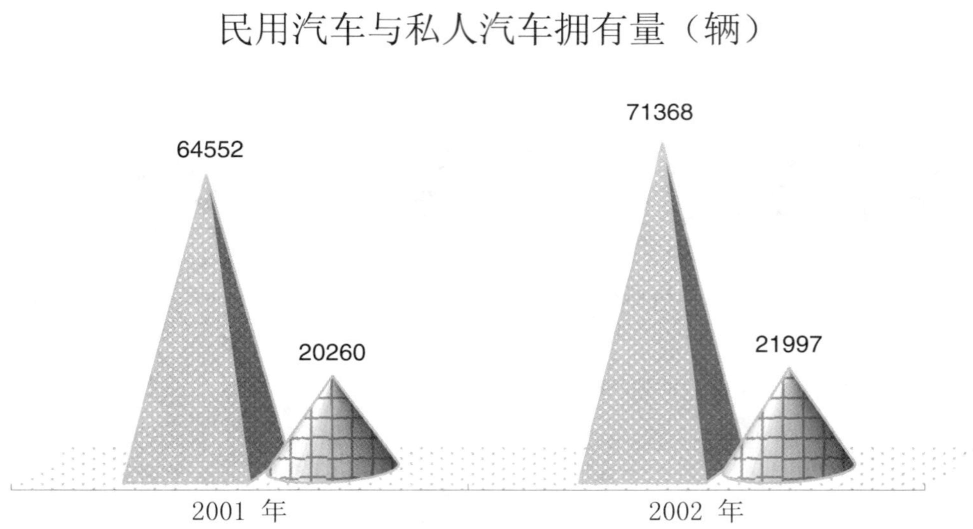
民用汽车与私人汽车拥有量（辆）
64552
20260
71368
21997
2001 年
2002 年

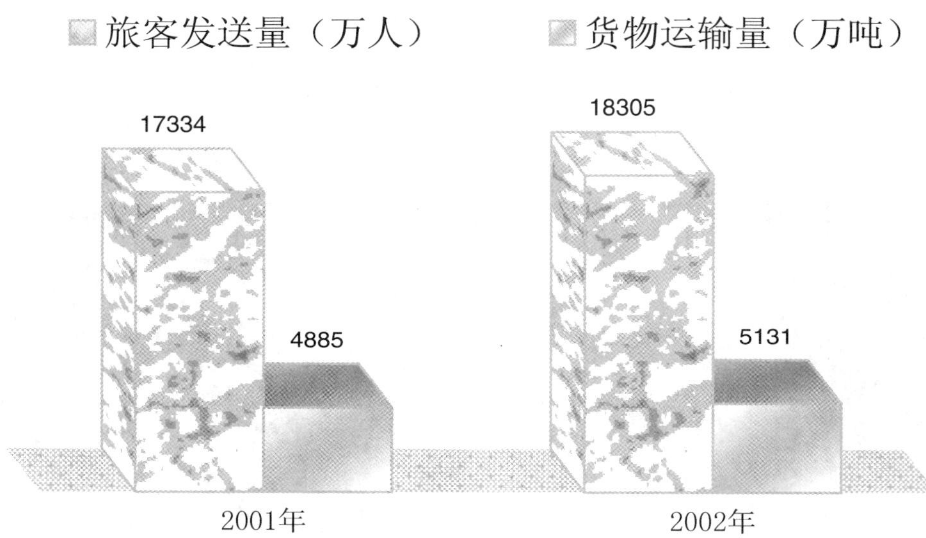
旅客发送量（万人）
货物运输量（万吨）
17334
4885
18305
5131
2001年
2002年

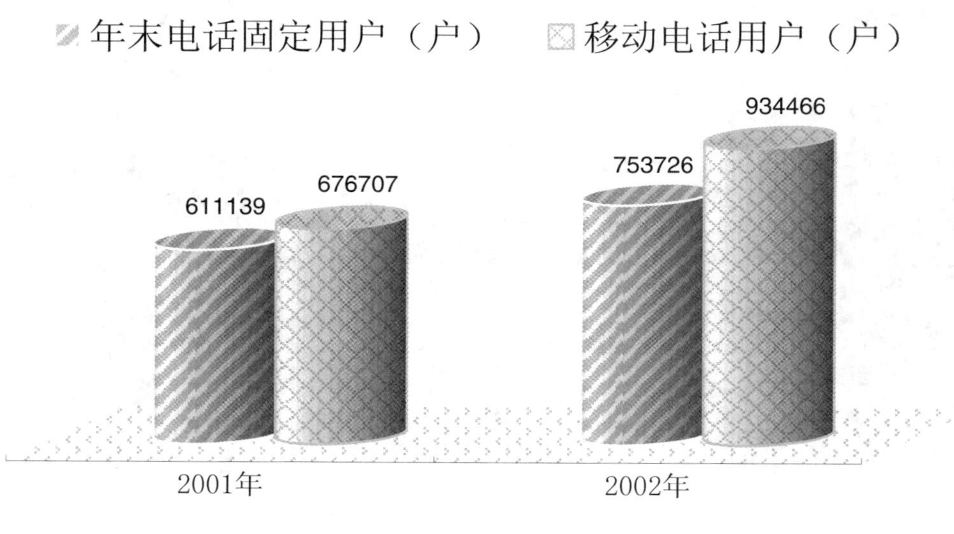
年末电话固定用户（户）
移动电话用户（户）
611139
676707
753726
934466
2001年
2002年

10—1 民用汽车拥有量

指　　标	单　位	2001年	2002年	2002年比2001年增长（%）
一、民用汽车总计	**辆**	**64552**	**71368**	**10.6**
1.载客汽车	辆	32768	36403	11.1
#客　位	客位	271020	311785	15.0
2.普通载货汽车	辆	31096	34520	11.0
#载重量	吨位	72976	76105	4.3
3.专用载货汽车	辆	688	445	—35.3
#载重量	吨位	2955	2239	—24.2
二、公路部门营运合计	**辆**	**27895**	**30507**	**9.4**
1.载客汽车	辆	5984	6898	15.3
#客　位	客位	63638	91043	43.1
2.普通载货汽车	辆	21664	23329	7.7
#载重量	吨位	64446	66725	3.5
3.专用载货汽车	辆	247	280	13.4
#载重量	吨位	1523	1890	24.1
三、私人汽车合计	**辆**	**20260**	**21997**	**8.6**
1.载客汽车	辆	4378	4259	—2.7
#客　位	客位	37248	35975	—3.4
2.普通载货汽车	辆	15831	17663	11.6
#载重量	吨位	39461	43421	10.0
3.专用载货汽车	辆	51	75	47.1
#载重量	吨位	202	178	—11.9

10—2 旅客运量及货物运输量

指　　标	2001年	2002年	2002年比2001年增长(%)
旅客发送量总计(万人)	**17334.21**	**18304.99**	**5.6**
铁　路	641.54	638.92	—0.4
公　路	16555	17518	5.8
水　运	62.2	61	—1.9
民　航	75.47	87.07	15.4
货物运输量总计(万吨)	**4884.86**	**5131.48**	**5.0**
铁　路	902	1020.64	13.2
公　路	3978	4105	3.2
水　运	4	4.4	10.0
民　航	0.86	1.44	67.4

10—3 邮电线路及通信工具拥有量

指　　　　标	单位	2001年	2002年	2002年比2001年增长(%)
邮路总条数	条	226	228	0.9
邮路总长度(单程)	公里	43600	42615	—2.3
汽车邮路	公里	5895	6114	3.7
铁路邮路	公里	6426	6426	持平
航空邮路	公里	26549	25345	—4.5
农村投递线路总长度	公里	4164	4164	持平
电话交换机容量	门	883509	975227	10.4
长途光缆长度	皮长公里	652	917	40.6
长途光缆线路长度	公里	637	704	10.5

10—4 邮电业务量

指　　标	单位	2001年	2002年	2002年比2001年增长（%）
邮电业务量	**万元**	**169577**	**222727**	**31.3**
函　　件	万件	2173.26	2881.82	32.6
包　　件	万件	54.35	49.49	－8.9
特快专递	万件	46.87	54.98	17.3
汇　　票	万张	98.45	95.51	－3.0
订销报纸	万份	6220.56	7490.12	20.4
订销杂志	万份	567.03	520.22	－8.3
邮政储蓄期末余额	万元	138602.6	191399.7	38.1
集邮业务量	万枚	474.62	299.04	－37.0
年末固定电话用户	户	611139	753726	23.3
城市电话用户	户	583781	679036	16.3
＃住宅电话用户	户	425717	485182	14.0
乡村电话用户	户	27358	74690	173.0
公用电话用户	部	19056	28485	49.5
无线寻呼用户	万户	14	8	－42.9
移动电话用户	户	676707	934466	38.1
＃本年新增用户	户	321176	257759	－19.7
互联网用户	户	89599	144266	61.0

主要统计指标解释

货(客)运量 指在一定时期内,各种运输工具实际运送的货物(旅客)数量。货运按吨计算,客运按人计算。货物不论运输距离长短、货物类别,均按实际重量统计。旅客不论行程远近或票价多少,均按一人一次客运量统计;半价票、小孩票也按一人统计。

货物(旅客)周转量 指在一定时期内,由各种运输工具运送的货物(旅客)数量与其相应运输距离的乘积之总和。计算货物周转量通常按发出站与到达站之间的最短距离,也就是计费距离计算。计算公式为:

货物(旅客)周转量=Σ货物(旅客)运输量×运输距离

邮电业务总量 指以价值量形式表现的邮电通信企业为社会提供各类邮电通信服务的总数量。邮电业务量按专业分类包括函件、包件、汇票、报刊发行、邮政快件、特快专递、邮政储蓄、集邮、公众电报、用户电报、传真、长途电话、出租电路、市话无线寻呼、移动电话、分组交换数据通信、出租代维等。计算方法为各类产品乘以相应的平均单位(不变价)之和,再加上出租电路和设备、代用户维护电话交换机和线路等的服务收入。其计算公式为:

邮电业务总量=Σ(各类邮电业务量×不变单价)+出租代维及其他业务收入

无线寻呼电话用户 指携带小型寻呼机,接收市话用户通过无线寻呼中心,在规定范围内向其发出声音、数字或文字显示信息的用户。在寻呼台办理登记手续的无线寻呼用户,每一部寻呼机按一户计算。

移动电话用户 指在移动电话营业部门登记,通过移动电话交换机进入移动电话网、占有移动电话号码的电话用户。用户数量以实际办理登记手续进入邮电部门移动电话网的户数进行计算,一部或一台移动电话统计为一户。

电话用户 指接入国家公众固定电话网,并按固定电话业务进行经营管理的电话用户。

财政、金融、证券、保险和税务

11

地方预算内财政收支（万元）

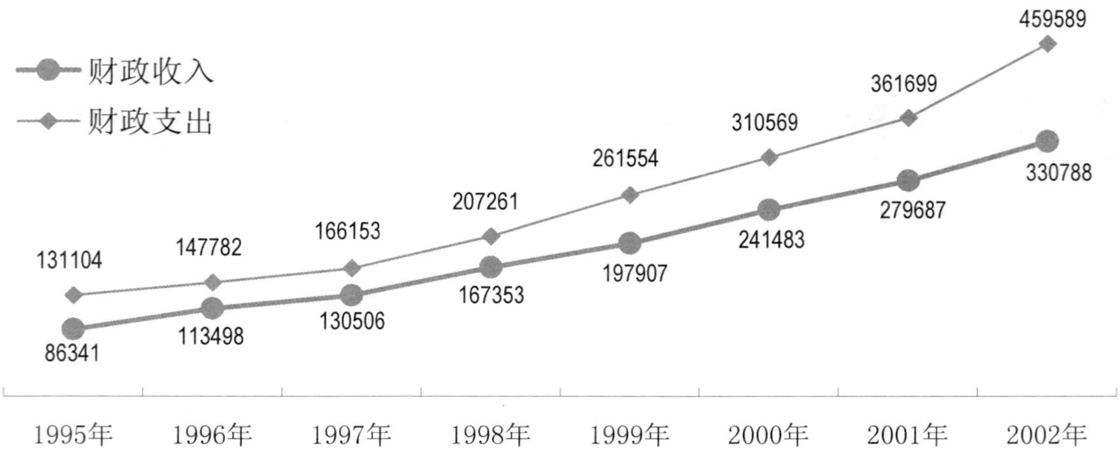

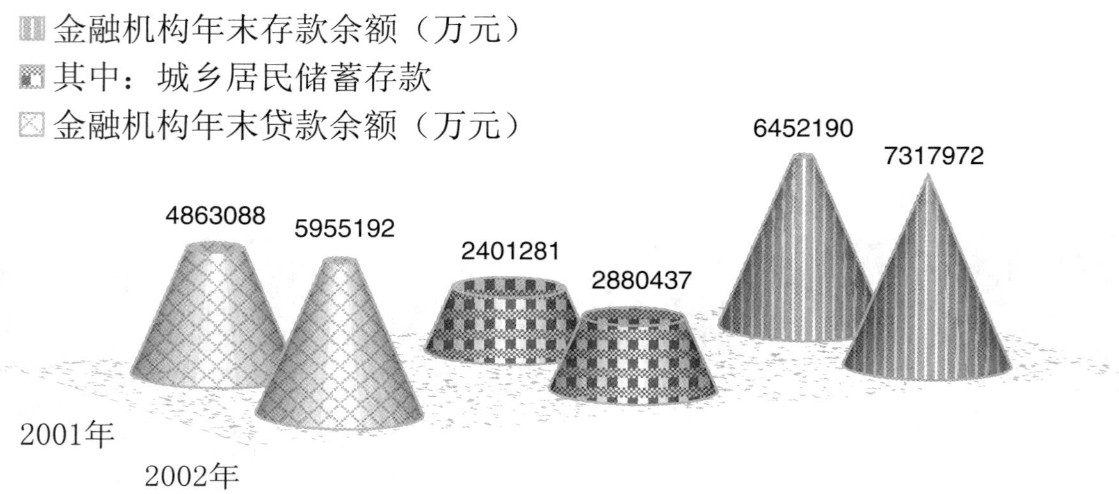

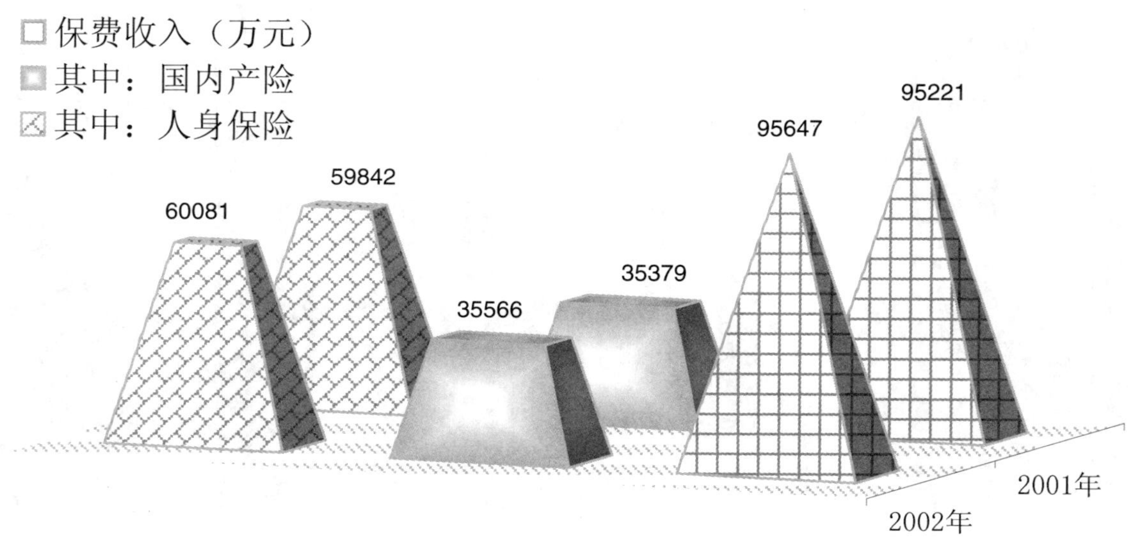

11—1 财政收入基本情况

单位:万元

指　　标	2001年	2002年	2002年比2001年增长(%)
财政总收入	**635145**	**791488**	**12.9**
#地方财政预算内收入	**279687**	**330788**	**18.3**
#增值税	35932	42503	18.3
营业税	80926	102586	26.8
企业所得税	38802	40114	3.4
个人所得税	24503	37776	54.2
基金收入	**15335**	**18189**	**18.6**
财政收入按项目分			
各项税收	241055	293674	21.8
#工商税收	191888	238891	24.5
农业四税	10365	14669	41.5
企业收入	46105	39125	—15.1
国有企业计划亏损补贴	—3470	—3916	12.9
行政性收费、罚没收入	14731	20343	38.1
专项收入	12435	13814	11.1
#排污费收入	2093	1863	—11.0
教育费附加收入	10000	11626	16.3
其他收入	4163	3946	—5.2

注:“2002年财政总收入”的计算口径有变化,与往年资料不可比,可比口径的数据为717345万元,“财政总收入增长”按可比口径计算;2002年“所得税”含上划中央部分。

11—2 财政支出基本情况

单位：万元

指　　标	2001年	2002年	2002年比2001年增长(%)
财政总支出	**377793**	**486887**	**28.9**
地方财政预算内支出	**361699**	**459589**	**27.1**
经济建设费	101781	108167	6.3
#基本建设支出	26675	31708	18.9
企业挖潜改造资金	15376	14605	—5.0
科技三项费	5308	6874	29.5
工业交通部门事业费	1560	2662	70.6
城市维护费	35065	32034	—8.6
社会文教费	81272	100303	23.4
#文体广播事业费	11927	17073	43.1
行政管理费	44501	51113	14.9
国防费	252	628	149.2
抚恤和社会福利救济费及社会保障补助支出	28890	52322	81.1
政策性补贴支出	239	178	—25.5
其他支出	41122	65510	59.3
基金支出	**16094**	**27298**	**69.6**

11－3 各级地方财政分类别收入

（2002年）

单位:万元

指　　标	全市合计	市　级	县　级	乡镇级	#镇	2002年比2001年增长（%）
总　　计	**330788**	**161051**	**129771**	**39966**	**24740**	**18.3**
工商税收	238891	125252	87649	25990	17168	24.5
农业四税	14669		3016	7325	383.7	41.5
企业所得税	40114	18674	16472	4968	2582	3.4
国有资产经营收益	2927	327	2410	190	99	－72.8
国有企业计划亏损补贴类	－3916	－3616	－100	－200		12.9
罚没收入和行政性收费收入	20343	9365	10249	729	453	38.1
其他收入类	3946	361	3159	426	261	－5.2

注:本表数据不含基金数。

11—4 各级地方财政分类别支出

（2002年）

单位：万元

指 标	全市合计	市 级	县 级	乡镇级	#镇 级	2002年比2001年增长（%）
合 计	**459589**	**227849**	**195312**	**36428**	**16645**	**27.1**
基本建设支出	31708	17494	13416	798	257	18.9
企业挖潜改造资金	14605	12291	2151	163	163	－5.0
科技三项费用	6874	4185	2577	112	60	29.5
支援农村生产支出	12043	2559	7991	1493	364	21.8
农业综合开发支出	4155	3152	934	69		23.7
农林水利气象等部门的事业费	13089	3837	7148	2104	1023	21.0
工业交通等部门的事业费	2662	1239	1423			70.6
流通部门事业费	2341	2009	332			14.6
文体广播事业费	17073	7711	6824	2538	1190	43.1
教育事业费	55812	15051	30968	9793	4480	18.0
科学事业费	1657	1189	468			26.4
卫生经费	25761	11620	11872	2269	1174	24.3
其它部门的事业费	10932	5793	3589	1550	775	45.7
抚恤和社会福利救济费	14359	3560	10267	532	248	49.8
行政事业单位离退休经费	527	169	358			9.1
社会保障补助支出	37963	36838	1124	1		96.7
国防支出	628		596	32	23	149.2
行政管理费	51113	16798	24229	10086	4385	14.9
外交外事支出	270	270				17.4
公检法司支出	35593	20166	15182	245	141	26.6
城市维护费	32034	20913	10640	481	347	－8.6
政策性补贴支出	178	100	78			－25.5
支援不发达地区支出	6748	195	5850	703	153	10.5
海域开发建设和场地使用费支出	17	7	10			
专项支出	15937	10419	5511	7	1	23.6
其他支出	65510	30284	31774	3452	1861	59.3

11—5 分部门财政收入

(2002年) 单位:万元

指标	合计	#企业所得税	#国有资产经营收益	#国有企业计划亏损补贴	2002年比2001年增长(%)
总计	**39125**	**40114**	**2927**	**—3916**	**—15.1**
工业部门	—2499	1022		—3521	8.6
#冶金工业	4	4			—85.2
石油化学工业	—2884	248		—3132	34.7
机械工业	—81	156		—237	—1.2
电力工业	456	456			457
建筑材料工业	—10	14		—24	—64.3
汽车工业	84	84			—
轻工业	—92	30		—122	—26.4
医药工业	18	18			—63.3
建筑工程企业	136	136			—27.3
交通邮电部门	221	248		—27	37.8倍
农林水等部门	—200			—200	42.9
商业企业	200	208		—8	96.1
粮食企业	—80	20		—100	—30.4
外贸企业	28	28			持平
文教企业	10	10			—
港澳台和外商投资企业	2124	212.4			—36.0
其他部门	39185	36318	2927	—60	—13.0

11—6 分部门财政支出

（2002年） 单位:万元

指标	基建支出	企业挖潜改造基金	科技三项费用	工交等部门事业费	流通部门事业费
总计	**31708**	**14605**	**6874**	**2662**	**2341**
工业部门		11737	69		
建工部门					
交通邮电部门	4077	30		883	
流通部门		381			
文教卫生等部门	5475				
科学部门	40		4992		
农林水气象等部门	719		195		
旅游部门	498				
其他部门	20899	2457	1618	1779	

11—7 地方财政用于支援农村生产及其事业费支出

单位:万元

指 标	2001年	2002年	2002年比2001年增长(%)
支援农村生产支出	**9889**	**12043**	**21.8**
#小型农田水利和水土保持补助费	3824	4335	13.4
支援农村合作生产组织资金	3175	4580	44.3
农村农技推广和植保补助费	866	1612	86.1
农村草场和畜禽保护补助费	358	455	27.1
农村造林和林木保护补助费	1201	993	−17.3
农村水产补助费	465	68	−85.4
农林水利气象部门事业费	**10813**	**13089**	**21.0**
#农业事业费	2583	2818	9.1
畜牧事业费	724	820	13.3
林业事业费	1774	2115	19.2
水利事业费	1369	1608	17.5
气象事业费	392	475	21.2

注:本表数据为财政拨款数,往年年鉴上该表数据为实际支出数。

11—8　地方财政用于支援科学、教育的事业费支出

单位:万元

指　　标	2001年	2002年	2002年比2001年增长(%)
科学事业费	**1311**	**1657**	**26.4**
自然科学事业费	1019	1207	18.4
#技术开发研究经费	264	285	8.0
社会公益和农业研究经费	311	444	42.8
科研管理机构经费	166	253	52.4
科协事业费	226	375	65.9
社会科学事业费	66	75	13.6
教育事业费	**47303**	**55812**	**18.0**
#高等学校经费	1265	1672	32.2
中等专业学校经费	2313	2748	18.8
中学经费	15164	18368	21.1
小学经费	21420	24445	14.1
广播电视教育经费	47	85	80.9
特殊教育经费	328	344	4.9

注:本表数据为财政拨款数,往年年鉴上该表数据为实际支出数。

11－9　全部金融机构人民币信贷收支情况

（2002年）　　单位:万元

指　　标	2001年	2002年	2002年比2001年增减余额
一、资金来源			
各项存款合计	**6452190**	**7317972**	**865782**
＃企业存款	2958496	3037553	79057
财政存款	351013	237094	－113919
机关团体存款	305568	448967	143399
城乡储蓄存款	2401281	2880437	479156
农业存款	82205	109079	26874
信托存款	5661	2255	－3406
其他存款	276148	530476	254328
二、资金运用			
各项贷款合计	**4863088**	**5955192**	**1092104**
＃短期贷款	2311462	2632052	320590
＃工业贷款	828614	939597	110983
商业贷款	707655	689710	－17945
建筑业贷款	182407	246533	64126
农业贷款	72577	95540	22963
乡镇企业贷款	47074	44019	－3055
私营企业及个人贷款	33627	27185	－6442
中长期贷款	2189413	2817492	628079
信托贷款	4298	15888	11590

11—10　国家银行人民币信贷收支情况

（2002年）

单位：万元

指　　标	2001年	2002年	2002年比2001年增减余额
一、资金来源			
各项存款合计	**4709906**	**5328905**	**618999**
#企业存款	2029296	2089036	59740
财政存款	350585	236418	−114167
机关团体存款	258869	387593	128724
城乡储蓄存款	1864157	2217116	352959
农业存款	23318	24471	1153
其他存款	183681	374271	190590
二、资金运用			
各项贷款合计	**3672428**	**4497208**	**824780**
#短期贷款	1568027	1846648	278621
#工业贷款	689930	765354	75424
商业贷款	537725	511544	−26181
建筑业贷款	95367	168719	73352
农业贷款	8318	8140	−178
乡镇企业贷款	16895	15743	−1152
私营企业及个人贷款	2340	798	−1542
中长期贷款	1848218	2265384	417166

11－11　金融机构人民币信贷收支情况

（2002年）

单位:万元

指　　标	工商银行	农业银行	中国银行	建设银行	交通银行	农业发展银行	商业银行	农村信用社
各项存款合计	**2204158**	**1057122**	**311901**	**1325055**	**325880**	**2016**	**1287119**	**261527**
企业存款	828600	455395	147445	655581	175865	2015	729375	3807
#活期存款	733719	405441	129962	631710	135834	2015	680107	
定期存款	94881	49954	17483	23871	40031		49268	3807
城乡储蓄存款	104938	391763	145608	473407	120943		375487	166891
#活期储蓄	387151	163135	40699	226151	56045		217214	75469
农业存款		21318		3153			105	84503
其他存款	107601	166950	16910	82809	8084	1	145885	2207
各项贷款合计	**1847603**	**1057964**	**362217**	**1163653**	**202909**	**65771**	**960631**	**207645**
短期贷款	849405	378994	260002	292536	148172	65711	423181	175994
#工业贷款	580672	89485	5334	89863	63020		75119	
商业贷款	118651	238076	59466	29924	5842	65427	171884	
建筑业贷款	28234	5270		135215			76530	
私营企业及个体贷款		798			109		26278	
三资企业贷款	5072		11668		4599		14671	
中长期贷款	860846	655638	101699	647111	42430	60	465336	31651
#基本建设	618408	324616	3000	461997	30000		354782	
技术改造		17593	79982	48542			2250	

11—12 金融机构人民币现金收支情况

单位:万元

指　　　标	2001年	2002年	2002年比2001年增减	
			余　额	%
一、现金收入合计	**10155317**	**12583508**	**2428191**	**23.9**
商品销售收入	1312719	1574751	262032	20.0
服务事业收入	681102	833982	152880	22.5
税款收入	45212	80407	35195	77.7
储蓄存款收入	6768240	8623164	1854924	27.4
其他金融机构收入	50817	67328	16511	32.5
城乡个体经营收入	398713	413342	14629	3.7
居民归还贷款收入	84061	115570	31509	37.5
汇兑收入	172807	146248	—26559	—15.4
有价证券收入	90586	69728	—20858	—23.0
其他收入	551060	658988	107928	19.6
二、现金支出合计	**9803552**	**12307565**	**2504013**	**25.5**
工资性支出	991615	1174791	183176	18.5
农副产品采购支出	142749	162886	20137	14.1
城乡个体经营支出	556686	674933	118247	21.2
居民提取贷款支出	56529	89913	33384	59.1
行政企事业管理费支出	705477	832179	126702	18.0
工矿及其他产品采购支出	131121	160441	29320	22.4
储蓄存款支出	6625591	8453458	1827867	27.6
汇兑支出	34521	26605	—7916	—22.9
其他支出	475457	626497	151040	31.8
其他金融机构支出	28380	42228	13848	48.8
有价证券支出	55426	63634	8208	14.8
货币投放(+)回笼(—)	—351765	—275943	75822	—21.6

11—13 保险业务情况(按险种分)

险种	承保金额(万元)		保费收入(万元)		赔案件数(件)		各项赔款和给付(万元)	
	2001年	2002年	2001年	2002年	2001年	2002年	2001年	2002年
合　计	**10795300**	**10332888**	**95221**	**95646**	**49218**	**70402**	**18887**	**25109**
一、国内产险业务合计	**4733785**	**5091672**	**35379**	**35566**	**38839**	**43971**	**16804**	**17349**
1. 企事业财产险	2404059	2257133	5783	4473	237	267	1422	1868
2. 机动车辆保险	861689	884191	25033	26535	37765	43037	13394	14556
3. 货运保险	675890	1226344	2025	2031	250	190	727	287
4. 船舶保险	209	785	3	8	1	1	1	2
5. 家庭财产保险	292899	201119	909	394	284	226	89	63
6. 工程责任其它险	227058	141757	821	517	182	26	617	244
7. 信用保险	600	24000	30	30	1	2	21	21
8. 保证保险	—148	—598	170	26	14	5	438	115
9. 其它保险	271529	356942	605	1554	105	217	95	193
二、人身保险业务	**6061515**	**5241216**	**59842**	**60080**	**10379**	**26431**	**2083**	**7760**
1. 意外伤害业务	4860280	1525741	2405	2891	6635	6840	1046	1009
2. 健康保险	676809	145434	1112	2804	3424	4353	780	936
3. 人寿保险	524426	3570041	56325	54385	320	15238	257	5814

11—14 保险业务情况(中国人民保险公司)

险种 \ 项目 年份	承保金额(万元)		保费收入(万元)		赔案件数(件)		各项赔款和给付(万元)	
	2001年	2002年	2001年	2002年	2001年	2002年	2001年	2002年
合计	**5141801**	**7300216**	**44428**	**43394**	**33565**	**50087**	**12512**	**16441**
一、国内产险业务合计	**2804507**	**3323709**	**22416**	**23039**	**27322**	**29481**	**11569**	**12666**
1. 企事业财产险	1464761	1392072	3793	2539	105	135	954	1477
2. 机动车辆保险	649825	566551	16334	17652	26593	28840	9621	10706
3. 货运保险	468639	1004572	1486	1578	134	92	616	181
4. 船舶保险	209	245	3	3	1	1	1	2
5. 家庭财产保险	121784	135537	274	234	244	212	75	56
6. 工程责任其它险	99056	60358	525	194	167	3	278	62
7. 信用保险								
8. 保证保险								
9. 其它保险	233	164374	1	839	78	198	24	182
二、人身保险业务	**2337294**	**3976507**	**22012**	**20355**	**6243**	**20606**	**943**	**3775**
1. 意外伤害业务	1859905	728848	1312	1560	5133	6446	671	742
2. 健康保险	361404	349	113	85	924	1329	229	419
3. 人寿保险	115985	3247310	20587	18710	186	12831	43	2614

11－14续表(**太平洋保险公司**)

险种 \ 项目/年份	承保金额(万元)		保费收入(万元)		赔案件数(件)		各项赔款和给付(万元)	
	2001年	2002年	2001年	2002年	2001年	2002年	2001年	2002年
合　计	**4977073**	**1943880**	**26999**	**18807**	**8664**	**10937**	**4551**	**3679**
一、国内产险业务合计	**1491208**	**1235565**	**9376**	**6997**	**8483**	**7180**	**3946**	**2944**
1. 企事业财产险	765121	639793	1544	1547	79	47	237	295
2. 机动车辆保险	160820	224574	6598	4465	8243	7001	2832	2238
3. 货运保险	114236	111893	314	253	97	87	65	84
4. 船舶保险		540		5				
5. 家庭财产保险	135848	72977	326	224	33	14	13	7
6. 工程责任其它险	128002	81264	296	322	15	22	339	182
7. 信用保险	600	24000	30	30	1	2	21	21
8. 保证保险	－148	－598	170	26	14	5	438	115
9. 其它保险	186729	81123	98	126	1	2	1	2
二、人身保险业务	**3485865**	**708315**	**17623**	**11811**	**181**	**3757**	**605**	**735**
1. 意外伤害业务	2874956	350872	815	580	102	319	272	102
2. 健康保险	307895	92974	643	190		1124	223	167
3. 人寿保险	303014	264469	16165	11040	79	2314	110	466

11—14续表(**平安保险公司**)

险种 \ 项目 年份	承保金额(万元)		保费收入(万元)		赔案件数(件)		各项赔款和给付(万元)	
	2001年	2002年	2001年	2002年	2001年	2002年	2001年	2002年
合　　计	**676426**	**1088792**	**23794**	**33445**	**6989**	**9378**	**1824**	**4989**
一、国内产险业务合计	**438070**	**532398**	**3587**	**5530**	**3034**	**7310**	**1289**	**1739**
1. 企事业财产险	174177	225268	446	387	53	85	231	96
2. 机动车辆保险	51044	93066	2101	4418	2929	7196	941	1612
3. 货运保险	93015	109879	225	200	19	11	46	22
4. 船舶保险								
5. 家庭财产保险	35267	—7395	309	—64	7		1	
6. 工程责任其它险		135		1		1		
7. 信用保险								
8. 保证保险								
9. 其它保险	84567	111445	506	589	26	17	70	9
二、人身保险业务	**238356**	**556394**	**20207**	**27915**	**3955**	**2068**	**535**	**3250**
1. 意外伤害业务	125419	446021	278	751	1400	75	103	165
2. 健康保险	7510	52111	356	2529	2500	1900	328	350
3. 人寿保险	105427	58262	19573	24635	55	93	104	2734

11—15 上市公司情况

指　　标	单位	2001年	2002年
上市公司数量	个	8	8
#上交所	个	3	3
深交所	个	5	5
股票总发行股本	万股	173919.1	173919.1
股票流通股本	万股	63642.2	63642.2

注:资料范围为总部设在贵阳市辖区范围内的上市公司。

11—16 证券交易情况

指　　标	单位	2001年	2002年
证券营业部	个	9	10
资金帐户数	户	153692	166739
#个　人	户	153604	166617
机　构	户	88	122
证券成交金额	万元	3205560	3465654
#A股及基金成交金额	万元	2182932	1772851

注:资料范围包括贵阳市辖区范围内从事证券交易的所有证券机构。

11—17 地税收入分企业类型情况

(2002年)

单位:万元

指　　标	合　计	内资企业					
		小　计	国有企业	集体企业	股份合作企　业	联营企业	有限责任公　司
税收收入合计	**248567**	**218797**	**80255**	**21004**	**2601**	**1009**	**48869**
营业税	118466	104034	46131	10961	903	162	18676
企业所得税	32231	32231	6399	4487	854	585	9882
个人所得税	37339	25863	7709	1617	375	18	2726
资源税	3319	2439	1496	186	10	8	128
固定资产投资方向调节税	217	217	32				178
城市维护建设税	30870	30275	7197	1589	234	37	15266
房产税	16670	15588	6975	1642	148	177	924
印花税	2862	2505	1035	177	27	1	624
城镇土地使用税	4181	3951	2451	210	42	21	327
土地增值税	1498	979	160	133	8		138
车船使用税	773	707	663	1			
屠宰税	141	8	7	1			

11－17续表

单位：万元

指标	内资企业			港澳台投资企业	外商投资企业	个体经营	附列资料：乡镇（企业）
	股份公司	私营企业	其他企业				
税收收入合计	**38028**	**7163**	**19868**	**4565**	**2722**	**22483**	**13747**
营业税	17713	2752	6736	3726	1548	9158	6925
企业所得税	7921	1839	264				2184
个人所得税	5402	1529	6487	289	694	10493	2238
资源税	255	277	79		5	875	702
固定资产投资方向调节税		1	6				
城市维护建设税	3253	434	2265			595	1004
房产税	2351	142	3229	284	204	594	349
印花税	492	20	129	22	25	310	68
城镇土地使用税	463	84	353			230	133
土地增值税	178	78	284	244	246	29	8
车船使用税		7	36			66	29
屠宰税						133	107

11—18 地方营业税分企业类型情况

(2002年)

单位:万元

指标	合计	内资企业				
		小计	国有企业	集体企业	股份合作企业	联营企业
合计	**118466**	**104034**	**46131**	**10961**	**903**	**162**
交通运输、仓储业及邮电通信业	15914	13167	8944	476	311	5
交通运输业	9475	6819	3765	445	32	2
铁路运输	613	613	577	1		
公路运输	5509	2988	1553	264	6	1
航空运输	2673	2673	1433	1		
装卸搬运	680	545	202	179	26	1
仓储业	285	278	159	25	3	3
邮电通信业	6154	6070	5020	6	276	
建筑业	29464	27023	12409	5097	246	17
#建筑安装	25315	23276	11566	4788	225	8
金融、保险业	15586	15586	11786	468		
金融	13551	13551	10390	468		
保险	2035	2035	1396			
文化体育业	443	421	151	21	20	
代理业	791	770	130	23	2	
餐饮业	5363	2990	403	487	10	3
社会服务业	27929	24724	9266	2728	246	75
旅店	1800	1256	700	191	2	
租赁	5193	4859	1744	680	78	21
旅游	199	193	125	4		
娱乐	540	399	26	70		
广告	1964	1951	473	22		
公共交通	755	755	406			
转让经济权益	109	93	15	1	4	
其他服务	17369	15218	5777	1760	162	54
房地产业	22802	19213	2999	1610	68	61
销售不动产	21468	18056	2761	1608	31	61
转让土地使用权	1334	1157	238	2	37	
税款滞纳金、罚款收入	174	140	43	51		1

11－18续表 单位:万元

指标	内资企业			港澳台投资企业	外商投资企业	个体经营
	股份公司	私营企业	其他企业			
合计	**17713**	**2752**	**6736**	**3762**	**1548**	**9158**
交通运输、仓储业及邮电通信业	567	53	506	82	4	2661
交通运输业	484	52	483	1	1	2654
铁路运输	4					
公路运输	254	46	449	1	1	2519
航空运输	136					
装卸搬运	30	6	34			135
仓储业	24	1	15			7
邮电通信业	59		8	81	3	
建筑业	3500	311	786	62	45	2334
#建筑安装	2695	292	715	43	44	1952
金融、保险业	3135					
金融	2498					
保险	637					
文化体育业	37	36	103	11		11
代理业	113	77	27	14		7
餐饮业	933	580	23	228	137	2008
社会服务业	3670	516	4412	1040	504	1661
旅店	133	25	17	419	89	36
租赁	729	45	575	115	33	186
旅游	16	2	4			6
娱乐	185	13	8	91	18	32
广告	50	8	1260	6		7
公共交通	6		342			
转让经济权益			65		16	
其他服务	2551	423	2141	409	348	1394
房地产业	5751	1176	874	2289	858	442
销售不动产	5751	1176	45	2126	858	428
转让土地使用权			829	163		14
税款滞纳金、罚款收入	7	3	5			34

11—19 地方企业所得税分经济类型情况

(2002年) 单位:万元

指标	合计	国有企业	集体企业	股份合作企业	联营企业	有限责任公司	股份有限公司	私营企业	其他企业
合计	**32231**	**6399**	**4487**	**854**	**585**	**9882**	**7921**	**1839**	**264**
制造业	7582	1665	824	119	324	1665	2404	577	4
采掘业	406	9	155	55	5	62	43	77	
电力、煤气及水的生产和供应业	2296	2141	93	60		2			
建筑业	1474	169	362	169	13	125	577	59	
交通运输、仓储及邮电通信业	1345	214	68		9	923	129	1	1
批发和零售贸易、餐饮业	7739	384	1208	217	65	3679	1897	205	84
金融、保险业									
房地产业	4768	1042	430		76	1787	710	723	
社会服务业	2818	224	521	43	20	1152	797	55	6
其他行业	3366	514	683	160	67	371	1283	122	166
税款滞纳金、罚款收入	437	37	143	31	6	116	81	20	3

11－20 地方县(市)税收情况

(2002年)

单位:万元

县(市)名	税收收入（入库数）	比上年增长	
		增长额	%
直属征收分局	129058	13046	22.2
南 明 区	24867	5055	25.5
云 岩 区	25995	6166	31.1
花 溪 区	6896	1235	21.8
乌 当 区	11142	2030	22.3
白 云 区	14154	2022	16.7
小 河 区	12683	1950	18.2
开 阳 县	5423	622	13.0
息 烽 县	3501	1207	52.6
修 文 县	3570	656	22.5
清 镇 市	8452	1267	17.6

11—21　地方涉外税收税额情况

(2002年)　　单位:万元

指　　标	合　计	营业税	个　人 所得税	房产税	其他各税
合　　计	**7287**	**5274**	**983**	**488**	**542**
涉外税收收入	7287	5274	983	488	542
中外合资经营企业	4068	2916	528	321	303
#制造业	240		212	3	25
电力、煤气及水的生产和供应业	45		44	1	
建筑业	82	74	5	3	
交通运输、仓储及邮电通信业	13	10	2		1
批发和零售贸易、餐饮业	308	292	15		1
房地产业	1642	1305	24	51	262
社会服务业	1345	1235	54	55	1
其他行业	393		172	208	13
中外合作经营企业	530	388	86		56
#制造业	83		75		8
建筑业	22	15	7		
交通运输、仓储及邮电通信业	6	6			
批发和零售贸易、餐饮业	3	2	1		
房地产业	294	254	1		39
社会服务业	113	111	2		
其他行业	9				9
外资企业	2510	1970	190	167	183
#制造业	56		56		
建筑业	18	18			
交通运输、仓储及邮电通信业	96	70	22	4	
批发和零售贸易、餐饮业	79	71	8		
房地产业	1822	1588	7	99	128
社会服务业	226	198	23	4	1
其他行业	213	25	74	60	54
外国企业	175		175		
#外国企业常驻代表机构	44		44		
其　他	131		131		
税款滞纳金、罚款收入	4		4		

11—22 地方纳税登记户数情况

(2002年)

单位:户

指标	登记户数	纳税户数				
		合计	国有企业	集体企业	股份合作企业	联营企业
合计	**71527**	**171994**	**18417**	**17043**	**853**	**452**
#净纳税户数		65183	3593	6698	396	110
营业税		28089	3786	3148	183	55
企业所得税		14180	2376	3998	165	115
个人所得税		42573	2358	996		
资源税		987	62	133	6	6
固定资产投资方向调节税		27	13	2		
城市维护建设税		58026	4788	5531	250	104
房产税		13396	2107	1592	88	68
印花税		5788	1231	634	67	22
城镇土地使用税		6139	1558	818	88	82
土地增值税		282	40	172	3	
车船使用税		722	94	16	3	
屠宰税		1785	4	3		

11—22续表

单位:户

指标	纳税户数						
	有限责任公司	股份公司	私营企业	个体经营	港澳台投资企业	外商投资企业	其他企业
合计	**11468**	**6841**	**7353**	**105161**	**814**	**444**	**3224**
#净纳税户数	5740	1465	4101	40994	442	239	1405
营业税	2060	1679	959	14944	408	192	675
企业所得税	3712	1630	1241				943
个人所得税			1315	37904			
资源税	33	37	120	574		4	12
固定资产投资方向调节税	1		2				9
城市维护建设税	4843	2615	2785	36350			760
房产税	268	458	384	7450	278	139	564
印花税	366	219	338	2560	123	101	127
城镇土地使用税	180	168	179	3015			127
土地增值税	5	35	4	5	5	8	5
车船使用税			26	581			2
屠宰税				1778			

11－23 国家税务各项收入完成情况

（2002年）

单位：户

指标	各项收入	中央	省级	市级	区县级	2002年比2001年增长（%）
总计	**490683**	**394862**	**48480**	**23692**	**23649**	**12.6**
一、税收收入	**478425**	**382604**	**48480**	**23692**	**23649**	**11.9**
增值税	287660	215745	28766	20115	23034	17.8
消费税	129911	129911				－4.9
营业税	3694	3694				－50.1
企业所得税	45807	27577	15376	2278	576	65.1
国有企业所得税	34745	22461	11952	212	120	47.1
集体企业所得税	3930	1965	6	1935	24	229.2
股份公司所得税	7130	3149	3418	131	432	143.9
私营企业所得税	2	2				
外资企业和外国企业所得税	2680	1340	252	1079	9	－29.4
储蓄利息个人所得税	8673	4337	4086	220	30	9.6
二、车辆购置税	**11916**	**11916**				**47.7**
三、其它收入	**342**	**342**				**395.7**

11—24 国家税务税收收入完成情况

(2002年)

单位:万元

指　　标	税收收入	增值税	消费税	2002年比2001年增长(%)
合　计	**478425**	**287660**	**129911**	**11.9**
市　局	**293481**	**119490**	**128297**	**6.7**
重点税源局	284682	113447	128202	6.9
卷　烟	168805	47967	120838	9
其　它	115877	65480	7364	4
涉外分局	8799	6043	95	—0.8
区　局	**149895**	**134987**	**1597**	**23.4**
小河区	10818	9630	7	13.4
南明区	28591	27276	148	42.4
云岩区	32260	30803	68	32.2
花溪区	11969	10981	322	26.8
乌当区	12318	11031	6	—15.9
白云区	49572	41386	646	14.2
高新局	4367	3880	400	—
一市三县	**35049**	**33183**	**17**	**12.8**
清镇市	16270	15481	9	7.3
开阳县	10439	9747	3	16.3
修文县	4694	4477	3	26.3
息烽县	3646	3478	2	13.3

11－25 国家税务增消两税完成情况

（2002年）

单位：万元

指标	2002年	2002年比2001年增长（%）	2002年比2001年增减额
合计	**417571**	**9.6**	**36707**
一、增值税	**287660**	**17.8**	**43385**
卷烟	47967	77.9	21009
酒	680	2.9	19
纺织品	224	36.6	60
煤炭	1997	9.8	178
电力	51984	1.5	770
化工产品	22170	10.3	2078
#轮胎	6109	－1.2	－74
机械及交通运输设备	9685	－3.5	－349
钢材钢坯	450	－72.5	－1187
有色金属产品	34884	4.3	1446
#铝	34022	2.5	818
建材产品	4633	1.5	70
商业	46186	6.5	2954
食品制造	2755	34.1	700
医药制造	13001	35.7	3422
饮料制造	191	－49.6	－188
其它	48853	34	12403
二、消费税	**129911**	**－4.9**	**－6678**
卷烟	120838	－5.5	－7009
酒	1380	55.1	490
汽车摩托车	266	11.3	27
轮胎	6900	－2.6	－185
其它	527	－0.2	－1

主要统计指标解释

财政收入 包括地方财政收入和上划中央增值税、消费税两部分。地方财政收入包括营业税、地方企业所得税、个人所得税、城镇土地使用税、固定资产投资方向调节税、城镇维护建设税、房产税、车船使用税、印花税、屠宰税、农牧业税、农业特产税、耕地占用税、契税、增值税25%部分、证券交易税(印花税)的50%部分和除海洋石油资源税以外的其他资源税。

财政支出 国家财政将筹集起来的资金进行分配使用,以满足经济建设和各项事业的需要,主要包括:

基本建设支出,企业挖潜改造资金,地质勘探费用,科技三项费用,支援农村生产支出,农林水利气象等部门的事业费用,工业交通商业等部门的事业费,文教科学卫生事业费,抚恤和社会福利救济费,国防支出,行政管理费,价格补贴支出。

存款 指企业、机关、团体或居民根据资金必须收回的原则,把货币资金存入银行或其他信用机构保管并取得一定利息的一种信用活动形式。根据存款对象的不同可划分为企业存款、财政存款、机关团体存款、基本建设存款、城镇储蓄存款、农村存款等科目。它是银行信贷资金的主要来源。

贷款 指银行或其他信用机构根据资金必须归还的原则,按一定利率,为企业、个人等提供资金的一种信用活动形式。我国银行贷款分为流动资金贷款、固定资产贷款、城乡个体工商户贷款以及农业贷款等科目。

保险金额 指保险人承担赔偿或者给付保险金责任的最高限额。

保费 指投保人为取得保险人在约定范围内所承担赔偿责任而支付给保险人的费用。

赔款 指保险人根据保险合同的规定,向被保险人支付的赔偿保险责任损失的金额。

给付 包括死伤医疗给付和满期给付。死伤医疗给付是指保险人根据人寿保险及长期健康保险合同的规定,因被保险人在保险期内发生保险责任范围内的保险事故支付给被保险人(或受益人)的金额。满期给付是指被保险人生存期满,保险人按人寿保险合同规定支付给被保险人的满期保险金额。

城乡居民储蓄存款余额 指某一时点城乡居民存入银行及农村信用社的储蓄金额,包括城镇居民储蓄存款和农民个人储蓄存款,不包括居民的手存现金和工矿企业、部队、机关、团体等单位存款。

科技、教育、文化、广播

12

大中型工业企业科技活动经费

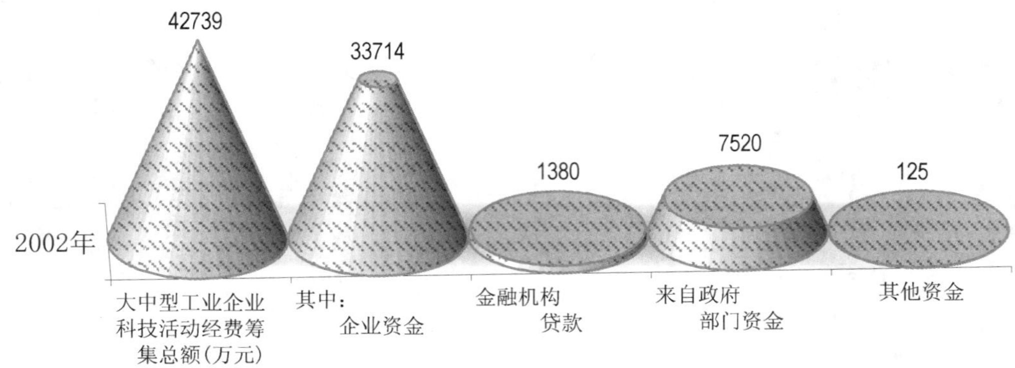

在校生人数（人）（2002年）

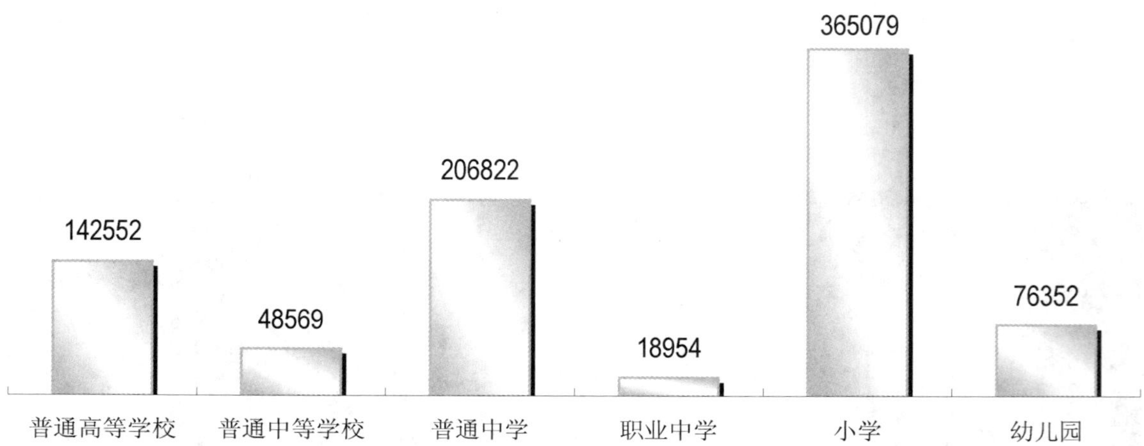

专任教师数（人）（2002年）

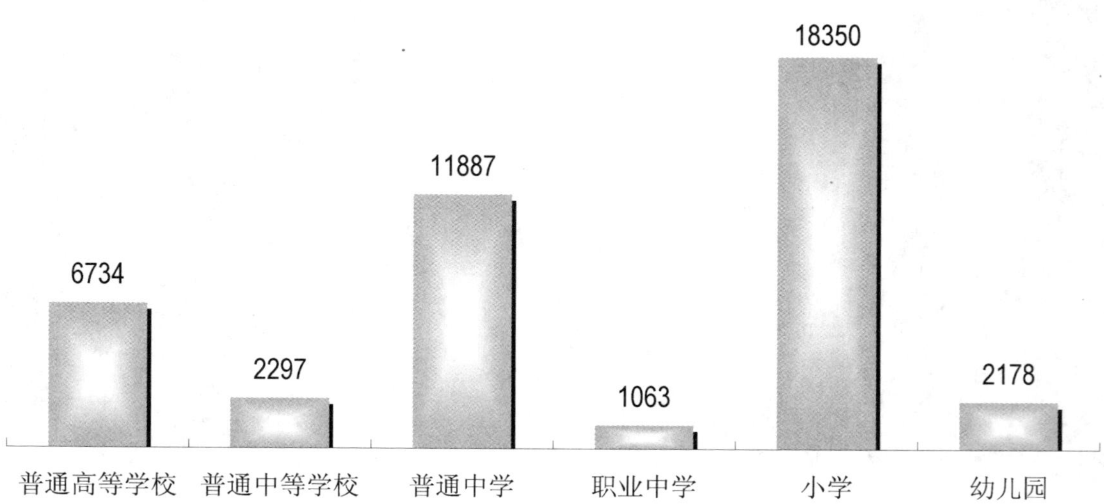

12—1 大中型工业企业研究与发展人员经费使用情况

(2002年)

指　　标	研究与发展人员 (人)	研究与发展经费支出 (万元)
总　计	**3909**	**20767**
按登记注册类型分		
内资企业	3907	20749
港、澳、台商投资	2	18
外商投资		
按隶属关系分		
中央属	2556	13369
省　属	512	3237
地区属	659	3942
县　属		
其他属	182	219
按企业规模分		
特大型	919	9348
大一型	457	2822
大二型	1770	5456
中一型	423	1979
中二型	340	1162
按工业行业大类分		
煤炭采选业		
非金属矿采选业	53	293
食品加工业		
饮料制造业		
烟草加工业	33	40
纺织业		
化学原料及化学制品制造业	347	1770
医药制造业	94	540
橡胶制造业	134	2342
塑料制品业	6	29
非金属矿物制品业	124	113
黑色金属冶炼及压延加工业	8	130
有色金属冶炼及压延加工业	919	9348
金属制品业	12	90
普通机械制造业	134	615
专用设备制造业		
交通运输设备制造业	1295	3553
电气机械及器材制造业	92	252
电子及通信设备制造业	436	1531
仪器仪表及文化、办公用机械制造业	69	73
电力、蒸汽、热水的生产和供应业	153	48

12—2 大中型工业企业科技活动人员情况

（2002年）

指　　标	科技活动人员(人)		
	合计	高中级技术职称人员	无高中级技术职称的大学本科及以上学历人员
总　　计	**9306**	**2794**	**1521**
按登记注册类型分			
内资企业	9271	2780	1509
港、澳、台商投资	14	5	
外商投资	21	9	12
按隶属关系分			
中央属	5564	1647	731
省　属	1429	448	139
地区属	1490	506	469
县　属			
其他属	823	193	182
按企业规模分			
特大型	1015	607	186
大一型	1313	521	427
大二型	5484	1335	512
中一型	825	75	126
中二型	669	256	270
按工业行业大类分			
煤炭采选业	40	34	
非金属矿采选业	53	29	8
食品加工业	24	11	12
饮料制造业			
烟草加工业	51	27	24
纺织业			
化学原料及化学制品制造业	872	83	121
医药制造业	120	47	43
橡胶制造业	451	79	251
塑料制品业	26	10	5
非金属矿物制品业	244	96	26
黑色金属冶炼及压延加工业	76	9	5
有色金属冶炼及压延加工业	1015	607	186
金属制品业	29	25	4
普通机械制造业	207	78	33
专用设备制造业			
交通运输设备制造业	4414	1059	506
电气机械及器材制造业	132	34	8
电子及通信设备制造业	1209	370	204
仪器仪表及文化、办公用机械制造业	136	68	44
电力、蒸汽、热水的生产和供应业	207	128	41

12—3 大中型工业企业科技活动经费筹集及使用情况

（2002年）

单位：万元

指　　标	本年经费筹集总额				
	合　计	企业资金	金融机构贷　款	来自政府部门资金	其他资金
总　　计	**42739**	**33714**	**1380**	**7520**	**125**
按登记注册类型分					
内资企业	42442	33417	1380	7520	125
港、澳、台商投资	61	61			
外商投资	236	236			
按隶属关系分					
中央属	24779	18309	150	6195	125
省　属	5948	3809	1000	1139	
地区属	8349	7933	230	186	
县　属					
其他属	3663	3663			
按企业规模分					
特大型	15000	14924		76	
大一型	9744	9721		23	
大二型	12065	4900		7040	125
中一型	3002	2002	1000		
中二型	2928	2167	380	381	
按工业行业大类分					
煤炭采选业	49	49			
非金属矿采选业	300	300			
食品加工业	68	68			
饮料制造业					
烟草加工业	348	348			
纺织业					
化学原料及化学制品制造业	3383	2348	1000	35	
医药制造业	1350	1049	230	71	
橡胶制造业	5018	4998		20	
塑料制品业	102	102			
非金属矿物制品业	373	373			
黑色金属冶炼及压延加工业	310	310			
有色金属冶炼及压延加工业	15000	14924		76	
金属制品业	116	106		10	
普通机械制造业	679	629		50	
专用设备制造业					
交通运输设备制造业	11302	5211	150	5816	125
电气机械及器材制造业	320	320			
电子及通信设备制造业	3295	1856		1439	
仪器仪表及文化、办公用机械制造业	274	274			
电力、蒸汽、热水的生产和供应业	452	449		3	

12—3续表

单位:万元

指标	本年经费支出总额						
	合计	内部支出					外部支出
		小计	劳务费	原材费	非基建项目购买和自制设备支出	其他	
总计	**39201**	**37337**	**11455**	**7515**	**11780**	**6587**	**1864**
按登记注册类型分							
内资企业	38904	37058	11398	7489	11698	6473	1846
港、澳、台商投资	61	61	20	26	12	3	
外商投资	236	218	37		70	111	18
按隶属关系分							
中央属	23809	22678	6620	3114	7399	5545	1131
省属	5204	4908	1649	1313	1798	148	296
地区属	8179	7992	2052	2725	2564	651	187
县属							
其他属	2009	1759	1134	363	19	243	250
按企业规模分							
特大型	14853	14012	3419	852	5638	4103	841
大一型	7576	7450	2192	2246	2544	468	126
大二型	11252	10819	4413	2559	2266	1581	433
中一型	3001	2720	795	410	1221	294	281
中二型	2519	2336	636	1448	111	141	183
按工业行业大类分							
煤炭采选业	49	49	39			10	
非金属矿采选业	293	293	170	74	37	12	
食品加工业	60	60	30	25	5		
饮料制造业							
烟草加工业	348	348	172	122		54	
纺织业							
化学原料及化学制品制造业	2876	2871	880	383	1454	154	5
医药制造业	1191	832	143	201	162	326	359
橡胶制造业	5018	5018	960	1670	2100	288	
塑料制品业	102	72	31	25	13	3	30
非金属矿物制品业	373	373	154	64	154	1	
黑色金属冶炼及压延加工业	170	170	12	110	37	11	
有色金属冶炼及压延加工业	14853	14012	3419	852	5638	4103	841
金属制品业	116	116	20	78		18	
普通机械制造业	677	663	251	388	19	5	14
专用设备制造业							
交通运输设备制造业	9051	8927	3306	2345	1833	1443	124
电气机械及器材制造业	317	315	96	157	10	52	2
电子及通信设备制造业	2981	2706	1410	994	281	21	275
仪器仪表及文化、办公用机械制造业	274	274	177	9	37	51	
电力、蒸汽、热水的生产和供应业	452	238	185	18		35	214

12－4 各级各类学校概况

（2002年）

单位：人

类别	学校数（所）	毕业生	招生	在校生	毕业班学生	专任教师	每一专任教师负担学生	每万人口中在校学生
全市总计	**3740**	**516763**	**597570**	**1231929**	**205711**	**46022**	**26.8**	**3618.6**
研究生	6	265	781	1755	391			5.2
＃高等学校	5	246	724	1625	366			4.8
普通高等学校	15	19202	57789	142522	34744	6734	21.2	418.6
普通高等教育		10643	28538	85591	16609			251.4
成人高等教育		8559	29251	56931	18135			167.2
普通中等学校	39	15015	14385	48569	18617	2297	21.1	142.7
中等技术学校	37	14392	13169	45991	18032	2150	21.4	135.1
中等师范学校	2	623	1216	2578	585	147	17.5	7.6
＃幼儿师范专业	1	283	676	1381	265	69	20.0	4.1
普通中学	285	53008	77248	206822	60737	11887	17.4	607.5
＃高　中	4	8372	18258	42139	10700			123.8
初　中	144	44636	58990	164683	50037			483.7
职业中学	49	6460	6949	18954	5835	1063	17.8	55.7
＃高　中	26	3381	3048	7796	2443			22.9
初　中	22	3079	3901	11158	3392			32.8
小　学	1146	66451	65967	365079	63455	18350	19.9	1072.4
特殊教育学校	69	315	281	1813		139	13.0	5.3
工读学校	2	15	6	25		22	1.1	0.1
技工学校	23	2319	2727	7236		1111	6.5	21.3
成人高等学校	3	9516	11567	29622	12406	763	38.8	87.0
成人高等教育		8168	10073	26778	11373			78.7
普通高等教育		1348	1494	2844	1033			8.4
成人中等专业学校	23	6748	5489	26778	9526	1252	21.4	78.7
成人技术培训学校	1221	330147	297100	298062		124	2403.7	875.5
成人初等学校	595	7302	6595	8340		102	81.8	24.5
幼儿园	269		50686	76352		2178	35.1	224.3

注：研究生学校数指培养研究生单位数

12—5 普通高等学校基本情况

（2002年） 单位：人

类别	学校数（所）	毕业生小计	普通高等教育	成人高等教育	招生小计	普通高等教育	成人高等教育
全市总计	**15**	**19202**	**10643**	**8559**	**57789**	**28538**	**29251**
综合大学	1	3950	2410	1540	9350	5521	3829
贵州大学	1	3950	2410	1540	9＊350	5521	3829
理工院校	1	3583	1341	2242	7228	4143	3085
贵州工业大学	1	3583	1341	2242	7228	4143	3085
医药院校	2	1820	1095	725	5926	3166	2760
贵阳医学院	1	1048	701	347	2907	1597	1310
贵阳中医学院	1	772	394	378	3019	1569	1450
师范院校	2	3509	1869	1640	13805	5477	8328
贵州师范大学	1	2239	1194	1045	11835	4582	7253
贵阳师范高等专科学校	1	1270	675	595	1970	895	1075
财经院校	2	2791	1948	843	10766	4483	6283
贵州财经学院	1	1440	751	689	8097	2130	5967
贵州商业高等专科学校	1	1351	1197	154	2669	2353	316
民族院校	1	1500	835	665	5532	2353	3179
贵州民族学院	1	1500	835	665	5532	2353	3179
其它	6	2049	1145	904	5182	3395	1787
贵阳金筑大学	1	667	547	120	1669	1092	577
贵州警官职业学院	1	1382	598	784	2295	1085	1210
贵州交通职业技术学院	1				227	227	
贵州理工职业技术学院	1				662	662	
贵州科技工程职业学院	1				169	169	
贵州电力职业技术学院	1				160	160	

12—5续表

单位:人

类别	在校生小计	普通高等教育	成人高等教育	预计毕业生小计	普通高等教育	成人高等教育	专任教师
全市总计	**142522**	**85591**	**56931**	**34744**	**16609**	**18135**	**6734**
综合大学	27445	18420	9025	7311	4287	3024	1214
贵州大学	27445	18420	9025	7311	4287	3024	1214
理工院校	19715	12920	6795	4823	2267	2556	1037
贵州工业大学	19715	12920	6795	4823	2267	2556	1037
医药院校	16720	11494	5226	2489	1486	1003	1235
贵阳医学院	9059	6385	2674	1374	829	545	817
贵阳中医学院	7661	5109	2552	1115	657	458	418
师范院校	30479	15445	15034	7107	3058	4049	937
贵州师范大学	25823	13107	12716	4952	2146	2806	751
贵阳师范高等专科学校	4656	2338	2318	2155	912	1243	186
财经院校	24845	12691	12154	7308	2801	4507	805
贵州财经学院	18044	6614	11430	5628	1352	4276	418
贵州商业高等专科学校	6801	6077	724	1680	1449	231	387
民族院校	12504	7239	5265	2993	1234	1759	490
贵州民族学院	12504	7239	5265	2993	1234	1759	490
其　它	10814	7382	3432	2713	1476	1237	1016
贵阳金筑大学	3541	2628	913	908	572	336	210
贵州警官职业学院	5229	2710	2519	1499	598	901	262
贵州交通职业技术学院	312	312					123
贵州理工职业技术学院	1403	1403		306	306		163
贵州科技工程职业学院	169	169					156
贵州电力职业技术学院	160	160					102

12—6 研究生基本情况

(2002年)

单位:人

类别	毕业生			招生			在校生			预计毕业生		
	小计	博士	硕士	小计	博士	硕士	小计	博士	硕士	小计	博士	硕士
全市合计	**265**	**261**	**4**	**781**	**34**	**747**	**1755**	**79**	**1676**	**391**	**20**	**371**
贵州大学	89	89		280	7	273	615	7	608	139		139
贵州工业大学	46	46		138		138	308		308	66		66
贵阳医学院	61	61		150		150	357		357	81		81
贵阳中医学院	14	14		50		50	114		114	27		27
贵州师范大学	36	36		106		106	231		231	53		53
中国科学院地球化学研究所	19	15	4	57	27	30	130	72	58	25	20	5

12—7 中等专业学校分类情况

(2002年)

单位:人

类别	学校数(所)	毕业生	招生	在校生	毕业班学生	专任教师
全市总计	**39**	**15015**	**14385**	**48569**	**18617**	**2297**
一、按部门划分						
中央属						
地方属	39	15015	14385	48569	18617	2297
二、按类别划分						
1.中等技术学校	37	14392	13169	45991	18032	2150
工业学校	16	5583	4882	21630	9749	959
农业学校	3	1343	630	2537	1028	158
林业学校	1	286	253	1241	768	91
医药学校	3	705	1431	3128	788	109
财经学校	8	3322	4190	10529	3283	480
政法学校	3	368	150	1742	361	112
体育学校	1	718	117	1109	566	115
艺术学校	2	275	121	528	244	24
其他学校		1792	1395	3547	1245	102
2.中等师范学校	2	623	1216	2578	585	147
#幼儿师范学校	1	283	676	1381	265	69

注:其它学校指中专班,不计校数。

12—8 普通中学基本情况

（2002年）

单位：人

类别	学校数（所）					毕业生	
	合计	初中	高中	完全中学	九年一贯制学校	高中	初中
全市总计	**285**	**144**	**4**	**60**	**77**	**8372**	**44636**
#女						3882	21736
教育部门和集体办	159	111	3	27	18	6365	38541
社会力量办	69	23	1	17	28	667	1368
其他部门办	57	10		16	31	1340	4727
1. 城市合计	**127**	**46**	**3**	**43**	**35**	**6728**	**19225**
教育部门和集体办	57	31	2	21	3	5158	14917
社会力量办	34	12	1	9	12	453	795
其他部门办	36	3		13	20	1117	3513
2. 县镇合计	**74**	**43**	**1**	**13**	**17**	**1605**	**13106**
教育部门和集体办	46	34	1	6	5	1207	11853
社会力量办	15	4		5	6	186	305
其他部门办	13	5		2	6	212	948
3. 农村合计	**84**	**55**		**4**	**25**	**39**	**12305**
教育部门和集体办	56	46			10		11771
社会力量办	20	7		3	10	28	268
其他部门办	8	2		1	5	11	266

12—8续表

单位:人

类别	招生		毕业班学生		在校学生		专任教师
	高中	初中	高中	初中	高中	初中	
全市总计	**18258**	**58990**	**10700**	**50037**	**42139**	**164683**	**11887**
#女	8740	28254	5023	24393	20185	79627	6147
教育部门和集体办	14396	48395	8227	42412	33177	137326	9396
社会力量办	1654	4484	930	2201	3471	10154	907
其他部门办	2208	6111	1543	5424	5491	17203	1584
1.城市合计	**12929**	**24420**	**8168**	**22572**	**30616**	**71533**	**6589**
教育部门和集体办	10148	18096	6236	17348	23851	54133	4895
社会力量办	931	1883	617	1052	2147	4397	498
其他部门办	1850	4441	1315	4172	4618	13003	1196
2.县镇合计	**5164**	**17954**	**2532**	**14265**	**11244**	**48296**	**3093**
教育部门和集体办	4198	15225	1991	12561	9224	41796	2583
社会力量办	638	1406	313	709	1194	3179	219
其他部门办	328	1323	228	995	826	3321	291
3.农村合计	**165**	**16616**		**13200**	**279**	**44854**	**2205**
教育部门和集体办	50	15074		12503	102	41397	1918
社会力量办	85	1195		440	130	2578	190
其他部门办	30	347		257	47	879	97

12—9 职业中学基本情况

（2002年） 单位：人

类别	学校数（所）				毕业生	
	合计	初中	高中	完全中学	高中	初中
全市总计	**49**	**22**	**26**	**1**	**3381**	**3079**
#女					1732	1455
教育部门和集体办	25	17	8		2038	2938
社会力量办	23	5	17	1	1256	141
其他部门办	1		1		87	
1. 城市合计	**22**	**1**	**20**	**1**	**3316**	**28**
教育部门和集体办	4		4		2005	
社会力量办	17	1	15	1	1224	28
其他部门办	1		1		87	
2. 县镇合计	**8**	**3**	**5**		**33**	**594**
教育部门和集体办	5	1	4		33	507
社会力量办	3	2	1			87
其他部门办	0					
3. 农村合计	**19**	**18**	**1**		**32**	**2457**
教育部门和集体办	16	16				2431
社会力量办	3	2	1		32	26
其他部门办						

12—9续表

单位：人

类　　别	招　　生		毕业班学生		在校学生		专任教师
	高　中	初　中	高　中	初　中	高　中	初　中	
全市总计	**3048**	**3901**	**2443**	**3392**	**7796**	**11158**	**1063**
#女	1455	1825	1185	1603	3730	5273	461
教育部门和集体办	1729	3663	1393	3145	4559	10429	875
社会力量办	1209	238	1004	247	2969	729	173
其他部门办	110		46		268		15
1.城市合计	**2833**	**32**	**2284**	**117**	**7238**	**258**	**514**
教育部门和集体办	1657		1350		4315		375
社会力量办	1066	32	888	117	2655	258	124
其他部门办	110		46		268		15
2.县镇合计	**72**	**718**	**43**	**434**	**244**	**1689**	**107**
教育部门和集体办	72	568	43	343	244	1353	97
社会力量办		150		91		336	10
其他部门办							
3.农村合计	**143**	**3151**	**116**	**2841**	**314**	**9211**	**442**
教育部门和集体办		3095		2802		9076	403
社会力量办	143	56	116	39	314	135	39
其他部门办							

12—10 小学基本情况

(2002年)

单位:人

类别	学校数(所)	#独立设置少数民族学校	毕业生	招生	毕业班学生	在校学生	专任教师
全市总计	**1146**	**20**	**66451**	**65967**	**63455**	**365079**	**18350**
#女			31778	31605	30515	175509	12262
教育部门和集体办	976	19	55861	49129	51662	284353	14524
社会力量办	132	1	5021	11470	6426	50093	2262
其他部门办	38		5569	5368	5367	30633	1564
1.城市合计	**173**		**20293**	**19482**	**19602**	**112351**	**5930**
教育部门和集体办	97		13999	11530	13052	71099	3972
社会力量办	50		1887	3749	2281	16967	801
其他部门办	26		4407	4203	4269	24285	1157
2.县镇合计	**78**	**1**	**7495**	**8544**	**7767**	**45414**	**2192**
教育部门和集体办	46		5760	5461	5779	31100	1506
社会力量办	31	1	1228	2521	1516	11294	512
其他部门办	1		507	562	472	3020	174
3.农村合计	**895**	**19**	**38663**	**37941**	**36086**	**207314**	**10228**
教育部门和集体办	833	19	36102	32138	32831	182154	9046
社会力量办	51		1906	5200	2629	21832	949
其他部门办	11		655	603	626	3328	233

12—11 特殊教育基本情况

(2002年)

单位：人

类别	班数（个）	毕业生	招生	在校学生	专任教师
全市总计	**69**	**315**	**281**	**1813**	**139**
#女		126	123	790	110
视力残疾	7			103	
听力残疾	21			291	
智力残疾	41			1419	

注：特殊教育学校数全市合计9所，其中聋人学校1所，弱智学校4所，其他学校4所

12—12 成人中等专业学校分类别情况

(2002年)

单位：人

类别	学校数（所）	毕业生	招生	在校生	预计毕业学生	专任教师
全市总计	**23**	**6748**	**5489**	**26778**	**9526**	**1252**
#女		3192	2508	13618	4719	538
一、按部门分						
中央部门学校						
地方部门学校	23	6748	5489	26778	9526	1252
二、按类别分						
广播电视中专学校	3	4338	4711	17792	6010	333
职工中等专业学校	10	1132	642	6412	1940	353
干部中等专业学校	5	503	72	1176	632	165
农民中等专业学校						
函授中等专业学校	2	724		1120	843	350
教师进修学校	3	51	64	278	101	51

12—13 成人高等学校基本情况

(2002年)

单位:人

类别	学校数(所)	毕业生小计	普通高等教育	成人高等教育	招生小计	普通高等教育	成人高等教育
全市总计	**3**	**9516**	**1348**	**8168**	**11567**	**1494**	**10073**
(一)按部门分							
中央学校							
地方学校	3	9516	1348	8168	11567	1494	10073
(二)按类别分							
广播电视大学	1	5962	1348	4614	6938	1494	5444
职工高等学校	1	84		84	193		193
教育学院	1	3470		3470	4436		4436

12—13续表

单位:人

类别	在校生小计	普通高等教育	成人高等教育	预计毕业生小计	普通高等教育	成人高等教育	专任教师
全市总计	**29622**	**2844**	**26778**	**12406**	**1033**	**11373**	**763**
(一)按部门分							
中央学校							
地方学校	15250	2844	26778	12406	1033	11373	763
(二)按类别分							
广播电视大学	14482	2844	11638	5253	1033	4220	478
职工高等学校	588		588	51		51	100
教育学院	14552		14552	7102		7102	185

12－14　成人技术培训基本情况

（2002年）

单位:人

类　　别	学校数（所）	教学班（个）	毕业生	招　生	在校生	专任教师
全市总计	**1221**	**859**	**330147**	**297100**	**298062**	**124**
#教育部门办和集体办	1221	845	329237	295999	296961	124
其他部门办		14	910	1101	1101	
(一)职工技术培训学校						
#教育部门办和集体办						
其他部门办						
(二)农民技术培训学校	1221	859	330147	297100	298062	124
1.教育部门办和集体办	1221	845	329237	295999	296961	124
其他部门办		14	910	1101	1101	
2.县　办	1					9
乡　办	76	89	63954	60391	60908	43
村　办	1144	770	266193	236709	237154	72

12—15 文化事业机构及人员

指标	机构（个）		人员（人）	
	2001年	2002年	2001年	2002年
一、总　计	**171**	**259**	**2392**	**2324**
文化产业	168	255	2323	2225
艺术业	20	19	1290	1245
图书馆业	9	9	233	234
群众文化业	118	133	390	404
文化科研	1	1	18	9
文物业	12	13	204	174
其他文化产业	8	38	188	159
非文化产业	3	4	69	99
二、构　成(以总计为100)	**100.00**	**100.00**	**100.00**	**100.00**
文化产业	98.25	98.46	97.12	95.74
艺术业	11.70	7.34	53.93	53.57
图书馆业	5.26	3.47	9.74	10.07
群众文化业	69.01	51.35	16.30	17.38
文化科研	0.58	0.39	0.75	0.39
文物业	7.02	5.02	8.53	7.49
其他文化产业	4.68	14.67	7.86	6.84
非文化产业	1.75	1.54	2.88	4.26

12—16 图书、报纸、杂志出版情况

指标	单位	2001年	2002年	2002年比2001年增长(%)
一、图书出版				
种　数	种	1144	1022	—10.7
总印数	万册	12696	15030	18.4
总印张	千印张	553729	686812	24.0
二、报纸出版				
种　数	种	31	31	持平
平均期印数	万份	112	102	—8.9
总印数	万份	24889	25133	1.0
总印张	千印张	657414	610889	—7.1
三、杂志出版				
种　数	种	85	87	2.4
平均期印数	万册	94	105	11.9
总印数	万册	1194	1334	11.7
总印张	千印张	39068	53115	36.0

12—17 广播电视事业发展情况

指　　标	单　位	2001年	2002年	2002年比2001年增长（%）
职工人数	人	3247	3271	0.7
广播电台	座	2	2	持平
发射台及转播台	座	22	22	持平
发射机功率	千瓦	304.7	294.7	—3.3
广播人口覆盖率	%	99.08	99.12	0.04
中央台	%	93.16	99.12	5.96
省级台	%	99.08	99.12	0.04
地级台	%	62.17	62.10	—0.07
县级台	%		4.43	
电视台	座	2	3	50.0
电视发射及转播台	座	117	182	55.6
发射机功率	千瓦	16.94	16.99	0.3
电视人口覆盖率	%	95.74	95.98	0.24
中央台	%	82.27	82.52	0.25
省级台	%	95.18	95.39	0.21
地级台	%	59.31	59.79	0.45
县级台	%	35.01	5.12	—29.89
县广播电视台	个	1	1	持平
乡广播电视站	个	67	68	1.5
通广播的乡	个	80	80	持平
通电视的乡	个	80	80	持平
通广播的村	个	1188	1171	—1.4
通电视的村	个	1188	1171	—1.4
广播喇叭合计	只	7900	8300	5.1

注:表中计量单位为“%”的指标,最后1列数据即为增长百分点。

12—18 广播电视节目制作及采用

单位：小时

指标	2001年	2002年	2002年比2001年增长(%)
广播节目制作	**43935**	**46911**	**6.77**
#新闻	4984	4571	−8.29
专题	7877	8736	10.91
教育	365	1161	218.08
文艺	21078	22552	6.99
广告	5263	5304	0.78
服务信息	4368	4587	5.01
电视节目制作(含有线电视)	**13028**	**10622**	**−18.47**
#新闻	1771	935	−47.20
专题	1903	781	−58.96
教育	913	67	−92.66
文艺	1407	1400	−0.50
广告	6549	6970	6.43
服务信息	485	469	−3.30

12—19 广播电视宣传基本情况

(2002年)

指标	节目套数(套)	平均每日(或每周)播出时间(小时)	自办节目(小时)	新闻	专题	教育	文艺	广告	服务信息
无线广播合计	**6**	**125**	**119**	**10**	**23**	**1**	**60**	**12**	**13**
省人民广播电台	4	92	87	5	19	1	45	9	8
地(市)级广播电台	2	33	32	5	4		15	3	5
县级广播电台									
电视播映合计	**12**	**1149**	**1134**	**48**	**279**	**35**	**632**	**72**	**68**
省电视台	6	782	778	31	208	5	470	62	2
地(市)电视台	5	362	351	16	69	29	162	10	65
县电视台	1	5	5	1	2	1			1

主要统计指标解释

研究与发展经费支出　指用于研究与发展课题活动(基础研究、应用研究、实验发展)的全部实际支出,包括用于研究与发展课题活动的直接支出和间接用于研究与发展活动的支出。

普通高等学校　指按照国家规定的设置标准和审批程序批准举办,通过国家统一招生考试,招收高中毕业生为主要培养对象,实施高等教育的全日制大学、独立设置的学院和高等专科学校、短期职业大学。

成人高等学校　指按照国家有关规定审批,招收通过全国成人高教统一招生考试的具有高中毕业或同等学历的在职从业人员,利用脱产、半脱产、业余或函授等多种形式对其实施高等学历教育,培养高等教育专科或本科毕业水平的专门人才,修业年限、课程设置和总学时数均按高等学历教育要求付诸实施的学校。包括广播电视大学、职工高等学校、农民高等学校、管理干部学院、教育学院、独立设置的函授学院等。

卫生技术人员　指在国家经济各行业中从事卫生医务工作的自然科学技术专业人员,包括正副主任医师、主治医师、医师、医(护)士和未评定职称的技术人员。

文化事业机构　指从事专业文化工作和为专业文化工作服务的独立建制的单位。不包括这些单位另外举办独立核算的其他机构和各部门的业余文化组织。

卫生、体育、民政

13

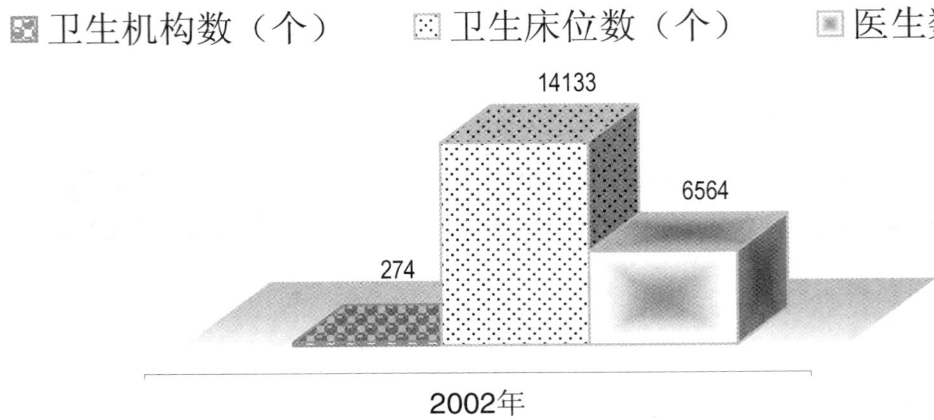

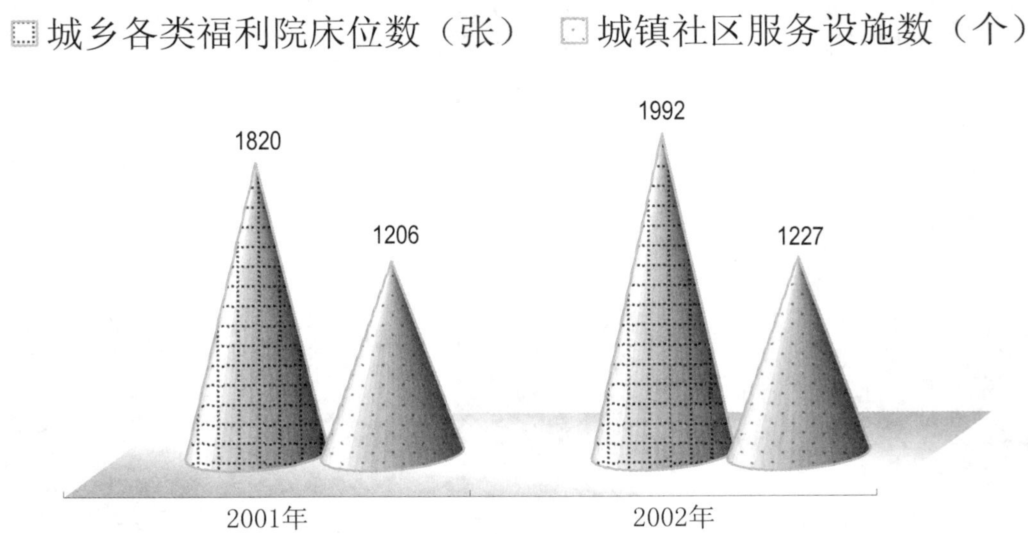

城镇便民、利民服务网点数（个）

13—1 卫生机构、床位和人员

(2002年)

单位:人

指 标	机构数(个)	床位数(张)	卫生技术人员合 计	#医生合计	执 业医 师	执业助理医师	#注册护士	#药剂人员	#检验人员
全 市 总 计	**274**	**14133**	**15430**	**6564**	**5740**	**824**	**5314**	**1145**	**886**
市	216	12707	13825	5873	5309	564	4840	1019	804
县	58	1426	1605	691	431	260	474	126	82
一、医院合计	**116**	**12684**	**12265**	**4934**	**4563**	**371**	**4737**	**972**	**604**
市	104	11690	11472	4638	4323	315	4426	898	560
县	12	994	793	296	240	56	311	74	44
综合医院	94	10599	10634	4328	4006	322	4097	864	517
县医院	7	672	548	201	172	29	240	51	31
其他医院	87	9927	10086	4127	3834	293	3857	813	486
中医医院	4	152	141	59	51	8	48	18	9
中西医结合医院	2	178	143	51	37	14	29	9	10
专科医院	12	1326	1138	408	395	13	491	66	62
口腔医院	1	30	82	54	48	6	25	2	1
眼科医院	1	10	13	3	3		8		
妇产(科)医院	1	300	415	181	178	3	171	24	26
精神病院	3	520	302	67	67		149	18	10
皮肤医院	1	25	20	8	8		5	4	3
结核病院	1	300	197	54	54		96	10	15
骨科医院	2	109	49	14	11	3	19	3	3
其他专科医院	2	32	60	27	26	1	18	5	4
疗养院	4	429	209	88	74	14	82	15	6
二、社区卫生服务中心	**6**	**41**	**85**	**36**	**36**		**28**	**9**	**2**
三、卫生院合计	**77**	**895**	**1323**	**629**	**266**	**363**	**316**	**88**	**63**
乡镇卫生院小计	77	895	1323	629	266	363	316	88	63
1. 市	41	510	670	330	157	173	181	41	41
县	36	385	653	299	109	190	135	47	22
2. 中心卫生院	16	254	386	157	70	87	98	31	15
3. 乡卫生院	61	641	937	472	196	276	218	57	48

13—1续表

单位:人

指　　标	机构数(个)	床位数(张)	卫生技术人员合计	#医生合计			#注册护士	#药剂人员	#检验人员
					#执业医师	#执业助理医师			
四、门诊部小计	**32**	**240**	**317**	**159**	**145**	**14**	**97**	**29**	**19**
1.市	32	240	317	159	145	14	97	29	19
2.综合门诊部	28	218	291	145	133	12	90	26	18
中医门诊部	1	2	9	6	5	1	1	1	1
专科门诊部	3	20	17	8	7	1	6	2	
五、专科防治院、所、站合计	**2**	**20**	**17**	**10**	**8**	**2**	**1**		**1**
专科疾病防治院	1	20	8	4	2	2			
专科疾病防治所(站、中心)	1		9	6	6		1		1
结核病防治所(站、中心)	1		9	6	6		1		1
六、疾病预防控制中心(防疫站)	**14**	**128**	**902**	**507**	**472**	**35**	**58**	**15**	**145**
疾病预防控制中心	9	128	711	374	356	18	46	14	111
卫生防疫站	5		191	133	116	17	12	1	34
七、妇幼保健院(所、站)	**9**	**115**	**216**	**137**	**105**	**32**	**41**	**4**	**13**
妇幼保健院	1	10	27	19	17	2	4	1	3
妇幼保健所	3	33	96	65	47	18	7	2	4
妇幼保健站	5	72	93	53	41	12	30	1	6
八、采供血机构	**2**		**88**	**11**	**11**		**27**	**16**	**19**
九、卫生监督所	**8**		**109**	**68**	**64**	**4**	**3**	**7**	**12**
十、医学科学研究机构	**4**	**10**	**80**	**57**	**57**		**4**	**4**	**1**
医学科学(研究)院(所)	1		39	33	33		1		
医学专科研究所	3	10	41	24	24		3	4	1
十一、医学在职培训机构	**3**		**19**	**15**	**12**	**3**	**2**	**1**	**1**
十二、其他卫生机构合计	**1**		**9**	**1**	**1**				**6**
临床检验中心	1		9	1	1				6

注:1.本表不含诊所、卫生所、医务室、社区卫生服务站数据。

2.全社会的卫生机构数为1429个,医生8593人。

13－2 县(区)村卫生室基本情况

（2002年）

指标	单位	总计	按设置/主办单位分					按行医方式分		
			村办	乡卫生院设点	联合办	私人办	其它	西医为主	中医为主	中西医结合
机构数	个	1349	242	235	80	665	127	1199	17	133
执业(助理)医师	人	160	25	46	29	50	10	133	3	24
乡村医生和卫生员	人	1969	343	367	153	975	131	1736	21	212
乡村医生数	人	1508	274	298	109	704	123	1336	17	155
＃大专及以上学历	人	83	12	18	8	35	10	73		10
中专学历及中专水平	人	926	145	196	69	446	70	827	8	91
在职培训合格者	人	483	111	84	28	217	43	420	9	54
卫生员	人	461	69	69	44	271	8	400	4	57

13—3 体育事业基本情况

（2002年）

指　　标	单位	合计	省级	市级
一、等级裁判员和运动员				
当年发展二级裁判员	人	25		25
#男　性	人	22		22
当年发展二级运动员	人	15		15
#男　性	人	11		11
一线在队人员	人	271	271	
二级在队人员	人	144	63	81
三级在队人员	人	1388		1388
二、体育场地				
所属体育场地个数	个	53	17	36
#开放使用个数	个	52	17	35
#长期被占个数	个	5		5
开放使用场次	次	16326	4402	11924
三、体育事业经费				
经费收入	万元	11551.32	8684.32	2867
经费支出	万元	7574.42	4935.42	2639

13－4 体育局系统机构数和从业人员

（2002年）

指　　标	单　位	合　计	省　级	市　级
一、机构数	**个**	**40**	**18**	**22**
行政机关	个	12	1	11
优秀运动队	个	5	5	
体育运动学校	个	2	1	1
业余体校	个	4		4
体育场馆	个	4	1	3
训练基地	个	1	1	
其他事业单位	个	12	9	3
二、从业人员	**人**	**1282**	**1076**	**206**
行政机关	人	108	44	64
优秀运动队	人	580	580	
体育运动学校	人	212	130	82
业余体校	人	6		6
体育场馆	人	177	141	36
训练基地	人	34	34	
其他事业单位	人	165	147	18

13－5 举办体育业务情况

（2002年）

指　　标	单　位	合　计	省　级	市　级
一、运动会或比赛				
举办综合运动会	次	19		19
举办单项比赛	次	78	12	66
二、全民健身活动				
举办全民健身活动	次	159		159
#1000人以上	次	54		54
参加活动人数	人	571100		571100
三、国际体育活动情况				
出访起数	起	27	22	5
出访人数	人	94	64	30
四、举办培训班情况				
举办培训班次数	次	26	4	22
参加培训班人数	人	1441	102	1339

13—6 民政事业发展主要指标

指 标	单 位	2001年	2002年	2002年比2001年增长（%）
城乡各类福利院床位数	张	1820	1992	9.5
城乡各类福利院床位利用率	%	77.6	72.8	－4.8
城镇社区服务设施数	个	1206	1227	1.7
城镇便民、利民服务网点数	个	6364	6611	3.9
社会福利企业销售收入	万元	9437.4	11559.7	22.5
社会福利企业利润总额	万元	254.5	255	0.2
社会福利企业残疾职工	人	472	542	14.8
享受城镇低保人数	人	66052	77877	17.9

13—7 婚姻情况

指 标	2001年	2002年	2002年比2001年增长（%）
一、国内婚姻			
（一）登记结婚对数	25563	24822	－2.9
初 婚（人）	46093	43208	－6.3
再 婚（人）	5033	6436	27.9
（二）登记离婚对数	2066	1991	－3.6
二、涉外婚姻			
（一）登记结婚对数	85	76	－10.6
国内公民（人）	85	76	－10.6
香港、澳门居民（人）	82	73	－11.0
华 侨（人）	3	3	持平
外国人（人）	3	2	－33.3
（二）登记离婚对数	2069	1993	－3.7

13—8 城乡各种福利院机构和人员情况

指　　标	2001年	2002年	2002年比2001年增长（%）
一、机构数（个）	**68**	**69**	**1.5**
社会福利院	2	2	持平
儿童福利院	1	1	持平
精神病福利院	1	1	持平
敬老院	64	65	1.6
二、职工人数（人）	**315**	**315**	**持平**
社会福利院	97	94	—3.1
儿童福利院	49	45	—8.2
精神病福利院	53	53	持平
敬老院	116	123	6.0
三、床位数（张）	**1820**	**1992**	**9.5**
社会福利院	583	662	13.6
儿童福利院	353	366	3.7
精神病福利院	114	150	31.6
敬老院	770	814	5.7
四、在院人数（人）	**1412**	**1450**	**2.7**
社会福利院	421	445	5.7
儿童福利院	353	366	3.7
精神病福利院	114	121	6.1
敬老院	524	518	—1.1

13－9　民政企事业单位及职工人数

单位：个、人

指　　标	2001年	2002年	2002年比2001年增长（%）
一、民政企事业单位数总计	**114**	**120**	**5.3**
1.事业单位	68	69	1.5
城乡各种福利院	68	69	1.5
2.企业单位	46	51	10.9
社会福利企业	45	50	11.1
安置农场	1	1	持平
二、民政企事业单位职工人数总计	**1360**	**1480**	**8.8**
1.事业单位	315	312	－1.0
城乡各种福利院	315	312	－1.0
2.企业单位	1045	1168	11.8
社会福利企业	953	1168	22.6
安置农场	92	87	－5.4

13—10 主要民政对象人员

（2002年）

单位：人

指　　　标	2001年	2002年	2002年比2001年增长（%）
全 市 合 计	**100954**	**92924**	**—8.0**
一、优抚对象	**7392**	**7385**	**—0.01**
享受伤残保健金人数	2023	2031	0.4
享受伤残抚恤金人数	304	304	持平
享受定期抚恤金	373	363	—2.7
烈士家属	251	246	—2.0
牺牲病故军人家属	122	117	—4.1
享受定期补助人数	4692	4687	—0.1
在乡复员军人	4451	4441	—0.2
在乡退伍军人	241	246	2.1
二、安置义务兵、士官	**2038**	**1962**	**—3.7**
#退伍义务兵	1886	1853	—1.7
转业、复员士官	152	109	—28.3
三、离退休、退职人员	**1095**	**1065**	**—2.7**
#军队离退休干部（含地方）	679	654	—3.7
四、社会救济总人数	**90429**	**82512**	**—8.8**
#城镇低保人数	66052	77877	17.9
#农村低保人数	1090	1278	17.2
救济精减退职老职工人数	1397	1337	—4.3

主 要 统 计 指 标 解 释

体育场 指有400米跑道(中心含足球场),有固定道牙,跑道6条以上,并有固定看台的室外田径场地。体育场按看台容纳观众人数分为:甲级25000人以上,乙级15000—25000人,丙级5000—15000人,丁级5000人以下。

体育馆 指有固定看台,可供篮球、排球、羽毛球、乒乓球、体操等项目训练比赛活动用的室内运动场地。体育馆按看台容纳观众人数分为:甲级6000人以上,乙级4000—6000人,丙级2000—4000人,丁级2000人以下。

医院 指设有固定床位,能收容病人住院并能为病人提供医疗、护理服务的医疗机构,包括县及县以上医院、农村乡卫生院和其他医院三部分。医院按所属性质不同分为卫生部门、工业及其他部门和集体经济单位三类。县及县上医院按业务性质不同分为综合医院和专科医院。

卫生技术人员 指卫生事业机构支付工资的全部职工中现任职务为卫生技术工作的专业人员,包括中医师、西医师、中西医结合高级医师、护师、中药师、西药师、检验师、其他技师、中医士、西医士、护士、助产士、中药剂士、西药剂士、检验士、其他技士、其他中医、护理员、中药剂员、西药剂员、检验员和其他初级卫生技术人员。

医生 指经卫生部门审查合格,从事医疗工作的专业人员。分为中医医生和西医医生。包括卫生技术人员中的中医师、西医师、中西医结合高级医师、中医士、西医士和其他中医。

城市公用事业

14

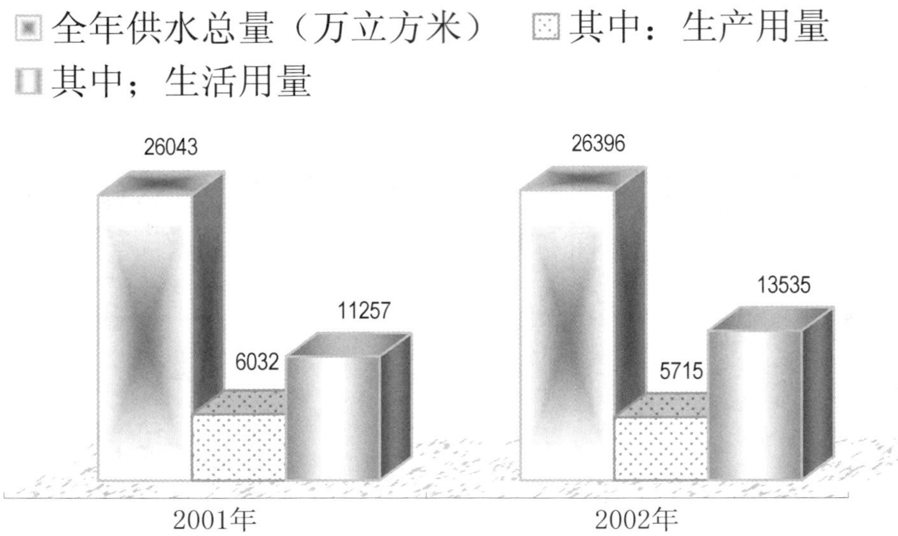

城市公用事业（2002年）

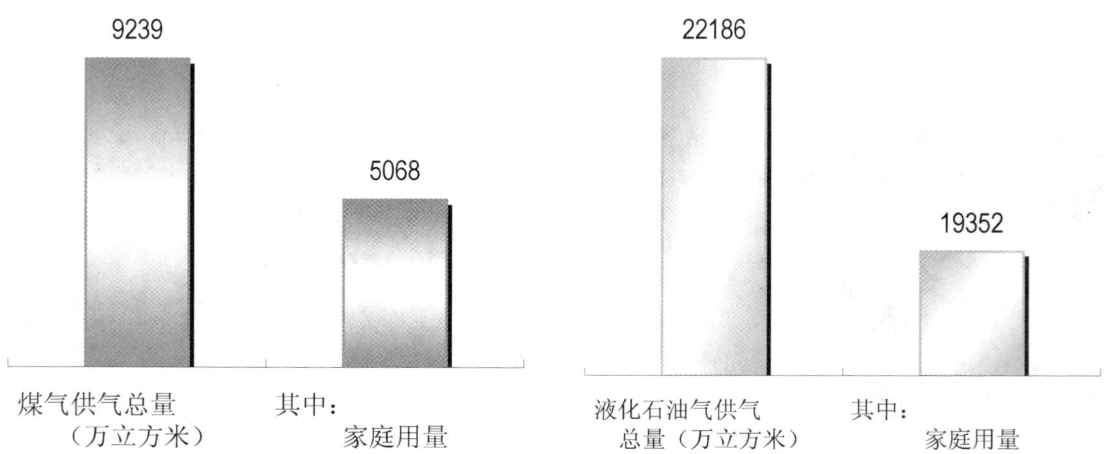

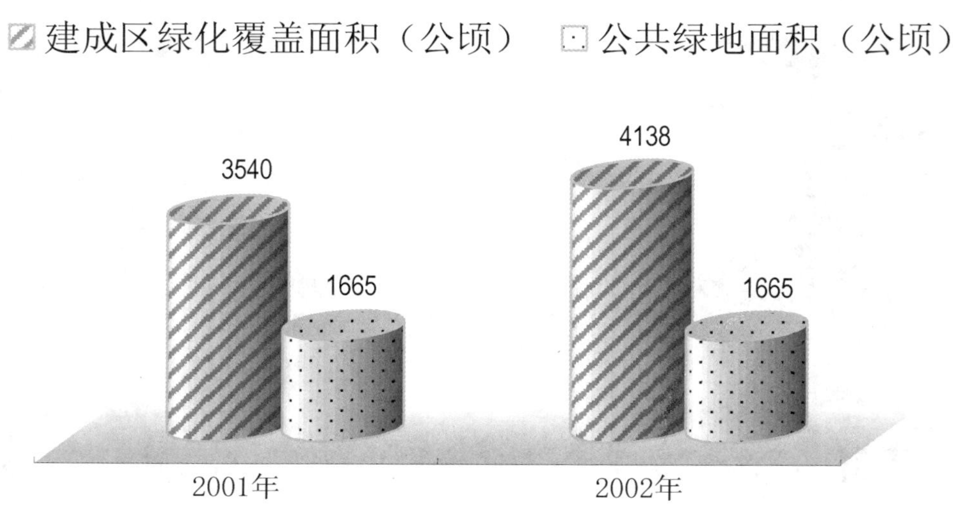

14—1 自来水、公共汽车基本情况

（2002年）

指标	单位	总计	系统内	系统外
水厂	个	5	5	—
综合生产能力(包括各单位自备水源)	万吨/日	125.7	64.7	61
供水管道长度	公里	1718	1113	605
全年供水总量	万立方米	26396	19590	6806
#生产用量	万立方米	5715	2612	3103
生活用量	万立方米	13535	9837	3698
用水户数	户	434346	434111	235
#家庭用户	户	25650	25650	
生活用水人口	万人	133.83		
年末实有公共汽车(电)车营运车辆数	辆	1780	1066	714
#小公共汽车	辆	849	135	714
公共汽(电)车营运标准车台数	标台	2132	1004	1128
公共汽(电)车营运线路网长度	公里	1162	1162	
全年公共汽(电)车客运总量	万人次	43561	30691	12870
年末实有出租汽车数	辆	2242	344	1898

14—2 市政设施和城市燃气情况

指　　　标	单　位	2001年	2002年
道路长度	公里	781	781
道路面积	万平方米	598.4	609.3
#人行道	万平方米	82	82
桥梁数	座	116	117
排水管道长度	公里	913	913
防洪堤长度	公里	3	30
路灯盏数	盏	27677	33312
煤气供气总量	万立方米	8321	9239
#家庭用量	万立方米	4567	5068
用煤气户数	户	198731	225891
#家庭用户	户	198110	225125
用煤气人口	万人	69.56	79.04
液化石油气供气总量	万立方米	21000	22186
#家庭用量	万立方米	20950	19352
用液化气户数	户	170000	180000
#家庭用户	户	170000	180000
用液化石油气人口	万人	59.5	63

14－3　园林绿化及清洁卫生情况

指　　　　标	单　位	2001年	2002年
园林绿地面积	公顷	4279	20486
公共绿地面积	公顷	1665	1665
绿化覆盖面积	公顷	4764	21184
＃建成区	公顷	3540	4138
公园数	个	10	12
公园面积	公顷	919	1340
实际清扫面积	万平方米	397	607
生活垃圾清运量	万吨	52	54
生活垃圾粪便无害化处理量	万吨	34	22.2
公厕数量(水冲式)	座	596	596
环卫机械总数(环卫专用车总数)	台	396	332
环卫保洁队伍人数	人	4913	5878
环境噪声达标面积	平方公里	58	58.17

注:2002年园林绿地面积和绿化覆盖面积含林业局数,而2001年未含。

14—4 环境保护

指　　　标	单　位	2001年	2002年
环境污染治理投资额	万元	61774	83790
工业废水排放总量	万吨	6357.69	6131.21
工业废水排放达标量	万吨	3731.65	4249.22
工业废气排放总量	万标立方米	10824398	11008867
工业二氧化硫去除量	万吨	7.02	7.33
二氧化硫排放总量	万吨	33.09	31
#工业二氧化硫排放量	万吨	21.27	21
烟尘排放总量	万吨	6.68	6.6
#工业烟尘排放量	万吨	5.36	4.96
烟尘去除量	万吨	122.29	135.3
工业粉尘排放量	万吨	5.12	5.21
工业粉尘去除量	万吨	32.81	62.27
工业固体废物产生量	万吨	462.6	591.7
工业固体废物排放量	万吨	22.12	9.54
社会生活污水排放量	万吨	9972.8	10241

物　价

15

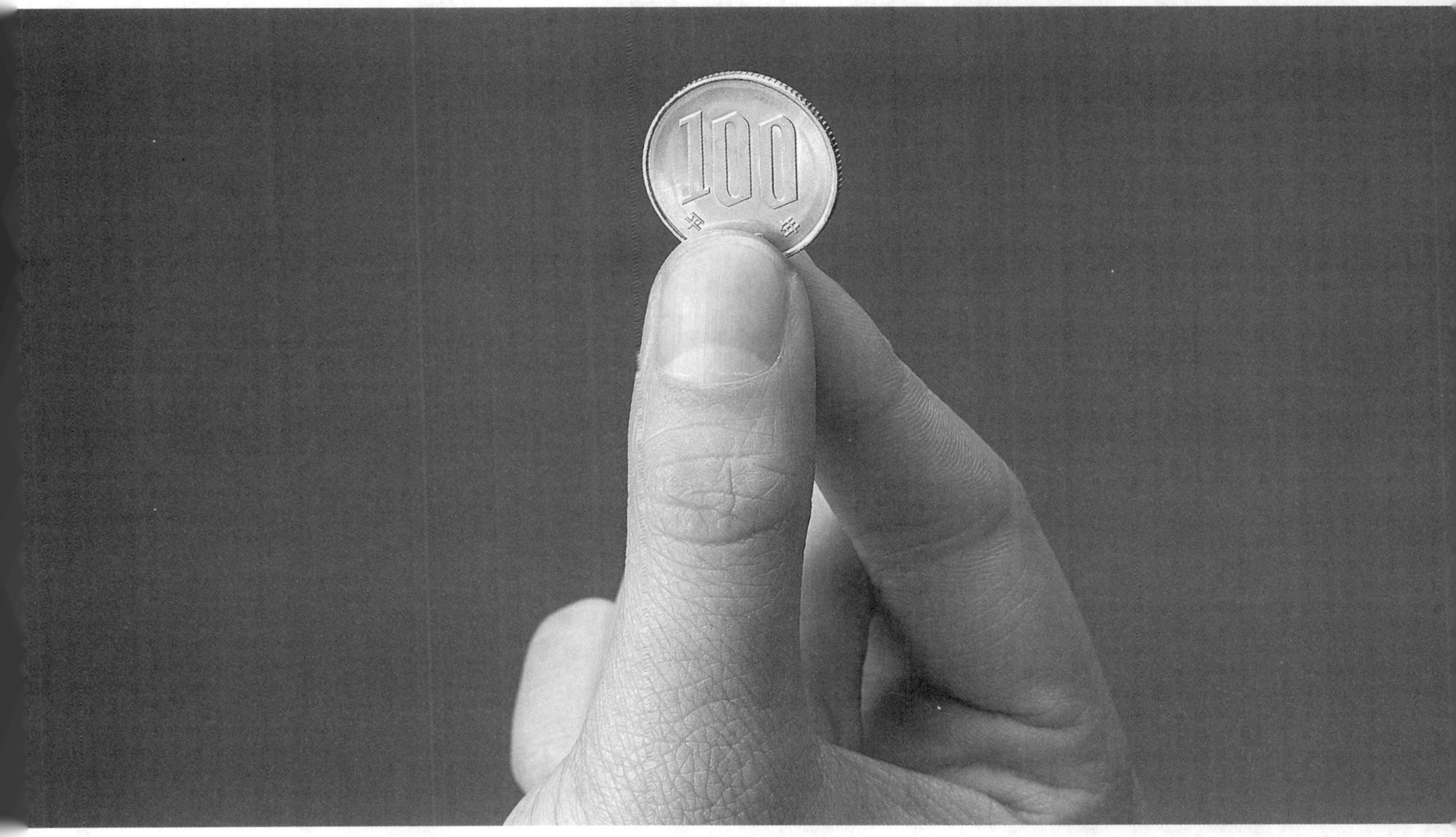

15—1 城市居民消费价格指数

（以上年同期为100）

类别及名称	2001年	2002年	类别及名称	2001年	2002年
居民消费价格总指数	**103.2**	**98.4**	（2）饮料	98.8	96.2
#服务项目价格指数	122.6	99.8	12.干鲜瓜果	97.5	103.5
消费品价格指数	97.0	97.9	（1）鲜果	96.6	102.9
一、食品	**98.7**	**100.4**	（2）干（坚）果及瓜果制品	100.0	105.7
1.粮食	95.6	99.1	13.糕点饼干面包	99.1	99.4
2.淀粉及薯类	102.4	97.8	14.奶及奶制品	101.4	100.0
3.干豆类及豆制品	94.4	97.2	15.在外用膳食品	100.1	100.8
4.油脂	75.5	100.8	16.其它食品及食品加工服务	99.4	100.5
5.肉禽及其制品	98.6	101.6	**二、烟酒及用品**	**99.9**	**99.8**
（1）食用畜肉及副产品	96.7	102.6	1.烟草	99.6	100.9
（2）禽	98.9	102.5	2.酒	100.4	100.2
（3）肉禽加工制品	107.4	95.3	3.吸烟饮酒用品	100.3	95.9
6.蛋	103.1	101.7	**三、衣　着**	**97.4**	**94.9**
7.水产品	93.9	98.3	1.服装	93.7	95.0
（1）鱼	96.8	95.4	（1）男式服装	79.7	92.2
（2）其它水产品	91.5	99.8	（2）女式服装	101.3	95.2
8.菜	101.3	97.8	（3）儿童服装	109.8	108.8
（1）鲜菜	102.1	97.3	2.衣着材料	99.7	91.4
（2）干菜及菜制品	94.7	102.6	3.鞋袜帽	105.9	95.2
9.调味品	120.4	100.4	（1）鞋	106.6	94.4
10.糖	99.9	101.1	（2）袜子	96.8	106.9
11.茶及饮料	99.1	98.5	（3）帽子	96.2	98.2
（1）茶叶	100.0	105.4	4.衣着加工服务	102.2	104.0

15—1续表

类别及名称	2001年	2002年
四、家庭设备用品及维修服务	**90.0**	**95.3**
1. 耐用消费品	85.6	93.8
(1)家具	93.5	96.7
(2)家庭设备	82.8	92.8
2. 室内装饰品	90.9	106.7
3. 床上用品	94.8	87.4
4. 家庭日用杂品	96.5	97.5
5. 家庭服务及加工维修服务	100.0	100.0
五、医疗保健和个人用品	**101.5**	**96.9**
1. 医疗保健	98.1	97.8
(1)医疗器具及用品	93.7	100.0
(2)中药材及中成药	103.1	98.7
(3)西药	94.0	95.9
(4)保健器具及用品	81.9	99.1
(5)医疗保健服务	103.3	100.6
2. 个人用品及服务	109.5	95.5
(1)化妆美容用品	100.0	100.0
(2)卫生用品	98.4	96.0
(3)个人饰品	100.9	99.6
(4)个人服务	121.5	93.0
六、交通和通讯	**110.2**	**99.9**
1. 交通	109.6	98.3
(1)交通工具	93.8	92.0
(2)车用燃料及零配件	97.6	98.3
(3)车辆使用及维修	104.1	98.8
(4)市区公共交通	125.9	99.8
(5)城市间交通	98.6	96.7
2. 通信	110.9	102.4
(1)通信工具	81.8	82.5
(2)通信服务	115.2	105.3
七、娱乐教育文化用品及服务	**125.9**	**97.3**
1. 文娱用耐用消费品及服务	85.3	86.9
2. 教育	157.3	103.4
(1)教材及参考书	99.2	109.6
(2)学杂托幼费	160.3	103.2
3. 文化娱乐用品	108.2	96.4
(1)文化娱乐	110.7	88.1
(2)书报杂志	100.7	102.7
(3)文娱费	109.7	99.6
4. 旅游及外出	107.7	86.1
八、居住	**99.2**	**97.7**
1. 建房及装修材料	98.0	97.5
2. 租房	100.0	100.0
3. 自有住房	100.0	92.3
4. 水、电、燃料	99.5	98.5

15—2 商品零售价格指数

(以上年同期为100)

类别及名称	2001年	2002年	类别及名称	2001年	2002年
商品零售价格总指数	**96.3**	**99.0**	2.鞋	100.5	89.1
一、食品类	**99.4**	**100.8**	3.其他衣着	110.1	112.9
1.粮食类	95.1	100.6	**四、纺织品类**	**100.2**	**96.6**
(1)细粮	95.1	100.6	1.棉布	100.0	93.9
(2)粗粮	92.1	97.0	2.棉花化纤混纺布	100.0	100.0
2.油脂类	90.4	103.2	3.化纤布	99.7	100.0
3.肉禽类	99.1	102.6	4.呢绒	100.0	91.5
4.水产品	95.5	94.4	5.绸缎	101.7	98.3
5.鲜菜	109.0	96.0	6.其他纺织品	96.9	90.5
6.干菜	95.7	101.6	**五、中、西药品类**	**91.1**	**98.1**
7.鲜果	96.3	104.6	1.中药	98.4	98.8
8.干果	97.8	103.0	2.西药	89.9	98.0
9.其他食品类	103.4	100.3	3.医疗用品	75.6	96.0
(1)调味品	112.5	106.6	**六、化妆品类**	**97.4**	**94.9**
(2)食糖	117.5	90.0	**七、书报、杂志类**	**100.4**	**105.0**
(3)糖果	100.5	99.2	**八、文化体育用品类**	**95.9**	**96.1**
(4)糕点	96.1	99.3	1.文化用品	95.6	95.7
(5)奶及奶制品	101.5	100.0	2.体育用品	97.2	97.8
(6)罐头	99.5	102.6	**九、日用品类**	**94.9**	**98.0**
10.饮食业	98.7	100.0	1.一般日用品	96.7	97.9
(1)主食	100.0	100.0	2.家具类	90.7	98.2
(2)炒菜	98.4	100.0	3.日用杂品	96.5	98.0
(3)地方小吃	100.0	100.0	**十、家用电器类**	**91.9**	**95.3**
二、饮料、烟酒类	**100.2**	**100.5**	**十一、首饰类**	**96.2**	**106.6**
1.饮料	100.1	98.3	**十二、燃料类**	**98.2**	**97.2**
2.烟酒	100.3	100.9	**十三、建筑装璜材料类**	**98.9**	**96.3**
三、服装、鞋帽类	**90.2**	**105.2**	**十四、机电产品类**	**92.2**	**93.1**
1.服装	84.8	111.9			

人民生活

16

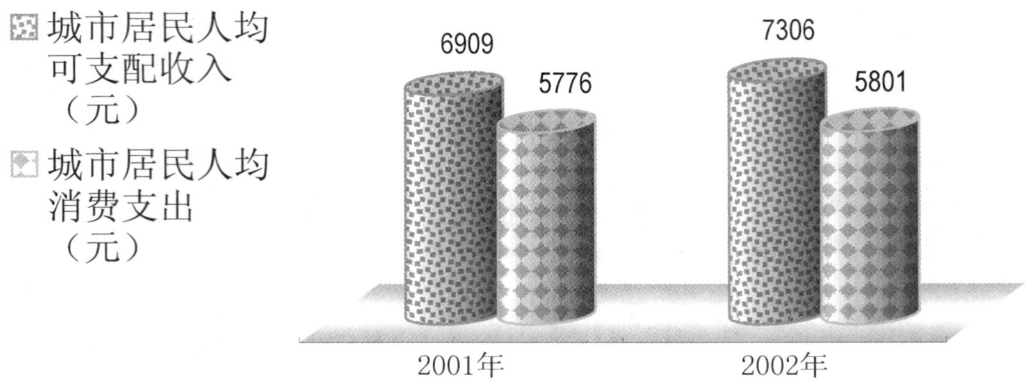

每百户城镇居民主要消费品拥有量（2002年）

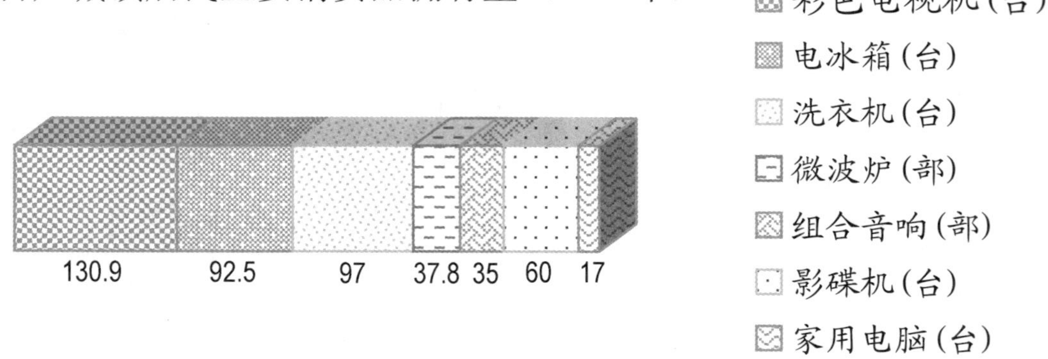

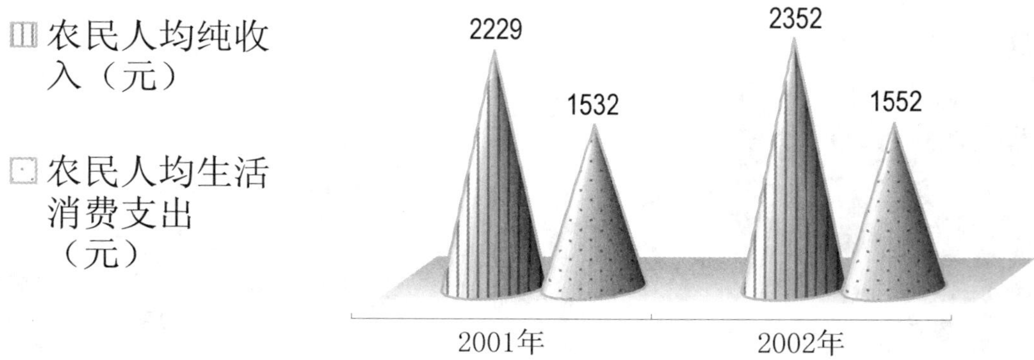

每百户农民主要消费品拥有量（2002年）

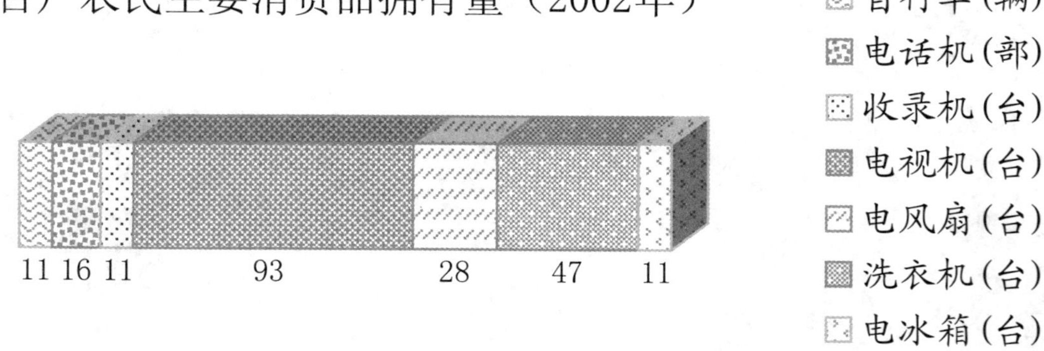

16—1 城市住户基本情况

(2002年)

指　　标	单 位	数 量	指　　标	单 位	数 量
调查户数	户	200.00	4.助力车	辆/百户	0.50
一、家庭类型(世代层次)(合计)	%	**100.00**	5.家用汽车	辆/百户	1.00
1.单身户	%	1.29	6.洗衣机	台/百户	97.21
2.一对夫妇户	%	13.25	7.电风扇	台/百户	78.92
3.两代人单亲	%	4.29	8.电冰箱	台/百户	92.54
4.两代人一个小孩	%	50.29	9.冰柜	台/百户	1.50
5.两代人两个小孩	%	5.04	10.彩色电视机	台/百户	130.96
6.两代人多个小孩	%	1.79	11.影碟机	台/百户	59.88
7.与父母	%	2.00	12.录音机	台/百户	34.83
8.三代人	%	14.46	13.录放像机	台/百户	23.08
9.其他	%	7.58	14.家用电脑	台/百户	16.63
二、家庭人口数	**人/户**	**3.17**	15.组合音响	套/百户	35.04
(一)有收入者人数	人/户	2.15	16.摄像机	架/百户	1.00
1.就业人口数	人/户	1.46	17.照相机	架/百户	39.67
(1)国有经济单位职工人数	人/户	0.93	18.钢琴	架/百户	1.00
(2)城镇集体经济单位职工人数	人/户	0.11	19.其他中高档乐器	件/百户	6.00
(3)其他各种经济类型单位职工	人/户	0.04	20.微波炉	台/百户	37.83
(4)城镇个体经营者人员数	人/户	0.17	21.空调器	台/百户	6.00
(5)城镇个体被雇人员数	人/户	0.10	22.取暖器	台/百户	49.88
(6)离退休再就业人员数	人/户	0.02	23.电炊具	台/百户	127.25
(7)其他就业人员数	人/户	0.08	24.淋浴热水器	台/百户	42.46
2.离退休人数	人/户	0.61	25.排油烟机	台/百户	41.21
3.其他有收入者人数	人/户	0.09	26.消毒碗柜	台/百户	33.54
(二)无收入者人数	人/户	1.02	27.洗碗机	台/百户	0.00
三、负担系数	**人/户**	**2.18**	28.饮水机	台/百户	41.54
四、期末家庭人口数	**人/户**	**3.13**	29.吸尘器	台/百户	9.00
主要消费品拥有量			30.健身器材	套/百户	5.50
1.成套家具	套/百户	67.96	31.普通电话	部/百户	91.75
2.摩托车	辆/百户	1.00	32.移动电话	部/百户	74.83
3.自行车	辆/百户	14.58	33.传真机	部/百户	0.00

16—1续表

指标	单位	数量	指标	单位	数量
房屋建筑面积	平方米/人	18.91	其他	%	0.00
房屋使用面积	平方米/人	14.91	**五、用水情况(合计)**	%	**100.00**
一、房屋产权(合计)	%	**100.00**	独用自来水	%	98.54
租赁公房	%	19.46	公用自来水	%	1.46
租赁私房	%	2.50	井、河水	%	0.00
原有私房	%	5.21	其他	%	0.00
房改私房	%	68.67	**六、卫生设备(合计)**	%	**100.00**
商品房	%	3.00	无卫生设备	%	7.63
其他	%	1.17	有厕所浴室	%	42.13
二、住宅建筑式样(合计)	%	**100.00**	有厕所无浴室	%	49.29
单栋住宅	%	0.00	公用	%	0.96
四居室	%	15.67	**七、取暖设备(合计)**	%	**100.00**
三居室	%	60.29	无取暖设备	%	93.50
二居室	%	12.00	空调设备	%	6.00
一居室	%	1.46	暖气	%	0.50
普通楼房	%	7.08	其他	%	0.00
平房及其他	%	3.50	**八、炊用燃料使用情况(合计)**	%	**100.00**
三、装修状况(合计)	%	**100.00**	管道煤气	%	55.67
有装修	%	70.25	液化石油气	%	15.92
未装修	%	29.75	煤	%	13.50
四、饮水情况(合计)	%	**100.00**	其他	%	14.92
自来水	%	58.58	**九、通信设备使用情况**		
矿泉水	%	28.21	固定电话	部/百户	91.75
纯净水	%	13.21	移动电话	部/百户	74.83
井、河水	%	0.00	使用互联网	条/百户	1.90

16—2 城市住户现金收支情况

(2002年)

单位:元/人

指 标	合 计	指 标	合 计
现金收支情况		1.食品	2209.90
一、期初手存现金	7383.72	2.衣着	538.14
二、家庭总收入	7526.34	3.家庭设备用品及服务	296.76
其中:可支配收入	7306.10	4.医疗保健	383.54
(一)工薪收入	4656.79	5.交通和通信	597.29
1.工资及补贴收入	4505.69	6.教育文化娱乐服务	1016.76
2.其他劳动收入	151.09	7.居住	510.46
(二)经营净收入	439.08	8.杂项商品和服务	248.58
(三)财产性收入	70.62	(二)购房与建房支出	2.36
1.利息收入	8.77	1.购房	2.36
2.股息与红利收入	7.83	2.建房	0.00
3.保险收益	0.04	(三)转移性支出	674.38
4.其它投资收入	0.61	1.交纳的个人收入税	5.58
5.出租房屋收入	53.07	2.捐赠支出	463.85
6.知识产权收入	0.00	3.购买彩票	4.98
7.其他财产性收入	0.31	4.赡养支出	147.65
(四)转移性收入	2359.85	其中:在外就学子女费用	45.28
1.养老金或离退休金	1846.66	5.各种非储蓄性保险支出	11.36
2.社会救济收入	43.67	其中:车辆保险支出	1.74
3.辞退金	6.67	6.其他转移性支出	40.94
4.赔偿收入	0.00	(四)财产性支出	0.04
5.保险收入	0.30	1.非生产性利息支出	0.00
其中:失业保险金	0.30	2.其他	0.03
6.赡养收入	104.38	(五)社会保障支出	202.14
7.捐赠收入	233.50	1.个人交纳的养老基金	92.32
8.亲友搭伙费	71.68	2.个人交纳的住房公积金	65.40
9.提取住房公积金	0.00	3.个人交纳的医疗基金	24.27
10.记帐补贴	12.52	4.个人交纳的失业基金	10.98
11.其他转移性收入	40.46	5.其他社会保障支出	9.17
三、出售财物收入	0.60	六、借贷支出	1424.32
出售其他物品收入	0.60	1.存入储蓄款	1294.49
四、借贷收入	1309.80	2.借出款	2.06
1.提取储蓄存款	1021.35	3.归还借款	28.27
2.借入款	126.95	4.储蓄性保险支出	52.36
3.收回借出款	58.05	5.购买有价证券	3.15
4.收回储蓄性保险本	1.58	6.其它投资支出	5.18
5.其他借贷收入	101.88	7.归还住房贷款	32.72
五、家庭总支出	6680.34	8.其他借贷支出	6.09
(一)消费支出	5801.42	七、期末手存现金	8115.80
其中:服务性消费支出	1893.37		

16—3 城市住户人均消费支出情况

（2002年）

指　　标	单　位	数　量 （—／人）	金　额 （元）	平均单价 （元）
消　费　支　出	**元**		**5801.42**	
其中:服务性消费支出	元		1893.37	
一、食品	**元**		**2209.90**	
（一）粮油类	元		239.57	
1. 粮食	千克	63.72	146.83	2.30
（1）大米	千克	41.73	86.46	2.07
（2）面粉	千克	0.64	1.60	2.51
（3）其他粮食	千克	0.56	1.66	2.97
（4）粮食制品	千克	20.79	57.11	2.75
2. 淀粉及薯类	千克	4.12	7.12	1.73
3. 干豆类及豆制品	千克		20.43	
4. 油脂类	千克	9.14	65.19	7.13
（1）食用植物油	千克	7.26	49.28	6.78
（2）食用动物油	千克	1.88	15.91	8.46
（二）肉禽蛋水产品类	元		586.10	
1. 肉类	千克	30.88	358.43	11.61
（1）猪肉	千克	26.73	285.61	10.68
（2）牛肉	千克	0.91	11.49	12.56
（3）羊肉	千克	0.07	1.43	20.16
（4）其他肉	千克	0.12	2.42	19.98
（5）肉制品	千克	3.04	57.48	18.91
2. 禽类	千克	8.98	120.52	13.42
（1）鸡	千克	6.72	83.90	12.49
（2）鸭	千克	0.70	7.33	10.43
（3）其他禽类	千克	0.34	3.76	11.14
（4）禽制品	千克	1.22	25.53	20.90
3. 蛋类	千克	5.52	45.89	8.32
（1）鲜蛋	千克	4.83	38.46	7.95
（2）蛋制品	千克	0.68	7.43	10.87
4. 水产品类	元		61.27	
（1）鱼	千克	3.52	36.58	10.39
（2）虾	千克	0.36	13.40	36.81
（3）其他水产品	千克	0.57	8.98	15.61
（4）水产制品	元		2.31	
（三）蔬菜类	元		238.47	
1. 鲜菜	千克	94.48	216.95	2.30
2. 干菜	千克	0.79	10.71	13.57
3. 菜制品	元		10.81	
（四）调味品	元		34.93	
（五）糖烟酒饮料类	元		282.74	
1. 糖类	元		28.31	
2. 烟草类	元		149.45	

16－3续表1

指　　标	单　位	数　量 （一/人）	金　额 （元）	平均单价 （元）
3.酒类	千克	5.15	54.19	10.53
(1)白酒	千克	2.90	42.88	14.78
(2)果酒	千克	0.11	3.37	31.60
(3)啤酒	千克	1.96	7.16	3.66
(4)其他酒	千克	0.18	0.79	4.29
4.饮料	元		50.79	
(1)碳酸饮料	千克	1.72	7.58	4.40
(2)果蔬饮料	千克	1.49	6.53	4.39
(3)瓶装饮用水	千克	15.84	11.91	0.75
(4)茶叶	千克	0.25	8.88	35.60
(5)咖啡可可粉	千克	0.02	1.28	60.50
(6)其他饮料	元		14.61	
(六)干鲜瓜果类	元		160.84	
1.鲜果	千克	35.18	123.39	3.51
2.鲜瓜	千克	2.83	4.52	1.59
3.干果	千克	0.21	3.06	14.62
4.瓜果制品	千克	0.14	2.27	15.88
5.坚果及果仁	千克	3.13	27.60	8.81
(七)糕点、奶及奶制品			162.02	
1.糕点	千克	3.51	52.28	14.88
2.奶及奶制品			109.74	
(1)鲜乳品	千克	16.87	95.85	5.68
(2)奶粉	千克	0.28	8.10	29.09
(3)酸奶	千克	0.79	4.20	5.34
(4)其他奶制品	元		1.59	
(八)其他食品	元		83.75	
(九)饮食服务	元		421.47	
1.食品加工服务费	元		0.36	
2.在外饮食	元		421.11	
二、衣着	**件**		**538.14**	
(一)服装	件	6.80	377.87	55.60
1.男士服装	件	2.37	126.72	53.39
2.女士服装	件	3.37	211.30	62.72
3.童装	件	1.05	39.85	37.81
(二)衣着材料	元		8.86	
(三)鞋类	双	2.25	124.66	55.46
(四)其他衣着用品	元		20.44	
(五)衣着加工服务费	元		6.31	
三、家庭设备用品及服务	**元**		**296.76**	
(一)耐用消费品	元		129.39	
1.家具	元		41.70	
(1)成套家具	元		0.00	
(2)其他家具	元		41.70	

16－3续表2

指　　　标	单　位	数　量 （一/万户）	金　额 （元）	平均单价 （元）
2.家庭设备	元		87.69	
(1)洗衣机	台	219.24	23.99	1094.10
(2)电风扇	台	204.12	2.05	100.31
(3)电冰箱	台	94.50	20.14	2131.68
(4)冰柜	台	15.12	1.78	1177.00
(5)微波炉	台	94.50	3.46	365.84
(6)空调器	台	0.00	0.00	0.00
(7)电饮具	台	158.76	1.55	97.52
(8)淋浴热水器	台	109.62	12.98	1183.90
(9)排油烟机	台	30.24	1.35	445.25
(10)吸尘器	台	15.12	0.19	125.00
(11)消毒碗柜	台	20714.42	4.78	2.31
(12)洗碗机	台			
(13)饮水机	台	158.76	5.40	339.98
(14)取暖器	台	143.64	3.19	222.37
(15)其他	台		6.84	
(二)室内装饰品	元		15.23	
1.纺织装饰品	元		9.09	
2.装饰灯具	元		4.63	
3.其他装饰品	元		1.50	
(三)床上用品	元		21.91	
(四)家庭日用杂品	元		105.20	
1.厨、餐、茶具	元		21.42	
2.家用工具	元		0.08	
3.家居清洁用品	元		14.32	
4.其他日用杂品	元		69.38	
(五)家具材料	元		0.86	
(六)家庭服务	元		24.18	
1.家政服务	元		13.30	
2.加工维修服务费	元		10.88	
四、医疗保健	**元**		**383.54**	
(一)医疗器具	元		2.23	
(二)保健器具	元		2.42	
(三)药品费	元		201.74	
(四)滋补保健品	元		13.92	
(五)医疗费	元		161.09	
(六)其他	元		2.13	
五、交通和通讯	**元**		**597.29**	
(一)交通	元		252.79	
1.家庭交通工具	元		0.24	

16—3续表3

指　　标	单　位	数　量（—/万户）	金　额（元）	平均单价（元）
2.车辆用燃料及零配件	元		12.05	
(1)燃料	元		10.92	
(2)零配件	元		0.08	
(3)其他	元		1.05	
3.交通工具服务支出	元		9.46	
(1)维修费	元		0.02	
(2)车辆使用税费	元		1.93	
(3)其它车辆使用费用	元		7.50	
4.交通费	元		231.05	
(1)飞机	元		19.01	
(2)火车	元		30.50	
(3)长途汽车	元		11.48	
(4)市内公共交通	元		150.58	
(5)出租汽车费	元		17.15	
(6)其他交通费	元		2.32	
(二)通信	元		344.51	
1.通信工具	元		70.14	
(1)电话机	部	124.74	0.77	61.61
(2)移动电话	部	502.74	69.27	1377.76
(3)其他通信工具	元		0.11	
2.通信服务	元		274.36	
(1)电信费	元		268.98	
(2)邮费	元		2.78	
(3)其他	元		2.61	
六、教育文化娱乐服务	**元**		**1016.76**	
(一)文化娱乐用品	元		223.64	
1.彩色电视机	台	189.00	29.45	1558.16
2.影碟机	台	219.24	16.00	729.97
3.录放像机	台	0.00	0.00	0.00
4.家用电脑	元		40.94	
(1)整机电脑	台	64.26	34.66	5393.65
(2)计算机外部设备	元		3.89	
(3)各种零碎配件及耗材	元		2.39	
5.组合音响	台	15.12	3.78	2500.00
6.录音机	台	109.62	3.00	273.86
7.摄像机	架	15.12	15.12	10000.00
8.照相机	架	94.50	5.80	613.84
9.其他中高档乐器	件	30.24	1.41	464.63
10.电子辞典	部	0.01	2.73	288.32
11.音像制品及软件	元		8.99	
12.体育用品	元		0.86	
13.书报杂志	元		37.93	
14.纸张文具	元		9.05	
15.其他文娱用品	元		48.59	

16—3续表4

指　　标	单　位	数　量 (一/人)	金　额 (元)	平均单价 (元)
(二)文化娱乐服务	元		189.78	
1.参观游览	元		50.24	
2.健身活动	元		5.16	
3.团体旅游	元		62.86	
4.其它文娱活动	元		64.50	
5.文娱用品修理服务费	元		7.01	
(三)教育	元		603.34	
1.教材	元		57.87	
2.教育费用	元		545.47	
七、居住	**元**		**510.46**	
(一)住房	元		177.59	
1.租赁房房租	元		19.38	
2.自有房租金折算	元		91.48	
3.住房装潢支出	元		30.34	
4.维修用建筑材料	元		29.80	
5.其他	元		6.60	
(二)水电燃料及其他	元		313.97	
1.水	吨	33.76	40.36	1.20
2.电	度	496.29	174.25	0.35
3.燃料	元		86.68	
(1)煤炭	千克	99.28	21.46	0.22
(2)液化石油气	千克	4.54	14.19	3.13
(3)管道煤气	立方米	58.07	50.54	0.87
(4)其他燃料	元		0.47	
4.其他	元		12.69	
(三)居住服务费	元		18.89	
1.物业管理费	元		5.93	
2.维修服务费	元		3.12	
3.其它	元		9.84	
八、杂项商品和服务	**元**		**248.58**	
(一)杂项商品	元		149.70	
1.金银珠宝饰品	元		8.74	
2.手表	只	0.05	4.74	100.34
3.理发美容用具	元		0.84	
4.化妆品	元		32.72	
5.其他杂品	元		102.66	
(二)服务	元		98.88	
1.旅馆住宿费	元		16.77	
2.理发洗澡费	元		32.91	
3.美容费	元		11.15	
4.其他服务	元		38.05	

16－4 城市住户按人均可支配收入分组

指　　标	单位	合计	无收入	200元以　下	200—400元
一、家庭人口数	**人/户**	**3.17**	**3.00**	**3.47**	**3.45**
(一)有收入者人数	人/户	2.15	0.56	1.68	2.06
1.就业人口数	人/户	1.46	0.50	1.22	1.46
(1)国有经济单位职工人数	人/户	0.93	0.19	0.50	0.77
(2)城镇集体经济单位职工人数	人/户	0.11	0.00	0.14	0.11
(3)其他各种经济类型单位职工	人/户	0.04	0.00	0.04	0.06
(4)城镇个体经营者人员数	人/户	0.17	0.00	0.39	0.23
(5)城镇个体被雇人员数	人/户	0.10	0.25	0.11	0.14
(6)离退休再就业人员数	人/户	0.02	0.00	0.00	0.00
(7)其他就业人员数	人/户	0.08	0.06	0.04	0.15
2.离退休人数	人/户	0.61	0.06	0.13	0.48
3.其他有收入者人数	人/户	0.09	0.00	0.34	0.11
(二)无收入者人数	人/户	1.02	2.44	1.79	1.39
二、家庭总收入	**元/人**	**7526.34**	**215.48**	**1756.63**	**3839.36**
#可支配收入	元/人	7306.10	—2370.40	1670.94	3703.87
(一)工薪收入	元/人	4656.79	202.98	837.53	2272.51
1.工资及补贴收入	元/人	4505.69	202.98	811.01	2234.05
2.其他劳动收入	元/人	151.09	0.00	26.52	38.46
(二)经营净收入	元/人	439.08	0.00	347.22	437.65
(三)财产性收入	元/人	70.62	0.00	4.77	20.65
(四)转移性收入	元/人	2359.85	12.50	567.11	1108.56
三、出售财物收入	**元/人**	**0.60**	**0.00**	**0.76**	**1.43**
四、借贷收入	**元/人**	**1309.80**	**8738.00**	**1261.41**	**558.96**
五、家庭总支出	**元/人**	**6680.34**	**9494.13**	**2839.83**	**3901.37**
(一)消费支出	元/人	5801.42	6628.26	2698.69	3555.48
1.食品	元/人	2209.90	2568.27	966.19	1599.89
2.衣着	元/人	538.14	377.43	99.95	270.62
3.家庭设备用品及服务	元/人	296.76	86.00	45.61	101.19
4.医疗保健	元/人	383.54	208.00	720.24	155.47
5.交通和通信	元/人	597.29	422.37	151.75	339.30
6.教育文化娱乐服务	元/人	1016.76	1748.00	297.01	617.13
7.居住	元/人	510.46	361.76	318.23	371.47
8.杂项商品和服务	元/人	248.58	856.42	99.69	100.41
(二)社会保障支出	元/人	202.14	2573.37	69.52	124.45
六、借贷支出	**元/人**	**1424.32**	**0.00**	**140.18**	**289.28**
七、消费支出	**元/人**	**5801.42**	**6628.26**	**2698.69**	**3555.48**
(一)食　品	元/人	2209.90	2568.27	966.19	1599.89
1.粮油类	元/人	239.57	303.85	224.64	221.13

16—4续表1

指　　标	单位	合计	无收入	200元以　下	200—400元
2.肉禽蛋水产品类	元/人	586.10	605.50	285.29	489.55
3.蔬菜类	元/人	238.47	170.85	161.49	206.43
4.调味品	元/人	34.93	48.08	29.52	30.72
5.糖烟酒饮料类	元/人	282.74	189.95	95.33	203.29
6.干鲜瓜果类	元/人	160.84	114.33	59.17	114.45
7.糕点、奶及奶制品	元/人	162.02	201.05	29.61	85.81
8.其他食品	元/人	83.75	43.35	11.60	39.59
9.饮食服务	元/人	421.47	891.33	69.52	208.91
(二)衣着	元/人	538.14	377.43	99.95	270.62
1.服装	元/人	377.87	311.25	53.57	180.28
2.衣着材料	元/人	8.86	1.75	4.09	4.62
3.鞋类.金额	元/人	124.66	58.75	36.31	74.07
4.其他衣着用品	元/人	20.44	4.68	3.15	9.23
5.衣着加工服务费	元/人	6.31	1.00	2.83	2.42
(三)家庭设备用品及服务	元/人	296.76	86.00	45.61	101.19
1.耐用消费品	元/人	129.39	24.50	0.88	29.99
2.室内装饰品	元/人	15.23	0.00	0.00	1.79
3.床上用品	元/人	21.91	17.00	5.95	7.13
4.家庭日用杂品	元/人	105.20	44.00	35.09	56.26
5.家具材料	元/人	0.86	0.00	0.00	0.00
6.家庭服务	元/人	24.18	0.50	3.69	6.03
(四)医疗保健	元/人	383.54	208.00	720.24	155.47
1.药品费	元/人	201.74	170.50	28.94	122.06
2.医疗费	元/人	161.09	37.50	690.74	31.33
(五)交通和通讯	元/人	597.29	422.37	151.75	339.30
1.交通	元/人	252.79	102.12	67.24	112.76
2.通信	元/人	344.51	320.25	84.51	226.54
(六)教育文化娱乐服务	元/人	1016.76	1748.00	297.01	617.13
1.文化娱乐用品	元/人	223.64	39.08	32.63	110.57
2.文化娱乐服务	元/人	189.78	238.42	17.44	96.87
3.教育	元/人	603.34	1470.50	246.95	409.69
(七)居住	元/人	510.46	361.76	318.23	371.47
1.住房	元/人	177.59	51.08	90.86	92.74
2.水电燃料及其他	元/人	313.97	298.43	221.10	266.39
3.居住服务费	元/人	18.89	12.25	6.27	12.34
(八)杂项商品和服务	元/人	248.58	856.42	99.69	100.41
1.杂项商品	元/人	149.70	466.42	24.68	67.88
2.服务	元/人	98.88	390.00	75.01	32.53

16—4续表2

指　　标	单位	400—600元	600—800元	800—1000元	1000—1500元	1500—2000元
一、家庭人口数	**人/户**	**3.34**	**3.08**	**2.78**	**2.67**	**2.59**
(一)有收入者人数	人/户	2.32	2.29	2.19	2.21	2.31
1.就业人口数	人/户	1.59	1.43	1.31	1.42	1.68
(1)国有经济单位职工人数	人/户	0.99	1.04	1.05	1.14	1.32
(2)城镇集体经济单位职工人数	人/户	0.15	0.10	0.07	0.06	0.07
(3)其他各种经济类型单位职工	人/户	0.04	0.00	0.00	0.04	0.02
(4)城镇个体经营者人员数	人/户	0.15	0.14	0.11	0.07	0.02
(5)城镇个体被雇人员数	人/户	0.15	0.05	0.03	0.03	0.10
(6)离退休再就业人员数	人/户	0.00	0.03	0.02	0.06	0.15
(7)其他就业人员数	人/户	0.12	0.06	0.02	0.02	0.00
2.离退休人数	人/户	0.69	0.80	0.82	0.72	0.61
3.其他有收入者人数	人/户	0.04	0.05	0.05	0.07	0.03
(二)无收入者人数	人/户	1.02	0.79	0.59	0.46	0.27
二、家庭总收入	**元/人**	**6070.95**	**8581.85**	**10917.52**	**14576.26**	**21148.06**
#可支配收入	元/人	5876.88	8378.07	10678.80	14229.84	20614.19
(一)工薪收入	元/人	3878.88	5214.32	6478.76	8920.69	14996.89
1.工资及补贴收入	元/人	3801.17	5055.97	6391.25	8608.19	13597.75
2.其他劳动收入	元/人	77.71	158.35	87.52	312.50	1399.13
(二)经营净收入	元/人	404.32	554.52	523.04	543.52	212.46
(三)财产性收入	元/人	85.28	36.99	71.90	250.39	300.96
(四)转移性收入	元/人	1702.47	2776.02	3843.83	4861.65	5637.76
三、出售财物收入	**元/人**	**0.00**	**0.00**	**0.91**	**0.84**	**0.00**
四、借贷收入	**元/人**	**1068.87**	**1457.53**	**2272.81**	**1928.52**	**2694.81**
五、家庭总支出	**元/人**	**5554.43**	**7770.99**	**10215.70**	**11566.47**	**14764.46**
(一)消费支出	元/人	4895.45	6790.36	8989.82	9475.90	12126.18
1.食品	元/人	1966.17	2554.83	3186.51	3275.62	3883.16
2.衣着	元/人	454.33	710.84	998.80	900.18	1568.92
3.家庭设备用品及服务	元/人	262.08	354.48	765.98	592.26	535.66
4.医疗保健	元/人	253.55	431.86	756.10	668.06	411.70
5.交通和通信	元/人	461.78	739.99	1030.21	1096.49	1702.72
6.教育文化娱乐服务	元/人	802.74	1159.30	1279.93	1854.95	2659.98
7.居住	元/人	543.77	513.30	636.49	761.73	691.63
8.杂项商品和服务	元/人	151.04	325.75	335.80	326.61	672.41
(二)社会保障支出	元/人	177.62	190.53	224.97	324.54	448.40
六、借贷支出	**元/人**	**890.06**	**1559.99**	**1856.60**	**3488.15**	**5489.42**
七、消费支出	**元/人**	**4895.45**	**6790.36**	**8989.82**	**9475.90**	**12126.18**
(一)食　品	元/人	1966.17	2554.83	3186.51	3275.62	3883.16
1.粮油类	元/人	231.13	262.55	277.17	243.83	263.94

16—4续表3

指　　　标	单位	400—600元	600—800元	800—1000元	1000—1500元	1500—2000元
2.肉禽蛋水产品类	元/人	577.33	675.07	819.52	772.80	733.63
3.蔬菜类	元/人	231.73	270.69	313.77	320.86	267.97
4.调味品	元/人	33.29	34.47	41.11	45.00	43.65
5.糖烟酒饮料类	元/人	244.39	335.46	374.08	432.53	345.06
6.干鲜瓜果类	元/人	144.27	200.35	253.35	281.21	224.45
7.糕点、奶及奶制品	元/人	135.47	204.53	310.20	310.63	398.90
8.其他食品	元/人	65.44	128.96	131.55	166.70	194.17
9.饮食服务	元/人	303.13	442.74	665.77	702.07	1411.38
(二)衣　着	元/人	454.33	710.84	998.80	900.18	1568.92
1.服装	元/人	313.76	471.54	774.14	663.12	1095.38
2.衣着材料	元/人	7.68	9.37	15.46	11.73	29.17
3.鞋类.金额	元/人	112.97	189.73	154.82	190.05	328.64
4.其他衣着用品	元/人	17.04	23.08	43.99	28.35	104.24
5.衣着加工服务费	元/人	2.88	17.12	10.39	6.92	11.48
(三)家庭设备用品及服务	元/人	262.08	354.48	765.98	592.26	535.66
1.耐用消费品	元/人	85.58	132.21	432.69	341.16	215.09
2.室内装饰品	元/人	23.20	8.73	64.26	25.67	7.23
3.床上用品	元/人	28.26	35.57	35.11	12.00	53.67
4.家庭日用杂品	元/人	100.55	127.50	174.38	170.93	244.84
5.家具材料	元/人	2.03	2.10	0.00	0.00	0.45
6.家庭服务	元/人	22.45	48.37	59.55	42.50	14.37
(四)医疗保健	元/人	253.55	431.86	756.10	668.06	411.70
1.药品费	元/人	182.70	245.03	403.94	372.41	304.26
2.医疗费	元/人	61.69	148.37	297.95	240.08	36.98
(五)交通和通讯	元/人	461.78	739.99	1030.21	1096.49	1702.72
1.交通	元/人	185.72	310.28	451.69	488.61	839.72
2.通信	元/人	276.06	429.71	578.52	607.88	863.00
(六)教育文化娱乐服务	元/人	802.74	1159.30	1279.93	1854.95	2659.98
1.文化娱乐用品	元/人	129.59	282.43	462.60	547.78	629.38
2.文化娱乐服务	元/人	114.83	213.47	328.05	405.26	595.08
3.教育	元/人	558.32	663.40	489.28	901.91	1435.52
(七)居住	元/人	543.77	513.30	636.49	761.73	691.63
1.住房	元/人	213.69	152.37	221.31	287.67	225.08
2.水电燃料及其他	元/人	313.76	341.62	383.09	445.45	402.00
3.居住服务费	元/人	16.32	19.31	32.09	28.61	64.55
(八)杂项商品和服务	元/人	151.04	325.75	335.80	326.61	672.41
1.杂项商品	元/人	92.91	236.27	190.90	208.24	336.47
2.服务	元/人	58.12	89.48	144.90	118.38	335.94

16—4续表4

指　　标	单位	2000—2500元	2500—3000元	3000—4000元	4000—5000元	5000元以上
一、家庭人口数	**人/户**	**2.61**	**2.50**	**2.75**	**2.00**	**2.14**
(一)有收入者人数	人/户	2.15	2.20	2.50	2.00	1.86
1.就业人口数	人/户	1.55	1.60	1.75	1.50	1.00
(1)国有经济单位职工人数	人/户	1.30	1.05	1.50	1.25	1.00
(2)城镇集体经济单位职工人数	人/户	0.06	0.00	0.00	0.25	0.00
(3)其他各种经济类型单位职工	人/户	0.03	0.05	0.00	0.00	0.00
(4)城镇个体经营者人员数	人/户	0.00	0.05	0.00	0.00	0.00
(5)城镇个体被雇人员数	人/户	0.00	0.20	0.00	0.00	0.00
(6)离退休再就业人员数	人/户	0.09	0.20	0.25	0.00	0.00
(7)其他就业人员数	人/户	0.06	0.05	0.00	0.00	0.00
2.离退休人数	人/户	0.61	0.55	0.50	0.50	0.71
3.其他有收入者人数	人/户	0.00	0.05	0.25	0.00	0.14
(二)无收入者人数	人/户	0.45	0.30	0.25	0.00	0.29
二、家庭总收入	**元/人**	**27422.67**	**33012.55**	**40322.54**	**53230.11**	**72411.58**
#可支配收入	元/人	26758.68	32343.82	39931.76	52457.28	71865.92
(一)工薪收入	元/人	18440.26	21348.22	17715.63	42871.41	31078.73
1.工资及补贴收入	元/人	17771.72	20515.42	15752.00	42871.41	31078.73
2.其他劳动收入	元/人	668.54	832.80	1963.64	0.00	0.00
(二)经营净收入	元/人	0.00	1296.00	0.00	0.00	0.00
(三)财产性收入	元/人	89.44	51.84	0.00	0.00	144.00
(四)转移性收入	元/人	8892.97	10316.50	22606.91	10358.70	41188.86
三、出售财物收入	**元/人**	**0.00**	**0.00**	**0.00**	**0.00**	**0.00**
四、借贷收入	**元/人**	**1654.54**	**1365.27**	**7758.55**	**12387.90**	**9349.17**
五、家庭总支出	**元/人**	**18357.42**	**20561.82**	**35975.26**	**40347.95**	**36661.82**
(一)消费支出	元/人	14717.72	16552.38	30979.75	30473.85	32413.03
1.食品	元/人	4507.76	6128.62	14781.27	4866.45	12578.23
2.衣着	元/人	1449.24	1499.30	760.36	1581.75	578.23
3.家庭设备用品及服务	元/人	1151.22	695.81	941.89	1684.95	502.07
4.医疗保健	元/人	654.65	743.95	478.91	429.00	1585.65
5.交通和通信	元/人	1184.17	1907.95	1927.20	1848.00	3225.78
6.教育文化娱乐服务	元/人	2269.89	4256.04	8589.82	15073.65	7599.29
7.居住	元/人	1365.33	616.57	706.25	3205.50	929.26
8.杂项商品和服务	元/人	2135.47	704.14	2794.04	1784.55	5414.53
(二)社会保障支出	元/人	626.05	576.04	319.89	529.86	529.66
六、借贷支出	**元/人**	**9370.28**	**10128.95**	**14181.82**	**18793.95**	**32420.39**
七、消费支出	**元/人**	**14717.72**	**16552.38**	**30979.75**	**30473.85**	**32413.03**
(一)食　品	元/人	4507.76	6128.62	14781.27	4866.45	12578.23
1.粮油类	元/人	239.10	331.18	217.96	349.20	460.15

16－4续表5

指　　标	单位	2000－2500元	2500－3000元	3000－4000元	4000－5000元	5000元以上
2. 肉禽蛋水产品类	元/人	905.27	1196.90	720.55	586.05	1229.26
3. 蔬菜类	元/人	253.85	354.92	322.80	184.50	321.43
4. 调味品	元/人	55.79	81.48	52.58	37.80	44.64
5. 糖烟酒饮料类	元/人	726.93	1730.98	2730.55	501.00	2914.18
6. 干鲜瓜果类	元/人	362.13	293.26	341.67	266.25	248.47
7. 糕点、奶及奶制品	元/人	295.17	447.05	423.71	267.00	388.15
8. 其他食品	元/人	294.71	260.64	62.73	59.85	523.75
9. 饮食服务	元/人	1374.82	1432.22	9908.73	2614.80	6448.19
(二)衣　着	元/人	1449.24	1499.30	760.36	1581.75	578.23
1. 服装	元/人	1123.71	1054.58	744.00	1137.00	504.79
2. 衣着材料	元/人	29.86	51.36	0.00	30.00	0.00
3. 鞋类·金额	元/人	249.62	353.04	0.00	262.50	36.00
4. 其他衣着用品	元/人	26.51	39.12	16.36	21.75	2.40
5. 衣着加工服务费	元/人	19.53	1.20	0.00	130.50	35.04
(三)家庭设备用品及服务	元/人	1151.22	695.81	941.89	1684.95	502.07
1. 耐用消费品	元/人	1001.85	271.20	0.00	0.00	0.00
2. 室内装饰品	元/人	5.58	0.00	54.55	60.00	0.00
3. 床上用品	元/人	9.49	29.76	201.82	544.50	0.00
4. 家庭日用杂品	元/人	77.23	364.61	685.53	1017.45	450.07
5. 家具材料	元/人	0.00	0.00	0.00	0.00	0.00
6. 家庭服务	元/人	57.07	30.24	0.00	63.00	52.00
(四)医疗保健	元/人	654.65	743.95	478.91	429.00	1585.65
1. 药品费	元/人	470.04	508.75	478.91	386.10	621.67
2. 医疗费	元/人	141.56	209.52	0.00	42.90	587.99
(五)交通和通讯	元/人	1184.17	1907.95	1927.20	1848.00	3225.78
1. 交通	元/人	514.29	1010.78	979.20	1207.50	2576.99
2. 通信	元/人	669.88	897.17	948.00	640.50	648.79
(六)教育文化娱乐服务	元/人	2269.89	4256.04	8589.82	15073.65	7599.29
1. 文化娱乐用品	元/人	1011.45	474.24	48.00	1354.65	239.04
2. 文化娱乐服务	元/人	1157.56	1151.52	10.91	1167.00	365.59
3. 教育	元/人	100.88	2630.28	8530.91	12552.00	6994.66
(七)居住	元/人	1365.33	616.57	706.25	3205.50	929.26
1. 住房	元/人	1041.29	265.34	122.18	2525.40	583.51
2. 水电燃料及其他	元/人	301.85	335.63	531.71	354.60	312.95
3. 居住服务费	元/人	22.19	15.60	52.36	325.50	32.80
(八)杂项商品和服务	元/人	2135.47	704.14	2794.04	1784.55	5414.53
1. 杂项商品	元/人	1621.29	140.16	584.95	445.05	2355.39
2. 服务	元/人	514.18	563.98	2209.09	1339.50	3059.14

16—5 农村住户基本情况

指　　　标	单　位	2001年	2002年
一、调查户数	**户**	**550**	**580**
二、调查户常住人口	**人**	**2241**	**2310**
平均每户常住人口	人	4.07	3.98
三、每户整、半劳动力	**人**	**2.58**	**2.53**
平均每个劳动力负担人口	人	1.58	1.57
整、半劳动力占常住人口比重	%	63.41	63.59
四、每百户中乡镇企业从业人数	**人**	**4.00**	**3.0**
从业人员占常住人口比重	%	1.07	0.87
五、平均每百个劳动力中			
文盲或半文盲	人	8.94	8.44
小学程度	人	35.05	35.13
初中程度	人	47.36	48.94
高中程度	人	6.97	5.17
中专程度	人	1.34	1.91
大专以上	人	0.35	0.41
六、劳动力平均受教育年限	**年/人**	**7.47**	**7.42**
七、年末住房面积	**平方米/人**	**23.64**	**26.25**
新建房屋面积	平方米/人	0.65	1.55
砖木结构面积	平方米/人	12.73	12.40
钢筋混泥土面积	平方米/人	8.37	11.16
楼房面积	平方米/人	5.30	7.42
八、年末住房价值	**元/平方米**	**146.59**	**155.63**
九、年末生产性固定资产原值	**元/户**	**3826.36**	**1003.35**

16—6 农村住户家庭经营情况

指　　标	单　位	2001年	2002年
一、经营耕地面积	**亩/人**	**1.23**	**1.21**
承包耕地面积	亩/人	1.12	1.10
自留地面积	亩/人	0.11	0.11
二、经营山地面积	**亩/人**	**0.20**	**0.18**
三、年内出售猪头数	**头/户**	**1.78**	**1.49**
年内自宰肥猪数	头/户	0.88	2.44
出售、自宰肥猪肉产量	公斤/户	291.78	262.18
每头猪肉产量	公斤/头	110.00	100.00
四、年内出售菜羊只数	**只/百户**	**2.00**	**2.00**
出售、自宰羊的肉产量	公斤/户	1.07	1.66
五、年内出售肉牛数	**头/百户**	**3.00**	**2.00**

16—7　按调查户从业类型(按收入)分组的农村住户家庭基本情况

(2002年)

指　　标	单　位	纯农业户	农　业 兼业户	非农业 兼业户	非农业户
调查户数	户	110	301	160	9
常住人口	人	444	1204	625	37
整半劳动力	个	274	751	421	23
平均每一劳动力负担人口	人	1.62	1.60	1.48	1.61
人均家庭经营耕地面积	亩	1.37	1.31	0.94	0.46
人均家庭经营山地面积	亩	0.24	0.23	0.06	0.00
人均生产性固定资产原值	元	912.75	863.25	1155.26	4083.78
人均使用房屋面积	平方米	28.00	24.61	27.72	33.76
人均使用房屋价值	元	4419.55	3156.91	5085.42	13391.89
人均总收入	元	2975.20	2752.55	3374.98	8778.51
现金收入	元	1981.24	1864.70	2808.22	8558.35
人均纯收入	元	2267.11	2123.38	2620.10	6280.46
人均生活费支出	元	1353.33	1450.91	1797.98	3059.38
乡村企业人员	人		2	18	
常住人口外出劳动人数	人	9	36	36	2

16—8 农民家庭人均总收入

单位:元

指标	2001年	2002年	2002年比2001年增长(%)
全年总收入	**2952.65**	**3059.9**	**3.6**
(一)工资性收入	510.46	629.99	23.4
在非企业劳动得到的收入	91.71	114.69	25.1
在本地企业劳动得到的收入	197.53	146.93	—25.6
外出从业得到的收入	102.29	151.37	48.0
其他	118.93	217	82.5
(二)家庭经营收入	2145.18	2085.2	—2.8
第一产业	1765.27	1682.98	—4.7
农业收入	1176.26	1108.85	—5.7
#种植业收入	1148.05	1050.82	—8.5
林业收入	6.43	6.3	—2.0
牧业收入	577.42	563.4	—2.4
渔业收入	5.16	4.43	—14.1
第二产业	66.01	60.99	—7.6
工业收入	37.12	34.54	—7.0
建筑业收入	28.89	26.45	—8.4
第三产业	313.89	341.23	8.7
交通、运输和邮电业收入	148.30	186.44	25.7
商业饮食收入	71.09	51.42	—27.7
服务业收入	27.81	29.89	7.5
文教卫生业收入	4.36	6.16	41.3
其他家庭经营收入	62.33	67.32	8.0
(三)转移性收入	192.31	248.09	29.0
在外人口寄回和带回	16.11	40.81	153.3
亲友赠送收入	74.07	95.38	28.8
#农村外部亲友赠送收入	7.02	18.08	157.5
调查补贴	10.81	13.4	24.0
救济金	7.47	4.68	—37.3
救灾款	1.45	0.35	—75.9
退休金	16.56	27.59	66.6
抚恤金	0.09	11.26	124倍
其他转移性收入	65.74	54.62	—16.9
(四)财产性收入	104.71	96.64	—7.7
利息收入	1.27	0.24	—81.1
股息收入			
租金收入	39.94	39.34	—1.5
土地征用补偿收入	53.64	44.93	—16.2
其他财产收入	9.86	12.13	23.0

16—9 农民家庭人均纯收入及构成

指　　标	2001年	2002年	2002年比2001年增长(%)
一、绝对数(元)			
全年纯收入	2228.69	2352	5.5
(一)工资性收入	510.46	629.99	23.4
#在企业劳动得到的收入	299.82	298.3	—0.5
(二)家庭经营收入	1499.07	1467.81	—2.1
第一产业	1239.07	1165.99	—5.9
农业收入	923.65	881.64	—4.5
#种植业收入	898.36	830.3	—7.6
林业收入	5.14	4.8	—6.6
牧业收入	306.52	276.35	—9.8
渔业收入	3.76	3.2	—14.9
第二产业	35	40.41	15.5
工业收入	31.31	28.42	—9.2
建筑业收入	3.69	11.99	2.2倍
第三产业	225	261.41	16.2
运输业收入	95.52	117.29	22.8
商业饮食收入	48.69	44.28	—9.1
服务业收入	25.93	33	27.3
其他家庭经营收入	54.86	66.84	21.8
(二)转移性收入	114.45	157.39	37.5
(三)财产性收入	104.71	96.64	—7.7
二、构成(%)			
全年纯收入	100.00	100.00	—
(一)工资性收入	22.90	26.79	3.88
#在企业劳动得到的收入	13.45	12.68	—0.77
(二)家庭经营收入	67.26	62.41	—4.86
第一产业	55.60	49.57	—6.02
农业收入	41.44	37.48	—3.96
#种植业收入	40.31	35.30	—5.01
林业收入	0.23	0.20	—0.03
牧业收入	13.75	11.75	—2.00
渔业收入	0.17	0.14	—0.03
第二产业	1.57	1.72	0.15
工业收入	1.40	1.21	—0.20
建筑业收入	0.17	0.51	0.34
第三产业	10.10	11.11	1.02
运输业收入	4.29	4.99	0.70
商业饮食业收入	2.18	1.88	—0.30
服务业收入	1.16	1.40	0.24
其他家庭经营收入	2.46	2.84	0.38
(二)转移性收入	5.14	6.69	1.56
(三)财产性收入	4.70	4.11	—0.59

16—10 农民家庭人均总支出及构成

指　　　标	2001年	2002年	2002年比2001年增长(%)
一、绝对数(元)			
全年总支出	2335	2368.74	1.4
(一)家庭经营费用支出	550.87	533.06	−3.2
(二)购置生产用固定资产支出	37.96	54.73	44.2
(三)税费支出	32.73	17.44	−46.7
(四)生活消费支出	1531.98	1551.5	1.3
(五)财产性支出	7.88	8.6	9.1
(六)转移性支出	173.59	203.41	17.2
1.寄给和带给在外人口	5.94	5.9	−0.7
2.赠送亲友支出	157.27	189.11	20.2
#赠送农村外部亲友	10.48	13.61	29.9
3.缴纳保险费	1.69	0.8	−52.7
4.缴纳罚款	1.39	2.31	66.2
5.其他支出	7.31	5.28	−27.8
二、构成(%)			
全年总支出	100.00	100.00	—
(一)家庭经营费用支出	23.59	22.50	−1.09
(二)购置生产用固定资产支出	1.63	2.31	0.68
(三)税费支出	5.94	3.27	−2.67
(四)生活消费支出	65.61	65.50	−0.11
(五)财产性支出	0.34	0.36	0.03
(六)转移性支出	7.43	8.59	1.15
1.寄给和带给在外人口	0.25	0.25	−0.01
2.赠送亲友支出	6.74	7.98	1.25
#赠送农村外部亲友	0.45	0.57	0.13
3.缴纳保险费	0.07	0.03	−0.04
4.其他支出	0.06	0.10	0.04
附:生产性固定资产折旧	62.60	66.88	4.28

16—11 农民家庭人均经营费用和生产性固定资产购置

单位:元

指标	2001年	2002年	2002年比2001年增长(%)
一、家庭经营费用支出	**550.87**	**533.06**	**—3.2**
农业生产费用支出	195.21	173.45	—11.1
#种植业生产支出	195.06	169.5	—13.1
林业生产支出	0.98	0.89	—9.2
牧业生产支出	246.73	260.49	5.6
渔业生产支出	1.16	0.44	—62.1
工业生产支出	5.81	6.12	5.3
建筑业支出	25.2	14.46	—42.6
运输业支出	47.13	64.99	37.9
商业饮食支出	19.84	5.99	—69.8
服务、文教业支出	3.59	2.25	—37.3
其他经营支出	5.22	3.98	—23.8
二、购置生产用固定资产支出	**37.96**	**54.73**	**44.2**
#房屋及建筑屋			
大中型铁木农具	0.92	0.65	—29.3
农林牧渔业机械	5.3	0.15	—97.2
工业机械	1.75	3.05	74.3
运输机械	15.91	26.13	64.2
役畜、产品畜	13.42	22.29	66.1

16－12 农民家庭人均生活消费支出及构成

指　　标	2001年	2002年	2002年比2001年增长(%)
一、绝对数(元)			
平均每人生活消费支出	1531.98	1551.5	1.3
食品	853.63	793.05	－7.1
主食	256.64	214.28	－16.5
副食	447.96	420.16	－6.2
其他副食品	108.42	115.35	6.4
在外饮食	33.59	36.61	9.0
衣着	78.58	86.28	9.8
住房	255.11	242.10	－5.1
家庭设备用品及服务	66.56	69.86	5.0
医疗保健	44.08	64.15	45.5
交通和通讯	71.33	95.47	33.8
文教娱乐用品及服务	122.66	145.28	18.4
其他商品及服务	40.03	55.31	38.2
二、构　成(%)			
平均每人生活消费支出	100.00	100.00	—
食品	55.72	51.12	－4.6
主食	16.75	13.81	－2.9
副食	29.24	27.08	－2.2
其他副食品	7.08	7.43	0.4
在外饮食	2.19	2.36	0.2
衣着	5.13	5.56	0.4
住房	16.65	15.60	－1.0
家庭设备用品及服务	4.34	4.50	0.2
医疗保健	2.88	4.13	1.3
交通和通讯	4.66	6.15	1.5
文教娱乐用品及服务	8.01	9.36	1.4
其他商品及服务	2.61	3.56	1.0

16—13　农民人均现金收入

指　　　标	2001年	2002年	2002年比2001年增长(%)
一、年内现金收入合计	**2015.43**	**2249.59**	**11.6**
(一)工资性收入	507.52	629.49	24.0
在非企业劳动得到的收入	91.64	114.68	25.1
在本地企业劳动得到的收入	197.53	146.89	－25.6
外出从业得到的收入	99.42	150.92	51.8
其他	118.93	217	82.5
(二)家庭经营现金收入	1212.24	1277.89	5.4
出售产品收入	839.29	872.97	4.0
工业加工费收入	35.35	34.54	－2.3
建筑业收入	28.89	26.45	－8.4
运输业收入	148.30	186.44	25.7
商业饮食业收入	71.09	51.42	－27.7
服务业、文教卫生收入	32.17	36.05	12.1
其他家庭经营现金收入	54.65	63.53	16.2
(三)转移性现金收入	191.01	246.51	29.1
在外人口寄回和带回	16.11	40.81	153.3
亲友赠送收入	73.51	95.38	29.8
#农村外部亲友赠送收入	6.46	18.08	179.9
调查补贴	10.44	13.33	27.7
(四)财产性现金收入	104.66	95.71	－8.6
租金收入	39.94	39.34	－1.5
土地征用补偿收入	53.64	44.93	－16.2
二、非收入所得	**274.42**	**335.31**	**22.2**
银行、信用社贷款	72.71	79.05	8.7
借入款	120.54	149.5	24.0
收回借出款	12.31	28.78	133.8
从银行、信用社取回存款	40.39	53.56	32.6
出售财产所得款	28.36	23.87	－15.8

16—14 农民人均商品性、自给性生活消费构成

单位：%

指标	2001年		2002年	
	商品性	自给性	商品性	自给性
食品	343.03	510.60	380.78	412.27
主食	46.46	210.18	51.42	162.86
副食	154.09	293.87	174.89	245.27
其他副食品	101.89	6.53	111.22	4.13
在外饮食	33.59		36.61	
食品加工费	7		6.64	
衣着	78.58		86.28	
居住	247.54	7.57	234.29	7.81
家庭设备用品及服务	66.56		69.65	
医疗保健	44.08		64.15	
交通和通讯	71.33		95.47	
文教娱乐用品及服务	122.66		145.28	
其他商品及服务	40.03		55.31	

16－15　农民人均出售产品现金收入及构成

指　　　标	2001年	2002年	2002年比2001年增长（%）
一、绝对数（元）			
出售产品收入	839.29	872.97	4.0
出售农业产品收入	480.54	518.79	8.0
#出售种植业产品	471.52	509.41	8.0
出售林产品	3.61	3.70	2.5
出售牧业产品	342.17	343.04	0.3
出售渔业产品	3.52	3.65	3.7
出售工业产品	1.77		
出售其他产品	7.68	3.79	－50.7
二、构　成（%）			
出售产品收入	100.00	100.00	—
出售农业产品收入	57.26	59.43	2.2
#出售种植业产品	56.18	58.35	2.2
出售林产品	0.43	0.42	－0.01
出售牧业产品	40.77	39.30	－1.5
出售渔业产品	0.42	0.42	持平
出售工业产品	0.21	0.00	－0.2
出售其他产品	0.92	0.43	－0.5

16—16 农民人均现金支出、构成及非消费性现金支出

指标	2001年	2002年	2002年比2001年增长(%)
一、绝对数(元)			
支出合计	**1679.83**	**1821.69**	**8.4**
(一)生产费用支出	452.92	461.05	1.8
家庭经营费用支出	414.96	406.32	—2.1
购置生产性固定资产支出	37.96	54.73	44.2
(二)税费支出	31.71	17.44	—45.0
(三)生活消费支出	1013.81	1131.2	11.6
(四)财产性支出	7.87	8.6	9.3
非生产性贷款利息支出	0.41	2.41	487.8
其　他	7.47	6.19	—17.1
(五)转移性支出	173.52	203.4	17.2
寄给在外人口	5.94	5.9	—0.7
赠送亲友支出	157.2	189.09	20.3
#赠送农村外部亲友支出	10.41	13.6	30.6
二、构　成(%)			
支出合计	**100.00**	**100.00**	—
生产费用支出	26.96	25.31	—1.7
税费支出	1.89	0.96	—0.9
生活消费支出	60.35	62.10	1.7
财产性支出	0.47	0.47	持平
转移性支出	0.02	0.13	0.1
三、非消费性现金支出	**455.62**	**367.74**	**—19.3**
归还银行、信用社贷款	16.93	62.37	268.4
借出款	10.83	29.64	173.7
归还借款	85.42	87.49	2.4
存入银行、信用社	341.81	184.78	—45.9
购买股票及投资	0.62	3.47	459.7

16—17　农民人均粮食收支存

单位：公斤

指　　标	2001年	2002年	2002年比2001年增长（%）
一、年内粮食收入合计	**521.15**	**414.66**	**—20.4**
家庭经营生产的	424.48	314.56	—25.9
购　入	96.44	97.19	0.8
借　入	0.07		
收回借出粮		1.25	
其它粮食收入	0.16	1.67	943.8
二、年内粮食支出合计	**483.92**	**422.59**	**—12.7**
主食用粮	235.56	197.02	—16.4
其它生活用粮	3.64	0.78	—78.6
出　售	72.13	64.17	—11.0
种　籽	13.10	11.55	—11.8
饲　料	158.21	148.65	—6.0
借　出	0.38	0.11	—71.1
归还借粮		0.30	
其它粮食支出	0.89	0.01	—98.9
三、年末结存	**274.39**	**248.68**	**—9.4**
口　粮	195.70	177.40	—9.4
饲　料	58.81	56.01	—4.8
种　籽	6.58	6.06	—7.9

16—18　农民家庭人均主要消费品消费量

指　　　　标	单　位	2001年	2002年	2002年比2001年增长（%）
粮　食	公斤	234.3	194.06	—17.2
#细　粮	公斤	200.71	163.32	—18.6
蔬　菜	公斤	155.7	153.91	—1.1
油脂类	公斤	13.58	13.1	—3.5
肉禽及其制品	公斤	32.43	31.55	—2.7
蛋　类	公斤	2.1	1.99	—5.2
奶和奶制品	公斤	0.16	0.18	12.5
水产品	公斤	0.46	0.48	4.3
食　糖	公斤	0.66	1.79	171.2
酒和饮料	公斤	8.55	8.35	—2.3
茶　叶	公斤	0.3	0.32	6.7
棉　布	米	0.14	0.12	—14.3
化纤布	米	0.04	0.04	持平
毛　料	米	0.16	0.05	—68.8
棉布服装	件	0.1	0.07	—30.0
化纤布服装	件	0.65	0.81	24.6
毛料服装	件	0.02	0.02	持平

16—19 农民家庭每百户耐用消费品拥有量

指　　　标	单　位	2001年	2002年	2002年比2001年增长（%）
自行车	辆	9	11	22.2
黑白电视机	台	48	43	—10.4
彩色电视机	台	44	50	13.6
收录机	台	14	11	—21.4
电风扇	台	26	28	7.7
照相机	架	2	1	—50.0
洗衣机	台	43	47	9.3
大型家具	件	270	332	23.0
电　脑	台	1	1	持平
电冰箱	台	9	11	22.2
摩托车	辆	23	26	13.0
组合音响	台	9	11	22.2
电话机	部	14	16	14.3
移动电话	部	5	11	120.0

16—20 按人均纯收入分组的农村住户总收入、纯收入及总支出

(2002年)

指　　标	600元以下	600—800元	800—1000元	1000—1200元	1200—1300元
一、总收入	**765.81**	**1482.68**	**1343.41**	**1634.59**	**1773.49**
1.工资性收入	181.35	184.62	291.06	316.98	349.68
在本地企业劳动得到的收入	26.19	1.52	37.90	48.33	48.09
2.家庭经营收入	430.04	1000.91	974.58	1161.89	1221.47
种植业收入	253.27	476.62	568.65	731.83	722.96
牧业收入	102.54	359.33	295.30	343.10	358.47
3.转移性收入	150.96	256.67	72.19	147.86	169.69
4.财产性收入	3.46	40.48	5.58	7.86	32.65
二、全年纯收入	**227.85**	**693.67**	**894.54**	**1106.68**	**1254.18**
三、总支出	**665.54**	**2047.74**	**1422.81**	**1471.99**	**1465.84**
1.家庭经营费用支出	92.77	473.35	289.14	361.97	316.69
种植生产支出	48.50	125.86	116.67	166.91	127.01
牧业生产支出	39.04	273.89	164.25	151.54	187.81
其他经营支出		8.98	1.52	0.39	1.69
2.购置生产性固定资产支出		71.21	108.20	23.33	1.93
3.税费支出	2.12	9.18	19.94	17.94	18.10
4.生活消费支出	534.15	1339.85	914.00	950.70	1016.84
5.财产性支出		1.06	6.70	3.59	9.76
6.转移性支出	36.50	153.09	84.82	114.46	102.52
附:生产用固定资产折旧	292.12	55.45	75.74	33.14	38.98

16—20续表1

指　　　标	1300—1500元	1500—1700元	1700—2000元	2000—2500元	2500—3000元
一、总收入	**1860.49**	**1981.63**	**2359.40**	**2951.74**	**3463.61**
1. 工资性收入	310.35	371.22	545.80	561.47	791.40
在本地企业劳动得到的收入	86.91	76.33	167.94	117.83	161.22
2. 家庭经营收入	1394.94	1500.06	1714.77	2108.76	2347.77
种植业收入	773.64	821.99	910.47	1185.69	1153.56
牧业收入	412.42	432.25	568.40	604.82	656.66
3. 转移性收入	110.02	81.59	80.70	232.38	237.80
4. 财产性收入	45.18	28.76	18.13	49.14	86.64
二、全年纯收入	**1392.07**	**1597.85**	**1840.63**	**2223.04**	**2739.10**
三、总支出	**1637.64**	**1727.01**	**1742.07**	**2614.64**	**2577.11**
1. 家庭经营费用支出	367.08	321.53	406.24	537.97	558.56
种植生产支出	117.99	132.55	152.62	175.44	158.76
牧业生产支出	213.32	184.76	239.87	283.77	240.05
其他经营支出	12.96	0.41	2.69	1.91	2.56
2. 购置生产性固定资产支出	31.42	18.12	41.66	16.24	115.07
3. 税费支出	19.19	18.28	18.23	19.86	11.88
4. 生活消费支出	1123.09	1238.53	1133.14	1845.48	1637.76
5. 财产性支出	1.38	2.67	5.62	5.51	4.43
6. 转移性支出	95.49	127.88	137.17	189.58	249.40
附:生产用固定资产折旧	39.08	29.59	57.18	72.74	64.33

16—20续表2

指标	3000—3500元	3500—4000元	4000—4500元	4500—5000元	5000元以上
一、总收入	**4003.43**	**4696.53**	**4983.46**	**6002.66**	**9377.02**
1.工资性收入	713.34	1157.77	1032.31	1208.13	2023.12
在本地企业劳动得到的收入	136.06	167.86	125.69	379.11	683.11
2.家庭经营收入	2598.06	2959.34	2869.79	3370.13	6238.47
种植业收入	1423.56	1359.51	1509.53	1798.04	2042.32
牧业收入	687.25	561.50	925.79	1152.77	1033.94
3.转移性收入	537.15	417.09	344.07	928.57	792.99
4.财产性收入	154.88	162.32	737.28	495.84	322.45
二、全年纯收入	**3217.53**	**3763.28**	**4230.46**	**4735.38**	**7321.43**
三、总支出	**2913.11**	**3354.08**	**4021.29**	**3590.55**	**5669.06**
1.家庭经营费用支出	633.09	787.73	634.32	658.00	1739.92
种植生产支出	247.94	161.45	174.72	231.98	382.83
牧业生产支出	329.54	279.08	408.74	376.84	594.71
其他经营支出	6.69		5.56	5.46	12.62
2.购置生产性固定资产支出	32.89	65.81	16.84		259.32
3.税费支出	16.95	10.55	13.68	18.52	25.80
4.生活消费支出	1968.47	2227.82	2934.54	2248.73	3003.80
5.财产性支出	4.98	22.88	27.88	22.30	45.59
6.转移性支出	256.72	239.28	394.03	643.00	594.62
附:生产用固定资产折旧	53.33	92.64	79.03	65.79	190.23

16－21 按人均纯收入分组的农村住户生活消费支出

（2002年）

指 标	600元以下	600—800元	800—1000元	1000—1200元	1200—1300元
生活消费支出	**534.15**	**1339.85**	**914.00**	**950.70**	**1016.84**
1.食 品	319.12	616.65	539.75	586.63	630.50
主 食	153.58	191.85	197.94	180.45	202.74
副 食	134.15	313.94	258.94	304.99	316.99
其他副食	27.04	86.45	67.80	80.44	87.17
2.衣着	52.62	37.24	41.47	44.43	42.09
3.居住	55.08	195.08	166.14	79.64	118.11
燃 料	26.31	19.55	30.27	28.77	24.19
4.家庭设备用品及服务	27.62	80.41	34.98	43.34	52.36
5.医疗保健	0.92	106.30	25.82	22.50	41.27
医疗费	0.12	89.64	17.99	16.07	23.73
6.交通和通讯	20.00	83.21	41.80	59.31	36.82
交通、邮电费	19.42	37.17	31.30	28.73	24.95
7.文教娱乐用品及服务	9.08	160.64	42.75	81.03	46.38
学杂费	4.50	73.27	33.88	61.14	35.81
技术培训费				0.03	2.57
文娱费		1.05	0.90	1.64	1.19
8.其他商品和服务	49.73	60.32	21.29	33.82	49.31

16—21续表1

指　　标	1300—1500元	1500—1700元	1700—2000元	2000—2500元	2500—3000元
生活消费支出	**1123.09**	**1238.53**	**1133.14**	**1845.48**	**1637.76**
1.食　品	675.88	728.33	687.11	801.84	855.12
主　食	204.93	219.33	212.69	209.30	203.03
副　食	358.13	391.52	363.91	447.10	458.01
其他副食	84.42	94.39	82.63	100.43	140.71
2.衣着	51.17	74.38	67.13	81.61	133.15
3.居住	105.95	179.91	85.38	432.57	192.95
燃　料	34.62	43.45	30.56	34.18	41.83
4.家庭设备用品及服务	39.96	47.70	52.69	61.16	106.37
5.医疗保健	21.45	40.55	40.31	138.16	37.09
医疗费	12.39	32.56	25.64	123.87	18.64
6.交通和通讯	40.62	35.79	56.90	96.85	94.46
交通、邮电费	27.99	27.26	40.74	50.61	52.46
7.文教娱乐用品及服务	164.66	104.81	116.82	183.27	162.44
学杂费	139.65	78.47	78.69	128.59	99.57
技术培训费	2.00			3.95	14.38
文娱费	1.16	1.25	1.15	2.32	3.27
8.其他商品和服务	23.42	27.07	26.80	50.03	56.19

16—21续表2

指　　标	3000—3500元	3500—4000元	4000—4500元	4500—5000元	5000元以上
生活消费支出	**1963.47**	**2227.82**	**2934.54**	**2248.73**	**3003.80**
1.食　品	1067.10	1013.80	1218.54	987.36	1309.27
主　食	282.88	205.08	260.21	226.21	266.08
副　食	579.70	510.64	715.22	541.66	632.59
其他副食	176.39	168.95	191.82	187.23	245.55
2.衣着	105.76	141.64	84.34	132.73	216.46
3.居住	300.07	328.81	939.31	214.91	469.75
燃　料	53.89	57.65	85.90	56.09	65.48
4.家庭设备用品及服务	78.49	157.08	110.51	91.84	136.22
5.医疗保健	51.79	18.64	87.99	305.95	90.84
医疗费	24.41	10.70	66.34	106.04	62.86
6.交通和通讯	192.53	153.43	119.62	209.00	326.85
交通、邮电费	83.81	62.93	84.62	98.93	162.92
7.文教娱乐用品及服务	95.30	376.20	285.63	141.66	238.70
学杂费	71.54	210.28	245.37	55.27	151.28
技术培训费	3.81	51.35		8.93	30.15
文娱费	3.63	3.11	1.68	8.82	1.03
8.其他商品和服务	73.44	38.23	88.60	165.29	215.71

16—22 按人均纯收入分组的农村住户主要消费品消费量

（2002年）

指　　标	单　位	600元以　下	600—800元	800—1000元	1000—1200元	1200—1300元
粮　食	公斤	141.77	179.21	184.84	165.83	182.27
蔬　菜	公斤	47.19	112.44	139.00	125.56	144.81
植物油	公斤	0.88	6.85	4.72	5.31	8.04
动物油	公斤	2.35	2.47	1.94	2.60	3.42
肉禽及其制品	公斤	8.65	22.85	15.88	20.79	20.06
猪　肉	公斤	7.69	21.18	14.98	20.04	18.70
蛋　类	公斤	0.46	1.18	1.17	1.58	1.27
食　糖	公斤	0.19	0.62	0.65	0.56	0.49
白　酒	公斤	3.73	2.56	3.76	4.73	3.67
啤　酒	公斤	0.12	0.27	0.54	0.24	0.38
不含酒精饮料	公斤	1.38	0.24	0.59	0.63	0.12
茶　叶	公斤	0.17	0.19	0.10	0.14	0.42
水果及水果制品	公斤	0.65	7.09	4.91	5.11	5.02
棉　布	米		0.06	0.03	0.02	0.03
化纤布	米	0.19	0.05	0.20	0.04	0.01
煤　炭	公斤	230.77	162.88	244.06	210.40	205.84

16—22续表1

指　　标	单　位	1300—1500元	1500—1700元	1700—2000元	2000—2500元	2500—3000元
粮　食	公斤	192.23	204.88	197.60	188.67	179.21
蔬　菜	公斤	172.35	148.43	149.14	174.53	149.50
植物油	公斤	9.25	9.25	5.11	7.54	9.26
动物油	公斤	2.65	3.37	2.68	2.41	3.80
肉禽及其制品	公斤	24.98	26.17	28.51	34.97	34.06
猪　肉	公斤	23.76	23.60	26.86	32.78	31.55
蛋　类	公斤	0.98	1.62	1.38	1.26	2.36
食　糖	公斤	3.50	7.97	0.55	1.17	0.78
白　酒	公斤	5.23	4.83	4.99	7.18	5.68
啤　酒	公斤	0.54	0.64	0.57	0.50	1.85
不含酒精饮料	公斤	0.59	0.62	0.52	0.68	1.16
茶　叶	公斤	1.42	0.24	0.13	0.16	0.17
水果及水果制品	公斤	4.25	5.66	5.91	7.25	8.51
棉　布	米	0.12	0.12	0.02	0.18	0.17
化纤布	米	0.05	0.01	0.04	0.03	0.01
煤　炭	公斤	213.72	233.77	253.07	238.34	228.26

16－22续表2

指　　标	单　位	3000—3500元	3500—4000元	4000—4500元	4500—5000元	5000元以　上
粮　食	公斤	247.77	185.32	218.88	202.39	230.86
蔬　菜	公斤	191.36	152.23	179.50	142.36	152.86
植物油	公斤	22.08	7.32	15.24	6.61	33.73
动物油	公斤	3.69	6.91	4.99	5.50	5.20
肉禽及其制品	公斤	46.10	34.45	56.71	37.45	45.48
猪　肉	公斤	42.92	29.22	50.01	33.41	41.41
蛋　类	公斤	3.18	3.12	4.63	3.52	5.58
食　糖	公斤	0.54	7.57	1.31	0.73	1.52
白　酒	公斤	8.90	12.82	8.81	6.89	12.14
啤　酒	公斤	0.86	0.80	2.04	1.02	2.54
不含酒精饮料	公斤	1.43	1.30	0.87	0.68	0.47
茶　叶	公斤	0.20	0.32	0.25	0.72	0.34
水果及水果制品	公斤	14.53	10.72	19.99	13.21	14.35
棉　布	米	0.08	0.64	0.03	0.27	0.08
化纤布	米		0.05		0.23	0.01
煤　炭	公斤	358.11	296.31	538.85	267.32	374.01

16—23 农村住户人均主要产品产量及商品率

(2002年)

单位:公斤

指　　标	产品产量	出售量	商品率(%)
粮　食	314.56	64.17	20.4
#小　麦	14.78	0.24	1.6
水　稻	140.46	36.64	26.09
玉　米	105.74	16.5	15.6
大　豆	7.32	2.45	33.5
薯　类	39.51	4.72	11.9
油　料	49.1	31.05	63.2
烟　叶	17.25	11.69	67.8
蔬　菜	532.96	230.39	43.2
水　果	36.77	16.83	45.8
茶　叶	0.32	0.2	62.5
出售肉猪及猪肉数量	65.83	37.34	56.7
出售菜牛及牛肉数量	1.49	1.48	99.3
出售菜羊及羊肉数量	0.42	0.41	97.6
出售、自宰家禽	5.71	2.9	50.8
禽　蛋	1.99	0.76	38.2

主要统计指标解释

城镇居民家庭可支配收入 指被调查的城镇居民家庭在支付人个所得税、财产税及其他经常性转移支出后所余下的实际收入。

城镇居民家庭消费性支出 指被调查的城镇居民家庭用于日常生活的全部支出，包括购买商品支出和文化生活、服务等非商品性支出。不包括罚没、丢失款和缴纳的各种税款（如个人所得税、牌照税、房产税等），也不包括个体劳动者生产经营过程中发生的各项费用。农村居民家庭纯收入 指农村常住居民家庭总收入中，扣除从事生产和非生产经营费用支出、缴纳税款和上交承包集体任务金额以后剩余的，可直接用于进行生产性、非生产性建设投资、生活消费和积蓄的那一部分收入。农村居民家庭纯收入包括从事生产性和非生产性的经营收入，取自在外人口寄回带回和国家财政救济、各种补贴等非经营性收入；既包括货币收入，又包括自产自用的实物收入。但不包括向银行、信用社和向亲友借款等属于借贷性的收入。

农村居民家庭生活消费支出 指农村常住居民家庭用于日常生活的全部开支，是反映和研究农民家庭实际生活消费水平高低的重要指标。

农村居民家庭收入 指农村常住居民家庭总收入中，扣除从事生产和非生产经营费用支出、缴纳税款和上交承包集体任务金额以后剩余的，可直接用于进行生产性、非生产性建设投资、生活消费和积蓄的那一部分收入。农村居民家庭纯收入和包括从事生产性和非生产性的经营收入，取自在外人口寄回带回和国家财政救济、各种补贴等非经营性收入；即包括货币收入，又包括自产自用的实物收入。但不包括向银行、信用社和向亲友借款等属于借贷性的收入。

县 域 经 济

17

17—1 南明区国民经济主要指标

指　　标	单　位	2000年	2001年	2002年
土地面积	**平方公里**	**89.1**	**89.1**	**89.1**
年底总人口	**万人**	**47.5**	**48.5**	**49.31**
#少数民族人口	万人	3.05	3.11	3.05
出生人口	人	7641	3748	3784
死亡人口	人	2622	2193	2220
人口密度	人/平方公里	5296	5408	5534
从业人员	**万人**	**9.08**	**9.8**	**9.55**
1.第一产业	万人	1.07	0.97	1.02
第二产业	万人	2.55	2.72	2.75
第三产业	万人	5.46	6.11	5.78
2.在岗职工人数	万人	1.82	1.86	1.94
#国有经济单位	万人	0.72	0.75	0.74
集体经济	万人	1.1	1.11	1.2
在岗职工工资总额	万元	10858	13906	16336
#国有经济单位	万元	5315	6817	8386
在岗职工平均货币工资	元	6175	7695	8881
国内生产总值(当年价)	**万元**	**487869**	**565875**	**642863**
第一产业	万元	4479	4640	4863
第二产业	万元	245596	281174	312722
#工　业	万元	165551	181519	202651
第三产业	万元	237794	280061	325278
国内生产总值指数	上年=100	111.93	111.9	112
第一产业	上年=100	103.52	103.59	103.49
第二产业	上年=100	112.27	112.4	111.6
#工　业	上年=100	111.8	109.65	111.4
第三产业	上年=100	111.76	111.5	112.6
人均国内生产总值(当年价)	**元**	**10120**	**11565**	**12951**
人均国内生产总值指数	上年=100	109.45	110.23	110.4
全社会固定资产投资	**万元**	**35418**	**76159**	**209435**
#国有经济单位	万元	7819	7881	16151
集体经济单位	万元	15862	20138	20101
#城镇集体经济单位	万元	725	3238	6601
农村集体	万元	15137	16900	13500
城乡个人投资	万元	1220	3552	59602
其他经济单位	万元	10517	44588	113581

注:表中产值类指标均按当年价格计算,产值类指数均按可比价格计算;
人均国内生产总值均按人口抽样调查数计算,下同。

17—1续表1

指　　　　标	单　位	2000年	2001年	2002年
固定资产投资	万元	25711	59259	195935
固定资产投资指数	上年＝100	146.94	292.19	
基本建设	万元	10577	17457	10076
更新改造	万元		410	7777
其他投资	万元	9704	12505	14743
房地产开发	万元	5430	28887	163339
建筑企业单位数	个	24	41	125
建筑业企业从业人员	人	2872	5495	96978
建筑业总产值	**万元**	**7359**	**39308.6**	**640654**
财政总收入	**万元**	**28675**	**37328**	**47702**
地方财政收入	万元	16530	23463	30611
地方财政支出	万元	15534	22556	31754
农村居民家庭人均纯收入	元	3155	3378	3621
农村居民家庭人均纯收入指数	上年＝100	102.97	107.07	107.19
乡村劳动力	万人	1.66	1.76	1.77
#农林牧渔业劳动力	万人	0.78	0.7	0.76
耕地面积	万亩	0.41	0.37	0.32
有效灌溉面积	万亩		0.09	0.14
农业机械总动力	万千瓦		1.64	1.65
化肥施用折纯量	吨	127	156	153
农村用电量	万千瓦时	1329.4	2217.91	3231.85
农林牧渔业总产值(当年价)	**万元**	**6461**	**6642**	**6977**
农业产值	万元	3804	3817	3910
林业产值	万元	5	3	4
牧业产值	万元	2484	2670	2941
渔业产值	万元	168	152	122
农林牧渔业总产值指数	上年＝100	104.79	104.9	104.85
农作物播种面积	万亩	1.65	1.73	1.78
水果产量	吨	95.15	98	89.3
水果产量指数	上年＝100	110.51	102.96	91.12
肉类总产量	吨	2737	2943	3260
肉类总产量指数	上年＝100	104.75	107.53	110.77
猪牛羊肉产量	吨	2400	2573	2868
猪牛羊肉产量指数	上年＝100	107.86	107.21	111.46
#猪　肉	吨	2384	2571	2867
羊　肉	吨	3	2	1

17－1续表2

指　　标	单　位	2000年	2001年	2002年
水产品产量	吨	188	190	152
大牲畜存栏头数	头	454	450	417
＃牛	头	432	437	411
猪年末存栏数	头	13411	11880	11268
羊年末存栏数	头	83	35	20
大牲畜出栏头数	头			52
＃牛	头			45
猪年末出栏数	头	23922	25714	28681
羊年末出栏数	头	135	75	35
乡镇企业单位数	个	7666	9310	9353
乡镇企业从业人员	万人	3.4	3.7	3.9
乡镇企业总产值	万元	303923	394346	542870
＃乡镇工业总产值	万元	133946	165672	226689
乡镇企业总产值指数	上年＝100	104.91		
乡镇企业总收入	万元	601351	804676	1104910
乡镇企业总收入指数	上年＝100	141.35	133.81	137.31
乡镇企业实际缴纳税金	万元	6843	9285	12566
乡镇企业税后利润净额	万元	16364	8908	12239
乡镇企业年末固定资产原值	万元	81875	113744	135821
全部工业企业单位数	个	1303	1494	1501
＃规模以上工业企业单位数	个	22	20	50
全部工业总产值(当年价)	**万元**	**215632.42**	**476710.4**	**490382.7**
规模以上工业总产值(当年价)	**万元**	**72278.9**	**373719**	**397786**
轻工业总产值	万元	39810.6	167689	185104
重工业总产值	万元	32468.3	206030	212682
规模以上工业总产值指数	上年＝100	131.98		115.4
内资企业	万元	72278.9	371500	394072
国有工业	万元		151667	189161
集体工业	万元	59424.6	32377	34744
股份合作企业	万元		1067	705
联营企业	万元		2410	
有限责任公司	万元	10285.2	140711	118743
股份有限公司	万元	246	19949	17118

17－1续表3

指　　　　标	单　位	2000年	2001年	2002年
私营企业	万元	2323.1	23319	33104
其他企业	万元			497
港澳台商投资企业	万元		1653	3096
外商投资企业	万元		566	618
规模以上工业企业增加值	万元	22273.8	156321	111112
规模以上工业企业资产总计	万元	39976.7	975042	1062542
规模以上工业企业负债合计	万元	26433	1937931	822749
规模以上工业企业产品销售收入	万元	58955	18800	493745
规模以上工业企业利润总额	万元	7467.7	－2088	3975
规模以下工业总产值	**万元**	**143353.52**	**102991.4**	**92596.7**
主要工业产品产量				
原　煤	万吨			
发电量	万千瓦小时		127982.05	165343.82
饮料酒	万吨		2.79	2.88
化　肥	万吨			
水　泥	万吨	5.02	80.16	88.36
社会消费品零售总额	**万元**	**140724**	**158600**	**185876**
贸易业	万元	127645	144041	90759
餐饮业	万元	4221	7058	92665
制造业	万元	7760		
其　它	万元	1098	7501	2452
小学学校数	所	38	35	41
小学在校学生数	人	25793	24851	26151
小学教职工数	人	1860	1919	1910
小学专任教师数	人	1605	1873	1562
学龄儿童入学率	%	99.99	99.98	99.98
卫生机构数	个	4	6	6
#医　院	个	3	4	4
卫生院	个	1	2	2
卫生机构床位数	张	209	209	204
#医　院	张	209	166	161
卫生机构人员数	人	356	379	365
医院、卫生院技术人员	人	298	328	297
#医　生	人	158	196	179

17—2 云岩区国民经济主要指标

指　　　　标	单　位	2000年	2001年	2002年
土地面积	**平方公里**	**67.5**	**67.5**	**67.5**
年底总人口	**万人**	**52.86**	**54.06**	**55.65**
#少数民族人口	万人	7.31	7.76	7.97
出生人口	人	7719	3688	4006
死亡人口	人	4259	2868	2479
人口密度	人/平方公里	7831	8008	8244
从业人员	**万人**	**10.88**	**10.15**	**10.3**
1.第一产业	万人	0.76	0.74	0.7
第二产业	万人	3.21	2.09	2.2
第三产业	万人	6.91	7.32	7.4
2.在岗职工人数	万人	3.26	2.79	2.94
#国有经济单位	万人	0.63	0.73	0.73
集体经济	万人	2.31	1.52	1.25
在岗职工工资总额	万元	22938	19710	26158.9
#国有经济单位	万元	5355	7081	7849.8
在岗职工平均货币工资	元	7099	8139	8911
国内生产总值(当年价)	**万元**	**797500**	**904177**	**998941**
第一产业	万元	3868	4035	4118
第二产业	万元	447395	490586	535083
#工　业	万元	398615	427685	459376
第三产业	万元	346237	409556	459740
国内生产总值指数	上年=100	108.09	110	110.7
第一产业	上年=100	103.94	104.3	100
第二产业	上年=100	106.13	108.3	109.4
#工　业	上年=100	105.44	106.3	107.9
第三产业	上年=100	112.51	112.2	112.4
人均国内生产总值(当年价)	**元**	**15390**	**17136**	**18540**
人均国内生产总值指数	上年=100	103.79	107.99	108.4
全社会固定资产投资	**万元**	**30107**	**138003**	**534768**
#国有经济单位	万元	6449	40696	286576
集体经济单位	万元	488	708	8130
#城镇集体经济单位	万元			
农村集体	万元	689	708	8130
城乡个人投资	万元	2931	3828	905
其他经济单位	万元	20239	92771	239157

17－2续表1

指　　标	单　位	2000年	2001年	2002年
固定资产投资	万元	26207	133467	234474
固定资产投资指数	上年＝100	145.27	509.28	
基本建设	万元	5968	40584	23552
更新改造	万元			15534
其他投资	万元	15044	7316	22839
房地产开发	万元	5195	85567	172549
建筑企业单位数	个	33	35	96
建筑业企业从业人员	人	4093	13023	52906
建筑业总产值	**万元**	**13416**	**40122**	**367571**
财政总收入	**万元**	**33674**	**41267**	**51052**
地方财政收入	万元	18278	24372	31142
地方财政支出	万元	19864	26666	34079
农村居民家庭人均纯收入	元	3148	3402	3632
农村居民家庭人均纯收入指数	上年＝100	100.48	108.07	106.8
乡村劳动力	万人	1.35	1.31	1.29
#农林牧渔业劳动力	万人	0.76	0.74	0.64
耕地面积	万亩	0.56	0.49	0.5
有效灌溉面积	万亩		0.34	0.32
农业机械总动力	万千瓦			
化肥施用折纯量	吨	134	134	231
农村用电量	万千瓦时	1000	1147.99	1164.44
农林牧渔业总产值(当年价)	**万元**	**6149**	**6408**	**6299**
农业产值	万元	4498	4848	4645
林业产值	万元	35	13	10
牧业产值	万元	1488	1437	1534
渔业产值	万元	128	110	110
农林牧渔业总产值指数	上年＝100	104.07	104.21	99.00
农作物播种面积	万亩	1.69	1.93	1.81
水果产量	吨	336.7	342	378.1
水果产量指数	上年＝100	104.56	101.57	105.3
肉类总产量	吨	1432.3	1627	1675
肉类总产量指数	上年＝100	96.97	113.62	103
猪牛羊肉产量	吨	1300	1463	1514

17—2续表2

指　　　标	单　位	2000年	2001年	2002年
猪牛羊肉产量指数	上年=100	92.86	112.54	103.49
#猪　肉	吨	1300	1460	1513
牛　肉	吨		3	
羊　肉	吨			1
水产品产量	吨	142	137	137
大牲畜存栏头数	头	171	153	145
#牛	头	129	114	121
猪年末存栏数	头	14120	14132	14170
羊年末存栏数	头			
大牲畜出栏头数	头	10	29	21
#牛	头	10	22	6
猪年末出栏数	头	14070	16042	16650
羊年末出栏数	头			60
乡镇企业单位数	个	2608	4871	3661
乡镇企业从业人员	万人	2.42	2.78	3.27
乡镇企业总产值	万元	270393	338967	407038
#乡镇工业总产值	万元	142111	179925	216718
乡镇企业总产值指数	上年=100	120.64	121.17	
乡镇企业总收入	万元	667000	838155	1121915
乡镇企业总收入指数	上年=100	125.03	125.66	133.9
乡镇企业实际缴纳税金	万元	9202	13437	16764
乡镇企业税后利润净额	万元	8780	19044	19727
乡镇企业年末固定资产原值	万元	83727	105757	113530
全部工业企业单位数	个	46	115	
#规模以上工业企业单位数	个	46	115	111
全部工业总产值(当年价)	**万元**	**256999**	**811170.6**	**875668.2**
规模以上工业总产值(当年价)	**万元**	**137945**	**741141**	**803903**
轻工业总产值	万元	119603	504715	536452
重工业总产值	万元	18342	236426	267451
规模以上工业总产值指数	上年=100	118.53		105.2
内资企业	万元	126829	713196	774156
国有工业	万元		74636	100538
集体工业	万元	82906	26397	26795
股份合作企业	万元		6083	5969
联营企业	万元		4322	3285

17—2续表3

指　　标	单　位	2000年	2001年	2002年
有限责任公司	万元	35439	385068	368206
股份有限公司	万元		143446	177375
私营企业	万元	8484	73244	91988
其他企业	万元			
港澳台商投资企业	万元		17912	17413
外商投资企业	万元	11116	10033	12334
规模以上工业企业增加值	万元	43730	356231	347901
规模以上工业企业资产总计	万元	137095	1630254	1618218
规模以上工业企业负债合计	万元	81048	1249351	1247958
规模以上工业企业产品销售收入	万元	118006	712218	791479
规模以上工业企业利润总额	万元	4370	19664	30918
规模以下工业总产值	**万元**	**118518**	**70029.6**	**71765.2**
社会消费品零售总额	**万元**	**249609**	**281852**	**378392**
贸易业	万元	199120	210743	262615
餐饮业	万元	39429	59967	101507
制造业	万元			
其　它	万元	11060	11142	14270
普通中学学校数	所	1	1	1
普通中学校在校学生数	人	965	932	875
普通中学教职工数	人	83	93	84
普通中学专任教师数	人	83	93	84
小学学校数	所	44	44	42
小学在校学生数	人	32626	31558	29755
小学教职工数	人	1920	1913	1859
小学专任教师数	人	1906	1906	1852
学龄儿童入学率	%	99.98	99.98	99.98
卫生机构数	个	59	53	58
#医　院	个	13	4	4
卫生院	个	6		2
卫生机构床位数	张	200	210	226
#医　院	张	200	210	226
卫生机构人员数	人			728
医院、卫生院技术人员	人	280	320	351
#医　生	人	243	285	296

17—3　花溪区国民经济主要指标

指　　标	单　位	2000年	2001年	2002年
土地面积	**平方公里**	**957.6**	**957.6**	**957.6**
年底总人口	**万人**	**30.77**	**31.43**	**31.94**
#少数民族人口	万人	10.26	10.26	10.44
出生人口	人	3620	3278	2890
死亡人口	人	1942	1665	1612
人口密度	人/平方公里	321	328	334
从业人员	**万人**	**16.02**	**16.71**	**17.04**
1.第一产业	万人	10.73	10.74	10.67
第二产业	万人	1.36	1.94	2.21
第三产业	万人	3.93	4.03	4.16
2.在岗职工人数	万人	0.96	0.96	2.12
#国有经济单位	万人	0.85	0.86	2.02
集体经济	万人	0.11	0.1	0.1
在岗职工工资总额	万元	6808.4	8561.6	20065
#国有经济单位	万元	6049.7	8064.4	19691
在岗职工平均货币工资	元	6606	8933	9866
国内生产总值(当年价)	**万元**	**213636**	**246124**	**277610**
第一产业	万元	39451	41068	43297
第二产业	万元	77268	90330	106222
#工　业	万元	59320	66870	76814
第三产业	万元	96917	114726	128091
国内生产总值指数	上年=100	110.3	111.7	111.7
第一产业	上年=100	103.9	104.4	103.3
第二产业	上年=100	111.7	115	115.4
#工　业	上年=100	111.6	111.7	112.1
第三产业	上年=100	115.6	112.1	111.8
人均国内生产总值(当年价)	**元**	**6936**	**7875**	**8757**
人均国内生产总值指数	上年=100	111.32	110.02	110.1
全社会固定资产投资	**万元**	**16067**	**24821**	**49300**
#国有经济单位	万元	2528	13958	14181
集体经济单位	万元	511	4138	2738
#城镇集体经济单位	万元		1150	2032
农村集体	万元	511	2988	706
城乡个人投资	万元	3064	2913	4101
其他经济单位	万元	9964	3812	28280
固定资产投资	万元	13003	18920	44493

17—3续表1

指　　标	单　位	2000年	2001年	2002年
固定资产投资指数	上年=100	136.29	142.22	235.2
基本建设	万元	2528	7082	19475
更新改造	万元		841	9636
其他投资	万元	4385	4962	6727
房地产开发	万元	6090	6035	8655
建筑企业单位数	个	4	4	7
建筑业企业从业人员	人	2131	884	6245
建筑业总产值	**万元**	**4459**	**5401.1**	**62508**
财政总收入	**万元**	**13908.1**	**17211**	**21615.9**
地方财政收入	万元	7721.2	10157	12673.7
地方财政支出	万元	12388.9	17201	21565.4
农村居民家庭人均纯收入	元	2226.22	2358.6	2371
农村居民家庭人均纯收入指数	上年=100	106.01	105.95	105.6
乡村劳动力	万人	13.35	13.74	13.83
#农林牧渔业劳动力	万人	10.7	10.74	10.67
耕地面积	万亩	18.9	18.88	18.48
有效灌溉面积	万亩	11.61	4.99	6.15
农业机械总动力	万千瓦	6.56	6.73	7.15
化肥施用折纯量	吨	5774	7976	8381
农村用电量	万千瓦时	1562	1724.39	1292.53
农林牧渔业总产值(当年价)	**万元**	**58103**	**61893**	**63833**
农业产值	万元	36969	40290	40184
林业产值	万元	1319	546	925
牧业产值	万元	19504	20739	22400
渔业产值	万元	311	318	324
农林牧渔业总产值指数	上年=100	97.98	105.06	103.9
农作物播种面积	万亩	42	41.41	39.64
粮食播种面积	万亩	26.95	25.3	24.53
#稻　谷	万亩	10.02	9.86	9.93
大　豆	万亩	1.6	1.62	1.3
小　麦	万亩	3.74	3.2	3.18
薯　类	万亩	0.89	2.77	2.42
玉　米	万亩	5.68	5.24	5.13
粮食产量	万吨	9.17	8.73	5.34
#稻　谷	万吨	5.92	5.79	2.5
大　豆	万吨	0.14	0.16	0.15
小　麦	万吨	0.53	0.38	0.45
薯　类	万吨	0.23	0.48	0.52
玉　米	万吨	1.81	1.66	1.48

17—3续表2

指　　　标	单　位	2000年	2001年	2002年
粮食产量指数	上年＝100	102.92	95.2	61.3
油料产量	吨	3882	2928	3107
＃油菜籽	吨	3357	2343	2669
油菜籽指数	上年＝100	97.33	69.8	113.9
茶叶产量	吨	454.3	368	256.43
茶叶产量指数	上年＝100	104.85	81	69.68
水果产量	吨	2582.83	2197	2898.02
水果产量指数	上年＝100	88.27	85.06	131.91
肉类总产量	吨	18006	18222	19310
肉类总产量指数	上年＝100	103.55	101.2	106
猪牛羊肉产量	吨	16800	17025	17841
猪牛羊肉产量指数	上年＝100	103.55	101.34	104.8
＃猪　肉	吨	15753	15853	16269
牛　肉	吨	1023	1120	1503
羊　肉	吨	63	52	69
水产品产量	吨	358	421	412
大牲畜存栏头数	头	68159	75124	72982
＃牛	头	60628	66549	65692
猪年末存栏数	头	158937	159322	152531
羊年末存栏数	头	4476	3980	3112
大牲畜出栏头数	头	6926	8538	9499
＃牛	头	6397	7270	8908
猪年末出栏数	头	166431	166323	177056
羊年末出栏数	头	2897	2414	2812
乡镇企业单位数	个	14245	13758	13642
乡镇企业从业人员	万人	4.6	5.26	5.59
乡镇企业总产值	万元	317432	403721	492024
＃乡镇工业总产值	万元	136820	168442	184452
乡镇企业总产值指数	上年＝100	117.13	125.16	.
乡镇企业总收入	万元	363580	457840	573231
乡镇企业总收入指数	上年＝100	117.5	125.93	125.2
乡镇企业实际缴纳税金	万元	5185	6720	7742
乡镇企业税后利润净额	万元	20451	26796	41047
乡镇企业年末固定资产原值	万元	72825	94992	85328
全部工业企业单位数	个	3464	3393	3357
＃规模以上工业企业单位数	个	20	47	50

17—3续表3

指　　　标	单　位	2000年	2001年	2002年
全部工业总产值(当年价)	**万元**	**139967**	**200026.2**	**198540**
#国有企业	万元	5325	54288	54345
集体企业	万元	34385	40460	47528
全部工业总产值指数	上年＝100	120.06		115
规模以上工业总产值(当年价)	**万元**	**46193.3**	**154292**	**161086**
轻工业总产值	万元	25836.6	44213	47110
重工业总产值	万元	20356.7	110079	113976
规模以上工业总产值指数	上年＝100	137.56		105.7
内资企业	万元	46193.3	154292	160734
国有工业	万元	6150.3	54288	54345
集体工业	万元	19794	27574	24714
股份合作企业	万元	3430.3	739	1336
联营企业	万元	1514.3		1677
有限责任公司	万元	14404.4	31634	34349
股份有限公司	万元		39017	38977
私营企业	万元	900	1040	4695
其他企业	万元			641
港澳台商投资企业	万元			352
外商投资企业	万元			
规模以上工业企业增加值	万元	15554.9	50759	54149
规模以上工业企业资产总计	万元	48162.1	262925	285875
规模以上工业企业负债合计	万元	32585.2	150216	17329
规模以上工业企业产品销售收入	万元	39912.6	139107	147228
规模以上工业企业利润总额	万元	542.7	4382	22262
规模以下工业总产值	**万元**	**93773.6**	**45734.2**	**37454**
主要工业产品产量				
原　煤	万吨	52.75	68.53	70.4
发电量	万千瓦小时			
饮料酒	万吨	0.69	0.02	0.82
化　肥	万吨	3.51		1.05
水　泥	万吨	22.25	24.25	36.03
邮电业务总量	万元	1691.09	2580.41	2379
本地电话用户	户	18970	31885	36582
社会消费品零售总额	**万元**	**34674**	**39156.7**	**47372.6**
贸易业	万元	12117	16520.8	17984
餐饮业	万元	3513	4738.5	8190.9
制造业	万元	338	1259.4	4003.7
其　它	万元	18706	16638	17194

17－3续表4

指　　　　标	单　位	2000年	2001年	2002年
普通中等专业学校学校数	所	5	5	6
普通中等专业学校在校学生数	人	982	901	768
普通中等专业学校教职工数	人	126	104	66
#教师数	人	95	69	38
普通中学学校数	所	26	30	34
普通中学校在校学生数	人	13421	16252	17443
普通中学教职工数	人	1051	1228	1243
普通中学专任教师数	人	929	1093	1094
小学学校数	所	134	120	117
小学在校学生数	人	32799	32554	32560
小学教职工数	人	1837	1925	1945
小学专任教师数	人	1742	1809	1827
学龄儿童入学率	%	99.02	99	99.5
卫生机构数	个	29	29	24
#医　院	个	9	9	9
卫生院	个	12	12	12
卫生机构床位数	张	1123	1154	829
#医　院	张	792	816	698
卫生机构人员数	人	1538	1485	992
医院、卫生院技术人员	人	838	808	805
#医　生	人	320	247	305
刑事案件发案数	件		256	716
公路里程	公里	390	466	488.3
民用车辆拥有量	辆	3459	3744	4798
#客　车	辆	1448	1559	2126
货　车	辆	2011	2185	2672
货物运输量	万吨	2.34	2.55	3.06
#公　路	万吨	2.34	2.55	3.06
货物周转量	万吨公里	117.13	127.64	141.97
#公　路	万吨公里	117.13	127.64	141.97
旅客发送量	万人	2.67	2.86	3.42
#公　路	万人	2.67	2.86	3.42
旅客周转量	万人公里	160.3	171.6	205.2
#公　路	万人公里	160.3	171.6	205.2

17—4 乌当区国民经济主要指标

指　　标	单　位	2000年	2001年	2002年
土地面积	**平方公里**	**962.4**	**962.4**	**962.4**
年底总人口	**万人**	**29.7**	**28.95**	**29.21**
#少数民族人口	万人	4.81	5.29	5.34
出生人口	人	4348	3130	2985
死亡人口	人	1892	980	938
人口密度	人/平方公里	308.6	300.81	302.76
从业人员	**万人**	**14.4**	**15.58**	**16.26**
1.第一产业	万人	7.52	7.98	8.01
第二产业	万人	2.75	3.13	3.6
第三产业	万人	4.13	4.47	4.65
2.在岗职工人数	万人	1.01	1.11	1.37
#国有经济单位	万人	0.8	0.86	0.9
集体经济	万人	0.06	0.05	0.08
在岗职工工资总额	万元	7546	11248	12648.2
#国有经济单位	万元	6521	9289	10333.7
在岗职工平均货币工资	元	7907	10801	10110
国内生产总值(当年价)	**万元**	**250182**	**286981**	**357001**
第一产业	万元	40155	42122	45758
第二产业	万元	121324	142448	190203
#工　业	万元	116788	124414	153518
第三产业	万元	88703	102411	121040
国内生产总值指数	上年=100	112.94	114.71	122.4
第一产业	上年=100	114.68	104.9	106.4
第二产业	上年=100	115.79	116	133.7
#工　业	上年=100	113.85	106.53	125.3
第三产业	上年=100	112.56	110.1	113.2
人均国内生产总值(当年价)	**元**	**8501**	**9608**	**11829.1**
人均国内生产总值指数	上年=100	107.41	110.49	121.17
全社会固定资产投资	**万元**	**42497**	**78680**	**95171**
#国有经济单位	万元	7233	49571	65637
集体经济单位	万元	25027	20226	10131
#城镇集体经济单位	万元	3094	1260	250
农村集体	万元	18761	18966	9881
城乡个人投资	万元	2320	3286	3827
其他经济单位	万元	7917	5597	15576
固定资产投资	万元	42497	78680	95171

17－4续表1

指　　　　标	单　位	2000年	2001年	2002年
固定资产投资指数	上年＝100	128.48	185.14	120.96
基本建设	万元	7789	37685	47491
更新改造	万元	300	14382	12042
其他投资	万元	31236	17689	23834
房地产开发	万元	3172	8924	11804
建筑企业单位数	个	6	15	14
建筑业企业从业人员	人	1085	928	3790
建筑业总产值	**万元**	**8602**	**4073**	**23450**
财政总收入	**万元**	**18175**	**23219**	**30161**
地方财政收入	万元	9774	13610	16266
地方财政支出	万元	13689	20131	27966
农村居民家庭人均纯收入	元	2369.2	2491.08	2617.93
农村居民家庭人均纯收入指数	上年＝100	101.25	105.14	105.09
乡村劳动力	万人	12.39	13.37	12.87
＃农林牧渔业劳动力	万人	7.45	7.9	7.93
耕地面积	万亩	16.3	16.05	15.06
有效灌溉面积	万亩	8.59	6.7	6.71
农业机械总动力	万千瓦	6.46	6.32	10.6
化肥施用折纯量	吨	11190	11662	12981
农村用电量	万千瓦时	2754	3077.88	2832.48
农林牧渔业总产值(当年价)	**万元**	**64082**	**68841**	**72633**
农业产值	万元	41184	44721	45496
林业产值	万元	1401	1493	1865
牧业产值	万元	20456	21733	24448
渔业产值	万元	1041	894	824
农林牧渔业总产值指数	上年＝100	104.01	107.43	104.87
农作物播种面积	万亩	42.99	42.49	42.23
粮食播种面积	万亩	22.2	21.31	20.44
＃稻　谷	万亩	7.94	7.9	7.69
大　豆	万亩	1.84	1.73	1.76
小　麦	万亩	0.35	0.41	0.25
薯　类	万亩	3.87	4.14	3.95
玉　米	万亩	5.15	4.92	4.73
粮食产量	万吨	7.81	7.35	4.58
＃稻　谷	万吨	4.69	4.56	2.06
大　豆	万吨	0.24	0.16	0.17
小　麦	万吨	0.044	0.03	0.03
薯　类	万吨	0.16	0.76	0.81
玉　米	万吨	1.84	1.68	1.37

17—4续表2

指　　　　标	单　位	2000年	2001年	2002年
粮食产量指数	上年＝100	100.39	94.11	62.3
油料产量	吨	4627	3771	4109
＃油菜籽	吨	4299	3420	3733
油菜籽指数	上年＝100	100.15	79.55	109.15
烤烟产量	吨	128	60	17
烤烟产量指数	上年＝100	136.18	46.88	28.33
茶叶产量	吨	116	107	149.23
茶叶产量指数	上年＝100	78.38	92.24	139.47
水果产量	吨	10040	15830	22908
水果产量指数	上年＝100	104.57	157.67	144.71
肉类总产量	吨	15469	16079	17516
肉类总产量指数	上年＝100	112.05	103.94	108.88
猪牛羊肉产量	吨	13334	13426	14824
猪牛羊肉产量指数	上年＝100	100.76	100.69	110.41
＃猪　肉	吨	12950	13066	13964
牛　肉	吨	297	219	781
羊　肉	吨	87	141	79
水产品产量	吨	1154	1107	1021
大牲畜存栏头数	头	45281	45597	41542
＃牛	头	41795	42156	38474
猪年末存栏数	头	135319	137034	125317
羊年末存栏数	头	6152	4779	2731
大牲畜出栏头数	头	1871	1614	2228
＃牛	头	1773	1436	2147
猪年末出栏数	头	144219	145602	159606
羊年末出栏数	头	3955	6321	3721
乡镇企业单位数	个	16401	18371	15070
乡镇企业从业人员	万人	7.08	8.59	7.68
乡镇企业总产值	万元	552127	658558	777197
＃乡镇工业总产值	万元	270464	311953	219149
乡镇企业总产值指数	上年＝100	117.7	119.28	
乡镇企业总收入	万元	616640	776064	983470
乡镇企业总收入指数	上年＝100	127.6	125.85	126.73
乡镇企业实际缴纳税金	万元	6412	7881	7019
乡镇企业税后利润净额	万元	34946	62876	66398
乡镇企业年末固定资产原值	万元	119482	316522	266516
全部工业企业单位数	个	3393		
＃规模以上工业企业单位数	个	34	96	99

17－4续表3

指　　标	单　位	2000年	2001年	2002年
全部工业总产值(当年价)	**万元**	**263792**	**329463.3**	**430388.3**
＃国有企业	万元	7342	69869	87159.6
集体企业	万元	9080	17144	6315.8
全部工业总产值指数	上年＝100	118.95		145.87
规模以上工业总产值(当年价)	**万元**	**47583**	**217126**	**310441**
轻工业总产值	万元	18403	93888	117755.2
重工业总产值	万元	29180	123238	192685.8
规模以上工业总产值指数	上年＝100	111.11		167.63
内资企业	万元	46291	202157	229217.8
国有工业	万元	7342	69869	87159.6
集体工业	万元	9079	17144	6315.8
股份合作企业	万元	2209	8447	3532.2
联营企业	万元	11165		10700.7
有限责任公司	万元		52714	64699
股份有限公司	万元	936	28720	30253.9
私营企业	万元	15560	25263	26556.6
其他企业	万元			
港澳台商投资企业	万元		11927	14557.8
外商投资企业	万元	1292	3042	66665.4
规模以上工业企业增加值	万元	15023	119040	113030.3
规模以上工业企业资产总计	万元	46427	609540	503908.2
规模以上工业企业负债合计	万元	20945	396050	288455.9
规模以上工业企业产品销售收入	万元	42341	305520	258362.5
规模以上工业企业利润总额	万元	157	8685	1312.1
规模以下工业总产值	**万元**	**216209**	**112337.3**	**119947.3**
主要工业产品产量				
原　煤	万吨	64	63	156.59
发电量	万千瓦小时	93.03	4055.72	4071.59
饮料酒	万吨	2.53		
化　肥	万吨			
水　泥	万吨	20.92	16.9	17.66
邮电业务总量	万元	954.7	1881.33	1976.02
本地电话用户	户	18410	32542	43676
社会消费品零售总额	**万元**	**17662.9**	**20355.3**	**27422**
＃贸易业	万元	15491.1	18046.4	24025.1
餐饮业	万元	2007.8	2308.9	3396.9
制造业	万元	71		
其　它	万元	93		

17－4续表4

指　　　标	单　位	2000年	2001年	2002年
金融机构存款余额	万元		171548	156692
金融机构存款余额指数	上年＝100		129.8	91.34
#城乡居民储蓄存款	万元		89969	89166
城乡居民储蓄存款指数	上年＝100			99.11
金融机构贷款余额	万元		66607	135245
金融机构贷款余额指数	上年＝100		90.4	203.05
普通中学学校数	所	29	30	30
普通中学校在校学生数	人	12989	13362	13830
普通中学教职工数	人	1082	1138	1143
普通中学专任教师数	人	932	962	968
小学学校数	所	119	120	125
小学在校学生数	人	29367	28772	29003
小学教职工数	人	1810	1940	1947
小学专任教师数	人	1717	1802	1825
学龄儿童入学率	%	99.6	99.73	99.66
卫生机构数	个	147	156	126
#医　院	个	6	6	6
卫生院	个	13	13	13
卫生机构床位数	张	844	844	900
#医　院	张	195	274	289
卫生机构人员数	人	1192	1105	1099
医院、卫生院技术人员	人	1066	1047	996
#医　生	人	419	424	590
刑事案件发案数	件		1003	979
公路里程	公里	1260	1310.6	1336.3
民用车辆拥有量	辆	2993	3081	3464
#客　车	辆	190	188	187
货　车	辆	2803	2893	3277
货物运输量	万吨	300	320	340
#公　路	万吨	300	320	340
货物周转量	万吨公里	4390	5060	5376
#公　路	万吨公里	4390	5060	5376
旅客发送量	万人	650	660	680
#公　路	万人	650	660	680
旅客周转量	万人公里	9994	10000	10303
#公　路	万人公里	9994	10000	10303

17—5 白云区国民经济主要指标

指 标	单 位	2000年	2001年	2002年
土地面积	**平方公里**	**259.6**	**259.6**	**259.6**
年底总人口	**万人**	**16.26**	**17.17**	**17.48**
#少数民族人口	万人	2.42	2.42	2.42
出生人口	人	2427	3166	1704
死亡人口	人	964	646	644
人口密度	人/平方公里	626	661	673
从业人员	**万人**	**5.94**	**6.51**	**6.9**
1.第一产业	万人	2.58	2.65	2.64
第二产业	万人	1.52	1.88	2.11
第三产业	万人	1.84	1.98	2.15
2.在岗职工人数	万人	0.94	0.8	0.96
#国有经济单位	万人	0.49	0.49	0.53
集体经济	万人	0.3	0.17	0.22
在岗职工工资总额	万元	6191.1	7704.1	11230.6
#国有经济单位	万元	3925.5	5908.3	7105.4
在岗职工平均货币工资	元	6661	9801	11724
国内生产总值(当年价)	**万元**	**308500**	**359395**	**397224**
第一产业	万元	12114	12558	13559
第二产业	万元	176309	203407	221931
#工 业	万元	170262	184610	204855
第三产业	万元	120077	143430	161734
国内生产总值指数	上年=100	110.9	111.7	111.5
第一产业	上年=100	104	103.7	105.8
第二产业	上年=100	110.9	112.2	112.4
#工 业	上年=100	110.9	108	111.9
第三产业	上年=100	111.4	111.8	110.8
人均国内生产总值(当年价)	**元**	**18869**	**21657**	**23477**
人均国内生产总值指数	上年=100	108.89	110	109.4
全社会固定资产投资	**万元**	**33809**	**54955**	**91451**
#国有经济单位	万元	8714	11171	20803
集体经济单位	万元	5325	9462	4600
#城镇集体经济单位	万元	485	6612	2630
农村集体	万元	4840	2850	1970
城乡个人投资	万元	3715	6126	8774
其他经济单位	万元	16055	28196	57274
固定资产投资	万元	24769	45979	80707

17—5续表1

指标	单位	2000年	2001年	2002年
固定资产投资指数	上年＝100	252.31	185.6	175.5
基本建设	万元	10662	15030	37445
更新改造	万元	1567	4993	15852
其他投资	万元	2561	8234	550
房地产开发	万元	9979	17722	26860
建筑企业单位数	个	16	16	11
建筑业企业从业人员	人	5997	5730	4978
建筑业总产值	**万元**	**41824**	**538057**	**63942**
财政总收入	**万元**	**42240**	**57803**	**64951**
地方财政收入	万元	12729	18890	21828
地方财政支出	万元	14070	19650	22712
农村居民家庭人均纯收入	元	2651	2789	2943
农村居民家庭人均纯收入指数	上年＝100	106.1	106.2	105.5
乡村劳动力	万人	3.9196	4.09	4.56
#农林牧渔业劳动力	万人	2.5472	2.65	2.63
耕地面积	万亩	4.44	4.4	4.28
有效灌溉面积	万亩	2.87	3.11	2.38
农业机械总动力	万千瓦	2.8	3.12	3.52
化肥施用折纯量	吨	1291	1161	1733
农村用电量	万千瓦时	252.7	262.92	956.45
农林牧渔业总产值(当年价)	**万元**	**20354**	**21563**	**22566**
农业产值	万元	13276	14237	13795
林业产值	万元	611	445	859
牧业产值	万元	6176	6578	7672
渔业产值	万元	291	303	240
农林牧渔业总产值指数	上年＝100	105.8	104.6	106.1
农作物播种面积	万亩	13.08	12.84	12.74
粮食播种面积	万亩	7.94	7.5	7.62
#稻　谷	万亩		2.35	2.36
大　豆	万亩		0.61	0.55
小　麦	万亩		0.2	0.2
薯　类	万亩		1.77	1.8
玉　米	万亩		1.48	1.61
粮食产量	万吨	2.32	2.24	1.59
#稻　谷	万吨	1.3	1.29	0.63
大　豆	万吨	0.05	0.05	0.05
小　麦	万吨	0.04	0.03	0.03
薯　类	万吨	0.24	0.34	0.33
玉　米	万吨	0.51	0.44	0.45

17－5续表2

指　　标	单　位	2000年	2001年	2002年
粮食产量指数	上年＝100	101.31	96.6	71
油料产量	吨	1327	1154	1081
＃油菜籽	吨	1290	1109	1043
油菜籽指数	上年＝100	103.2	86	94
烤烟产量	吨	2		
烤烟产量指数	上年＝100	200		
茶叶产量	吨	18.88	26	18.41
茶叶产量指数	上年＝100	86.41	137.7	70.81
水果产量	吨	798	1426.5	2669.43
水果产量指数	上年＝100	90.58	178.76	187.13
肉类总产量	吨	7306	7346	8130
肉类总产量指数	上年＝100	121.04	100.6	110.7
猪牛羊肉产量	吨	6052	6158	6198
猪牛羊肉产量指数	上年＝100	117.45	101.8	100.6
＃猪　肉	吨	5874	5894	5932
牛　肉	吨	52	133	99
羊　肉	吨	126	131	167
水产品产量	吨	296	303	300
大牲畜存栏头数	头	12944	13844	13931
＃牛	头	11941	12762	12825
猪年末存栏数	头	46842	53459	44869
羊年末存栏数	头	6103	6010	7773
大牲畜出栏头数	头	447	669	746
＃牛	头	404	618	706
猪年末出栏数	头	52863	54782	57868
羊年末出栏数	头	4780	3718	4817
乡镇企业单位数	个	6940	7801	7984
乡镇企业从业人员	万人	2.4	2.65	3.11
乡镇企业总产值	万元	297831	375520	493434
＃乡镇工业总产值	万元	162518	202191	271884
乡镇企业总产值指数	上年＝100	130.31	127.2	134.5
乡镇企业总收入	万元	346509	449784	585274
乡镇企业总收入指数	上年＝100	130.55	129.8	130.1
乡镇企业实际缴纳税金	万元	5723	7225	8913
乡镇企业税后利润净额	万元	8259	30665	27180
乡镇企业年末固定资产原值	万元	23530	101558	101673

17—5续表3

指　　标	单　位	2000年	2001年	2002年
全部工业企业单位数	个	1066	1142	1312
#规模以上工业企业单位数	个	39	62	70
全部工业总产值(当年价)	**万元**	**174665**	**506944.7**	**555813**
#国有企业	万元	2101	382390	24651
集体企业	万元	87234	20971	50328
全部工业总产值指数	上年=100	127.05	107.8	
规模以上工业总产值(当年价)	**万元**	**63839**	**451374**	**488237**
轻工业总产值	万元	18388	34068	45524
重工业总产值	万元	45451	417306	442713
规模以上工业总产值指数	上年=100	112.44	105	116.6
内资企业	万元	61067	441627	477337
国有工业	万元	2944	374237	24651
集体工业	万元	29228	20971	25457
股份合作企业	万元	817	2696	1802
联营企业	万元	3540	897	
有限责任公司	万元	8485	26250	27225
股份有限公司	万元		2924	369511
私营企业	万元	16053	13652	28691
其他企业	万元			
港澳台商投资企业	万元	2772	7680	8251
外商投资企业	万元		2067	2649
规模以上工业企业增加值	万元	19129	187045	166651
规模以上工业企业资产总计	万元	54030	945963	1087498
规模以上工业企业负债合计	万元	8845	462653	612740
规模以上工业企业产品销售收入	万元	58245	460291	491257
规模以上工业企业利润总额	万元	332	34638	33540
规模以下工业总产值	**万元**	**110826**	**55570.7**	**67575.7**
主要工业产品产量				
原　煤	万吨	16.9	16.8	27.2
发电量	万千瓦小时		24902	25295
饮料酒	万吨	0.19	0.01	0.27
化　肥	万吨	1.9	3.05	1.7
水　泥	万吨	8.32	36.2	68.98
邮电业务总量	万元	1421	2557	450.6
本地电话用户	户	26000	35123	40902

17—5续表4

指　　标	单　位	2000年	2001年	2002年
社会消费品零售总额	**万元**	**36161**	**40510**	**45888**
#贸易业	万元	15988	19601	22049
餐饮业	万元	2098	2957	3579
制造业	万元	1012	1076	1000
其　它	万元	17063	16876	19260
普通中等专业学校学校数	所	3	2	2
普通中等专业学校在校学生数	人	303	156	178
普通中等专业学校教职工数	人	61	62	67
#教师数	人	49	54	56
普通中学学校数	所	17	17	17
普通中学校在校学生数	人	11301	9898	13873
普通中学教职工数	人	1014	1078	979
普通中学专任教师数	人	844	875	816
小学学校数	所	55	59	56
小学在校学生数	人	18204	18258	18232
小学教职工数	人	1276	1300	1192
小学专任教师数	人	1154	1179	1088
学龄儿童入学率	%	99.61	99.61	99.61
卫生机构数	个	7	7	19
#医　院	个	2	2	9
卫生院	个	5	5	5
卫生机构床位数	张	176	174	852
#医　院	张	125	120	779
卫生机构人员数	人	235	248	1054
医院、卫生院技术人员	人	218	214	761
#医　生	人	101	119	285
刑事案件发案数	件		1037	1224
公路里程	公里	131	316	316
民用车辆拥有量	辆	3280	3926	4724
#客　车	辆	1394	1897	2620
货　车	辆	1886	2029	2104
货物运输量	万吨	900		
#公　路	万吨	900		
货物周转量	万吨公里	15800		
#公　路	万吨公里	15800		
旅客发送量	万人	3000		
#公　路	万人	3000		
旅客周转量	万人公里	2500		
#公　路	万人公里	2500		

17—6 小河区国民经济主要指标

指　　标	单　位	2000年	2001年	2002年
土地面积	**平方公里**	**63.13**	**63.1**	**63.1**
年底总人口	**万人**	**10.62**	**10.95**	**11.33**
#少数民族人口	万人	2.2791	2.35	2.36
出生人口	人	1921	1171	1021
死亡人口	人	330	345	383
人口密度	人/平方公里	1683	1734	1795
从业人员	**万人**	**8.7892**	**7.76**	**8.32**
1.第一产业	万人	2.0047	1.23	1.54
第二产业	万人	4.2384	3.84	4.1
第三产业	万人	2.5461	2.69	2.68
2.在岗职工人数	万人	3.083	5.43	5.26
#国有经济单位	万人	2.8169	3.24	3.07
集体经济	万人	0.2839	0.21	0.12
在岗职工工资总额	万元	29874.59	45044	49764
#国有经济单位	万元	21141.5	21060	32799
在岗职工平均货币工资	元	7582	8295	9461
国内生产总值(当年价)	**万元**	**99022**	**127475**	**151630**
第一产业	万元	2817	3921	4222
第二产业	万元	54936	70512	86200
#工　业	万元	48717	58285	71665
第三产业	万元	41269	53042	61208
国内生产总值指数	上年=100	111.85	114	116.1
第一产业	上年=100	98.43	104	107.6
第二产业	上年=100	113.26	114.6	119.8
#工　业	上年=100	113.04	106.9	120.2
第三产业	上年=100	111.04	114.6	111.5
人均国内生产总值(当年价)	**元**	**9101**	**11226**	**13060**
人均国内生产总值指数	上年=100	111.11	119.82	113.6
全社会固定资产投资	**万元**	**35261**	**83803**	**110066**
#国有经济单位	万元	21041	36204	59254
集体经济单位	万元	13100	1529	3612
#城镇集体经济单位	万元			2584
农村集体	万元	13100	1529	1028
城乡个人投资	万元	1120	1069	3750
其他经济单位	万元		45001	43450
固定资产投资	万元	30452	81205	105288
固定资产投资指数	上年=100	130.47	266.67	106.9
基本建设	万元	7631	25188	36202
更新改造	万元	1780	3132	33730
其他投资	万元			30
房地产开发	万元	21041	52885	35326
建筑企业单位数	个	6	10	12

17—6续表1

指　　标	单　位	2000年	2001年	2002年
建筑业企业从业人员	人	1685	2930	2244
建筑业总产值	**万元**	**8464.1**	**20141**	**18633**
财政总收入	**万元**	**15060**	**21300**	**25200**
地方财政收入	万元	6546	12573	15756
地方财政支出	万元	5510	12062	14900
农村居民家庭人均纯收入	元	2645	2910	3107
农村居民家庭人均纯收入指数	上年＝100	102.48	110	106.8
乡村劳动力	万人	1.9347	2.02	1.54
＃农林牧渔业劳动力	万人	1.2336	1.24	0.9
耕地面积	万亩	0.882	0.85	0.63
有效灌溉面积	万亩		0.63	0.21
农业机械总动力	万千瓦			
化肥施用折纯量	吨	688	277	213
农村用电量	万千瓦时	775	820	47
农林牧渔业总产值(当年价)	**万元**	**5661**	**5869**	**6495**
农业产值	万元	3588	3994	4836
林业产值	万元	10	20	18
牧业产值	万元	1647	1594	1331
渔业产值	万元	416	261	310
农林牧渔业总产值指数	上年＝100	138.55	104.3	112.2
农作物播种面积	万亩	2.03	1.9	1.86
粮食播种面积	万亩	0.43	0.42	0.46
＃稻　谷	万亩	0.34	0.3	0.3
小　麦	万亩	0.01	0.01	0.01
玉　米	万亩	0.06	0.1	0.15
粮食产量	万吨	0.213	0.2	0.1
＃稻　谷	万吨	0.1849	0.17	0.05
大　豆	万吨	0.0012		
小　麦	万吨	0.0017	0.001	0.001
玉　米	万吨	0.0213	0.03	0.05
粮食产量指数	上年＝100	175.54	93.3	45
油料产量	吨	5.7	3	5
＃油菜籽	吨	5.7	3	5
油菜籽指数	上年＝100	47.5	52.6	166.7
茶叶产量	吨	1		12
茶叶产量指数	上年＝100	100		
水果产量	吨	302.3	379.4	3070
水果产量指数	上年＝100	137.47	125.5	809.2
肉类总产量	吨	1370	1389	1263
肉类总产量指数	上年＝100	163.82	101.4	90.9
猪牛羊肉产量	吨	1207	1227	1034

17—6续表2

指　　标	单　位	2000年	2001年	2002年
猪牛羊肉产量指数	上年＝100	175.36	101.7	84.3
#猪　肉	吨	1194	1211	1009
牛　肉	吨	13	15	23
羊　肉	吨	4	1	2
水产品产量	吨	380	220	215
大牲畜存栏头数	头	1440	1243	578
#牛	头	1188	1188	537
猪年末存栏数	头	13721	13890	6718
羊年末存栏数	头			80
大牲畜出栏头数	头	104	108	228
#牛	头	104	108	228
猪年末出栏数	头	13544	13710	10090
羊年末出栏数	头	85	88	178
乡镇企业单位数	个	5019	5120	5128
乡镇企业从业人员	万人	2.3888	2.57	2.7
乡镇企业总产值	万元	162374	217998	276300
#乡镇工业总产值	万元	56490	56954	66300
乡镇企业总产值指数	上年＝100	133.82	100.8	116.4
乡镇企业总收入	万元	268700	338360	423800
乡镇企业总收入指数	上年＝100	136.9	125.9	125.3
乡镇企业实际缴纳税金	万元	4370	5047	5810
乡镇企业税后利润净额	万元	10748	13382	12714
乡镇企业年末固定资产原值	万元	15945	21945	23612
全部工业企业单位数	个	785	308	313
#规模以上工业企业单位数	个	34	43	59
全部工业总产值(当年价)	**万元**	**212149**	**178320**	**217129**
#国有企业	万元	109048	66899	80042
集体企业	万元	8198	6007	7908
全部工业总产值指数	上年＝100	116.57	106.9	130.9
规模以上工业总产值(当年价)	**万元**	**167209**	**160481**	**198132**
轻工业总产值	万元	41018	17582	37989
重工业总产值	万元	126191	142899	160143
规模以上工业总产值指数	上年＝100	108.12	108.4	133.8
内资企业	万元	138949	136032	154870
国有工业	万元	84530	58540	80041
集体工业	万元	8198	3773	3411
股份合作企业	万元	14603		137
联营企业	万元			53
有限责任公司	万元	8853	49267	52549
股份有限公司	万元	5375	20648	15741
私营企业	万元	17390	3804	2938
其他企业	万元			
港澳台商投资企业	万元	182	753	9171
外商投资企业	万元	28078	23696	34091

17—6续表3

指　　　标	单　位	2000年	2001年	2002年
规模以上工业企业增加值	万元	45356	38245	58640
规模以上工业企业资产总计	万元	518723	452753	504942
规模以上工业企业负债合计	万元	288913	336669	344972
规模以上工业企业产品销售收入	万元	122353	139928	194202
规模以上工业企业利润总额	万元	—4835	—6931	—2014
规模以下工业总产值	**万元**	**45535**	**17839**	**18997**
主要工业产品产量				
原　煤	万吨			
发电量	万千瓦小时			
饮料酒	万吨			
化　肥	万吨			
水　泥	万吨		4.51	4.55
社会消费品零售总额	**万元**		**81000**	**94353**
贸易业	万元		65000	92599
餐饮业	万元		10000	1754
制造业	万元			
其　它	万元		6000	
金融机构存款余额	万元		195525	240982
金融机构存款余额指数	上年＝100		172.1	123.3
#城乡居民储蓄存款	万元		126386	148896
城乡居民储蓄存款指数	上年＝100		144.1	117.8
金融机构贷款余额	万元		92110	125855
金融机构贷款余额指数	上年＝100		133.3	136.6
普通中学学校数	所	9	10	14
普通中学校在校学生数	人	3687	5942	5940
普通中学教职工数	人	326	508	502
普通中学专任教师数	人	312	445	439
小学学校数	所	27	25	35
小学在校学生数	人	10176	9514	13682
小学教职工数	人	624	604	679
小学专任教师数	人	591	568	643
学龄儿童入学率	%	99.92	99.8	99.7
卫生机构数	个	19	23	23
#医　院	个	17	23	23
卫生院	个	2		
卫生机构床位数	张	741	833	850
#医　院	张	735	833	850
卫生机构人员数	人	729	763	733
医院、卫生院技术人员	人	616	601	611
#医　生	人	193	262	391
刑事案件发案数	件	955	1302	1296

17—7 开阳县国民经济主要指标

指　　标	单　位	2000年	2001年	2002年
土地面积	**平方公里**	**2026**	**2026.2**	**2026.2**
年底总人口	**万人**	**41.62**	**41.34**	**41.72**
#少数民族人口	万人	4.57	4.54	4.58
出生人口	人	6324	3662	4177
死亡人口	人	3484	2207	2252
人口密度	人/平方公里	205	204	206
从业人员	**万人**	**22.34**	**22.42**	**19.76**
1.第一产业	万人	17.16	17.1	15.56
第二产业	万人	2.89	3.06	1.92
第三产业	万人	2.29	2.26	2.28
2.在岗职工人数	万人	2.38	2.05	2.26
#国有经济单位	万人	2.18	1.87	2.07
集体经济	万人	0.1	0.09	0.08
在岗职工工资总额	万元	19372	20553	21359
#国有经济单位	万元	18356	19250	20316
在岗职工平均货币工资	元	8142	9625	9519
国内生产总值(当年价)	**万元**	**144922**	**161798**	**186326**
第一产业	万元	42561	44215	47303
第二产业	万元	65979	73819	90202
#工　业	万元	56301	61764	73045
第三产业	万元	36382	43764	48821
国内生产总值指数	上年=100	111.3	111	112.1
第一产业	上年=100	104.6	103.9	104.8
第二产业	上年=100	113.1	115.4	116.7
#工　业	上年=100	111.6	114.3	112.4
第三产业	上年=100	112.5	111.5	111.4
人均国内生产总值(当年价)	**元**	**3419**	**3778**	**4301**
人均国内生产总值指数	上年=100	110.41	109.9	110.8
全社会固定资产投资	**万元**	**28018**	**35943**	**50795**
#国有经济单位	万元	14815	19404	31416
集体经济单位	万元	9552	11726	13253
#城镇集体经济单位	万元	436	320	443
农村集体	万元	9116	11406	12810
城乡个人投资	万元	3215	4493	5636
其他经济单位	万元	436	320	490
固定资产投资	万元	18252	14311	30219
固定资产投资指数	上年=100	97.18	78.41	211.2
基本建设	万元	9652	10755	24790
更新改造	万元	5989	1838	3105
其他投资	万元	131	320	490
房地产开发	万元	2480	1398	1834

17－7续表1

指　　标	单　位	2000年	2001年	2002年
建筑企业单位数	个	5	5	2
建筑业企业从业人员	人	1079	1785	335
建筑业总产值	**万元**	**4879**	**6149**	**1744**
财政总收入	**万元**	**16632**	**20211**	**23336**
地方财政收入	万元	9839	11392	13456
地方财政支出	万元	14823	19172	23370
居民消费价格指数(上年＝100)	%		102.9	102.1
农村居民家庭人均纯收入	元	1994	2118	2235
农村居民家庭人均纯收入指数	上年＝100	103.05	106.2	5.5
乡村劳动力	万人	21.68	21.12	20.87
＃农林牧渔业劳动力	万人	17.05	17.1	15.56
耕地面积	万亩	39.43	39.36	36.27
有效灌溉面积	万亩	11.51	7.28	11.75
农业机械总动力	万千瓦	5.6	5.93	6.29
化肥施用折纯量	吨	22861	21294	24077
农村用电量	万千瓦时	1086	1965.44	2064.33
农林牧渔业总产值(当年价)	**万元**	**65739**	**68554**	**74175**
农业产值	万元	37783	37975	38607
林业产值	万元	1235	807	1392
牧业产值	万元	26408	29441	33800
渔业产值	万元	313	331	376
农林牧渔业总产值指数	上年＝100	104.8	104.3	104.5
农作物播种面积	万亩	77.55	77.5	78.85
粮食播种面积	万亩	43.72	44.3	44.33
＃稻　谷	万亩	13.32	13.64	13.64
大　豆	万亩	0.94	0.96	0.45
小　麦	万亩	4.31	4.36	4.55
薯　类	万亩	8.57	9.49	10.04
玉　米	万亩	15.64	14.95	14.67
粮食产量	万吨	14.46	13.14	9.83
＃稻　谷	万吨	6.14	5.99	3.06
大　豆	万吨	0.07	0.04	0.03
小　麦	万吨	0.53	0.53	0.58
薯　类	万吨	1.45	1.64	1.81
玉　米	万吨	6.22	4.86	4.28

17－7续表2

指　　标	单　位	2000年	2001年	2002年
粮食产量指数	上年＝100	104.16	90.84	74.8
棉花产量	吨	29	2	1
油料产量	吨	22890	22478	23297
#油菜籽	吨	22052	21990	22688
油菜籽指数	上年＝100	108.79	98.24	103.2
烤烟产量	吨	8873	8693	9702
烤烟产量指数	上年＝100	100.31	97.97	111.61
茶叶产量	吨	261	263	249.79
茶叶产量指数	上年＝100	77.68	100.8	95
水果产量	吨	2662	2702	2944.22
水果产量指数	上年＝100	95.11	101.5	109
肉类总产量	吨	24600	27682	32682
肉类总产量指数	上年＝100	106.03	112.4	118.1
猪牛羊肉产量	吨	23400	26206	31074
猪牛羊肉产量指数	上年＝100	105.88	111.99	118.6
#猪　肉	吨	22662	25367	29849
牛　肉	吨	503	651	896
羊　肉	吨	185	188	329
水产品产量	吨	327	411	469
大牲畜存栏头数	头	95066	97746	102261
#牛	头	81385	82904	87363
猪年末存栏数	头	300652	322413	351361
羊年末存栏数	头	25963	23803	24013
大牲畜出栏头数	头	6570	6665	8308
#牛	头	6016	6258	7725
猪年末出栏数	头	265874	296231	339164
羊年末出栏数	头	11334	11195	14363
乡镇企业单位数	个	11467	11116	13524
乡镇企业从业人员	万人	3.02	3.33	5.11
乡镇企业总产值	万元	289266	362036	462659
#乡镇工业总产值	万元	128207	147491	180664
乡镇企业总产值指数	上年＝100	127.7	125.36	127.3
乡镇企业总收入	万元	323069	406210	515371
乡镇企业总收入指数	上年＝100	125.18	125.73	126.9
乡镇企业实际缴纳税金	万元	5647	6734	7597
乡镇企业税后利润净额	万元	10740	13379	7604
乡镇企业年末固定资产原值	万元	71598	105941	139996
全部工业企业单位数	个	3074	2824	3342
#规模以上工业企业单位数	个	31	30	31

17—7续表3

指　　标	单　位	2000年	2001年	2002年
全部工业总产值(当年价)	**万元**	**192391**	**173400**	**206254.6**
#国有企业	万元	63939	70614	88697
集体企业	万元	60390	50555	39038
全部工业总产值指数	上年＝100	114.76	119.8	113.9
规模以上工业总产值(当年价)	**万元**	**116574**	**121942**	**148419**
轻工业总产值	万元	2828	3499	3570
重工业总产值	万元	113746	118443	144849
规模以上工业总产值指数	上年＝100	116.16	118	114.1
内资企业	万元	115064	120077	145969
国有工业	万元	63939	70614	88697
集体工业	万元	13318	13921	7996
股份合作企业	万元	3764	686	1614
联营企业	万元			1522
有限责任公司	万元	3453	3609	38483
股份有限公司	万元	29090	28878	1892
私营企业	万元	1500	2369	5765
其他企业	万元			
港澳台商投资企业	万元		1865	2450
外商投资企业	万元	1510		
规模以上工业企业增加值	万元	37010	39968	49859
规模以上工业企业资产总计	万元	288143	307173	273343
规模以上工业企业负债合计	万元	230578	165106	164947
规模以上工业企业产品销售收入	万元	130131	141236	157912
规模以上工业企业利润总额	万元	－726	1333	2858
规模以下工业总产值	**万元**	**75817**	**51458**	**57835.6**
主要工业产品产量				
原　煤	万吨	24.63	30.95	50.1
发电量	万千瓦小时	781		
饮料酒	万吨	0.73		1.04
化　肥	万吨	1.67	4.99	12.76
水　泥	万吨	7.9	13.08	13.27
邮电业务总量	万元	2268	2897	3250
本地电话用户	户	15444	20871	24086
社会消费品零售总额	**万元**	**36966**	**41380**	**46565**
#市	万元			
县	万元	21791	23897	26827
县以下	万元	15175	17483	19738
#贸易业	万元	23180	22699	25465
餐饮业	万元	1170	2620	3260
制造业	万元			
其　它	万元	12616	16061	17840

17－7续表4

指　　标	单　位	2000年	2001年	2002年
金融机构存款余额	万元	65898	84199	94512
金融机构存款余额指数	上年＝100	106.91	127.8	112.2
＃城乡居民储蓄存款	万元	46214	51395	58978
城乡居民储蓄存款指数	上年＝100	114.58	111.2	114.8
金融机构贷款余额	万元	59299	59382	62597
金融机构贷款余额指数	上年＝100	88.53	100.1	105.4
普通中学学校数	所	28	29	28
普通中学校在校学生数	人	25790	26111	28562
普通中学教职工数	人	1734	1718	1803
普通中学专任教师数	人	1410	1370	1431
小学学校数	所	216	199	192
小学在校学生数	人	52196	52139	49992
小学教职工数	人	2417	2433	2536
小学专任教师数	人	2101	2166	2262
学龄儿童入学率	%	99.7	99.8	99.8
卫生机构数	个	20	25	23
＃医　院	个	3	4	3
卫生院	个	17	16	16
卫生机构床位数	张	616	601	577
＃医　院	张	616	425	402
卫生机构人员数	人	947	849	819
医院、卫生院技术人员	人	774	618	600
＃医　生	人	312	308	333
刑事案件发案数	件		1048	976
公路里程	公里	2037	2371	2401
民用车辆拥有量	辆	2079	2102	1886
客　车	辆	469	492	196
货　车	辆	1514	1516	1609
其　他	辆	96	94	81
货物运输量	万吨	1398	1518	1790
＃公　路	万吨	1398	1518	1790
货物周转量	万吨公里	26553	30371	35807
＃公　路	万吨公里	26553	30371	35807
旅客发送量	万人	739	841	994
＃公　路	万人	739	841	994
旅客周转量	万人公里	29570	33650	39790
＃公　路	万人公里	29570	33650	39790

17—8 息烽县国民经济主要指标

指　　标	单　位	2000年	2001年	2002年
土地面积	**平方公里**	**1037**	**1036.5**	**1036.5**
年底总人口	**万人**	**24.06**	**24.16**	**24.55**
#少数民族人口	万人	1.25	1.34	1.35
出生人口	人	3719	2515	2397
死亡人口	人	2018	1386	1385
人口密度	人/平方公里	231.98	233.13	236.86
从业人员	**万人**	**11.19**	**11.15**	**11.85**
1.第一产业	万人	8.96	8.72	8.95
第二产业	万人	0.92	0.99	1.62
第三产业	万人	1.31	1.44	1.28
2.在岗职工人数	万人	0.88	0.96	0.96
#国有经济单位	万人	0.72	0.86	0.87
集体经济	万人	0.04	0.04	0.03
在岗职工工资总额	万元	6710	9391	10435
#国有经济单位	万元	5305	8644	9630
在岗职工平均货币工资	元	7735	8995	11112
国内生产总值(当年价)	**万元**	**75079**	**90661**	**118560**
第一产业	万元	23179	23300	24500
第二产业	万元	32340	43976	67500
#工　业	万元	28200	38608	61080
第三产业	万元	19560	23385	26560
国内生产总值指数	上年=100	111.48	117.9	130.8
第一产业	上年=100	104	100.5	103
第二产业	上年=100	116.41	134.3	154.5
#工　业	上年=100	116.21	135.7	159.3
第三产业	上年=100	112.09	111.5	113.1
人均国内生产总值(当年价)	**元**	**2997**	**3566**	**4624**
人均国内生产总值指数	上年=100	112.1	116.18	129.7
全社会固定资产投资	**万元**	**23556**	**46068**	**57115**
#国有经济单位	万元	12805	8808	21227
集体经济单位	万元	3036	2880	1600
#城镇集体经济单位	万元	67	680	
农村集体	万元	2969	2200	1600
城乡个人投资	万元	870	1140	1850
其他经济单位	万元	6845	33240	32438
固定资产投资	万元	19407	41883	53665
固定资产投资指数	上年=100	222.25	215.81	128.1
基本建设	万元	3514	7629	13842
更新改造	万元	9221	32925	36406
其他投资	万元	6672	649	1074
房地产开发	万元		680	2343

17－8续表1

指　　标	单　位	2000年	2001年	2002年
建筑企业单位数	个	2	2	2
建筑业企业从业人员	人	268	460	722
建筑业总产值	**万元**	**1423**	**1967**	**2405**
财政总收入	**万元**	**9681**	**13105**	**17425**
地方财政收入	万元	4893	4827	6084
地方财政支出	万元	9289	12981	17106
商品零售价格指数(上年＝100)	%	95.7	99.7	98.9
居民消费价格指数(上年＝100)	%	97.2	101	98.6
农村居民家庭人均纯收入	元	1567	1662	1747
农村居民家庭人均纯收入指数	上年＝100	103.5	106.06	105.11
乡村劳动力	万人	11.59	11.29	11.85
＃农林牧渔业劳动力	万人	8.96	8.72	8.95
耕地面积	万亩	24.92	24.58	23.42
有效灌溉面积	万亩	7.82	4.48	5
农业机械总动力	万千瓦	5.38	5.74	5.19
化肥施用折纯量	吨	4066	5944	5433
农村用电量	万千瓦时	1267	915.64	992.84
农林牧渔业总产值(当年价)	**万元**	**36883**	**35576**	**36951**
农业产值	万元	26072	23418	23971
林业产值	万元	903	708	1050
牧业产值	万元	9200	10584	11135
渔业产值	万元	708	866	795
农林牧渔业总产值指数	上年＝100	105.34	92.53	103.85
农作物播种面积	万亩	49.61	48.82	48.51
粮食播种面积	万亩	30.79	31.71	32.45
＃稻　谷	万亩	7.31	7.23	7.25
大　豆	万亩	1.03	1.28	1.33
小　麦	万亩	5.41	4.74	4.69
薯　类	万亩	5.57	6.65	7.15
玉　米	万亩	9.55	10.07	10.45
粮食产量	万吨	7.61	5.67	5.68
＃稻　谷	万吨	3.06	2.43	0.98
大　豆	万吨	0.07	0.05	0.06
小　麦	万吨	0.72	0.69	0.7
薯　类	万吨	0.17	1.27	1.55
玉　米	万吨	2.27	0.93	2.26
粮食产量指数	上年＝100	100	74.51	100.16
油料产量	吨	8766	8583	9202
＃油菜籽	吨	8453	8196	8791

17－8续表2

指　　标	单　位	2000年	2001年	2002年
油菜籽指数	上年＝100	92	96.96	107.26
烤烟产量	吨	3047	1192	1224
烤烟产量指数	上年＝100	123.31	39.12	102.68
茶叶产量	吨	49.6	39.44	38.56
茶叶产量指数	上年＝100	99.2	79.52	97.77
水果产量	吨	1010	1892	1932.11
水果产量指数	上年＝100	73.78	187.28	102.15
肉类总产量	吨	10520	11171	11935
肉类总产量指数	上年＝100	105.53	106.19	106.84
猪牛羊肉产量	吨	9900	10443	10960
猪牛羊肉产量指数	上年＝100	106.45	105.48	104.95
#猪　肉	吨	9446	9904	10504
牛　肉	吨	238	323	261
羊　肉	吨	200	216	195
水产品产量	吨	780	1064	988
大牲畜存栏头数	头	47591	47504	48077
#牛	头	41095	41863	42382
猪年末存栏数	头	110546	116173	116071
羊年末存栏数	头	15685	10009	10124
大牲畜出栏头数	头	2750	5293	2493
#牛	头	2296	3957	2266
猪年末出栏数	头	98809	103874	108278
羊年末出栏数	头	14043	11102	8785
乡镇企业单位数	个	4580	5450	5248
乡镇企业从业人员	万人	2.18	2.29	2.41
乡镇企业总产值	万元	143826	183134	229623
#乡镇工业总产值	万元	73787	104483	168177
乡镇企业总产值指数	上年＝100	125.65	128.53	125.38
乡镇企业总收入	万元	160237	200950	251395
乡镇企业总收入指数	上年＝100	125.37	125.41	125.1
乡镇企业实际缴纳税金	万元	1561	1890	2329
乡镇企业税后利润净额	万元	7717	12393	23754
乡镇企业年末固定资产原值	万元	61176	119185	192910
全部工业企业单位数	个	1973	1892	1353
#规模以上工业企业单位数	个	25	23	24
全部工业总产值(当年价)	**万元**	**97723**	**107008.1**	**186868**
#国有企业	万元	6782	6522	48634
集体企业	万元	1676	1897	2111
全部工业总产值指数	上年＝100	123.77	166	116.1

17—8续表3

指　　标	单　位	2000年	2001年	2002年
规模以上工业总产值(当年价)	**万元**	**40859**	**78586**	**159234**
轻工业总产值	万元	20536	28185	27894
重工业总产值	万元	20323	50401	131340
规模以上工业总产值指数	上年＝100	115.68	201.6	211.6
内资企业	万元	40859	78586	159234
国有工业	万元	6782	6522	48634
集体工业	万元	1676	1897	2111
股份合作企业	万元	280	579	936
联营企业	万元	456	1506	1412
有限责任公司	万元	27363	37339	16689
股份有限公司	万元	867	20238	80915
私营企业	万元	3435	10505	8537
其他企业	万元			
港澳台商投资企业	万元			
外商投资企业	万元			
规模以上工业企业增加值	万元	14486	22878	50670
规模以上工业企业资产总计	万元	100262	74611	212421
规模以上工业企业负债合计	万元	66012	99697	125339
规模以上工业企业产品销售收入	万元	44807	59039	125460
规模以上工业企业利润总额	万元	1927	7374	11202
规模以下工业总产值	**万元**	**133.07**	**28422.1**	**27634**
主要工业产品产量				
原　煤	万吨	26.44	28.53	64.99
发电量	万千瓦小时	120		
饮料酒	万吨	0.35		
化　肥	万吨	5.36	9.71	31.86
水　泥	万吨	7.91	3.72	5.23
邮电业务总量	万元	1617	1895	1919
本地电话用户	户	11460	14599	17707
社会消费品零售总额	**万元**	**19418**	**21710**	**24624**
#市	万元			
县	万元	13127	14957	16865
县以下	万元	6291	6753	7759
#贸易业	万元	12313	13125	15225
餐饮业	万元	2356	2690	3781
制造业	万元	1869	2503	2378
其　它	万元	2880	3392	3240
金融机构存款余额	万元	41905	58238	57850

17—8续表4

指　　标	单　位	2000年	2001年	2002年
金融机构存款余额指数	上年＝100	110.51	138.98	115.68
#城乡居民储蓄存款	万元	27328	32847	37391
城乡居民储蓄存款指数	上年＝100	110.55	120.2	113.83
金融机构贷款余额	万元	43519	50009	57850
金融机构贷款余额指数	上年＝100	99.85	114.91	115.68
普通中学学校数	所	17	18	19
普通中学校在校学生数	人	13378	14781	16400
普通中学教职工数	人	860	885	970
普通中学专任教师数	人	711	734	812
小学学校数	所	101	95	101
小学在校学生数	人	28352	27430	27155
小学教职工数	人	1486	1398	1387
小学专任教师数	人	1416	1336	1330
学龄儿童入学率	%	99.3	99.5	99.3
卫生机构数	个	17	17	17
#医　院	个	2	2	2
卫生院	个	10	10	10
卫生机构床位数	张	315	330	330
#医　院	张	210	210	210
卫生机构人员数	人	476	502	506
医院、卫生院技术人员	人	397	402	406
#医　生	人	175	204	204
刑事案件发案数	件		693	628
公路里程	公里	744	1064	1310
民用车辆拥有量	辆	1579	1310	1363
#客　车	辆	242	266	295
货　车	辆	1337	1044	1068
货物运输量	万吨	108.5	186.5	189.4
公　路	万吨	107	182	185
水　运	万吨	1.5	4.5	4.4
货物周转量	万吨公里	3126	9696	9853.5
公　路	万吨公里	3120	9642	9800
水　运	万吨公里	6	54	53.5
旅客发送量	万人	206.15	225.2	225
公　路	万人	198	217	220
水　运	万人	8.15	8.2	5
旅客周转量	万人公里	7132.6	7828.9	7904
公　路	万人公里	7100	7781	7880
水　运	万人公里	32.6	47.9	24

17—9 修文县国民经济主要指标

指　　标	单　位	2000年	2001年	2002年
土地面积	**平方公里**	**1075.7**	**1075.7**	**1075.7**
年底总人口	**万人**	**28.95**	**29**	**29.05**
#少数民族人口	万人	2.31	2.33	2.34
出生人口	人	4386	2822	2905
死亡人口	人	2385	1479	1352
人口密度	人/平方公里	270	271	270
从业人员	万人	14.85	15.13	15.15
1.第一产业	万人	11.34	11.61	11.49
第二产业	万人	1.86	1.82	1.86
第三产业	万人	1.65	1.7	1.8
2.在岗职工人数	万人	0.74	0.83	0.84
#国有经济单位	万人	0.7	0.76	0.73
集体经济	万人	0.04	0.04	0.05
在岗职工工资总额	万元	5769.8	8198	8659
#国有经济单位	万元	5367.6	7751	7743
在岗职工平均货币工资	元	7914	10146	10254
国内生产总值(当年价)	**万元**	**94534**	**109575**	**123732**
第一产业	万元	34973	36404	38060
第二产业	万元	34748	43443	51406
#工　业	万元	25978	27989	31896
第三产业	万元	24813	29728	34266
国内生产总值指数	上年=100	110	113	113
第一产业	上年=100	103.5	104.1	104.5
第二产业	上年=100	112.3	122.7	118.8
#工　业	上年=100	110	106.8	114.8
第三产业	上年=100	114.5	111.9	115.2
人均国内生产总值(当年价)	**元**	**3187**	**3640**	**4081**
人均国内生产总值指数	上年=100	108.61	111.33	112.1
全社会固定资产投资	**万元**	**14192**	**26078**	**45704**
#国有经济单位	万元	8542	13458	14991
集体经济单位	万元	2872	3100	5200
#城镇集体	万元			
农村集体	万元	2872	3100	5200
城乡个人投资	万元	1820	4758	5950
其他经济单位	万元	958	4762	19563
固定资产投资	万元	9500	18220	31803
固定资产投资指数	上年=100	139.07	191.79	174.55
基本建设	万元	3684	9355	14991
更新改造	万元	2000	3074	12281
其他投资	万元	2858	4762	1502
房地产开发	万元	958	1029	3029

17－9续表1

指　　标	单　位	2000年	2001年	2002年
建筑企业单位数	个	1	1	1
建筑业企业从业人员	人	96	96	210
建筑业总产值	**万元**	**1229**	**1520**	**1092**
财政总收入	**万元**	**8003**	**10018**	**11678**
地方财政收入	万元	4854	5635	7086
地方财政支出	万元	7023	9848	13830
商品零售价格指数(上年＝100)	%	100.2		
居民消费价格指数(上年＝100)	%	100.7	100.5	102.1
农村居民家庭人均纯收入	元	1808	1906	2028
农村居民家庭人均纯收入指数	上年＝100	106.28	105.4	105.1
乡村劳动力	万人	14.57	14.76	14.86
#农林牧渔业劳动力	万人	11.34	11.61	11.45
耕地面积	万亩	26.43	26.28	26.28
有效灌溉面积	万亩	9.83	4.82	9.84
农业机械总动力	万千瓦	8.15	8.88	9.33
化肥施用折纯量	吨	6536	6428	6492
农村用电量	万千瓦时	780.06	925.08	1188.27
农林牧渔业总产值(当年价)	**万元**	**45669**	**50343**	**53605**
农业产值	万元	28519	27952	28748
林业产值	万元	1038	1077	1375
牧业产值	万元	15829	20737	22866
渔业产值	万元	283	577	616
农林牧渔业总产值指数	上年＝100	104.76	108.76	105.54
农作物播种面积	万亩	54.73	53.74	57.3
粮食播种面积	万亩	36.95	37.58	37.36
#稻　谷	万亩	9.37	9.43	9.37
大　豆	万亩	1.97	1.05	2.1
小　麦	万亩	4.74	3.77	4.99
薯　类	万亩	7.96	9.16	8.43
玉　米	万亩	11.08	11.27	10.46
粮食产量	万吨	8.89	8.36	6.03
#稻　谷	万吨	4.09	4	1.43
大　豆	万吨	0.16	0.11	0.09
小　麦	万吨	0.68	0.5	0.65
薯　类	万吨	1.5	1.76	1.75
玉　米	万吨	2.27	1.79	2

17－9续表2

指　　标	单　位	2000年	2001年	2002年
粮食产量指数	上年＝100	105.2	94.04	72.13
棉花产量	吨	0		
油料产量	吨	9187	6795	7686
＃油菜籽	吨	9039	6772	7235
油菜籽指数	上年＝100	122.04	73.96	106.84
烤烟产量	吨	2814	1667	1614
烤烟产量指数	上年＝100	97.57	59.24	96.82
茶叶产量	吨	49	36	37.78
茶叶产量指数	上年＝100	95.68	73.47	104.94
水果产量	吨	2547	8395	9602.53
水果产量指数	上年＝100	92.72	329.6	114.39
肉类总产量	吨	17040	21521	23740
肉类总产量指数	上年＝100	108.48	126.3	110.31
猪牛羊肉产量	吨	15765	19242	21119
猪牛羊肉产量指数	上年＝100	109.72	122.06	109.75
＃猪　肉	吨	14248	17756	19472
牛　肉	吨	1316	1282	1507
羊　肉	吨	201	204	140
水产品产量	吨	303	713	763
大牲畜存栏头数	头	57469	58256	62186
＃牛	头	48224	49358	53689
猪年末存栏数	头	157128	182866	188127
羊年末存栏数	头	12472	12756	10517
大牲畜出栏头数	头	13113	14049	15170
＃牛	头	12403	12675	14571
猪年末出栏数	头	142336	181608	201394
羊年末出栏数	头	9803	9398	7706
乡镇企业单位数	个	8812	8440	8061
乡镇企业从业人员	万人	2.48	2.6	2.87
乡镇企业总产值	万元	193512	231381	279683
＃乡镇工业总产值	万元	98652	108188	128731
乡镇企业总产值指数	上年＝100	118.18	119.78	119.1
乡镇企业总收入	万元	224231	268882	314728
乡镇企业总收入指数	上年＝100	118.04	119.91	117.05
乡镇企业实际缴纳税金	万元	2673	3003	3373
乡镇企业税后利润净额	万元	15226	21253	23041
乡镇企业年末固定资产原值	万元	110051	79718	156889
全部工业企业单位数	个	2648	2068	2381
＃规模以上工业企业单位数	个	17	21	20
全部工业总产值(当年价)	**万元**	**101354**	**109965**	**129836**
＃国有企业	万元	2701	2840	1962
集体企业	万元	1546	4556	2878

17—9续表3

指　　标	单　位	2000年	2001年	2002年
全部工业总产值指数	上年=100	115.94	108.5	113.44
规模以上工业总产值(当年价)	**万元**	**11711**	**30365**	**29658**
轻工业总产值	万元	1527	14893	14550
重工业总产值	万元	10184	15472	15108
规模以上工业总产值指数	上年=100	100.39	291.46	111.38
内资企业	万元	8721	26717	26957
国有工业	万元	2701	1778	1962
集体工业	万元	1546	4556	2878
股份合作企业	万元			
联营企业	万元			
有限责任公司	万元		14098	1993
股份有限公司	万元		1638	1864
私营企业	万元	4474	4647	18260
其他企业	万元			
港澳台商投资企业	万元			
外商投资企业	万元	2990	3648	2701
规模以上工业企业增加值	万元	3177.7	8516	9889
规模以上工业企业资产总计	万元	28909.3	46105	52912
规模以上工业企业负债合计	万元	15236	28369	32563
规模以上工业企业产品销售收入	万元	14987.8	30162	31484
规模以上工业企业利润总额	万元	-302.7	1005	632
规模以下工业总产值	**万元**	**89643**	**79600**	**100178**
主要工业产品产量				
原　煤	万吨	26.55	25	69
发电量	万千瓦小时	16676		
饮料酒	万吨	0.99		
化　肥	万吨			
水　泥	万吨	60.62	61.87	64.47
邮电业务总量	万元	1361	2346	2997
本地电话用户	户	13010	17134	19893
社会消费品零售总额	**万元**	**20555**	**23227**	**26479**
#市	万元			
县	万元	8595	9760	11163
县以下	万元	11960	13467	15316
#贸易业	万元	9742	10818	12526
餐饮业	万元	5370	6207	7345
制造业	万元	1721	1917	2126
其　它	万元	3722	4285	4482

17—9续表4

指　　标	单　位	2000年	2001年	2002年
金融机构存款余额	万元	55021	64081	73773
金融机构存款余额指数	上年＝100	115.64	116.47	115.12
#城乡居民储蓄存款	万元	33886	38384	41486
城乡居民储蓄存款指数	上年＝100	110.35	113.27	108.08
金融机构贷款余额	万元	47279	50792	52402
金融机构贷款余额指数	上年＝100	102.67	107.43	103.17
普通中学学校数	所	23	23	21
普通中学校在校学生数	人	14984	18389	17979
普通中学教职工数	人	829	981	989
普通中学专任教师数	人	729	842	856
小学学校数	所	123	115	112
小学在校学生数	人	36339	33612	30742
小学教职工数	人	1503	1550	1621
小学专任教师数	人	1443	1507	1587
学龄儿童入学率	%	99.55	97.34	99.24
卫生机构数	个	22	22	18
#医　院	个	4	4	5
卫生院	个	10	10	10
卫生机构床位数	张	349	349	332
#医　院	张	182	182	199
卫生机构人员数	人	643	642	504
医院、卫生院技术人员	人	549	550	418
#医　生	人	221	259	155
刑事案件发案数	件	1247	1334	1141
公路里程	公里	1075	1114	1114
民用车辆拥有量	辆	1262	1345	1452
客　车	辆	274	278	289
货　车	辆	981	1067	1163
其　他	辆	7		
货物运输量	万吨	330	352	401
#公　路	万吨	330	352	401
货物周转量	万吨公里	13200	14100	16040
#公　路	万吨公里	13200	14100	16040
旅客发送量	万人	325	359	376
#公　路	万人	325	359	376
旅客周转量	万人公里	12984	13856	14288
#公　路	万人公里	12984	13856	14288

17—10　清镇市国民经济主要指标

指　　　　标	单　位	2000年	2001年	2002年
土地面积	**平方公里**	**1492.4**	**1492.4**	**1492.4**
年底总人口	**万人**	**50.02**	**50.26**	**50.20**
#少数民族人口	万人	9	10.85	10.84
出生人口	人	8234	10764	10095
死亡人口	人	4307	3269	3013
人口密度	人/平方公里	335	337	336
从业人员	万人	27.81	27.86	27.80
1.第一产业	万人	15.83	15.82	15.97
第二产业	万人	4.53	4.61	5.01
第三产业	万人	7.45	7.43	6.82
2.在岗职工人数	万人	4.45	4.36	3.90
#国有经济单位	万人	2.76	2.66	2.37
集体经济	万人	0.28	0.27	0.21
在岗职工工资总额	万元	39035	48519.6	46362.2
#国有经济单位	万元	27359	34852.6	33204.8
在岗职工平均货币工资	元	8865	10988	11858
国内生产总值(当年价)	**万元**	**253533**	**286478**	**314952**
第一产业	万元	40058	41496	43749
第二产业	万元	153731	172755	190582
#工　业	万元	136850	149876	161967
第三产业	万元	59744	72227	80621
国内生产总值指数	上年=100	110.81	110.8	111.3
第一产业	上年=100	104.38	103.6	103.3
第二产业	上年=100	111.58	110.9	112.6
#工　业	上年=100	111.5	108.5	109.3
第三产业	上年=100	113.81	115	112.7
人均国内生产总值(当年价)	**元**	**5095**	**5702**	**6206**
人均国内生产总值指数	上年=100	107.69	109.68	110.2
全社会固定资产投资	**万元**	**44633**	**60138**	**70952**
#国有经济单位	万元	23261	24334	35070
集体经济单位	万元	8888	7672	8947
#城镇集体经济单位	万元	300	340	310
农村集体	万元	8588	7332	8637
城乡个人投资	万元	7985	11740	13649
其他经济单位	万元	4499	16392	13286
固定资产投资	万元	27760	41066	41307
固定资产投资指数	上年=100	108.71	147.93	100.59
基本建设	万元	17839	24914	18824
更新改造	万元	5473	4376	10878
其他投资	万元	1909	6945	3531
房地产开发	万元	2539	4831	8074

17—10续表1

指　　标	单　位	2000年	2001年	2002年
建筑企业单位数	个	10	10	6
建筑业企业从业人员	人	5343	4770	4460
建筑业总产值	**万元**	**41788**	**100999.6**	**95916**
财政总收入	**万元**	**21596**	**24352**	**26491**
地方财政收入	万元	10938	12727	14123
地方财政支出	万元	15375	20327	22589
农村居民家庭人均纯收入	元	1910	2027	2135
农村居民家庭人均纯收入指数	上年＝100	103.41	106.13	105.33
乡村劳动力	万人	22.81	22.97	22.60
#农林牧渔业劳动力	万人	15.75	17.16	15.97
耕地面积	万亩	29.2	28.98	28.56
有效灌溉面积	万亩	10.13	15.46	14.60
农业机械总动力	万千瓦	6.15	6.79	7.21
化肥施用折纯量	吨	9088	11289	11131
农村用电量	万千瓦时	2912	3274.42	3375.39
农林牧渔业总产值(当年价)	**万元**	**60879**	**63971**	**66607**
农业产值	万元	34907	35924	36703
林业产值	万元	1555	1657	1480
牧业产值	万元	20790	22332	24027
渔业产值	万元	3627	4058	4397
农林牧渔业总产值指数	上年＝100	105.63	104.86	103.83
农作物播种面积	万亩	59.17	60.09	60.46
粮食播种面积	万亩	38.42	38.51	38.42
#稻　谷	万亩	9.57	9.51	9.46
大　豆	万亩	2.53	2.75	2.74
小　麦	万亩	3.84	3.86	4.26
薯　类	万亩	7.88	7.67	8.19
玉　米	万亩	11.68	11.98	11.38
粮食产量	万吨	12.98	12.88	10.55
#稻　谷	万吨	4.98	5.06	2.46
大　豆	万吨	0.41	0.46	0.47
小　麦	万吨	0.62	0.49	0.60
薯　类	万吨	1.36	1.28	1.49
玉　米	万吨	5.25	5.31	5.26
粮食产量指数	上年＝100	100.39	99.23	81.91
棉花产量	吨			
油料产量	吨	9273	8597	9367
#油菜籽	吨	9189	8414	9318
油菜籽指数	上年＝100	88.84	91.6	110.74

17—10续表2

指　　　标	单　位	2000年	2001年	2002年
烤烟产量	吨	2541	2054	2660
烤烟产量指数	上年＝100	115.19	80.83	129.50
茶叶产量	吨	536.39	544.26	545.38
茶叶产量指数	上年＝100	100.75	101.47	100.21
水果产量	吨	4038.18	4701.13	4577.40
水果产量指数	上年＝100	100.3	116.42	97.37
肉类总产量	吨	17453	18986	20164
肉类总产量指数	上年＝100	110.15	108.78	106.20
猪牛羊肉产量	吨	15815	17216	18214
猪牛羊肉产量指数	上年＝100	109	108.86	105.80
#猪　肉	吨	14749	15610	16674
牛　肉	吨	929	1428	1334
羊　肉	吨	137	178	206
水产品产量	吨	3905	4244	4402
大牲畜存栏头数	头	83128	83502	84894
#牛	头	74264	74601	75917
猪年末存栏数	头	173626	180285	185943
羊年末存栏数	头	9660	9255	8102
大牲畜出栏头数	头	8243	13262	12718
#牛	头	7834	11818	11863
猪年末出栏数	头	168339	177878	187594
羊年末出栏数	头	7842	9826	10763
乡镇企业单位数	个	13264	12696	13190
乡镇企业从业人员	万人	5.23	5.49	5.79
乡镇企业总产值	万元	260517	306775	334528
#乡镇工业总产值	万元	113528	132249	138938
乡镇企业总产值指数	上年＝100	120.2	117.25	109.15
乡镇企业总收入	万元	314335	393085	491223
乡镇企业总收入指数	上年＝100	125.03	125.05	124.97
乡镇企业实际缴纳税金	万元	5443	6157	6975
乡镇企业税后利润净额	万元	14100	31100	40271
乡镇企业年末固定资产原值	万元	52727	65862	91761
全部工业企业单位数	个	4300	3979	3660
#规模以上工业企业单位数	个	44	44	47
全部工业总产值(当年价)	**万元**	**350956**	**366860.8**	**370957.0**
#国有企业	万元	161346	185638.8	165656.2
集体企业	万元	18601	13497.7	20099.7
全部工业总产值指数	上年＝100	118.23	108.36	109.02

17—10续表3

指　　标	单　位	2000年	2001年	2002年
规模以上工业总产值(当年价)	**万元**	**241690**	**278108.5**	**270306.6**
轻工业总产值	万元	10053	8608.2	12157.0
重工业总产值	万元	231637	269500.3	258149.6
规模以上工业总产值指数	上年＝100	108.55	104.38	108.30
内资企业	万元	241690	276808.4	269429.6
国有工业	万元	161346	191363.4	165656.2
集体工业	万元	5452	2000.4	3521.8
股份合作企业	万元		689.5	353.7
联营企业	万元	223	568.1	1258.2
有限责任公司	万元	56937	65697.2	93056.2
股份有限公司	万元	16626	14679.4	2725.2
私营企业	万元	1106	1810.4	2858.3
其他企业	万元			
港澳台商投资企业	万元		1300.1	877.0
外商投资企业	万元			
规模以上工业企业增加值	万元	93421	98694.7	85040.5
规模以上工业企业资产总计	万元	754606	714428	656386.4
规模以上工业企业负债合计	万元	657251	670962.4	615485.3
规模以上工业企业产品销售收入	万元	230026	235661.5	248697.6
规模以上工业企业利润总额	万元	5213	—10541.1	—13532.6
规模以下工业总产值	**万元**	**109266**	**88752.3**	**100650.4**
主要工业产品产量				
原　煤	万吨	46.55	38.94	49.46
发电量	万千瓦小时	690548	757176.45	740647.81
饮料酒	万吨	0.7	0	1.08
化　肥	万吨	6.94	3.04	3.92
水　泥	万吨	19.92	22.77	31.49
邮电业务总量	万元	2258	2950	3452
本地电话用户	户	18169	25500	32067
社会消费品零售总额	**万元**	**36856**	**40902**	**46655**
#市	万元	23857	25825	29822
县	万元			
县以下	万元	12999	15077	16833
#贸易业	万元	27822	31225	35666
餐饮业	万元	3400	3714	4389
制造业	万元			3322
其　它	万元	5634	5963	3278
金融机构存款余额	万元	121981	137188	152465
金融机构存款余额指数	上年＝100	115.89	112.47	111.14
#城乡居民储蓄存款	万元	73242	85363	100884

17—10续表4

指　　标	单　位	2000年	2001年	2002年
城乡居民储蓄存款指数	上年＝100	105.4	116.55	118.18
金融机构贷款余额	万元	75636	84489	89795
金融机构贷款余额指数	上年＝100	116.86	111.7	106.28
普通中等专业学校学校数	所	1	1	1
普通中等专业学校在校学生数	人	809	1311	1300
普通中等专业学校教职工数	人	159	194	155
#教师数	人	85	112	110
普通中学学校数	所	27	29	36
普通中学校在校学生数	人	22585	24920	26991
普通中学教职工数	人	1364	1481	1371
普通中学专任教师数	人	1156	1254	1180
小学学校数	所	285	271	243
小学在校学生数	人	62379	62118	61039
小学教职工数	人	2556	2690	2729
小学专任教师数	人	2487	2631	2679
学龄儿童入学率	%	99.58	99.5	99.30
卫生机构数	个	273	365	360
#医　院	个	11	11	11
卫生院	个	10	10	10
卫生机构床位数	张	968	984	971
#医　院	张	458	696	690
卫生机构人员数	人	1510	1799	1798
医院、卫生院技术人员	人	1054	1096	1094
#医　生	人	859	917	915
刑事案件发案数	件	1911	2001	1931
公路里程	公里	1900	1900	1900
民用车辆拥有量	辆	2781	3551	3344
#客　车	辆	564	808	750
货　车	辆	2217	2743	2594
货物运输量	万吨	1014	1014	1086
#公　路	万吨	1014	1014	1086
货物周转量	万吨公里	25364	25350	25973
#公　路	万吨公里	25364	25350	25973
旅客发送量	万人	654	569.26	582.40
#公　路	万人	606	515.26	526.40
水　运	万人	48	54	56
旅客周转量	万人公里	28207	16452	17215
公　路	万人公里	27247	15472	16223
水　运	万人公里	960	980	992

全国省会城市主要指标

18

18—1 全国省会城市主要指标

（2002年）

城　　市	年　末 总人口 （万人）	位　次	人口自然 增长率 （‰）	位　次	国内生 产总值 （亿元）	位　次	2002年比 2001年±%
西部省会城市							
昆　明	494.81	15	6.9	5	730.02	15	9.2
成　都	1028.48	1	0.2	26	1663.22	3	13.1
贵　阳	**340.44**	**18**	**5.8**	**9**	**336.37**	**22**	**11.3**
南　宁	297.71	21	5.0	13	356.00	20	11.5
西　安	702.60	7	4.4	15	823.50	13	13.3
兰　州	300.95	20	5.2	12	386.78	19	10.4
乌鲁木齐	175.72	24	5.8	10	354.42	21	10.3
呼和浩特	213.50	22	6.1	7	316.30	23	31.4
银　川	132.96	25	9.8	1	133.00	24	11.4
西　宁	202.46	23	7.3	4	121.34	25	12.9
拉　萨	50.75	26	6.2	6	55.00	26	16.6
其他省会城市							
广　州	720.62	5	3.1	19	3001.69	1	13.2
福　州	597.54	11	4.7	14	1160.22	10	10.7
杭　州	636.81	10	2.7	21	1780.00	2	13.2
南　京	563.28	14	0.7	25	1297.57	6	12.8
海　口							
沈　阳	688.90	8	0.9	24	1400.00	5	13.1
哈尔滨	948.30	2	4.2	16	1232.10	7	11.5
长　春	712.50	6	2.7	22	1150.00	11	13.1
石家庄	903.99	3	6.0	8	1184.04	9	9.9
太　原	322.74	19	8.2	3	433.64	17	13.5
合　肥	448.08	17	5.4	11	412.81	18	13.1
南　昌	448.80	16	9.0	2	552.31	16	13.8
济　南	575.01	13	3.7	18	1200.00	8	13.2
郑　州	687.70	9	4.0	17	926.80	12	10.9
武　汉	768.10	4	2.2	23	1492.74	4	11.8
长　沙	595.46	12	2.9	20	812.85	14	12.7

注：1.产值类指标绝对数按当年价格计算，增长速度按可比价格计算；

2.各城市部分数据为年快报数，与实际数可能有差异。

18—1续表1

城市	第一产业（亿元）	第二产业（亿元）	第三产业（亿元）	人均国内生产总值（元）	位次	2002年比2001年±%
西部省会城市						
昆明	56.03	336.35	337.64	14800	11	7.2
成都	140.19	758.08	764.95	16239	10	
贵阳	**26.58**	**171.28**	**138.51**	**9948**	**24**	**9.8**
南宁	50.90	101.90	203.20	12021	21	10.3
西安	47.10	372.60	403.80	11785	22	11.0
兰州	17.68	201.40	167.70	12948	19	8.5
乌鲁木齐	5.02	118.42	230.98	17878	8	5.0
呼和浩特	35.60	129.89	150.81	14712	12	30.3
银川	15.50	58.50	59.00	10122	23	
西宁	8.90	51.80	60.64	6027	26	11.5
拉萨	6.20	13.20	35.60	13431	16	16.0
其他省会城市						
广州	102.05	1231.09	1668.55	41900	1	11.7
福州	136.15	556.33	467.74	19432	7	9.9
杭州	113.00	902.00	765.00	28000	2	12.4
南京	62.40	613.90	621.27	22858	3	11.0
海口						
沈阳	83.60	615.20	701.20	20316	5	12.9
哈尔滨	199.60	433.40	599.10	13000	18	11.7
长春	146.80	522.30	480.90	16300	9	12.2
石家庄	156.82	557.45	470.27	13156	17	8.2
太原	16.03	215.69	201.92	13603	14	11.1
合肥	40.06	207.75	164.99	9274	25	11.8
南昌	50.51	270.26	231.54	12545	20	12.7
济南	98.70	501.60	599.70	20979	4	12.0
郑州	46.20	453.60	427.00	13584	15	9.1
武汉	89.53	660.46	742.75	19560	6	10.7
长沙	80.96	337.26	394.63	13747	13	11.5

18—1续表2

城　　市	农林牧渔业总产值（亿元）	位　次	2002年比2001年±%	规模以上工业总产值（亿元）	位　次	2002年比2001年±%
西部省会城市						
昆　　明	90.15	13	5.8	437.36	16	7.4
成　　都	227.59	4	6.6	815.66	10	23.4
贵　　阳	**41.01**	**20**	**4.5**	**295.89**	**20**	**20.8**
南　　宁	80.05	15	11.8	149.12	23	17.24
西　　安	79.70	16	9.0	657.22	12	18.4
兰　　州	29.30	21	6.5	436.22	17	13.4
乌鲁木齐	9.48	24	17.8	272.96	21	10.6
呼和浩特	55.20	19	21.1	169.20	22	35.6
银　　川	25.66	23	2.9	117.62	24	18.0
西　　宁				92.92	25	12.1
拉　　萨	8.37	25	8.4			
其他省会城市						
广　　州	175.06	6	9.1	3173.60	1	15.9
福　　州	221.08	5	3.9	970.00	7	24.0
杭　　州	168.18	7	1.9	2382.63	2	21.8
南　　京	120.01	12	6.3	1973.25	3	13.5
海　　口						
沈　　阳	153.40	9	8.5	828.30	9	10.2
哈 尔 滨	316.20	1	6.8	611.10	13	16.4
长　　春	242.00	3	14.9	1202.10	4	30.6
石 家 庄	311.97	2	4.4	965.65	8	16.9
太　　原	26.92	22	15.4	380.44	18	16.3
合　　肥	70.41	18	5.9	446.89	14	26.1
南　　昌	77.29	17	4.5	329.70	19	16.4
济　　南	167.99	8	3.5	1009.04	6	28.3
郑　　州	80.40	14	2.1	719.20	11	14.3
武　　汉	141.25	10	5.2	1138.98	5	14.0
长　　沙	130.22	11	4.6	444.18	15	29.2

18—1续表3

城　　市	全社会固定资产投资总额（亿元）	位　次	2002年比2001年±%	社会消费品零售总额（亿元）	位　次	2002年比2001年±%
西部省会城市						
昆　明	290.00	15	10.0	293.00	15	10.4
成　都	702.15	3	20.6	709.51	3	13.1
贵　阳	**187.96**	**17**	**20.9**	**136.58**	**22**	**12.3**
南　宁	122.94	23	20.9	183.11	18	12.0
西　安	338.20	12		409.40	12	11.9
兰　州	194.54	16	12.8	190.60	16	9.6
乌鲁木齐	150.22	19	6.9	152.05	21	13.0
呼和浩特	131.30	22	37.7	92.00	23	16.8
银　川	72.96	25	30.2	53.79	25	11.3
西　宁	77.66	24	12.1	63.47	24	10.2
拉　萨	58.00	26	24.0	25.34	26	8.9
其他省会城市						
广　州	1001.49	1	2.4	1370.68	1	9.8
福　州	302.83	14	16.1	430.69	10	11.5
杭　州	769.35	2	21.9	523.53	7	14.1
南　京	602.95	4	29.7	525.17	6	12.7
海　口						
沈　阳	402.50	8	32.9	695.20	4	11.5
哈尔滨	361.10	10	15.8	559.30	5	11.2
长　春	320.50	13	12.4	402.20	13	12.2
石家庄	412.26	6	8.2	411.54	11	11.5
太　原	147.59	20	20.3	180.96	19	12.3
合　肥	168.67	18	18.3	184.77	17	12.3
南　昌	137.00	21	42.7	179.84	20	11.8
济　南	404.69	7	17.6	446.49	8	12.3
郑　州	340.70	11	15.2	430.90	9	11.5
武　汉	570.43	5	12.2	770.08	2	12.3
长　沙	362.57	9	28.1	401.10	14	14.0

18—1续表4

城　　市	进出口贸易总额(万美元)	位　次	2002年比2001年±%	实际利用外资(万美元)	2002年比2001年±%	国际旅游者人数(万人次)
西部省会城市						
昆　明	14.81	15	10.5	3703	61.0	69.97
成　都	20.80	9	9.6	40000	29.5	
贵　阳	**5.72**	**20**	**15.8**	**8157**	**37.3**	**6.75**
南　宁	5.46	21	1.7	13154	16.7	5.92
西　安	18.70	10	10.0	22100	22.7	74.10
兰　州	5.10	22	10.9	11200	1.8	3.30
乌鲁木齐	6.41	19	1.5	1506	—10.9	10.27
呼和浩特	3.30	23	35.4	5552	54.2	2.90
银　川	2.34	24		2131		0.48
西　宁	1.61	25	—12.0	514	12.6	1.86
拉　萨						2.80
其他省会城市						
广　州	279.31	1	21.3	265600	10.6	
福　州	63.88	4	19.0	120200	20.0	29.80
杭　州	131.10	2	16.0	52200	43.0	105.62
南　京	100.94	3	5.3	155398	83.8	56.13
海　口						
沈　阳	28.60	6	2.3	165000	36.6	23.80
哈尔滨	17.10	11	35.2	24600	10.3	18.40
长　春	28.90	5	22.3	62700	23.7	7.50
石家庄	11.37	16	20.7	20444	8.2	4.85
太　原	16.42	13	24.2	9906	43.2	6.20
合　肥	22.99	7	11.9	18220	3.5	4.93
南　昌	9.09	18	—6.4	36733	188.0	4.48
济　南	14.97	14	—0.5	54200	27.5	10.12
郑　州	10.40	17	4.5	14000	51.0	17.10
武　汉	22.02	8	2.0	157600	10.1	38.37
长　沙	16.64	12	0.8	32775	23.6	26.82

18—1续表5

城　　市	旅游外汇收　　入（万美元）	财　政总收入（亿元）	2002年比2001年±%	地方财政收　　入（亿元）	位　次	2002年比2001年±%
西部省会城市						
昆　　明	1.81	120.52	3.5	57.23	12	7.5
成　　都		181.98	22.8	89.02	5	28.5
贵　　阳	**0.19**	**79.15**		**33.08**	**17**	**18.3**
南　　宁	0.15	44.98	16.7	26.18	21	26.2
西　　安	3.20	93.60	12.8	60.10	10	7.5
兰　　州	0.13	38.89	18.2	21.06	22	18.2
乌鲁木齐	2.45			40.11	16	15.1
呼和浩特	0.06	32.50	41.8	19.40	23	53.7
银　　川	0.01			13.32	24	9.0
西　　宁	0.02	11.73	8.3	8.40	25	15.2
拉　　萨				2.22	26	18.7
其他省会城市						
广　　州	18.72			245.87	1	17.5
福　　州		115.93	19.8	70.44	8	16.2
杭　　州	4.77	257.14	28.2	118.32	3	34.6
南　　京	3.23	264.92	26.7	144.08	2	48.2
海　　口						
沈　　阳	1.40	191.70		105.00	4	29.9
哈 尔 滨	0.80	117.90	10.6	67.70	9	16.9
长　　春	0.40	110.20	13.1	42.90	15	18.4
石 家 庄	0.10	110.53	7.2	44.49	14	18.3
太　　原	0.27	46.71	21.6	26.78	20	13.7
合　　肥	0.27	60.92	23.6	29.12	18	17.5
南　　昌	0.16	60.80	16.0	27.45	19	22.1
济　　南	0.36	234.60	16.0	78.90	7	22.0
郑　　州	0.54	107.80		58.30	11	19.0
武　　汉	1.60	196.54	15.5	85.83	6	27.0
长　　沙	1.47	75.47	22.1	55.00	13	22.8

18—1续表6

城　　市	地方财政支　出（亿元）	位　次	2002年比2001年±%	金融机构存款余额（亿元）	比年初±%	金融机构贷款余额（亿元）	比年初±%
西部省会城市							
昆　　明	76.28	10	5.9	1469.12	13.4	1055.10	11.8
成　　都	129.68	5	22.7	2636.00	16.8	2182	23.8
贵　　阳	**45.96**	**16**	**27.1**	**731.80**	**13.4**	**595.52**	**22.5**
南　　宁	34.29	22	33.4	777.73	10.8	733.87	13.5
西　　安	68.80	13	20.1	2191.50	23.2	1598.40	20.7
兰　　州	34.03	23	8.1	896.05	11.7	789.21	21.5
乌鲁木齐	36.18	19	29.5	875.05	13.2	835.15	26.9
呼和浩特	36.10	20	31.1	407.20	10.7	325.00	13.1
银　　川	20.27	24	24.0	358.39	28.2	285.42	20.7
西　　宁	18.99	25	27.3	330.86	18.4	363.50	15.4
拉　　萨	9.47	26	20.0	194.37	32.0	82.93	20.3
其他省会城市							
广　　州	326.69	1	11.7	7498.35	20.4	5257.21	21.2
福　　州	68.41	14	8.2	1390.60	17.7	1157.79	17.6
杭　　州	140.47	4	33.9	3373.13	28.7	2752.38	31.8
南　　京	161.46	2	37.5	3005.89	31.1	2549.31	29.9
海　　口							
沈　　阳	128.70	6	24.4	2274.20	19.3	1848.60	19.5
哈 尔 滨	105.80	7	13.8	1726.10	15.4	1614.10	9.8
长　　春	70.10	12	18.8	1403.60	21.2	1492.50	9.5
石 家 庄	88.87	8	15.3	1671.06	13.6	1305.96	−3.2
太　　原	36.81	17	23.8	1371.42	23.0	1055.45	29.1
合　　肥	36.46	18	15.2	845.46	18.9	811.65	15.1
南　　昌	34.73	21	22.6	928.13	17.3	616.06	19.0
济　　南	86.84	9	18.0	2017.20	27.0	2087.97	26.8
郑　　州	75.80	11	20.2	1971.10	20.9	1552.10	22.1
武　　汉	147.20	3	23.1	2539.03	18.4	2004.75	19.6
长　　沙	55.32	15	19.5	1232.98	19.6	1207.42	27.1

18—1续表7

城　　市	居民消费价格总指数（%）	位　次	城镇居民人均可支配收入（元）	位　次	农民人均纯收入（元）	位　次
西部省会城市						
昆　　明	99.2	13	7795	12	2441	21
成　　都	98.7	19	8972	7	3377	8
贵　　阳	**98.4**	**23**	**7306**	**15**	**2352**	**22**
南　　宁	99.4	11	8796	8	2524	20
西　　安	98.6	20	7184	17	2641	18
兰　　州	99.3	12	6555	26	2268	23
乌鲁木齐	98.5	22	8653	9	3832	5
呼和浩特	99.7	6	6996	22	2822	16
银　　川	99.5	9	6845	24	2932	15
西　　宁	101.4	1	6724	25	1839	26
拉　　萨	101.2	2	8079	10	1975	25
其他省会城市						
广　　州	97.6	25	15117	1	6857	1
福　　州	99.1	15	9147	4	4192	4
杭　　州	98.8	17	11778	2	5242	2
南　　京	97.9	24	9157	3	4579	3
海　　口						
沈　　阳	100.4	4	7050	19	3500	6
哈 尔 滨	99.6	8	7004	21	2777	17
长　　春	99.7	7	6900	23	3147	13
石 家 庄	99.5	10	7240	16	3199	12
太　　原	97.4	26	7376	14	3077	14
合　　肥	99.1	16	7145	18	2229	24
南　　昌	100.6	3	7021	20	2614	19
济　　南	98.8	18	8982	6	3356	10
郑　　州	100.1	5	7495	13	3377	9
武　　汉	98.6	21	7820	11	3295	11
长　　沙	99.2	14	9021	5	3462	7

全省地（州）市信息资料

19

19－1　全省各地、州、市交流年报资料

（2002年）

地、州、市名　　称	年　末总人口（万人）	农　业人　口	非农业人　口	国内生产总值（万元）	比2001年增　长（%）	第一产业（万元）	比2001年增　长（%）
贵阳市	346.27	187.78	158.49	3363696	11.3	265814	3.8
六盘水市	294.46	237.62	56.84	1011134	10.0	145308	1.4
遵义市	728.25	624.96	103.28	2761331	10.0	861754	4.2
安顺市	257.69	217.99	39.70	707276	11.0	175426	－7.0
铜仁地区	382.85	349.17	33.69	735307	8.7	396801	8.8
黔西南州	303.06	275.69	27.37	759518	10.0	239433	3.6
毕节地区	705.88	662.65	43.23	1386533	9.2	552761	3.4
黔东南州	431.29	386.22	45.06	936157	8.3	370970	2.0
黔南州	387.53	339.12	48.41	1151332	9.2	346497	－0.9

注：人口数为人口变动抽样调查数。

19－1续表1

地、州、市名　　称	第二产业（万元）	比2001年增　长（%）	第三产业（万元）	比2001年增长（%）	人均国内生产总值（元）	比2001年增长（%）	农林牧渔业总产值（万元）	比2001年增长（%）
贵阳市	1712814	12.7	1385068	11.0	9784	9.8	410141	4.5
六盘水市	561782	12.2	304044	10.6	3454	9.3	213790	2.8
遵义市	1012805	13.9	886772	11.9	3808	8.8	1339183	4.5
安顺市	297361	29.0	234489	8.8	2758	10.0	250356	－6.0
铜仁地区	168234	21.4	172272	9.7	1930	7.7	633120	3.9
黔西南州	273456	14.5	246629	15.2	2519	11.8	422467	3.4
毕节地区	445196	14.1	388576	13.0	1975	7.9	878209	4.1
黔东南州	289533	15.3	275654	10.1	2180	7.2	570600	1.9
黔南州	453198	10.6	351637	18.9	2984	8.1	543703	－2.7

注：人均国内生产总值按人口变动抽样调查常住人口数计算。

19—1续表2

地、州、市名称	农业产值(万元)	比2001年增长(%)	林业产值(万元)	比2001年增长(%)	牧业产值(万元)	比2001年增长(%)	渔业产值(万元)	比2001年增长(%)
贵阳市	240895	0.1	8978	39.7	152154	8.7	8114	4.9
六盘水市	141638	—1.9	8784	79.9	62924	7.8	444	16.8
遵义市	839546	2.7	43231	2.6	443159	7.5	13247	21.5
安顺市	143547	—14.9	11231	11.3	92925	8.5	2653	1.3
铜仁地区	405746	1.1	17528	13.0	199209	8.5	10637	7.7
黔西南州	241451	—0.1	21192	2.8	154828	8.3	4996	35.9
毕节地区	596499	2.8	14632	37.1	265229	5.3	1849	3.6
黔东南州	356730	—1.2	26596	12.5	169222	6.7	18052	6.7
黔南州	318681	—9.7	37852	6.6	182816	9.7	4354	9.0

19—1续表3

地、州、市名称	耕地面积(公顷)			农作物播种面积(公顷)				
		水田	旱地		粮食作物	#夏粮	油菜籽	烤烟
贵阳市	102531	40345	62186	230120	137074	45049	36335	8720
六盘水市	105547	22513	83700	239302	188621	83453	4841	5947
遵义市	392327	193867	198460	1121953	760973	276433	134987	63020
安顺市	109733	55533	54200	252527	167941	54067	49200	5267
铜仁地区	173533	104067	69467	500533	344933	107600	48388	24641
黔西南州	163147	53225	109922	377234	255645	86541	21471	14321
毕节地区	374640	49140	325500	998891	635974	272713	49380	51201
黔东南州	177833	134617	43216	502608	299946	72307	50207	11207
黔南州	177116	104363	72753	421360	284950	81571	56788	17676

19—1续表4

地、州、市名称	粮食总产量（吨）	#夏粮产量	油菜籽产量（吨）	烤烟产量（吨）	肉类总产量（吨）	#猪肉	#牛肉	禽蛋产量（吨）
贵阳市	437011	108245	55482	15236	139675	118053	6404	12972
六盘水市	688140	159271	5596	9304	64847	56392	3801	2985
遵义市	2800744	710260	239603	86520	428902	370460	23227	25715
安顺市	522501	94802	60640	7707	78837	64012	6295	6594
铜仁地区	1295237	253316	66143	35327	204965	171298	14015	13302
黔西南州	897560	147017	19696	23000	157650	127393	13961	13300
毕节地区	2196627	534512	69467	91917	281168	244492	16056	17521
黔东南州	1154031	154677	57396	12730	167333	132072	18617	5327
黔南州	844363	141135	66470	24924	148776	126731	11541	5776

19—1续表5

地、州、市名称	水产品产量（吨）	大牲畜出栏头数（万头）	#牛出栏头数	猪出栏头数（万头）	羊出栏头数（万只）	大牲畜存栏头数（万头）	#牛存栏头数	猪存栏头数（万头）	羊存栏只数（万只）
贵阳市	8859	5.15	4.85	128.64	5.32	42.7	37.74	119.64	6.65
六盘水市	465	5.88	5.12	59.16	7.26	44.2	36	97.6	20.6
遵义市	13412	21.12	20.82	422.47	65.79	132.66	128.75	486.48	106.91
安顺市	3568	7.49	6.31	68.5	2.83	66.78	57.23	92.71	6.2
铜仁地区	9960	14.16	14.12	193.28	84.57	80.99	80.65	239.65	98.73
黔西南州	5896	16.7	14.7	150.17	13.02	103.82	89.36	168.05	24.66
毕节地区	1703	19.26	16.36	245.72	33.55	142.61	116.14	348.83	71.93
黔东南州	17080	22.05	21.66	179.29	29.79	126.62	122.65	249.17	53.78
黔南州	4555	16.04	13.89	154.13	10.45	121.54	101.21	188.61	16.08

19—1续表6

地、州、市名　　称	乡镇企业营业收入（万元）	比2001年增　　长（%）	全部工业总产值（万元）	比2001年增　　长（%）	规模以上工业总产值（万元）	比2001年增长（%）
贵阳市	6365317	29.0	3592543	18.4	2958943	20.8
六盘水市	1319735	19.2	1109786	16.2	799786	22.2
遵义市	4512038	27.2	2089587	10.8	1569987	12.5
安顺市	1216632	−3.0	665025	9.0	563067	9.0
铜仁地区	564416	15.9	295293	18.5	189831	16.8
黔西南州	679222	36.3	614640	14.2	477955	13.0
毕节地区	2594436	20.0	753210	12.8	428210	9.8
黔东南州	1066335	21.5	463113	21.6	313723	24.7
黔南州	1638058	14.1	965583	23.0	605583	25.6

19—1续表7

地、州、市名　　称	全社会固定资产投资（万元）	比2001年增长（%）	固定资产投资（万元）	比2001年增长（%）	基本建设投　　资（万元）	比2001年增　　长（%）	更新改造投　　资（万元）	比2001年增　　长（%）
贵阳市	1879604	20.9	1759406	19.9	785644	41.5	417580	5.9
六盘水市	277350	−26.8	216180	−31.6	104764	−24.9	61416	−58.6
遵义市	1060000	30.0	839052	38.3	329154	39.2	275192	9.9
安顺市	211100	−30.4	153164	−0.6	74331	−1.9	52430	2.9
铜仁地区	315707	18.2	269414	17.9	180685	16.3	31283	2.2
黔西南州	294821	39.4	265841	87.8	152665	145.0	81942	30.8
毕节地区	583473	45.7	467181	64.0	407475	80.0	41234	−4.6
黔东南州	415907	7.0	351268	4.1	214779	20.4	67400	−31.7
黔南州	287939	17.7	253946	34.7	122453	69.2	82050	10.8

19—1续表8

地、州、市名称	房地产投资（万元）	比2001年增长（%）	其它投资（万元）	比2001年增长（%）	邮电业务收入（万元）	邮政业务收入	电信业务收入
贵阳市	500300	15.5	55882	－6.0	222727	15767	206960
六盘水市	33440	110.3	16560	35.4	15834	3251	12583
遵义市	144517	36.1	90189	560.3	68780	11451	57329
安顺市	24687	－4.4	1716	10.8	29075	2824	26251
铜仁地区	25367	21.6	32079	47.3	28032	3305	13211
黔西南州	12862	83.5	18372	91.4	24698	2132	22566
毕节地区	13487	5.1	4985	97.2	30193	2700	15303
黔东南州	35958	27.2	33131	3.6	37960	4798	18405
黔南州	45870	50.6	3573	－69.4	48946	4190	19118

19—1续表9

地、州、市名称	社会消费品零售额总额（万元）	比2001年增长（%）	居民消费价格指数（%）	比2001年增减百分点	地方财政收入（万元）	比2001年增长（%）	地方财政支出（万元）	比2001年增长（%）
贵阳市	1365816	12.3	98.4	－1.6	330788	18.3	459589	27.1
六盘水市	218569	9.7	100.2	0.2	59240	9.5	145226	20.3
遵义市	675477	13.5	100.6	0.6	134279	7.7	337079	19.9
安顺市	255570	10.4	100.0	持平	50838	19.8	139514	21.6
铜仁地区	209931	11.8	99.6	－0.4	45868	13.5	180191	22.4
黔西南州	210247	11.3	98.1	－1.9	50968	11.0	145417	18.7
毕节地区	230221	11.8	101.3	1.3	93863	5.8	259739	21.5
黔东南州	249176	10.7	98.8	－1.2	52954	2.5	234068	20.2
黔南州	318867	10.1	99.8	－0.2	63476	5.3	215267	19.6

19—1续表10

地、州、市 名　　称	金融机构存款余额（万元）	比2001年增长（%）	城乡居民储蓄存款余额（万元）	比2001年增长（%）	金融机构贷款余额（万元）	比2001年增长（%）	在岗职工年平均工资（元）	比2001年增长（%）
贵 阳 市	7317972	13.4	2880437	20.0	5955192	22.5	10987	3.5
六盘水市	993823	15.1	456617	17.1	765903	2.6	10197	13.0
遵 义 市	2459120	19.2	1372008	17.2	1752584	12.3	9966	13.9
安 顺 市	840899	22.4	467848	18.7	912806	32.2	8930	—0.8
铜仁地区	610283	24.1	398562	21.9	547839	6.5	9408	14.4
黔西南州	642437	6.7	361870	17.8	530952	10.9	8861	10.1
毕节地区	815179	22.0	472369	17.4	823454	1.0	8637	9.7
黔东南州	951946	20.5	598996	15.7	884838	12.6	9162	19.5
黔 南 州	879713	12.3	581780	13.5	809571	7.4	9496	17.6

19—1续表11

地、州、市 名　　称	城镇居民人均可支配收入（元）	比2001年增长（%）	农民人均纯收入（元）	比2001年增长（%）	单位从业人员（万人）	比2001年增长（%）	单位从业人员劳动报酬（万元）	比2001年增长（%）
贵 阳 市	7306	8.7	2352	5.5	55.16	2.5	585882	5.6
六盘水市	5612	9.1	1426	4.9	16.8	—5.9	166004	9.3
遵 义 市	5863	5.8	1818	3.1	25.6	2.9	247162	3.2
安 顺 市	5214	8.0	1414	2.0	10.98	3.3	102477	12.9
铜仁地区	5798	8.6	1375	5.2	13.09	—0.1	118770	25.7
黔西南州	6319	9.2	1480	5.2	10.62	0.9	84622	2.3
毕节地区	4761	6.8	1379	6.7	17.57	3.1	147022	13.2
黔东南州	6198	17.2	1387	3.4	14.88	—4.0	142588	13.1
黔 南 州	5884	10.2	1450	1.5	15.49	—2.6	140761	12.3

主要年份经济指标

20

20—1 全市从业人员年末数

单位:万人

年 份	从业人员	其 中			其 中	
		第一产业	第二产业	第三产业	城镇私营（含个体）	农村从业（人员）
1978	102.69	51.36	32.04	19.29	0.66	52.19
1979	104.70	50.97	34.61	19.12	0.72	51.89
1980	107.94	52.12	35.59	20.23	0.98	53.15
1981	111.82	53.12	35.86	22.84	1.37	55.13
1982	114.92	54.69	36.30	23.93	1.56	56.81
1983	116.09	54.72	36.65	24.72	1.86	58.29
1984	125.17	55.84	39.67	29.66	2.59	60.93
1985	133.41	56.89	46.75	29.77	2.92	63.98
1986	139.64	59.57	45.85	34.22	5.02	65.97
1987	143.07	62.16	48.69	32.22	3.71	68.55
1988	146.47	67.70	48.51	33.26	3.96	71.50
1989	152.09	68.67	48.95	34.47	4.98	76.61
1990	159.57	71.50	49.99	38.08	5.15	80.89
1991	164.06	72.42	52.77	38.87	5.44	81.25
1992	169.85	74.77	52.20	42.88	5.24	83.76
1993	173.71	76.93	53.00	43.78	6.06	88.46
1994	181.94	79.11	56.28	46.55	4.11	90.63
1995	184.28	78.07	56.29	49.94	9.02	84.96
1996	189.73	78.85	56.00	54.88	17.28	94.71
1997	195.86	77.79	59.96	58.11	18.78	96.98
1998	200.35	77.24	63.27	59.84	19.82	98.95
1999	200.58	79.32	59.40	61.86	19.66	99.73
2000	204.29	87.01	53.70	63.58	24.55	116.83
2001	202.75	79.52	52.21	71.02	27.83	105.69
2002	209.55	76.39	60.89	72.27	30.06	106.04

20—2 全市年末职工人数与工资总额

年份	职工人数（万人）	国有经济	集体经济	其它经济	全部职工工资总额（万元）	国有经济	集体经济	其它经济
1978	49.84	37.01	12.83		29466	23411	5876	
1979	52.10	38.58	13.52		33116	26859	6089	
1980	53.80	40.30	13.50		39884	32369	7419	
1981	55.32	42.46	13.86		41777	33352	8298	
1982	56.55	43.53	14.02		43699	34756	8967	
1983	55.94	42.77	14.17		45583	35490	9730	
1984	56.79	43.18	14.53	0.08	53492	41153	12160	
1985	60.05	43.12	16.43	0.50	64125	51292	12833	
1986	61.61	45.53	16.02	0.06	73409	59618	13748	43
1987	63.26	46.90	16.34	0.02	82510	67533	14929	48
1988	63.77	48.05	15.59	0.13	97748	107830	16819	98
1989	64.32	49.25	14.87	0.20	109392	91423	17662	306
1990	68.31	50.68	17.23	0.39	134771	109630	24155	985
1991	70.33	51.67	18.28	0.38	149080	119246	28633	1200
1992	71.22	51.78	18.79	0.65	173728	137969	33572	2186
1993	72.71	52.92	18.83	0.96	209844	16713	41114	4016
1994	70.75	52.84	16.95	0.95	280397	228097	47217	5083
1995	66.60	51.85	12.64	1.98	316787	263713	41337	11736
1996	68.32	52.23	13.20	2.89	366122	296943	50759	18420
1997	69	52.76	13.29	2.95	397699	324947	50808	21944
1998	60.99	42.58	10.45	7.96	397802	284117	51178	62507
1999	55.55	38.82	8.57	8.16	419681	308397	47082	64202
2000	53.62	38	7.44	8.18	473641	351290	46795	75556
2001	50.11	36.09	5.57	8.45	525095	404655	39109	81331
2002	53.95	37.82	5.22	10.91	575551	428048	38616	108887

注:1998年以后年份的职工人数工资为在岗职工口径。

20—3 全市国内生产总值

（当年价）

年份	国内生产总值（万元）	其中			三次产业构成（%）		
		第一产业	第二产业	第三产业	第一产业	第二产业	第三产业
1949	5444	4005	492	947	73.6	9.0	17.4
1952	9338	5084	2303	1951	54.4	24.7	20.9
1957	19240	7464	7925	3851	38.8	41.2	20.0
1962	25554	5916	13340	6298	23.2	52.2	24.7
1965	4220	8944	24324	8952	21.2	57.6	21.2
1970	68494	9653	45160	13681	14.1	65.9	20.0
1975	65602	10563	40071	14968	16.1	61.1	22.8
1978	107690	14397	70431	22862	13.4	65.4	21.2
1980	141506	17245	95319	28942	12.2	67.4	20.5
1981	147901	21118	93196	33587	14.3	63.0	22.7
1982	164450	24851	102662	36937	15.1	62.4	22.4
1983	203635	26134	129612	47889	12.8	63.7	23.5
1984	254855	33954	154675	66226	13.3	60.7	26.0
1985	321865	33546	203833	84486	10.4	63.3	26.3
1986	357145	39171	223663	94311	11.0	62.6	26.4
1987	403620	47769	250578	105273	11.8	62.1	26.1
1988	451562	60834	266003	124725	13.5	58.9	27.6
1989	536413	65565	328769	142079	12.2	61.3	26.5
1990	602246	61985	349856	190405	10.3	58.1	31.6
1991	711129	76889	401664	232576	10.8	56.5	32.7
1992	833254	79843	458544	294867	9.6	55.0	35.4
1993	981275	92664	531798	356813	9.4	54.2	36.4
1994	1236708	142405	664107	430196	11.5	53.7	34.8
1995	1491181	173209	806196	511776	11.6	54.1	34.3
1996	1711880	206626	856467	648787	12.1	50.0	37.9
1997	1975101	222737	1010865	741499	11.3	51.2	37.5
1998	2195496	228142	1140795	826559	10.4	52.0	37.7
1999	2375921	236326	1213454	926141	9.9	51.1	39.0
2000	2648113	241762	1346890	1059461	9.1	50.9	40.0
2001	3027470	250919	1526873	1249678	8.3	50.4	41.3
2002	3363696	265814	1712814	1385068	7.9	50.9	41.2

20—4 全市国内生产总值指数

(以上年为100)

年 份	国内生产总值指数(%)	第一产业	第二产业	第三产业	人均国内生产总值 当年价(元)	人均国内生产总值 指数(%)
1952	112.1	105.9	130.9	136.4	93	110.5
1957	110.8	106.2	120.9	112.1	156	104.9
1962	90.4	112.1	78.6	87.7	169	94.1
1965	122.9	117.3	128.9	118.5	257	117.9
1970	151.0	110.3	184.6	132.7	359	147.2
1975	136.6	106.7	157.0	123.4	296	133.3
1978	127.7	102.3	143.2	105.0	464	125.9
1980	108.1	110.7	108.6	102.2	592	106.7
1981	99.1	100.7	97.2	107.4	610	97.7
1982	113.4	117.6	113.3	108.8	667	111.6
1983	116.9	106.4	118.1	124.8	816	115.5
1984	115.5	110.3	114.7	125.2	1011	114.4
1985	115.4	97.5	118.8	118.5	1261	113.9
1986	106.4	107.1	104.6	114.0	1379	104.8
1987	109.3	105.5	109.2	112.6	1533	107.5
1988	111.8	101.7	108.1	133.8	1683	109.7
1989	107.9	99.6	105.9	119.2	1965	106.1
1990	107.1	85.8	104.5	124.4	2161	104.9
1991	108.9	126.6	105.2	112.3	2499	106.7
1992	110.7	106.8	102.1	131.4	2889	109.2
1993	107.1	106.3	103.9	113.0	3361	105.8
1994	111.8	107.2	112.2	112.3	4157	109.7
1995	109.8	100.6	115.9	102.2	4913	107.6
1996	112.9	101.4	117.6	107.4	5560	111.3
1997	112.4	107.5	112.3	113.4	6354	111.2
1998	111.6	103.6	112.7	111.3	7002	110.6
1999	109.7	103.6	109.4	111.7	7457	107.9
2000	110.6	102.3	110.8	112.0	8110	108.0
2001	111.2	103.8	111.7	112.1	9073	108.8
2002	111.3	103.8	112.7	111.0	9948	109.8

注:本表资料指数均按可比价格计算。

20—5 全市工业总产值

（当年价）

单位：万元

年 份	工 业总产值	按经济类型分			按轻重工业分		按企业规模分	
		国 有	集 体	其 他	轻工业	重工业	大 型	中 型
1949	1316							
1952	5442	709	516	4217	3842	1600		
1957	17986	4249	3410	10327	11857	6129		
1962	32666	14844	17760	62	19932	12734		
1965	52893	28933	23960		26473	26420		
1970	105844	70628	35131	85	38605	67239	23371	27613
1975	88241	69142	18994	105	35253	52988	11551	40606
1978	151375	130770	20322	283	56277	95098	25820	44307
1980	183355	160364	22135	856	77788	105567	33256	45584
1981	178432	152973	23794	1665	85743	92689	33016	38268
1982	203633	175057	26146	2430	94709	108924	38895	56832
1983	255259	221377	31874	2008	113453	141806	50857	102222
1984	302965	259671	38975	4319	134338	168627	56374	125484
1985	383948	329526	48346	6076	170212	213736	87874	154720
1986	414655	350412	57583	6660	183643	231012	104403	165847
1987	472758	420788	45117	6853	201231	271527	180035	152303
1988	602424	511527	71047	19850	263817	338607	266186	139746
1989	742651	626715	78621	37315	327172	415479	357204	169243
1990	850041	719735	97229	33077	365057	484984	424666	177852
1991	925912	770874	123053	31985	373502	552410	462941	184998
1992	1118424	914383	119968	84073	430291	688133	663206	136173
1993	1318135	1024279	159044	134812	324109	994026	751980	163528
1994	1636509	1250835	199322	186352	470380	1166129	921134	201360
1995	1785515	1306931	199098	279486	524788	1260727	996878	240860
1996	2188705	1301683	384868	502154	714934	1473771	1092746	240437
1997	2542035	1394016	513556	634463	874346	1667689	1250940	210769
1998	2769327	1395723	482735	890869	960099	1809228	1322251	174196
1999	3217288	1534955	494503	1187830	1151949	2065339	1396605	167483
2000	2496275	1065299	236397	1194579	834876	1652399	1431631	168111
2001	2588494	1035899	135286	1417309	902276	1686218	1448460	155085
2002	2958943	826247	136108	1996588	1029353	1929590	1443748	464315

注：2000年以后数据为规模以上企业。

20—6 全市农林牧渔业总产值

（当年价）

单位：万元

年 份	农林牧渔业总产值	农 业	#种植业	林 业	牧 业	渔 业
1949	5519	4531	3217	89	891	6
1952	6955	5688	4101	127	1131	8
1957	10271	8136	6523	315	1811	9
1962	8246	6858	5508	230	1144	14
1965	12477	10400	9298	387	1638	52
1970	13558	11090	9410	450	2003	14
1975	15080	11872	9871	427	2763	17
1978	20394	16714	14538	528	3127	25
1980	22427	17882	15721	650	3851	43
1981	27815	21299	18738	722	5750	43
1982	34372	27362	24269	1122	5839	50
1983	35441	27113	23954	1631	6601	97
1984	43753	34835	27225	1418	7353	146
1985	45351	30964	28087	1966	11913	508
1986	51032	35060	31728	1636	13648	688
1987	62352	40370	23457	1865	19657	460
1988	82895	50676	45443	1849	29230	1140
1989	91274	55190	51080	1813	33366	906
1990	89660	57196	52893	3366	28128	1270
1991	107985	73751	69828	2983	29871	1380
1992	116180	77572	72342	3461	32744	2403
1993	133030	87928	78291	4101	41239	2762
1994	207946	136776	129369	4339	63429	3402
1995	263352	171414	163235	5867	79997	6074
1996	311117	205301	195636	7217	91948	6651
1997	340619	217209	206892	7168	108391	7851
1998	347982	213746	201028	8717	117443	8076
1999	362061	218136	206334	8500	12938	8487
2000	369939	230774	215146	8170	123709	7286
2001	389659	237175	221221	6769	137845	7870
2002	410141	240895	225089	8978	152154	8114

20—7 全市固定资产投资总额

年 份	固定资产投资完成额(万元)							
	合计	基本建设	更新改造	城 镇		农 村		房地产开发
				集体	私人	集体	私人	
1978	10786	8311	2333	120		22		
1979	21627	18394	2980	187		66		
1980	41012	36638	3600	474	85	88	127	
1981	65288	57397	6643	833	187	33	195	
1982	42500	28098	12026	736	359	473	808	
1983	42395	22092	13725	471	421	2969	2717	
1984	54330	31023	17975	1000	717	2151	1464	
1985	89290	50756	26987	2058	1379	4774	3336	
1986	98639	51661	31584	3360	2854	5403	3777	
1087	108224	57513	35408	2138	1848	6880	4437	
1988	124772	59615	43211	3149	2775	9580	6442	
1989	137602	73779	46871	3642	1154	10000	2156	
1990	157925	86087	46673	5470	1061	8128	4041	6465
1991	180523	89077	66329	2331	1933	6045	4689	10119
1992	241952	114434	92331	5476	4028	7193	2368	16122
1993	283349	111001	110993	8581	5611	9190	3937	34036
1994	380076	138859	153192	6843	5435	20685	4897	50165
1995	535496	187730	177928	6565	6922	23100	6620	126631
1996	574771	211436	169314	7779	9189	44002	9120	123931
1997	619664	198609	225042	2810	6718	44277	20164	122044
1998	778072	303380	258299	1839	11840	55389		147325
1999	954297	359440	260774	32068	15919	61219		225549
2000	1136510	379377	310039	34803	19337	68502		310516
2001	1554183	555418	394201	32882	25253	70352	16157	433327
2002	1879604	785644	417580	27357	27055	63736	29407	500300

20—8 全市社会消费品零售总额及构成

单位:万元

年份	社会消费品零售总额	按行业分				按经济类型分			
		批发零售贸易业	餐饮业	制造业	其它行业	国有经济	集体经济	私营经济	个体经济
1952	6904	5838	406	583	77	2412	294		4099
1957	14341	12101	788	1200	252	10479	3041		571
1965	25924	23333	1290	858	443	1948	5716		364
1970	29528	26655	1447	652	774	24339	4814		57
1975	38462	34669	1492	747	1554	30859	5897		111
1978	48458	41758	1890	1536	3274	38317	8549		213
1979	55731	48078	1982	2469	3202	43248	10688		364
1980	67017	56552	1994	3624	4847	51150	12116		614
1981	75482	63364	2580	5177	4361	61222	9100		1891
1982	81863	68013	3383	5034	5433	63498	10451		3965
1983	90399	70413	3544	6476	9966	62154	16407		5334
1984	107105	84343	4664	7133	10965	60451	28322		10294
1985	132380	103240	5398	8494	15248	69741	37325		15589
1986	153254	117811	5823	11340	18280	77451	41541		22626
1987	180877	134597	6508	11133	28639	90080	45055		28907
1988	231322	169728	6974	16452	38168	121535	55202		33277
1989	240265	182066	7699	15652	34848	121679	55684		39833
1990	249475	184414	10842	17290	36929	121945	57562		42397
1991	274794	204460	11953	18091	40290	127882	59944		58042
1992	328166	237398	15549	23183	52036	153991	72235		67300
1993	414257	323267	15919	21651	53420	145609	97406		104209
1994	476925	374886	29596	26723	45720	197728	95441		155843
1995	592299	475173	37121	32146	47859	252923	116758		205867
1996	729769	579308	60212	32893	57356	261921	132798	1797	301614
1997	827542	618287	76196	5080	82251	240009	162489	5245	322727
1998	895491	694543	94278	35032	71638	181124	213340	12968	379204
1999	970716	744288	118770	35382	72276	259547	176803	14500	423407
2000	1085266	824684	144132	38250	78200	182263	132600	130030	454995
2001	1216556	876012	219144	38190	83210	148498	38950	356208	460859
2002	1365816	982701	265715	36710	80690	134381	19036	512426	491157

20—9 全市地方预算内财政收支及构成

单位:万元

年份	财政收入	#企业收入	#工商税收收入	#农业税收入	财政支出	经济建设费	文教卫生费	行政管理费
1952	740	43	354	165	477	83	137	213
1957	5640	374	4748	266	1701	654	606	393
1962	7499	982	6035	347	1870	361	847	542
1965	6645	671	5429	440	2442	459	1176	607
1970	12844	—270	12481	541	4486	1942	1653	704
1975	11352	—1964	12822	424	4692	1035	2172	943
1978	25761	2445	22503	473	8984	4033	3032	1069
1980	29851	1477	27648	447	10041	4318	3193	1403
1981	31420	261	30435	398	11065	4690	3517	1411
1982	37437	3080	33288	473	13492	6199	4042	1777
1983	44177	3359	39350	608	16541	7098	5292	2321
1984	51016	3576	45674	603	26067	13631	6314	3410
1985	60780	2877	56614	493	26930	8989	9437	4360
1986	72490	2053	69110	629	33082	13955	8258	4036
1987	82370	—1271	81739	742	38224	14885	8851	4502
1988	96507	—1224	95941	806	44953	14612	10353	4468
1989	118124	—4984	20477	1173	67982	17604	12533	5327
1990	136291	—7734	138566	947	71991	20392	13927	6244
1991	149939	—6245	150309	1091	73851	22827	14640	6856
1992	155344	—6145	154796	1386	81143	28409	17597	9184
1993	172183	—3276	167953	1927	92093	32280	20635	11548
1994	64040	—2619	51919	5337	105844	29362	27950	9665
1995	86341	550	70126	5648	131104	44185	30598	15957
1996	113498	4016	88225	9091	147782	50625	25182	18868
1997	130506	5952	106952	9878	166153	56063	26616	216987
1998	167353	10257	131391	7809	207261	75142	46985	26311
1999	197907	18642	137270	6859	261554	48800	56095	29842
2000	241483	35108	151656	10539	310569	107069	62536	35932
2001	279687	46105	191888	10365	361699	101781	79961	44501
2002	330788	39125	238891	14669	459589	108167	98646	51113

注:从1994年起为新口径。

附：贵阳市统计局关于2002年国民经济和社会发展统计公报

贵阳市2002年国民经济和社会发展统计公报

贵阳市统计局

2003年3月15日

2002年,全市人民在市委、市政府的正确领导下,高举邓小平理论的伟大旗帜,全面贯彻“三个代表”重要思想,确立率先在全省实现全面建设小康社会的奋斗目标,立足于“环境立市、工业强市、科教兴市”,坚持以实现跨越式发展为主题,以经济结构调整为主线,以改革开放和科技发展为动力,以提高人民生活水平为根本出发点,解放思想,与时俱进,深化改革,努力克服自然灾害等不利因素影响,国民经济保持了持续、快速、健康发展,经济运行总体质量不断提高,各项社会事业全面进步。

一、综　合

全市经济保持较快增长。全年实现国内生产总值336.37亿元,按可比价格计算,比上年增长11.3%,增幅比全国平均水平高3.3个百分点,比全省平均水平高2.2个百分点,实现了“两个高于”的目标。其中:第一产业增加值完成26.58亿元,比上年增长3.8%,第二产业增加值完成171.28亿元,比上年增长12.7%,第三产业增加值完成138.51亿元,增长11.0%;三次产业比重分别为7.9%、50.9%和41.2%,三次产业对经济增长贡献份额分别为2.8%、57.8%和39.4%。从经济总量及发展速度上看,全市经济在持续、快速、健康的轨道上运行,经济总量继续扩大,经济运行总体质量不断提高,为完成“十五”计划奠定了良好基础。

国民经济和社会发展中存在的主要问题是:影响农业生产稳定增长的因素依然存在,农民增收渠道狭窄;经济结构性矛盾仍较突出,支撑经济持续快速增长的基础还不稳固;一些领域投入产出的效益还不高;就业再就业和“两个确保”压力仍然很大;部分城乡居民收入水平偏低。

二、农　业

全市农业生产继续围绕农业增效、农民增收两大目标,大力推进农村税费改革,以农产品质量标准体系建设为突破口,大力发展“订单农业”,立足本地资源,依托市场,围绕特色调整优化农村经济结构,积极推进农业产业化经营,促进了农村经济全面发展。全年实现农林牧渔业总产值41.01亿元,比上年增长4.5%。农林牧渔业结构由2001年的60.9:1.7:35.4:2.0调整为58.7:2.2 :37.1 :2.0 ,农业比重下降2.2个百分点,林业比重上升0.5个百分点,牧业比重上升1.7个百分点。

继续调整农业种植结构,适应市场需求。全年粮食种植面积13.71万公顷,比上年减少0.5 %;油料种植面积3.77万公顷,比上年减少0.9 %;蔬菜种植面积3.70万公顷,比上年增长9.3%。

受自然灾害的影响,全市粮食总产量比上年有所减少,但由于我市农业结构调整力度大,其它农产品产量继续增加。

主要农产品产量:

	2002年	比上年增长%
粮　食	43.70万吨	－25.4
夏　粮	10.82万吨	8.1
秋　粮	32.88万吨	－32.3
蔬　菜	78.78万吨	11.9
油　料	5.79万吨	6.1
油菜籽	5.55万吨	6.3
花　生	0.16万吨	30.1
烤　烟	1.52万吨	11.5
水　果	5.11万吨	34.5
茶　叶	0.13万吨	－5.6

林业生态建设工程、二环林带建设和大树进城工程进展顺利。全年完成造林面积1.84万公顷，退耕还林面积0.39万公顷，幼林抚育面积1.72万公顷。主要林产品产量，生漆35.00吨，比上年增长33.4%；油桐籽338.07吨，比上年减少1.4%；油茶籽135.23吨，比上年增长2.5%。

畜牧业生产呈现良好增长势头，畜牧业品种改良和引资力度加大，投资新建了"三元"猪繁育基地；水产品产量保持平稳增长。

主要畜产品和水产品产量：

	2002年	比上年增长%
肉类总产量	13.97万吨	10.0
牛　奶	1.99万吨	24.6
禽　蛋	1.30万吨	23.2
大牲畜年末存栏数	42.70万头	0.9
猪年末存栏数	119.64万头	0.4
羊年末存栏数	6.65万只	－6.3
水产品产量	0.89万吨	1.4

农业生产条件和农村基础进一步改善。年末全市拥有农业机械总动力56.74万千瓦，比上年增长6.0%，其中：农用排灌动力机械7.95万千瓦，增长6.7%；农产品加工动力机械7.48万千瓦，增长6.7%。全年实现机耕面积19160公顷，占耕地面积的17.9%。年末农田有效灌溉面积达到3.81万公顷，农用化肥施用量（折纯）7.08万吨，增长6.8%，农村用电量17145.58万千瓦时，比上年增长10.5%。

三、工业和建筑业

工业生产保持较快增长，在国民经济中仍然占据主导地位。全市工业行业中的医药、电子及通信设备制造、化学原料及化学制品制造、橡胶制品等五大行业增势明显，工业产销衔接较好，产销率水平稳步提高。全年规模以上工业企业实现工业增加值104.99亿元，比上年增长15.1%，其中：重工业完成工业增加值63.23亿元，比上年增长19.0%，轻工业完成工业增加值41.76亿元，比上年增长9.5%；国有及国有控股企业完成工业增加值71.8亿元，增长5.4%，集体企业完成工业增加值4.01亿元，比上年减少6.2%，股份制企业完成工业增加值66.05亿元，比上年增长13.2%，外商及港澳台投资企业完成工业增加值6.9亿元，比上年增长111.6%。

规模以上工业企业产品销售率达到97.6%，比上年提高1.8个百分点。主要工业产品受市场供求变化的影响，产量有增有减。

规模以上主要工业产品产量：

	2002年	比上年增长%
原　煤(全社会口径)	528.23万吨	29.9
焦　炭	50.93万吨	－7.8
发电量	94亿千瓦时	2.8
铝	24.44万吨	－1.9
成品钢材	7.56万吨	－44.5
铝　材	4997吨	－19.9
铁合金	6.77万吨	－12.0
轮胎外胎	273.52万条	－2.1
磷矿石	426.60万吨	11.1
黄　磷	10.95万吨	0.8
化　肥	50.34万吨	99.1
彩色电视机	32.25万部	39.6
挖掘机	456台	61.1
内燃机	7.64万千瓦	－19.8
汽车配件	8.96亿元	－4.4
改装汽车	3429辆	－16.3
工业轴承	103万套	－31.3
磨　料	11.16万吨	－17.6
钢芯铝绞线	20442吨	17.0
水　泥	422.68万吨	16.6
卷　烟	76.12万箱	－4.4
啤　酒	2.69万吨	1.4
中成药	11480吨	33.5
布	2217万米	－10.9
纱	5879吨	－4.9

工业运行质量提高，经济效益得到改善。全市规模以上工业企业盈亏相抵后实现利润总额为6.06亿元，比上年增长17.2%，其中：市属扭亏增盈考核企业盈亏相抵后实现利润824万元。

建筑业持续发展。全市建筑业完成增加值34.68亿元，比上年增长15.8%；资质等级四级及四级以上建筑企业实现利润总额2.13亿元，实现税金总额5.06亿元。全年房屋施工建筑面积1099.77万平方米，比上年增长16.4%，房屋竣工建筑面积449.69万平方米，比上年增长19.6%；施工工程个数4565个，比上年增长6.7%。

四、固定资产投资

全市固定资产投资继续保持快速增长，全社会固定资产投资完成187.40亿元，比上年增长20.6%，其中：基本建设投资77.48亿元，增长39.5%；更新改造投资40.59亿元，增长3.0%；房地产开发投资50.03亿元，增长15.5%。全社会固定资产投资中，第一产业完成投资1.49亿元，比上年增长42.5%；第二产业完成投资

51.84亿元，比上年增长22.7%；第三产业完成投资134.07亿元，比上年增长19.6%。以金阳新区、旧城改造及道路交通为重点的基础设施投资快速增长；海信工业园、南方汇通、京瓷手机等一批重点项目进展顺利；城乡房地产开发增势较快。投资直接或间接的带动了建筑、建材、机电、化工等行业和第三产业的发展，有力地促进了经济增长。

五、交通和邮电业

交通运输业稳定发展。全市各种运输完成货物运输量5127.08万吨，比上年增长5.0%。其中：铁路1020.64万吨，增长13.1%；公路4105万吨，增长3.2%；航空1.44万吨，增长66.5%。完成旅客发送量18243.99万人次，增长10.2 %，其中：铁路638.92万人次，下降0.4%；公路17518万人次，航空87.07万人次，分别比上年增长5.8 %和11.0%。

邮电业发展迅速，新兴业务增势强劲。邮电部门全年完成邮电业务总量22.27亿元，比上年增长31.2%。年末电话总用户179.67万户，增长37.5%，其中：固定电话用户75.37万户，增长23.3%；移动电话用户93.45万户，增长38.1%。全市电话普及率52.8部/百人，移动电话普及率达27.4部/百人，年末固定电话交换机容量97.52万门，增长12.1%。计算机互联网用户14.43万户，比上年增长61.0%。

六、国内贸易和市场物价

在国家扩大内需政策和全市居民收入水平稳定提高的作用下，消费品市场平稳发展，住房、旅游、教育、汽车、假日经济等新的消费热点发展较快。全年社会消费品零售总额完成136.58亿元，比上年增长12.3%。从城乡看，城市消费品零售额完成124.91亿元，比上年增长12.1 %，占零售总额的91.5 %；县及县以下消费品零售额11.67亿元，比上年增长14.0%，占零售总额的8.6%。从行业看，餐饮业持续大幅增长，餐饮业零售额完成26.57亿元，比上年增长21.3%，增幅高于批发零售贸易业9.1个百分点，餐饮业占全社会消费品零售总额的比重由上年的18.0%上升为19.5%。

全年市场物价基本稳定。居民消费价格指数为98.4，商品零售价格总指数为99.0，工业品出厂价格指数为98.9。

各类价格比上一年变动幅度：

1、居民消费价格	－1.6%
食　　品	0.4%
烟酒及用品	－0.2%
衣　　着	－5.1%
家庭设备用品及服务	－4.7%
医疗保健及个人服务	－3.1%
交通和通信	－0.1%
娱乐教育文化用品及服务	－2.7%
居　　住	－2.3%
2、工业品出厂价格	－1.1%

七、对外经济和旅游

2002年，全市进出口贸易发展势头良好。据贵阳海关统计，全年外贸进出口总额为5.72亿美元，比上年增长15.8%，增速提高14.9个百分点。其中：出口总额3.75亿美元，比上年增长13.2%；进口总额1.97亿美元，比上年增长21%。在进出口总额中，一般贸易进口1.68亿美元，出口3.10亿美元，分别增长24.4%和15.2%；加工贸易进口0.20亿美元，下降20.6%，出口0.65亿美元，增长5.1%；其他贸易方式进出口总额为0.1亿美元，增长225.9%。国有企业在对外贸易中仍然占据主导地位。全年国有企业进出口总额为4.36亿美元，占全市外贸进出口总额的76.2%。出口产品结构逐渐趋于合理，全年工业产品出口2.54亿美元，比上年增长15.0%，占全市外贸出口的67.6%；初级产品出口1.21亿美元，增长9.8%，占全市外贸出口的32.4%。

招商引资发展迅速。全市实际利用外资8157万美元，比上年增长37.3%，其中：直接利用外资2918万美元，增长1.4倍。

旅游经济发展迅速。全年共接待海外旅游人数6.75万人次，创汇1908.91万美元，分别比上年增长13.4%和16.9%；接待国内旅游人数1009.62万人次，旅游总收入达40.04亿元，比上年增长15.5%。

八、财政、金融保险和证券业

财政收入稳定增长。全市财政总收入79.11亿元，比上年增长14.2%，其中：地方财政收入33.08亿元，增长18.3%；财政支出规模不断扩大，支出结构日趋合理，全年财政总支出46.00亿元，增长26.2%。

金融形势稳定，资金运行趋于活跃。年末全市金融机构各项存款余额731.8亿元，比年初增长13.4%，其中企业存款余额303.76亿元，增长2.7%；城乡居民储蓄存款余额288.04亿元，增长20.0%。金融机构各项贷款余额595.52亿元，比年初增长22.5%，其中：短期贷款263.21亿元，增长13.9%；中长期贷款281.75亿元，增长28.7%。全市金融机构现金收入1258.35亿元，现金支出1230.76亿元，收支相抵，净回笼现金27.59亿元，比上年少回笼现金7.58亿元。

保险业稳步发展。全市保险部门的保费收入10.21亿元，增长7.2%，其中：财产险保费收入3.76亿元，人寿险保费收入6.45亿元，分别增长6.2%和7.9%。全年共赔付金额2.70亿元，其中：财产保险赔付1.83亿元，人寿保险赔付0.87亿元。

年末全市共有上市公司8家，股票交易户数为16.67万户，比上年增长8.5%，全年股票交易额为177.29亿元。

九、科学技术和教育

继续实施"科教兴市"战略，加大科技创新和科技投入的力度，积极推进科技成果的转化，一批科技重点项目进展顺利；现代化农业科技示范园区建设已初具规模；贵阳新材料产业园的奠基，促进了我市产业结构的调整和升级，新材料产业的发展，将成为我市经济发展新的增长点；一批具有全国乃至世界领先水平的高新技术企业正逐步成为我市技术创新的辐射源，科技进步总体水平正不断提高。各级各类教育事业蓬勃发展，素质教育全面推进，高等教育招生规模继续扩大。全年研究生招生781人，比上年增长34%，在学研究生1755人，比上年增长40%；普通高等教育招生3.00万人，在校生8.84万人；成人高等教育招生3.99万人，在校生8.37万人；成人中等专业教育招生5489人，在校生2.68万人。普通中学285所，普通高中招生1.83万人，在校生4.21万人；普通初中招生5.90万人，在校生16.47万人；职业中学49所，在校学生1.9万人；普通小学1146所，在校学生36.51万人，学龄儿童入学率达100%。

十、文化、卫生和体育

文化事业蓬勃发展。全市共有艺术表演团体10个、群众艺术馆2个、文化馆9个、公共图书馆9个。图书馆藏书量308.8万册，比上年增长1.1%。全年图书出版量12838万册，报纸出版量25132.93万份，杂志出版量1334.18万册。全市有广播电台2座，电视台3座，广播人口覆盖率99.1%，电视人口覆盖率96.0%，年末有线电视用户达到33.73万户。

卫生事业健康发展，医疗卫生基础设施不断完善，医疗、医药、卫生市场管理逐步规范，全市卫生技术人员保持稳定。年末全市有乡卫生院以上的卫生机构274个，其中：医院116个、卫生院77个、卫生防疫机构14个、妇幼保健机构9个，社区卫生服务中心6个。卫生机构有病床14133张，其中医院、卫生院13579张。全市卫生技术人员15430人，其中医院、卫生院13588人。平均每千人拥有卫生技术人员和医疗床位4.53人和4.15张。

体育竞技水平不断提高，群众体育意识增强。全市大力开展全民健身活动，成功举办了贵阳市第九届运动会和第七届中国国际风筝节，举办了环城跑、健美表演、围棋赛、乒乓球赛等社会体育活动。全年，在国际比赛中获金牌2枚、铜牌1枚；在全国射击系列赛上获得银牌1枚、铜牌1枚；在全国各类群众性比赛中获金牌18枚、银牌23枚和铜牌17枚。

十一、城市建设与环境保护

城市基础设施建设步伐加快，居民生活环境明显改善，城市综合服务功能进一步增强。

年末市区道路总长度781公里，道路面积609.3万平方米，桥梁117座，其中立交桥12座。公交运营车辆1780辆，折合标准运营车辆2132标台，其中：公共汽车931辆，中巴车849辆。运营线路网长度1162公里，公交客运总量4.36亿人次，城市出租汽车2242辆。

城市供水能力进一步增强。全社会自来水综合生产能力125.7万吨/日，供水管道长度1718公里。全年供水总量26396万吨，其中生活用水13535万吨。自来水普及率达97.5%。

城市供气能力不断提高。年末有煤气用户22.59万户，液化气用户18万户。全年煤气供气量9239万立方米，其中家庭用气5068万立方米；液化气供气量22186吨。

积极开展城市环境综合治理，大气环境质量有所改善，大气污染得到有效控制，全市空气质量污染指数降至65；市区大气可吸入颗粒物年平均值为0.106毫克/立方米；二氧化硫年平均值为0.103毫克/立方米，酸雨污染得到有效控制，降水pH值为6.07，连续三年高于5.6的酸雨线。地面水环境质量进一步提高，地面水水质达标率为94.44%，饮用水源水质达标率100%。城市区域环境噪声和交通干线噪声平均值分别为56dB(A)和69.1dB(A)。大力推进“清洁能源”工程建设，加强对废水、废气、废渣和噪声等污染源的治理，新增工业废水处理能力25898吨/日和工业废气处理能力25.98万标立方米/时，主要污染物排放量进一步降低。年末建成区园林绿地面积3954公顷，建成区绿化覆盖面积4138公顷，公共绿地面积1665公顷，建成区绿地率30.9%，绿化覆盖率32.3%，人均公共绿地面积12.1平方米。

十二、人口与就业

全市人口总量低速增长。根据人口变动情况抽样调查统计，全市人口出生率12.9‰，人口死亡率5.8‰，人口自然增长率7.1‰。年末全市总人口346.27万人，比上年增加4.98万人，增长1.5%。公安部门户籍人口为

340.44万人，其中：非农业人口160.33万人。

劳动就业工作取得新进展，积极发展非公有制经济和劳动密集型企业，不断拓宽就业渠道。年末全市在岗职工53.96万人，在岗职工年平均工资10987元，比上年增长3.5%，扣除价格因素，实际增长5.2%。下岗职工实现再就业9377人，其中进中心下岗职工再就业2255人。年末城镇登记失业率3.9%。

十三、人民生活、社会保障福利

城乡居民收入进一步提高。全年城市居民人均可支配收入7306元，扣除物价因素影响，实际增长10.5%。居民人均消费性支出5801元，比上年增长0 5%。居民食品消费支出占消费性支出的比重(恩格尔系数)为38.1%。农民人均纯收入2352元，比上年增长5.5%。农民人均生活消费支出1551.50元，比上年增长1.3%。全市社会保障体系日趋完善，养老、失业、医疗等保险制度基本建立，社会保障水平进一步提高。年末全市养老保险参保人数为25.53万人，失业保险参保人数为27.48万人；基本医疗保险参保人数为22.28万人。全市城乡各级办社会福利院、敬老院共69个，有床位1872张，年末收养人员1448人；已建立城镇社区服务中心34个，城镇各种社区服务设施1227个；7.92万城乡居民得到最低生活保障，国家扶恤、补助各类优抚对象7385人；接受社会捐赠现金46.9万元，捐赠物资衣被价值101.7万元。

注：1、公报中所列数据为初步统计数；

2、国内生产总值和各产业增加值绝对数均为当年价格，增长速度按可比价格计算。

云岩区人民政府

云岩区是贵州省贵阳市中心城区之一，总面积67.5平方公里，辖15个街道办事处、1个镇、总人口55.65万人，其中农业人口2.43万人，是全省政治、经济、科技、文化、教育、信息中心。

2002年，云岩区经济持续、快速、健康发展，区域综合实力明显增强，社会各项事业全面发展，胜利完成了各项目标任务。

一、区域综合实力明显增强。2002年全区完成国内生产总值99.89亿元，比上年增长10.7%。财政总收入5.11亿元，比上年增长25.30%；地方财政收入3.11亿元，比上年增长27.78%；城镇居民人均可支配收入达7396元，比上年增长8.92%。各街镇完成地方财政收入17678万元，其中市西、北京、环北、威清、头桥办事处和黔灵镇地方财政收入过千万元。

二、市场布局进一步优化。整体搬迁了二桥大西南钢材市场，完成三桥综合市场二、三期拓宽建设，三桥水果、农副产品、木材、钢材交易等市场实现繁荣发展；完成市西路拓宽改造，建成环境优美的市西商业步行街，新建了锦星等一批室内集贸市场；国贸商厦、星力百货中华店、华联超高等一批现代化、大型商业网点建成开业，为云岩区实施“三产北上”战略奠定了坚实基础。全区现在各类市场107个，年销售额10亿元以上的2个，第三产业对财政收入的贡献率达70.16%。

三、工业提速增效。完成了区属企业16个项目的贴息工作，贴息资金1167.72万元，完成工业技改、技措项目16项，帮助骨干企业完成GMP改造4项。科技三项费投入达1000万元，占财政预算支出的2.93%。构建了以生物制药、印刷包装、日用品为支柱，辅之以环保产业、机械制造、汽车配件、建筑材料等行业和门类的都市型工业格局。完成农村税费改革工作，人均减负170.32元，减负率达90.86%，切实减轻了农民负担。农民人均纯收入达3631元，比上年增长6.75%。成功举办2002年首届贵阳（云岩）电脑节、2002年中国（贵阳、云岩）美食节以及服装艺术节。全年招商引资项目325个，引进资金106569万元，比上年增长64.3%。

四、辖区环境进一步优化。加快三桥片区、中华北路、大营坡沿线开发建设及黔春路整体开发，完成云岩星力广场整体建设、公园北路街景整治工作，新建云岩区现代化老年公寓、农民新村、欣歆园康居示范小区等，改善了人居环境。同时，抓好社区、街头、庭院、屋顶、道路的绿化工作，全区新增绿地10万平方米，小区绿化率达30%。进一步加大对贵开路、头二桥路等重点地段违法建筑的整治拆除力度，共拆除违法建筑10万平方米；配合市政府抓好道路交通综合整治，清退了延安巷、兴贵路等12条马路市场，辖区主次干道有了较大改观。全年拆除主干道临街的违章、破旧户外广告、门头招牌和雨阳棚2212户。进一步巩固“一控双达标”成果，全区烟尘控制区面积为19.365平方公里，覆盖率达到88.09%；噪声达标区面积为15.6157平方公里，覆盖率达到71.02%；排污总量控制在标准范围内，空气质量得到明显好转。

五、社会各项事业全面推进。人口自然增长率4.9‰，计划生育率99.94%。教育改革逐步深入，巩固了“两基”达标成果。加强社区建设，建成22个“星光计划”项目点，被民政部授予“全国社区建设示范区”光荣称号。成立了云岩区疾病控制中心、食品卫生监督所，农村三级医疗保健网络建设全面推进，合作医疗覆盖率达60%，基本实现了全区人人享有初级卫生保健的目标。加大“扫黄打非”力度，文化市场进一步净化。全民健身计划推行顺利，群众文体活动空前活跃，组织开展了云岩区第五届文化艺术节等群众性文体活动。大力实施科教兴区战略，抓好科技成果的转化，科技工作取得长足进步，被科技部评为全国科技进步先进区。2002年初区委、区政府确定办理的7件实事已基本完成。

花 溪 区 人 民 政 府

【概况】 全区总面积97684平方千米，耕地面积1.23万公顷，森林覆盖率34.1%。辖11个乡(其中7个民族乡)，3个镇，165个村民委员会，19个居民委员会。年末总人口31.94万人，其中少数民族10.43万人，占总人口的32.65%、非农业人口8.98万人，人口较多的少数民族有苗族、布依族。人口出生率11.2‰，自然增长率5.75‰，计划生育率91%。主要矿藏有煤矿、硅矿等。

2002年，国内生产总值达到27.76亿元，比上年增长11.7%。财政总收入2.16亿元，比上年增长25.58%，其中地方财政收入1.27亿元，增长31.32%；财政支出2.16亿元，增长28.57%，年末，金融机构各项存款余额9.83亿元。

农业基础地位进一步巩固，农业结构调整取得新的进展。2002年，第一产业增加值达4.33亿元，比上年增长3.3%。建成了优质米、优质蔬菜、花卉苗木等一批农产品基地，粮食和经济作物比重为61.1：38.9。全区生猪存栏26.5万头，大牲畜7.16万头，肉类总产量2万吨，牛奶产量3000余吨，畜牧业产值达2亿多元，占农业总产值的比重达36%。被国家环保总局列为第七批创建全国生态示范区，并举办了“’2002中国·花溪生态论坛”。工业经济进一步壮大。机械、化工、建材等成为花溪经济的重要支柱产业，现代中药、绿色食品等后续支柱产业也正在形成。全面启动了花溪现代中药工业园区、绿色食品工业园区的建设，积极进行孟关、合朋工业园区的规划建设工作，巩固发展思丫、黔陶等工业小区。2002年全区工业增加值达7.68亿元，比上年增长12.1%。第三产业进一步发展，实现增加值12.81亿元，比上年增长14.26%。

进一步做大旅游业，加强基础设施建设力度。完成了花溪公园音乐广场、镇山布依族生态博物馆、青岩古镇恢复建设一期工程等一批旅游基础设施项目，综合整治了平桥等景区景点。拆除违法违规建筑5.82万平方米，整治马路市场和占道经营，规范城市片区的市场秩序。荣获全国卫生城市称号和“黄果树”杯城市管理先进单位。

居民生活水平和生活质量进一步提高。2002年，社会消费品零售总额4.74亿元，比上年增长20.98%。全区5个乡镇、87个村达到小康。农民人均居住面积达27.2平方米。农民人均纯收入2371元。城镇居民人均可支配收入6511元，经上年增长8.5%。全区城镇小康生活水平实现程度达到98.5%，高于全省和全市平均水平。年末固定电话普及率每百人11.82部，移动电话用户4.1万人。

大力实施科教兴区战略，积极争创全国科技进步先进区。基础教育工作进一步加强，“两基”达标得到巩固和发展。广泛开展群众性文化体育活动。医疗卫生基础设施不断改善，预防保健工作进一步加强，各类传染病发病率不断下降。

总之，2002年花溪区坚持以邓小平理论和“三个代表”重要思想为指导，按照文化区、旅游区、生态区来定位，实施生态区、旅游区、工业强区战略，经济、社会协调发展，各项事业都取得了新成绩。

【条目】

石秀诗省长视察花溪种草养畜基地

2002年12月4日，省委副书记、省长石秀诗，到花溪区花溪乡洛平村、湖潮乡芦官村克尔索种草养殖基地视察工作、调查研究。在洛平村，石秀诗省长深入到草场仔细查看牧草的长势，认真听取了农业科技人员关于种草养畜工作情况的汇报指出，走种草养畜是贵州山区农业产业结构调整的一种模式，要认真总结经验，积极推广，加快发展步伐。在洛平村奶牛养殖专业户于江明家，石秀诗省长了解到该村通过种草饲养奶牛的农民户户均收入已经达到2.6万元时非常高兴，对陪同考察的区、乡领导说："要切实加强对奶牛养殖户的服务，依靠市场走出一条公司+农户的路子来。"

在芦官村克尔索种草养畜基地，石秀诗省长对这里从新西兰引进的项目给予充分肯定，再三强调要在政府的引导下，用市场这根纽带把科研、项目、公司、农户连接起来，用高新技术武装畜牧业，服务千家万户农民，为农村全面建设小康社会打好基础。

石秀诗省长对花溪区委、区政府把生态建设作为全面建设小康社会的一项主要工作，创建全国生态示范区的做法给予充分肯定，要求花溪区一定把这项工作做好，为全省作一个示范。

王晓东要求花溪开拓创新、加快发展

8月27日，省委常委、市委书记王晓东率领市委常委、市委秘书长秦如培，副市长李忠及市农办、建设、农业、财政、政策研究室等部门负责同志到花溪，对城建、城管、园林绿化和发展观光农业、花卉产业等工作进行调研。王晓东书记在调研时指出：要不断增强建好、建强花溪的责任感和使用感，进一步解放思想，更新观念，统一认识，营造良好氛围抢抓发展机遇，让花溪真正成为全省乃至全国一颗熠熠生辉的"高原明珠"。

每到一处，王晓东书记一行都仔细询问详细了解，并观看规划图，十分关切花溪的发展、建设情况。王晓东说，花溪是一个非常重要的地方，也是一个敏感的地方，花溪的问题不是一个简单的局部问题。花溪发展得如何，倍受省市和社会各界的关注。在花溪工作的同志，一定要不断增强"建好、建强花溪"的责任感和使命感，坚定不移地把发展作为强区争先的第一要务，力争全省经济强县排位前移，以此鼓舞士气，凝聚人心。要坚定不移地实施"旅游兴区"的战略，围绕旅游严格执行好规划，抓好城市基础设施建设，抓好花溪公园等景点景观建设，在提高品味上下功夫；要围绕"大绿化"的观念，结合贵阳市"二环"林带建设，做好绿化的规划，发动全民大搞绿化；同时作为花溪的旅游，一定要提高管理水平，舍得花钱抓好旅游人才的引进和培养，这是发展旅游一个很重要的基础保证，要高起点策划，大胆进行探索，抓好对外宣传，采取多渠道、多形式的方法推展，让花溪走出贵阳，走出贵州。

王晓东强调指出，花溪的发展令人关注，因此要做到"六个坚持不懈"。一是坚持不懈地抓好思想观念的更新，这是搞好一切工作的前提和动力。只有观念的先进性、工作的超前性，才能不断开创新局面。这个问题不解决好，思想和行动就统一不了。解放思想，黄金万两。要克服"左、旧、怕、慢、满"的思想，牢固树立发展观念，一切都要围绕解放思想，营造良好氛围，大抓发展。二是要坚持不懈地抓好战略结构调整。这样，才能发展生产力。如农业要发展观光农业、订单农业、特色农业；工业不要搞污染的，要发展高新技术；第三产业上要下功夫，提高旅游业的配套档次。三是要坚持不懈地抓好城市、城镇建设。这不仅是旅游发展的需要，也是改善人民生活环境的需要，更是可持续发展的需要。要高水平规划、高质量建设，搞好经营城市。特别是新区建设要排除一切阻力，坚定不移地推进。四是坚持不懈地搞好招商引资工作。这就需要开放意识、好的环境。要让投资者有好的回报，这是根本。要反复教育干部群众，不要搞封闭，要不断地开放，树立开明思想。五是坚持不懈地抓好干部队伍建设。要采取多种方式，提高干部队伍的政治、业务素质，特别是驾驭市场经济的能力。

成功举办'2002中国·花溪生态论坛

9月1日至3日，花溪区成功举办了'2002中国·花溪生态论坛。

’2002 中国·花溪生态论坛由全国绿化委员会办公室、国家环保总局生态司为顾问单位，中国生态学会主办，贵州省林业厅、环保局、科协和省生态学会等协办，花溪区人民政府承办。中国工程院院士、东北林业大学教授马建章等全国和省内30多位著名专家、学者以及国家林业局、环保局等有关领导同志参加，收到论文40余篇。

副省长莫时仁、市委副书记罗大林出席论坛开幕式并发表讲话。

莫时仁在讲话中指出，从总体看，贵州省生态保护和建设取得了很大成绩，生态植被恢复得到改善，环境污染治理得到加强，生态意识得到提高，但生态环境恶化的趋势还没有得到有效遏制，实现中央提出山川秀美的目标，任务还十分艰巨。他要求，有关部门应抓住这次论坛的大好时机，认真学习和借鉴专家、学者的观点和意见，在贯彻落实生态保护与建设的战略决策中进一步深化以下认识：生态环境是经济、社会发展的基础，生态恶化是导致贫困的主要根源，决不能靠牺牲环境来换取一时的经济发展；保护生态就是保护生产力，破坏生态就是破坏生产力；重视和加强生态建设，合理配置水资源、治理水土流失、增加植被、改善生态环境，是西部大开发的重要任务；贵州国土面积的2/3属长江流域，1/3属珠江流域，把贵州建设成为两江上游的重要生态屏障是党中央的要求，是全省人民责无旁贷的职责。莫时仁希望这次论坛有力地推动花溪生态建设，实现把花溪建设成为全国生态示范区和人民环境示范区的目标。

罗大林说，花溪作为贵阳市的一个重要组成部分，生态建设与发展面临四个机遇：花溪目前已被国家环保总局批准进入全国生态建设行列，这是花溪生态建设与发展的机遇；国家实施西部大开发退耕还林还草战略，为花溪生态建设提供极强的发展空间；贵阳市实施“136工程”必将促使花溪的生态发展，从而成为第二环城林带的重要组成部分；贵阳市出台的“科技兴市”、“工业强市”、“环境立市”系列战略举措，必将为花溪的生态发展带来新的机遇。他要求花溪借生态论坛之机做好生态规划，为全市生态建设做出样板。

花溪在确立了旅游区、生态区、文化区的发展定位后，省市领导一直关心花溪的生态建设，花溪更是把生态建设作为全区的基础工作来抓，制定了生态建设总体规划，为实现该规划提出的生态建设分三步走目标，尤其进入全国生态示范区建设行列后，花溪已开始全流域治理、林业产业化、采矿规范化及城镇人居化四大工程的项目实施。为使生态建设规划更具科学性，项目实施更具合理性，管理更具规范性，特邀请全国及省内著名专家、学者为花溪生态建设建言献策。

在生态论坛上，各位专家、学者就先进的生态理念和发展模式，资金投入和市场化运作，生态产业布局和发展方向，与当地官员、企业界人士进行了现场的互动式对话，并提出系列旨在推动花溪经济、社会可持续发展的建议和意见。

加强校地联动促进共同发展

6月12日，市委副书记、市长孙国强带领市委常委、副市长高融昆和副市长唐光族，到贵州大学现场办公，建立合作关系，帮助贵州大学解决基础设施建设和环境整治方面的实际问题。

孙国强向贵州大学介绍了贵阳市发展高新技术产业的主攻目标和产业政策，围绕贵州大学和花溪区提出的意见及建议，就如何为贵州大学做好服务和与贵州大学全面合作，向市政府各工作部门和花溪区进行了系统安排。

孙国强强调，贵州大学是全省的综合性大学。贵州大学进入全国100所重点建设大学行列，是中央对贵州的支持，是贵州省的一件大事。我们要充分认识支持贵州大学改革发展对贵阳市和花溪区经济社会发展的重要性，把大学与地方双向互动、共同发展作为一件大事来抓。孙国强要求市有关部门要与花溪区一道，做好规划工作，加强道路建设，整治经营秩序、交通秩序、建设秩序、文化秩序，拆除违章建筑，建设农民新村，为贵州大学的发展创造良好的环境，不辜负党中央、国务院和省委、省政府的希望。

抓好规划、人口、环境、资源、文化五大要素的协调发展，走可持续发展道路

8 月 8 日，市委副书记、市长孙国强在花溪作可持续发展报告时说：要留得方寸地，给予子孙耕；不要吃了祖宗饭，断了子孙路。指出花溪要抓住规划、人口、环境、资源、文化五大要素，实施可持续发展战略，建好旅游、文化、生态大区。

关于发展问题，孙国强指出，除了抓好发展速度和投资问题外，关键是要搞好可持续发展，经济发展决不是以破坏环境为代价的。他说，近几年来，贵阳的环保意识逐渐增强，贵阳的发展已从以前的先污染后治理，边污染边治理转向了先治理不污染的良性循环的城市生态经济模式。对花溪而言，要抓好可持续发展，就要注重规划、环境、人口、资源、文化五个要素的协调。孙国强说，花溪搞旅游，要从文化的角度来认识，旅游不是经济，而是文化，贵州旅游最大的不足就是真山真水中缺少文化。这种文化是一个积累的过程，不能采取硬塞的态度，要注重规划、环境、人口、资源、文化五个要素的互相协调发展。他说，目前花溪面临的最大问题就是规划，把规划认真落实好是当前花溪的第一要务。至于人口问题，人多必然导致环境的破坏，控制人口应在作好人口计划生育的同时减少房地产开发。在环境保护中，水是花溪的灵魂，所以贵阳市下定决心在花溪建设污水处理厂和排污沟，但同时花溪还应注意到对大气和废弃物的治理。孙国强对花溪保护资源方面的工作给予肯定，希望今后少开矿多种树。针对文化问题，孙国强指出文化是历史积累的过程，应引起重视，加强保护。尤其是保护好历史的、民族的文化和发展中的文化，使花溪的文化具有自己的特色。

孙国强市长勾画花溪旅游发展新构架

10 月 23 日，市委副书记、市长孙国强在花溪调研时，为花溪勾画出旅游发展新构架。即花溪旅游要围绕花溪碧水、青岩古镇、都市云顶高原风“三点一线”做文章。

作为一个传统的、老牌的旅游区，花溪已成为贵阳市的主要旅游区和贵州省的重要景区，在全省甚至全国享有较高声誉。但随着人们旅游意识的增强和旅游行业竞争的激烈，花溪的旅游发展面临严峻挑战，为此花溪区斥巨资搞旅游业和重点景区景点的规划，为保住“高原明珠”这一美誉而苦苦探索。

对如何提高花溪旅游品位、打造花溪旅游品牌，孙国强指出，花溪一定要做真正的旅游文化生态示范区，整个旅游重点就是要紧紧围绕花溪碧水、青岩古镇、都市云顶高原风“三点一线”做文章。原有的四点一线已形成气候，青岩古镇的旅游氛围日渐浓厚。孙国强强调一定要按规划把风景区建好，把水资源保护好。高坡发展旅游要立足生态旅游，没有生态，高坡的旅游就失去了意义；要把当地的苗族文化挖掘和整理出来，如悬棺、洞葬等苗族特有文化。对高坡旅游的开发，孙国强还建议做全面规划，做到长短结合。同时，要继续搞好青岩古镇的修复，严格控制乱搭乱建。

提出全面建设小康社会“三步走”战略目标

按照党的十六大全面建设小康社会的总体部署和市委、市政府的要求，结合花溪区实际，花溪区提

出了全面建设小康社会“三步走”的战略目标。

第一步，即2003至2007年，突出攻重点、抓难点，人民生活在总体达到小康生活水平的基础上，全面达到小康生活水平。继续巩固、提高小康建设成果，到2007年，GDP比2000年翻一番，年均增长速度12%左右，GDP总量达到47.2亿元，人民生活全面达到小康生活水平。社会主义民主和法制更加完善，依法治区水平显著提高，人民群众的合法权益得到切实尊重和保障；基础民主更加健全，制度化、法律化充分体现；社会秩序良好，人民安居乐业。

第二步，即2008至2013年，巩固、提高全面建设小康生活水平的成果，总体上实现建设小康社会的目标。到2013年，GDP比2000年翻两番，平均增长12%，GDP总量达到93亿元，总体上建成小康社会。公民的思想道德素质，科学文化素质和健康素质明显提高；现代国民教育体系、科技和文化创新体系比较完善，全民健身和医疗卫生体系比较健全；城市全面普及高中阶段教育，农村基本普及高中阶段教育，消除文盲。形成全民学习、终身学习的学习型社会，促进人的全面发展。

第三步，即2014至2020年，全面提高建设小康社会水平，与全国同步实现全面建设小康社会的目标。到2020年，GDP比2000年翻三番，年均增长速度12%左右，GDP总量突破200亿元，实现全面建设小康社会的目标。经济结构更加合理，综合经济实力明显增强，社会保障体系健全，城市化水平大幅度提高，城乡人民生活更加富足。可持续发展能力不断增强，人口、社会、生态协调发展；各类资源得到有效保护和合理利用，城乡人民的生存环境得到显著改善，全区走上生产发展、生活富裕、生态良好的文明发展道路。

开辟工业强区新空间　迈出经济发展新步伐

9月28日，花溪现代中药工业园区建设开工暨园区企业奠基仪式在羊艾茶场隆重举行。

花溪现代中药工业园区被市市委、市政府确定为贵阳市四个医药工业园区之一，是花溪区委、区政府调整产业结构，发展区域经济的重大举措。

花溪现代中药工业园区位于花溪区行政中心的西南面，贵州省羊艾茶场内，距花溪中心区20公里，贵阳32公里，规划用地面积2.2平方公里。花溪现代中药工业园区占地面积1.2平方公里，拟引进10—15家制药企业和绿色食品企业。园区实行统一管理与服务，即对供水、供电、绿化、治安等由园区管理委员会实行统一管理。在园区内的生产区、办公区、生活区，实行功能分区、分别建设和管理。目前，园区的路网已形成，其他基础设施已开工建设。有10家企业已签订正式协议，有5家企业签订意向性协议，其中有3家企业已进场施工，2家企业正在作进场施工的准备工作。

确定生态建设目标

进入新世纪，花溪区委、区政府把生态建设作为全区的基础工作来抓，确定了实施生态立区战略，建设生态大区的战略目标。

花溪区生态建设的定性目标是把花溪建设成为花园式的经济强区；定量目标是把花溪建设成为全国生态示范区、全国人居环境示范区。近期目标是到2005年，创建成为全省人居环境示范区、国家环境保护模范城市、全国生态示范区主要指标达标；中期目标是到2010年，创建成为全国人居环境示范区，并力争有部分项目申报联合国人居环境奖；远期目标是经济、社会、环境三者相互促进，协调发展，环境质量保持良好水平，全区生态系统进入良性循环，社会经济呈可持续发展势态。

启动爱情·亲情·友情生态文化园建设

10月6日，花溪区启动“爱情、亲情、友情”生态文化园建设。

“爱情、亲情、友情”生态文化园选址花溪至石板公路沿线，紧挨镇山民族文化村，重点建设范围是公路靠近花溪水库一侧的大片荒山，处于花溪水库的生态建设区域，面积3000多亩，由爱情园、亲情园和友情园三大主题园区组成。

亲情园：主题为“相识自然”。突出生物多样性，选择在生物进化上有特点，在文化上有典型意义的树种进行种植，同时利用花溪所产的生物化石及有关图片在亲情园中建设进化博物馆。目的是让父母带着孩子到园中去认识自然界，从而学到相关知识。拟种的树种有：苏铁、贵州苏铁、银杏，青岩油杉、柳杉、水杉、侧柏，千香柏、福建柏、圆柏、福建柏、三尖杉、红豆杉、红花木莲、厚朴、荷花玉兰、黄兰、含笑、观光木、鹅掌揪、樟、楠木、檫木（山樟木）香叶树等百余种。

友情园：主题为“珍爱自然”。体现对自然的关爱，游人亲自动手栽种认管树木。活动有认养树木，夫妻共植“同心树”，小孩植“成长树（与我们一起成长）”，老年人植“常青树”等。主要树种有女贞、桂花、猴樟、白榆等。

爱情园：主题为“享受自然”。分为春、夏、秋、冬四景。

对种下的“爱情树”、“亲情树”、“友情树”，组织专门管护队伍，进行精心管护，通过电脑统一编号，便于游客今后查找。

成功举办首届花溪浪漫节

9月21日至10月26日，花溪区成功举办了首届浪漫节。首届花溪浪漫节是花溪区委、区政府引进全新思维理念和经营模式之后，采取企业化运作的一次成功尝试。以高原明珠中秋赏月、浪漫花溪旅游花会、伴侣牵手第一爱河、假面真情化妆舞会四大主题活动及花溪公园内的奇花异草、天津民间艺术精品、蜀汉风竹文化展等深深吸引了广大游客，滇黔民族歌舞、湖南水上芭蕾、河北吴桥杂技、周末狂欢夜等，让游客目不暇接，参与其中，乐而忘返。特别是以“爱情·亲情·友情”为主题的生态文化园建设的启动，作为打造花溪旅游文化品牌的点睛之笔，增强了群众参与性，深受游客好评。

整个浪漫节期间，包括免费、优惠入园观赏的团队、个人在内，浪漫节主活动场花溪公园共接待游客22万余人次，比去年同期增长50%，其中，接待旅行社团125个，省外游客占60%，收入近300万元，比去年同期增长260%，创历史最高。

花溪浪漫节的成功举办，标志着花溪旅游产业已迈上了一个新台阶，进入了一个新的发展阶段。今后，花溪区将坚持“相对稳定、形成品牌，政府引导、企业经营，游客参与、从小到大”的原则，把浪漫节作为每年的旅游文化主题活动长期办下去，使之成为花溪旅游的品牌，成为花溪的旅游精品。

煤锈水治理取得新成效

花溪区首家专门治理煤锈水的联合污水治理站在久安建成，经数月的试运行后，于10月21日通过验收。

该治理站由久安银洞、长岭岗、富林三家煤矿共同出资55.9万元兴建，日处理煤矿污水1000吨。该站于今天4月6日顺利竣工，经过几个月的试运行和报请市环境监测中心站的多次验收监测，出水水质达到国家一级排放标准。这是我区首家试点成功的煤锈水治理项目。它的建成使花溪区煤矿行业的废水排放改变了过去随意排放和简单中和处理排放的落后面貌，解决了阿哈水库及周围农田的煤矿废水污染问题，打破了制约煤矿自身发展的瓶颈。

农村税费改革成效显著

按照中央、省、市农村税费改革总体部署，花溪区自4月30日起全面铺开农村税费改革工作，把减轻农民负担真正落到实处，税改前，全区农民负担额为874.7万元，改革后农民负担额为557.49万元，减负317.21万元，减负36.27%。

启动农村计生养老保险

为推动计划生育工作，解决农村计生户的后顾之忧，贵阳市出台了一系列计生优先优惠政策。在省市统一部署下，花溪区带头做好为计生户办实事的帮扶工作，区委、区政府把落实农村独生子女户、双女结扎户养老保险列为今年为民办的八件实事之一，投入228万元为第一批符合条件的2075户独生子女户和双女结扎户办理计划生育养老保险。

花溪区四大班子领导人名录

中共花溪区委（七届）：

郭应祥　王真霖　蒋士勇　曾德书　韩金生　宋　宪　张富杰（挂职）

王春雷　蒋志伦　田　平　周　进　任渝生　谌业华　禹小阳（挂职）

索美英（女，布依族）

花溪区人大常委会（十三届）：

王弟煌　张玉华（女）　熊耀廷

申万荣　刘开英（女）　王道金（苗族）　罗效云（布依族）

花溪区人民政府（十三届）：

王真霖　田　平　郭友苏　张新公（挂职）　陈晓林

陈云贵　楚湘黔　茅爱华　禹小阳（挂职）　井绪西（女）　班德勋（布依族）

花溪区政协（六届）：

李秀明　王文丕（女）　杨定乾　王　刚（布依族）

刘开柄　赵丽萍（女）　韦正芳（女，布依族）

贵阳市地方税务局

【概况】 2002年，市地税局在市委、市政府和省地税局的正确领导下，坚持以邓小平理论和“三个代表”重要思想为指导，认真贯彻党的十六大精神，按照年初全市经济工作会议和全省地税工作会议确定的任务目标，以该局党组年初提出的“夯实基础、转变作风、调查研究、抓好落实”的工作思路为指导，紧紧围绕组织收入这个中心，进一步落实“加强征管、堵塞漏洞、惩治腐败、清缴欠税”的税收工作方针，扎实做好“依法治税、从严治队、科技加管理”三篇文章。经过全系统干部职工的共同努力、提前超额完成了省地税局下达的收入奋斗目标，实现了市政府确定的“四个二十”的奋斗目标，确保了全年收入任务目标和其他各项工作任务的顺利完成，为全市经济发展和实现“强市升位”目标作出了积极贡献。

【地方税收收入完成情况】 据统计，2002年，贵阳市地税系统累计组织地方各项收入入库260,649万元，为市政府年度计划的103.05%，为市政府奋斗目标的101.03%，比上年同期增长17.99%，增收39,741万元。其中：税收收入入库248,564万元，比上年同期增长18.09%，增收38,079万元；教育费附加入库12,085万元，比上年同期增长15.95%，增收1,662万元。同时，累计代征文化事业费1,185万元，其他收入56万元，地方教育费附加2,667万元，价格调节基金2,701万元，再就业基金46万元，失业保险基金120万元，养老保险金78万元。

分级次看，中央级收入入库34,783万元；省级收入入库20,840万元，比上年同期增长6.27%，增收1,229万元；市级收入入库106,300万元，比上年同期减少1.83%，减收1,980万元，但按2001年同口径对比，市级收入则完成122，797万元，比上年同期增长20.18%，增收20,618万元；区（县）级收入入库98,726万元，比上年同期增长6.14%，增收5,710万元，如按2001年同口径对比，区（县）级收入则完成116,096万元，比上年同期增长24.81%，增收23,079万元。

从各征收单位完成情况看，各区、市、县局均完成了年度计划，其中，云岩区局、南明区局、乌当区局、花溪区局、修文县局和息烽县局均完成了年度奋斗目标。

分税种看，除企业所得税、土地使用税、投调税和屠宰税外，其余各税种均有不同程度的增幅，特别是个人所得税首次突破3亿元，达到3.7亿元，比上年同期增长52.38%，增加1.28亿元，绝对额仅次于营业税，跃升为第二大税种。

【地方税收收入的特点及分税种收入情况】 2002年贵阳市继续坚决执行中央积极的财政政策，全市经济继续保持平稳增长势态，经济运行进一步朝着好的方向发展，为税收的增长奠定了基础。

分产业来看，第二产业完成税收入82,799万元，占税收收入的33.31%，比上年同期增长52.46%，增收28,490万元，其中，采掘业完成4,235万元，制造业完成30,413万元，电力、煤气及水的生产和供应业完成9,144万元，建筑业完成39,007万元；第三产业完成税收165,768万元，占税收收入的66.69%，比上年同期增长6.15%，增收9,596万元，其中：交通运输、仓储及邮电通讯业完成22,285万元，批发和零售贸易及餐饮业完成26,052万元，金融保险业完成19,964万元，房地产业完成33,023万元，社会服务业完成40,058万元，其他行业完成24,386万元，从以上数字可以看出第三产业实现的税收在税收来源上处于举足轻重的地位。

分企业类型来看，2002年的税收收入中，国有企业入库80,255万元，占税收收入的32.29%；集体企业入库21,004万元，占税收收入的8.45%；股份公司入库86,897万元，占税收收入的34.96%；个体经营入库22,483万元，占税收收入的9.05%；港澳台和外商投资企业入库7,287万元，占税收收入的2.93%。

分税种完成情况看，除土地使用税、企业所得税、投调税和屠宰税外，其余各税种都有不同程度的增幅。其中营业税和个人所得税增收额较大，这两个税种的增收额就达35,201万元，占全部增收额的88.58%。作为主体税种的营业税累计入库118,466万元，比上年同期增长23.27%，增收22,366万元，其增收额列各税种第一位。

【切实开展日常税收检查和专项检查，整顿规范税收秩序工作成效显著】 2002年，市地税局本着以查促收、以查促管的原则，认真组织开展了以管理服务为主的日常检查和专项检查。一年来，该局根据《国家税务总局关于2002年税收专项检查工作的通知》精神和省地税局的安排，按照市政府开展税收大检查的要求，将2002年地方税收检查工作的重点放在集贸市场、跨地区经营的集团性企业、异地设立分支机构从事经营活动的企业、上市公司、医药卫生和各类学校等事业单位、涉外企业、房地产行业、餐饮业、娱乐业，着重检查了这些行业与企业的企业所得税、营业税。同时，该局还按照省局要求对律师、会计师等中介机构、烟草电力电讯等高收入行业、个体工商大户、演职人员等高收入群体开展个人所得税专项检查，着手规范并建立高收入者个人档案，至12月31日，市地税局共对200多户企业和600余名高收入个人建立了档案数据库。

为进一步规范贵阳市的税收秩序，堵塞税收漏洞，防止税收流失，从2002年初，市地税局就按照省局、市整顿和规范市场经济秩序领导小组2002年度整顿和规范经济税收秩序的要求，部署了今年的专项整治工作。针对全市集贸市场、专业市场征管工作中存在的问题和不足，该局采取措施加强整治，按照《全省集贸市场、加油站、建筑市场、旅游市场专项整治联合行动方案》的要求，对全市147个集贸市场和专业市场经营户的税务登记、纳税申报、税收征管等情况进行了模底调查，并联合工商、公安及其他相关部门，对5637户市场经营户进行检查，通过检查，加强了纳税户的管理。目前，全市集贸市场、专业市场的税收管理情况总体良好，经营户的办证率和申报率均在90%以上。

【以加强发票管理为重点，从重从严打击各种涉税违法行为】 贵阳市发票“双奖”活动的深入开展，使消费者索取发票和举报打假的观念基本形成。2002年，市地税局发票查询中心接消费者电话查询登记81万余次，登记的有效发票62万张；举报1298个，经检查，处罚880户，罚款计35万元。

市地税局在发票“双奖”活动的基础上，于2002年11月推出“即开型”发票，进一步强化了发票管理。从全年地方税收收入增长额分析，发票“双奖”活动和“即开型”发票所带来的税收增长达1.27亿。从发票用量情况来看，全年共发售各类发票140万多本。比去年增长2倍多，增加80余万本。发票领用户发票用量的同期增长，充分说明我市“双奖”活动得到进一步巩固，为税务机关核定经营户的真实营业收入提供了有力的依据，保证了国家税收尽可能及时足额入库。

【加快信息化建设步伐，促进税收征管效率质量的提高】 2002年，随着市地税局机构改革的稳步到位，该局领导班子就着手思考如何结合贵阳市地税工作现状，积极做好信息化支持下的征管改革工作这篇文章，在充分考察造型的基础上，2002年5月，省地税局批准同意并委托该局开发“贵州省地税系统税收征管和行政管理软件”，该局在2001年建成金系统城域网的基础上，于10月底前，完成了贵州省地税局税收征管和行政管理软件的设计，目前，这套征管及行政管理软件已经在小河区地税局、云岩区地税局、南明区地税局试运行，效果达到预期目标，估计可在2003年内实现税收数据的集中管理及综合运用，这将对全市地税系统税收征管工作和行政管理工作的进一步规范化发挥积极的促进作用。

【突出税收宣传工作实效性，营造良好税收环境】 2002年4月，以“诚信纳税、利国利民”为主题的全国第11个税收宣传月拉开帷幕，贵阳市地税系统紧紧围绕“诚信纳税、利国利民”这一宣传主题，大力宣传“弘扬诚信、依法治税”、“打造诚信、铸就品牌”的地位和作用。在税收宣传月期间，我局按照“创新、通俗、平易”的原则，着眼于税收宣传的广度、深度，采取举办文艺表演、现场有奖答题竞赛、走进直播间接听热线、与省电视台、市国税局联合拍摄“诚信纳税”访谈录等多种宣传形式开展宣传，通过宣传让社会各界充分认识树立信用的重要性，充分认识依法覆行纳税义务的责任和意义。在宣传期间，该局与市国税局紧密配合，齐心协力、高质量地完成了预定的各项宣传活动。此外，全市各区、县（市）地税局也按照省、市有关税收宣传月活动的通知精神，相应成立了以第一负责人为组长的税收宣传月活动领导小组。根据本地区的实际工作情况，在本级党委、政府的支持下，在国税、财政、工商、公安等部门配合下，将辖区内的税收宣传月活动开展得有声有色。市地税局税收宣传月活动期间的各项活动，在全省地税系统税收宣传月活动项目评比中获3个奖次，其中“诚信纳税”访谈录获一等奖，文艺表演、有奖答题竞赛、走进直播间接听热线等发票系列宣传活动获二等奖，另外，市地税局还获得了税收宣传月活动组织奖。

【队伍建设取得成效，机关作风明显转变】 2002年，市地税局党组在抓税收任务、抓征管的同时，不忘抓队伍作风建设，该局紧紧围绕“抓班子、带队伍、促税收”这个重要环节，不断加强和改进思想政治工作。通过开展职业道德教育以及《公民道德建设实施纲要》的学习，有效的强化了广大干部职工的廉政意识和服务意识及道德观念，坚定了队伍信念，并通过着手拟建廉政监控新机制，落实过错责任追究，做到权利运行到哪里，对它的监督制约就延伸到哪里，改变了以往少数干部办事拖拉、税容不整的问题，从而树立了良好的地税形象。

2002年，市地税局党组理论中心组在认真组织学习十六大精神、江泽民同志“5.31”重要讲话精神同时，组织全局党员、干部对十六大精神、“5.31”重要讲话展开学习，以此武装深化我局干部职工的思想认识，不断增强服务意识，改变工作作风。

围绕年初市地税局党组提出了“夯实基础、转变作风、调研研究、转变作风”的工作思路，全市各级地税机关在市局党组的领导下，以务实负责的态度，从经济税源、税收征管、组织建设等方面积极组织开展调研，以丰富实在的调研成果指导实践，成效显著，成为推动该局2002年各项工作顺利完成的重要因素之一，也是我局落实十六大精神和“5.31”讲话精神的实际体现。

附表：

2002年贵阳市地方税务局各项税收收入完成情况

单位：万元

序　号	项　　目	实际完成数	比上年增减（%）
1	各项收入合计	260, 649	17. 99
2	一、税收收入	248, 564	18. 09
3	1、营业税	118, 465	23. 27
4	（1）金融保险	15, 585	9. 92
5	（2）交通运输	8, 469	-5. 64
6	（3）建筑安装	29, 511	42. 81
7	（4）服务	32, 085	27. 04
8	（5）其它	32, 815	21. 42
9	2、资源税	3, 319	10. 67
10	3、土地使用税	4, 183	-1. 20
11	4、企业所得税	32, 229	-8. 80
12	（1）国有企业所得税	6, 403	46. 93
13	（2）集体企业所得税	5, 198	-35. 16
14	（3）股份制公司	17, 839	-12. 56
15	（4）私营企业所得税	1, 829	51. 03
16	（5）其他企业	960	-28. 99
17	5、个人所得税	37, 338	52. 38
18	6、投资方向调节税	216	-82. 97
19	7、城建税	30, 872	7. 24
20	8、印花税	2, 860	39. 85
21	9、土地增值税	1, 499	87. 84
22	10、房产税	16, 673	23. 41
23	11、车船使用税	772	12. 70
24	12、屠宰税	138	-36. 41
25	二、教育费附加	12, 085	15. 95

贵阳市民政工作

二〇〇二年，在贵阳市委、市政府的正确领导和省民政厅的指导下，全市民政部门紧紧围绕改革、发展、稳定的大局和西部大开发战略，与时俱进，开拓创新，勇于探索，狠抓落实各项工作取得显著成绩。继二〇〇一年后，今年再次荣获全省民政目标考核综合第一名，十个单项也荣获目标考核第一名。

——强化规范管理，城乡居民最低生活保障工作呈现新局面。全市享受低保人数为78785人，比上年增加12733人。发放低保金4910余万元，比上年增加3257.15万元。重新修订并出台《贵阳市城市居民最低生活保障办法》、《贵阳市城市居民最低生活保障办法实施意见》。公开向社会招聘临时专职低保工作人员500余名，经培训后充实到区、县（市）、乡（镇、街）和社区，为全面加强低保管理工作奠定了良好的基础。

——积极推进城市社区建设。云岩、南明两城区被民政部授予全国社区建设示范区称号。强化社区功能，完善社区服务。全市社区服务中心已发展到548个，社区服务和便民利民服务网站10263个；建成老年服务设施367个，优抚服务设施162个，残疾人服务设施208个，婚姻、殡葬服务点1822个。建成社区医疗卫生服务中心34个，卫生服务站（点）30多个。

——精心组织，圆满完成了全市第五届村（居）委会换届选举。427个社区居委会和1171个村委会换届选举工作任务全面完成，共选举产生村（居）委会成员7376人，其中，村委会成员5290人，居委会成员2086人。共培训新当选干部7376人，完成任务率100%。建立乡（镇、街）政务公开栏115块，占乡（镇、街）总数的100%；建立村务公开栏1171块，占村总数的100%；建立居务公开栏427块，占社区居委会总数的100%。各类公开栏的平均公开期数为四期。——全年共投入救灾经费2269.89万元，共救济225208人。其中，安排口粮救济款1561.54万元，发放救济粮868.3吨，救济缺粮人口179103人；发放医疗救济款13.5万元，救济伤病灾民809人；发放转移安置款50.8万元，转移安置受灾人口2108人；建房投入644.05万元，恢复灾民建房866户2597间，维修房屋5181间。发放捐赠衣物和救济棉被27.3万件（床），折合人民币270.3万元，救济人口43188人。全市建有经常性社会捐助接收站（点）475个。全市接收捐赠衣物273073件（套）、救济12.5万人。

——坚持以培育发展、监督管理为重点，社团年检工作为主导，不断加大查处工作力度。全年共完成社会团体注册登记审批并颁证9家，社团筹备审批2家。民办非企业单位注册登记审批颁证17家，受理申请2家。市级社团年检应参加146家，实参加141家，占96.6%。完成年检119家，占81.5%。清理完善分支（代表）机构登记工作颁证29家，办理各类变更登记33家。查处未经注册登记、擅自以社会团体名义开展活动的非法民间组织2家和擅自以民办非企业开展活动的非法民间组织，摘牌关闭7家，处理违规操作5家。

——积极稳妥地推进安置改革，双拥优抚工作结硕果。今年全市共接收退役士兵1962人。其中，城镇退役士兵1018人，农村退役士兵835人，转业士官109人。符合政策应安置人数1129人（含伤残军人），回农村安置833人，按规定全部安置完毕。城镇义务兵就业前培训率达100%。共发放待分配期间生活费60余万元。退役士兵自谋职业18人，发放补助金28万元。农村退役士兵两用人才开发使用率为100%。

全市党政军继续和发扬双拥工作的光荣传统，元旦、春节、八一期间广泛开展拥军优属活动，组成慰问团慰问驻筑部队、军干所、荣军康复中心及部分重点优抚对象，举办军民迎春文艺晚会。部队官兵为贵阳市的建设积极贡献力量。全市有优抚对象61512人。其中，革命伤残人员2023人，三属373人，在乡老复员退伍军人4650人，优待总金额400万元，农村义务兵家属优待金1773户，328万元，人均1850元。提高在乡老复员退伍军人定期定量补助标准。最低标准达732元/人。

——加强殡葬法规建设，殡葬管理工作逐步走向法制化，规范化管理。9月，《贵阳市殡葬管理实施规定》正式实施。全年出动执法车辆160余车次，人员600余人次，收缴冥市2万余张，纸扎封建迷信丧葬用品160余对（个），销毁纸钱500余听。火化尸体13476具，与去年同期相比，火化量增长15.5%，年火化率达75%，比上年增长14个百分点。市行政区域内高等级公路沿线散葬坟墓绿化工作得到有效加强，公墓建设积极推进。

——社会福利社会化进程稳定推进。四院共收治、代养老人、孤儿、精神病患者833人。其中：社会福利院收养170人，代养72人；第二社会福利院收养140人，代养72人；儿童福利院收养266人；精神病人福利院收（代）治病人133人。四院全年创收219.8万元。市按摩诊所治疗2.5万人（次），实现创收62.7万元。市社会福利机构已发展到14家，床位17775张，收养老人儿童1106人，比去年增加14.4%。区、县（市）福利企业完成销售收入7000余万元，市属福利企业完成销售收入1863万元，超任务10.9%。

——“微关列车”项目：全年共治疗381人，手术成功率100%；全年销售福利彩票557万元，筹集福利基金205万元；计生“三结合”帮助650户，实际完成帮扶737户；依法办理结婚登记23669对，离婚登记1843对。其中涉港、澳、华侨结婚登记70对，离婚登记2对。登记合格率100%。培训婚姻登记员70名，批准设置婚介所25家；全市收容“三无”人员20851人,，其中遣送本省2383人，遣送省外578人，资助买票返乡543人（次）。全年出动收容车辆1080车次，工作人员4320人次，创收190余万元，超额完成了任务。

——民政信访工作成绩显著。共接待来访群众812人（次）。收到群众来信120件。编发《贵阳民政信息》18期，《贵阳民政简报》39期，编印《贵阳民政》内部刊物5期。编辑出版了《情暖人间》一书和《奋进的贵阳民政》大型画册。完成了民政部两报两刊征订任务。中央电视台采播我市民政新闻2次，《中国社会报》采写新闻报道及专刊共12篇，省、部级发表有关民政工作新闻稿件20篇，市级11篇。

社会治安综合治理，财务统计、纪检监察、干部培训等工作都取得了较好的成绩。

贵 阳 市 交 通 局

【概况】 2002年，我市交通工作立足全市经济社会发展要求，开拓进取，抢抓机遇，交通基础设施建设力度明显加大，道路、水路运输发展步伐明显加快，交通行业精神文明建设明显加强，全面完成了市委、市政府各项目标任务，完成县乡公路改造硬化工程610公里，占计划122%，率先在全省实现“乡乡通油路”。全市公路通车里程突破10000公里；县公路好路率达75%，超十二个百分点，差路率控制在1%以内，减少了一个百分点；完成了航天大道国债建设工程和贵开路大营坡至云锦庄段城市一级于道重点工程，提前实现通车；完成开阳汽车站的主体工程；完成息烽顺江码头的配套工程和基础工程；道路运输经济总量取得新突破。实现客运量17518万人次，超任务21%，旅客周转量3.48亿人公里，超任务9%，货运量4105吨，超任务13%，货运周转量1.24亿人公里，超任务8%。2002年全市交通工作跃上一个新台阶，为我市国民经济持续快速健康发展和社会稳定作出了积极贡献。

【公路建设取得历史性突破】 2002年，市委、市政府进一步加大对公路网建设力度，把加快交通基础设施建设，作为实践“三个代表”重要思想，发展地方经济，促进农民脱贫致富，推行城乡一体化建设，加快小康建设的重要工作，举全市之力，广开门路，多方筹资，在全市掀起了干线公路、经济热线、旅游公路、扶贫公路的建设高潮，使我市公路建设进入了一个飞跃发展的全新时期，实现了两个历史性突破：在全省率先实现“村村通公路”后又率先在全省实现“乡乡通油路”；全市公路通车里程突破1万公里。

【全力以赴，抓好重点公路建设】 贵开路大营坡——云锦庄段公路改造工程全长10.57公里，按公路Ⅰ级兼城市主干道一级道路建设。在2001年广大工程技术人员的艰苦努力下，主体建设工程完成80%。2002年在市委、市政府的高度重视下，在有关部门的积极配合下，广大工程技术人员抓质量、抢进度，克服各种困难，于5月底完成工程全线施工任务，6月底已实现全面通车。

航天大道建设工程是贵阳市重要的国债项目，是完善城市道路交通骨架的重要工程。该项目建成后，将成为我市重要的快速出口通道之一，并发挥接贵阳与开阳的重要枢纽作用，提高和改善乌当区经济发展的投资环境，同时也是市委、市政府为培育乌当区国民经济新增长点的重大举措，对乌当区国民经济发展将起到不可估量的作用。该工程属二级城市道路兼二级公路，全长6.039公里，路幅宽度30米。自2001年5月开工以来，得到了相关单位的大力支持，组织管理体系有力，施工队伍素质高、能力强、积极配合、服从管理。在建设管理上，成立了工程建设指挥部，规范施工严格操作，率先引进廉政机制，成立了党支部并发挥其战斗堡垒作用，使党风廉政建设始终贯穿航天大道的建设之中，受到国家审计署的肯定和赞扬。至2002年8月28日，航天大道向全市人民交了一份满意的答卷。

【圆满完成500公里新改建和硬化任务】 2002年，500公里公路新改建和硬化工程是市委、市政府确定要办的十件实事之一。为此，市政府成立了由分管副市长任组长、市交通局局长任副组长的“市公路建设领导小组”；各区（市）县也成立了相应机构，切实加强对这项工作的领导，各级交通部门严格遵照基本建设程序，加强项目立项和招投标管理，加大工程施工监督和监理力度，今年全市投入公路建设资金27334万元，其中省投入2283万元，市财政投入6000万元，区县匹配5051万元，市交通局贷款14000万元，完成60条610公里公路改造硬化，上下同心，高质量地完成了今年的公路建设任务。

【响应号召，积极实施改茅工程】帮助农村贫困户改造茅草房是市委、市政府为我市广大贫困农户改善生活条件所采取的重要举措，市交通局对此项工作高度重视，充分认识到这是实践“三个代表”的具体体现，是党和政府为老百姓办的一件大实事、大好事，从而主动请战，将市扶贫办下达的计划从20户增加到40户，并切实加强领导，健全和调整充实工作机构，统一思想，提高认识，落实经费来源及管理，安排工作日程等，由市交通局帮扶的40户贫困农户修建新房已于2002年10月底全部竣工，提前完成市委、市政府下达的目标任务. 在改造修文县小箐乡贫困户茅草房的过程中，结合实际，充分发挥行业优势，对小箐乡实施住、行、用综合扶贫，投入50万元对小脊乡街道进行改造，投入60万元为小脊乡修建改造了两条乡村公路，为当地农民脱贫致富奔小康提供了有利条件。

【贵阳市地方海事局成立】 根据交通部统一部署，省编委、省交通厅《关于全省水上交通安全监督管理机构更名及有关事项的通知》精神，为进一步加强我市水上交通安全监督管理工作，为水上交通安全提供管理保障，2002年12月31日，挂牌成立了贵阳市地方海事局，市地方海事局主要负责辖区内各项海事业务工作的统一管理，承办辖区内重要业务工作的组织、管理，按分级管理的原则组织调查处理水上交通事故和船舶污染事故；对所属机构的执法和其他工作进行监督检查，负责划定、调整所属海事机构管理区域，负责船舶港务费、船舶检测等规费的征收、解缴工作，负责对水运企业、各种运输船舶和水路运输服务企业的资质审查及经营活动的管理等。

【整顿规范运输市场秩序，扎实工作，树“窗口”形象】 2002年，全市交通系统进一步夯实行业管理基础，深化行业经济改革，加快产业结构调整，规范道路运输市场秩序，全面促进了道路运输市场秩序的明显好转，道路运输产业结构更加合理，运管队伍正规化建设取得了显著成效。

（一）道路运输市场秩序进一步好转。市交通局积极参与全市创建文明林城整治交通秩序活动，联合交警等部门采取有效措施，规范长途客运行车路线和秩序，对“揽客”、“拉客”、“甩客”、“兜客”、“卖客”等违法行为进行全面整顿。严格执行车辆安全例检制度，杜绝病车上路，超员出站。加大对道路化学危险货物运输的整治力度，坚决将不具备资质的单位和车辆进行清理整顿，取消营运资格。有针对性地对大型物件运输市场进行专项治理，成立了专项整治领导小组和稽查小组，对违规运输的车辆进行了查处，规范了运输市场秩序，积极开展旅游市场打假打非专项整顿工作，加强旅游市场管理，圆满完成春节、“黄金周”期间旅客运输任务。为了有效禁止驾培市场无序竞争，降低培训揽生源等现象，对全市驾培市场进行了专项稽查，使驾驶培训工作进一步规范。采用先进科技提高运政管理水平，设立了以计算机网络为核心的办证大厅，GPS全球卫星定位系统已安装调试成功。

（二）水运安全管理进一步加强。水运安全按照行业规范管理要求，围绕“四个明显和一个确保”目标做了切实有效的工作。一是严防死守，把好重点时段水上安全关，确保三个黄金周和旅游旺季的水上安全，加强统筹安排和组织协调，做好对码头渡口的监控和现场管理，既确保运输需要，又保证安全万无一失，杜绝了水上安全事故的发生。二是加强日常管理，确保水上运输安全，加大对监管水域船舶的检查力度，取缔无证经营。三是搞好重点水域的整治工作，按交通部、省厅的统一部署，对百花湖、东风水库、乌江库区、红枫湖等重点水域进行了水运安全重点整治，取得了显著成效。

（三）规范汽车维修行业管理。按照年初确定的目标，汽车维修行业管理工作重点抓了五个方面：一是加大执法力度，依法进行汽车维修市场整顿工作，维护汽车维修市场秩序。根据国务院《关于整顿和规范市场经济秩序的决定》，针对无证经营、占道修车、违规经营等突出问题，进行了专项整治工作，促进了汽车维修市场的健康发展，二是加大宏观调控力度，优化行业结构。落实调整方案，控制数量，提高质量，扶持特色企业，管理好骨干企业，引导企业规模经营内涵发展，提高科技含量，走规范化、专业化的路子，不断增强服务水平。随着本田、丰田、别克、帕萨特等一批知名企业维修站的设立，对全市维修企业起到了示范作用。三是严格开业审批和年度审验制。严把准入关，资格审验关，对不符合条件的坚决不准进人维修市场。对审验不合格的据情予以降类和注销处理，通过优胜劣汰，全年降类 32 户、注销 192 户，达到优化结构的目的。四是开展维修培训，提高从业人员素质，举办国标培训班 4 期共 1450 人。五是做好车辆技术等级评定检测工作，确保汽车安全营运。全年共进行技术等级评定 1. 8 万辆次，复检 2 万多辆次，补审 1000 多辆次，并通过主动上门服务，减少了区县车主的费用，受到广大营运车主的好评。

【交通法制建设成效显著】2002 年，市交通局立足我市大规模公路建设需要，加强地方立法工作，使公路达到“建、管、养”并重，5 月 13 日，经市人民政府常务会议通过《贵阳市属列养县乡公路管理办法》，有针对性地解决了公路“建、管、养”问题，促进了县乡路网建设。加大依法行政工作力度。从加大立法，突出重点，深化普法教育入手，从严治政，依法行政，加强行政法制建设。并进一步规范监督检查机制，不断增强执法检查力度，整体推进行业执法；进一步提高了依法治理效果，将依法行政和依法治理工作贯穿各项工作始终。进一步加强交通法律法规宣传，增强广大干部职工的法律意识和法制观念。

【安全责任，重于泰山】 交通安全工作，坚持包保责任制，抓好安全防范制度建设，加大督促检查力度，精心部署，狠抓落实，将安全工作与其他工作同安排、同检查、同落实，促进了安全工作的开展。一是提高认识，加强领导。各级交通部门和各企事业单位，认真学习安全生产一系列重要指示和通知精神，进一步增强安全生产的意识，全局上下形成主要领导亲自抓分管领导具体抓，其他领导配合抓，责任部门抓落实，上下联动，齐抓共管，形成合力的领导机制；二是强化安全责任制，坚持谁主管，谁负责的原则，层层签定安全目标责任制，任务明确，责任到人，奖惩分明；三是加强安全生产事前防范工作，加大检查力度，找死角，查隐患，把事故隐患消灭在萌芽状态，有效地减少和避免了交通安全事故的发生。在三个黄金周及重要时段防洪防汛的工作中做到工作有预案，确保人、财、物到位，精心组织，认真部署，全力防范，全市水上交通和公路工程建设没有出现一起死亡事故。四是抓安全生产宣传教育工作，充分发动群众，大力开展安全生产宣传教育活动，深入开展“安康杯”、“反三违月”和“安全月”活动，全系统共出安全宣传情报 185 期，广播宣传 3100 小时，电视播放警示片 250 小时，发放宣传资料 53 余份，挂条幅 210 条，举办培训班 82 期，使安全生产工作成为一项群众性工作，增强了广大群众安全意识。

【抓党风，整政风，带行风，促进交通行业两个文明协调发展】

（一）党建及思想政治工作进一步加强。

2002年，市交通局进一步加强基层支部标准化管理，抓好党员培养工作，积极开展党员活动，充分发挥基层党组织战斗堡垒作用和党员的先锋模范作用。并按照局党委《关于加强和改进党委中心组学习的安排意见》，认真抓好领导干部的理论学习，将中心组理论学习与交通重大工作结合起来，与解决工作中存在问题结合起来，使学习贯穿于工作之中，具有较强的针对性。更在认真研读的基础上，进行专题研讨，使学习活动富有生机活力。并围绕“三个代表”思想的学习贯彻，切实改进工作作风，内练素质，外树形象，加大政务公开、行业整治工作力度，努力提高工作效率。在用人机制上局党委全面贯彻干部队伍“四化”方针和德才兼备的原则，坚持“用好的作风选人，选作风好的人”，把政治标准放在首位，选贤任能，对干部队伍进行了充实调整，建立后备干部队伍，搞好干部挂职锻炼工作，选派年轻干部到基层锻炼。经济要发展，社会稳定是重头戏。由于社会主义市场经济的不断发展，一些历史问题和深层次矛盾不断显现出来，交通系统所属的集体企业维稳工作显得尤为突出，各级、各部门进一步认识到维稳工作的严峻性、紧迫性和重要性，坚持做好耐心细致政治思想工作，用实事求是的观点处理问题，认真对待每一个不稳定因素，坚持运用政策法律解决问题矛盾，积极帮助困难企业和职工解决实际问题，不回避问题矛盾，有效地遏制了群体性上访事件的发生，维护了社会稳定。

（二）党风廉政建设不断推向深入。

按照中央和省市抓好党风廉政建设的要求，结合交通工作的实际，市交通局认真开展党风廉政建设工作，推动了党风廉政建设工作的深入开展。继续抓好领导干部的廉洁自律工作。召开党员领导干部专题民主生活会开展批评与自我批评，进一步树立了干部的廉洁从政意识。并以整治公路“三乱”为契机，全面纠正行业不正之风。对全市收费站点进行全面认真的检查，及时消除“三乱”苗头。使源头预防和治理腐败并重，加强党风廉政建设责任制的落实，层层签定了党风廉政建设目标责任书。在重大基础设施项目上认真执行招投标制，杜绝“暗箱”操作。在全市500公里公路路网改造中，认真按照招投标法，进行招投标，防止了弄虚作假，同时加大对中标工程的监督，对工程实施实行全过程有效监督，防止转包、违法分包等违法行为，有效地防止了腐败现象的发生，确保了交通建设的顺利进行。

【共青团工作有声有色】 市交通局团工委下属六个基层团委和三个团支部。局团工委在局党委的指导支持下，始终把思想道德教育作为工作重点，以理论教育为先导，以培养“四有新人”为根本任务，用邓小平理论和“三个代表”重要思想武装教育青年，引导全系统青年按照党的要求，勤奋学习，艰苦创业，勇于创新，甘于奉献，自觉服从、服务于全局党政工作，当好党的助手和行政的帮手，推进团的各项事业，为青年成长成才提供有效的服务，并针对各单位实际情况，组织局窗口单位团委开展“有急难，找共青团”活动，在车站醒目处长期保留这个站点，还以各种形式的文体活动为载体，全面提高局系统团员的综合素质，如“纪念一二·九运动，贯彻十六大精神”文艺汇演活动，系统足球比赛等等，既充实了青年的业余文化生活，又使团员青年树立了正确的世界观、人生观和价值观。

贵阳市劳动和社会保障局

贵阳市劳动和社会保障局于1953年成立，是市政府直属的负责全市劳动保障工作的行政管理部门，随着社会主义市场经济的建立和不断完善，劳动保障工作的重要性越来越明显，特别是近几年来，我市的劳动保障工作得到了长足的发展。

贵阳市劳动和社会保障局肩负着贯彻、执行国家有关劳动和社会保障工作的方针、政策、法律、法规，结合本市实际拟定相关的改革方案及措施办法，编制本系统的发展规划和年度计划并组织实施，承担本系统工作人员的培训组织工作；统筹管理组织劳动就业职业介绍和劳动力输出；组织实施职业技能鉴定；负责协调全市劳动关系调整；综合管理全市劳动争议仲裁、劳动合同鉴证等，指导全市企业职工工资管理工作；管理全市社会保险工作、拟定社会保险政策、标准并组织实施、承担市劳动鉴定委员会的日常工作；负责全市劳动保障的统计和信息工作；综合管理和指导劳动保障监察工作；管理劳动保障领域的国际交流与合作。

贵阳市劳动和社会保障局有一个团结、勤政、开拓、进取的领导班子，有一支素质高、战斗力强的职工队伍。全局下设11个处室、局属6个事业单位，共有正式职工187人，其中：中共党员84人，共青团员36人，大学本科及以上学历48人，大专学历95人，中专学历25人，有专业技术副高职称3人，中级职称26人，初级职称64人。近两年来，年年超额完成市政府下达的各项目标任务，2000年我局杨文松同志被劳动保障部记“全国劳动保障战线”个人一等功，市社会保险收付管理中心国有企业征缴部被省劳动保障厅记“全省劳动保障战线”集体二等功，市劳动保障监察大队被团中央和劳动保障部授予“全国劳动保障战线优秀青少年维权岗”称号；2001年劳动保障部张左己部长亲自写信给孙国强市长表扬贵阳市劳动保障工作取得的成绩；今年初，吴邦国副总理亲临我局视察工作，对我局的工作给予了很高的评价，2002年贵阳市劳动和社会保障局被劳动保障部记“全国劳动保障战线集体一等功，……正是这些荣誉激励着我们不断探索前进。

回顾历史，1953年3月贵阳市劳动局成立，为贵阳市经济发展作出了积极贡献，“十年文革”时期，劳动工作陷于瘫痪，十一届三中全会以来，劳动工作重新焕发青春，1986年积极贯彻国务院改革劳动制度的《四个暂行规定》，社会保险工作正式起步，1988年养老保险实行社会统筹，1992年起在全市开展“商业四放活”

和“工业五自主”，1995 年《劳动法》颁布实施，劳动制度改革向纵深发展，2001 年医疗保险制度改革正式启动。到目前为此，全市就业政策逐步趋向完善，劳动力市场已初具规模，职业介绍走向规范，职业技能培训向实用型、智能型、复合型发展，养老、失业保险参保在职职工 25 万人，离退休人员约 11 万人，并实现企业离退休人员基本养老金社会化发放 100%。医疗保险参保职工 21 万人，社会保险系统计算机核心平台建设初具规模，

三险合一模式已投入运行，并正向区、市、县、延伸，劳动力中心市场已与有条件的分市场实现联网。劳动争议仲裁和劳动监察正沿着法制化的轨道迈进，在维护劳动者和用人单位的合法权益方面发挥着积极的作用。劳动工资已由计划管理转向宏观指导和市场调剂。

展望未来，党的十五届五中全会提出了“建立独立于企事业单位之外的社会保障体系”，为我们指明了前进的方向。面对挑战和机遇，惟有知难而上。

——这是一种压力，因为，人口的增加预示着新增就业人数的增长，国企改革的深入，预示着下岗职工和失业人员的上升，生产力的提高，预示着农村富余劳动力队伍的扩大；加入“WTO”后从业人员素质的提高是提高就业竞争力的关键；人口老龄化和历史的欠帐，失业人数的增加和医疗费用居高不下，给社会保险基金的承受能力带来巨大的压力；改革开放以来积淀的深层资矛盾日益表面化，使得劳动关系调整面临严峻的挑战和考验。

——这是一种动力，因为，严峻的就业形势迫使我们去思考和探索新的工作思路，拓展就业空间，建立社区就业网点，完善职业介绍，培育劳动力市场，这既是迫在眉睫的工作，也是长远的任务；提高从业人员的职业技能刻不容缓，促使我们既要研究培训的针对性，又要研究培训的普遍性；社会保险基金承受能力的脆弱，要求我们研究扩大社会保险覆盖范围，推进离退休人员社会化管理，杜绝社会保险基金跑、冒、滴、漏，规范失业保险金申领程序，完善医疗保险改革政策；劳动关系调整的严峻形势，决定了我们必须把处置劳动关系的纳入法制轨道，切实保护劳动者和用人单位的合法权益特别是关心弱势群体。

劳动保障工作是辛苦的，它需要奉献和付出；劳动保障工作是愉悦的，它获得群众的认可，是一种耕耘者的喜悦。我们由衷地欢迎有志于从事劳动保障工作的同志加入我们的行列，去迎接劳动保障工作光辉灿烂的明天。

贵阳市环境保护局

贵阳市环境保护工作在“三个代表”重要思想指导下，围绕市委、市政府确定的“强市升位”和“环境立市”战略目标，坚持环境保护基本国策，贯彻执行环境保护法律法规，下大力抓好对全市大气、水体、噪声、工业废弃物污染的防治，巩固“一控双达标”成果，开展以实现“南明河三年变清”和清洁能源建设工程为重点的城市环境综合整治工作，加大环境管理和执法力度，强化生态环境保护，加强环境保护基础设施建设，全市环境保护工作取得了新的进展。

全市大气环境质量好于上年。二氧化硫、二氧化氮年日平均值分别为0.103毫克/立方米和0.023毫克/立方米，均比上年下降，二氧化氮继续保持在国家环境空气质量一级标准之内；总悬浮微粒年日平均值为0.106毫克/立方米，达到国家环境空气质量二级标准。降水PH值平均值为6.07，连续三年高于5.6的酸雨线，酸雨污染已经得到有效控制，酸雨频率平均呈下降趋势。全市空气质量污染指数平均值降至65，全年空气质量为“优”（一级）和“良”（二级）的天数共计329天，占全年90%以上，优良率比上年有所上升，在全国47个环保重点城市空气质量每周排行榜中排位在15位上下，位居前列。全市主要饮用水源水质基本良好，大部分指标达到国家规定的地表水质量三级标准，水域功能区达标率为94.4%，饮用水水质达标率100%。城市声环境状况与上年基本持平，城市区域环境噪声、交通干线噪声平均值分别为56.0分贝和69.1分贝。加强对废水、废气、废渣等污染的治理，新增工业废水处理能力5898吨/日、工业废气处理能力25.98万标立方米/小时，主要污染物排放量进一步降低。

环境污染状况得到有效控制，城市环境质量持续改善，可持续发展水平进一步提高。

贵阳市民族宗教事务局

贵阳市民族宗教事务局担负着地区民族工作与宗教事务工作的双重任务，通过全市各级民族工作者和宗教界人事的共同努力，二〇〇二年我市民族宗教事务工作取得了良好的成绩。

围绕今年我局与各级政府鉴定的目标任务，全局职工在局党组的领导下，结合省民宗委工作的基本思路和安排，抢抓西部大开发的机遇，开拓创新，与时俱进，扎实工作，使全部少数民族和民族地区经济文化、教育等各方面事业有了较快发展，物质文化生活显著提高，民族团结进步，城乡社会稳定，为新世纪民族宗教工作跃上了新台阶，为我市全面小康的实现奠定了基础。

回顾一年的工作，全体干部职工在局党组的带领下，团结奋斗、齐心协力，做了大量的工作，圆满的完成了市与政府鉴定的各项目标任务。

为了改善少数民族地区基础设施建设，投入5255万元，帮助民族乡村新建和维修道路67条，桥4座，总长234公里，使6.9万余人受益，投入98万元改善了279户1076余名各族群众的居住环境。并实施了少数民族困难户的危房改造。千方百计调整少数民族地区的产业结构，增加少数民族群众的收入。投资3万元，用于乌当区偏坡乡刺梨基地的扩建工作，同时加强对清镇市红枫湖镇羊昌村养鱼基地和布朗李果树基地，黔基地的管理。完成了“十五”期间国家民委关于少数民族特需用的定点生产企业的重新的核定和推荐工作。经审核批准我市的贵州民族制药厂、贵州威门药业股份有限公司等13家企业为民贸企业，为民族企业的腾飞奠定了基础。组织我市民贸企业和项目参加国家民委主办的“中国兴边富民行动国际经贸洽谈展示会”，促进了民族贸易和民族企业走向国际合作牵线搭桥提供机会，促进了民族经济的发展。积极引导少数民族自觉遵守计生政策，努力提高少数民族的综合素质。为了进一步更加有效地用活用好民族经费，我局与市财政局深入开展调研，共同制定出台了《贵阳市民族经费管理办法》，提高了经费的使用效力。

努力促进民族文化教育事业的建设。为喜迎“十六”大我市举办了丰富多彩的各种文艺、宣传、知识大奖赛，宣传专版，制作了《聚焦贵阳少数民族》画册，并举行了首发式，制作《贵阳民族风情》VCD光盘等一系列活动。全年相继积极组织举办了贵阳市第六届民运会。为全省五届民运会打下了坚实基础。《新世纪民族之光》获得圆满成功，积极组团参加贵州省第五届民运会。取得10金7银4铜的好成绩。夯实基础，抓好民族教育卫生工作，投入大量的人力物力资金帮助民族地区修建学校，修建学生宿舍，帮助少数民族特困生解决升学就读上学的困难，加强民族中学宿制班建设，并投入12万元经费，帮助新建乌当区羊昌镇卫生院，白云区都拉乡卫生院，建筑面积 $2400M^2$，使3万余名群众受益。

做好民族团结工作，维护社会稳定。积极协调处理外来少数民族来筑经商的有关问题，较好的维护了少数民族的利益，保证了我市的社会稳定，按照有关指示精神，与市委组织部共同举办了民族乡乡长（书记）、街道办事处分管民族工作领导干部培训班，参加人数106人，通过培训，提高了他们执行党的民族宗教政策的能力水平，增强了做好民族宗教工作的信心和决心。推动了全市民族乡（村）和各项事业的向前发展。2002年春节元宵民族大联欢活动，省市领导及各族各界代表，欢聚一堂，相互交流，增进了友谊，促进了民族工作的进一步发展。

认真做好民族古籍的发掘，整理、丰富民族古籍文化。上级政府交给我局《布依族酒歌》的任务，各区、县、（市）收集整理工作正在进行，《中国少数民族古籍总目提要》，目前工作已逐步展开。

宗教工作方面，我局坚决贯彻执行党的宗教政策，积极宣传党对宗教工作的法律法规和方针政策，积极引导宗教与社会主义社会相适应，确保我市宗教活动在法律和政策范围内进行，有效地维护了宗教的稳定。

搞好调研，为政府提供决策依据。深入做好宗教节日活动的安全协调工作。督促各宗教活动场所的安全协调工作。督促各宗教活动场所的安全防范工作。加大对教职人员的教育培养力度。使教职员工自觉拥护党的领导，拥护社会主义制度，及时发现和妥善处理宗教方面的突发或意外事件。有效的做好了稳定工作。按照相关法律，做好重点人物的教育引导工作。牢牢的掌握政治上的领导权和工作上的主动权。制止和取缔非法的宗教聚会点，积极引导宗教界关注全市建设的大局并为之服务。加强协作，积极争取上级和领导对我市宗教工作的支持帮助，使宗教工作不断上台阶。

加强党风廉政机关自身建设，推动民族宗教工作不断上台阶。落实党的各项政策，抓好机关政治思想学习，进一步规范领导干部廉洁从政行为，对处室以上中层领导实行竞争上岗。加大对专项经费管理力度，深化从源头上预防和治理腐败工作。认真贯彻执行党的路线、方针和政策，对上级政府的各项决议，决定认真贯彻落实，保证令行禁止，政令畅通。选送干部参加各种形式的理论进修，取得显著效果。局领导及业务处室深入民族乡镇走村串寨，对民族经费申报项目进行实地察看，对民族经费在建项目实施跟踪检查、督促，为少数民族群众多办实事、好事，认真办理人大代表建议、批评意见和政协委员提案，提高办事质量和效率。坚持和完善党内生活制度，积极开展党员教育活动，落实各项措施；加强信息、信访工作，确保了工作目标的完成。

回顾一年工作，在局党组的带领下，全体干部职工紧密团结，分工合作，齐心协力，完成或超额完成了上级交给的各项任务，完成了年初制定的各项工作目标。

贵 阳 市 水 利 局

2003 年上半年，贵阳市水利系统广大干部职工，以邓小平理论和“三个代表”重要思想为指导，围绕市委、市政府提出的“建强建好贵阳市，率先在全省实现全面建设小康社会”的目标，与时俱进，抓住机遇，在省水利厅的指导下，努力完成了以下主要目标任务。

一、主要工作目标任务完成情况

1、花溪水库扩建加高、市西河上游防洪水库工程。

市委、市政府领导对此两项工程高度重视，多次过问并亲临现场检查、指导工作，帮助协调和解决施工中遇到的困难，对工程的进度、质量、安全等问题都作了明确的指示。经过工程总承包单位贵州省水利水电勘测设计研究院和市、区相关部门的共同努力，到 2003 年 5 月底，工程按计划完工，已下闸蓄水。两工程可分别向下游提供 4.2 万吨/日、1.32 万吨/日的河道环境用水，为实现了“南明河三年变清”提供了可靠的水源保障，通过联合运行调整，使下游南明河及市西河的防洪能力达到 200 年一遇的防洪要求，改善了环境，造福了百姓。

2、息烽鱼简河水利工程。

息烽鱼简河水库工程是改革开放以来，全市最大的一项水利工程，于 2002 年 10 月 31 日开工。市委、市政府的领导十分重视，多次亲临工地视察。局领导多次下到一线协调工作，解决问题，施工公司克服种种不利因素，截止到 5 月底，开挖大坝基础土方 1100 立方米，石方 32000 立方米。导流隧洞土方开挖 134 立方米，石方明挖 965 立方米，石方洞挖 3150 立方米，共完成投资 1153 万元。

3、解决农村人畜饮水 6.5 万人。

2003 年市委、市政府下达给我局的农村人饮工程目标任务为完成人饮工程 147 处，解决 6.5 万人饮困难。经过近半年的努力，已下达中央资金 1070 万元，地方下达配套资金 295 万元，完工 60 处，解决了 3 万多人的饮水困难，整个工程计划于今年 9 月底前全面完成，11 月检查验收。

4、去冬今春农田水利基本建设任务完成情况：该工程于今年 4 月底全面完成。6 月 10、11 日，市水利局组织了全市冬春领导小组对整个冬春修水利建设及资金情况进行了验收。据统计，全市共新建、改建、配套小型水利工程 804 处，累计投入劳动积累工 1196 万个工日，完成土石方 298 万立方米，使用水泥 19929 吨，完成投资 5293 万元，具体完成情况为：

(1)、完成山塘整修 88 座，完成省下达计划 70 座的 122%；

(2)、完成渠道修复防渗 301 公里，为省下达计划 219 公里的 138%；

(3)、新建、改建提水站 9300 千瓦，为省下达计划 7000 千瓦的 133%；

(4)、治理水土流失面积 55 平方公里，为省下达计划 20 平方公里的 175%；

完成以上水利任务，全市共新增灌溉面积 5110 亩，(其中新增水浇地面积 1670 亩)，改善灌溉面积4000亩，恢复灌溉面积35680亩，新增节水灌溉面积6480亩。

5、无公害基地水利配套工程由我局和市蔬菜办共同完成。工程批复于2002年12月底下达，工程建设市补助资金于今年2月分两批下达。整个配套水利工程建设已冬修期间全部完成，工程已开始发挥效益。

6、节水灌溉工程

今年的节水灌溉工程只有修文马关节水灌溉工程一个，由修文县水利局组织建设，施工单位贵州省水科院，目前该项目正抓紧进行施工，根据进度情况，计划于今年年底前完成。

7、治理水土流失面积40平方公里。

今年以来，在省水利厅水保处的指导下，在各区（市）、县水保部门的辛勤工作下，已完成治理水土流失面积40平方公里，占全年计划任务的100%。

8、水政水资源工作方面，举办了《水法》知识竞赛和举行了水法规咨询宣传活动，取得了很好的效果，增强了广大群众的水法制观念和水忧患意识，为依法治水，实现水资源的可持续利用创造了良好的法制环境。完成了《水资源综合规划大纲》的编制工作，经市政府批准成立了贵阳市水资源综合规划工作领导小组，展开了贵阳市水资源综合规划基础工作。进一步加强了建设项目水资源论证制度、取水许可制度、水资源征收制度的实施。编制了市局水政规范化建设的实施方案，并与财政紧密协调，确保完成今年试点单位的水政监察规范化建设工作。与市水文局配合，完成了《贵阳市供水应急调度预案》编制大纲的编制工作，为进一步编制好“预案”打下了基础。

9、水利工程的管理。在汛前对市辖水库作了全面检查，落实行政首长包库责任制和24小时管理人员值班制度，确保水库大坝安全度汛，万无一失。今年病险水库治理已完成乌当的瀑布岩、清镇的冷水寨、猫猫沟的配套设计工作。花溪区扬眉水库、清镇市迎燕水库列入中央国债资金补助项目，前期工作正在抓紧进行。继续深化小型农田水利工程产权制度改革，力争今年完成改制面80%。

10、做好防汛抗旱工作，无责任事故发生。

我局防汛抗旱工作立足于防大汛、抗大旱。坚持安全第一，常备不懈，以防为主，全力抢险的方针，做到了早动员、早安排、早部署，全面贯彻和落实国家防总和省防汛指挥部会议精神。对重点城镇、重点水库、病险水库、在建工程、易滑易塌地段等制定了抢险预案和应急措施。做到了有计划、有组织地防御洪水。局防办专门组织了检查组对各区（市）、县防汛抗旱工作及重点水库、病险水库进行了检查，要求有关部门加强管理和巡查，实行24小时监控。局机关自5月1日起实行24小时值班制度，并与气象、水文等部门加强联系，及时掌握雨情、水情和汛情、灾情，以便为市领导的防汛指挥提供准确信息。组织技术人员对我市的“花溪、松柏山、阿哈水库群洪水调度系统”进行了检修调试，保证“三库”调度系统的正常运行，使这“三盆水”能安全的造福于民。

11、全力以赴，严防“非典”。

2003年年初以来，一场突如其来的灾难肆虐中华大地，给全国上下，各地、各行业都带来了极大的影响。为了对抗“非典”，确保水利建设、防汛抗旱工作不受影响。我局党委紧急召开全体干部职工严防“非典”的专题会议，成立了以分管局长为组长、各基层单位负责人为成员的贵阳市水利局预防“非典”工作领导小组，严格按照贵阳市“非典”防治领导小组的要求，对预防“非典”工作统一部署、科学安排。购买了预防“非典”的药物和材料，发放给全体干部职工，每日环境进行消毒，并将局机关及局属各单位职工身体状况及流动情况等每日上报市“非典”防治领导小组。召开了全市水利局长会议，要求对集中式供水水源和农村人蓄饮水水源进行一次拉网式的水质检测，确保了饮用水源的安全。

二、精神文明建设共性目标完成情况

2003年，全国掀起了学习“十六大”、“三个代表”的高潮。市水利局党委认真组织学习党的“十六大”精神和“三个代表”的重要思想，开展了一系列学习宣传活动，成立了“中心学习组”，把集中学习和平时自学相结合，做到了长期坚持、确保效果。在抓好各项业务工作的同时，按照一手抓物质文明建设，一手抓精神文明建设，“两手都要硬”的要求，进一步加强局系统精神文明建设，为全面完成各项任务提供了有力保证，各项精神文明建设共性目标完成如下：

1、认真贯彻执行党的路线、方针和政策，对市委、市政府的各项决议、决定，狠抓落实，令行禁止，保证了政令畅通。

2、进一步加强党风廉政建设。局党委认真落实中纪委的各项要求，坚持从严治党，依法行政，结合局的实际，制定了贯彻落实方案和措施，并狠抓组织实施。局领导班子认真抓好领导干部廉洁自律、严格执行廉政准则和中央规定，没有违法违纪现象发生，管辖范围内没有发生案件和事故。大力推行政务公开，公示了办事指南、各部门工作职责及监督栏和制作了市水利局政务公开手册。进一步严格财经纪律，加大财务管理力度，认真贯彻落实《贵阳市行政事业单位加强财务管理的意见》，接受了市审计局的全面审计，局财务基础工作受到了好评。

3、深入学习宣传贯彻党的十六大精神，重点深入学习十六大报告，组织干部职工认真学习并实践“三个代表”的重要思想，广大干部职工把思想和行动统一到了“三个代表”的重要思想上，把学习“三个代表”和做好本职二作结合起来。

4、进一步加强和改进了领导班子和干部队伍建设、基层党组织和党员队伍建设，特别是在“非典”肆虐期间，在局党委的安排部署下，各基层党组织以支部书记为领导的防治“非典”党员小组总是冲锋在最苦、最累、最危险的第一线，充分发挥了基层党组织的战斗堡垒作用和党员的模范先锋带头作用，得到了群众的认可，并锻炼了党员，为我市率先在全省实现全面建设小康社会目标提供了人才资源。

5、加强宣传学习教育，整顿机关工作作风，局党委继续深入开展纠正行业不正之风工作，大力整顿机关作风，加强管理，找准、找到、找够存在的问题，使机关工作作风得到了有效改善。大力加强了党支部建设，把党支部“创先争优”活动“标准化”管理和年终考核相联系起来，促使活动得到更好的开展。认真抓好计生“三结合”工作，成立了计生“三结合”帮扶领导小组，帮扶花溪区燕楼乡旧盘村50户计生户每户一包化肥，支持了他们的春耕生产。

6、认真做好社会稳定工作。局党委从大局出发，认真做好维护社会政治稳定工作，落实稳定工作领导责任制。同时加强情报信息、信访工作、做好预警信息的收集工作。局系统没有集体上访的事件发生，对群众来信、来访均作了认真办理。

7、局系统认真抓好社会治安综合治理和保密工作，加强内、外部防范、强化国家安定意识，制订详细、规范的措施和方案，没有发生重大治安问题和泄密事件。

8、高度重视，积极参与“公民道德建设、创建文明林城”活动。我局在创建文明林城活动，在重点抓好“南明河三年变清”和水土保持工作的同时，结合工作开展了局系统的公民道德教育活动，局系统全面深入地贯彻执行国务院颁布的《殡葬管理条例》和贵阳市制定的《贵阳市殡葬管理办法》，无违反两法的事情发生。

9、优质、高效地办理人大代表建义、意见和政协委员提案以及《市长专线电话》交办件。上半年共答复了人大代表建议、意见和政协委员提案16件，做到了件件有答复、事事有交代，答复率100%。

10、加快金阳新区建设，共同服务金阳，按时参加各次联系会议，结合本部门实际，对金阳建设进行支持。

11、加强完善了目标管理工作，责任到人，加强检查督促，认真执行考核制度，从全局目标检查情况看，各项目标任务均按计划完成。

三、下一步工作

1、针对人饮工程点多量大，工作任务重的情况，继续协调市计委、市财政的有关处室。积极配合市纪委、市委、市政府督察室对人饮工程的检查、督促，加强对资料的收集整理，圆满完成省下达、市交办的任务。

2、做好已完工定点水利工程的检查验收工作，做好下一批小型农田水利定点工程计划的审批工作。

3、继续做好人饮工程、马关节水灌溉工程的基建报表以及进度统计报送工作。

4、针对省水利工程质量监督中心站对我市水利工程质量监督站考核提出的情况，计划召开一次全市水利工程质量监督分站会议，同时组织市质量监督站成员加强对在建水利工程进行抽检。

5、加强领导，进一步落实好以首长负责制为核心的各项防汛责任制，特别是要落实好水库的行政领导防汛责任人、技术责任人和专管人员，切实做到“职责、思想、指挥”三到位。加强防汛值班，各有关部门要严格实行24小时值班制度和领导带班制度，并与水文、气象及相关部门加强协作，及时掌握雨情、水情、灾情和防汛动态，确保汛情信息畅通。完善各类防汛预案，抓好防汛物资、抢险人员、措施、预案的落实，确保安全度汛。

贵阳市粮食局

2002年，贵阳市粮食系统干部职工在市委、市政府的领导下，在省粮食局及有关业务部门的指导和帮助下，坚持以邓小平理论、江泽民同志“三个代表”重要思想和“七一”重要讲话为指导，以粮食市场化改革统揽工作全局，认真组织学习、宣传、贯彻党的十六大精神，深入贯彻落实国务院《关于进一步深化粮食流通体制改革意见》（国发［2001］28号）和省人民政府关于《进一步深化食流通体制改革意见》（黔府发［2002］1号）文件精神，一切从实际出发，认真分析和正视粮食系统现存的优势和困难，按照市委、市政府的安排部署和要求，围绕构造全市粮食流通体制新框架，以“三个有利于”为标准，以“开拓创新、强市升位”为已任，以深化结构调整、加快体制改革和提高经济效益为中心，以“贵阳食品工业园”、“贵阳谷丰（甘荫塘）粮油食品批发市场”建设为重点，以实现粮油食品加工工业化、多元化、市场化为目标，以发展多种经营为切入点和突破口，结合系统的实际，提出了“加强学习、提高认识、转变观念、明确目标、突出重点、兼顾全面、推进改革”的工作思路，按照在深化改革中夯实基础、以夯实基础来促进改革的要求，认真开展好系统的各项工作，圆满完成市委、市政府下达的工作目标任务。

主要经济指标完成情况。市场收购稻谷2983吨、大米1171吨、玉米1440吨；收购油菜籽27708吨，为年度计划15000吨的184.72%，同比增长18.12%；完成工业总产值15432万元，为年度计划15000万元的102.88%；实现商品销售收入21300万元为年度计划18000万元的118.33%；市直企业实现利润220万元，为年度计划180万元的122.22%；上交各种税金350万元；签订订单农业5万亩为年度计划的100%。收购、加工、销售各类粮油12万吨，为年度计划10万吨的120%；科学保粮达82.3%，为年度计划70%的117.6%，“一符四元”粮仓达81.3%，为年度计划80%的101.6%。

今年，我局组织系统粮油加工企业的产品参加中国粮食行业协会举办的“放心米”“放心油”“放心面”评定活动，系统粮油加工企业在实施“放心食品工程”中开发生产的“丽达利”牌特制一等粉、“金黔灵”牌食用植物油（浓香菜籽油、菜籽色拉油）、“开洋”牌天然富硒米、“开洋”牌食用植物油（二级菜籽油、菜籽高级烹调油）等4种产品，经贵州省粮食行业协会推荐和中国粮食行业协会评定获全国“放心米”“放心油”“放心面”称号，全省粮食系统共有9个产品获此殊荣。这为我市粮食系统贯彻国务院关于整顿和规范市场经济秩序的精神，提高粮油产品质量，保证食用安全，抵制假冒伪劣产品，让广大消费者吃上优质定会的放心粮油提供了保证。

中国人民银行贵阳中心支行

2002年，人民银行贵阳中心支行以“三个代表”重要思想为指导，认真履行省会城市中心支行的职责，贯彻稳健的货币政策，积极防范和化解金融风险，改进金融服务，支持地方经济稳定健康地发展。

一、充分发挥货币政策的“窗口”指导作用，积极发挥货币政策工具作用。

——加强对货币信贷运行情况的监测分析，制定了《2002年信贷工作指导意见》、《关于进一步改进和完善对中小企业金融服务的指导意见》和信贷增长指导性计划，积极协调、引导、督促信贷投向。在继续加大对实施西部大开发战略和基础设施建设信贷投入的同时，积极支持“三有一不”企业，中小企业和私营及个体企业流动资金的合理需要，积极支持扩大内需，增加住房、汽车、耐用消费品等消费贷款。

——积极对金融机构发放短期再贷款，鼓励其支持经济发展的积极性。截止年末，人民银行贵阳中心支行对各金融机构累放头寸贷款13.3亿元，较好地解决了金融机构临时的资金需求；累计发放支农再贷款5.8亿元，支农再贷款的投入，壮大了农村信用社的资金实力，缓解了农民贷款难的矛盾，实现了“农民受惠、信用社发展、政府满意”的多方效应。

——努力推进金融机构积极运用承兑汇票、信用证等多种信用工具，帮助企业多渠道融资，支持地方经济快速发展。截止年末，贵阳辖区金融机构银行承兑汇票贴现余额24.13亿元，人民银行贵阳中心支行为辖内金融机构办理再贴现0.99亿元。

二、进一步规范和加强金融监管工作

继续以中小金融机构为监管重点，落实监管责任，着力防范风险，突出搞好“三个结合”。

——强化金融监管与支持业务发展相结合。坚持监管例会制度，建立信息分析制度，完善了有关银行、非银行、农村信用社金融监管的制度和办法。继续对高级管理人员实行动态管理，建立高级管理人员信息查询系统。

——现场检查与非现场监测相结合。进一步完善了非现场监测专收制度，加强对非现场监测数据的分析和调研，重点对金融机构不良贷款、最大10户贷款、最大一笔贷款、风险状况、内控制度和现场检查中发现的问题按月跟踪监测，按季进行通报，根据不同情况发出“预警通知书”和“监管建议书”。结合非现场监测，有针对性地加大现场检查力度。

——对贵阳辖内商业银行和农村信用社实行重点监控，组织监管人员深入行社进行调查研究，了解经营决策情况，督促加强贷款管理和不良贷款盘活清收，发现问题及时纠正，提出相关建议和措施。

三、基础工作和服务工作再上台阶

2002 年，人民银行贵阳中心支行牢固树立“安全第一”的思想，以“全年无案件”为目标，切实加强内部管理，夯实基础工作，加大检查力度，消除安全隐患，金融服务和内部管理工作质量和水平明显提高。

——以“全年无案件”为目标，狠抓整章建制工作，加大督促检查力度。制定了会计管理试行办法、采购管理补充意见、国库管理制度。计算机安全实施细则、信贷登记咨询系统管理办法、安全管理责任制及会计、国库、科技、统计、货币金银、保卫工作考核标准，规范统一了会计联行、发行库、枪支弹药、计算机等重要岗位、重要环节业务操作规程。设立了金融服务工作督查组，有针对性地开展安全防范和规范管理工作，实现了“全年无案件”的目标。

——以目标管理为主线，突出工作重点，夯实基础工作。继续全面推行目标管理，改进目标考核方式，减少现场检查考核次数，加大网上考核力度。加强了支付结算监管，实现了电子联行系统“天地对接”。增加同城票据交换场次，加速了资金周转。加强财务管理，成立了采购管理委员会。加强国债发行兑付的组织管理和协调工作。完成了银行卡联网通用目标任务。加强了现金检查和反假宣传，完成了残损币销毁任务。加大“三防一保”和案件防范力度，杜绝案件事故，确保了辖内安全。把外汇管理工作重点放在完善管理，改进服务，提高办事效率，依法监管，整顿和规范外汇市场经济秩序上，保证各项措施的贯彻落实。

四、党建、班子建设和职工队伍建设取得明显成效

人民银行贵阳中心支行切实加强党的建设、领导班子建设和职工队伍建设，致力于提高班子的凝聚力，提高党委和党组织的号召，提高干部职工队伍的战斗力。领导班子成员以“三个代表”重要思想为理论武装，理论联系实际，学以致用，班子成员的政治素质进一步提高，驾驭工作全局的能力进一步增强。加强了党的组织建设，加大了职工培训力度，全行干部职工的整体文化素质和业务素质明显提高。坚持以先进典型教育人、鼓舞人和引导人，深入开展“创先争优”活动。经常性开展群众喜闻乐见的文体活动和劳动竞赛，陶冶了职工的情操，活跃了职工的文化生活，形成了团结奋进、扎实工作的良好行风。

贵阳市社会保险收付管理中心

贵阳市社会保险收付管理中心为市劳动和社会保障局领导下的副县级事业单位，具体经办我市社会保险费业务。其机构设置为：（征缴一部）国有企业征缴部、（征缴二部）非国有企业征缴部、（征缴三部）、机关事业单位征缴部、养老金核拨部、综合与稽核部、财务部、办公室（六部一室），人员编制 80 人。主要工作职能是：

一、负责执行党和国家、部、省、市政府有关社会保险政策和法律法规。

二、负责全市社会保险费的征集工作。

三、负责全市参保离退休人员的基本养老金社会化发放工作。

四、负责全市离退休人员社会化管理服务的指导工作。

五、负责全市社会保险基金的安全营运管理工作。

六、负责全市社会保险基金年度预决算的编制工作。

七、负责全市社会保险缴费稽核、统计分析工作。

八、负责全市社会保险登记、缴费申报的复核、监督检查工作。

九、负责社会保险扩大覆盖面工作。

十、负责我市关、停、并转破产企业欠缴社会保险费的清算工作。

十一、负责我市参保人员社会保险费的缴纳建帐、建档、建库工作。

十二、负责办理参保人员社会保险关系的变更工作。

十三、负责办理城镇个体工商户、自由职业者灵活就业人员参保、续接工作。

十四、负责指导协调区、县（市）社会保险工作。

十五、负责社会保险政策的宣传咨询解答工作。

十六、协助有关部门制定社会保险发展规划和年度计划。

十七、完成上级交办的其他工作。

贵阳生产力促进中心

2002年，贵阳生产力促进中心在贵阳市科技局的直接领导下，在贵阳市委、市政府以及各有关部门的大力支持和关心下，认真贯彻党中央、国务院的各项路线、方针、政策及国家的法律、法规，坚持“三个代表”的重要思想，全心全意为中小企业服务，全面完成了贵阳市科技局下达的工作目标任务，为贵阳市的经济发展和科技进步做出了贡献。

一、大力开展共性服务，确保基础性工作的正常运行。一年来为企业提供诊断和技术咨询服务122次，技术交易登记服务16项，为政府及各部门提供技术咨询7次；组织、制作、发布上网信息，完成企业上网500家，信息采集10600条，信息提供1650条；开展科技培训服务，累计培训人数395人次，完成西安交通大学工程硕士班贵阳教学点2002年的教学任务，举办《电子政务知识讲座》、《中小型科技企业进入创业板市场有关知识讲座》2期专题知识讲座，完成贵阳农业信息化“村村通”示范点建设项目中32个示范点的调研，选点、实施方案编写以及建设和培训工作及结题；在推广CAD技术的基础上，大力推广CIMS技术，为贵州高强度螺栓厂、贵州华昌实业总公司、贵州轻骑等企业的共性技术推广进行牵线搭桥和咨询服务。

二、强化非共性服务，完善服务功能。协助企业申报国家、省、市各级科技计划项目96项，其中国家创新基金8项、国家高新技术产业化示范项目2个、省创新基金3项、省计委专项基金7项、省林业厅专项基金3项、省经贸委技术创新基金2项、市经贸委基金9项、市科技计划项目44项、市计委工业进程化项目18个，已获扶持项目9项，共计扶持金额185万元；完成1999~2001年期间市科技局下达的科技项目实施情况的跟踪调查，并提交项目进展、资金使用的调查报告：配合“五月科技活动周”，组织完成“贵阳市‘九五’新产品、新技术展”活动，参展企业18家，参展人员45人，接待参观600余人次，承接各类会议服务4次，筹备各类国内外考察、培训及参展团组20个，联系企业300余家。

三、积极开展风险投资服务，规范风险投资运作机制，扶持科技型中小企业。完成对贵阳林城环保产业发展有限公司风险投资1000万元；完成对宏宇药业公司、林海新材料公司、瑞和制药公司等企业贷款担保资金1725万元。全年实现利润120万元。完成储备《脂肪酸系列产品开发项目》、《多功能碎石机开发项目》、《碳化硅熔溶金属过滤器开发项目》、《三高药物开发项目》、《干细胞开发项目》项目5个。

四、加强和完善贵阳软件园的服务环境，带动贵州省IT业的发展。协助多家入园企业申报国家科技型中小企业技术创新基金、省科技型中小企业技术创新基金、省高新技术产业发展专项投资，其中，贵州大能科技开发有限责任公司的“掌上电脑数据库应用系统”项目已获得省科技型中小企业技术创新基金及省高新技术产业发展专项投资支持，贵州星晨科技开发有限公司的“早期微小病变的计算机发现及辅助诊断系统”已获得省高新技术产业发展专项投资支持，完成《贵阳软件园计算机网络防雷系统》项目的建设、验收；协助企业参加“双软”评定，积极参加贵州软件产业协会工作。2002年，入园企业销售收入达1.89亿元。

五、全面开展质量认证管理，加快与国际接轨，提高整体服务能力。根据科技部对国家级示范生产力促进中心必须在2003年年底之前通过ISO9000质量体系认证的要求，“中心”从2001年8月起开始实行质量认证管理，并于2002年5月17日经北京世标质量认证中心评审，通过了idtISO9001：2000版质量认证，获北京世标认证中心颁发的idtISO9001：2000版“国际标准认证证书”（证书编号为JO2Q10312ROS），成为全国首家通过ISO9001：2000版的生产力促进中心。

2002年，贵阳生产力促进中心在各级领导的关心支持下，全面的、超额的完成了各项任务，为企业的发展和科技进步做出了贡献，全年累计服务企业342家，联系科研机构22个、专家116人，培育科技型企业47个，为企业增加销售额5837万元、利税803万元，为社会增加就业339人。经科技部现场调查评审，成为首批3个重点国家级示范生产力促进中心之一。

贵阳市商业银行

贵阳市商业银行是经中国人民银行总行批准、贵州省第一家具有独立法人资格的地方性股份制商业银行，1997年4月18日开业。现有员工2000多人，90个支行和1个营业部，营业网点遍及贵阳市的10个区、市、县。

贵阳市商业银行以“立足中小，服务市民，为地方经济发展和社会进步做贡献”为宗旨，推出了“365天天天营业，24小时时时服务”的独家品牌，开通了储蓄、对公业务通存通兑，异地资金汇划24小时可抵达全国各地；西南地区首张多功能智能化的银行卡。“甲秀卡”实现了全国范围内“银联”跨地区交易；在全国城市商业银行首家代理国家开发银行贷款；个人消费贷款、各类中间业务、代收代付业务品种齐全；作为中国外汇交易中心会员单位，从2002年起全面开办了国际业务；作为国债、金融债承销团成员，进一步拓展了投资业务，在银行间债券市场中的交易额逐年大幅上升。

在省委、省政府、市委、市政府的领导关心和人民银行的监督指导下，贵阳市商业银行与地方经济共同成长。至2002年12月止，全行总资产达162亿元，是建行之初的5.4倍，各项存款达129亿元，是建行之初的4.8倍，各项贷款达90亿元，是建行之初的6.4倍；不良贷款率从建行之初的36%下降到9.6%；五年多累计发放贷款253亿元，累计实现利润4.1亿元，上缴税金2.7亿元，股东回报1.7亿元；各项经营指标综合考核名列全国118家城市商业银行前列。

贵阳市商业银行高举“市民银行”的旗帜，按照“优质服务”、“优良作风”、“优美环境”的要求，培养“市民满意的银行员工”，建设“市民满意的银行”。有35个基层单位荣获国家级和省、市、区级“文明单位”、“青年文明号”称号。贵阳市商业银行2000多名员工将在党的“十六大”精神指引下，高举邓小平理论伟大旗帜，全面贯彻“三个代表”的重要思想，继续保持谦虚谨慎、不骄不躁的作风，继续保持艰苦奋斗的作风，团结一致，为实现“高质量、高规范、高效益”、“做大、做强”和“五年再翻一番”的“二次创业”目标，把贵阳市商业银行建设成为现代商业银行而努力奋斗。

贵阳市急救中心

院前急救事业是卫生事业的重要组成部份，把急救服务与人民健康、生命保障有机结合起来，不断推动社会文明的发展与进步，为满足人民群众对生命质量和生命保障的需求，1996 年贵阳市政府决定，以贵阳市第一人民医院为依托，贵阳市急救站（120）为基础成立贵阳市急救中心。贵阳市急救中心的成立，开创我市院有急救的管理实践，推动了急救事业在我市的发展。1997 年 9 月，市长办公会决定修建急救中心大楼，并将急救中心的建设立为 2001 年市政府为市民承办的十项实事之一。18640 平方米的急救中心门诊综合楼可望在 2003 年 8 月竣工。1999 年 9 月，“120” 医疗急救电话在我院正式开通。1999 年 10 月，贵阳市机构编制委员会（1999. 123 号文）对成立贵阳市急救中心进行了批复，批复指出：急救中心与贵阳市第一人民医院实行两块牌子，一套人员的管理体制，配备事业编制 50 名。批文要求，医院院长兼中心主任确定二名副院长兼急救中心副主任，分管急救中心的管理和业务工作，使市急救中心成为一个独立运作的医疗急救实体。

目前急救中心共有在职人员 48 人，中心主任一名、副主任各 2 名，下设院前急救科、通讯调度室和车辆管理科。院前急救科配有主任、护士长各 1 名，医护人员共 23 名。其中主任医师 1 名副主任医师 3 名，主治医师 7 名，住院医师 5 名，护师 6 名，主管护师 2 名，平均年龄 36 岁，平均从医年限 16 年。院前急救工作实行双班 24 小时值班制，现日出车量在 8 ~ 23 次间。中心目前配备医疗设备、器械有：心电监护型除颤仪 1 台，心电图机 2 台、电动便携式吸引器 1 台、呼吸机 2 台、氧气筒 10 个、急救药箱（急救药品、创伤急救）10 个，无线电话 2 台、救护车 5 辆，担架 6 付。

为提高和确保院前急救医疗质量和服务水平，中心采取上课、实际操作及医生去学习等多种形式，进行学习培训。在多次大型意外灾害事故的救治工作中，培养和锻炼了急救人员的抢救和应急能力，因此而受到市政府的表扬。

贵阳市计划生育宣传技术指导所

贵阳市计划生育宣传技术指导所是贵阳市计划生育局直属事业单位，成立于1986年10月，现有职工35人，其中专业技术人员28人。

近年来，我所认真贯彻执行《中华人民共和国人口与计划生育法》、《计划生育技术服务管理条例》、《贵阳市流动人口管理规定》。坚持以人为本，拓宽业务范围，提高服务质量，围绕生育、节育、不育，积极实施避孕节育优质服务、生殖道感染干预、出生缺陷干预“三大工程”，全体职工正以饱满的热情，昂扬的精神，不断改革创新，努力把我所建设成为集宣传教育、人员培训、技术服务、遗传工程及生殖健康服务为一体的计划生育服务中心。

我所现有技术、宣传、行政三个服务部门。其中技术服务部设有专家和普通门诊、B超检查室、妇检室、治疗室、男科诊断治疗室、红外乳腺检查室、心电图室、遗传实验室、病理室、常规化验室、药房，手术室可开展计划生育手术及其相关腹部手术，病床30张。

我所拥有上百万元的设备投入业务运作，如美国GE200电子凸阵带阴道探头B超；彩色红外乳腺诊断仪和便携式乳腺诊断仪；JW——23固有荧光诊断仪；高档莱卡显微镜；放射免疫检测仪；进口血、尿检测自动分析仪；切片机、脱水机、离心机；心电监护仪、心电图机；波姆光妇科治疗仪；宫腔镜；男科前列腺治疗仪等先进医疗设备，可为广大育龄群众提供优质的技术服务。

我所在工作中认真实践“三个代表”、努力为基层和社会提供方便、快捷、高效的服务，实行每天（含节假日、双休日）24小时全天候服务，在完成各类计生手术的同时，积极开展妇科及性传播疾病、男性功能疾病的治疗。采用走出去、请进来的办法，广泛开展生殖健康优质服务，深入农村、厂矿、企业、机关，已为全市数百个单位及乡村的上万名已婚育龄妇女进行以盆腔B超、红外乳腺、妇科疾病检查为主要内容的生殖健康检查。还建立了市、县、乡三级出生人口缺陷监测网，利用优生遗传实验室，进行全市病残儿童鉴定工作进行染色体检查和儿童智力测定，为提高出生人口素质作出贡献。

发展中的贵阳卫校

贵阳市卫生学校创建于1939年。63年来，先后为国家培养了2万多名实用型中等医药卫生技术人才。学校于1981年、1994年、2000年连续3次被评为国家级重点中等专业学校。2002年，学校护理专业被教育部批准为首批国家级重点建设示范专业。

学校占地面积45300m^2，校舍建筑面积45099m^2，现有高级职称30人，中级职称65人，设有护理、助产、药剂、检验、中药制药、讨划生育、病理检验、美容技术与护理、卫生保健等专业。

学校拥有电教中心，微机室、语音室、电子阅览室、多媒体教室等现代化教学设施及各学科实验室68间；拥有紫外分光光度计、气相色谱仪、鸟牌呼吸机、电子血球自动计数仪等高级精密仪器；有稳定的实习基地35个；图书馆藏书及电子读物19万册；学校办有社区卫生服务站。

贵阳市煤气公司

贵阳市煤气公司是目前贵州省最大的专业从事城市燃气工程设计、施工、维修和城市燃气输送、供应、服务的集科、工、贸为一体的国有燃气企业。公司现有职工823人，其中研究生2人，大专以上学历258人，高级职称16人。

从1994年正式向市民供气以来，煤气用户每年均以2万户的速度递增，现已达到23万多户，公建、工业用户近600户，日供气能力60万立方米，煤气年销售量已达9000万立方米以上，经中介机构评估，现公司资产总额为6.4亿元。供气范围涵盖贵阳市云岩区、南明区、花溪区、乌当区、白云区、小河区、金阳新区以及清镇市的管道煤气供应及相关服务业务。公司现有W—G3.0型发生炉10台，10万立方米气柜一座，5万立方米气柜两座，中低压输气干线230余公里，庭院煤气管1400余公里，煤气调压站(器)200余座。

自1993年成立公司以来，在市委、市政府的正确决策和领导下，在有关部门的关心、支持和帮助下，公司党政始终坚持“两手抓，两手都要硬”的方针，全面贯彻“诚信、求实、团结、创新”的企业精神，一手抓安全平稳供气，年度目标完成，大力发展用户；一手抓内部管理，抓优质服务，推行社会服务承诺，大力加强精神文明建设，加强思想政治工作，各方面工作都得到较快的发展。公司多次获得上级部门颁发的各种荣誉：公司连年被评为“市城建系统先进单位”的基础上，2002年被评为贵州省“省级文明单位”，2002年11月公司被建设部列为建设系统职业道德建设示范点，2002年又被评为贵州省2002年度“安康杯”竞赛活动优胜企业，公司主要领导是建设部的劳动模范和贵州省“五一”奖章获得者。

煤气运行近十年来，取得了煤气输配系统安全运行3200多天无消防安全责任事故的好成绩。97年、98年、2001、2002年均被市人民政府评为消防安全工作先进单位。

公司全面落实“标准管理、安全生产、优质服务、持续发展”的质量方针。于2002年11月通过了深圳质量认证中心的外审，2002年12月获得了证书。在全国同行业中率先通过ISO9001－2000质量管理体系认证。并于2002年12月底取得了建设部颁发的《燃气企业资质证书》，标志着公司已跨入燃气行业的大型企业的行列。

贵阳市工商业联合会、贵阳市总商会

贵阳市工商业联合会（简称贵阳市工商联），又称贵阳市总商会，是贵阳市工商界组织的人民团体和民间商会，成立于1950年，至今已走过52年的光辉历程。52年来，贵阳市工商业联合会（总商会）充分发挥自身优势，认真履行职能，作了大量卓有成效的工作，取得了可喜的成就。

作为政府管理非有公有制经济的助手，贵阳市工商业联合会的主要工作任务是：团结工商界，积极发挥民间商会组织的功能和作用，促进非公有制经济健康发展，为实现社会主义现代化和统一祖国、振兴中华贡献力量；在工商界与政府之间发挥桥梁作用，维护会员合法权益，反映会员的意见、要求，代表工商界特别是非公有制经济参与地方政府事务和经济建设、社会重大事务决策的政治协商、民主监督，对地方法律法规和政策的制订提出建议并协助贯彻执行。

为会员和社会提供各种服务，开展工商专业培训和经济咨询，帮助企业改善经营管理，组织商品展览和技术交流等多种形式的经济活动，帮助农村扶贫致富，开展光彩事业。

促进中外经济、技术和贸易的合作，发展同台湾、香港、澳门地区和世界各国工商社团和工商界人士的联系，增进相互间的了解和友谊。

贵阳市工商业联合会（总商会）执行委员会由会员代表大会选举产生，执行委员会选举常务委员会。由常务委员会中选举会长、副会长。代表大会闭会期间，执行委员会是最高权利机关，负责贯彻执行会员代表大会的决议。日常工作由常设工作机构负责处理。

随着中国改革开放的不断深入，贵阳市工商业联合会（总商会）紧跟时代前进的步伐，与时俱进，开拓创新，不断加强自身建设，健全组织机构，完善工作网络。2001年，贵阳市工商业联合会（总商会）召开了第十次会员代表大会，选举了以刘建军为会长、王汪为副会长组成的常设领导机构，并设有会员部、经济部、宣教部、研究室、对外联络部、信息咨询部、办公室共七个职能工作部门。现有8512个企业（团体）会员和个人会员。贵阳市辖的十个区、县（市）成立了工商业联合会（商会），95个乡镇成立了乡镇商会。同时还下辖有贵阳市民营企业商会、贵阳市服装帽行业协会、贵阳市美容美发化妆品行业协会、贵阳市摄影服务行业协会等10多个直属行业协会（商会），为贵阳市的经济发展和社会进步作出了新的贡献。我会还加强了与德国、法国、澳大利亚、泰国、马来西亚、等国家和香港、澳门地区的工商社团及工商界人士的广泛交流与合作。

我会热诚欢迎海内外工商社团和工商界人士来贵阳访问考察，更多了解贵阳，密切贵阳与海内外的联系。加强合作，共同发展。

贵阳白云强臣房地产开发有限公司

一、公司简介

贵阳白云强臣房地产开发有限公司总部位于风景秀丽的白云公园侧。公司始建于1997年，注册资金人民币800万元，开发资质为三级。公司现有专业技术人员15余人，其中：具有高级职称的工程师2名，中级职称的建筑工程师6名，会计、统计师各1名，营销策划2名，施工员若干。公司连续3年被评为"重合同，守信用"单位。

二、法人代表

文学强，40岁，拥有近20年的施工管理经验。从97年开始涉足房地产开发。在董事长领导下，公司发展面貌日新月异，每年均保持很高的增长率。由于公司取得良好经济效益的同时，也做了大量的社会公益事业，文董荣幸地被推选为区政协委员、区工商联合会副秘书长、省优秀青年企业家协会副会长，荣获区捐资助残先进个人奖、区捐资助学先进个人奖。

三、经营业绩

5年来，在各级部门的大力支持下，先后完成了：中坝农贸市场商住楼、尖山农贸市场商住楼、园外园2号地、贵耐生活小区、龚家寨商业网点、金谷园商住小区等工程项目的开发建设，累计开发面积20万平方米，总投资1.4亿。公司目前自有产权的物业如下所列：

（1）中坝农贸市场营业房3100M^2

（2）白云公园侧"云城大厦"写字楼1500M^2

（3）金谷园商厦商场2400M^2

（4）龚家寨农贸市场两层商场5000M^2

经营面积共计12000M^2

四、强臣地产机构简介

随着贵阳楼市日渐升温及贵阳城市化进程的逐步加快，筑城房地产迈入区域板块角逐的竞争体系。强臣地产机构率先挺进乌当板块，温泉花园应运而盘踞于温泉南路绝版地段，日臻跻身贵阳楼市。

强臣地产机构是一家以房地产开发为主的专业性地产集团机构，主要由贵阳白云强臣房地产开发有限公司、贵阳白云宏泰房地产开发有限公司、贵阳中强房地产开发有限公司、贵阳白云强成物业管理有限公司等四家公司组成。目前在贵阳地区成功开发二十多万平方米的各类物业。近年来，集团机构通过不懈努力，致力于打造"以人为本，亲近自然"的时尚生活社区，以其完善的物业管理及其专业的服务精神赢得了广大业主的认可与赞扬。

五、温泉花园跻身筑城最佳人居时尚生态社区

温泉花园雄踞于贵阳市区的新天片区，南衔新添寨温泉路，北接贵开路（新添大道），紧傍温泉公园，距市区金筑酒店仅8分钟车程，距中天花园3分钟，小区用地面积5.05万平方米，建筑面积达10万平方米，容积率仅1.98，绿化率达40%，是贵阳唯一按国家部颁标准精心打造的高尚楼盘。

温泉花园——您的五星级家园

——智能系统　让您安心

智能化系统采用国际上最先进的设施设备，形成了最完备的小区智能化系统。设有周界防越报警系统；闭路电视监控系统，可视对讲防盗门系统；住户紧急报警系统；保安巡更管理系统；水、电、气等表具远程抄收系统；供电设备、公共照明、供水等主要设备监控系统；车辆出入/停车管理系统；紧急广播与背景音乐系统；物业计算机管理系统；宽带数据接入网络及区内WEB系统。

——青山绿水　让您开心

温泉花园所处的新天片区隔顺海林场与中心区相连，沿贵开路两侧将设绿化带，南明河两侧将设20米宽绿化带，50－1000米的新天绿化长廊即将完成。南部、东部山林为贵阳市环城林带组成部分，森林覆盖率达到26.8%，人均公共绿地8.9平方米，高于全国及全市平均水平，具有良好的自然生态系统。

小区周围分布近有乌当温泉、情人谷、鱼洞河峡谷、阿栗杨梅园、香纸沟、滴水岩公园、冒沙井乌当自然生态公园，远有香火岩、南河峡谷、马盆河峡谷等景区。新添寨公建配套设施完备，近期内还将扩建若干教育场所、医疗机构及多处绿化广场。小区北面就是片区的行政、文化、商业、会议、展览及体育中心。

——质量A级　让您放心

温泉花园融合当代国内外住宅建筑的先进理念，从项目选址、规划，到建筑设计、园林营造，每一环节都经过无数次的反复比较、筛选，考察国内外多个先进的楼盘，多方面延请名师，最终打造出最适宜贵阳人诗意栖居的家园。

温泉花园采用蓝天般的地中海装饰峻峰顶，现代化的处立面，江南式湖泊，亚热带风情园林，前卫舒适的户型（飘窗、飘阳台、平层、中空复式退台别墅各款俱备）、宽裕的车位（两户一位）、雅致的会所……为做到户户好对流，杜绝黑厨黑卫，采用大空间的围合式布局，使家家有美景、套套朝向佳的舒适家园。

——园林设计　让您舒心

小区以大空间的围合式架构将覆面4321平方米的中心园林广场镶嵌于其中。小区园林设计体现了以人为本的理念，在浓荫密匝的步道旁您可以尽心观赏花朵的开放，流泉的喷涌，蝴蝶的翩跹。您可以带着家人与亲朋好友一起闲坐品茗，尽情呼吸清新的空气，在室外也象家中一样体会到其乐融融的暖人亲情。首层的私家花园与中心园林广场统一和谐，相得益彰，描绘出了人居时尚生态社区的康居蓝图。

——物业管理　让您省心

小区物业管理吸收发达国家和地区的物业管理经验，实行“百项服务承诺”。从设备设施维护保养、安全保卫、园林养护、区内保洁到邮政代理，理容、幼儿接送教育、艺能培训等都做到对小区居民的全心贴身呵护。

完善的社区配套

社区超市、集贸市场，提供方便的购物条件；休息平台是业主观景、纳凉、聚会的休闲区；紧邻中学、小学，充分解决业主子女的学习问题；小区内设幼儿园、会所，解决业主子女入托及提供休闲场所；低费高效的上网条件，轻轻松松遨游世界各地；优质物业管理，24小时安全防范系统。

温泉花园——震撼贵阳楼市的璀璨明珠

时值乌当楼市硝烟重燃，贵阳楼市呈现区域分化竞争格局，温泉花园蓄势待发，异军突起冲击筑城“诸侯混战”的楼市，成为市场家喻户晓的经典楼盘。公开发售短短的几个月，温泉花园共出售150套经典户型，掀起乌当区前所未有的抢购热潮，一度占踞市场制高点，从而引领乌当楼市。

温泉花园以其绝佳地段、完善的配套设施、中空围合式艺术架构、江南式的中心园林广场、经典的欧式新潮流户型赢得了市场的认可与推崇，广大业主盟誓与温泉花园终生相伴而感到荣耀与幸福。

中国名盘：在水一方花园

发展商——新太乙房地产开发有限公司

新太乙房地产开发有限公司，成立于1998年，是一家中外合资房地产开发企业，具有国家二级开发资质，拥有各类型专业人才人员近百名。公司创办以来，本着“缔造完美生活空间”这一宗旨，走信誉和品牌的创业之路，迅速壮大成为集房地产开发、装修配饰和物业管理于一体的综合型房地产开发公司。现已成功开发了市区大型高尚住宅小区“在水一方”花园，项目总投资近3个亿，建筑面积达12万平米，并建成了3万平米的绿化环境，其中包括占地12000平米的现代中庭园林，并与市政工程共同投资修建了一条全长500米的景观休闲大道——南浦西路，为广大市民、业主提供了一处文化交流、生活休闲的艺术空间。

中国名盘——在水一方花园

“在水一方”花园是新太乙公司在贵阳的第一个房地产项目。“在水一方”花园位于贵阳市区的母亲河——南明河畔，地处滨河路与南浦路交汇处，与贵州省委群楼一河之隔，各种生活配套设施完善，地利优越、交通便利。以为业主提供“源源不断的生活享受”为理念，以其别致的景观，优美的社区环境成为贵阳房地产市场上最为典型的舒适型高档住宅小区。

作为全贵阳首席高尚住宅社区，“在水一方”花园由国际顶级名师联手打造并整合企业内部和国内外一流的设计师专家团队，以确保建筑思想、工程设计在国内保持领先水平。同时ISO9001质量保证体系的导入，先进工艺的引进，新材料的采用，确保工程质量的优质水准和品质。

延请著名的香港代理公司中原地产和中国第一地产品牌决策资源研究中心、中城置地有限公司对项目进行销售代理和策划顾问：由著名的香港华艺和贵阳银河设计对项目进行建筑设计：由世界景观设计排名第七的贝尔高林公司对小区进行景观设计；由世博会金奖获得者广州棕榈园林公司进行施工；诚邀物业管理第一品牌——中国海外加盟，全面推行中海物业管理模式，为业主缔造尊贵、高尚的生活方式和提供六星级全方位的服务。

在水一方花园楼盘优势：

一、南明河，观音山，世界级园林，成就别墅级景观

“在水一方”的主人天然拥有500米滨河幽径，于南明河畔过亲水生活。“在水一方”花园颠覆传统别墅概念，将别墅引至空中，视觉不再局限于林地，而上扬于天地之间，俯可赏满园绿意，仰可观流水行云，近亲南明河水，远遐群峦叠翠。

“在水一方”花园特聘国际第七园林设计公司贝尔高林主持园林设计，并由世博会金奖获得者广东棕榈园林公司施工，使南明河畔出现3.2万平米大型芭厘岛风情园林社区。园外的青山绿水显露传统的东方韵致，而放眼园内，异国热带风情以其开扬奔放的个性欢迎人园的每个人。百岁澳洲海枣树、非洲棕榈科植物、南海海沙沙滩、世博园专用鲜花，无论你走在园里的哪个角落，你都将得到一份与众不同的享受。园内精心选用的世界级的设施，为住户打造贵阳顶级居家享受。贵阳极具东方传统韵味的青山绿水与芭厘岛风情园林景致自然互融。

二、别墅级居住空间，360 度个性自由选择

空中别墅的空间布局享有更大的自由，错层，跃层，异位跃层，复式，多样选择，更加符合人性居住的需求，在最大程度上满足和尊重你的个性。120－300 米的超大户型，南北朝向，户户方正向阳。房间功能设置完全符合现代城市精英阶层，在细节上都充分考虑现代优越生活的人居标准。极具人性设计的户型、客厅落地大玻璃窗，绝不会遮挡你的视野，餐厅与阳景阳台相连，坐拥远山、近水、花香、绿翠。空中别墅拥有的 360 度自由空间，全方位的开阔视野带来全新的视觉享受，如画风景尽收眼底。户户更有 67.4 平米的空中私家花园，宽阔优闲，中央花园的绿意延伸至空中花园，空中花园的芬芳又弥漫于园林。

三、别墅级健康休闲，带来快乐阳光生活

优质生活源于健康。“在水一方”花园，集美容、美体、美发为一体的女性私人会所芙蓉坊以及男士会所英豪天地，这在贵阳楼盘中首屈一指。美容纤体中心、形体健身中心、热能震荡放松器、恒温活水游泳池、养生 SPA、咖啡厅、澳洲专用网球草地、红酒廊、雪茄房、茶艺馆等散落社区中。让业主得到一个健康和绚丽的生活圈。孩子们则可以在芬兰儿童游戏场健康而安全地玩耍。

四、别墅级服务，体验五星级生活魅力

对外管理，安全第一，对内服务，夫爱为主，这是“在水一方”花园物管理念的集中体现，不论在硬件还是软件上，“在水一方”花园在贵阳的楼盘中都是一流的。

在硬件上，“在水一方”花园采用全封闭管理，引进了智能化的家居系统，楼宇可视对讲、居家报警、闭路电视监控、红外线安全报警、IC 一卡通、电子巡更系统、三表远程自动抄送、烟感报警装置、高速 INTERNET 网络等国际先进水平设备，智能网络集管理与安全功能为一体。在软件上，由全国首家通过商住楼区 ISO14001 国际环境管理体系认证的中海物业管理公司提供 24 小时全天候封闭式的物业管理。

由中国房地产业协会、中国“住交会”组委会及全国 35 个城市主流媒体联合推选出的“中国名企、名盘”，汇集了中国地产最顶级的发展商及最顶尖的楼盘，是最具权威性、含金量最高的奖项，是对中国楼盘的一次大检阅、大洗牌，代表着中国地产界最高荣誉！“在水一方花园”在贵阳市经过专家评审后推选参加全国名盘的角逐，经过一个多月的网上展示，由全国几十个城市 50 多名专家组成的评审团进行认真打分后，从全国参加角逐的一百多个楼盘中脱颖而出，荣获 2002 年“中国名盘”称号！这标志着“在水一方花园”已经作为全国最顶级的楼盘站在了世人面前！也标志着贵阳人民的居住水平开始和国内发达城市接轨！

贵阳新太乙房地产开发有限公司及其开发的“在水一方花园”用实力证明：不管市场环境如何，

只要敢于开拓，在建筑理念找到潮流与本地的结合点，在建筑品质上精益求精，向国际看齐，就能给市场注入强大的生机，也预示着贵阳的地产品牌化运作时代的到来！

企业大事记：

经过详细、科学的投资分析与评估之后，“新太乙”地产斥巨资6000万元取得贵阳造纸厂地块开发权，从而为建设贵阳市大型高尚住宅小区奠定基础。

“新太乙”地产自有资金7000万并融资1个亿，通过滚动发展经营累计投资3.4个亿，将之全部投入贵阳首处“空中别墅”——“在水一方”花园。

“新太乙”地产斥百万资金对“在水一方”花园社区的环境、景观、配套以及滨河路进行精心设计与建造，并建成贵阳市首屈一指的世界级园林。

2000年6月17日，发起并组织了大型公益活动“保护家园、保护母亲河”——清洁南明河志愿者活动，为贵阳的公益、环保事业作出了一份自己的贡献。

2000年8月5日，与《贵阳晚报》携手举办了“新太乙杯”中国唐宋名篇交响音乐朗诵会，濮存昕、陈铎，丁建华等著名表演艺术家的精彩演绎，宏扬了中国传统文化，在社会上引起强烈反响。

2000年8月26日，举办了“大型水景园林休闲巡回展暨15万元征名活动”，贵阳首个大型水景私家园林强势浮出水面，极大丰富了贵阳人民的生活。

2001年6月，荣获贵阳市“2000年销售放心房企业称号”。

2001年7——8月，与其它八家房地产开发企业参加了由《贵州都市报》主办的“保护母亲河宣言”活动。

2002年6月，荣获贵阳市“2001年销售放心房企业”称号，并取得贵阳市“2002年销售放心房承诺企业”称号。

2002年6月，新太乙地产获得“重合同、守信用”企业荣誉称号。

2002年6月28日，“新太乙”举办了“6.28仲夏缤纷夜”晚会，邀请了汤镇宗、谢雨欣等演员在贵阳市首席园林——圆梦嘉园演出，让准业主及业主们亲身感受到“在水一方”花园带给他们的源源不断的生活感受。

2002年8月新太乙公司捐资20万兴建两所希望小学。

2002年10月代表贵州参加“中国名盘”的评选。

2002年11月获得“中国名盘”称号。

评审会对其做出了这样的评价：“在水一方花园”是贵阳住宅市场上一个颇具品位的高尚精品住宅小区。开发理念相当超前，具有前瞻性和创造性。小区的建造高起点、高水准，飘逸灵动，巧妙地揉合了高层与别墅建筑理念，极具国际气质的独特风格。社区内部的人造景观与外部的生态环境融为一体，极具亲和力。园林设计“猎奇”，水景巧妙地和园林绿化融为一体，将水体贯穿于整个中庭，给人灵动感。完善的配套设施，个性化的服务，为业主营造健康、绚丽的生活圈，一流的物管，无论是硬件还是软件都很到位，“贴心式”的管家服务对业主关怀备至。

贵阳方源房地产开发有限公司

贵阳方源房地产开发有限公司，是在经营20多年的建筑安装工程公司的基础上，于1995年开始经营房地产开发、销售的国家二级资质的企业法人。该公司有注册资金2000多万元，实行独立核算，是具有独立民事法律责任和义务的经济实体。

数年来，在总经理李芳贵同志的领导下，本着务实求精，不断开拓进取的精神，公司已发展成为贵阳市实力雄厚、信誉良好的AA（一级）信用企业，并荣获贵阳市销售“放心房”企业荣誉称号，连续三年荣获贵阳市“重合同、守信用”企业。

公司以房地产开发为龙头，是集物业管理、建筑安装、装饰装磺施工和砼构件生产为一体的一条龙综合型生产、服务性企业。公司拥有雄厚的建筑施工技术力量和经济实力，工程技术、经营管理等各类专业技术职称人员齐全，有近100人的专业技术人员，高中级专业技术职称人员占职工总人数的42%，理论与实际经验较为扎实。

公司法定代表人、董事长兼总经理李芳贵同志，具有经济师职称，从事工程管理组织领导工作20多年，是一位远见卓识、开拓进取、务实求精、重视科技知识和先进技术的女企业家。连续七年被评为优秀经济工作管理者，一九九五年被建设部和省建协分别授予国家和省建筑企业“优秀集体企业家”称号，2001年被小河区妇联授予“中帼创新业”带头人称号，在社会上享有较高的声誉。

公司开发建设已竣工的项目有：

1、黄河路拆迁安置楼2万多平方米；

2、中坝农贸市场经济适用房5万多平方米；

3、玉田坝茶花新村经济适用房6万多平方米。

公司在建项目有：

1、香江花园住宅小区12万多平方米；

（其中一期已竣工并通过综合验收）

2、兴河商业街5万多平方米：

3、绿苑小区（与省安居中心共同开发）近50万平方米。

在跨世纪的宏伟征程中，公司将再接再励、一如既往地发扬高效、优质的企业作风，遵循“开拓创新、务实求精、以人为本、安居乐业”的经营理念，坚持“质量第一、信誉至上、为业主着想、对社会负责、创品牌”的经营宗旨，竭诚为社会服务，为建设贵阳、美化贵阳做出新贡献。

非凡能量　人类共享

贵阳电池厂厂长、党委书记　李信唐

贵阳电池厂系国有中型一档企业，属原中国轻工部干电池生产重点企业，现为中国电池工业协会常务理事。工厂座落在中国森林之城——贵州省贵阳市风景秀丽的南明河畔，距火车站6公里，距机场13公里，交通方便，来往快捷。

本厂从事干电池生产已有半个多世纪的历史。在长期的生产实践中，积累了较为丰富的技术工艺经验和管理经验。因此产品性能、质量相对较好，所生产的阿波罗牌电池和黔光牌电池连续被评为贵州省名牌产品，并获亚太地区国际贸易博览会银奖，不仅畅销于贵州市场和西南市场，而且远销东北市场、西北市场等国内多数省、市、自治区以及海外中东市场。

本厂占地面积3万平方米，生产用建筑面积3.26万平方米，生产用固定资产净值逾6000万元。拥有年产S型、P型、C型、F型、LR（碱锰）、HNi可充电等各种型号、规格的电池2.3亿只的能力。其中LR03碱锰电池系从韩国引进的技术和设备所生产。

我厂现有职工1600余人，其中各类专业技术人员120多人。长期坚持推行全面质量管理、方针目标管理，并通过ISO9002标准质量体系认证，具有较高的企业管理水平、技术工艺水平、技术开发能力和较优的售后服务网络组织，曾荣获贵州省、贵阳市科技进步成果奖五项。自91年以来一直保持盈利，市场不断拓宽，被评为贵阳市“质量效益型企业”，并多年被银行评为“AA级信誉企业”。

我厂以“质量第一、信誉至上”为宗旨，产品优质廉价，竭诚欢迎国内外客商、消费者订货和使用。

中国统计出版社最新资料书简目

《贵阳统计年鉴》特邀编委名单

GUIYANGSHISHENJIJU
贵阳市审计局

2002年贵阳市审计局共有在职干部、职工101人，其中大学本科学历20人，大专学历67人；党组书记、局长方鉴常、副局长刘明亮、刘灵芝、纪检组长彭中利、总审计师汪耘。设有办公室、法制处、财政审计处、金融审计处、行政事业审计处、经贸审计处、农业与资源环保审计处、社会保障审计处、固定资产投资审计处、外资运用审计处、经济责任审计处、人事处、纪检监察室等13个处室。

审计成果 全年全市共完成审计项目437项，为年计划的198.64%，查出各类违纪违规行为资金38199万元，审计处理后，归还原渠道资金2061万元，调帐金额8445万元，罚没金额43万元，已上交财政3031万元，应自行纠正金额24146万元，减少财政投资4293.84万元。向司法机关移送案件一件，向纪检监察机关移送事项2件。提交审计信息、简报293篇，被国家审计署采用7篇，省审计厅采用43篇，市委、市政府采用25篇。

获全省审计系统2002年综合考核第一名；被市委、市政府评为2002年目标考核先进单位。

完成政府或上级交办项目95项 主要是对重点部门、重点项目、重点资金的审计，其中有贵阳市住房资金的清理审计，贵阳市价格调节基金的筹集、分配、使用情况的审计调查，延伸16个有关单位，涉及金额6000余万元，建设项目，完成清镇市老马河桥补强工程决算和三桥立交桥工程、人民广场一期工程竣工决算等10项。息烽县审计局完成县农业局办公楼、县供销社综合楼等5项，核减工程款174万元，多付工程款应收缴财政67万元，白云区审计局完成四达机械制造有限公司厂区平基及围墙工程等3项，核减资金97万元，收缴并上交财政39万元。

经济责任审计 全年共完成84项。县以下党政领导干部任期经济责任审计77项；县级领导干部经济责任审计扩大试点7项，对贵阳市科学技术委员会主任进行了任期经济责任审计等。2002年5月召开了全市五部门联席会议并以市委、市政府两办文件下发《市纪委、市委组织部、市监察局、市人事局、市审计局关于领导干部任期经济责任审计工作实施意见》，促进了全市领导干部经济责任审计工作有序健康深入开展。

大案要案 移送检察机关案件1件。向纪检监察机关移送事项2件。小河区审计局查出区教育局负责人在任期内谎报用途，虚开发票、虚列支出，套取现金案；区民政局代管小河物业办、中心集贸市场期间擅自处置二期沿街门面获利案，两案均已移送纪检监察机关处理。

电话：0851－5562180
地址：贵阳市兴关路20号
邮编：550002

贵阳市审计局党组书记、局长方鉴常

团结、务实的领导班子
（左起）：彭中利、刘明亮、方鉴常、刘灵芝、汪耘

南明区是贵阳市城区之一。位于市区南部，东与乌当区接壤，西南和花溪区毗连，北与云岩区交界，东西17.4公里，南北宽13.5公里，总面积89.1平方公里，总人口49.3万人。

2002年是贵州省实施首轮建设经济强县的届满之年。全区上下围绕“开拓创新，强区升位”的奋斗目标，与时俱进，开拓创新，努力做好各项工作，全区国民经济持续快速健康发展，社会各项事业全面进步，“建强”工作圆满完成，把南明区建成全省一流经济强区的目标已全面实现。

一、整体经济实力进一步增强

2002年全区完成国内生产总值64.3亿元，比上年增长12%，财政总收入完成47702万元，比上年增长27.79%，地方财政收入完成30611万元，比上年增长30.46%，城镇居民可支配收入达7145元，比上年增长8.96%，农民人均纯收入达3621元，比上年增长7.2%，人口自然增长率为4.85‰。

1、农业和农村经济稳步发展。农业总产值完成6977万元，比上年增长4.8%。蔬菜总产量27015吨，比上年下降8.2%；生猪出栏28681头，比上年增长12.5%，

2、工业发展态势良好。全力实施“主攻二产”战略，培植骨干，不断优化产业结构，工业经济运行质量和效益进一步提到提高。完成工业总产值32.76亿元，比上年增长25.3%；工业销售收入20.89亿元，比上年增长25.4%；工业利润实现1.67亿元，比上年增长34.6%。

3、第三产业快速发展。突出精品上缺项，强力实施商贸繁华区南延战略。第三产业总产值完成51亿元，比上年增长26.9%，第三产业增加值完成19.5亿元，比上年增长19.6%。

二、城市建设和管理水平整体推进

坚持以人为本，强调“环境兴区”，立足实际，加大城市建设力度。围绕塑造林城新形象，完成了“甲秀广场”、“冠洲花园”、“南横步行街”等重大环境建设工程，新增了城市绿化面积11.6万平方米。

三、招商引资成效显著，非公有制经济发展迅速，进一步加强区域经济合作，扩大对外宣传力度，提高知名度，取得较好成绩。全年引进项目665个，其中，投资规模在1000万元以上的项目26个、500万元以上项目26个，引进资金15.81亿元，实际到位资金15.41亿元，显著地拉动了经济增长。非公有制经济是我区经济的主体，现有个体工商户15280户，从业人口275920人，注册资金1.77亿元。

四、科教和各项社会事业全面进步。巩固了国家级科技先进城区成果。建成17个社区科普宣传栏，实施科技开发，应用技术推广、新产品试制等项目8项。全年投入科技三项费380万元，科技对经济增长贡献率达45.8%；教育事业继续巩固“两基”达标成果，全区适龄儿童入学率达99.98%，文化事业蓬勃发展，群众文体活动丰富多彩。

红华家电购物广场

西南家居装饰广场嘉润商场

南明区

NANMINGQU

瑞花广场

通银汽配商城

东方变压器厂

贵州古玩城

西南地区最大的农副产品集散地——
五里冲农副产品批发市场

省、市领导视察我区麦架镇建设

省委常委、市委书记王晓东一行调研我区花卉产业

全区行政区域总面积272平方千米，耕地面积2850公顷；现辖龚家寨、大山洞、艳山红、都拉营4个街道办事处，32个社区（居委会），辖艳山红、沙文、麦架3个镇，牛场、都拉2个布依族民族乡，56个村民委员会。2002年末总人口17.48万人，其中少数民族3.14万人，非农业人口10.76万人，人口出生率10.9‰，自然增长率5.95‰，计划生育率99.15%。

2002年，国内生产总值397200万元，比上年增长11.5%；农林牧副渔业总产值22566万元，比上年增长6.1%；工业总产值564700万元，比上年增长13.65%；财政总收入6.49亿元，比上年增长2.79%，其中地方财政收入2.18亿元，比上年增长15.55%；地方财政支出2.27亿元，比上年增长15.58%。2002年，城镇居民人均可支配收入6715元，人均消费支出6060元，农民人均纯收入2943元。全年社会消费品零售总额4.59亿元，比上年增长13%。年内固定资产投资171878万元。

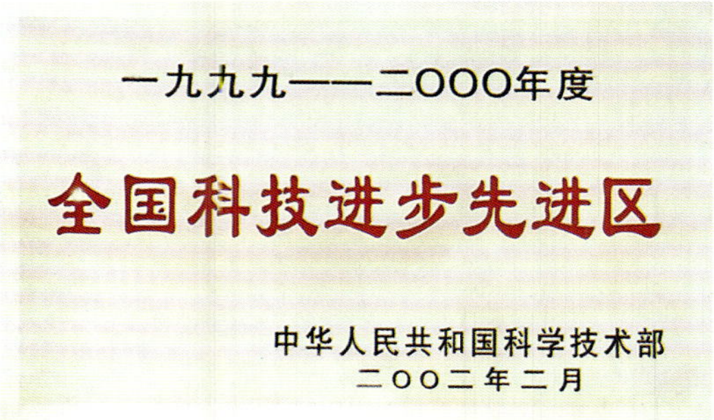

白云区

BAI YUN QU

白云区南湖新区"四防一中心"开工仪式

第七届中国国际风筝会开幕式

麦架镇移民新村

中国经济技术开发区招商引资工作第七届年会在贵阳开发区召开

小河区

XIAO HE QU

欣兴向荣的小河开发区

花溪全景

花溪区

HUA XI QU

成功举办了'2002 中国·花溪生态论坛

花溪现代中药工业园区建设开工暨园区企业奠基仪式场景

掩映在绿荫丛中的贵州大学南区图书馆

贵州石文化艺术会

新建的海信工业园一角

小河区行政区域面积63.13平方千米。耕地面积537.97公顷。辖15个社区居民委员会、17个村民委员会。年末总人口11.33万人，其中，非农业人口9.22万人，少数民族人口2.36万人，人口出生率10.48‰，自然增长率为5‰，计划生育率为98.04‰，农村劳动力1.9万人。

2002年，该区坚持以“三个代表”的重要思想为指导，以“三个率先”统揽全区工作全局，坚持以实现跨越式发展为主题、以经济结构调整为主线，以改革开放和科技进步为动力，以提高人民生活水平为根本出发点，带领全区各族人民，解放思想，与时俱进，开拓创新，求真务实，国民经济快速发展，各项社会事业全面进步，综合实力明显增强。全区国内生产总值15.16亿元，比上年增长16.1%，其中，第一产业增加值为4222万元，增长7.6%；第二产业8.62亿元，增长19.8%；第三产业6.12亿元，增长11.5%。三次产业结构比为2.8：56.8：40.4，三次产业对经济增长的贡献率分别为1.5%、69.3%、29.2%。财政总收入2.52亿元，增长18.3%，地方财政收入1.58亿元，增长25.32%；年末，金融机构存款余额24.1亿元，增长23.27%，贷款余额12.6亿元，增长36.9%。居民生活水平进一步提高。人均国内生产总值1.32万元，比上年增长25.6%。城镇居民人均可支配收入6878元，增长16.5%。全区年末从业人员8.33万人，包括第一产业从业人员1.54万人，人均工资9461元。全年城市统筹就业1560人，其中下岗再就业的740人。年末城镇登记失业率为4.1%，农村剩余劳动力转移到非农就业的500人。社会消费品零售总额9.45亿元，增长16.7%。

欧式住宅小区

农民新村

浪漫花溪狂欢泼水节场景

2002年7月13日，花溪区邀请著名小提琴家盛中国及夫人濑田裕子到花溪区举办钢琴小提琴演奏会。

大寨农业生态观光园

乌当区

2002年，乌当区实现了经济结构调整、城市建设、招商引资、财税建设、培育后续财源上的四大突破，全区国内生产总值完成35.8亿元，比上年增长24%，财政总收入30161万元，充分利用国家高新技术产业开发区的比较优势，加快产业结构调整的步伐，使高新技术成为带动第二产业发展的主要因素，吸引了大量如与振华集团合作研发的CDMA手机生产项目的世界500强工业企业日本京瓷株式会社等企业的进驻，目前有7家上市公司在该园区注册，真正使新天园区成为招商引资的主战场。如今的乌当城市面貌日新月异，基础设施不断完善，城市配套功能日趋完备，一个生机勃勃的都市新区已展现在人们的面前。

伴随着西部大开发的隆隆鼓声，区委、区政府以率先在全市实现全面建设小康社会为奋斗目标，提出举全区之力加快高新技术产业开发区新天园区的发展，将立足于建设"生态区、高新区、经济强区"，以"团结拼搏、负重前进、开拓创新、富民强区"的乌当精神，推动全区经济超常规、跨越式的发展。

WU DANG QU

曾在全国获金奖的红蜻蜓艺术团的小演员们表演的"嬉山娃"系列歌舞

乌当区行政中心

京瓷手机生产线

国家级农业科技园区内的高品质花卉种植大棚

新建成的新东大桥，全跨108米

乌当区振华广场一角

市委书记王学军在中美滑水明星对抗赛上致开幕词

清镇市地处黔中腹地，是贵州高原上一座美丽的湖滨城市，也是贵阳市唯一的县级市和重要的卫星城市，距贵阳市中心区22公里。清镇市交通便利，旅游资源丰富，矿产资源富集，是贵州省重要的电力、化工、磨料、冶金、纺织等工业基地。

2002年，是清镇市社会经济发展历史上重要的一年。全市完成国内生产总值314952万元，比上年增长11.3%；人均国内生产总值6206万元，比上年增长9.9%；财政总收入26491万元，比上年增长8.78%，地方财政收入14123万元，比上年增长10.79%；固定资产累计完成70952万元，比上年增长18%；城镇居民人均可支配收入6466元，比上年增长8.4%，农民人均纯收入2135万元，比上年增长5.3%；人口出生率13.98%，计划生育率88.01%；全年招商引资共引进项目52个，项目总投资94186万元，实际到位24813万元，比上年增长37%。一年来，紧紧围绕“主攻二产、注入一产，带动三产”的经济发展战略，以“工业强市”作为经济工作的重点，竭力做好驻市国有大中型企业的协调服务工作，进一步加大市属国有企业的改革改制步伐，加大对医药园区、食品工业区、新材料基地建设力度，着力培植新兴支柱产业；加强农业基础设施建设，大力调整农业产业结构，不断巩固农业基础地位；第三产业发展势头良好，各类市场不断健全完善，城乡差别基础设施建设步伐加快，城乡面貌有较大改观，整顿和规范市场经济秩序工作取得实效，社会各项事业全面发展。成功地举办了2002贵阳·清镇红枫湖滑水明星对抗赛、全国第五届成人公开水域游泳锦标赛以及清镇建市10周年庆祝活动，有力的宣传了清镇新形象。

2003年，在新一届市委、政府班子的坚强领导下，清镇市以全面建设小康社会为总目标，以“工业强市”作为经济工作的核心战略，以百花工业区、红枫工业区、高科技园区为载体，不断加快经济建设步伐，为把清镇建设成为“城连水、水连城的山水园林生态旅游卫星城市”而努力奋斗。

清镇市

QINGZHENSHI

夕阳西下的红枫湖

建设中的清镇－镇宁高速公路

正待开发的长1861米的云岭车路

夜色中的清镇市区

花园式的清镇污水处理厂

麒龙城市花园一角

“云南红”杯全国第五届成人公开水域游泳锦标赛主会场

贵阳市贸易合作局

局长、党组书记：陈懋南

贵阳市贸易合作局是主管全市对外贸易、利用外资、国际绿技术合作、社会商品流通和市场规划建设的政府工作部门。

2002年，贵阳市外贸进出口总额为57240万美元，比去年同期增长15.8%，出口37495万美元，同比增长13.2%，进口19745万美元，同比增长21%。其中，市属企业进出口总额完成13904万美元，同比增长11%，其中出口10377万美元，同比增长21.3%；进口3523万美元，同比下降11%。贵阳市进出口各项指标分别占全省的82.8%，75.8%和79.1%。全年实际利用外资总额完成8157万美元（含间接利用外资5239万美元），同比增长37.3%。合同利用外资5670万美元，实际直接利用外资2918万美元，比去年同期增长139%。共批准外商投资企业33户，其中合资企业10家，合作企业3家，独资企业19家，股份制企业1家。

2002年，全市累计完成社会消费品零售总额136.58亿元，较去年同期增加12.27%。消费价格总指数是98.4（以上年同期为100）。

加大整顿规范市场经济秩序的工作力度，坚持标本兼治，在探索市场管理治本措施方面有了较大进展。制定了贵阳市整顿和规范市场经济秩序信息报送制度、工作例会制度、督促检查制度。进一步加强了举报工作，拓宽了举报渠道，开通了网上举报信箱。各行政执法部门结合分管领域的工作特点，积极探索和创新市场监管办法。全年在整顿和规范市场经济秩序行动中共出动车辆33078车次，检查清理市场数13562个，检查的经营户达到438983个，端掉制假售假窝点637个，查封或取缔非法经营点4669个，收缴假冒伪劣商品标值1776万元；税务部门查补税款、罚款和收滞纳金3621万元。兑现举报奖励4批，92人次，奖励金额77679.7元。

进一步加强生猪屠宰检查监督力度，严厉打击私屠乱宰。2002年对全市农贸市场进行食肉经营突击检查14次，查处私屠生猪34头，端掉私屠窝点12个，受理举报电话10人次，办理举报信访事件13件次。2月召开了贵阳市屠宰经营户代表座谈会。9-10月针对屠宰行业存在的遗留问题多次走访屠宰经营户，召开专题会，对下一步的工作做了安排。县城半机械化、机械化生猪定点屠宰率达30%以上，乡镇生猪定点屠宰率达8%。

会议室

贵阳市国家税务局

GUIYANGSHIGUOJIASHUIWUJU

贵阳市国家税务局按照“1＋3”的工作思路，即：一个观点——税收经济观，三篇文章——依法治税、从严治队、科技加管理，把信息化建设作为依法治税、依法行政的重要手段，税收征收管理水平飞跃发展。

——作为全国每省一市的CTAIS（中国税收征管信息系统）试点单位，经过大量的、艰苦细致的基础工作，前期准备工作按时完成，已经进入试点应用阶段。CTAIS具有业务函盖面广、开发依据规范、实用及操作简便、数据完整可靠、监控严密等特点。CTAIS的应用，将规范税务机关的管理服务、征收监控、税务稽查、税收执法、税务执行等行为。

——大力推行以银行网点申报为重点的多元化申报方式。从2001年9月开始，在定期定额户和小规模纳税人中推广银行网点申报，2002年进一步加大其力度，年底全市国税系统共进入多元化申报的有26,858户纳税人。其中，银行网点申报25,110户，委托代征1,108户，税务代理639户，并试行了邮寄申报方式。多元化申报户数已占计划纳入户数的76%。通过多元化申报方式的推广，在很大程度上方便了纳税人，为广泛推行信息化建设奠定了基础。

——金税工程运行质量和效果不断提高。金税工程是国家重点信息化工程之一，是增值税的生命线、打击偷骗税的“杀手锏”和税务队伍建设的重要基础。建成金税二期工程以来，“企业发行、发票发售、认证、报税”四个子系统运行良好。2002年顺利实现软、硬件的全面升级。纳入防伪税控系统的一般纳税人3,379户，共采集发票存根联479,614份，涉及金额573.71亿元，涉及税额94.92亿元；采集发票抵扣联504,620份，涉及金额555.72亿元，涉及税额92.88亿元，发票抵扣联和发票存根联采集率连续两年达到100%。

——率先在全省开通了12366纳税人服务热线。开通的12366纳税人服务热线，能够系统提供自动语音及传真咨询服务，将有关政策、法规、税务事项的办理程序、表格等通过录音播放、传真给纳税人。通过话务员，可以为纳税人提供人工咨询服务。人工座席对不能当时解答的事项，通过约定时间并登记在案，按约定时间进行反馈。自从4月份开通以来，累计自动语音拨入5.504次，其中，查询最新公告988次，查询各类税务法规4.516次，人工座席咨询受理电话1.679次，对各类咨询、举报电话人工座席都作了记录，并及时交相关处室解答、办理，12366服务热线已经成为国税局和纳税人沟通的桥梁。

贵阳市民政局

GUIYANGSHIMINZHENGJU

全市民政工作会议

市民政局党委书记、局长陈仁贵向省民政厅郭猛厅长、陈梅琳副厅长介绍贵阳市儿童新村的建设情况。

市民政局党委书记、局长陈仁贵在景云山会见来访的遵义市民政局局长张有顺及其一行。

拥军优属是我市的光荣传统，每逢重大节日，市党政领导都要到部队进行慰问。

享受最低生活保障的人员组成治安队维护社区治安。图为低保治安队员在接送放学的小学生过马路。

贵阳市社会福利院开展纪念第十五个老年节联欢活动。省民政厅副厅长陈梅琳在联欢会上致词。

殡葬改革是一项功在当代，利及子孙的大事。图为白云区进行殡改宣传活动现场。

2002年召开的贵阳市第十一次民政会议认真总结回顾了第十次民政工作会议以来民政工作的主要经验和突出成绩，探讨新时期民政工作的新特点、新思路，使我市民政工作与时俱进，深化改革，努力实现跨越式发展。图为与会代表合影。

贵阳市民政局
GUIYANGSHIMINZHENGJU

贵阳市体育局

GUIYANGSHITIYUJU

唐光族副市长主持贵阳市第九届运动会盛大开幕式

开幕式上列队整齐的运动员队伍

威武雄壮的仪仗队步入开幕式主会场

贵阳市体育局是市政府体育行政职能主管部门，内设办公室、群众体育处、竞技体育处、体育经济处，共三处一室。基层事业单位有：贵阳市体校、贵阳市人民体育场、贵阳市体育训练馆、贵阳棋院、贵阳市枣山路游泳池、贵阳市游泳舘、东山青少年运动场、贵阳市体育总会和市老年体协。

在党的“十六大”精神指引下，在市委、市政府的领导下，全局党员干部和广大职工开拓创新，积极进取，在体育事业中努力实践“三个代表”的重要思想，使我市群众体育、竞技体育、体育科研和体育产业始终处于全省前予。目前，我市全民健身工作网络和激励机制基本建立，丰富多彩的群体活动常年不断，群众身边的健身设施日益增多，体育人口逐年增加，一批群体品牌项目正在成为城市“名片”；群众体育与竞技体育连续多年保持全省评估第一名；体育产业方兴未艾；多篇体育科研论文获国家和省、市奖励。近年来，我局多次获国家人事部、国家体育总局以及省、市表彰。

我局现有的体育场、馆、池和将要兴建的大型设施及大量无形资产，蕴藏着巨大商机，能为经济发展提供广阔的市场，热忱欢迎社会各界的朋友们前来投资、开发和锻炼身体，我们将为您提供优质服务。

法人代表：梁耀辉
联系电话（传真）：（0851）6822942
地址：中国·贵州省贵阳市北京路27号
邮编：550004

五彩缤纷的九运会开幕式主会场

贵阳市农业局是主管全市农业和农村经济工作的市人民政府工作部门，主要职能是贯彻执行党和国家有关农村经济发展的方针、政策和法律、法规；研究拟定全市农业和农村经济发展战略、中长期规划；指导农业和农村经济建设与发展，稳定和完善农村基本经营制度和政策；研究拟定全市农业产业化经营的有关措施和大宗农产品市场体系建设与发展规划，促进农业产前、产中、产后一体化经营；组织农业资源区划、生态农业、农村能源、农业可持续发展工作；拟定农业科研、教育、技术推广及其队伍建设的发展规划，实施科教兴农战略；依法实施农产品及绿色食品的质量监督、认证和农业植物新品种的保护工作；研究拟定全市农机化的宏观政策、规章制度和管理办法，并监督实施；执行动植物防疫和检疫法规及有关标准，负责动植物的检疫、防疫工作；规划、组织、协调、指导花卉产业中的有关问题。

近年来，贵阳市农业农村工作在市委、市政府的正确领导下，加大调整农业农村经济结构力度，加大先进农业科学技术配套服务，努力提高农业综合效益，推动建立兼顾生产、生态、生活，取得了巨大成绩，1997年到2002年农业总产值年平均增长5.14%，农业综合能力显著提高，米袋子菜篮子油瓶子不断充实，农民收入稳定增长。

2002年，全市已授牌101个无公害农产品生产基地，建成农业科技培训中心和农产品质量安全监督检验测试中心，建成83个报检点，1个病害动物无害化处理场，10个动物畜医实验室。在建20个农产品质量检测站，市场准入体系工作正顺利进行。

波尔山羊胚胎移植基地

Guiyangshinongyeju
贵阳市农业局

清镇市犁倭乡胡萝卜基地

市长孙国强在《贵阳规划历程》首发式上讲话

贵阳市规划管理局是主管城市规划的市政府工作部门。内设办公室、人事处、法规监察处、综合处、建设用地规划管理处、建设工程规划管理处、市政公用设施规划处、村镇建设规划处、总工程师办公室。所属事业单位：贵阳市规划设计研究院和贵阳市测绘院。

2002年，贵阳市规划管理局抓住贯彻落实《国务院关于加强城乡规划监督管理工作的通知》和国务院九部委《关于贯彻落实（国务院关于加强城乡规划监督管理的通知）的通知》的有利时机，抓紧城乡规划编制，完成白云区、息烽县、修文县、开阳县和清镇市城区控制性详细规划，实现了市委工作会议提出的今年全市区、县（市）城区控规覆盖率达到100%的工作目标。完成中心城区四条出口干道景观规划、金阳新区17平方公里城市设计、鹿冲关森林公园总体规划等规划编制的及贵阳市1:2000航测地形图500平方公里、三县一市和白云区各种比例尺地形图87平方公里等测绘任务。加强规划监督管理，落实以“一书两证”为核心的规划实施管理制度，大力推行规划政策公开，提高规划透明度和公众参与；深化行政审批制度改革，提高办事效率和服务质量；加强规划监督管理和调查研究，为理顺我市规划管理体制，召开全市城乡规划工作会议作好准备。

同时加强了基层党建工作、党风廉政建设和行风建设，促进了各项工作任务的完成。市规划局连续五年被市委、市政府评为目标管理先进单位，获得建设厅2002年目标管理一等奖，市测绘院被中国城市规划协会评为全国城市勘察测绘先进单位。

GUIYANGSHIGUIHUAGUANLIJU

贵阳市规划管理局

贵阳市
质量技术监督局

GUIYANG ZHILIANGJISHUJIANDUJU

召开新闻发布会，公布调味品质量审查合格单位。

检查小钢厂的治理情况

2002年，全市质量技术监督工作把全年确定为质监系统技术机构建设年，认真贯彻落实党的十五届五中、六中全会精神，贯彻落实全国质监系统局长会议精神，以抓源头提高产品质量和加强技术机构建设为工作重点，紧紧围绕整顿和规范市场经济秩序、打假治劣、引导企业完善质量自律机制、加强对产品质量管理和监督，努力做到“忠于职守、勇于负责、严格把关、保国安民”。加大执法力度，整顿规范市场经济秩序工作取得明显成效。

年初，市质监局以“质量关系生命安全、关系百姓生活，深入开展联合打假行动，整顿和规范市场经济秩序”为主题，开展为期1个月的大规模的“3.15”保护消费者权益日活动，3月11日，在贵阳市延安东路两旁开展55个单位624人参加的宣传咨询一条街活动，展出宣传板169块，展示产品质量图片807块，展示宣传实物814件，散发宣传资料57194份，接待咨询6409人次，无偿服务7450人次，演出节目28个。贵州省、贵阳市质监局共接待质量投诉33起，现场解决投诉45起。省、市领导王惠业、夏文翔、阙建平、黑卫平等同志亲临现场参加活动，并到咨询、服务点及参加活动商家看望大家。并以此为契机，为巩固“购物放心一条街”的活动成果，激励商家不断自我规范、完善，使部分质量意识强、商品和服务质量好的商店起到示范作用，省、市局领导对贵阳友谊集团股份公司友谊大楼、贵阳孩子王用品有限公司商场及六个商家首批获得“购物放心商店”称号的商家进行授牌。组织市场执法大检查，为消费者提供辩别商品质量优劣方法，促使商家更加重视产品质量及其树立自身品牌，从而为企业创造一个公平竞争的市场环境，为消费者创造一个放心满意的购物环境，切实保护企业和消费者的合法权益。进一步加强技术机构建设，加强质量管理、质量监督、标准化管理、计量监督管理，积极组织机构代码工作，同时在质监系统内部加强技术人员队伍和执法队伍建设，促进各项工作的开展，全市质监系统全年总体工作创了一个新局面。

查获“黑心棉”等大量假冒伪劣产品

销毁假冒伪劣産（商）品现场

贵阳市科技局（原科委），经过2001年机构改革后，现内设5处1室（办公室、人事处、发展计划与政策法规处、工作科技与高新技术发展处、农业科技与社会发展处、科技成果管理与技术市场处）。是主管全市科技工作的市人民政府工作部门。其职责是：贯彻执行党和国家关于科技工作的方针、政策和法律、法规；推进科教兴市战略的实施，协调管理全市各领域的科技工作；组织拟定科技发展、科技进步战略的具体政策、措施和法规草案；研究科技促进经济与社会发展的重大问题；研究确定科技发展的布局和优先领域；推动科技创新体系建设、提高科技创新能力、组织编制全市科学技术发展的中长期规划和年度计划并监督实施。编制和组织实施全市科技攻关计划、新产品试制计划、火炬计划、星火计划、科技成果推广计划、软科学研究计划、科技型中小型企业创新基金计划、研究拟定促进高新技术发展的政策措施，负责高新技术研究计划、科技创新工程和社会发展科技计划的制定与实施工作。强化高新技术产业化及应用技术的开发与推广工作；推动科技成果转化；管理市级高新技术重点项目和重点新产品工作。研究拟定全市科技体制改革方案和有关政策、措施，指导全市科技体制改革工作，推动建立适应社会主义市场经济和科技自身发展规律的科技创新体制和机制。会同有关部门研究制定多渠道增加科技投入的措施，优化科技资源配置；归口管理和使用科学事业费、科技“三项费”、科技专项经费等有关经费、并负责经费预、决算工作。负责编制市重大科技项目和科技基地的建设规划与计划；参与或会同有关部门组织专家对先进技术引进、重大技术改造、重要科技工程建设进行前期调研、论证和评估。研究拟定科技人才资源的合理配置、充分发挥科技人员积极性、培育科技人才成长良好环境的相关政策、措施和规划、计划；负责优秀科技人才培养对象的选拔和管理工作。归口管理全市对外科技合作与交流工作。归口管理全市科技成果、科技奖励、民营科技企业、技术市场、科技保密、科技新闻发布、科技档案、与科技相关的知识产权保护等工作；推动科普工作的开展；促进科技咨询、招标、评估等社会中介组织的发展，推进科技服务体系的建立。会同有关部门制定科技进步目标体系，负责科技进步目标责任制的检查、考核、总结和表彰工作，负责全市科技信息、科技统计的管理工作；协同有关部门审核科研机构的组建和调整。指导、协调市直机关各部门、区（县、市）的科技管理工作。

贵阳市科学技术局

GUIYANGSHIKEXUEJISHUJU

贵阳市公安局交通警察支队

GUIYANGSHI GONG'ANJUJIAOTONGJINGCHAZHIDUI

警民共建交通安全文明社区

高原明珠“林城贵阳”作为省会城市和西南地区交通枢纽，全市行政区域面积8034平方公里、人口337万、辖10区、县市和一个金阳区。全市共有58个乡、28个镇，现有公路总长1020公里，道路总长557.93公里，机动车15万辆，机动车驾驶员32万人，交通民警785人。

2002年，“畅通工程”工作纳入了政府工作的重要议事日程，把“畅通工程”纳入“强市升位”战略目标共投资1200万元用于交通设施的增设、完善。

为创建“平安大道”，遏制公路客运中特大交通事故发生，交警会同公路部门对全市三级以下达不到夜间安全行车的路段，设置“时限禁行”标志，对县、乡公路事故多发地段进行了“逐一”排查，共排查出急需治理的交通事故“黑点”48个，建立和制作了图文并茂的全市道路交通事故黑点调查档案，有效遏制了群死群伤恶性交通事故的发生。

努力营造良好的社会氛围，启动“交通安全大蓬车”，开展“交通安全进社区”和创建“交通安全村”等活动积极探索科学管理机制，强化精品意识、创建精品道路，加大管理力度、推动了“畅通工程”的建设。

为适应现代化的交通管理需要，市交警队投入了85.8万元，研究开发了《GPS交通监控与指挥系统》（一期工程），该系统为监控人员提供一个可视化的直观界面和交互式的操作平台，监控人员可以对车辆进行

防治“非典”一线上

齐抓共管

交通安全从娃娃抓起

杨哲慧副市长慰问计生贫困户。

市计生局到花溪区开展“三下乡”活动。

国家计生委副主任潘贵玉到我市检查指导工作。

2002年我市人口与计划生育工作在省委、省政府、市委、市政府的领导和省计生委的指导下，坚持以党的十五届五中全会精神和“三个代表”重要思想为指针，深入贯彻中央、省委、市委《决定》精神，以人的全面发展为中心，以开展人口与计划生育工作综合改革统揽全局，以全面提高“村为主”工作水平为主线，以提高群众满意程度，稳定低生育水平，建立依法管理、村民自治、优质服务、政策推动、综合治理工作机制，实现计划生育工作思路和工作方法“两个转变”为目标，各级党政切实加强领导，工作目标明确，保障措施有力，各级计生部门转变工作作风，求真务实，深入基层，扎实工作，确保了全市人口与计划生育各项指标的完成。2002年全市人口出生率为13.46‰，人口自增率为8.17‰，计划生育率为92.43%；45%的村实现村民自治，65%的乡（镇）达到优质服务乡标准，50%的区（县）达到市优质服务标准；为农村14366户独生子女户、双女结扎户的父母投了养老保险；研制开发了人口管理软件，100%的乡（镇）完成了基础数据录入工作，人口报表已开始用微机报送，市计生局建立了局域网，群众对计划生育工作的满意度达到95%。经省考核，我市连续六年获省人口与计划生育目标考核一等奖第一名。

贵阳市 计划生育局

GUIYANGSHIJIHUASHENGYUJU

实时跟踪、查询空位、信息检索、远程控制指挥等操作，使我市的交通管理功能得到进一步的提升。

在2003年实施“畅通工程”工作中，将加快城市交通管理的现代化、科学化步伐，逐步完善智能交通管理网络，不断改革行人和机动车管理模式，为我市交通管理达到“二等管理水平”而奋力拼搏。

交通安全宣传阵容

启动仪式

向岗位民警献上鲜花

反违章、压事故治黑点

省、市领导到施工现场慰问金阳建设者

市领导视察金阳新区建设情况

金阳新区位于贵阳市西北面，以浅丘地形为主，东临国家级长坡岭森林公园，南接三桥马王庙，西靠百花山脉，毗邻著名风景区百花湖，北接白云区绿化隔离带。新区内拥有金华湖、观山水库、十二滩水库，山环水抱，自然环境十分优越。新区距市中心区仅12公里，距龙洞堡机场和贵阳火车站约20多分钟车程，通过贵黄、贵遵高等级公路和川黔、滇黔公路与云南、重庆、四川相联系，周边旅游资源丰富，交通便利，地势平坦，是投资建设的理想境地。

2000年6月2日，国务院批复了《贵阳市城市总体规划》，明确在城区西北部的金华、阳关一带建城市新区，以疏解中心区人口压力、功能压力、交通压力，推进贵阳市的城市化进程。促进经济结构的调整，并优化中心区环境质量及提高基础设施服务水平。省委、省政府明确提出“城市基础设施建设重点启动贵阳金阳新区开发和一批中心城市基础设施，支持贵阳市瞄准面向新世纪现代化大都市目标，努力建设成为西部大开发的重要增长极”。现金阳新区17平方公里的控制性详规、城市设计及13个专业规划已批准或完成，40平方公里的分区规划已批准，控制性详规已完成。而且现在17平方公里的基础设施建设已基本完成，比计划时间提前了4年。道路主骨架建设及地下管网建设已近尾声，金阳新区正进入城市功能建设阶段。

按照现代化新型城市的特点和21世纪人类对自然环境的高要求，金阳新区的功能定位主要从“行政、教育、居住、文化、金融商贸和高新技术产业”为主的城市性质出发，并因地制宜，高起点、高标准地将新区建成一个生态环保型、园林式、数字化、可持续发展的新兴城市，并努力实现人与自然的高度和谐，经济、社会、环境的高度统一。

自2001年年底以来，在省委、省政府和市委、市政府的强力领导下，经1年多的艰苦奋斗，顽强拼搏，金阳新区开发建设取得突破性进展，“三纵六横”道路主骨架及地下管网基本成型。

三纵：金阳大道、诚信大道、金西大道；六横：迎宾路、观山路、兴筑路、体育路、金西路延伸段、金朱路（一期）。

相应的给排水、电力、电信、煤气管网建设与道路同步到位。人行道、绿化、景观、路灯等配套工程正顺利推进。

市级行政中心主体工程及其会议中心、接待中心、停车场等项目正强力推进，工程进展顺利。贵阳一中、工人文化宫、“碧海花园”等一批重点项目已开始动工。一大批招商引资项目正积极开展前期工作并待开工。2002年全年累计投资60亿元，其中道路主骨架25亿元；地下管网25亿元，其它10亿元。

建好金陽新區創新城市發展思路

田紀雲書

二〇〇三年六月廿日

市级行政中心工地

建设工地

金阳新区标志性雕塑之一 -- 绿色未来

贵阳市交通局

2002年，我市交通工作立足全市经济社会发展要求，开拓进取，抢抓机遇，交通基础设施建设力度明显加大，道路、水路运输发展步伐明显加快，交通行业精神文明建设明显加强，全面完成了市委、市政府各项目标任务，完成县乡公路改造硬化工程610公里，占计划122%，率先在全省实现“乡乡通油路”。全市公路通车里程突破10000公里；县公路好路率达75%，超十二个百分点，差路率控制在1%以内，减少了一个百分点；完成了航天大道国债建设工程和贵开路大营坡至云锦庄段城市一级干道重点工程，提前实现通车；完成开阳汽车站的主体工程；完成息烽顺江码头的配套工程和基础工程；道路运输经济总量取得新突破。实现客运量17518万人次，超任务21%，旅客周转量3.48亿人公里，超任务9%，货运量4105吨，超任务13%，货运周转量1.24亿人公里，超任务8%。2002年全市交通工作跃上一个新台阶，为我市国民经济持续快速健康发展和社会稳定作出了积极贡献。

省委副书记黄瑶看望交通特困职工

市委书记王晓东视察开阳县永温公路建设情况

贵州西众塑胶有限公司

BOPP

珠光膜

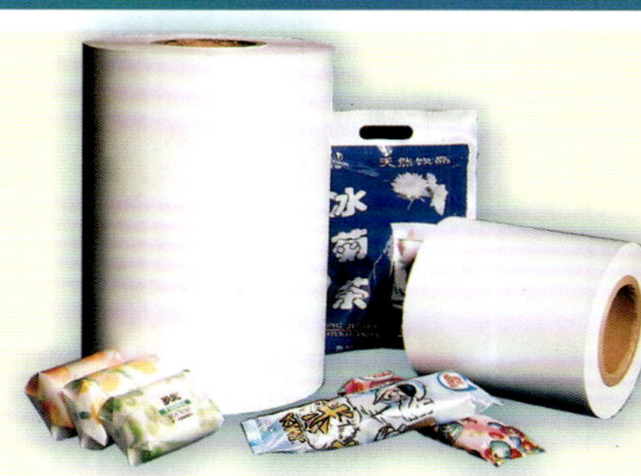

印刷膜

贵州西众塑胶股份有限公司由中国包装进出口总公司、香港合联投资有限公司和贵州省包装进出口公司于1989年共同投资936万美元创办，目前总资产已逾2亿元人民币，净资产近1.2亿人民币，年销售额超过1亿元。94年被定为中国烟草物资公司烟草配套材料生产基地定点企业；98年被评为“贵州省高新技术企业”；2002年2月通过ISO9002国际质量体系认证。

公司地处贵阳市北郊，占地36000多平方米。现有三个生产厂和五个部（室），员工300多人，其中工程技术人员占21%，大专以上人员占32%。

本公司拥有由日本三菱重工引进的BOPP生产线两套，该设备具有八十年代末九十年代初世界先进水平，年生产能力为7000吨。先进的设备，完备的检测，成熟的工艺及丰富的生产经验充分保证了我司产品品质优越，产品在同行业中位居前列。同时，公司注重高新技术产品的研制开发，不断创新，合理规划产品结构，克服产品的单一性。目前公司产品包括烟膜、热封膜、光膜、珠光膜、消光膜、白膜等六大系列十五个品种，广泛应用于香烟包装、食品包装、医药包装、礼品包装及印刷等领域，具有无毒、质轻、高强度、防潮等优点。“西”牌产品行销全国，深受用户欢迎。

多年来，公司坚持以“严化管理，紧跟市场，追求完美的品质，服务客户，服务社会，与各行各业一起共创美好未来”作为自己的奋斗目标，并大力倡导“和、诚、信和创造”的企业精神，上下齐心，锐意进取，向创建拥有先进设备，优质产品，高效管理，高素质员工的一流企业迈进。

总经理：王建华
电话：0851－6607246　传真：0851－6607041　http：//gzxz.yp.sina.net
地址：贵州省贵阳市云岩区丰收路17号　邮编：550018

烟膜

贵州人民广播电台

台长：刘世杰

贵州人民广播电台以高昂的政治热情，扎实的工作态度，顽强的拼搏精神，以新闻宣传为中心，紧紧围绕党和政府的工作大局，努力改革、创新、发展广播事业。

2000年我台自筹资金250万元在贵阳金阳新区小灵山头修建了塔高116米的调频发射塔，大大增强了省电台节目在黔中地区的覆盖。2002年我台投资150万元运用同频发射技术先后在遵义、六盘水、安顺等八个地区所在地安装了调频发射机，增强了我台节目在这些地区的覆盖。在经费非常紧张的情况下，我台仍挤出60多万元购置更换数字直播调音台，直播话筒和监听耳机等。我台投资建设的贵州广播电视第一家网站“今日传播”（www.gz — today.com）正式推出挂网运行。

新的目标、新的任务在召唤我们，新的机遇、新的使命在鼓舞我们，让我们团结一心、凝聚力量、一心一意谋发展，聚精会神做工作，让电台与时代同行，沿着十六大指引的方向，按照全面建设小康社会的总体部署，加快推进富民兴黔事业做出我们应有的贡献。

电台录音棚
（全国一流的音频制作系统）

省电记者深入采访在街头

贵阳市旅游事业局

2002 年，按照贵阳市委、市政府关于大力发展旅游业的有关指示，全市旅游行业工作重点主要放在以下几方面：一、巩固稳定传统客源市场，拓展新的客源市场，加大对外宣传促销力度。走出去、请进来，采取多形式宣传贵阳、贵州的真山真水。二、组织进行市、区（县）两级旅游发展规划的编制和旅游基础设施的建设。完善旅游基础服务设施。三、开展旅游市场治理整顿和打假打非专项治理工作。先后组织三次较大规模的旅游市场治理整顿活动。同时加强行业管理，出台多项管理办法，从根本上保障旅游市场健康有序的发展。四、做好迎接“黄金周”的各项准备工作和“黄金周”期间的检查和信息预报统计工作，切实保障了广大游客安全，提供了详实的数据供决策参考并引导消费。这些工作的开展进一步拓展了我市的客源市场，创造了良好的旅游环境和旅游经营秩序，为我市旅游业全面完成全年的任务打下了基础。2002 年全市接待海外旅游者 6.75 万人次，较上年增长 13.45%，为全年计划的 103.85%；旅游创汇 1908.91 万美元，较上年增长 16.92%，为全年计划的 105.37%；全市旅游业总收入 40.04 亿元，较上年增长 15.48%，为全年计划的 105.37%。在全市旅游行业各位同志的共同努力下，取得了又一个丰收年，使我市的旅游业又上了一个新台阶。

贵阳市蔬菜工作办公室

在市委、市政府的正确领导下，通过蔬菜系统的共同努力，全年各项工作目标全面或超额完成。实现商品蔬菜播面21.3万亩，其中无公害蔬菜播面5.2万亩，次早熟蔬菜播面0.91万亩，春淡速生菜播面0.41万亩，秋淡蔬菜播面1.56万亩，野特菜播面1.02万亩，分别比上年增加10.4%、156.2%、151.2%、35.7%、32.8%、12.7%；完成蔬菜总产量72.82万吨，蔬菜上市量32万吨，外销菜量3.16万吨，分别比上年增加3.4%、14.3%、21.5%。完成新（扩）建五个蔬菜产地批发市场建立无公害蔬菜专柜及检测中心（室）14个。建立示范基地6个，扶持4个蔬菜龙头企业发展。推进了蔬菜产业化经营。

团结务实的领导班子

市蔬菜办主任　陈贵蜀

正在建设中的小关水库交通桥

贵阳市水利局

GUIYANGSHISHUILIJU

王晓东书记对市西河上游防洪水库工程进行检查

贵阳市城市防洪、河道水环境水源工程开工典礼

修建完成的小关湖水库

贵阳电视台3 4 5频道

采编人员认真学习“十六大”精神

省委常委、市委书记王晓东、市委副书记辛维光到贵阳电视台三、四、五频道视察工作。

贵阳电视台三、四、五频道工作会议

年轻的队伍、朝阳的事业

贵阳市电视台三、四、五频道的前身为贵阳有线广播电视台，成立于1993年，2001年两台合并后，更名为贵阳电视台三、四、五频道。三个频道的定位分别为法制频道、都市频道、旅游生活频道。

贵阳电视台三、四、五频道是贵阳市重要的强势媒体之一，是在贵阳市委宣传部领导下，贵阳市广播电视局直接管理的自收自支行政事业单位，承担着党的新闻宣传和电视台经营管理的双重任务，经过多年的发展，取得了良好的社会效益和经济效益，到目前为止拥有固定资产500多万元，全年实现经济收入570万元。

全台现有职工144人，实行全员聘用制，没有新闻中心、总编室、录制播控中心、广告部、办公室等12个部门。

根据“频道专业化，栏目精品化，节目对象化”的发展要求，本着“三贴近”的原则，相继推出了《今日报道》、《警方直通车》、《小萱说法》、《红绿灯》、《小小少年》、《木子歌台》、《看市场》等七个自办栏目。

目前，我台自办节目总长度已达85分钟，引进生活、经济、娱乐等各类栏目达20多个。

“求实创新，与时俱进，艰苦创业，共谋发展”是贵阳电视台三、四、五频道始终不变的信念和追求，在这一战略发展思路的指引下，贵阳电视台三、四、五频道各项事业取得了突飞猛进的发展，新闻中心在2003年6月被团中央授予“全国青年文明号”称号，成为贵阳市、贵州省、乃至全国唯一获此殊荣的新闻单位。1998年以来，我台制作播出的新闻节目，已荣获全国城市电视新闻奖、省市新闻奖等各种奖项50多个，“直通110”等新闻栏目、版块荣获省、市“名栏目”、“名版块”称号。

GUIYANGDIANSHITAI 345

贵阳市人防办

2003年5月23日，省委常委、市委书记王晓东视察贵阳人防。

人总行肖钢副行长一行到人民银行贵阳中心支行听取工作汇报

人总行清算总中心副主任苏云清到人民银行贵阳中心支行营业部视察工作

中国人民银行 贵阳中心支行

ZHONGGUORENMINYINH GUIYANGZHONGXINZHIHANG

被评为全国青年文明号的人民银行贵阳中心支行营业部联行科和核算科

由人民银行贵阳中心支行组织召开的贵州省银行行长联席会

建设银行贵州省分行营业部

JIANSHEYINHANG GUIZHOUSHENGFENHANGYINGYEBU

建行支持的贵阳环东北高速路

中国建设银行贵州省分行营业部经中国人民银行批准，于1999年9月1日正式成立。

在激烈的市场竞争中，建行省分行营业部以市场为导向，以客户为中心，不断提高经营水平，各项业务取得长足发展，已成为拥有雄厚资金实力、电子化程度高、服务功能全的国有商业银行机构。截止2002年底，营业部全口径存款余额为153.72亿元，贷款资金余额为117.1[illegible]亿元，实现利润27903亿元。

作为全国建行60个优先发展的中心城市行之一，贵州省分行营业部抓住西部大开发的有利时机，积极为地方经济建设服务，重点支持符合国家产业政策的支柱企业和骨干企业；大力发展优质中小客户群体；同时大力提升网点形象；提高服务质量和服务水平，拓展个人银行业务领域，全力打造个人住房贷款“乐得家”品牌，致力于为社会提供更多、更优质高效的金融服务。

建行“乐得家”个贷品牌，[illegible]圆千家万户住房梦。

建行贵州省分行营业部地址：贵州省贵阳市瑞金北路113号
电话：6503079　　6503073（传真）
邮编：550003

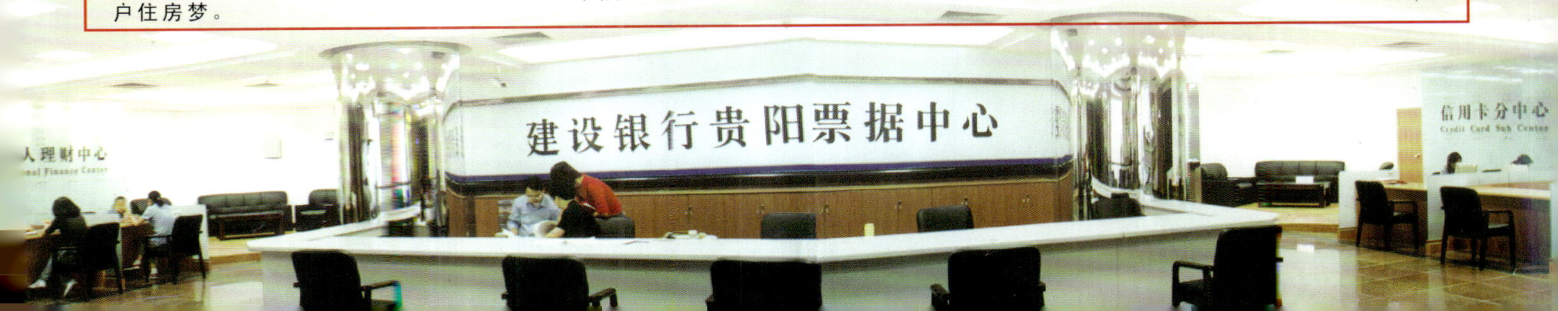

贵阳市河道管理处

GUIYANGSHIHEDAOGUANLICHU

博爱广场大型观赏池

南明河浮雕工程

人民广场二期绿化

“举全市力、三年治理好南明河”是贵阳市委、市政府提出的奋斗目标，也是全市人民的殷切希望。

2002年按照这一奋斗目标，河道建设者们做了大量的工作，“三年变清南明河”取得初步的成效。至2002年底，沿河新建绿地近25万平方米，各类景观小广场15个。绿地中有市树香樟、紫薇，有号称植物活化石的水杉、珙桐，有珍稀树种银杏、雪松、罗汉松，有观叶树种红枫、红叶李等，绿树红叶，相得益彰。每天清晨有神情专注的练太极拳的老人、有阿婆、大妈们组成的热闹酣畅的腰鼓队、秧歌队，有漫跑健身的年轻人……这一幅幅生动的场景，俨然充满了幸福生活的气息。沿河岸延伸的草坪、常绿树与各种灌木构成了高低错落、层次丰富的景观，巨型的观赏石更增添几分林城河岸的雅趣。

三年治理南明河，让“母亲河”水变清、岸变绿、景变美的美好蓝图已初见成效。南明河在我们的共同努力下，将一年一个样，将她的靓丽容颜呈现给林城市民。

石岭新貌

工作人员在研究全市计生药具管理、分配

加强药库管理

贵阳市计划生育药具管理站

贵阳市计划生育药具管理站成立于一九八八年，为全额拨款事业单位，在贵阳市计划生育局统一领导下开展工作。其宗旨和业务是：为搞好计划生育提供避孕药具、技术指导和服务；计划生育药具使用计划的编制；计划生育方针政策及避孕药具知识的宣传、避孕药具的发放；计划生育药具管理人员和技术人员的培训以及对优生优育、避孕节育咨询指导。

我站在药具管理工作中始终坚持以全心全意为广大育龄群众服务为出发点，做到了保证供应，满足需要，最大限度地方便群众，向药具使用者提供优质服务，2002 年我站超额免费发放价值达 120 余万元的近 50 种避孕药具，为我市完成人口目标任务，提供了有力的物质保证。在全市开展创建优质服务县和“千村万户药具优质服务”的目标任务中，我站把落实避孕节育措施、完成控制人口目标、稳定低生育水平和关心育龄夫妇的生活和身心健康，以及优生优育紧密地结合起来，完善基层网络，建立了药具优质服务示范乡（办事处）5 个，药具优质服务试点村（居）1173 个。为使广大育龄群众能够正确使用不断推出的“高、新、优”避孕药具，我站把宣传教育、说服动员和药具服务溶入到为广大育龄群众提供优质服务的行动中，利用多种形式开展了药具知识的宣传活动，如贵阳市委组织的“三下乡”和市计生局在“世界人口日”等组织的各种活动中向群众宣传药具科普知识并免费发放了价值 19 万余元的各种避孕药具和宣传资料，现场解答他们提出的问题，使受教育的群众达数千人，为“知情选择”提供了更多的选择空间。真正体现了以人为本，以人的全面发展为中心的指导思想，为我市的人口与社会、经济、资源、环境的协调发展和可持续发展作出了积极的贡献。

在“三下乡”活动中免费发放避孕药具

利用赶场天向群众宣传药具科普知识

GUIYANGSHIJIHUASHENGYUYAOJUGUANLIZHAN

GUIYANGSHI JIAOTONGANQUANJIAOYUXUEXIAO
贵阳市交通安全教育学校

根据公安部交通安全三年教育规划要求贵阳市交警支队经与贵州广播电视大学协商，并报省交警总队同意，经省教育委员会批准，于1998年4月份开办了贵阳市交通安全教育学校，这是一件可喜可贺的事情。

随着改革开放的不断深入，社会经济的迅速发展，交通安全教育工作也越来越引起政府和社会的极大关注。贵州省近几年来，交通运输及道桥建设的步伐加快了，促进了国民经济的迅速发展，与此同时交通违章和肇事的发生也有增加趋势。贵阳市的机动车辆不断增加，交通流量大幅度增长，交通事故的发生也呈上升趋势，这就对交通安全教育和管理工作提出了更高的要求。当前，为把交通安全宣传教育纳入社会主义精神文明建设的轨道，逐步实现交通安全教育的社会化、系统化、规范化就显得十分必要，为此，开办贵阳市交通安全教育学校正是适应当前形势的需要，它标志着我市交通安全教育和管理工作迈上了一个新的台阶。

交通安全教育学校的建立，旨在充分发掘利用省电大的社会教育资源，结合公安交通管理工作的实际，以提高全民法制观念和安全意识为目的，把交通安全教育纳入社会主义精神文明建设的轨道，发动和依靠全社会力量，建立和完善教育宣传网络，借助各种方式，逐步实现交通安全教育宣传的社会化、系统化及规范化，最终达到全民交通法制观念明显增强，绝大多数交通参与者自觉遵守交通法规，使贵阳市城乡交通秩序取得明显好转。

3V宣言

——更美、更好、更便宜

2003三力地产作为贵阳"经济+美丽"型地产的倡导者，全面提升和更新经营服务理念，为贵阳人创造"更美、更好、更便宜"的家居。

致力建设3V示范工程，主张：更美（Very beautiful）外型美、环境美；更好（Very good）品质更优、功能完善、布局合理；更便宜（Very cheap）售价比同类同档次低。

细心营造3V级社区服务，主张：更美（Very beautiful）营造美丽社区，呵护美丽生活、丰富美丽人生；更好（Very good）人性化、丰富多彩的优质社区服务；更便宜（Very cheap）更经济的负担得起的家居生活性价比 。

"更美、更好、更便宜"，房地产发展的必然趋向，2003年贵阳楼市的主题词，三力地产倡导并实践着。

Very Beautiful
Very Good
Very cheap

三力地产致力于实现贵阳人的家居理想

地址：中国·贵州·贵阳·普陀路1号
电话：（0851）6871099 6819099
传真：（0851）6871099 邮编：550001

三力"3V精品工程"

千禧苑——都心高层商住楼，获"开发建筑速度最快，销售率最高"的业内评价，十条诚信措施，树立良好的消费者口碑，2001年"大众精品住宅开发模式"和"商住楼开发模式"荣誉楼盘。

曦阳山庄——贵阳首席白领生活品味社区，引领楼市从关注产品向关注"美丽新生活"的转型。

贝地·卢加诺——贵阳首个瑞士风情大盘，生态、智能社区，引领贵阳楼市与国际主流生活方式的对接。

万国二期SOHO现代城——打造崭新都市工作、生活、休闲、商务的平台，引领商住物业新天地。

灵达新苑三栋19层50000m²

华宫新苑15层8000m²

智亿大厦29层40000m²

贵政大厦18层8000m²

新华苑A、B、C三栋
26层60000m²

灵达新苑三栋19层50000m²

华宫新苑15层8000m²

贵州灵达房地产开发公司

贵州灵达房地产开发公司始建于一九九三年六月，主营房地产开发。十年来，经过全体职工共同努力和社会各界的支持，使我司克服了创业中的坎坷，战胜了市场竞争中的困难，迅速在贵阳市房地产开发企业中崛起。

公司自成立以来，先后开发建设了“灵达新苑”建筑群体，建筑面积50200平方米；“电台街住宅小区”10000余平方米；“华宫新苑”建筑面积8000余平方米等，已全部交付使用。修建了可容纳200余人的集餐饮、娱乐、会议、休闲为一体的“百花湖灵达度假中心”，已具备对外营业条件。

近几年来，得益于政策的支持和时机的把握，公司在原开发项目的基础上，继续开发建设了“贵政大厦”8000余平方米，“新华苑”建筑群体60000余平方米，以及“智亿大厦”40000余平方米。这些建设项目将在今明两年相继竣工并交付使用。

我公司从业人员80余人，除少数勤杂人员外，其余人员均具有各类专业技术职称，其中：高级职称5人，中级职称13人。全体员工奉行高效精干的原则，以“灵活、忠诚、勤奋、快捷”的敬业精神一如既往地发挥自己的聪明才智，为公司日益壮大的明天作出贡献。

智亿大厦29层40000m²

贵政大厦18层8000m²

新华苑A、B、C三栋
26层60000m²

贵州麒龙房地产开发有限公司

2001 年 9 月公司被中国房地产业协会吸收为正式会员单位

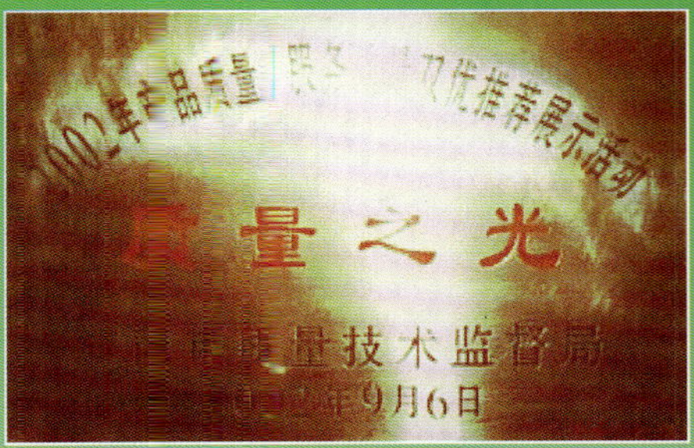

公司参与了 2002 年“质量之光”产品质量/服务质量双优推荐展示活动

在 2002 年全国第四届住交会举行的 2002 年中国房地产名企名盘名人评选活动中麒龙房开公司获选“中国房地产品牌企业 35 强”。

贵州麒龙房地产开发有限公司成立于一九九八年七月，注册资金1000万元，是一家具有独立法人资格的房地产综合开发企业，主要从事房地产开发及经营销售。公司现有员工73人，大专以上学历的占85%。拥有一批优秀管理人才及技术人才，并逐步建立了一套完善的管理体制和用人机制。

1、经营理念：脚踏实地、实事求是、规范管理、稳健经营

2、企业精神：团结一致、共建麒龙、同舟共济、共谋发展

3、企业所获荣誉：

公司注重员工、客户、战略伙伴、合作伙伴的共同发展，在积极创造经济效益的同时，努力创造社会效益。

麒龙历经五年艰辛的创业，不断的探索，确立了以房地产开发为主业，带动物业和建安的经营发展方向，形成了企业文化初步雏形，逐步树立了麒龙品牌，获得了一系列的荣誉。

捐资修建的“麒龙希望小学”

位于清镇的麒龙城市花园一期

贵阳新世纪经济适用住房建设有限公司

贵阳新世纪经济适用住房建设有限公司系贵阳新世纪建设综合开发有限公司下属独立核算法人单位，是国有独资房地产开发企业，主要经营房地产开发、房屋置换、建筑工程咨询；批零兼营：建筑材料、装饰材料、室内装饰施工，公司注册资产1100万元，法定代表人陈家庆，内部机构设综合办公室、财务科、营销科、前期工作科、工程科，共有员工71人，具有大专以上学历39人，中高级职称7人（其中：在册职工35人。借用人员4人，聘用人员32人），公司位于云岩区鹿冲关路69号。

公司以经济适用住房开发建设为主，兼顾市委、市政府下达的“交钥匙”重点工程建设。我司以提供价廉、适用、设施齐全、环境优美、配套完善的住宅小区，解决市区中、低收入家庭住房困难和为市政重点工程建设提供安置房源作为公司宗旨。公司一贯坚持优质优价的开发经营原则，重视房屋的建筑质量，大力推广应用“新技术、新产品、新工艺、新材料”，搞好小区市政基础设施和完善公建配套建设。历年来开发建设的房屋无一质量问题（优良率60%，合格率100%），2000、2001、2002年连续三年被授予“销售放心房企业”荣誉称号。

公司已建成三桥组团、大营坡二号地贵开路、南岳路、黄山冲等组团、沙河花园、玉田小区、世纪园小区一期等楼盘，另有委托开发建设栖霞小区、顺海小区、东山小区、青山小区和大理小区，累计共建成经济适用住房200余万平方米，其中世纪园小区荣获“经济适用住房成功开发模式”和“十大明星楼盘”称号，成为我省第一个科技示范小区。世纪园采用了电视监控系统，并与110报警监控中心连网，得到了市公安局、云岩公安分局的大力支持，两年来，小区内没有偷盗刑事案件发生，被评为文明示范小区。

南京桥水电站

中铁十七局株六复线指挥部

中铁十七局参建株六复线建设的施工单位认真贯彻成铁局株六复线建设指挥部关于“全线创部优、重点出精品”的质量总目标，在铁二院和北京铁城监理公司大力协作和精心指导下，从消灭质量通病入手，以严格“规范”和“验标”为着眼点，以强化现场管理为龙头，狠抓质量和安全管理，实现了单位工程自检合格率100%，优良率93%，全段工程经建指组织验收一次评定为优良的好成绩。

落实质量终身制，确保工程质量优良。“质量兴企”是企业永恒的主题，该局始终坚持“百年大计、质量第一”的方针，牢固树立“今天的质量就是明天的市场，今天的信誉就是明天的效益”的观念，把强化质量管理贯穿到施工的全过程，深刻认识“质量责任重于泰山”、“工程质量终身责任制”的重要性，贯彻株六复线“全线创部优”的质量总目标。

注重文明施工，保护生态环境，建设绿色通道。进入施工场地后，该局把文明施工、保护生态环境放在重要位置。施工中，严格按照法律法规的要求，针对施工标段自然地理环境特征，因地制宜，全方位规划，增加施工投入，做到文明施工，保护环境同步建设，为创造一条环境优美的绿色通道多做贡献。在贵州枢纽标段的施工中，他们先后利用弃渣场还耕复种46亩，造青年林5.6亩，沿线植树4500余株，改造石漠化荒坡3处，造地6亩，受到省、市领导及各级政府的好评。

中铁十七局承建的株六复线K116＋096～＋268
锚杆挡墙被株六建指评为“精品工程”

公司法定代表人、总经理（工程师）：潘世林

贵州省建设工程总公司

贵州省建设工程总公司是贵州省建设厅批准成立的贵州国有建筑二级企业，公司自成立以来，随着经济、技术和管理实力的不断发展与壮大，现以崛起为贵州建筑业中具一定规模和一定施工能力的建筑新军。公司注册资金2016万元，职工1600余人，其中具有各类、技术职称人员200余人，高级职称11人，中级职称52人，下设10个分公司，12个工程处。

公司成立以来，始终恪守“以质量求生存、以信誉求发展”的企业宗旨，把“运行标准管理，强化质量意识，采用先进技术，提供优质服务”的企业总方针和“团结求实、拼搏创新”的企业精神贯穿到公司全过程经营管理与各项目实施活动中去，确保公司在市场经济大潮中稳定发展，逐步壮大。迄今，公司已拥有大型建筑机械设备50余台（套），各类施工设备200余台（套），各种高、精建筑测量仪器十多台（套），可承接大中型工业厂房、高层建筑、教学楼、住宅、水电站、大型土石方、隧道、公路、桥梁、园林绿化等工程及装饰装潢、水、电、暖、通、消防等项目。已成为现代建筑业中技术力量雄厚、机械设备齐全、监测系统完善、综合管理能力较强的专业施工企业。

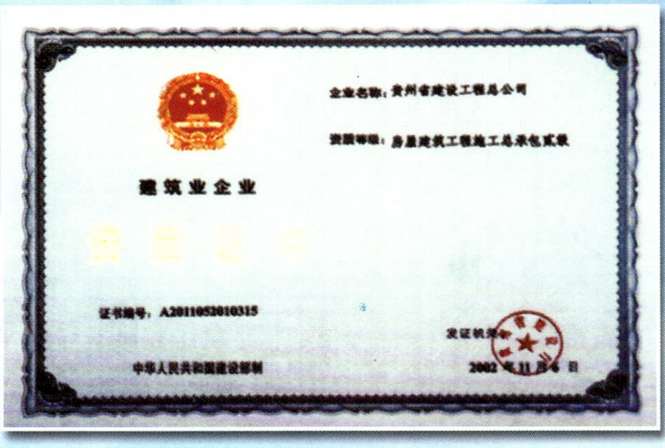

企业名称：贵州省建设工程总公司

资质等级：房屋建筑工程施工总承包贰级

建筑业企业

证书编号：A2011052010315

发证机关

中华人民共和国建设部制

贵阳市工业投资控股有限公司

贵阳市工业投资控股有限公司是经市人民政府批准并依法登记注册的国有独资企业。代表市人民政府对市属机电、化工、轻纺、建材等行业的100余家企业的国有资产行使资本运营、投资收益、保值增值、监督管理等重要监管职能；对所投资企业的产权代表、财务总监和党政负责人行使委派、任免、考核、奖惩的职权或推荐建议权。

公司成立于2001年10月31日，注册资本168,348万元人民币，现有总资产101亿。公司成立以来，收购重组了原贵阳新天精密光学仪器公司、出让贵阳电线厂资产并引进青岛汉河电缆集团就地投资、与贵州久联企业集团共同出资对原贵阳化工厂实施规范的公司制改造，筹资近亿元投入贵阳海信工业园的建设等。同时积极协调支持贵州轮胎股份公司（黔轮胎）、贵州水晶化工集团公司等重点企业的技术改造，培育建设新的经济增长点。保持了所投资企业的稳定持续发展。

2002年公司汇总统计完成工业总产值（90价）394348.2万元，同比增长6.71%；产销率为99.32%，同比上升了5点8个百分点。其中：化工行业完成工业总产值294679.3万元，同比增长9.52%，产销率为99.55%，同比上升了6.97个百分点；机电行业完成工业总产值67578.4万元，同比增长0.63%，产销率为99.03%，同比上升了4.01个百分点；轻纺、建材及其它行业完成工业总产值32090.5万元，同比略有下降。

2002年公司盈利企业实现利润累计7819.3万元，亏损企业累计亏损7260.2万元，盈亏相抵后全年实现净利润559.1万元。

按照新调整的口径统计，预计2003年，公司将实现工业总产值60亿元。经营规模进一步扩大，经济运行质量将进一步提高。

公司将本着"诚信、务实、创新、进取"的原则，在市委、市政府的领导下，认真履行国有资产的监管职能，致力国有资产的保值和增值，为实现"工业强市"作贡献。

党委书记、董事长：王发文

贵阳化工原料厂

我厂主营业务是生产氧化锌、锌粉等锌深加工产品，主要产品是“贵花牌”锌锭、锌粉、氧化锌、硅酸纳（液体、固体）。我厂建厂已有50多年历史，是目前西南地区最大的氧化锌、锌粉生产企业，也是贵州省最大的电炉锌锭、锌粉、氧化锌、硅酸纳生产企业。我厂主导产品在计划经济时期出口免检。目前亦被国内许多企业认定为专用免检原料，并已通过ISO9002质量体系认证，产品销往全国10多个省、市、自治区，在国内市场占有重要地位，具有良好的市场基础和拓展空间。工厂目前仍为国有独资企业，根据中央和地方政府的部署，企业正在改制，拟通过“引资嫁接”（含收购）实现彻底改制和资产重组。

法定代表：詹佑华

1997年至今，担任厂长，党委书记，几年来在传统体制和旧观念等重重阻力下，实现了全员合同制；大胆起用新进厂大学生，较好地改善了干部队伍结构，提出并实施了“退二进三”，“盘活存量”的战略思路，并得到了政府的实质性支持、扶持，使企业度过了艰难时期，为企业实现彻底改制，做大做强奠定了一定基础。

地址：贵阳市新天大道南段18号

电话：0851-6763107

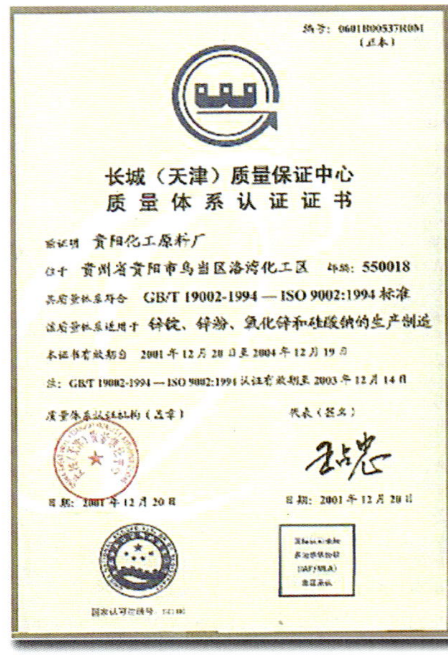
长城（天津）质量保证中心
质量体系认证证书
兹证明 贵阳化工原料厂
其质量体系符合 GB/T 19002-1994 — ISO 9002:1994 标准

ISO9002认证书

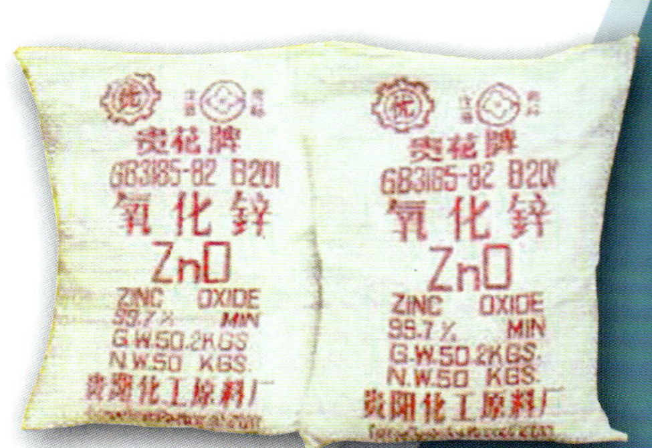

氧化锌产品

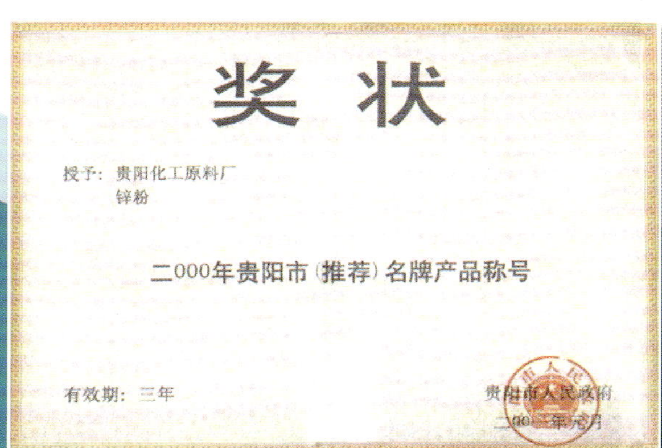
奖状

授予：贵阳化工原料厂
锌粉

二000年贵阳市（推荐）名牌产品称号

有效期：三年

贵阳市人民政府

2000年贵阳市名牌产品

锌粉产品

贵州宏电实业

公司承建的贵阳市金阳220KV变电站

为变电站运输200余吨重变压器

贵州宏电实业股份有限公司系全国建筑百强企业之一——贵州送变电工程公司的多种经营龙头企业，具有电力施工总承包二级、房屋建筑施工总承包三级资质，可承担220KV及以下送电线路及变电站整体工程施工和十四层以下房屋建筑工程施工，系省内唯一能从事300T大件运输的企业。公司注册资本金为3014.3万元，总资产及年施工产值均超过亿元，系贵州电力系统唯一荣获国家电力公司2000－2001年度双文明单位的多经企业。

公司目前下属三个分公司及四个控股子公司，经营涉及输变电工程、大件运输、房屋开发、水产养殖、物业管理、饮品、桐油生产等领域，已形成产业多元化、管理集团化的格局。

公司所属贵州宏业房地产开发有限责任公司开发的贵阳市《湘雅园》楼盘雄姿

公司承建的贵阳市南郊水厂——惠水220KV送电线路

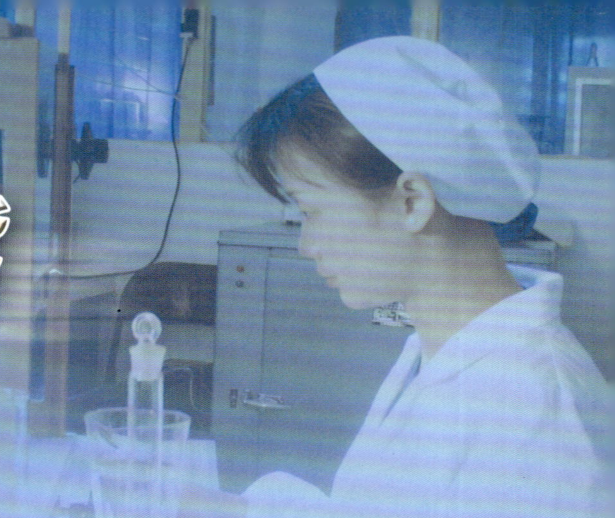

贵州北极熊实业有限公司

“质量是企业的生命”。贵州北极熊实业有限公司能够在短短的几年时间内由一个名不见经传的小企业发展为省内饮料行业的知名企业，取决于公司始终如一地贯彻“质量责任、重于泰山”的经营管理理念，坚持“品牌至尊、质量第一、客户至上”的经营方针，狠抓质量管理，重视科技进步，积极推行品牌战略，为客户提供优质服务，实现了公司的快速发展。公司先后被评为“贵州省消费者协会诚信单位”，“全国食品行业质量效益型企业”，“全国食品科技进步优秀企业”。多项产品荣获“贵州名牌产品”，“中国食品工业协会推荐产品”荣誉称号。可以说“质量责任、重于泰山”的思想已扎根于公司各级员工的心中。

正是忠于这种重于泰山的责任，公司在生产管理方面突出以质量管理为中心。在每年进行的生产工人培训中，重点进行质量意识的教育，让各级员工明确自身的质量职责，牢固树立质量第一的观念，自觉搞好产品质量。在管理上不断完善各项质量管理制度，强化生产工序的质量控制，建立健全公司、水厂、班组三级质量监督体系，实现了从材料进厂到产品出厂全过程的质量管理。

在销方面突出以服务为中心，强调“服务是营销工作的灵魂”，在新员工进入公司时，首先进行服务培训，要求所有员工要为客户提供最优质的服务。为了实现优质服务，公司对一些直接面对客户的岗位制定了统一的礼貌用语和行为规范，设立了服务热线电话和服务投诉电话，对员工的服务进行实时监督。在服务管理工作中，各级员工把搞好服务工作为自己的应尽责任，在本职岗位上积极工作，热情为客户服务，树立了良好的形象，赢得了客户的信任。

贵州北极熊实业有限公司将一如既往地把搞好质量放在经营工作的首位，永远让客户喝上放心水，以报答广大消费者的厚爱。

总经理：杨　雷

联系人：陈亚丽

电　话：5805552

生产流程

生产流程

1999 年 3 月九届人大二次会议上，中共中央政治局常委、国家副主席胡锦涛接见贵州代表团时与张芝庭董事长合影。

神奇
贵州神奇集团

贵州神奇公司成立于一九九零年，依靠科技、人才与市场竞争机制，经过十余年的发展，已跻身于全国大型制药企业行列。拥有职工 5000 多人，资产总值近 20 亿元，年平均上缴利税 6000 余万元。成为以制药为龙头，跨多个行业经营、拥有 19 个下属企业的集团公司，并沿着集团化、多元化、国际化的道路快速发展。

制药行业：集团现拥有贵州（8 家制药企业），东北（沈阳、黑龙江 2 家制药企业）、北京、上海四大药品生产基地。其中贵州基地以生产中成药为主，现已开发出包括心脑血管、抗肿瘤、消化、呼吸等多系统的中成药及苗药等，现有 17 余种剂型，200 多个品种。荣获国家 32 项发明专利，具有独立知识产权的民族药 13 个、独家品种 38 个及国家二、三、四类药品 120 多个。

今天的神奇不断依托科技创新，运用现代中药技术，尽快实现中药现代化，力争推动中医药向国际进军；同时运用现代企业制度规范管理，为神奇的长足发展提供强有力的保障！

贵州神奇集团总部及四星级的贵阳神奇大酒店